あるべき
私的整理
手続の実務

事業再編実務研究会 編

発行 民事法研究会

推　薦　の　辞

東京大学名誉教授
早稲田大学大学院法務研究科客員教授
伊　藤　　眞

　今般、事業再編・再生に関する卓越した力量をもって知られる四宮章夫弁護士の主導の下、この分野で長い経験をもつ実務家が集まり、透徹した理論的視点を備えた研究者が加わり、本書が刊行されたことは、同学の士として心より慶賀すべきものと感じ、ここに推薦申し上げる。

1．研究成果の熟成

　事業再生や私的整理を対象とする類書は多いが、「はしがき」と巻末534頁以下に記されているとおり、本書は、平成21年7月から活動を開始した「第2期事業再編実務研究会」の研究成果を基礎としている点が特徴である。実務家は、日常の業務において生起するさまざまな問題に取り組み、そこで得た知見を自己の中で蓄積していくが、それを実務のあり方として定着させるべきかどうかは、一定の時間軸の中で、また他の実務家や研究者との意見交換の過程での検証を経る必要がある。その意味で、5年を超える研究会活動の成果である本書は、まさに実務家としての知見を熟成させたものといえよう。

2．巨視（マクロ）と微視（ミクロ）との結合

　事業活動は、経済のうねりや、それに対応しようとする諸施策を背景として展開する。そのために、再編や再生に取り組む実務家にとって、現在の経済状況がいかなるものであるか、また政府などの施策によってそれがどのように変化するのかを見通すことが不可欠である。これを巨視（マクロ）とよぶとすれば、本書の中で、企業をめぐる経済環境やそれに応じた諸施策が分析されているのは、こうした関心に応えるものである。もちろん、再編や再生の対象となる個別案件に取り組む際には、各種の機関が実施する私的整理

の手続の内容や運用上の特徴、さらに資金提供者確保の手段などを正確に把握することが必要である。これを微視（ミクロ）とよぶとすれば、本書の主要部分を構成する第Ⅱ編と第Ⅲ編は、具体的事例に即しながら、こうした点に関する読者の期待を満たして余りある。

3．世界の中の日本企業

今日の企業活動は、国境を越えるといわれる。再編や再生についても、その主体となる企業の立場であれ、また、債権者や取引先の立場であれ、アジア諸国はいうまでもなく、世界各国の制度がどのようなものであるか、いかなる運用がなされているかについての知識が求められる。法的整理、すなわち破産や民事再生に対応する、外国の裁判上の手続に関してこそ、文献や情報は存在するが、私的整理に関して体系的記述を展開したのは、本書をもって嚆矢というべきである。

4．競争と共存

法的整理と私的整理との関係は、時代によって変化している。本書中で分析されているように、各種の制度化された私的整理が、その迅速性や信頼性などから経済社会の注目を集めている現在は、私的整理がやや優位に立っているということもできる。しかし、私的整理の信頼性確保にとっては、法的整理が適正に機能していることが必要条件であり、両者は競争というよりも共存の関係にあるといえよう。さまざまな立場で事業再編・再生にかかわる読者各位が、本書を通じて、私的整理の役割と活用について認識を深められるよう、願ってやまない。

平成26年7月

は　し　が　き

　平成19年に設立された第1期事業再編実務研究会は、平成21年6月に『最新事業再生の理論と実務・論点』(2009年、民事法研究会)を出版してその活動を終えたが、その翌月からは、私的整理をめぐる理論上、実務上の問題点についてさらに掘り下げていくことを目的として、第2期事業再編実務研究会が設立され、活動を開始した。

　呼びかけ人は、相澤光江(弁護士)、伊沢敏一(公認会計士)、石井教文(弁護士)、佐藤鉄男(中央大学大学院法務研究科教授)、四宮章夫(弁護士)、知野雅彦(株式会社KPMG FAS代表取締役パートナー)、中井康之(弁護士)、林光行(公認会計士)、松尾順介(桃山学院大学経営学部教授)、米正剛(弁護士)である(五十音順)。この研究会では、これまで、主たる倒産処理手続は法的倒産手続とされ、私的整理についても私的整理に関するガイドラインに基づく手続や、整理回収機構や産業再生機構等の公的機関がADR機関として関与する手続を中心として理解されることが多かったことについて、その是非と功罪等を並行して検討することを心がけた。

　第2期事業再編研究会は、2011年5月に活動を終え、その成果を世に問うために本書の編集を開始したが、2013年3月末に中小企業者等に対する金融の円滑化を図るための臨時措置に関する法律(いわゆる中小企業金融円滑化法)が終了することに伴い、私的整理の有用性も一段と大きくなったことを踏まえ、校了直前に本書の構成と内容の大幅な変更に踏みきり、今日、ようやく刊行の運びに至ったものである。

　その後の金融庁の指導や、自民党政権における金融緩和政策等により、中小企業金融円滑化法終了に伴い懸念された倒産事件の激増はひとまず回避されているが、アベノミクスによる景気刺激策が功を奏すれば、いずれ必然的に経済的競争の場への参入者とともに退場者が増加することになると考えられる。

　その意味で、第1期事業再編研究会と同様にさまざまな倒産処理のプレー

ヤーが参加した第2期事業再編研究会の成果もまた、本書を通じて、私的整理手続における倒産処理の現場に活かされることになれば、これに勝る幸せはない。

なお、2012年3月に第3期事業再編実務研究会が、相澤光江（弁護士）、阿多博文（弁護士）、岡村秀夫（関西学院大学商学部教授）、佐藤鉄男（中央大学大学院法務研究科教授）、四宮章夫（弁護士）、知野雅彦（株式会社KPMG FAS代表取締役パートナー）、中井康之（弁護士）、中野瑞彦（桃山学院大学経済学部教授）、林光行（公認会計士）、松尾順介（桃山学院大学経営学部教授）、米正剛（弁護士）を呼びかけ人として設立され、2013年2月まで開催されたが、主として私的整理に関する法律面の研究を深めることを目的としたもので、テーマがやや特殊であったことから、特別な出版は予定していないが、その研究会の成果もまた本書の中に反映されているものである。

最後に、本書の刊行にあたり多大なご尽力をいただいた、民事法研究会の田口信義社長と編集部の安倍雄一氏に心からの謝意を表し、はしがきとする。

平成26年7月

編集委員代表　四　宮　章　夫
編集委員　　　相　澤　光　江
同　　　　　　伊　沢　敏　一
同　　　　　　佐　藤　鉄　男
同　　　　　　知　野　雅　彦
同　　　　　　中　井　康　之
同　　　　　　中　野　瑞　彦
同　　　　　　松　尾　順　介
同　　　　　　米　　正　　剛

目次

第Ⅰ編　金融円滑化法の終了を迎えて

第1章　金融円滑化法 ……………………藤田清文・2

Ⅰ　金融円滑化法とその成果 ……………………………………………… 2
  1．金融円滑化法の導入 ………………………………………………… 2
  2．金融円滑化法の内容 ………………………………………………… 3
　　(1)　適用対象 …………………………………………………………… 3
　　(2)　金融機関の努力義務 ……………………………………………… 3
　　(3)　行政庁の対応 ……………………………………………………… 4
  3．金融円滑化法の成果 ………………………………………………… 5
　　(1)　貸付条件変更等の取組み ………………………………………… 5
　　(2)　企業倒産件数の減少 ……………………………………………… 6
　　(3)　開示債権（要管理債権）の推移 ………………………………… 6
  4．金融円滑化法の弊害 ………………………………………………… 7
　　(1)　モラルハザードの懸念 …………………………………………… 7
　　(2)　金融円滑化法利用後の倒産 ……………………………………… 8
　　(3)　倒産の先延ばし …………………………………………………… 9
  5．まとめ ………………………………………………………………… 9
Ⅱ　2012年4月20日政策パッケージ ……………………………………… 10
  1．金融円滑化法終了に向けた動き …………………………………… 10
  2．政策パッケージ ……………………………………………………… 12
  3．金融機関によるコンサルティング機能の一層の発揮 …………… 12

目 次

4．企業再生支援機構および中小企業再生支援協議会の機能および連携の強化 …………13
　(1)　機構における取組み…………13
　(2)　協議会における取組み…………14
　(3)　機構と協議会との連携強化のための取組み …………15
　(4)　地域経済活性化支援機構への改組 …………15
5．その他経営改善・事業再生支援の環境整備 …………16
　(1)　「中小企業支援ネットワーク」の構築 …………16
　(2)　事業再生ファンドの設立促進…………17
　(3)　資本性借入金の活用…………17
6．金融円滑化法終了後の検査・監督の方針 …………18
　(1)　検査・監督の方針…………18
　(2)　検査・監督の動向…………19
7．まとめ…………19

第2章　わが国の企業をめぐる経済環境 ……21

Ⅰ　世界経済の状況………………………………中野瑞彦・21
1．波乱に富んだ1990年代の国際経済 …………21
2．ITバブル崩壊によって幕を開けた21世紀…………21
　(1)　米　国…………21
　(2)　欧　州…………23
　(3)　新興国…………23
3．リーマン・ショックにより暗転した世界経済…………24
　(1)　リーマン・ショックと当局の対応…………24
　〔図表1〕　世界主要国の経済成長率…………26
　(2)　1次産品価格の高騰と金融規制の強化…………26
　〔図表2〕　先進国の政策金利の推移…………27

4．欧州政府債務危機と世界的な経済の緩やかな回復……………28
　　　(1)　欧州政府債務危機……………………………………………28
　　　(2)　世界的な経済の緩やかな回復………………………………29
Ⅱ　国内の経済情勢……………………………………………伊沢敏一・30
　　1．はじめに……………………………………………………………30
　　2．リーマン・ショックと金融関連法案……………………………30
　　3．金融円滑化法の成立………………………………………………31
　　4．金融円滑化法の骨子………………………………………………31
　　5．金融円滑化法と倒産………………………………………………32
　　6．改正貸金業法………………………………………………………32
　　7．東日本大震災の発災………………………………………………33
　　8．欧州危機と円高……………………………………………………34
　　9．国内消費の低迷→デフレによる投資の低迷──負の連鎖、
　　　縮小の連鎖…………………………………………………………35
　　10．今後の日本経済の展望……………………………………………35
Ⅲ　地域経済の状況……………………………………………中野瑞彦・35
　　1．デフレに苦しむ地域経済の状況…………………………………35
　　〔図表3〕　地域別総生産、県内総生産（名目）の増加率（1996年度〜2007年
　　　　度）……………………………………………………………………36
　　〔図表4〕　リーマン・ショックの影響（2007年度〜2010年度）……………37
　　2．都道府県レベルの取組み──鳥取県の事例……………………38
　　　(1)　鳥取県の経済情勢……………………………………………38
　　〔図表5〕　鳥取県の名目県内総生産に占める産業別割合………………39
　　　(2)　鳥取県の地理情勢……………………………………………39
　　　(3)　鳥取県の取組み………………………………………………40
　　3．東日本大震災被災地域の状況……………………………………41
　　　(1)　被災の状況……………………………………………………41
　　〔図表6〕　復興特区制度：税制上・金融上の特例の活用状況……………41

(2) 被災地の経済情勢··42
　〔図表7〕 被災5県の県内総生産の推移（年度ベース、2001年度＝100）·····42
　4．小　括···43
Ⅳ　わが国の法的倒産の現状──法的倒産の件数と負債額推移
　　··西島　茂・44
　1．2001年度以降の倒産概況···44
　〔図表8〕 法的倒産の推移···45
　〔図表9〕 貸し渋り倒産件数推移···46
　2．銀行の体力に左右される倒産···46
　3．特別清算や破産などの清算型倒産が増加··································46
　4．特別保証利用後倒産···47
　5．長引いた不良債権の処理··47
　〔図表10〕 特別保証制度利用企業倒産の影響·································48
　〔図表11〕 塩漬け案件の処理過程···48
　6．倒産規模の零細化、地方と都市部の格差································49
　〔図表12〕 2005年度と比較した2007年度の地域別倒産件数伸び率············49
　〔図表13〕 負債額別倒産件数の構成比推移···································50
　7．業歴の長い企業の行き詰まり··50
　〔図表14〕 業歴別倒産傾向··51
　〔図表15〕 原油価格の推移（WTI. $/Barrel）································51
　〔図表16〕 原料高関連倒産···52
　〔図表17〕 ガソリンスタンドの倒産··52
　8．原料高倒産··53
　9．リーマン・ショック直後の倒産··53
　10．政策効果（エコポイント、金融円滑化法、緊急保証制度）に
　　　よる倒産抑制···53
　〔図表18〕 不動産業の倒産推移···54
　〔図表19〕 製造業の倒産推移··54

〔図表20〕　保証承諾件数と倒産件数の推移……………………………………55
　〔図表21〕　登録車数と製造業倒産推移………………………………………56
　〔図表22〕　テレビ出荷台数と製造業倒産推移………………………………57
　〔図表23〕　金融円滑化法利用後の倒産………………………………………57
Ⅴ　中小企業の経営環境…………………………………………………………58
　１．金融円滑化法終了後の銀行と企業の関係……………村上茂久・58
　　（1）　はじめに……………………………………………………………58
　　（2）　これまでの銀行と企業の関係……………………………………59
　　（3）　銀行と企業の関係についての実証先行研究……………………61
　　（4）　金融円滑化法終了後の銀行と企業の関係についての考察……63
　〔図表24〕　大手銀行の自己資本比率（連結）の推移………………………64
　〔図表25〕　倒産企業件数の推移…………………………………………………65
　〔図表26〕　地域再生ファンドの動向……………………………………………66
　　（5）　おわりに……………………………………………………………68
　２．市場変動に伴う企業リスクの分析………………………篠原　進・70
　　（1）　「特約付き長期為替予約」の概要…………………………………70
　　（2）　「特約付き長期為替予約」の取引例とシミュレーション………73
　〔図表27〕　取引例を用いたシミュレーション………………………………74
　〔図表28〕　米ドル円の推移………………………………………………………75
　３．企業信用調査における情報収集のポイント……………西島　茂・76
　　（1）　倒産の原因は企業ごとに異なる…………………………………76
　　（2）　調査員は取材時に何を重視しているか…………………………77
　　（3）　信用調査のポイント………………………………………………78

第3章　中小企業支援ネットワーク……80

Ⅰ　地域経済活性化支援機構………………………片山英二／河本茂行・80
　１．はじめに………………………………………………………………80

目　次

2．日本航空事案…………………………………………………………81
 (1)　ETIC支援の意義…………………………………………………81
 (2)　債権者委員会的機能を有した主要債権者との協議………………82
 (3)　日本航空に関するいわゆる不公平論等……………………………83
3．機構の私的整理実務……………………………………………………86
4．機構と政策メニューの推進……………………………………………86
 (1)　中小企業の再生支援に向けた機構法改正・支援決定期間
  等の延長…………………………………………………………86
 (2)　中小企業の経営改善のための政策パッケージ……………………87
 (3)　他の事業再生組織との連携…………………………………………87
5．法律改正による地域経済活性化支援機構への改組…………………88

Ⅱ　中小企業再生支援協議会……………………………………………90
1．中小企業再生支援協議会の現状………………………秋　松郎・90
 (1)　中小企業再生支援協議会とは………………………………………90
 (2)　目　的…………………………………………………………………90
 (3)　再生支援手続の流れ…………………………………………………91
 (4)　中小企業再生支援協議会による私的整理手続の特徴……………91
 (5)　中小企業再生支援協議会の現状……………………………………91
 〔図表29〕　相談件数および再生支援件数の推移①…………………93
 〔図表30〕　相談件数および再生支援件数の推移②…………………93
 〔図表31〕　相談案件の四半期ごとの推移……………………………94
 〔図表32〕　相談件数の年度別推移……………………………………94
 〔図表33〕　計画策定完了案件数の四半期ごとの推移………………95
 〔図表34〕　計画策定完了案件数の年度別推移………………………95
 〔図表35〕　再生支援手法別の取組み件数……………………………96
 〔図表36〕　再生支援手法の年度別推移………………………………96
 (6)　中小企業再生支援協議会の今後の展望……………………………97
 〔図表37〕　事業再生手続の中心ステージ……………………………98

2．中小企業再生支援協議会の機能強化のための提案……本永敬三・99
  (1) 中小企業再生支援協議会の機能強化等の現状……………………99
  (2) 中小企業者の「真の意味での経営改善」………………………100
  〈資料1〉 金融担当大臣談話──中小企業金融円滑化法の期限到来後
        の検査・監督の方針等について──（「中小企業の経営支援の
        ための政策パッケージ」の推進等）（抜粋）……………100
  (3) 「真の意味での経営改善」が必要である中小企業者 ……………101
  〔図表38〕「真の意味での経営改善」が必要な中小企業者………………102
  (4) 協議会の機能強化のための提案……………………………………102
  〔図表39〕 従来スキームと新スキーム………………………………………103
  (5) 経営改善支援センターの活用………………………………………105
  〈資料2〉 中小企業の新たな事業活動の促進に関する法律──目的：第1条
        …………………………………………………………………106
  (6) 事業再生をするための具体的施策にまで踏み込んだ「真の意味
     での経営改善」………………………………………………………106

第4章 私的整理をめぐる社会資源………108

I 企業再生ファンドの現状──地域再生ファンドを中心に
  ………………………………………………………………松尾順介・108
 1．はじめに………………………………………………………………………108
 2．地域再生ファンドの特徴……………………………………………………109
  〔図表40〕 主な地域再生ファンド……………………………………………110
 3．地方銀行主導型ファンド……………………………………………………114
  〔図表41〕 中小企業基盤整備機構による中小企業再生ファンド
        組成実績（2014年3月）……………………………………115
 4．地方銀行主導型ファンドの事例──静岡キャピタルの取組み
    ……………………………………………………………………………118

〔図表42〕 静岡キャピタルの中小企業支援ファンド（概要）……………120
5．民間ファンド会社の事例──リサ・パートナーズ ……………120
〔図表43〕リサ・パートナーズの事業内容……………………………122
〔図表44〕リサ・パートナーズの再生ファンドと提携金融機関……124
6．まとめ………………………………………………………………126

Ⅱ 企業再生ファンドの現状──外国再生ファンドの動向
……………………………………………………………時国　司・127
1．日本の投資ファンド・再生ファンドを取り巻く環境…………127
2．投資ファンドとの関係性…………………………………………128
3．投資ファンドを受け入れるメリット……………………………128
4．投資ファンドの存在意義──具体例を通じて…………………130
  (1) 案件の概要……………………………………………………130
  (2) 事業再生への道筋……………………………………………131
  (3) 具体的な施策…………………………………………………131
5．今後の日本における投資・再生ファンド………………………134

Ⅲ 望まれる新しい事業再生とADR……………………佐藤鉄男・137
1．普通名詞としての事業再生ADR…………………………………137
2．望まれる事業再生へのさまざまな側面…………………………138
3．事業再生にとってのADRの位置…………………………………139
  (1) ADRの潮流の波及……………………………………………139
  (2) 事業再生と裁判所の内外……………………………………140
4．事業再生ADRの適正水準…………………………………………142
  (1) 損益の改善……………………………………………………142
  (2) 債務の整理＝権利処遇………………………………………143
5．ハイブリッドな事業再生手続……………………………………144
  (1) 私的整理は新たなステージへ………………………………144
  (2) 私的整理で重視されるべきこと……………………………145
6．結びに代えて………………………………………………………147

Ⅳ　地域経済の活性化とこれからのADR……………横江正三・147
　1．地域経済の状況と従来の再生手法………………………147
　　(1)　地域間競争の激化………………………………………147
　　(2)　長期的視点の欠如………………………………………148
　2．新たな再生手法……………………………………………149
　　(1)　地域経済の活性化のための事業計画…………………149
　　(2)　商店街・温泉旅館の事例………………………………149
　　〔図表45〕　商店街の最近の景況…………………………151
　　〔図表46〕　商店街における問題…………………………151
　3．ADRの活用………………………………………………152
　　〔図表47〕　ADR機関の役割イメージ図…………………153

第Ⅱ編　私的整理のすすめ

第1章　倒産処理の不易と流行……佐藤鉄男・156

Ⅰ　はじめに………………………………………………………156
Ⅱ　現行倒産法制への途…………………………………………157
Ⅲ　倒産法制の現在の状況………………………………………161
Ⅳ　倒産法制の今後の展開………………………………………164

第2章　私的整理の枠組み………………………167

Ⅰ　私的整理のガイドラインによる実務の総括………今川嘉文・167
　1．私的整理ガイドラインの導入……………………………167
　　(1)　私的整理の問題点………………………………………167
　　(2)　私的整理ガイドラインの導入…………………………168

13

  (3)　私的整理GLの特徴………………………………………………169
  (4)　再建計画案の内容と要件………………………………………170
  (5)　対象債務者となり得る企業……………………………………171
 2．私的整理ガイドラインの手続……………………………………172
  (1)　私的整理の申出…………………………………………………172
  (2)　一時停止の通知…………………………………………………172
  (3)　第1回債権者会議………………………………………………173
  (4)　主要債権者による報告（専門家アドバイザーの説明会）……173
  (5)　第2回債権者会議………………………………………………174
  (6)　再建計画の成立・不成立………………………………………174
 3．私的整理ガイドラインの利用メリット…………………………175
  (1)　債権者・債務者側の税務処理…………………………………175
  (2)　事業価値の急激な毀損回避……………………………………175
  (3)　迅速かつ透明性・公平性の高い手続…………………………176
  (4)　抜本的な再建計画………………………………………………176
  (5)　代表訴訟リスクの軽減…………………………………………176
  (6)　上場廃止等の猶予………………………………………………177
  (7)　債務者区分の取扱い……………………………………………177
 4．私的整理ガイドラインの利用デメリット………………………177
  (1)　要件の厳格性……………………………………………………178
  (2)　経営者の責任……………………………………………………178
  (3)　法的拘束力・強制力の欠如……………………………………179
  (4)　失敗後の法的整理への移行義務………………………………179
 5．私的整理ガイドラインの課題と利用減少………………………180
Ⅱ　個人版私的整理ガイドライン………………………………………181
 1．現状の枠組み・成果の検証……………………………石毛和夫・181
  (1)　はじめに…………………………………………………………181
  (2)　本ガイドライン策定の経緯……………………………………182

(3) 本ガイドラインの特徴………………………………………183
　　(4) 手続の概要…………………………………………………184
　　(5) 本ガイドラインによる弁済計画……………………………185
　　(6) 成果の検証…………………………………………………187
　〔図表48〕　個人債務者の私的整理に関するガイドライン利用件数（平成
　　　　　　26年4月4日時点）……………………………………189
　〔図表49〕　個人債務者の私的整理に関するガイドライン利用件数推移
　　　　　　（平成26年1月31日まで）……………………………190
　　(7) おわりに……………………………………………………191
　2．個人版私的整理ガイドラインの現状と課題…………小向俊和・192
　　(1) はじめに……………………………………………………192
　　(2) ガイドラインの意義・特徴…………………………………193
　　(3) ガイドラインの現状と課題…………………………………195
　　(4) おわりに……………………………………………………199

第3章　事業再編に関する比較法的考察

　　　　　　　　　　　　　　　　　　　　　　　　　　　　　　200
Ⅰ　はじめに………………………………………………佐藤鉄男・200
　1．本章の意義……………………………………………………200
　2．本章の視点……………………………………………………201
　3．不良債権処理と事業再編の新展開……………………………202
　4．裁判所内外の事業再編………………………………………204
　5．事業再編窓口とプレーヤー…………………………………205
Ⅱ　米　国……………………………………………………………206
　1．米国事業再編の実務──制度的視点………森　倫洋／菅野百合・206
　　(1) 制度の概要…………………………………………………206
　　(2) ワークアウトとチャプターイレブンの関係…………………209
　　(3) 各　論………………………………………………………215

(4)　結　語……………………………………………………………218
　2．実務的視点——事業再生に絡むプレーヤー……………堀内秀晃・219
　　(1)　はじめに…………………………………………………………219
　　(2)　ディストレスト債権投資ファンド（アップサイド追求型）………220
　〔図表50〕　事例：Chapter11申請時と脱却時点の企業価値………………222
　〔図表51〕　事例：借入金と株式の既存債権者への分配……………………222
　　(3)　ターンアラウンド・マネジャー………………………………223
　　(4)　リクイデーター…………………………………………………226
　　(5)　おわりに…………………………………………………………229
　3．米国の銀行破たん処理とFDICやRTCの役割…………髙月昭年・230
　　(1)　レシーバーシップ方式で処理…………………………………230
　　(2)　FDICの3つの顔………………………………………………232
　　(3)　銀行破たん処理と事業再編……………………………………233
　　(4)　レシーバーの権限………………………………………………235
　　(5)　コンサベーター…………………………………………………236
　　(6)　RTC………………………………………………………………237
　　(7)　日本の参考になるか……………………………………………238
　4．米国連邦倒産法363条セールの概要と事業譲渡における債権
　　　者保護……………………………………………………井出ゆり・240
　　(1)　はじめに…………………………………………………………240
　　(2)　363条セールの制度概要と実務運用……………………………241
　　(3)　363条セールにおける債権者保護………………………………243
　　(4)　363条セールの許可に係る近年の傾向…………………………245
　　(5)　わが国の事業再生手続に対する示唆…………………………246
Ⅲ　アジア……………………………………………………………………247
　1．韓国——韓国資産管理会社（KAMCO）による再生支援
　　　……………………………………………………………髙岡俊文・247
　　(1)　はじめに…………………………………………………………247

(2)　KAMCO 設立 …………………………………………………247
〔図表52〕　KAMCO 資本増資歴 ………………………………………248
　(3)　不良債権処理 ………………………………………………249
〔図表53〕　金融機関別不良債権買取り状況（1997年11月～1999年12月）……251
〔図表54〕　年度別不良債権買取り状況 …………………………………251
　(4)　私的整理と企業再生 ………………………………………253
〔図表55〕　大宇系列企業再生支援状況 …………………………………256
〔図表56〕　企業構造調整関連制度の比較 ………………………………259
　(5)　最後に ………………………………………………………260
２．アジア諸国………………………………………杉本　究／信夫大輔・260
　(1)　はじめに ……………………………………………………260
　(2)　アジア通貨・経済危機を契機とした私的整理手続実務の進展……261
　(3)　各国における私的整理手続実務の現状 ……………………263
　(4)　アジア地域で共有される私的整理手続の枠組み ……………268
　(5)　おわりに ……………………………………………………268

Ⅳ　ヨーロッパ ……………………………………………………………270
１．イギリス ……………………………………………中村吉伸／舟橋宏和・270
　(1)　イギリスにおける私的整理の変遷 ……………………………270
　(2)　私的整理の概要 ………………………………………………273
　(3)　各選択肢の比較 ………………………………………………277
〔図表57〕　再生手法の選択の主なポイント ……………………………278
２．フランス ……………………………………………………小梁吉章・280
　(1)　概　観 ………………………………………………………280
　(2)　倒産処理法上の制度 …………………………………………281
　(3)　事業再生支援策 ………………………………………………289
　(4)　起業の促進 …………………………………………………290
　(5)　続けられる努力 ………………………………………………290

17

目次

第4章 日本における事業再編の歴史……292

Ⅰ 整理回収機構……………………………………………四宮章夫・292
  1．はじめに………………………………………………………292
  2．整理回収機構設立の背景……………………………………292
  3．わが国での整理回収機構の活動の限界……………………294
  4．金融庁検査…………………………………………………296
  5．整理回収機構による不良債権の回収………………………298
    (1) 整理回収機構による不良債権回収のスタンス……………298
    (2) 整理回収機構による不良債権回収の実態…………………299
  6．整理回収機構による破たん金融機関の役員に対する責任追
    及の問題………………………………………………………308
    (1) O氏の場合……………………………………………………308
    (2) T氏の場合……………………………………………………308
  7．結　語………………………………………………………309

Ⅱ 住管機構の立上げと当初の全体の運営方針など………吉田　正・310
  1．住管機構………………………………………………………310
    (1) 住管機構の設立………………………………………………310
    (2) 不良債権処理と住管機構……………………………………310
    (3) 事業再生という考え方………………………………………310
  2．住専処理前後の日本の不良債権の状況……………………311
    (1) 処理に伴う負担スキームと公的資金………………………311
  〔図表58〕 日本の不良債権処理の状況……………………………312
    (2) 新たな展開……………………………………………………313
  3．住専処理………………………………………………………313
    (1) 政府案…………………………………………………………313
    (2) 住専国会………………………………………………………314

	(3) 住管機構設立 ·· 314
4．	住管機構立上げ当初の不良債権処理手法 ································ 314
	(1) 国策会社・司法的見地に立っての業務運営 ······················· 314
	(2) 世論への対応 ·· 315
	(3) 回収目標達成の目的化 ··· 315
5．	住管機構の設立とその当初の運営を振り返ってみて ·············· 316
	(1) 処理時期は適切であったか ····································· 316
	(2) 司法的処理が適切であったか ·································· 316
	(3) 銀行という金融機能にキャピタルゲインは必要か ············· 317

Ⅲ　**産業再生機構——カネボウ・花王の事例から**············上田耕一郎・318

1．カネボウの略歴および私的整理開始の背景 ······················· 318
2．私的整理のプロセス ·· 320
　　(1) 花王との化粧品事業統合案 ·· 320
　　(2) 花王への化粧品事業売却案 ·· 320
　　〔図表59〕 カネボウ私的整理の推移 ···································· 321
　　(3) IRCJ による支援決定（1回目）·································· 322
　　〔図表60〕 IRCJ による支援決定（1回目）···························· 323
　　(4) IRCJ による支援決定（2回目）·································· 324
　　〔図表61〕 IRCJ による支援決定（2回目）···························· 324
　　〔図表62〕 事業の選択と集中 ·· 325
　　〔図表63〕 IRCJ による2回目の支援決定後 ························· 326
　　〔図表64〕 花王・ファンド連合への譲渡 ······························ 327
　　(5) IRCJ による花王・ファンド連合への売却 ···················· 327
　　(6) ファンド連合によるカネボウの組織再編（少数株主のスクィーズ・アウトと訴訟問題）·· 328
　　〔図表65〕 ファンド連合による組織再編① ·························· 328
　　〔図表66〕 ファンド連合による組織再編② ·························· 329
　　〔図表67〕 営業譲渡対価の処理 ··· 330

(7) ファンド連合によるホーユーへの売却……………………………331
　3．カネボウの再生における私的整理の意義………………………………332
　　(1) 私的整理開始および成立の主な要因………………………………332
　　(2) IRCJ の役割………………………………………………………332
　〔図表68〕IRCJ スキームにおける投融資の状況………………………333
　　(3) 金融機関……………………………………………………………334
　　(4) 既存株主……………………………………………………………335
　　(5) カネボウ経営陣……………………………………………………336
　　(6) 花　王………………………………………………………………337
　　(7) ファンド連合およびホーユー……………………………………337
Ⅳ　日本航空の会社更生手続に至る経緯とその後の経過…伊藤隆宏・339
　1．はじめに…………………………………………………………………339
　2．経営危機に至るまでの状況……………………………………………339
　3．経営危機から破たん・再建までの経緯………………………………339
　〔図表69〕JAL のたどった経緯（更生計画案提出まで）………………339
　4．諸問題の整理……………………………………………………………343
　　(1) 政治主導による混乱………………………………………………343
　　(2) タスクフォースの問題点…………………………………………343
　　(3) 私的整理の限界……………………………………………………344
　　(4) 不完全なプレパッケージ型会社更生手続………………………344
　　(5) おわりに……………………………………………………………344
Ⅴ　事業再生 ADR……………………………………………………………345
　1．弁護士の視点から………………………………………鈴木　学・345
　　(1) 事業再生 ADR の特長……………………………………………345
　　(2) 事業再生 ADR の課題……………………………………………348
　　(3) 手続を利用するにあたっての債務者側の留意点………………351
　2．公認会計士の視点から…………………………………大橋　修・355
　　(1) 事業再生 ADR における公認会計士の役割……………………355

(2) 事業再生計画案の内容……………………………………355
　　(3) 資産評定の基準……………………………………………357
　　(4) 公認会計士としての対応…………………………………357
　3．コンサル会社の視点から……………………杉本　究／信夫大輔・359
　　(1) はじめに……………………………………………………359
　　(2) 経営者責任の射程…………………………………………360
　　(3) 各手続の比較………………………………………………361
　　(4) 事例の検討…………………………………………………361
　　(5) 経営者責任規定の必要性…………………………………362
　〔図表70〕　金融支援を伴う上場企業の事業再生計画における経営者責任
　　　　　　の事例…………………………………………………363
　　(6) おわりに……………………………………………………365
Ⅵ　司法型 ADR としての特定調停………………中井康之／山本　淳・366
　1．司法型 ADR……………………………………………………366
　2．特定調停………………………………………………………367
　　(1) 立法の経緯とその運用……………………………………367
　　(2) 特定調停の事業再生における利用可能性………………368
　　(3) 特定調停の実務上の活用…………………………………372

第Ⅲ編　あるべき私的整理手続の実務

第1章　私的整理手続概説……………………380

Ⅰ　私的整理手続の経済合理性………………………………四宮章夫・380
　1．はじめに………………………………………………………380
　2．私的整理の必要性……………………………………………380
　3．私的整理の再評価……………………………………………383

21

- 4．過去の私的整理の総括 ……………………………………384
- 5．私的整理に期待される秩序 …………………………………386
  - (1) 各種 ADR 機関 …………………………………………386
  - (2) 私的整理に関するガイドライン ………………………387
  - (3) 法的整理手続 ……………………………………………387
- 6．私的整理と債権者の同意の要否 ……………………………388
  - (1) 債権者の利益の保護と同意の要否 ……………………388
  - (2) 私的整理と危機時期の到来 ……………………………388
- 7．私的整理と弁護士 ……………………………………………389
  - (1) 債権者との関係 …………………………………………389
  - (2) 係争の目的物の譲受け …………………………………390
  - (3) チームリーダーの役割 …………………………………390

II 企業価値の評価 ……………………………………………390

- 1．事業再編のためのデューディリジェンスの実務 ……山下裕美子・390
  - (1) 事業再編のためのデューディリジェンス ……………390
  - (2) 財務 DD ……………………………………………………391
  - (3) ビジネス DD ………………………………………………391
  - (4) 不動産 DD …………………………………………………392
  - (5) 法務 DD ……………………………………………………392
  - (6) 事業計画と企業価値 ……………………………………393
  - (7) 各 DD の連携 ……………………………………………393
  - 〔図表71〕 DD と BS の関係 …………………………………394
- 2．事業再生と不動産鑑定とのかかわり──法的整理手続を中心に
   ……………………………………………………………大八木雅明・394
  - (1) 法的整理手続と不動産鑑定評価 ………………………394
  - (2) 民事再生法、会社更生法における財産評定において求めるべき不動産鑑定評価額 …………………………………………395
  - (3) 民事再生法、会社更生法における財産評定上の問題点 ……395

〔図表72〕 不動産鑑定評価における価格の種類と規定（民事再生法・会社更生法）……………………………………………………396
　　(4)　鑑定評価により把握できるもの、そうでないもの…………397
　　(5)　まとめ………………………………………………………398
Ⅲ　金融機関による私的整理への新たな試み——債権者はどこまで踏み込むことができるのか………………………舛井正俊／前田和則・399
　1．はじめに…………………………………………………………399
　2．債権投資段階……………………………………………………400
　3．債権管理段階……………………………………………………401
　4．債権回収出口段階………………………………………………403
　5．まとめに代えて…………………………………………………404

第2章　適正な再生計画……………………………………………407

Ⅰ　適正な再生計画における数値基準………………知野雅彦・407
　1．債務超過解消の期限……………………………………………407
　2．経常赤字の黒字転換の期限……………………………………409
　3．再生計画終了年度の財務状態…………………………………410
　　(1)　私的整理手続における再生計画の期間……………………410
　　(2)　金融検査マニュアルにおける取扱い………………………411
Ⅱ　株主責任・経営者責任……………………………杉本純子・415
　1．総　論……………………………………………………………415
　2．株主責任…………………………………………………………415
　　(1)　私的整理における株主の責任………………………………415
　　(2)　私的整理の各準則における株主責任………………………416
　　(3)　株主責任の具体的態様………………………………………419
　3．経営者責任………………………………………………………420
　　(1)　私的整理における経営者の責任……………………………420

23

(2)　私的整理の各準則における経営者責任……………………421
　　(3)　経営者責任の具体的態様……………………………………424
Ⅲ　債権者間の衡平………………………………………杉本純子・425
　1．債権者間の平等と衡平…………………………………………425
　2．私的整理の各準則における債権者間の衡平…………………426
　　(1)　私的整理に関するガイドラインにおける債権者間の衡平………426
　　(2)　RCC企業再生スキームにおける債権者間の衡平………………427
　　(3)　中小企業再生支援協議会事業実施基本要領における債権者間の
　　　　衡平……………………………………………………………427
　　(4)　事業再生ADRにおける債権者間の衡平…………………………428
　3．衡平性の観点から差異が認められる事例……………………428
　　(1)　少額債権の有利な取扱い……………………………………428
　　(2)　いわゆるメインバンク等が同意している場合………………429
　　(3)　その他…………………………………………………………430
Ⅳ　計画期間…………………………………………………牧野誠司・431
　1．計画期間の意義…………………………………………………431
　2．民事再生手続における再生計画の期間………………………432
　3．私的整理手続における計画期間………………………………433
　　(1)　総　論…………………………………………………………433
　　(2)　黒字転換達成期間……………………………………………433
　　(3)　債務超過解消期間……………………………………………434
　　(4)　私的整理手続における計画期間のまとめ…………………435
　4．私的整理手続における弁済（完済）期間……………………435

第3章　適正な再建手続　……………井上愛朗・437

Ⅰ　私的整理の手続…………………………………………………437
　1．私的整理手続の流れ……………………………………………437

〔図表73〕　手続の流れとスケジュール……………………………………438
　2．一時停止の通知………………………………………………………439
　　(1)　対象債権者………………………………………………………439
　　(2)　一時停止の内容…………………………………………………440
　　(3)　一時停止通知の送付と「支払停止」…………………………440
　3．第1回債権者会議──計画案の概要説明…………………………441
　4．第1回債権者会議から第2回債権者会議まで……………………442
　5．第2回債権者会議──再建計画案の内容説明に関する会議……444
　6．第3回債権者会議──決議会議………………………………………444
　　(1)　書面による同意…………………………………………………444
　　(2)　第2会社方式……………………………………………………445
　　(3)　対象債権者の同意の対象………………………………………445
　　(4)　債権者会議での決議事項………………………………………446
　　(5)　対象債権者との個別の条件変更契約…………………………446
　　(6)　私的整理の成立後………………………………………………447
Ⅱ　「詐害的会社分割」と「私的整理」……………………………………447
　1．詐害的（濫用的）会社分割…………………………………………447
　　(1)　私的整理の一手法としての「第2会社方式」………………447
　　(2)　会社法の施行と詐害的（濫用的）会社分割…………………448
　　(3)　会社法制の見直しに関する要綱案（詐害的会社分割の救済）……449
　2．詐害的会社分割がなされた場合の債権者の対抗策と裁判例……449
　〔図表74〕　詐害行為が問題となった判例………………………………451
　〔図表75〕　否認が問題となった判例………………………………………452
　〔図表76〕　法人格否認が問題となった判例………………………………453
　3．詐害的会社分割のメルクマール……………………………………455
　　(1)　重畳的債務引受けを理由づけとすることの当否……………455
　　(2)　詐害性のメルクマール①──弁済率の減少…………………456
　〔図表77〕　会社分割の貸借対照表イメージ図……………………………457

(3)　詐害的会社分割のメルクマール②——偏頗行為性 ……………457
　4．合理的な債権者であれば同意するであろうと評価されるための要件 …………………………………………………………459
　(1)　第2会社方式を実行する必要性——法的整理の開始原因の存在 ‥460
　(2)　弁済条件の合理性 ………………………………………………460
　(3)　承継会社等の株式の換価と最大化 ……………………………461
　(4)　再建計画の説明 …………………………………………………462
　5．結びに代えて …………………………………………………463

第4章　スポンサーの保護 ……………464

I　DIPファイナンス ……………………………………………464
　1．集合債権の譲渡担保の実行の意義 ………………………金　大燁・464
　(1)　問題の所在 ………………………………………………………464
　(2)　倒産手続開始後における集合債権譲渡担保の効力に関する見解‥465
　(3)　倒産時における集合債権譲渡担保の効力の制限の可能性 ………466
　(4)　今後の展望 ………………………………………………………468
　2．登記した債権譲渡担保権の保全 …………………………木下玲子・469
　(1)　債権譲渡担保の対抗要件 ………………………………………469
　(2)　債権譲渡担保権の登記 …………………………………………470
　(3)　債権譲渡担保権の登記のリスク ………………………………475
　3．資金繰りの管理による債権保全 …………………………木下玲子・476
　(1)　はじめに …………………………………………………………476
　(2)　資金繰りの概要をつかむ——粉飾を見抜く …………………476
　(3)　資金繰りの管理 …………………………………………………477
　(4)　担保の設定 ………………………………………………………478
　(5)　資金移動の手続に関与する ……………………………………478
　(6)　会社の継続と社会貢献性 ………………………………………480

4．米国のABLと事業再生ファイナンス……………堀内秀晃・481
　　(1)　はじめに……………………………………………………………481
　　(2)　米国型ABL発展の経緯…………………………………………482
　　(3)　米国型ABLのストラクチャー…………………………………483
　　〔図表78〕　担保非適格売掛債権の例……………………………485
　　〔図表79〕　担保非適格在庫の例…………………………………485
　　(4)　米国におけるABLの事業再生への応用を支える制度……………487
　　(5)　日本におけるABLの事業再生ファイナンスへの応用とその課題
　　　　………………………………………………………………………491
　5．担保権消滅請求の限界…………………………………青木丈介・493
　　(1)　民事再生とリース契約の解除……………………………………493
　　(2)　遊休不動産と担保権消滅請求……………………………………499
II　再生支援スポンサーの保護………………………………相澤光江・503
　1．はじめに………………………………………………………………503
　2．事業再生支援スポンサーの必要性…………………………………504
　3．プレパッケージによるスポンサー選定……………………………505
　4．プレパッケージによる事業再生の問題点…………………………507
　　(1)　限定的な情報開示…………………………………………………507
　　(2)　企業業績の不確実性………………………………………………507
　　(3)　競争の不存在………………………………………………………507
　5．プレパッケージ型事業再生におけるスポンサーの再選定………507
　6．お台場アプローチ──プレパッケージにおけるスポンサー
　　　選定の基準…………………………………………………………509
　7．優先譲受権の付与……………………………………………………511
　8．ブレイクアップ・フィーの設定……………………………………513
　9．まとめ──プレパッケージ・スポンサーの保護に関する私見
　　　………………………………………………………………………514
　　(1)　再選定を行わない場合……………………………………………515

27

(2)　再選定を行う権利を留保する場合……………………………515
　(3)　公正性に疑義がある場合………………………………………516
　(4)　債権者への情報開示……………………………………………516

第5章　事業再編と税務……………518

I　法人の清算所得に関する法人税課税ルールの変更に伴う事業
　再編に及ぼす影響………………………………古田哲也／大和田智・518
　1．清算所得課税の変更と期限切れ欠損金の損金算入……………518
　〔図表80〕青色欠損金と期限切れ欠損金によっても債務免除益を相殺し
　　　　　きれないケースの取扱い……………………………………519
　2．実在性のない資産に対する措置…………………………………519
　3．解散した内国法人の株主の取扱い………………………………520
　〔図表81〕完全親会社が完全子会社の青色欠損金を引き継ぐケース………521
　4．残余財産の分配と適格現物分配における繰越欠損金の使用
　　　制限等の比較……………………………………………………521
　〔図表82〕適格現物分配における繰越欠損金の使用制限等の比較…………522
II　仮装経理に関する税金還付事例に報告………古田哲也／大和田智・523
　1．はじめに…………………………………………………………523
　2．過誤納税金の還付手続における実務上の留意点………………523
　〔図表83〕更正期限、還付金の消滅時効、更正の請求期限等………………524
　　(1)　第1段階：粉飾決算発覚時…………………………………524
　〔図表84〕過誤納税金の還付時期………………………………………525
　　(2)　第2段階：税務当局への資料提出時………………………526
　〔図表85〕循環取引（例）………………………………………………526
　〔図表86〕グループ間取引を用いて架空の処理を決算書に計上する事例…527
III　民事再生等における債務免除益と税務上のチェックポイント
　　………………………………………………………田端博之・528

目 次

1．民事再生の類型と所得計算 …………………………………528
2．債務免除とその課税関係 ………………………………………528
3．再生計画案の認可と税務上考慮すべきイベント ……………528
4．債務免除益課税の回避と税務スケジュール …………………531
5．債務免除益等と欠損金の利用 …………………………………531
　(1)　法人税法57条の青色欠損金 …………………………………531
　〔図表87〕　更生計画案における税務スケジュールのイメージ ………532
　(2)　法人税法59条の欠損金 ………………………………………532

・事項索引 ………………………………………………………………534
・執筆者一覧 ……………………………………………………………542
・事業再編実務研究会会員一覧 ………………………………………545
・第2期事業再編実務研究会研究内容一覧 …………………………549

第Ⅰ編

金融円滑化法の終了を迎えて

第1章 金融円滑化法

I 金融円滑化法とその成果

1. 金融円滑化法の導入

　長引く景気低迷や円高などにより厳しい経営状態にある中小企業者等の資金繰りを支援するため、民主党政権の発足直後、当時の金融担当大臣の提唱により導入されたのが、「中小企業者等に対する金融の円滑化を図るための臨時措置に関する法律」(以下、「金融円滑化法」または「法」という)である。金融円滑化法は、2009年11月30日に2011年3月末までの時限法として成立し、関連政府令、監督指針および金融検査マニュアルとともに2009年12月4日より施行された。

　「金融の円滑」(銀行法1条1項)は、信用秩序の維持や預金者等の保護と並んで金融機関の重要な役割の1つであり、従来、金融機関の業務の健全性および適切性の確保の議論が、ともすればリスク管理一辺倒になりがちであったのに対し、業務の健全性および適切性を確保しつつ中小企業者等に対する金融の円滑化を促すことに金融円滑化法の主眼がある。そのため、同法は2011年3月末まで(その後、2013年3月末まで延長)の時限措置であったものの、改訂された金融検査マニュアルや監督指針の一般的に金融円滑化に資する部分は、時限措置終了後の金融検査・監督においても、継続して適用される恒久的なものとされた。

定めた。さらに、8条で、金融機関に対し、4条から6条の規定に基づく措置の詳細について行政庁への報告を義務づけた。

(3) 行政庁の対応

金融円滑化法は、金融機関の検査・監督の実施にあたって、中小企業者に対する金融の円滑化を図るという、法の趣旨を十分尊重するものと規定した。これを受けて、金融庁は、2009年12月に、「主要行等向けの総合的な監督指針」、「中小・地域金融機関向けの総合的な監督指針」等の改正に加え、「中小企業者等に対する金融の円滑化を図るための臨時措置に関する法律に基づく金融監督に関する指針」を新設した。また、「金融検査マニュアル（預金等受入金融機関に係る検査マニュアル）」の経営管理（ガバナンス）、リスク管理等編（顧客保護等管理態勢、信用リスク管理態勢）の改訂に加え、金融円滑化編を新設した。

金融機関は、信用リスク管理のため、債務者の財務状況、資金繰り、収益性等の状況により債務者を区分し、その債務者区分に応じた貸倒引当金の引当を行っている。債務者は、「正常先」、「要注意先」、「破綻懸念先」、「実質破綻先」、「破綻先」に区分され、「要注意先」については、さらに「要管理先」と「その他の要注意先」に細分化されており、「要管理先」以下の債権については、いわゆる不良債権として開示が義務づけられている。

金融検査では、債務者区分の適切性についても検証が行われるところ、検査の手引書である金融検査マニュアルの改訂により、中小企業者に対する債権については、「要管理先」と「その他の要注意先」とを区分する際の基準が従来から変更された。

債務者から金利の減免や返済猶予の申出を受けた金融機関がこれに応じた場合、当該債務者に対する債権は、貸出条件緩和債権に該当するため、基準金利（当該債務者と同等の信用度合いを有している債務者に対して通常適用される金利）をとれていなければ、原則として「要管理先」債権に区分され、不良債権として開示が義務づけられる。ところが、貸出条件緩和債権であっても、債務者が実現可能性の高い抜本的な経営改善計画を策定していれば、

2. 金融円滑化法の内容

(1) 適用対象

　金融円滑化法は、金融機関並びに政府および行政庁を名宛人〔…〕これらに対し、一定の措置を講じる義務や努力義務を定めてい〔…〕

　金融円滑化法が適用対象としている取引は、金融機関から〔…〕する貸付けであるところ、「金融機関」とは、銀行、信用金庫〔…〕合、労働金庫、農業協同組合、漁業協同組合等と定義されて〔…〕項)、「中小企業者」とは、①資本金の額または出資総額が〔…〕が小売業・サービス業の場合は5000万円、卸売業の場合は1億円〔…〕等以外の一般事業を行う会社、②常時使用する従業員の数〔…〕業が小売業の場合は50人、サービス業・卸売業の場合は100人)〔…〕以外の一般事業を行う会社および個人、③中小企業等協同〔…〕合等であって、一般事業を行うものまたはその構成員の〔…〕事業を行うもの、または、④常時使用する従業員の数が〔…〕人と定義されている（同条2項）。

(2) 金融機関の努力義務

　金融円滑化法は、3条で、金融機関が中小企業者から〔…〕求められた際、当該中小企業者の特性およびその事業の〔…〕できる限り、柔軟にこれに応じるよう努めるものとし、〔…〕中小企業者から債務の弁済に係る負担の軽減の申込みが〔…〕条件の変更等の適切な措置をとるよう努めるものとし〔…〕

　これらは、金融機関の努力義務であって、直接の法〔…〕はなかったが、4条および5条の措置をとることの実〔…〕6条で、金融機関の義務規定として、4条および5条〔…〕実施に関する方針の策定、当該措置の状況を適切に把〔…〕備等の必要な措置を定め、7条で、金融機関に対し、〔…〕明書類を作成し、営業所等に備え置き、公衆の縦覧〔…〕

4

「その他の要注意先」に上方遷移して不良債権には該当しないとの特例が従来から認められていた。

そして、従来の基準では、経営改善計画を貸付条件の変更時までに策定する必要があったが、改訂により、中小企業者向け融資では、貸付条件の変更時までには経営改善計画が策定されていない場合であっても、貸付条件の変更時より最長1年以内に計画が策定される見込みがあれば貸出条件緩和債権に該当しないものとされた。

なお、上記の金融検査マニュアルの改訂は、金融円滑化法に対応した時限措置ではなく、中小企業の特性を踏まえた恒久措置として行われた。

3. 金融円滑化法の成果

金融円滑化法は、当初、2011年3月末までの時限法として成立したが、その後も景気回復の足音は遠く、経済情勢が好転しなかったため、同法は2011年3月、2012年3月の2度にわたって延長され、結局、2013年3月末までの3年3カ月余り施行されることになった。

2012年12月より始まった第2次安倍内閣においては、デフレ脱却による経済回復を目標に、日本銀行との連携による大胆な金融緩和や機動的な財政政策を進めることで、円安株高の基調にあり、長期の景気低迷からようやく脱した感がある。

このような状況下で金融円滑化法の果たした役割と課題を振り返ってみると、そこには成果と弊害の両面があったといわざるを得ず、そのいずれが勝ったかについてはいまだに確定することが困難である。

そのため、ここでは金融円滑化法の施行期間の前後を通じた中小企業者の景況および中小企業者向け融資の状況を表すと思われる数値を示すにとどめたい。

(1) 貸付条件変更等の取組み

金融庁の公表資料によれば、債務者が中小企業者である場合における貸付条件の変更等の状況は、2013年3月末までの実績で、申込件数437万件、申

込金額119兆6000億円に対して、407万5000件、112兆3490億円の貸付条件の変更等が行われた[1]。貸付条件変更等の実行率は実に93.3％（審査中や取下げを除いた実質の実行率は97.4％）に上り、申込みをした中小企業者の大部分が、貸付条件の変更等を受けたことになる。

なお、金融円滑化法期限切れ後の2013年4〜9月期にも、約58万9000件の申込件数に対し、約58万2000件の貸出条件の変更等が行われており、実行率は98.8％と金融円滑化法の施行期間中よりも上昇している。

(2) 企業倒産件数の減少

株式会社帝国データバンクの調査によれば、全国企業倒産件数は、2008年度の1万3234件をピークに、金融円滑化法の施行期間中減少を続け、2013年度は、1万102件となっている。また、負債総額も、2008年度の13兆6709億円をピークに減少を続け、2013年度は、2兆7474億円となっている。もっともこの期間中に負債100億円以上の大型倒産は減少したものの、負債5000万円未満の小規模倒産は約5500〜5900件で高止まりしている。

また、金融円滑化法を利用して貸付条件の変更等を受けた中小企業者が、再生を果たせず倒産に至った事例も増えている。

金融円滑化法の施行は、中小企業者等の資金繰り破たんによる倒産回避に一定の効果があったと想定されるが、多くの要因が複雑に絡み合う中で、倒産件数や負債総額の減少に金融円滑化法がどれだけ寄与したかは定かでない。

(3) 開示債権（要管理債権）の推移

金融円滑化法の施行を受けた監督指針および金融検査マニュアルの改訂により、中小企業者向け貸付けに関しては、「その他の要注意先」に上方遷移するための経営改善計画策定時期の要件が緩和されたことから、従来であれば「要管理先」債権に区分されて不良債権として開示されていた貸出条件緩和債権が、相当程度「その他の要注意先」にとどまったと推測される。

実際、金融庁が公表した「金融再生法開示債権等の推移」によれば、金融

---

[1] 金融庁「中小企業円滑化法に基づく貸付条件の変更等の状況について」〈http://www.fsa.go.jp/news/25/ginkou/20130807-2/01.pdf〉.

円滑化法施行前の2009年３月期の「要管理先」債権は、預金等取扱金融機関（601機関）全体で2.6兆円であったが、2010年３月期には2.5兆円に減少し、「その他の要注意先」債権が５兆円以上増加した。「要管理先」債権の減少には、下方遷移による減少も含まれるため、単純な評価はできないが、減少要因には、債務者の業況改善による正常債権化に加え、再建計画の策定等による正常債権化が一定程度含まれる。

その後、預金等取扱金融機関全体での「要管理先」債権は漸増し、2013年３月期には3.3兆円に達しているが、中小企業者向け貸付けが多いと推定される地域銀行（106行）の「要管理先」債権は、2009年３月期の9870億円から2013年３月期の１兆1610億円、同じく協同組織金融機関（443機関）の「要管理先」債権も、2009年３月期の4850億円から2013年３月期の5000億円と、主要行と比較して増加率が低い。

前述のとおり、金融円滑化法施行後、2013年３月末までに合計112兆3490億円の貸付条件の変更等が行われていることを踏まえれば、そのすべてが「要管理先」債権に区分されるわけではないものの、監督指針および金融検査マニュアルの改訂が、「要管理先」債権の急増による貸倒引当金の負担を免れさせることにより、金融機関における貸出条件の変更等への柔軟な対応を促したと評価することが可能である。

4. 金融円滑化法の弊害

成果の一方で金融円滑化法の施行による弊害も指摘される。これらは金融円滑化法の導入前から懸念されたところではあったが、２度の延長により長期化した施行期間中に綻びのいくつかが早くも顕在化することになった。

(1) モラルハザードの懸念

金融庁によれば、複数回の貸付条件の変更等を行う中小企業者が全体の約８割にまで増加したことに加え、経営改善計画が未策定の中小企業者も増加した。

金融検査マニュアルの改訂により貸付条件の変更時より最長１年以内に経

営改善計画を策定すれば足りると計画の策定時期の要件が緩和されたが、経営改善計画を策定しないまま貸出条件の変更等を受けた後、経営改善計画を策定しないまま放置する中小企業者や、貸出条件の変更等を受けたにもかかわらず、変更後の貸出条件でも資金繰りが追いつかずに再度の条件変更を求める中小企業者が、いずれも相当数存在したことを示している。

他方で、金融機関の側も、当局に対する対応措置の状況報告に係る実績積上げのためや顧客から当局に苦情を申し立てられることを恐れるために申込みに対する謝絶案件はほとんどなく、経営改善計画の十分な検証や条件変更後の債務者に対する継続的な関与を怠った。

再建に向けた努力を怠ったまま安易に条件変更を求める中小企業経営者と景気回復への期待だけで問題を先送りする金融機関の双方のモラルハザードが懸念された。

(2) 金融円滑化法利用後の倒産

金融円滑化法施行後に貸付条件の変更等を受けた中小企業者が、再生を果たせず倒産に至る事例が増えている。株式会社帝国データバンクの調査による金融円滑化法利用後の倒産件数の推移は、2010年度の53件から年々増加しており、2013年度では判明分だけでも562件に達している。貸付条件の変更等を受けた中小企業者全体からみればごく一部であるが、金融円滑化法の利用後短期間のうちに倒産に至ったことは、経営改善計画の実現可能性に対する金融機関の目利きが不十分であったことを意味している。

中小企業者の個別の経営実態を十分把握することや、きめ細かい経営相談・経営指導、経営改善計画の策定等を通じた積極的な取組み等の結果、将来の改善または再生の可能性が認められると判断し、返済猶予に積極的に応じたのであれば、その後の業況悪化により結果的に倒産に至る事案が生じたとしても、リスクテイクが適切な信用リスク管理の下で行われる限り、結果のみをもって責任を問うべきではないが、金融機関の中には、金融円滑化法の施行期間中、事業の改善や再生の可能性が認められないにもかかわらず申出に応じて安易に返済猶予に応じた例も見受けられる。

(3) 倒産の先延ばし

　金融庁の公表する貸付条件の変更等の件数は貸付債権ベースであるが、中小企業者は平均3〜4の金融機関から融資を受け、また、8割以上が複数回の貸付条件の変更等を受けていると考えられるので、企業者数ベースに換算すると、約30万〜40万社が金融円滑化法の貸付条件の変更等を受けたものと推計される。

　そして、金融庁によれば、このうち約5万〜6万社は、特に事業再生・転廃業が必要な事業者であるとされており、本来であれば市場から退出すべき企業や法的倒産手続により債権の一部カットを含めた抜本的な再建策をとるべき企業が、金融円滑化法下で延命を図っている例が相当数存在すると解される。

　そのため、今後は、中小企業者の真の意味での経営改善につながる支援に軸足を移し、本格的な事業再生支援を促進するための対策を実行するとともに、市場から退出すべき企業には速やかに退場を求めることが、中小企業者全体の活力を回復するためには不可欠であると考える。

5. まとめ

　金融円滑化法は、民主党政権の発足後、当時の金融担当大臣の提唱で導入されたが、当初より世論だけでなく金融庁内でも賛否両論あった。その意味では、一定の成果とあわせて弊害が指摘されるのもやむを得ないことかもしれない。

　2013年3月末の期限到来を迎えるに先立って、2012年11月1日に金融担当大臣談話が発表され、金融機関の役割について、「金融機関が、……貸付条件の変更等や円滑な資金供給に努めるべきということは、円滑化法の期限到来後においても何ら変わるものではありません」と述べ、検査・監督の対応についても、「金融検査・監督の目線やスタンスは、円滑化法の期限到来後も、これまでと何ら変わることはありません」、「金融検査マニュアル等で措置されている、中小企業向け融資に当たり貸付条件の変更等を行っても不良

債権とならないための要件は恒久措置であり、円滑化法の期限到来後も不良債権の定義は変わりません」とされた。

　つまり、金融円滑化法の期限到来後も何ら変わらないことを強調したわけだが、金融円滑化法の期限切れに対する中小企業者等の動揺の鎮静化を狙った発言であることを割り引いても、なくなっても変わらないことを強調される金融円滑化法の存在意義とは何だったのかとの疑問も生まれる。

　金融円滑化法の導入を余儀なくされたことが、金融当局による監督指針や金融検査マニュアルの改訂を後押しし、金融検査・監督の対応の見直しが金融機関の中小企業者向け融資のスタンスの転換を迫った一面はあるように思うが、金融当局や金融機関にとって、金融円滑化法の導入により対応の見直しやスタンスの転換を迫られたという事実を認めることは、その導入の経緯からしてできない話であり、結局、金融当局や金融機関は、金融円滑化法の導入とは関係なく、中小企業者に対しては従来から同じスタンスをとっていたのであるから、金融円滑化法の期限到来後も従来と何ら変わらないという姿勢をとらざるを得なかった。

　その意味では、もたらした成果を正当に評価してもらえない「不運な法律」だったように思われる。

II　2012年4月20日政策パッケージ

1. 金融円滑化法終了に向けた動き

　当初、2011年3月末までの時限法として成立した中小企業者等に対する金融の円滑化を図るための臨時措置に関する法律（以下、「金融円滑化法」という）であったが、その後も景気回復の足踏み状態が続き、延長について賛否両論ある中、2011年3月、2012年3月の二度にわたり延長された。その二度目の延長が国会で決まった後の2011年12月27日、金融庁は、「金融担当大臣談話（中小企業金融円滑化法の期限の最終延長等について）」を公表した。この

中で、「金融規律の確保（健全性の確保・モラルハザード防止）のための施策を講じる一方、金融機関によるコンサルティング機能の一層の発揮を促すとともに、中小企業者等の真の意味での経営改善につながる支援を強力に押し進めていく（『出口戦略』）必要」があり、そのためには、「外部機関や関係者の協力も得つつ、検査・監督上の対応も含め、総合的な出口戦略を講じることにより、中小企業者等の事業再生等に向けた支援に軸足を移して」いくが、「一方で、そうした移行は円滑に進めていく（『ソフトランディング』）必要があるため、現行の円滑化法を今回に限り25年3月末まで再延長する」として、2013年3月末が金融円滑化法の最終期限であることを言明した。同時に、同法終了のための施策として、次の取組みを行うこととした。

① 金融の円滑化に係る取組み
  ⓐ 金融機関によるコンサルティング機能の一層の発揮
  ⓑ 新規融資の促進を図るための、資本性借入金等の活用および動産担保融資（ABL）等の開発・普及等
  ⓒ 金融機関の事務負担の軽減を図るための開示・報告資料のさらなる簡素化等
② 金融規律の確保に係る取組み
  ⓐ 実現可能性の高い抜本的な経営再建計画の策定・進捗状況の適切なフォローアップ
  ⓑ 対象企業の実態に応じた適切な債務者区分・引当ての実施
  ⓒ 金融機能強化法（金融機能の強化のための特別措置に関する法律）の活用
③ 中小企業等に対する支援措置に係る取組み
  ⓐ 企業診断、最適な解決策の提示・支援を図るためのコンサルティング機能の発揮等、地域密着型金融の深化を徹底
  ⓑ 中小企業再生支援協議会との連携強化
  ⓒ 産業復興機構、東日本大震災事業者再生支援機構等との連携強化
  ⓓ 事業再生等の支援を図るための、さまざまな制度・仕組みの活用

2. 政策パッケージ

　政府は、上記の金融担当大臣談話を踏まえ、2012年4月20日、内閣府、金融庁、中小企業庁の連名で、金融円滑化法終了に向けた基本政策を発表した。これが、「中小企業金融円滑化法の最終延長を踏まえた中小企業の経営支援のための政策パッケージ」(以下、「政策パッケージ」という)である。

　この政策パッケージで示された対応策は、「金融機関のコンサルティング機能の一層の発揮」、「企業再生支援機構及び中小企業再生支援協議会の機能及び連携の強化」、「その他経営改善・事業再生支援の環境整備」の3つを柱としており、それぞれの概要および関係省庁等が打ち出した具体的な施策は次のとおりである。

3. 金融機関によるコンサルティング機能の一層の発揮

　金融庁は、以下の取組みを行うことにより、金融機関によるコンサルティング機能の一層の発揮を促す。
　① 各金融機関に対し、中小企業に対する具体的な支援の方針や取組み状況等について集中的なヒアリング(「出口戦略ヒアリング」)を実施する。
　② 抜本的な事業再生、業種転換、事業承継等の支援が必要な場合には、判断を先送りせず外部機関等の第三者的な視点や専門的な知見を積極的に活用する旨を監督指針に明記する。

　金融庁は、2012年5月17日、政策パッケージを具体化する最初の施策として、「中小企業者等に対する金融の円滑化を図るための臨時措置に関する法律に基づく金融監督に関する指針(コンサルティング機能の発揮にあたり金融機関が果たすべき具体的な役割)」および「中小・地域金融機関向けの総合的な監督指針」の各改正を行った。

改正点は、顧客企業が経営困難に陥って事業再生、業種転換、事業承継、廃業等の支援を必要とする状況にある場合や、支援にあたり債権者間の調整を必要とする場合に、金融機関が一層有効なコンサルティングを行うため、外部専門家・外部機関等の第三者的な視点や専門的な知見・機能を積極的に活用すべき旨を追記した。

　また、2012年6月21日に成立し、同年8月30日に施行された「中小企業の海外における商品の需要の開拓の促進等のための中小企業の新たな事業活動の促進に関する法律等の一部を改正する法律」(以下、「中小企業経営力強化支援法」という)において、経済産業大臣および金融庁長官は、中小企業の支援事業を行う経営革新等支援機関を認定することとなった。

　これを受けて、金融庁は、2012年9月7日、上記の外部専門家・外部機関等に、認定経営革新等支援機関を追加する「中小・地域金融機関向けの総合的な監督指針」の改正を行った。

4. 企業再生支援機構および中小企業再生支援協議会の機能および連携の強化

> 　財務内容の毀損度合いが大きく、債権者間調整を要する中小企業に対しては、企業再生支援機構(以下「機構」という。)や中小企業再生支援協議会(以下「協議会」という。)を通じて、事業再生を支援する。このため、以下の施策を実施し、両機関の機能及び連携を大幅に強化する。

(1) 機構における取組み

機構における取組みとして、下記①から④があげられる。

① 中小企業の事業再生支援機能を抜本的に強化するため、専門人材を拡充する。

　機構では、中小企業の再生に精通した役員の招聘や中小企業の事業再生に係る専門人材の拡充(25名)などの体制整備を実施した。

② 中小企業再生支援全国本部（以下、「全国本部」という）や協議会と円滑に連携するため、企画・業務統括機能を強化するとともに、協議会との連絡窓口を設置する。

　機構では、2012年6月、「中小企業経営支援政策推進室」を20人の体制で設置した。同推進室の主な役割としては、ⓐ中小企業の事業再生を支援する仕組みの再構築、ⓑ機構と協議会との連携強化および支援案件の発掘、ⓒ事前相談等、中小企業の事業再生にかかわる取組みがあげられる。

③ 中小企業の実態にあわせた支援基準の見直しを行うとともに、協議会では事業再生支援が困難な案件を中心に積極的に取り組む。

　機構では、債務償還年数の基準を満たすまでの期間や、機構が債権の買取り等を行わない場合における生産性基準を満たすまでの期間を、中小企業の実態にあわせ、3年から5年に延長した。

④ デューディリジェンス等にかかる手数料の負担軽減を図る。

　具体的には、中小企業による機構活用を一層促進するため、中小企業が負担するデューディリジェンス費用を、「費用の1/4あるいは1億円のいずれか低い価額」から「費用の1/10」に改定した。

(2) 協議会における取組み

協議会における取組みとして、下記①から③があげられる。

① 金融機関等の主体的な関与やデューディリジェンスの省略等により、再生計画の策定支援をできる限り迅速かつ簡易に行う方法を確立する（標準処理期間を2カ月に設定。協議会ごとに計画策定支援の目標件数を設定し、2012年度に全体で3000件程度をめざす）。

　これを受け、従前の協議会の実施基本要領では、1次対応（窓口面談）後の2次対応（再生計画策定支援）を行う場合には、協議会が選定した弁護士、公認会計士または税理士等の外部専門家を活用することが必要とされていたものが、外部専門家は「必要に応じて」活用することとなった。また、従前の協議会の実施基本要領では、再生計画案策定支

援においては、公認会計士または税理士による財務デューディリジェンスおよび中小企業診断士等による事業デューディリジェンスを実施することとされていたが、改定により、これらは「必要不可欠な場合に限り実施する」こととされた。なお、新たに設定された再生計画策定支援に係る標準処理期間（第2次対応開始から再生計画策定支援の完了まで）は、従来の6ヵ月から原則2ヵ月に短縮された。

② 事業再生支援の実効性を高めるため、地域金融機関や中小企業再生支援機関等の協力を得て、専門性の高い人材の確保および人員体制の大幅な拡充を図る。

具体的には、100名以上の常駐専門家の増員等を図るほか、全国本部の人員を拡充し、全国本部から各協議会への外部専門家派遣等を行う。

③ 経営改善、事業再生、業種転換、事業承継等が必要な中小企業にとって相談しやすい窓口としての機能を充実し、最適な解決策の提案や専門家の紹介等を行う。

(3) 機構と協議会との連携強化のための取組み

機構と協議会との連携強化のための取組みとして下記①から⑤があげられる。

① 一方が相談を受けた案件について、他方の対応が効果的かつ迅速な支援が可能な場合には、相互に案件を仲介する。そのため、機構と全国本部は相互仲介ルールを策定する。

② 機構と全国本部は連携して、中小企業の経営状況の把握・分析や支援の手法等に係る改善や指針等を策定し、それらを協議会とも共有する。

③ 機構は、協議会の案件について、相談・助言機能を提供する。

④ 機構と全国本部は、協議会や金融機関が必要とする専門人材の紹介態勢を構築する。

⑤ 機構、協議会および全国本部で「連携会議」を設置する。

(4) 地域経済活性化支援機構への改組

なお、2013年3月18日、機構は、地域経済活性化支援機構へ改組された。

地域経済活性化支援機構は、事業の選択と集中、事業の再編も視野に入れた事業再生支援や、新事業・事業転換および地域活性化事業に対する支援により、健全な企業群の形成、雇用の確保・創出を通じた地域経済の活性化を図ることを目的としており、従来の機構が担っていた直接の事業再生支援に加え、地域の再生現場の強化や地域活性化に資する支援に機能を拡充している。

5. その他経営改善・事業再生支援の環境整備

> 金融機関によるコンサルティング機能の発揮にあたって、経営改善・事業再生支援を行うための環境整備も不可欠となっている。そのため、内閣府、金融庁及び中小企業庁は、以下の施策を実施する。
> ① 各地域における中小企業の経営改善・事業再生・業種転換等支援を実効あるものとするため、協議会と機構を核として、金融機関、事業再生の実務家、法務・会計・税務等の専門家、中小企業関係団体、国、地方公共団体等からなる「中小企業支援ネットワーク」を構築する。
> ② 地域における事業再生支援の強化を図るため、地域金融機関と中小企業基盤整備機構が連携し、出資や債権買取りの機能を有する事業再生ファンドの設立を促進する。
> ③ 公的金融機関による事業再生支援機能を充実させるため、資本性借入金を活用した事業再生支援の強化について検討する。
> ④ 以上に加え、中小企業の事業再生・業種転換等の支援の実効性を高めるための施策を検討する。

(1) 「中小企業支援ネットワーク」の構築

全国47都道府県において、各県・市信用保証協会を中心に、地域金融機関、政府系金融機関、協議会、機構、法務・会計・税務等の専門家、経営支援機関、地方公共団体、財務局、経済産業局等が連携し、中小企業の経営改善・

事業再生支援を推進するため、「中小企業支援ネットワーク」を構築している。中小企業支援ネットワークの活動は、以下のとおりである。
  ① 各機関の連携を通じて、普段からの情報交換や経営支援施策、再生事例の共有等を行い、経営改善や再生の目線を揃えることで、経営改善や再生のインフラを醸成し、地域全体の経営改善、再生スキルの向上を図っていくため、定期的に情報交換会や研修会を実施している。
  ② 各県・市信用保証協会等を中心に、個別の中小企業者が自らの関係者と意見を交換し、あるべき支援の方向性について検討していく場（個別の中小企業者を支援する枠組み）として「経営サポート会議」を構築している。
  ③ 各地域における自律的な取組みとして、地元中小企業の迅速な経営改善・事業再生を促進するため、各県・市信用保証協会、協議会、経営支援機関、地方公共団体等を中心に関係機関が連携を図り、中小企業を支援する枠組みを構築済み、もしくは構築に向けた準備を進めてきた地域については、従前の取組みを活用・発展させる。

  (2) 事業再生ファンドの設立促進
　独立行政法人中小企業基盤整備機構（以下、「中小機構」という）は、従前から、産業活力の再生及び産業活動の革新に関する特別措置法に基づき（なお、同法は、2014年1月20日に廃止され、新たに産業競争力強化法が制定・施行された）、民間の投資会社等が組成する中小企業の再生支援を目的としたファンドへの出資を行っていた。これは、各地の協議会との連携により、事業再生を図ろうとする中小企業に対し、再生計画策定支援に加え、出資、融資、債権買取り、社債取得等による資金提供を通じて支援するというものである。政策パッケージの公表以降、中小機構が出資した事業再生ファンドが各地域で多数組成されている。

  (3) 資本性借入金の活用
　資本性借入金とは、金融機関が債務者の財務状況等を判断するにあたって、負債ではなく資本とみなすことができる借入金のことであり、償還条件（5

年超の期限一括償還)、金利設定(事務コスト相当の金利設定も可能)、劣後性について一定の要件を満たす場合に、資本性借入金とすることができる。従来、この資本性借入金の税務上の取扱いが明確にされていなかったが、2013年2月、金融庁と国税庁の調整により、債権者集会の協議決定等で債務免除とともに資本性借入金に条件変更した場合や特定調停で資本性借入金に条件変更した場合には、税務上の損金処理が認められることを明確化して、金融機関のさらなる活用を推進しようとしている。

6. 金融円滑化法終了後の検査・監督の方針

(1) 検査・監督の方針

　政策パッケージによる対応とあわせて、金融庁は、2012年11月1日、金融円滑化法終了後の金融庁による検査・監督の方針を明確に示すため、金融担当大臣談話として、「中小企業金融円滑化法の期限到来後の検査・監督の方針等について」を公表した。その概要は以下のとおりである。

① まず、金融機関の役割については、金融機関が、貸付条件の変更等や円滑な資金供給に努めるべきということは、金融円滑化法の期限到来後においても何ら変わるものではないとし、金融庁は、金融円滑化法の期限到来後も、貸し渋り・貸し剥がしの発生や倒産の増加といった事態が生じないよう、引き続き、検査・監督を通じて金融機関に対し、貸付条件の変更等や円滑な資金供給に努めるよう促していくとしている。

② 次に、検査・監督の対応については、検査・監督の目線やスタンスは、金融円滑化法の期限到来後も、これまでと何ら変わることはなく、金融検査マニュアル等における中小企業向け融資で貸付条件の変更等を行っても不良債権とならないための要件は恒久措置であって、金融円滑化法の期限到来後も不良債権の定義は変わらないとしている。

③ また、借り手の課題解決については、経営課題の解決には相応の時間がかかることは十分認識しており、すべての借り手に対して2013年3月末までに何らかの最終的な解決を求めるというものではなく、金融機関

に対しては、コンサルティング機能を積極的に発揮し、借り手の経営課題に応じた最適な解決策を提案し、十分な時間をかけて実行支援するよう促すとしている。

④ 最後に、現場への周知徹底について、金融機関に対して、金融庁の検査・監督の方針を周知徹底し、金融円滑化法の期限到来後においても金融機関の顧客への対応方針が変わらないことを個々の借り手に説明するよう促すとしている。

(2) 検査・監督の動向

金融庁は、金融円滑化法の終了後の2013事務年度金融モニタリング基本方針において、金融仲介機能および金融円滑化を主な検証項目にあげており、同監督方針においても、中小企業の経営支援をはじめとした積極的な金融仲介機能の発揮を重点分野の1つにあげている。金融円滑化法終了の前後で金融円滑化に係る当局の検査・監督のスタンスに大きな変化はなく、金融機関側にも目立った混乱はないようである。

また、金融検査結果事例集において金融円滑化に係る検査結果事例を公表しているほか、2013年8月には、金融機関が中小企業等に対して金融円滑化に係る積極的な取組みを行ううえで参考となる評価事例を公表している。

さらに、金融円滑化法の終了後も継続的なモニタリングを実施し、貸出額1000万円未満の倒産状況、貸付条件の変更等の実施状況、「中小企業等金融円滑化相談窓口」の受付状況等の推移を公表している。

なお、他の関係省庁においても、所管する業界団体等に対するヒアリングやアンケート等を実施して、金融円滑化法の期限切れにより中小企業等に対する金融の円滑化の状況に問題が生じていないかを継続的に検証している。

7. まとめ

金融機関における貸付条件の変更等の実施状況は、金融円滑化法終了前と比較して申込件数（累計）に占める実行件数の割合は増加し、2013年9月末時点で実行率は93.9％と過去最高の水準にあるなど、金融円滑化法終了から

1年が経過した2014年4月の時点では中小企業等に対する金融の円滑化に目立った変化は表われていない。

　これは、日本銀行による大胆な金融緩和や円安を背景とした景気回復の動きが中小企業等に対する金融の円滑化に好影響を与えたことが大きいが、景気回復の動きが広がる中、中小企業等の業績自体も徐々に回復してきており、政策パッケージがめざした金融円滑化法終了に伴うソフトランディングは一定程度達成されたようにもみえる。

　他方で、金融円滑化法の下で行われた貸付条件の変更の大半は、弁済期限の繰り延べにすぎず、中小企業等の出口戦略が成功を迎えるかどうかは、今後の取組みにかかっており、まだ予断を許さないというべきであろう。

（藤田清文）

第2章 わが国の企業をめぐる経済環境

I 世界経済の状況

1. 波乱に富んだ1990年代の国際経済

　1980年代は国際経済の転換点ともいうべき時代であった。1980年頃から本格化した米国のレーガノミックスとイギリスのサッチャリズムは、新自由主義の旗を掲げ、規制緩和による経済の自由化と市場化を推し進めた。1990年代は冷戦の終結（1989年のベルリンの壁崩壊）により、世界的に貿易や投資が依然にも増して活発化した。先進国のみならず途上国にも資金が流入した。特にロシアや東南アジア諸国の成長が続いていたため、投機的な短期資金が流入した。1996年春から夏にかけて、東南アジア諸国の為替相場が下落し危険な兆候をみせ始めた。これにより短期資金が一斉に流出し、韓国、タイ、インドネシアでは外貨不足に陥り対外決済ができないという金融危機が発生した。さらにロシアでルーブルが暴落するという危機が発生した。IMFが緊急支援に入り、その条件として大胆な経済構造改革を迫った。アジア通貨危機やルーブル危機が発生する一方で、米国経済はIT産業を中心に活況を呈しており、欧州でも共通通貨ユーロ導入に向け将来への期待が高まっていた。

2. ITバブル崩壊によって幕を開けた21世紀

(1) 米 国

　米国のITバブルは、過大な需要予測や在庫の積み上がりあるいは生産設

備への過剰投資などによって2000年に崩壊した。新興産業の株価を示すNASDAQ総合指数は、1999年末には4069ポイント、ピーク時の2000年3月には5048であったが、2000年末には2470ポイント、2002年末には1335ポイントと約3分の1近く下落した。米国政府は景気回復に向けて大型減税を打ち出し、連邦準備制度理事会（以下、「FRB」という）は金融緩和に踏みきった。2002年11月には景気刺激を狙って公定歩合を0.75％まで引き下げ、フェデラルファンドレートを1.0％まで低め誘導した。こうした低金利政策が功を奏して米国経済は次第に回復に向かい、2002年頃からは景気は個人消費を中心に力強く回復した。同時に市場に溢れた資金は不動産に流れ込み、米国住宅価格は年々上昇が続いた。折からの金融自由化の進展により住宅ローンの多様化が進み、信用力の低い低所得者でも借入れが容易になった。さらに金融技術の発展で住宅ローンの証券化スキームが発展し、信用力の低い債務者向けローンであるサブプライム・ローンが証券化され、投資商品に仕立てられた。メリル・リンチやリーマン・ブラザーズ、ベア・スターンズなどの投資銀行やシティなどの一部商業銀行はこうした金融商品にのめり込み、SPCやSPVとよばれる金融子会社を通じて証券化商品への投資を拡大した。こうした米国経済の活況をみて、UBS銀行やRBS銀行など欧州の有力大手銀行が国境を越えて米国金融市場に参入した。住宅価格の上昇とローン条件の緩和を背景に、米国経済はITバブル崩壊から息を吹き返して個人消費を中心に拡大を続け、2001年第4四半期以降6年にわたって拡大が続いた。だが、実態のない不動産価格の値上りは長くは続かなかった。住宅価格の高騰を警戒したFRBは2004年後半から徐々に金融を引き締めていたが、2005年後半からペースを速め2006年4月には6.00％まで引き上げた。これによって住宅価格の上昇基調にも変化が生じ、2007年に入るとサブプライム・ローンの証券化商品を扱っていたBNPパリバやHSBC、シティなどの子会社が損失を計上するようになった。さらに2008年5月には5大投資銀行の一角であるベア・スターンズが破たんし、FRBの融資を基にJPモルガン・チェースが救済買収した。これによって米国金融市場では一転してリスクが高ま

り、金融市場の収縮による実体経済の減速が避けられない事態となったのである。

(2) 欧 州

欧州では2002年1月に共通通貨ユーロが現金通貨並びに法定通貨として導入された。これによってドイツ、フランスを中心とするユーロ加盟国の経済的なつながりは以前にも増して強いものとなった。もっとも、ユーロ加盟により金融政策の自由度を失うことをおそれたイギリスやスウェーデン（ともに欧州為替相場メカニズムに非加盟）はユーロ加盟を見送った。他方、東欧諸国は経済的繁栄の恩恵に与るべくユーロ加盟をめざした。ユーロ加盟国の拡大は経済の地理的拡大をもたらし、欧州は高い経済成長率を実現した。ユーロ・バブルともいうべき景気拡大の中で、米国と同様に欧州でも住宅価格が上昇した。特に、イギリス、スペイン、フランスで住宅価格が大幅に上昇し、イギリスでは2004年には1996年の2倍以上となった。一部の銀行は不動産ブームに乗って不動産向け貸し出しを急激に増加させた。しかし、その資金調達は預金ではなく市場性資金に依存していたため、パリバ・ショックによって2007年夏頃から金融市場が動揺し始めると、こうした銀行は次第に資金繰りが逼迫し始めた。

一方、先進国ではITバブル崩壊の2000年代初頭から財政赤字幅が拡大した。米国は1990年代後半に財政が黒字化したが、イラク戦争後の駐留経費などが嵩むとともにITバブル崩壊後の大型減税と財政支出拡大により、2001年度から財政収支は赤字に転じた。欧州でもITバブル崩壊による不況の影響で税収が落ち込み財政赤字幅が拡大した。その後、ドイツ、フランスなど主要国の赤字幅は縮小したが、経済基盤の弱いスペイン、ギリシャなど南欧諸国の赤字幅は拡大傾向が続いた。ユーロ加盟国は「安定成長協定」によって財政赤字の上限が定められていたが、現実にはこれが達成できなくても罰則はなく、財政赤字削減は先送りされることとなった。

(3) 新興国

中国経済は2001年12月のWTO（世界貿易機構）加盟後に大きく拡大した。

人民元は基本的に米ドルにペッグしていたため、人民元・ドル相場の動向に大きく影響を受けるおそれはなく、対欧米輸出が経済成長を促進した。さらに市場経済化を推進して内需拡大にも努めた。中国の低賃金を目的に日本や欧米から直接投資が増加したことも経済の拡大に寄与した。この結果、2002年以降は8％超の成長が続き2005年から2007年にかけては3年連続で10％超の成長を達成した。一方で、インフレと不動産価格の上昇が続き、都市部と農村部の経済格差問題も顕在化した。

韓国やタイ、インドネシアなどのアジア諸国は、アジア通貨危機やルーブル危機によってIMFの金融支援を受け経済改革を断行した。なかでも韓国は1998年にはアジア金融危機の影響でマイナス5.8％と大幅なマイナス成長となったが、ウォン相場の大幅な下落と米国を中心とするITブームもあって、輸出を中心に景気が回復した。アジア各国はIT産業への依存度が高かったことからITバブル崩壊の影響も大きかったが、これも2～3年で克服し、その後は世界的な景気拡大の波に乗って成長が続いた。さらに、先進国の企業が生産拠点を設けるべく、タイやインドネシアなどに進出したため、これが雇用の増加をもたらし全体の所得向上に寄与した。この結果、国内消費も活発化して内需が拡大するとともに、次第に中間所得層が形成されるようになり、経済構造に厚みが形成されるようになった。こうした新興国は高い経済成長によって世界経済に占める割合が上昇し、先進国と途上国の20世紀までの経済バランスが大きく変化し始めたのである。

3. リーマン・ショックにより暗転した世界経済

(1) リーマン・ショックと当局の対応

サブプライム・ローン問題は政府関係機関である住宅公社の経営危機にまで拡大した。2008年8月に米国政府は公的資金を投入してファニーメイ、ジニーメイの2つの住宅公社を救済した。同年9月になるとCDS（クレジット・デフォルト・スワップ）取引に絡んで、大手投資銀行のリーマン・ブラザーズや米国最大の保険会社であるAIGが経営破たんの危機に瀕した。米国

政府は公的資金を投入してAIGを救済したが、リーマン・ブラザースは救済しなかったため、同社は同年9月15日に経営破たんした。これによって米国のみならず世界の金融市場は凍りついた。リーマン・ショックによる金融市場の危機的状況に対して、欧米の金融当局は低金利政策と非伝統的金融政策（信用緩和策・量的緩和政策など）を矢継ぎ早に実行した。FRBは政策金利を直ちに低め誘導し、同年8月に2％前後だったFFレートは12月には0.16％まで低下し、ゼロ金利政策に突入した。また、2008年11月から2010年6月にかけて長期国債の買取りなどのQE 1（量的緩和政策第1弾）を実施した。欧州中央銀行も政策金利を引き下げるとともに、長期ターム物（1年および6カ月）のリファイナンシング・オペを実施して市場に資金を供給した。

　金融機関の救済の面では、米国政府は2008年10月にTARP（資産救済プログラム）を制定して総額7000億ドルの公的資金枠を準備し、危機に陥った金融機関の不良資産を買い取るとともに銀行に対し公的資金を資本注入し、金融市場の安定化を急いだ。欧州ではユーロ市場統合により複数の国に業務展開する銀行の「欧州化」が進行するとともに銀行本体で投資銀行業務に進出していただけに、破たんした銀行の処理は米国以上にドラスティックなものとなった。欧州各国政府はシステミック・リスクの回避に全力を注いだが、それでもイギリスやフランスでは銀行の経営破たんが相次ぎ、公的資金の投入によって国有化されるかないしは破たん処理後に売却された。

　さらに、リーマン・ショックは中東にも飛び火した。中東のアラブ首長国連邦内のドバイ首長国は、2000年以降に首長家が先頭となって、交通施設や貿易施設、レジャー施設などの大型経済開発を推進した。資金調達は主に欧州系の銀行による借入れであったが、リーマン・ショックによって銀行借入れの継続が不調になり、2010年11月に首長系開発会社のドバイ・ワールドが債務繰り延べを要請した。これが契機となって、ドバイに対する信用不安が一気に広がった。結果的にはアブダビ首長国の資金支援により債務不履行は回避されたが、開発プロジェクトの多くが頓挫することとなった。このよう

〔図表1〕 世界主要国の経済成長率

(経済成長率)

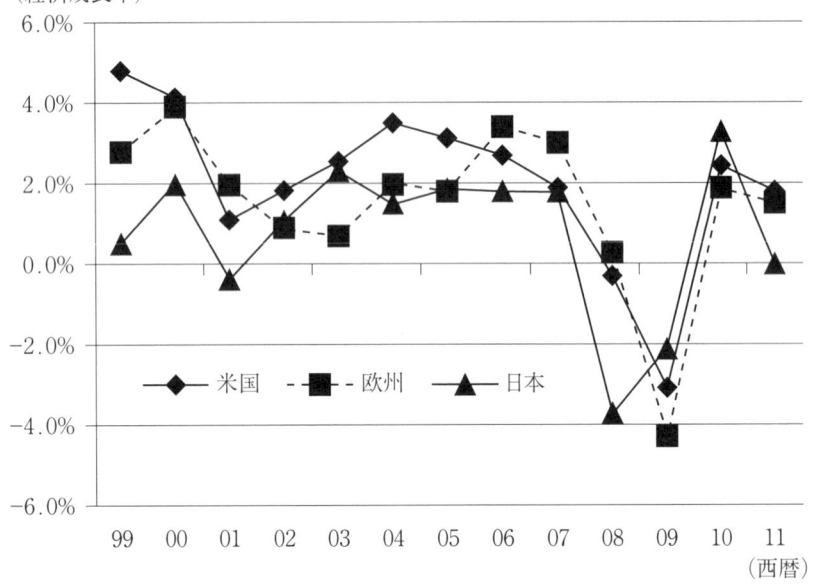

―◆― 米国　－■－ 欧州　―▲― 日本

（西暦）

な世界的金融危機の中で、原油国や新興国の潤沢な政府資金を投資ファンドとして組成したソブリン・ウェルス・ファンドが新たな資金提供者として国際金融市場に登場したのである。

(2)　1次産品価格の高騰と金融規制の強化

　FRBは景気対策として2010年11月から2011年6月までQE2（量的緩和策第2弾）を実施し、長期国債やCP（コマーシャル・ペーパー）を買い取って潤沢に資金を供給した。一方で、市場に溢れたマネーは商品市況になだれ込んだ。リーマン・ショックによる先進国の経済減速にもかかわらず、原油価格や穀物価格は上昇が続いた。原油価格（北海ブレント）は2009年3月末には47.69ドルであったが2011年3月末117.39ドル、2012年3月末123.28ドルと2倍以上に値上りした。これは中国など新興国経済が堅調であり将来的にも1次産品の需給がタイトになると見込まれたこともあったが、金融緩和に

〔図表 2〕 先進国の政策金利の推移

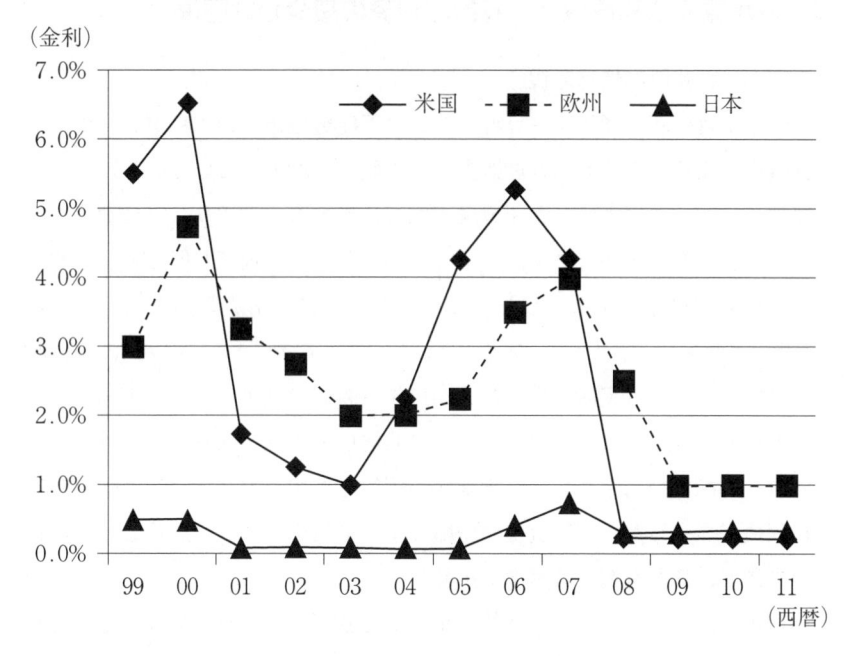

よる資金がヘッジ・ファンドなどを通じて 1 次産品に流れ込んだことも価格高騰の主な要因であった。

　先進国の金融政策が大きく緩和に踏み出す一方で、金融が実体経済を振り回し金融経済危機を招いたという教訓から、国際的に金融規制を強化する動きが強まった。サブプライム・ローン問題やリーマン・ショックでは、その背景に「影の銀行」（金融投資のための特別目的会社 SPC・SPV やヘッジ・ファンドなど）の存在が指摘された。「影の銀行」は銀行借入れによる高いレバレッジを使って、投機的な資金取引を繰り返していた。このため、米国ではドッド・フランク法が制定され、銀行の資金取引に一定の制約が加えられた。また、国際決済銀行の BIS 規制では現行の BIS II の中で銀行自己資本の質的強化が条件となるとともに、2016年からの BIS III では金融危機に備えた流動性資産の積み増しが要求されるようになっている。

4．欧州政府債務危機と世界的な経済の緩やかな回復

(1) 欧州政府債務危機

　2002年1月の法定通貨ユーロ導入以降にEU金融市場のボーダレス化が進み、欧州の銀行によるユーロ加盟国の国債購入が増加していた。しかし、リーマン・ショックによって欧州金融市場では参加者が信用リスクに敏感になっていた折、2009年10月にギリシャのパパンドレウ新政権が財政赤字に関する前政権の虚偽操作を公表した。これをきっかけに南欧諸国を中心とするGIIPS（ギリシャ、イタリア、アイルランド、ポルトガル、スペイン）の国債が大幅に格下げされる事態が生じた。2011年央時点ではギリシャ、アイルランド、ポルトガルともに外国銀行を中心に非居住者が国債保有の60％以上を占めており[1]、国債の信用リスクが国債保有銀行の信用不安に結びつく欧州政府債務危機が発生した。銀行貸出の圧縮によって景気は一気に悪化し、ユーロ圏の失業率は10％を超える水準に上昇した。

　2012年5月にはスペイン第2位の銀行であり不動産融資を拡大してきたバンキアが資金繰りに行き詰まり、公的資金が投入された。しかし、スペイン政府は財政が逼迫していたためEUに支援を求めた。このように政府債務危機と金融危機が複合する中で、ユーロ加盟国財務相会合は金融危機防止のために2012年3月に8000億ユーロの資金枠を準備した。さらに、同年9月には欧州中央銀行はEU加盟国の1～3年物国債を無制限に買い取ることを決定した。また、同年10月には欧州安定メカニズムを常設機関として正式に発足させるとともに、ユーロ加盟国の銀行を一元的に監督する銀行同盟が設立されることになった。しかし、EUや欧州中央銀行が対策を講じて金融システムを守っても、財政赤字問題を解決しない限り根本的な危機は解消できないのである。

1　IMF〔2011〕"Fiscal Monitor" September 2011

(2) 世界的な経済の緩やかな回復

　米国経済は一時期立ち直りをみせたが、失業率が8％台で高止まりし再び停滞が懸念されたため、FRBは2012年9月にQE3（量的緩和第3弾）を打ち出した。一方で、緊急経済対策の財政支出と税収の伸び悩みのツケとして「財政の崖」問題が浮かび上がった。米国政府債務残高は2011年5月に法定上限額14兆2940億ドル、2012年1月に15兆1940億ドルに達し行政が滞る懸念が広がったが、最終的には民主・共和両党が上限額引き上げに合意した。その条件として財政赤字削減策が実施され米国経済には強いデフレ圧力がかかったが、大規模金融緩和の効果が次第に浸透し始め2013年中盤から景気は緩やかな回復をたどった。もっともその足取りは不安定であり、特に量的緩和政策からいかに脱出するかという大きな課題が残されている。

　リーマン・ショックまで好調であった新興国経済も欧米の景気停滞の影響を受けて景気が減速したが、成長余力のある東南アジア経済は2013年前半から次第に回復に向かった。他方、中国経済は国内総生産額が2010年には日本を抜いて世界第2位となったが、その後は減速が顕著となり、2012年3月の第11回全国人民代表者会議では同年の経済成長率の目標をそれまでの8％から7.5％に引き下げた。中国はリーマン・ショック直後に4兆元に上る政府支出によって国内経済の失速を防いだが、先進国経済の低迷が長引き輸出主導型の経済成長路線が厳しい局面に立たされている。

　21世紀初頭の世界経済は、短期の間に繁栄から低迷に一気に転じた時期として長く記憶にとどめられる時期となろう。米国では住宅バブルによる景気拡大がリーマン・ショックによって一気に萎んで不況に落ち込み、欧州では統一通貨ユーロ誕生とユーロ導入地域の拡大に伴うユーロ・バブルがリーマン・ショックとギリシャ危機によって弾け飛んだ。2012年10月に東京で48年ぶりに開かれたIMF世界銀行年次総会は世界各国の結束を訴えたものの、世界経済の回復に向けた処方箋を呈示することができなかった。こうした中で日本経済が活路を見出すためには、依然として成長のフロンティアであるアジア諸国と双方向的な経済関係を構築し、その成長力を取り込んでいくこ

とが重要であろう。

(中野瑞彦)

II　国内の経済情勢

1. はじめに

　近年のわが国経済を考察するうえで2011年3月に発生した未曽有の大災害である東日本大震災発生による影響を考える必要がある。また、大災害の発生した2011年に至るまでには世界経済に甚大な影響を及ぼした2008年のリーマン・ショックからさかのぼってわが国経済を考える必要がある。

2. リーマン・ショックと金融関連法案

　世界経済は2008年9月15日にアメリカの投資銀行であるリーマン・ブラザーズが破たんしたことに端を発するいわゆるリーマン・ショックにより世界的規模の金融危機が発生した。これにより投資意欲は著しく冷え込み日経平均株価の終値は、破たん前の2008年9月12日には1万2214円であったものが、そのわずか1カ月半後の10月28日には6994円まで42.7%も下落した。

　金融危機は金融の引締めに始まり、投資（意欲）の冷え込み、消費の抑制、といった実態経済へも影響を及ぼし、世界経済は近年で最も深刻な景気後退に見舞われ、2009年のGDP成長率はマイナス0.6%と、過去60年間で初のマイナス成長となった。わが国も例外ではなく2002年度より回復基調にありプラス傾向であった実質GDP成長率も2009年にマイナスに転じている。さらなる経済悪化も懸念された2009年であったが、各国による大規模な財政・金融政策を受けて、世界経済は2009年に底打ちをした。わが国の経済も2009年3.9%のGDP成長率であった。わが国の経済成長を下支えしたものとして中小企業者等に対する金融の円滑化を図るための臨時措置に関する法律（以下、「金融円滑化法」という）やその後に施行された改正貸金業法といった

金融関連法案があげられる。

3. 金融円滑化法の成立

2008年のリーマン・ショックにより引き起こされた金融危機により各金融機関は金融を引き締めるため債務者を選別し、貸し渋り、貸し剥がしが行われた。

2009年、金融庁は当時、わが国の金融情勢が厳しい状況にあり、特に資金繰りの厳しかった中小・零細企業の事業主や、住宅ローンの借り手を支援するため、貸し渋り・貸し剥がし対策の検討を開始する旨を公表し、「中小企業等に対する金融円滑化のための総合的なパッケージについて」をとりまとめ、公表した。これがいわゆる金融円滑化法であり、具体的には 各金融機関は、中小企業または住宅ローンの借り手から申込みがあった場合には、貸付条件の変更等を行うよう努めることが求められた。また、この法案は年末の資金繰りに間に合うよう2009年10月30日に国会提出、11月30日に国会で可決、成立、翌12月3日公布、4日施行といったあわただしいものであった。

4. 金融円滑化法の骨子

金融円滑化法の骨子は下記のとおりである。

まず、金融機関の努力義務として中小企業者または住宅ローンの借り手から申込みがあった場合には、できる限り、貸付条件の変更等の適切な措置をとるよう努めることとある。また、申込みまたは求めがあった場合には他の金融機関、中小企業再生支援協議会等との連携を図りつつ、できる限り、貸付条件の変更等の適切な措置をとるよう努めることとあり、他の金融機関などと足並みを揃えて支援することが求められている。金融機関自らの取組みとしては上記のような貸付条件の変更等の措置を適正かつ円滑に行うことができるよう、必要な体制の整備を義務づけており、同時に貸付条件の変更等の実施状況および本法律に基づき整備した体制を開示するよう義務づけている。そして、最後に金融機関に、貸付条件の変更等の実施状況を当局に報告

することを義務づけ、行政庁はこれをとりまとめ公表することになった。その他中小企業に対する信用保証制度の充実等、必要な措置を講じるものとされた。

5. 金融円滑化法と倒産

　以上のように、金融機関は債務者に対して一時的に借入れの返済条件を緩和（返済猶予）することを求めており、努力義務とはいうものの体制整備や実施状況の報告が求められており、同時に実効性を確保するための検査マニュアルや監督指針についても定められたことから金融機関はその申出に対し安易に拒絶できない状況であった。この法案により債務者は返済条件の緩和がもたらされ一時的に破たんを免れることとなる。しかし当該法案は時限立法であり、当初2011年3月末で終了する予定が、1年間の延長がされた後、さらに1年間に限り再延長がなされ2013年3月末日をもって終了した。金融円滑化法終了後に金融機関が返済条件の緩和を継続するのか、あるいは当初の返済条件またはさらに厳しい条件に変更するのかは各債務者の状況によるところが大きい。債務者が同法案を利用し返済条件を緩和した後に再生し復活するのか、一時的な延命にしかならないかは債務者の努力によるところが大きい。株式会社帝国データバンクによれば2011年に返済猶予後に倒産に至ったケースは、261件であり、2010年の112件から急増している。「金融円滑化法」利用後に倒産したケースは194件判明し、12月には27件と過去最多を更新している。どれくらいの企業が同法を利用しているか、どれくらいの企業が同法により再生したかは不明であるが、同法を利用後に倒産に至る企業が増えていることから、債権者である金融機関にも支援の限界がきていること、同法が一部の企業にとっては延命でしかなかったことが想像できる。2013年3月末の同法終了後に倒産が増加することが懸念されている。

6. 改正貸金業法

　次に同じく金融緩和のための金融関連法案として改正貸金業法について述

べる。2010年6月に施行された改正貸金業法は完全施行後、同法の趣旨とは裏腹に零細企業の資金調達環境が悪化したといわれている。改正貸金業法のポイントは、①総量規制（貸し過ぎ、借り過ぎの防止）、②上限金利の引き下げ、③貸金業者に対する規制の強化の3点であるが、特に①の総量規制により多重債務者などの借入金が総量規制の限度額を超えていたものは新規の借入れや他からの借換えができなくなり、その結果、個人経営の会社などで倒産が増加している。

これは改正前の貸金業法では、限度額の定めがなかったため貸金業者が短期の資金繰りや借換えへの対応ができていたが、総量規制によりたとえ返済が確実であっても短期の資金需要に応えられなくなり、限度額が足かせとなり債務者の返済能力に応じた事業リスクをとれなくなった。

社会問題となった多重債務者の減少など債務者の保護を目的とした貸金業法の改正であったが、総量規制に抵触する債務者が直ちに破たんに追い込まれたり、ヤミ金融（いわゆる貸金業者の届け出のない業者など）から資金を調達し、さらなる不幸に陥ったりと改正資金業法施行時には予想しなかった新たな問題が懸念されている。しかしその一方で改正貸金業法施行後に多重債務者や自己破産者が減少したとのデータもあり、その成果を確認しつつ、残された課題に対して慎重に取り組む必要がある。

7. 東日本大震災の発災

以上のように金融関連法案による金融緩和の効果もあり、回復の兆しのみえた2011年であったが、同年3月11日に東日本大震災が発生し、東北地方を中心に甚大な被害を及ぼした。被災地での直接的な被害はいうに及ばず、被災地がサプライチェーンの一端を担っているケースも多く各地で製造が滞る事態を引き起こした。また、震災とともに発生した原子力発電所の事故は、その後、計画停電などの電力供給の制限が一般消費者に自粛を促し、消費の減少につながっていった。そしてそれらが企業の生産に暗い影を落としさらなる日本経済の停滞につながった。

震災直後の措置として全国銀行協会は東日本大震災のために支払期日に企業が手形の決済ができない場合も、「不渡り」として扱わないよう金融機関に要請した。通常は２度不渡りを出すと銀行取引が停止されて事実上の倒産となるが、震災の影響により期日に手形決済できない場合もすぐには銀行取引停止などには該当させず、特別措置で支援することとなった。

また、東日本大震災復興緊急保証制度は、東日本大震災の発災を受けて「東日本大震災に対処するための特別の財政援助及び助成に関する法律（平成23年５月２日法律第40号）」128条の規定により、東日本大震災により著しい被害を受けた中小企業者に係る経営の安定に必要な資金について特別の助成に関する措置を講じることを目的とする保証制度である。

上記の施策や制度は短期的な倒産回避であり、震災により事業が壊滅的な打撃を受けた企業などには延命的なものでしかない。

東日本の復興は徐々に進んでおり、避難所はわずかな場所を残すのみであり、生活の基盤となるインフラもほぼ整ってきている。しかし、震災に伴い勃発した原子力発電所の事故は依然として終結の目途が立っておらず、暗い影を落とす。復興予算は５年で20兆円とも30兆円ともいわれており、建設業などが好況に湧いている。復興予算は経済の牽引役や推進力となるであろうが、その恩恵がすべての事業にいきわたるまでには相当の期間を要するものと思われる。

8. 欧州危機と円高

内需の芳しくなかった2011年、2012年であったが、2012年は円高の影響により輸出企業も不振であった。もともとギリシャの財政問題に端を発した欧州危機であったが、ユーロ圏全体への不信へとつながり、逃避通貨として円が買われ、歴史的な円高になった。日本経済が停滞しているにもかかわらず、欧州危機が一向に止むことがなかったため円高は是正されず、輸出企業を中心に企業の業績はなかなか回復できない状態であった。日本経済を支えていた電機業界では輸出企業を中心に日本製品の優位性が薄れており、業績不振

による大規模なリストラが断行されている。

9. 国内消費の低迷→デフレによる投資の低迷──負の連鎖、縮小の連鎖

　近年の日本経済は、1990年後半のバブル経済崩壊以降、デフレが染みついており、企業は技術があっても価値を生み出すことができず、十分な利益をあげる価格を消費者に提示することをおそれている。一方消費者は高付加価値品にお金を払わなくなっており、消費しないことに慣れ、それが企業の収益力を低下させ、雇用環境の悪化と労働所得の低下、将来不安の増大と勤労世帯の貯蓄の増大を引き起こしている。つまり国内消費の低迷、デフレによる投資の低迷という、いわば負の連鎖、縮小の連鎖が継続する経済であった。

10. 今後の日本経済の展望

　2012年12月に行われた衆議院議員総選挙により、自由民主党政権が誕生した。政権交代による期待もあり、円安、株高となり、日本経済にも明るい兆しがみえ始めている。復興予算確保、社会福祉予算確保のための所得税や消費税の増税が待ちかまえており、日本経済にとってすべてがプラス要因ばかりとは限らない。先の金融関連法案によるリスケジュールなどで企業の延命措置がとられている間に、円安による輸出企業の復活、復興予算が起爆剤となり実態経済が回復することが望まれる。

（伊沢敏一）

III　地域経済の状況

1. デフレに苦しむ地域経済の状況

　1990年代初頭のバブル崩壊と1990年代後半から2000年代前半にかけての金融危機（以下、「金融危機」という）の過程において、非大都市圏地域の経済

的疲弊は深刻な状況となった。その原因は、公共投資の削減と生産年齢人口の減少、産業空洞化による消費・生産の減少、デフレの長期化に求めることができる。

　まず、労働力人口（生産年齢人口から学生や専業主婦などを除いたもの）の変化をみると、1997年から2013年までの16年の間に日本全体で3.0％減少した。地域別では、四国がマイナス13.3％と最大であり、次に東北マイナス10.0％、中国マイナス9.3％、北海道マイナス7.7％、近畿マイナス5.7％、中部マイナス3.5％、九州マイナス3.1％と軒並み減少した。これに対し関東だけが増加してプラス3.2％となった。これは生産を支える労働力の面で首都圏・関東とその他の地域との格差が開いていることを示している。[2]

　次に生産面をみると、金融危機の直前の1996年度からリーマン・ショック直前の2007年度まで11年間に、名目県内総生産は全県平均でわずか1.9％の増加にとどまり（〔図表3〕参照）、年平均では0.2％の増加にすぎなかった。

〔図表3〕　地域別総生産、県内総生産（名目）の増加率（1996年度～2007年度）

地域別総生産（％）		県内総生産（％）			
	名目	県名	名目	県名	名目
北海道	△8.4	北海道③	△8.4	愛　媛⑥	△6.1
東　北	△4.8	岩　手⑤	△7.5	高　知②	△9.4
関　東	7.0	秋　田④	△7.9	全　県	1.9
中　部	6.0	福　島⑧	△5.3	東　京	15.0
近　畿	△5.4	新　潟⑥	△6.1	静　岡	6.4
中　国	△0.1	兵　庫①	△12.7	愛　知	8.6
四　国	△3.9	奈　良⑦	△5.8	三　重	12.3
九　州	1.6	鳥　取⑨	△5.1	沖　縄	9.3

出所：内閣府「県民経済計算」より

（注）　県名の後の丸数字は減少率の順位を示す。

2　総務省統計局「都道府県別労働力人口」〈www.stat.go.jp/data/roudou/pref/〉による。

同じく日本全体の実質国内総生産も9.2%の増加、年平均0.8%の増加であったから、日本全体としてまさにゼロ成長の時代であったといえよう。ただし、地域別にみるとかなりのばらつきがあり、明暗が分かれた。特に減少が著しかった地域は、北海道マイナス8.4%、東北マイナス4.8%、近畿マイナス5.4%、四国マイナス3.9%であった。対照的に関東、中部は高い増加率を示した。県別にみると、減少率の上位3県は、兵庫マイナス12.7%、高知マイナス9.4%、北海道マイナス8.4%であった。これらの県は基幹産業に乏しく、公共投資削減などの影響が大きく出た形である。一方、東京は15.0%と突出して高い増加率を示した。また、自動車産業が集積している中部3県（静岡、愛知、三重）も世界的な景気拡大の恩恵を受けて高い増加率となった。

続いてリーマン・ショック後の生産の落ち込みをみる（〔図表4〕参照）と、各地域とも軒並み名目、実質ともに大幅に減少した。それまで好調であった中部地域は、中部3県が減少率上位10県の中に入るなど大打撃を被ったのである。特に愛知はマイナス15.7%と最大の減少率を記録した。同様に、東京

〔図表4〕 リーマン・ショックの影響（2007年度～2010年度）

地域別総生産（%）			県内総生産（%）				
地域	名目	実質	県名	名目	実質	県名	名目	実質
北海道	△3.9	△3.3	岩手⑥	△9.0	△7.0	鳥　取②	△11.6	△7.9
東　北	△6.7	△3.8	山形⑤	△10.0	△5.1	岡　山⑤	△10.0	△7.2
関　東	△6.9	△4.2	福島⑦	△8.9	△4.9			
中　部	△11.8	△8.3	東京⑧	△8.2	△5.8			
近　畿	△6.6	△4.0	石川②	△11.2	△7.2	全　県	△7.0	△4.4
中　国	△7.7	△4.7	静岡⑧	△8.2	△4.6	徳　島	0.7	4.8
四　国	△3.7	△1.3	愛知①	△15.7	△12.8	福　岡	△1.7	△0.1
九　州	△2.6	△0.5	三重④	△10.1	△3.9	沖　縄	0.9	2.2

出所：内閣府「県民経済計算」より

（注）　県名の後の丸数字は減少率の順位を示す。

の落ち込みも大きくマイナス8.2％となった。このようにリーマン・ショックの影響は、工業圏や大都市圏への影響が大きかったが、非大都市圏や非工業圏も影響を被った。生産が増加したのは徳島と沖縄のわずか2県であり、全県平均の名目総生産はマイナス7.0％と大幅な減少となった。名目総生産の下落率が実質総生産の下落率を上回ったということは、リーマン・ショックによってデフレが一層進行したことを物語っている。なお、東日本大震災の被災県については後述する。

　以上のように金融危機とリーマン・ショックによって1996年度から2010年度までの通算では全県平均で名目総生産が5.2％減少し、日本経済は全体として1996年度の水準以下に落ち込んでしまったのである。2010年度の名目県内総生産が1996年度を上回ったのは、東京などわずか6県（東京、三重、和歌山、徳島、鹿児島、沖縄）にとどまった。

2. 都道府県レベルの取組み——鳥取県の事例

(1) 鳥取県の経済情勢

　次に、非大都市圏の産業空洞化地域の事例として、鳥取県を取り上げる。鳥取県は1996年度から2010年度までの通算での減少率が上位2番目である（減少率最大は兵庫県）。県内総生産は2001年を100とした場合、名目で82.4（17.6％減少）、実質で97.5（2.5％減少）と名目・実質ともに減少した。さらに、デフレーターも84.5（15.5％低下）と下落率が大きく、鳥取県は深刻な不況とデフレに直面している。

　鳥取県の産業別構成の変化をみると（〔図表5〕参照）、名目総生産で2001年度に第2位の割合を占めていた製造業が2011年度には第4位となり、その減少率は51.2％となった。実質ベースでは15.6％の増加となっていることから、生産量は増加したものの価格下落の影響が非常に大きかったことがわかる。他業種でも生産が減少したが、鳥取県の中心産業であった製造業の価格下落が県全体の名目生産の減少に大きく影響したのである。こうした傾向は他県にも共通しているが、名目生産の低下というデフレ現象は所得や雇用に

〔図表5〕 鳥取県の名目県内総生産に占める産業別割合

順位	2001年度	2011年度	増減率* 名目	実質
	産業全体　　(83.7)	産業全体　　(80.4)	△22.9%	△3.9%
1	サービス　　(18.6)	サービス　　(20.2)	△13.1%	△9.0%
2	製造　　　　(17.1)	不動産　　　(14.3)	6.3%	16.2%
3	卸売・小売　(12.3)	卸売・小売　(11.1)	△27.3%	△25.9%
4	不動産　　　(10.9)	製造　　　　(10.4)	△51.2%	15.6%
5	建設　　　 (9.2)	建設　　　 (6.4)	△44.2%	△44.4%
6	金融・保険 (4.7)	金融・保険 (4.8)	△17.2%	△11.1%
	政府　　　　(14.3)	政府　　　　(16.3)	△ 8.0%	0.4%

出所：鳥取県「県民経済計算」より

(注) 1．増減率は各産業の名目総生産の2011年度の2001年度に対する増減率。
　　 2．（　）内は県内総生産全体に占める構成割合、％。

とってマイナス要因となり、経済全体を萎縮させる原因となっている。

(2) 鳥取県の地理情勢

　鳥取県は、大別して鳥取市を中心とする東部地域（旧因幡地域）と、米子市を中心とする西部地域（旧伯耆地域）、倉吉市を中心とする中央地域から成り立っている。県庁所在地である鳥取市を中心とした東部地域は高速道路網が整備されていないため、大阪や京都への運送に時間を要するというロジスティック上の弱点を抱える地域である。他方、西部地域は島根県の境港市、安来市に隣接しており、経済的には中海経済圏として島根県との関係が深い。さらに、米子自動車道によって中国自動車道に直結しており近畿中央部へのアクセスがよい。このため、鳥取県にとっては、道路アクセスが必ずしもよくない東部地域をどのように再生するかが重要な課題となっている。

　東部地域の中心である鳥取市は、基本的には公的機関が集積した官庁の町で、産業面では1969年（昭和44年）に進出した三洋電機が最大の企業であり、

この三洋電機を中心に下請企業の工場が集積していた。そのほかにも、液晶機器のエプソン、カーナビ機器のパイオニアなどの工場があった。しかし、1980年代後半以降の円高により三洋電気が中国に工場を移転、さらにはエプソンが長野工場へ移転・統合し、これに伴い下請企業も撤退あるいは廃業したため、産業基盤が大きく失われることになった。ほかに有力な産業のない東部地域は、経済的停滞を免れることができない状況である。

(3) 鳥取県の取組み

鳥取県は「打って出る鳥取県」をスローガンに、「次世代改革の推進」を図ってきた。その施策の柱となっているのは、①県内中小企業の支援強化（県内産業の高付加価値化）、②打って出る鳥取県産業の推進、③県内物流の拡大と効率化、④企業立地（産業集積）の促進、⑤県内産業を支える基盤強化、⑥雇用の確保と就労支援である。これらの施策は主として地域産業の活性化・振興であり、他方で企業誘致の施策も打ち出している。具体的には、第1に産学官の連携強化により高度な知的財産を活用して新技術、新事業の創出を促進し、地域の活性化を図るものである。第2に企業投資促進のために工業団地を再整備するものである。第3に鳥取大学の染色体工学技術を活用したバイオ産業構想を推進するものである。こうした新規事業の促進や誘致、また大学などとの連携による新事業構想は、将来的な期待は大きいものの実現に向けてのハードルが高い。さらに、他県でも同様の取組みを進めており、独自性を打ち出しにくい面がある。県レベルでの企業立地の促進という点では、補助金に頼らずに地域の独自性を活かした形で誘致が進むことが望ましい。

地域の産業再生はこれまで地方自治体を中心に多くの試みが行われてきた。しかし、日本経済全体が悪化する中で、県単位による取組みが十分な成果につながっているとはいいがたい。具体的には、人口減少という大きなトレンドの中では県単位という広域の面的な再生をめざすことは容易ではなく、やはり地域を絞った戦略を打ち出しこれを実現させることが第一歩であろう。鳥取県の例にみられるように、県としては新規産業促進や産業誘致のために

きめ細かく政策を策定していかなければならない。しかし、これが総花的な政策になってしまっては、成果に結びつくことは難しい。その意味では、地域再生のための産業振興においては、まずは町単位など最小経済地域単位での再生をめざすことが現実的である。同時に、近隣の大都市圏に依存した施策ではなく、グローバルな視点から地域再生を検討する観点も必要である。

3. 東日本大震災被災地域の状況

(1) 被災の状況

次に、2011年3月11日の東日本大震災により被災した地域の状況を2014年1月に発表された復興特例制度活用状況によって確認する（〔図表6〕参照）と、これまでの投資見込額は約1兆1300億円、雇用予定人数は約8万3000人に上る。ただし、投資額の4割、雇用者数の3割が茨城県である。資本ストック被害額と県内総生産の関係をみると、岩手県、宮城県の被害割合が非常に大きく、岩手県では実に県内総生産比102％に上っている。また、資本ストック被害額と投資見込額の関係をみても、両県では投資の進捗ペースが遅れている。つまり、岩手県や宮城県は被害が大きく、復興に相当の時間がか

〔図表6〕 復興特区制度：税制上・金融上の特例の活用状況

(単位：億円、人)

	青森県	岩手県	宮城県	福島県	茨城県	合計
投資見込額	320	935	3,025	2,456	4,578	11,314
雇用予定人数	4,100	5,620	23,020	25,600	24,260	82,600
資本ストック被害額（注1）	n.a.	4,276	6,492	3,129	2,476	16,373
県内総生産（注2）	4,452	4,172	8,028	7,113	10,734	34,499

出所：復興庁「復興の現状」（2014年1月）、日本政策投資銀行「東日本大震災資本ストック被害金額推計」（2011年4月）、内閣府「平成22年度県民経済計算について」より

(注) 1. 単位10億円、被害額は推定金額。
    2. 単位10億円、2009年度。

かることを示している。

(2) 被災地の経済情勢

被災地では復興に向けたさまざまな努力が重ねられているが、具体的な施策を進める前に検討すべき課題は以下の点である。

第1に、東北4県は震災以前から経済成長力が低下し、各種事業の収益性が弱体化していた点である。県内総生産（名目）について2001年を100としてその後の推移をみると、リーマン・ショック直前の2007年度に100を超えていたのは、被災東北4県のうち青森県だけで、残る3県はすべて100を下回っていた（〔図表7〕参照）。特に宮城県は94.8と最も落ち込みが激しかった。その後、リーマン・ショックの影響から4県とも水準が低下し、東日本大震災直前の2010年度では岩手県が86.4、福島県が89.0と、2001年に比較して1割以上も経済規模が縮小していたのである。したがって、震災前の状況が経済的に必ずしも好調な状態であったとはいえない。この中で、震災からの復興はどのレベルをめざすのかを明確にすべきである。震災以前の経済水準をめざすのであれば、東北4県の経済は依然として停滞水準のままとなる。人口減少や産業の空洞化などの諸問題を解決し、生産性を高めうる産業基盤を構築することが必要である。すなわち、東日本大震災を契機としてより経済成長が期待できる地域復興のグランド・デザインが求められる。このためには、個々の企業が従来の事業に戻るという発想では不十分であるが、地方

〔図表7〕 被災5県の県内総生産の推移（年度ベース、2001年度＝100）

	2001	2004	2005	2006	2007	2008	2009	2010
青　森	100.0	96.7	93.8	101.9	101.2	96.2	95.8	96.3
岩　手	100.0	97.8	95.1	96.1	95.0	90.0	88.0	86.4
宮　城	100.0	96.4	96.8	97.4	94.8	91.4	90.7	90.9
福　島	100.0	98.7	97.1	98.6	97.7	92.6	88.9	89.0
茨　城	100.0	99.8	100.4	102.9	106.8	101.9	95.7	99.7

出所：内閣府「県民経済計算」より

自治体の構想は公共インフラ主導に傾きがちになることを考えれば、外部の協力を得て民間の活力を活かす方策を構築すべきであろう。

第2に、どのような産業構造のデザインを描くかである。被災地域の多くが農林水産業や水産加工業であることを踏まえれば、そこから全く乖離したデザインを発想することは費用対効果の点からも非現実的である。ただし、諸富[3]が指摘するようなポイントを十分に踏まえなくてはならない。それは、従来型の公共投資主導の地域活性化策には地域が自立的に発展するためには真に何が必要なのかを問う視点がほとんどみられなかったということである。さらに、経済のグローバル化の下でめざすべき方向は、従来型への復帰ではなくサービス業も含め地域独自の付加価値を加えた新たな事業の構築である。この点では、今後のアジア諸国の成長を睨んだ展開も必要になるだろう。

4. 小 括

2008年9月のリーマン・ショック以降に円高が急速に進む中で、地域の産業空洞化がさらに進展した。この傾向はアベノミクスによって為替相場が円安に転じても変わっていない。政府は日本銀行の金融政策以外に効果的なマクロ経済政策を打ち出すことができず、地域経済は疲弊の一途をたどっている。わが国の中小企業政策は2000年以降にその方針を大転換し[4]、それまでの大企業・中小企業二重構造体制の解消という観点から、中小企業の自助努力を求める方針に大転換した。根本的な問題は、二重構造を放置したまま中小企業の淘汰を進めようとする政府の対応にあるが、個別の企業や地域は明日を生きていかねばならず、政策対応をいつまでも待っているわけにはいかない。その意味で、各都道府県や各地域、あるいは個別企業は再生に向けて自ら努力を重ねている。地域再生や事業再生は個別事情が大きく影響するために、一定の方式を見出すことは困難である。しかし、再生に向けた努力のプロセスの中に再生成功の何らかのファクターを見出すことができれば、これ

---

3 諸富徹『地域再生の新戦略(中公叢書)』140頁。
4 政府は1999年12月に中小企業基本法を改正した。

を他の地域や企業に応用していくことは可能であろう。その意味では、今後の日本経済にとって成功事例を幅広く共有することが非常に重要である。

[参考文献]

鳥取県商工労働部「平成21年度鳥取県商工労働部施策の概要」

関満博『地域産業の「現場」を行く──誇りと勇気の30話〈第１集〉地域の片隅から』（2008年・新評論）

諸富徹『地域再生の新戦略（中公叢書）』（2010年・中央公論新社）

(中野瑞彦)

IV　わが国の法的倒産の現状──法的倒産の件数と負債額推移

あるべき私的整理手続を模索するにあたり、最終的な破たん処理である法的倒産の現状を理解しておく必要もあるだろう。ここでは、この十数年間における法的倒産の推移とその特徴についてまとめた。

1．2001年度以降の倒産概況

バブル経済崩壊直後の1990年代は不動産価格が急落、地価の上昇を背景として資金を調達していた不動産業界は膨大な在庫を抱え行き詰まることとなる。また不動産業界へ融資していたノンバンク、銀行、保険会社や債務保証をしていたゼネコンや保証会社などの破たんも相次いだ。その後、貸出余力を失った金融機関から見放されるように多くの中小・中堅企業が倒産（貸し渋り、貸し剥がし）し、政府は中小企業金融安定化特別保証制度（特別保証）により応急処置を施した。これによりいったん沈静化した倒産だが、抜本的な改革には至らず、再び倒産は増加に転じた。その後しばらく不良債権処理に苦しんだ各行は、合併や公的資金の注入を経て体力を回復し、それにつれて金融システムも安定に向かった。この頃より、海外（特に新興国）の需要

〔図表8〕 法的倒産の推移

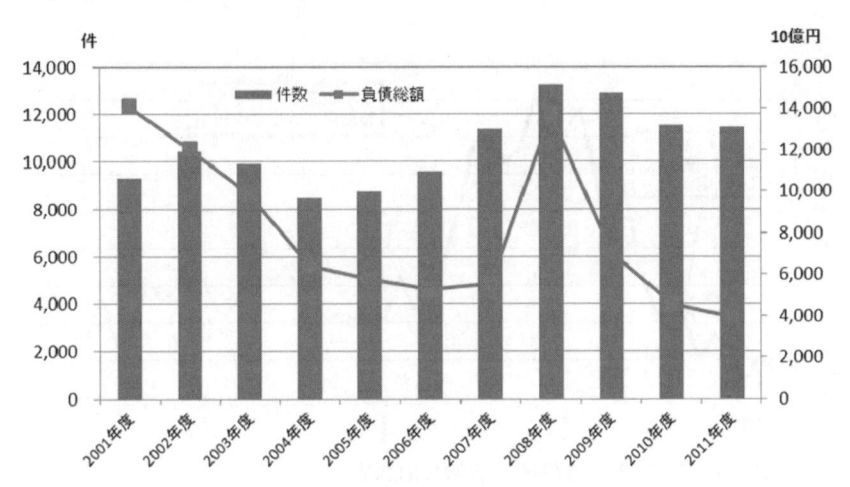

を取り込んだメーカーや低価格戦略に成功した企業がけん引役となり、経済状況は徐々に好転していった。いわゆる「いざなみ景気」である。実感を伴わないといわれながらも緩やかな成長を遂げてきた日本だが、2008年9月に「リーマン・ショック」に遭遇する。外需主導で回復を果たしてきた日本は、世界的な景気後退に巻き込まれる。サブプライム・ローン問題により影響が出始めていた不動産業界はもとより、極端な生産調整を強いられたメーカーの下請先に対しても銀行の支援姿勢は厳しくなり、倒産は急増した。政府は「安心実現のための緊急総合対策」を発表し「緊急保証制度（緊急保証）」を導入、原材料価格高騰や受注急減により資金繰りに窮していた企業へ資金を投入するとともに、「中小企業者等に対する金融の円滑化を図るための臨時措置に関する法律」（以下、「金融円滑化法」という）を発令し、返済計画見直しの義務化を金融機関に要請するなど資金繰りを支援した。また、公共工事の前倒しに加えエコポイントやエコカー減税・同補助金などの市場刺激策も投入し受注面からの回復も図った。これにより増加基調にあった倒産は2009年半ばを境に減少に転じ、2012年10月現在その傾向は続いている。

以下、これまでの増減をたどった要因を詳しくみてみたい。

〔図表９〕 貸し渋り倒産件数推移

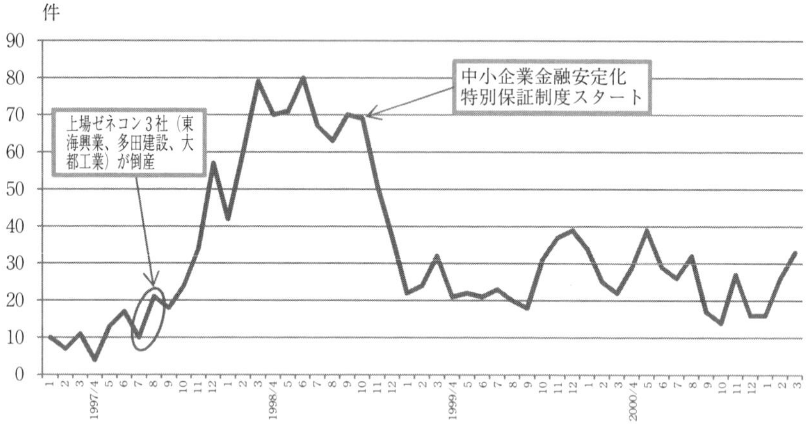
件
90
80
70
60
50
40
30
20
10
0
中小企業金融安定化
特別保証制度スタート
上場ゼネコン３社（東海興業、多田建設、大都工業）が倒産
1997/4
1998/4
1999/4
2000/4

※帝国データバンク調べ。判明分。件数は旧基準。

2．銀行の体力に左右される倒産

バブル経済崩壊以降、金融機関はバーゼルⅠ（BIS規制）による国際決済銀行としての信用を保つため、一定水準以上の自己資本比率を確保する必要があった。一方で、バブル崩壊により抱えた多額の不良債権を処理するためには自己資本の充実は避けて通れない。そこで多くの銀行は、自己資本比率算出の際の分子となる自己資本の減少に対して、分母、すなわちリスク資産（多くは貸出資産）を圧縮するという戦略をとらざるを得なかった。これが信用リスクの高い先に対する貸し出しの抑制（いわゆる貸し渋り）を招いた。〔図表９〕にみられるように、ゼネコン、ノンバンクの本格的処理が始まった1997年夏頃より貸し渋り倒産は急増し、1998年10月に特別保証が導入されるまで高水準で続いた。

3．特別清算や破産などの清算型倒産が増加

金融機関が系列のノンバンク経由で不動産向け融資を行っていたため、その処理も頭の痛い問題であった。また、大企業自体も自助努力が不可能なほ

どバランスシートは悪化しており、破たんしたグループ企業や支援企業の後処理に追われていた。このため1999年度には大手企業の系列倒産が61件（前年度35件、旧基準）と急増した。特別清算が法的倒産に占める比率を1997年度と2001年度とで比較してみると、3.6％から4.4％へと増加している。大企業ですらこのような状況におかれていたわけで、中小零細企業に至ってはさらに深刻であった。負債額1億円未満企業の清算型倒産（破産＋特別清算）が法的倒産に占める比率は同期間で26.6％から39.2％と大幅に増加した。再建の目途が立てられないほど市場が縮小していたことがわかる。資金繰り支援だけでは根本的解決にならなかったのである。

4. 特別保証利用後倒産

　特別保証制度導入により貸し渋り倒産は急減したが、その効果は長く続かなかった。金融機関の貸出リスクを低下させるとともに金融当局の監視を強めたことで、貸し渋りによる倒産自体は減少したものの、企業そのものの業績を回復させるには至らなかったからである。そのため、導入後最初の返済までの据え置き期間（最長1年間）が過ぎた1999年秋頃から特別保証を利用した企業の倒産が増加し、それにつれて倒産件数全体も増加に転じた。（〔図表10〕）

　中小企業の経営基盤を強化するためには資金の供給と同時に、市場そのものの停滞を解消する施策も求められていた。

5. 長引いた不良債権の処理

　金融機能の早期健全化のための緊急措置に関する法律（早期健全化法）に基づく公的資金注入を受けた大手各行は、住宅金融専門会社（住専）、ゼネコン、系列ノンバンクといった「TOO BIG, TOO FAIL」（大きすぎて潰せない）案件の処理に目途をつけるため、1998年3月期並びに1999年3月期で赤字決算に踏みきり不良債権の最終処理段階に入る。償却余力にあわせて、事実上先送りをしていたゴルフ場や不動産関連、独立系ノンバンクなどに対

〔図表10〕 特別保証制度利用企業倒産の影響

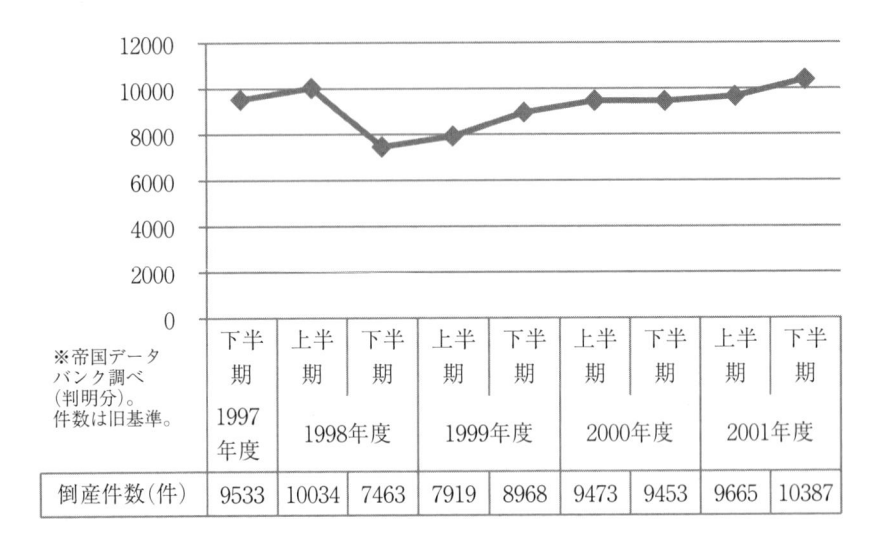

※帝国データバンク調べ（判明分）。件数は旧基準。

	下半期 1997年度	上半期 1998年度	下半期 1998年度	上半期 1999年度	下半期 1999年度	上半期 2000年度	下半期 2000年度	上半期 2001年度	下半期 2001年度
倒産件数（件）	9533	10034	7463	7919	8968	9473	9453	9665	10387

〔図表11〕 塩漬け案件の処理過程

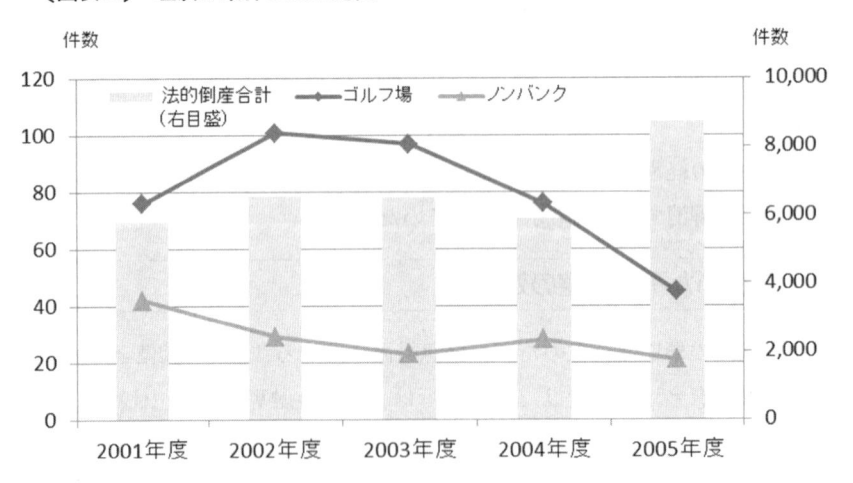

する不良債権を引き当て、その後塩漬け案件とよばれる企業の処理が粛々と進められた。これに伴い倒産件数も減少していくことになる。すでにほとんどの案件が死に体であったことから、どのタイミングで破たん処理に入るかが注目されていた。処理のスピードがメインバンクの体力そのものを物語っていたといえよう。

6. 倒産規模の零細化、地方と都市部の格差

2004年頃から、不良債権の引き当てを終えたことで処理が可能となった不動産やゴルフ場を対象として、主に外資系ファンドが一括購入し付加価値をつけて転売するというビジネスモデルにより都市部を中心に地価は下げ止まり、不動産業界は息を吹き返し始める。輸出関連企業をけん引役として回復し始めた各企業の投資意欲の高まりもあって都市部ではミニバブルとよばれる現象が起こる。このチャンスをものにしたいが信用力の乏しい新興不動産企業と回復の遅れている地方で貸出先をなくしていた地方銀行の思惑が一致し、都市部ではこのコンビによる開発案件が増え始める。

〔図表12〕にみられるように首都圏以外は倒産が大きく増加しており、景気の一極集中が倒産の面からもみてとれる。また負債額でみると（〔図表13〕）負債額5000万円未満の零細企業のみ倒産は増加し、規模が大きいほど

〔図表12〕 2005年度と比較した2007年度の地域別倒産件数伸び率

	2005年度	2007年度	伸び率(%)
北海道	287	353	23.0
東北	601	712	18.5
関東	3,550	3,892	9.6
北陸	211	384	82.0
中部	950	1,195	25.8
近畿	2,026	3,133	54.6
中国	308	508	64.9
四国	173	269	55.5
九州	653	887	35.8
合計	8,759	11,333	29.4

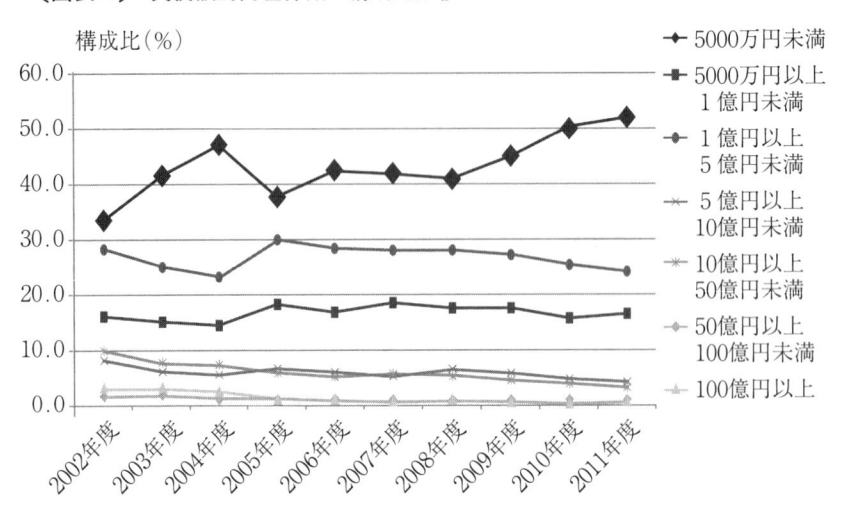

〔図表13〕 負債額別倒産件数の構成比推移

凡例：
- 5000万円未満
- 5000万円以上1億円未満
- 1億円以上5億円未満
- 5億円以上10億円未満
- 10億円以上50億円未満
- 50億円以上100億円未満
- 100億円以上

倒産全体における構成比を下げていることがわかる。主な倒産要因は、原材料の値上げ、円高による安価な競合商品の流入、海外シフトによる国内生産活動の縮小、人口の都市集中による地方都市の衰退などである。これらの中には過剰設備を抱えたまま受注が回復しない零細企業も多く含まれた。このため2004年度を底に増加に転じた倒産件数は、戦後最長の景気回復期といわれる中で増加を続ける一方、負債額は減少していくという過去にはみられなかった推移をたどることになる（〔図表8〕）。

この頃の倒産企業に対するキーワードが「地方」、「零細」、「内需」といわれていたゆえんである。

7. 業歴の長い企業の行き詰まり

業歴が長く、営業基盤もそれなりに強固であった老舗といわれる企業の倒産がこの頃増え始めた（〔図表14〕）。バブル期に土地の含み益で本店を立て替えたが本業が回復せず借入れ負担ばかりが残った企業や後継者難により事業継続をあきらめざるを得なくなった企業である。これらの企業に共通して

Ⅳ　わが国の法的倒産の現状——法的倒産の件数と負債額推移

〔図表14〕　業歴別倒産傾向

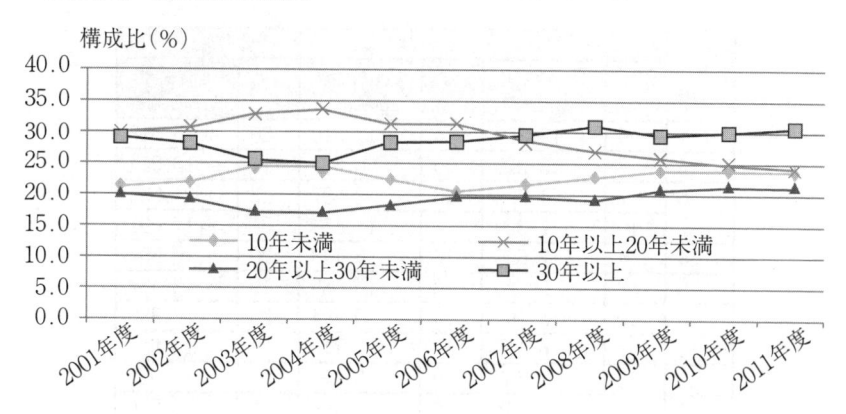

構成比（％）
凡例：10年未満／10年以上20年未満／20年以上30年未満／30年以上

〔図表15〕　原油価格の推移（WTI.$/Barrel）

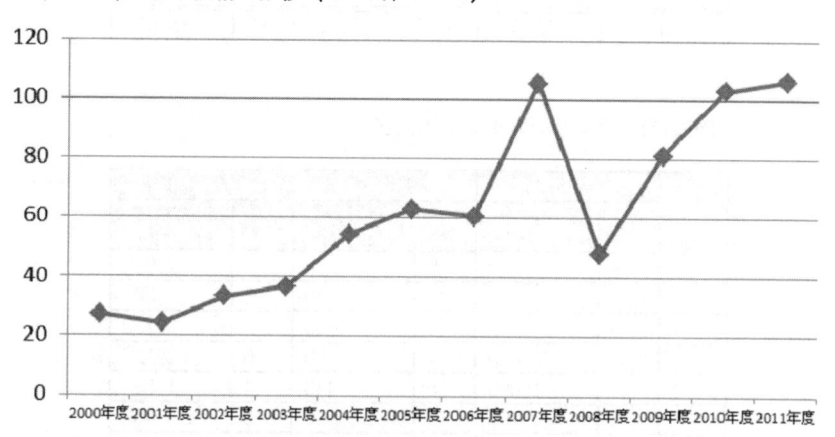

出所：IMF（年度末）

いるのは業歴が長い一方で、ここ最近は本業の赤字を遊休資産の活用でカバーしていたような企業であった。その多くは廃業・休業というような形で消えていき、その数は倒産の2〜3倍に上る。

51

〔図表16〕 原料高関連倒産

月	2005年度 件数	2005年度 負債総額（百万円）	2006年度 件数	2006年度 負債総額（百万円）	2007年度 件数	2007年度 負債総額（百万円）
4	6	13,250	14	11,510	20	16,518
5	8	3,275	15	6,674	19	18,514
6	7	4,608	13	2,537	23	24,956
7	10	7,320	11	11,134	21	17,091
8	4	2,690	16	6,143	20	10,854
9	8	6,326	8	15,580	19	12,487
10	10	5,592	14	10,794	23	12,330
11	7	6,113	11	7,110	24	19,887
12	10	7,687	9	3,835	29	14,921
1	9	50,646	8	3,966	23	10,926
2	6	3,306	12	11,997	33	31,719
3	14	7,956	11	23,834	45	28,771
合計	99	118,769	142	115,114	299	218,974

〔図表17〕 ガソリンスタンドの倒産

月	2005年度 件数	2005年度 負債総額（百万円）	2006年度 件数	2006年度 負債総額（百万円）	2007年度 件数	2007年度 負債総額（百万円）
4	1	30	0	0	3	1,962
5	0	0	3	449	6	585
6	0	0	4	405	5	780
7	4	1,625	1	60	6	1,126
8	4	1,090	5	443	4	1,846
9	5	493	0	0	2	452
10	1	120	3	567	3	245
11	4	1,773	1	553	8	2,460
12	1	80	2	110	3	1,964
1	5	510	4	1,195	2	3,240
2	4	268	1	183	5	822
3	2	109	4	662	4	548
合計	31	6,098	28	4,627	51	16,030

8. 原料高倒産

　2008年初めに米国の代表的な原油先物価格であるWTIは、需給の逼迫と投機マネーの流入により1バレルあたり100ドルを突破し（〔図表15〕）、そのまま7月には140ドル後半にまで高騰した。国内の石油製品は値上りを続け、ユーザーに価格を転嫁できない中小製造業者や卸売りを中心に打撃を受けた。この結果2007年度における日本国内の原料高関連倒産は前年から倍増した（〔図表16〕）。また、直接の影響を受けたガソリンスタンド業者の倒産も零細規模を中心に前年対比1.8倍と急増した（〔図表17〕）。

9. リーマン・ショック直後の倒産

　零細企業が倒産を押し上げながらも国内経済は成長を続けてきたが、米国のサブプライム・ローン問題に端を発した米国バブルの崩壊は翌年リーマン・ショックという形で全世界の経済をどん底に突き落とした。わが国でもミニバブルの崩壊で資金繰り破たんが続いていた新興不動産業者を中心に不動産業者の倒産は急増した（〔図表18〕）。また、外需依存型の成長を続けていた製造業は需要急減に伴って在庫が急増、急速な生産調整を迫られた。この影響で大手メーカーの下請先を中心に、2008年度下半期（10～3月）に50件発生したメーカー減産関連の倒産は、続く2009年度上半期（4～9月）には143件と急増した。この結果製造業全体の倒産が押し上げられた（〔図表19〕）。

10. 政策効果（エコポイント、金融円滑化法、緊急保証制度）による倒産抑制

　リーマン・ショックによる影響を最小限に抑えるため政府は2008年10月31日より緊急保証制度をスタートさせた。導入直後の11～12月にはこれまでの倍以上となる20万件を大幅に超える保証が実行され、中小企業を金融面で支えた（〔図表20〕）。一方需要面からは、家電エコポイント制度、エコカー減

〔図表18〕 不動産業の倒産推移

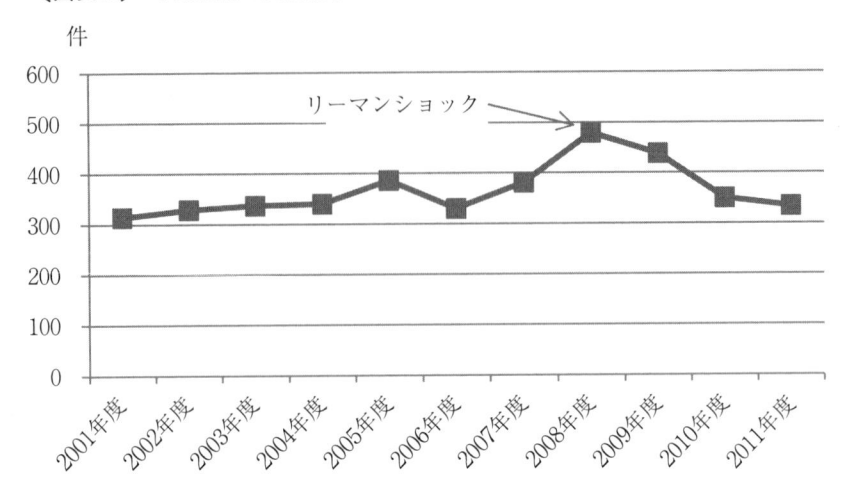

〔図表19〕 製造業の倒産推移

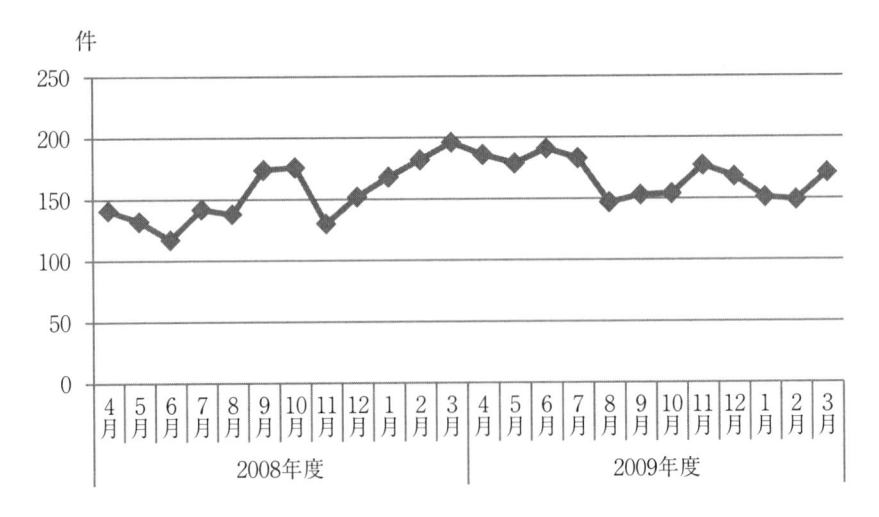

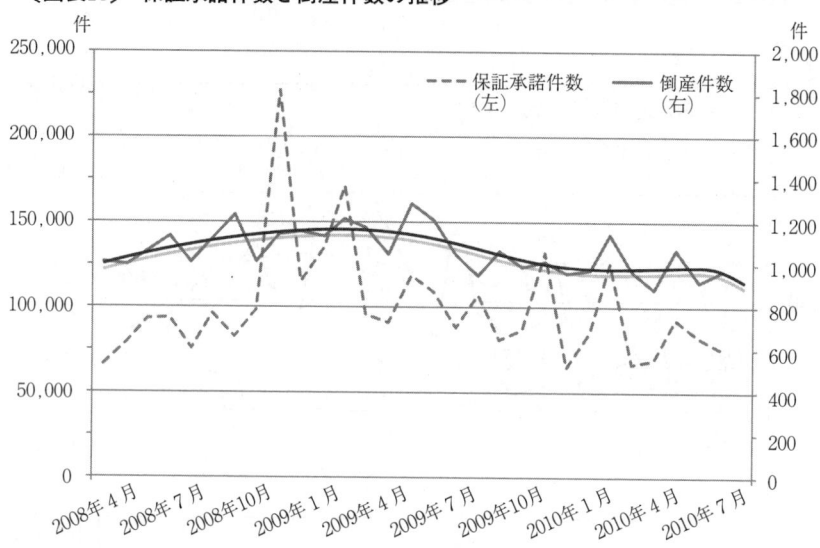

Ⅳ　わが国の法的倒産の現状——法的倒産の件数と負債額推移

〔図表20〕　保証承諾件数と倒産件数の推移

保証承諾件数は全国信用保証協会連合会公表値より作成。倒産件数は法的倒産のみを集計。

税（並びに同補助金）、公共工事予算の前倒し執行などを実施し下支えした。〔図表21〕並びに〔図表22〕にみられるように、新車登録台数の減少傾向が反転し（液晶やプラズマ）テレビの出荷が増加に転じたタイミングで製造業者の倒産は減少に向かっていることで、政策面での効果が大きかったことがわかる。これら施策により市場拡大策と資金需要の下支えが政策的になされ倒産は鎮静化した。

　これらにも増して、倒産抑制の背景として忘れてならないのが、金融円滑化法の存在である。決済資金を優先的かつ安定的に確保するために多くの経営者は金融機関への返済計画をまず優先してきたが、2009年12月にスタートしたこの法律により金融機関は企業からの返済計画の見直し要請に対して、柔軟に対応しなくてはならなくなった。つまり、返済の一時棚上げや期間の延長などを行うことで、当面の資金繰りに余裕をもたせることができるよう

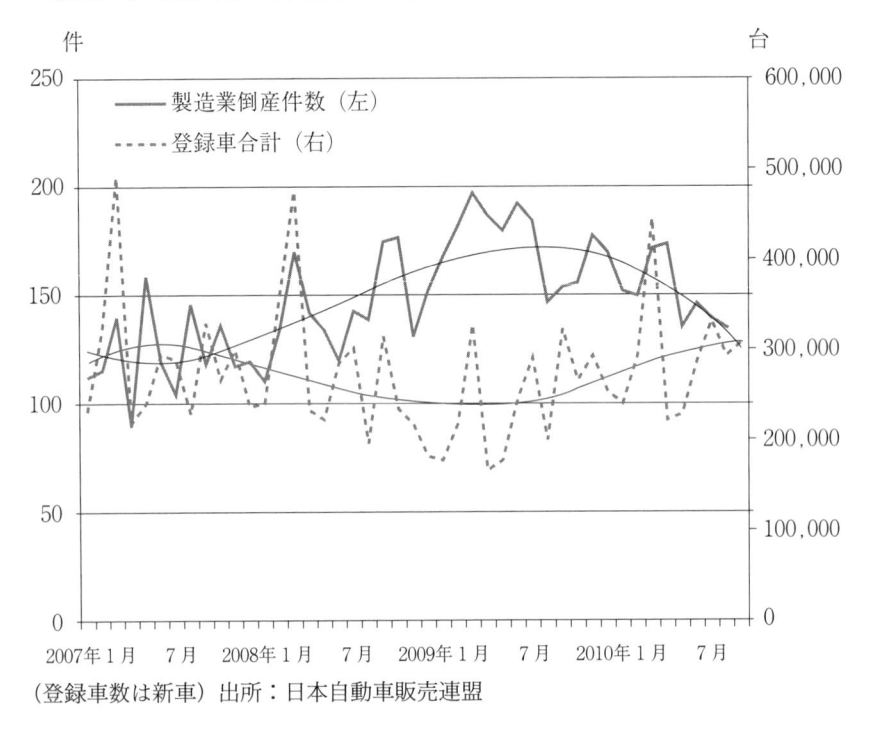

第Ⅰ編　第２章　わが国の企業をめぐる経済環境

〔図表21〕　登録車数と製造業倒産推移

（登録車数は新車）出所：日本自動車販売連盟

になったのである。〔図表８〕にあるように、これらの施策により2009年度以降倒産件数は減少に転じている。しかし、抜本的な見直しによる再建計画を立て実行できている企業は少ない。バブル経済崩壊後の教訓を活かし、資金繰りを支えるだけでなく、需要刺激策も投入したが、新たな需要創出ではなく需要の前倒しであったため、需要を取り込んだ後の計画が描けていないことが今後の大きな懸念材料となっている。また、2011年度後半以降、この金融円滑化法を利用した企業の倒産が増加している（〔図表23〕）。

　2013年３月末に、新たな市場を見出せないまま資金繰り支援策が次々と打ち切られた。資金繰り支援策は、倒産を一時的に抑制する策にすぎず、この間に、各企業がいかに新たな市場への適応力を身に付けたかが求められる。

Ⅳ　わが国の法的倒産の現状──法的倒産の件数と負債額推移

〔図表22〕　テレビ出荷台数と製造業倒産推移

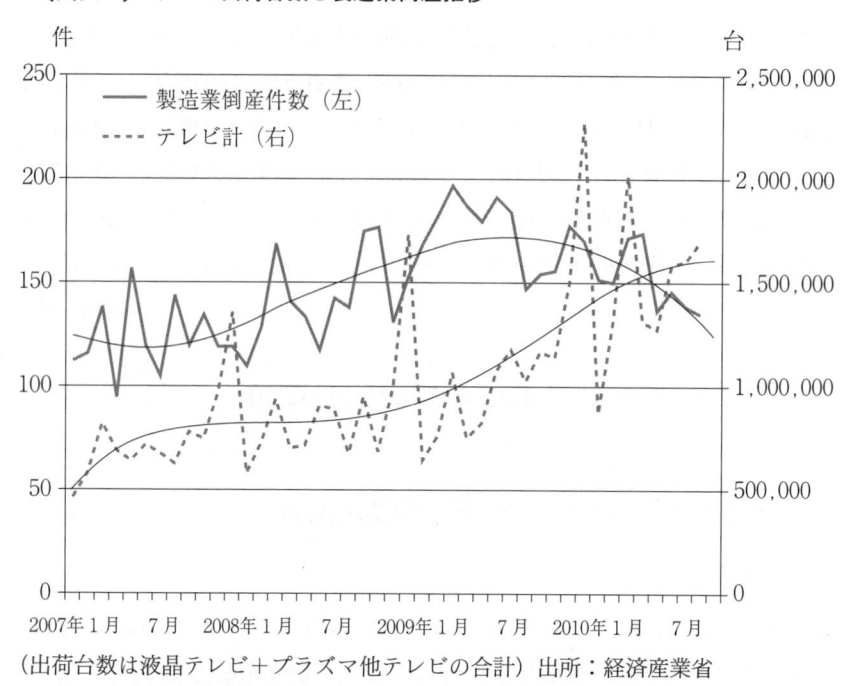

(出荷台数は液晶テレビ＋プラズマ他テレビの合計)　出所：経済産業省

〔図表23〕　金融円滑化法利用後の倒産

月	2010年度 件数	2010年度 負債総額（百万円）	2011年度 件数	2011年度 負債総額（百万円）	2012年度 件数	2012年度 負債総額（百万円）
4	0	0	17	10,462	22	24,063
5	0	0	14	7,446	24	17,050
6	0	0	7	5,721	16	17,523
7	2	851	17	21,986	41	45,705
8	2	316	16	17,370	45	28,241
9	4	574	19	19,100	36	19,906
10	1	2,042	22	16,913	51	21,579
11	3	4,546	25	10,211	43	42,520
12	11	6,092	27	14,341	38	25,369
1	6	1,531	32	17,038	37	42,152
2	9	3,762	25	13,429	33	23,879
3	15	4,961	26	15,367	42	26,987
合計	53	24,675	247	169,384	428	344,974

57

[注記]

　2005年4月に集計方法を法的倒産に限定（新基準）したことから、原則として、法的倒産（会社更生、特別清算、破産、民事再生（2000年4月以降）、商法整理（2006年4月まで）、和議（2000年3月まで））の発生（申請または決定）をもって分析対象とした（比較する場合2000年4月以降は新基準で集計し直してある）。ただし、2005年4月以前での比較が必要な場合には、一部、任意整理を含み、倒産判明日（旧基準）で集計したもの同士を比較してある。

（西島　茂）

V　中小企業の経営環境

1. 金融円滑化法終了後の銀行と企業の関係

(1) はじめに

　本稿の目的は、中小企業者等に対する金融の円滑化を図るための臨時措置に関する法律（以下、「金融円滑化法」という）が期限を迎えるに際して、これまでの日本における銀行と企業の関係を検証することで、銀行と企業の関係が今後どのようになり得るかを考察することである。

　戦後の日本における銀行と企業は、メインバンクシステムに代表されるように、融資面だけではなく、他の金融サービス、たとえば、社債の引受け、経営者の派遣、企業のモニタリング、不振企業に対する銀行主導での企業再生等、に現れているように、密接な関係にあった。

　しかし、1980年代以降の金融の自由化の流れ、バブル崩壊による銀行の体力の低下、それに伴うメインバンクによる企業経営の規律づけがなされなくなってきたこと、倒産に関する法律の整備等、時代の変化により、銀行によるメインバンクとしての役割は変質していくこととなった。2000年代に入ってからは、銀行は不良債権処理に注力することになり、長年つき合いのあった企業に対しても、債権譲渡といった形で不良債権をファンド等に売却する

に至った。またこの時期の前後には、多くの研究において銀行による「貸し渋り」や「追い貸し」といった貸出行動が報告されている。このようにバブル崩壊後、銀行と企業の関係は、経済環境の変化とともに大きく変わっていった。

　銀行による不良債権処理の効果もあり、2005年4月には政府が不良債権の正常化を宣言した。また、日本の銀行は引当金の戻り益等もあり、体力的には回復し、日本経済も戦後最長の景気拡大期にあった。ところが、その後の2007年のサブプライム・ショック、2008年のリーマン・ショックにより、日本の景気もそのあおりを受けることとなった。そのような中、2009年に金融円滑化法が施行されるに至っている。

　本稿では、銀行と企業のこれまでの関係を概観することで、金融円滑化法終了後の銀行と企業の関係を考察していく。実際に過去多くの研究において、銀行の行動が企業の行動や収益性に影響を与えていることが指摘されている。[5]

　これまでの銀行と企業の関係を振り返ることで、金融円滑化法終了後の銀行と企業のあり方がどうなるかを推察し、今後の日本の金融システムのあり方を考えるうえでの一助としたい。

(2) これまでの銀行と企業の関係

　金融円滑化法は、中小企業者等に対する金融の円滑化を図るために2009年12月に施行された時限立法であり、2度の法改正を経て、2013年3月末に期限を迎えた。また、2011年度に金融円滑化法が延長された際には、2012年度を同法の最終年度として、企業の事業再生や新規融資の促進等の企業に対する支援措置を講じていく旨を決定・公表した。[6]

　では、金融円滑化法の施行前後により企業と銀行の関係はどのように変わるのであろうか。本稿では、戦後からバブル崩壊後、そして不良債権処理時代の日本の銀行と企業の関係を振り返ることで、金融円滑化法終了後の銀行

5　たとえば、小川一夫『「失われた10年」の真実 実体経済と金融システムの相克』257～309頁。
6　金融庁「中小企業金融円滑化法の期限の最終延長等について（平成23年12月27日）」〈http://www.fsa.go.jp/common/conference/danwa/20111227-1.html〉。

と企業の関係およびそのあり方を考察したい。そのために、バブル崩壊前とバブル崩壊後の2つの大きな時代の流れにおける銀行と企業の関係をまずは整理する。

バブル崩壊前の日本における銀行と企業による特徴的な関係としては、メインバンクシステムがあげられる。メインバンクシステムとは、慣行、制度的な取り決め、企業やさまざまなタイプの銀行・金融機関や規制当局の行動、といったものをすべて含んだ、企業の資金調達・ガバナンスシステム、と定義される[7]。メインバンクは、企業と明示的にも非明示的にも多面的な取引を行っている。具体的には、株式の持ち合いや経営資源の供給、取締役の派遣等である。加えて、貸出し、信託、保険、社債の引受け、決済、外国為替、資金調達や買収に関するアドバイザリーといった、さまざまな金融サービスの提供も行っている。

メインバンクシステムの中でも最も顕著な特徴の1つが、メインバンクの取引先企業が逆境に陥った場合にメインバンクが果たす「モニタリング機能」である[8]。企業が財務的に困難に陥った場合、メインバンクは、①権利請求の再交渉、②新規資本の供給、③役員の派遣、④再建計画の策定、⑤経営陣の更迭、⑥資産の売却と負債の返済、⑦合併および吸収といったことを通じ、企業の再建に取り組んできた。たとえば、安宅産業の不良債権処理に際して住友銀行がかかわった事例が詳細に紹介されている文献がある[9]。具体的には、当該文献には、住友銀行によるメインバンク機能の行動として、安宅産業の事業の一部の買い手側である伊藤忠商事との買収交渉、大蔵省（当時）および日本銀行との折衝、人材の派遣等が生々しく描かれている。

しかし、このメインバンクシステムもバブル崩壊後、徐々に役割が変質していった。その最大の理由としては、経済環境の基礎的変化があげられる。

---

[7] 青木昌彦＝ヒューパトリック編『日本のメインバンクシステム』16頁。
[8] ポール・シェアード「メインバンクと財務危機管理」（青木昌彦・ヒュー・パトリック編・日本のメインバンクシステム）215頁。
[9] 西川善文『ザ・ラストバンカー――西川善文回顧録』。

上述したような多様な機能をもつメインバンクシステムが効果的だった背景には、日本の高度経済成長、企業による資本市場での資金調達のためのアクセスの制限、人為的低金利政策、金利が制限された中で貸出市場の需給を調整するためのメインバンクによる信用割当等の存在が大きい。こういった状況は、金融の自由化、グローバル化、そして情報化という1980年代以降における規制緩和の流れの中で、変化していった。さらに、1990年代後半より、株式持ち合いの解消、外国のファンドによる日本企業の買収事例、また制度面としてもいわゆるサービサー法（債権管理回収業に関する特別措置法）の制定、民事再生法制定等により、メインバンクが従前果たしてきた企業に対してのモニタリング機能も変容するようになった。

加えて、1990年代後半以降、銀行と企業の貸出関係も明らかに変わっていった。いわゆる貸し渋りと追い貸しである。不良債権を多く抱えたために、自己資本を毀損した銀行は、自己資本比率規制の下、自己資本比率を保つため、貸し渋りを行うようになった。また、同時に、銀行は自ら抱えている不良債権を隠ぺいするために追い貸しも実施するようになった。[10]

(3) 銀行と企業の関係についての実証先行研究

前項では、不良債権処理までの日本の銀行と企業の関係を定性面から概観した。本項で、銀行と企業の関係を定量面から分析している研究を紹介する。

10　Hosono. K & Sakuragawa.S. "*Soft Budget Problems in the Japanese Credit Market*", NAGOYA CITY UNIVERSITY DISCUSSION PAPERS IN ECONOMICS NO. 345 (2003). なお、貸し渋りについては、Honda, Y. "*The effects of Basle Accord on Bank Credit: The Case of Japan*", APPLIED ECONOMETRICS, 34, PP. 1233-1239 (2002)., Ito, T & Y.N. Sasaki. "*Impacts of the Basle Capital Standard in Japanese Banks Behavior*", JOURNAL OF THE JAPANESE AND INTERNATIONAL ECONOMIES, 16, PP. 372-397 (2002)., Peek, Joe & Eric S.Rosengren. "*Unnatural Selection: Perverse Incentives and the misallocation of credit in Japan,*" AMERICAN ECONOMIC REVIEW, 95, SEPTEMBER, PP. 1144-1166 (23) (2005). 等で、指摘されている。他方、追い貸しについては、小林慶一郎＝才田友美＝関根俊隆『いわゆる「追い貸し」について』日本銀行調査統計局 Working Paper Series 〈http://www2.boj.or.jp/research/wps_rev/wps_2002/data/cwp02j02.pd〉、Peek & Rosengren・前掲論文、Caballero, R., Hoshi, T., & Kashyap., "*Zombie Lending and Depressed Restructuring in Japan,*" AMERICAN ECONOMIC REVIEW, 98(5): 1943-1977 (2008). 等でその存在を実証分析で示されている。

まず、中小企業庁が実施している「企業金融環境実態調査」を使用して2001年度から2003年度までのパネルデータを用いて、①借入申込みの拒絶・減額、②メインバンクの不良債権比率、③企業の負債比率の3つを説明変数として、これら説明変数が企業の行動にどのような影響を与えたかを実証分析しているものがある[11]。被説明変数である企業行動としては、有形固定資産の伸び率、従業員伸び率、流動性伸び率、棚卸資産伸び率、売上債権伸び率、買い入れ債務伸び率の6つを対象としている。

実証分析の結果は以下のとおりである。1つ目は、メインバンクの主たるサービスとなる融資についてであるが、メインバンクへの借入申込みが拒絶・減額された場合、従業員の伸び率と有形固定資産の伸び率に加え、流動性の伸び率も有意に低下していた。

2つ目の不良債権比率についても、有形固定資産、従業員数の伸び率はともに有意にマイナスであった。すなわち、メインバンクの財務状況が悪化すると、融資のみならず設備投資や雇用についても悪化することが示された。

3つ目の企業の負債比率の上昇についてでは、負債比率が上昇した場合、流動性、売上債権、買入債務の伸び率はそれぞれ有意に低下していた。このことからわかるのは、企業の財務状況が悪化した場合には、商品の販売先に信用を供与する余裕がなくなり、売上債権の伸び率は下がるということである。また他企業から商品を購入する場合においても、買い手の財務状況が悪化していることから、販売した企業は回収不能を懸念して信用の供与を減らすということである。

また、バブル崩壊後、日本においては銀行と企業の間において、「ソフトな予算制約」が存在していたことを指摘している研究もある[12]。「ソフトな予算制約」とは、公的機関や「too big to fail（大きすぎて潰せない）」の問題を抱える金融機関は、予算が守られず、事後になって損失を補てんされたりすることで、事前に決められた予算が結果的にゆるくなりがちになることをい

---

[11] 小川・前掲（注5）257～309頁。
[12] 鯉淵賢＝福田慎一「銀行の破綻処理と中小企業」（林文夫編・金融の機能不全）99～123頁。

う。

　当該研究では、銀行による企業への貸出行動の違いを利用して実証分析を行ったところ、銀行によって追い貸しをされなかった企業は短期的に劇的な倒産の増加があったものの、その中でも存続した企業は、長期的には顕著な利益率の回復を示していた。他方、銀行に追い貸しをされた企業は短期的には劇的な倒産の増加は経験しなかったものの、長期的な利益率が回復することはなかった。この結果は、「ソフトな予算制約」ともいえる金融円滑化法が企業の収益性に与えた影響に大きな示唆を与える結果となっている。[13]

(4) 金融円滑化法終了後の銀行と企業の関係についての考察

　本項では、金融円滑化法終了後において、銀行と企業の関係はどのようになるかを考察する。

　まずは銀行の自己資本比率の推移について注目してみたい。多くの研究において、銀行の財務状況や自己資本比率が悪化した場合、企業の生産性も悪化することが示されている。[14]

　〔図表24〕は、近年の銀行の連結における自己資本比率の推移を示したグラフである。自己資本比率の推移をみたところ、リーマン・ショック前後に一度下落しているものの、以降は上昇傾向にある。すなわち、銀行の健全性は過去と比較してかなりよくなってきたといえる。そうした場合、企業は銀行の財務状態の悪化から受ける貸し渋り等の問題に直面する可能性は低いといえる。[15]

　次に銀行と企業の両者の財務に影響を与える金融危機についてはどうであろうか。2007年にサブプライム・ショックが、2008年にはリーマン・ショックが起こり、世界は金融危機に直面することになった。日本においては、1990年代後半のように多くの金融機関が倒産するまでには至らなかったが、2010年には日本振興銀行が破たんし、少なからず日本の中小企業には影響があったものと予想される。

13　鯉淵＝福田・前掲（注12）99～123頁。
14　小川・前掲（注5）257～309頁ほかにも多数ある。

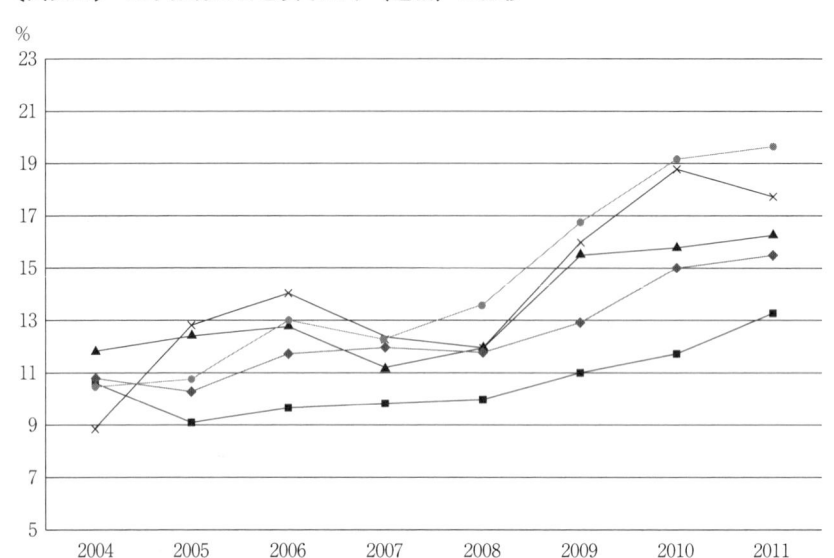

〔図表24〕 大手銀行の自己資本比率（連結）の推移

──◆── みずほ　──▲── 東京三菱UFJ　──●── 三菱住友　──■── りそな　──×── みずほコーポレート

出所：全国銀行協会「全国銀行財務諸表分析」より作成

　しかし、企業の倒産件数の推移をみると、ここ20年間においては、直近の2011年は最も低い水準である。特に2009年以降において倒産件数は減少傾向にあるが、その理由の1つとしては、やはり金融円滑化法があげられるであろう。その意味では、金融円滑化法終了後においては、むしろ「ソフトな予

---

[15] 銀行の自己資本比率を上昇させるために銀行が貸し渋りを行う理由は以下のとおりである。銀行の自己資本をK、リスクアセットをRWAとする。このとき、自己資本比率CARは次のように表現できる。
　$CAR = K/RWA$、$RISK = RWA/A$ ……(1)
　上式は以下のように変形できる。
　$CAR = K [RISK \times A]$ ……(2)
　(2)式につき、両辺に対数をとり、時間について微分をすると次式を得れる。
　$d\log(CAR)/dt = d\log(K)/dt - [d\log(RISK)/dt + d\log(A)/dt]$ ……(3)
　ここで、$d\log(X) = \triangle X/X$ となることから、以下の関係を導くことができる。
　$\triangle CAR/CAR = \triangle K/K - \triangle RISK/RISK - \triangle A/A$
　以上より、自己資本比率を上昇させるためには、自己資本を増やすか、リスクアセットを減らすかのどちらかを行わなければならないことが示された。

〔図表25〕 倒産企業件数の推移

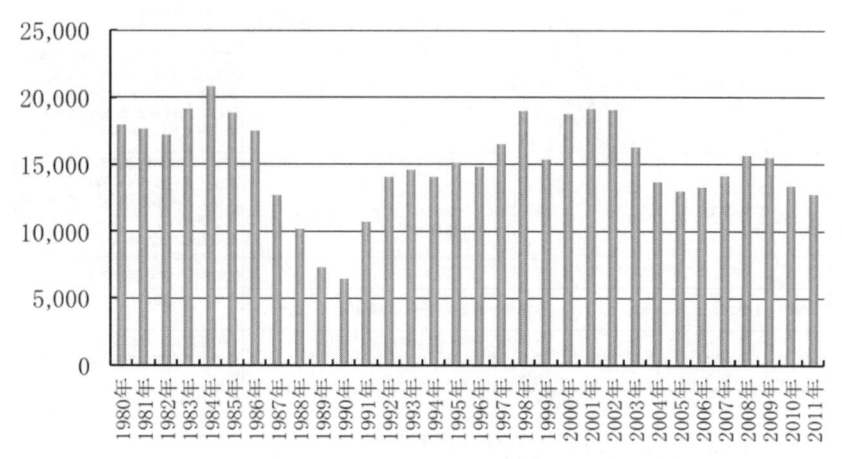

出所：東京商工リサーチ　全国企業倒産状況

算制約」から企業がいかに脱却するかが課題となる。というのも、銀行による追い貸しや「ソフトな予算制約」が企業の生産性を下げていることが実証分析されており、「ソフトな予算制約」は銀行と企業双方にとって、中長期的にはデメリットが大きいからである。[16]

　金融円滑化法終了後において、銀行の財務状況が企業の生産性を下げるという点は、先ほど言及したように、銀行の自己資本比率が上昇していることから、それほど大きな課題にはならない。むしろ課題となるのは、銀行の「ソフトな予算制約」により非効率な企業が延命することである。

　このような課題に対して、すでにいくつかの地方銀行はファンドと組んで、再生ファンドを組成することで、金融円滑化法終了後のソフトランディングに備えて準備をしている。〔図表26〕は、現在地方銀行が組成している地域再生ファンドの一覧である。

　では、金融円滑化法終了後において、銀行と企業の関係はどのようになる

16　Peek ＆ Rosengren・前掲（注10）1144～1166頁、Hoshi ＆ Kashyap・前掲（注10）1943～1977頁、そして鯉淵＝福田・前掲（注12）99～123頁。

第Ⅰ編　第2章　わが国の企業をめぐる経済環境

〔図表26〕　地域再生ファンドの動向

地域	ファンド名称	ファンド総額	出資者	創設時期	備考
北海道	北洋中小企業再生ファンド	ファンドの規模や期限は定めず、案件ごとにジェイ社側が9割、北洋銀が1割を出資する。	北洋銀行、ジェイ・ウィル・パートナーズ	未定	対象となる企業としては、本業は順調だが過去の過大な借り入れで資金繰りに苦しむ例を想定。1億円以上の債権がある企業を対象に、年に数件の売却を見込む。
茨城県	常陽事業再生ファンド	20億円	常陽銀行、リサ・パートナーズ、リサ企業再生債権回収	未定	ファンドは常陽銀の取引先などのうち、過剰債務や不採算事業などを抱える中小企業の債権を買い取り、事業再生を支援する。債権を返済順位が低い劣後ローンに転換して企業の負担を軽くする「DDS」なども活用する。
茨城県	名称未定	未定	常陽銀行等茨城県内の金融機関	未定	事業再生支援のための官民ファンド
富山県	名称未定	20億円程度	北陸銀行や富山第一銀行など富山県内に本店を置く地方銀行と信用金庫	未定	公的機関にも出資を求め、官民一体で中小企業の支援体制を整備する。
長野県	名称未定	30億円程度	八十二銀行など長野県内の主要金融機関	平成25年3月目途	各金融機関の出資比率は未定だが、既存の地域ファンド「ずくだせ信州元気ファンド」の出資割合に準じる予定。金融機関で作る15億円の過半を八十二銀が出資するとみられる。
県ごと運営	あおぞら地域再生	5県で総額50億～100億円の出資	あおぞら銀行	平成24年11月	再生に当たっては、グループのあおぞら債権回収が地銀から取引先の債権を時価で譲り受ける。売り上げ増やコスト削減などに関する助言をして企業価値を高めて、地銀による投融資やM&A（合併・買収）で再生にこぎ着ける。必要があれば複数の金融機関から取引先債権を一括して買い取る。
千葉県	名称未定	20億円	千葉県や中小企業基盤整備機構、県内金融機関などは共同出資して設立	未定	出資については、県が1億円、県内金融機関が10億円、国の中小企業基盤整備機構が9億円を出資し、総額20億円とする。
愛知県	名称未定	20億円	県内の地方銀行と信用金庫の20弱の地域金融機関、中小企業基盤整備機構、愛知県信用保証協会など	平成25年3月まで	ファンドは金融機関からの債権買い取りや、対象企業への株式出資を通じて経営改善を促す。
兵庫県	みなと事業再生ファンド	未定	みなと銀行、リサ・パートナーズ、リサ企業再生債権回収	未定	投資対象は、兵庫県およびその周辺地域を経営基盤とする中小企業の負債および株式
岡山県	おかやま企業再生ファンド	50億円	中小企業基盤整備機構、（株）中国銀行、（株）トマト銀行、おかやま信用金庫、水島信用金庫、玉島信用金庫、備北信用金庫、笠岡信用組合、岡山県信用保証協会	未定	ファンドの運営会社、おかやまキャピタルマネジメント（岡山市）の取締役3人のうち、1人は中国銀行、2人はコンサル企業のロングブラックパートナーズ（東京・千代田）がそれぞれ派遣。
広島県	せとみらいファンド	30億円程度	広島銀行、もみじ銀行、広島信用金庫、呉信用金庫、しまなみ信用金庫、広島みどり信用金庫、広島市信用組合、広島県信用組合、両備信用組合、備後信用組合、日本政策投資銀行	平成24年11月末	期間は5年で、2年の延長が可能。
徳島県	AWA企業再生ファンド	案件ごとに出資	阿波銀行、株式会社リサ・パートナーズ、リサ企業再生債権回収株式会社	未定	年に数件の支援を見込み、支援先の株式をファンドが取得する場合もある。他行の取引先企業の債権買い取りも行う。ファンドの規模は定めず、案件ごとに出資する。

香川県、徳島県	トモニ企業再生ファンド	未定	トモニホールディングス、ジェイ・ウィル・パートナーズ	未定	トモニHD傘下の香川、徳島両行の取引先のうち、事業の再構築や過剰債務への対策が必要な企業を選び、債権をトモニファンドに譲渡する。
愛媛県	せとうち再生支援ファンド	案件ごとに出資	伊予銀行、リサ・パートナーズ、リサ企業再生債権回収	平成24年10月	本業で利益は出ているが、過剰な債務を抱える企業や不採算事業をもつ中小企業などの債権を、伊予銀行がファンドに売却する。リサは案件ごとに投資額を決める。

出所：日本経済新聞および各種金融機関のホームページより作成

　ことが予想されるのであろうか。仮説としては、地方銀行がファンドと組んで出口戦略を描いていたことからもわかるように、10年前のようにある企業に対してはメインバンクが支える一方で、質の悪い債権については銀行が債権をファンドに売ってファンドが回収するという形をとるのではなく、地方銀行がファンドと協力をしながら企業とともに収益性を上げていくような手助けをするということが考えられる。

　この形は、メインバンクによる役員の派遣やリレーションシップバンキングとも異なる形である。すなわち、銀行はファンドと組むことである程度企業と緊張感は保ちつつも、ファンドに債権を売り切ることで企業との関係を断ち切るということはせずに、銀行がファンドと企業と協力しながら、企業の課題に取り組むという形である。この際には、銀行と企業にはある種の緊張感がある「負債の規律」が求められる。

　また企業再生においては、メインバンクの裁量により企業救済を行うというよりは、ある時は民事再生法や会社更生法を使って、法律の下に企業の課題に取り組むとともに、銀行がファンドと組むことで先延ばしをせずに場合によっては法的手段もとりつつ、銀行が債権の回収を行うという姿が予想される。この意味では、竹中プラン的な「ショック療法」と金融円滑化法的な「ソフトな予算制約」のちょうど間をとるような関係を銀行と企業はつくっていくのではなかろうか。

　ここで重要なことは、企業と銀行はいきなりこのような関係になったのではないということである。すなわち、戦後のメインバンクシステムを経て、バブル崩壊後の不良債権処理のため、竹中プランによる強制的な不良債権の

売却といった「ショック療法」を行った後、リーマン・ショックによる景気悪化の対策としての政策である「金融円滑化法」という流れを経ることで、企業と銀行はこれまでの経験および知見を活かすとともに、環境に適応したうえで、このような関係が新たに生まれることになるのである。

(5) おわりに

　1990年代のバブル崩壊後、銀行による従来型のメインバンクの役割は徐々に変質していき、代わりに民事再生法、会社更生法といった企業再生のための法律の整備、並びにプライベートエクイティファンド、再生ファンド等といった市場原理による企業の再生の役割が高まっていった。

　しかし、近年においては、金融円滑化法もあることから、銀行は積極的ではないにしろ、非効率な企業に対しても延命措置に値する行動をとってきた。金融円滑化法終了後においては、銀行のこの動きは急に変わらないまでも、今後も続くことが予想される。その際に重要なことは、「ソフトな予算制約」は必ずしも企業の生産性向上には貢献しないということである[17]。一方で、2000年代前半の竹中プランのように、ショック療法的な政策をとるのも、金融円滑化法の流れにおいては、困難である。

　地域金融機関は再生ファンドと組むことで、金融円滑化法終了後の出口戦略を模索してきた。このような状況において、銀行はこれまでのメインバンクシステムのように積極的に緊急融資を行ったり、役員を派遣したりすることはなくなるであろう。同時に、2000年代前半の銀行の不良債権処理時のように、銀行の体力は低下していないことから、貸し渋りや追い貸しといった貸出行動をとることも限定的であると考えられる。

　むしろ、金融円滑化法終了後において、銀行はこれまでのような融資、決済等による基本的な金融サービスで企業を支えながらも、事業再生、役員派遣といった企業の救済措置は外部のファンドにアウトソーシングしていく傾向が強くなると予想される。ここで銀行が果たすべき役割の1つは「負債に

17　鯉淵＝福田・前掲（注12）97～123頁でも実証されている。

よる規律」である。金融円滑化法の時代においては、「ソフトな予算制約」のため、非効率な企業が延命された可能性が高い。ポスト金融円滑化法においては、銀行は「負債による規律」といった視点から、企業をサポートすることで、メインバンクの役割を果たし、同時に、事業再生においては、外部の専門家に任せるといった分業が求められていく。

[参考文献]

青木昌彦＝ヒューパトリック編『日本のメインバンクシステム』(1996年・東洋経済新報社)

ポール・シェアード「メインバンクと財務危機管理」(青木昌彦＝ヒュー・パトリック編・日本のメインバンクシステム) (1996年・東洋経済新報社)

内田浩史『金融機能と銀行業の経済分析』(2010年・日本経済新聞社)

池尾和人編『不良債権と金融危機』(2009年・慶応義塾大学出版会)

小川一夫『「失われた10年」の真実——実体経済と金融システムの相克』(2009年・東洋経済新報社)

　　鯉淵賢＝福田慎一「銀行の破綻処理と中小企業」(林文夫編・金融の機能不全) (2007年・勁草書房) 99～123頁。

小林慶一郎＝才田友美＝関根俊隆『いわゆる「追い貸し」について』(2002年・日本銀行調査統計局 Working Paper Series)

鹿野嘉昭『日本の金融制度』(2006年・東洋経済新報社)

西川善文『ザ・ラストバンカー——西川善文回顧録』(2011年・講談社)

福田慎一＝粕谷宗久＝赤司健太郎「金融危機下における銀行貸出と生産性：企業別成長会計を使った『追い貸し』の検証」経済学論集74巻3号40～55頁 (2008年・東京大学経済学会)

星岳雄・Aカシャップ『日本金融システム論』(2006年・日本経済新聞社)

柳川範之『契約と組織の経済学』(2000年・東洋経済新報社)

山中宏『メインバンク制の変容』(2002年・税務経理協会)

渡辺努＝植杉威一郎『検証　中小企業金融』(2008年・日本経済新聞社)

Akiyoshi, F & Kobayashi, K. *"Banking crisis and productivity of borrowing firms: Evidence from Japan,"* JAPAN AND THE WORLD ECONOMY, ELSEVIER, VOL. 22(3), PP. 141-150, AUGUST (2010).

Caballero, R., Hoshi, T., & Kashyap., *"Zombie Lending and Depressed Restructuring in Japan,"* AMERICAN ECONOMIC REVIEW, 98(5): PP. 1943-1977 (2008).

Honda, Y. *"The effects of Basle Accord on Bank Credit:The Case of Japan"*, APPLIED ECONOMETRICS, 34, PP. 1233-1239 (2002).

Hosono.K & Sakuragawa. S. *"Soft Budget Problems in the Japanese Credit Market"*, NAGOYA CITY UNIVERSITY DISCUSSION PAPERS IN ECONOMICS NO. 345 (2003).

Ito, T & Y.N. Sasaki (2002). *"Impacts of the Basle Capital Standard in Japanese Banks Behavior"*, JOURNAL OF THE JAPANESE AND INTERNATIONAL ECONOMIES, 16, PP. 372-397.

Peek, Joe and Eric S.Rosengre. *"Unnatural Selection: Perverse Incentives and the misallocation of credit in Japan,"* AMERICAN ECONOMIC REVIEW, 95, SEPTEMBER, PP. 1144-1166 (23) (2005).

（村上茂久）

2. 市場変動に伴う企業リスクの分析

(1) 「特約付き長期為替予約」の概要

(ア) 「特約付き長期為替予約」とは

　本稿においては、「特約付き長期為替予約」とは「長期間にわたり継続的に外貨購入を行う取引」のことを指す。一般に、シンプルな仕組みのものは「フラット為替予約」、またはデリバティブが内包されていることから「為替デリバティブ」とよばれることがある。

　本来、この仕組みは為替変動に対するリスクヘッジを目的として取引され、主に輸入企業が商品や原材料などの仕入れに際して安定した為替レートでの

外貨購入をめざすものであった。

　また、この取引には「特約」が付加されることがあり、レバレッジ・消滅条件・交換レート変更など数多くのバリエーションがある。さらに、契約内容によっては有担保取引となっているものや、市場動向によって追加担保が必要な取引もあり、契約内容も多岐にわたる。

　(イ)　これまでの「特約付き長期為替予約」の主流

　商品の草創期は、シンプルなフラット為替予約から始まったが、契約期間を長期に設定するほど、より円高水準でドル購入が可能となる傾向にあることから、多くの金融機関が積極的に長期契約商品を開発することとなった。さらにレバレッジ・消滅条件・交換レート変更条件など、より複雑かつリスクの高いものを使って交換レートを有利にする流れとなっていった。

　しかし、近時の円高傾向の流れによってそれらの過去に成約した「特約付き長期為替予約」が業績を圧迫する要因となる事象が頻発するようになった。それらの要因とは、交換レートの高止まりやレバレッジによる必要以上の外貨購入、さらには追加担保による手元資金の逼迫などがあげられる。

　(ウ)　過去に取引された「特約付き長期為替予約」の現状

　過去に取引された「特約付き長期為替予約」の中には、現在の為替レート水準に比較して割高のものが多く存在する。これは、約定時の為替レートに比べて現状の為替レートが円高水準で推移していることが主な理由といえる。

　それらの「特約付き長期為替予約」の中には、「評価差損」、「為替実現損」として企業業績・資金繰りに悪影響を及ぼしているものが多く存在する。

　(エ)　「特約付き長期為替予約」の実現損

　現状の円高水準においては、過去に取引された「特約付き長期為替予約」によって、あらかじめ決められた「交換レート」が現在の「為替レート」水準に比較して円安のものがある。その結果、交換期日のつど割高な外貨を購入することになり、為替差損が発生しているものが目立っている。レバレッジや交換レートの変更条件などの特約がついている場合には、より多額の為替差損が発生する可能性もある。

加えて、実需を超えるヘッジ（オーバーヘッジ）等により購入した外貨が不要になってしまった場合には、余分な外貨を実勢レートで売却する必要が出てくる。その場合は、実勢レートよりも円安で外貨を購入して、実勢レートで売却することとなり、その差額である為替差損が発生し手元資金が流失することにつながる。

(オ) 「特約付き長期為替予約」の評価損

「特約付き長期為替予約」を締結した後に為替水準が円高に推移した場合には、結果的に割高な交換条件となってしまった「特約付き長期為替予約」を保有し続けることとなる。その割高度合いを金額で表したものが、「評価損」とよばれるものである。この「評価損」は、取引金融機関から発行される残高証明書などで確認が可能である。たとえ、交換レートが実勢レートよりも有利（円高）であり、「実現損」が発生していない場合であっても、「評価損」が発生していることがある（下記の例を参照）。

〈例〉
約定時為替レート　100円　交換レート　80円
現状の為替レート　85円　（仮に現時点で、新しく取引を開始した場合の交換
　　　　　　　　　　　　レート　65円）
この場合、現状の為替レートに比べて交換レートが割安なので、実現損は発生しない。しかし、現時点で残存の取引を評価すると「評価損」が発生している可能性がある（約20円分の評価損）。

「評価損」は保有する「特約付き長期為替予約」を解約した場合の解約コストの算出基準にもなる。実際の解約には売買レート差や手数料が発生することがあるので、解約費用は「評価損」にそれらの売買レート差や手数料を加えたものとなり、さらに増大することもある。

「特約付き長期為替予約」が有担保取引で、かつ追加担保条項などが付与されている場合には、「評価損」の増加により追加担保の拠出を求められることがある。それにより多大な担保拠出を要求され、手元資金に大きな影響を与えるケースも発生している。

3. 企業信用調査における情報収集のポイント

(1) 倒産の原因は企業ごとに異なる

　企業調査を行っていると、同じ環境下にある同規模同業種の企業であっても、一方は業績が悪く赤字を続けているが、もう一方の企業は安定的に収益を生み出しているということはよくみかけることである。

　そうかといって、前者が必ず倒産し、後者が常に生き残るとは限らない。つい先日まで好調な業績をあげていた企業が突然倒産の憂き目にあう一方で、毎期赤字決算でありながら何年も経営を続けることができている企業にもよくお目にかかる。

　それは倒産が資金ショート、すなわち資金繰りの問題だからにほかならない。つまり、決算で黒字を出していてもキャッシュが伴っていなければ決済不能に陥るし、赤字でも決済日に確実に決済資金を調達できれば倒産することはないのである。たとえば、不動産を背景に資金調達を行っている企業にとって地価が下落すれば担保割れとなって銀行が満額の借換えに応じてくれないことがあるかもしれない。そのようなとき、親会社がしっかりしているとか代表者が資産家で信用が高いといった理由でどこかしらから追加資金を調達できる企業は倒産しないが、担保不動産以外に信用背景をもっていない企業は行き詰まる可能性がある。すなわち、信用力の乏しい新興不動産業者が地価の上昇を見込んで物件の仕込みのために次々と借入先を拡げれば、手元流動性が乏しいうえに借入負担が大きいという状態になる。そこでひとたび地価が下落に転じると、返済資金を確保できないうちに次々と販売価格が下落していき、別の物件の収益で返済資金を工面するという自転車操業に陥っていくことは想像に難くない。

　このような場合は直前の決算が黒字であっても資金ショートする可能性が高い。また、原材料が値上がりしている過程で急激に受注が落ち込むと仕入れた原材料への支払いが先行し資金繰りに窮することもある。これらの例は、まさに平成のミニバブル崩壊からリーマン・ショックにかけての状況におい

110	$100,000	75.00	¥3,500,000	¥420,000,000
105	$100,000	75.00	¥3,000,000	¥360,000,000
100	$100,000	75.00	¥2,500,000	¥300,000,000
95	$100,000	75.00	¥2,000,000	¥240,000,000
90	$100,000	75.00	¥1,500,000	¥180,000,000
85	$100,000	75.00	¥1,000,000	¥-345,882,353
80	$100,000	75.00	¥500,000	¥-714,000,000
75	$200,000	85.33	¥-2,066,667	¥-1,108,800,000
70	$200,000	91.43	¥-4,285,714	¥-1,536,000,000
65	$200,000	98.46	¥-6,692,308	¥-2,003,076,923
60	$200,000	106.67	¥-9,333,333	¥-2,520,000,000

「取引例・その２」の時価評価（含み損益）は有担保取引時には、必要担保額の査定の基準となるもの。この時価評価のマイナス額が増加すると必要担保額も増加する。ケースによっては、追加担保となることがある。

〔図表28〕 米ドル円の推移

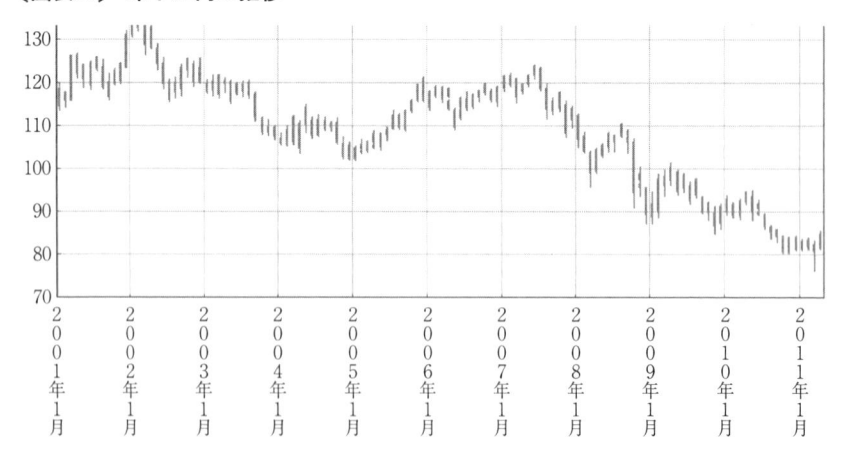

(篠原　進)

2. 金融円滑化法の内容

(1) 適用対象

　金融円滑化法は、金融機関並びに政府および行政庁を名宛人としており、これらに対し、一定の措置を講じる義務や努力義務を定めている。

　金融円滑化法が適用対象としている取引は、金融機関から中小企業者に対する貸付けであるところ、「金融機関」とは、銀行、信用金庫、信用協同組合、労働金庫、農業協同組合、漁業協同組合等と定義されており（法2条1項）、「中小企業者」とは、①資本金の額または出資総額が3億円（主要事業が小売業・サービス業の場合は5000万円、卸売業の場合は1億円）以下で金融業等以外の一般事業を行う会社、②常時使用する従業員の数が300人（主要事業が小売業の場合は50人、サービス業・卸売業の場合は100人）以下で金融業等以外の一般事業を行う会社および個人、③中小企業等協同組合、農業協同組合等であって、一般事業を行うものまたはその構成員の3分の2以上が一般事業を行うもの、または、④常時使用する従業員の数が300人以下の医療法人と定義されている（同条2項）。

(2) 金融機関の努力義務

　金融円滑化法は、3条で、金融機関が中小企業者から事業資金の貸付けを求められた際、当該中小企業者の特性およびその事業の状況を勘案しつつ、できる限り、柔軟にこれに応じるよう努めるものとし、4条および5条で、中小企業者から債務の弁済に係る負担の軽減の申込みがあった場合に、貸付条件の変更等の適切な措置をとるよう努めるものとした。

　これらは、金融機関の努力義務であって、直接の法的義務を課したものではなかったが、4条および5条の措置をとることの実効性をもたせるために、6条で、金融機関の義務規定として、4条および5条の規定に基づく措置の実施に関する方針の策定、当該措置の状況を適切に把握するための体制の整備等の必要な措置を定め、7条で、金融機関に対し、一定事項を記載した説明書類を作成し、営業所等に備え置き、公衆の縦覧に供しなければならない

と定めた。さらに、8条で、金融機関に対し、4条から6条の規定に基づく措置の詳細について行政庁への報告を義務づけた。

(3) 行政庁の対応

金融円滑化法は、金融機関の検査・監督の実施にあたって、中小企業者に対する金融の円滑化を図るという、法の趣旨を十分尊重するものと規定した。

これを受けて、金融庁は、2009年12月に、「主要行等向けの総合的な監督指針」、「中小・地域金融機関向けの総合的な監督指針」等の改正に加え、「中小企業者等に対する金融の円滑化を図るための臨時措置に関する法律に基づく金融監督に関する指針」を新設した。また、「金融検査マニュアル（預金等受入金融機関に係る検査マニュアル）」の経営管理（ガバナンス）、リスク管理等編（顧客保護等管理態勢、信用リスク管理態勢）の改訂に加え、金融円滑化編を新設した。

金融機関は、信用リスク管理のため、債務者の財務状況、資金繰り、収益力等の状況により債務者を区分し、その債務者区分に応じた貸倒引当金の引当てを行っている。債務者は、「正常先」、「要注意先」、「破綻懸念先」、「実質破綻先」、「破綻先」に区分され、「要注意先」については、さらに「要管理先」と「その他の要注意先」に細分化されており、「要管理先」以下の債権については、いわゆる不良債権として開示が義務づけられている。

金融検査では、債務者区分の適切性についても検証が行われるところ、検査官の手引書である金融検査マニュアルの改訂により、中小企業者に対する貸付けについては、「要管理先」と「その他の要注意先」とを区分する際の判断基準が従来から変更された。

債務者から金利の減免や返済猶予の申出を受けた金融機関がこれに応じた場合、当該債務者に対する債権は、貸出条件緩和債権に該当するため、基準金利（当該債務者と同等の信用度合いを有している債務者に対して通常適用される貸出金利）をとれていなければ、原則として「要管理先」債権に区分され、不良債権として開示が義務づけられる。ところが、貸出条件緩和債権であっても債務者が実現可能性の高い抜本的な経営改善計画を策定していれば、

てみられた事象である。このような状況で倒産を回避するためのキャッシュを供給したのがかつての特別保証制度や緊急保証制度であり、キャッシュの外部流出を回避し仕入決済を可能にし続けたのが「中小企業者等に対する金融の円滑化を図るための臨時措置に関する法律」（金融円滑化法）である。おそらく、これらの資金繰り支援策がなければ破たんしていた企業は数多くあったと推察される。こうなると過去や現在の業績だけでは倒産するかどうかを見極めづらく、政策の恩恵が及ぶかどうか、それによって耐えられるかどうかがポイントになってくるであろう。

(2) 調査員は取材時に何を重視しているか

では、信用調査会社の調査員はどこをみて倒産しそうかどうかの判断をしているのだろうか。

調査員が企業の信用調査を行う際に重視するポイントをひとことでいえば、当該企業の資金繰りが成り立っていくかどうかである。上述したように、個々の企業はおかれている状況によって、同じ事象であっても資金繰りへの影響度合いは大きく異なる。そのため、信用調査の第一歩は個社の状況を把握し整理するところからスタートする。

まず、その会社のビジネスモデル（収益、利益の源泉は何か）はどうなっているかを押さえることが重要である。同じ業種でもビジネスモデルが異なれば資金繰りの背景も異なるからである。どんな商品を扱っていて、エンドユーザーはどの市場か（商材）、扱っている商品・サービスは自社製造か、それとも仕入販売か、後者の場合どこから仕入れてどこへ販売しているか（商流）などである。これを押さえたうえで、他社との競合性、差別化戦略（技術力、チャネル政策、組織人材力など）、実際に利益はどの程度あがっているか、といった点を取材し、その企業の強みと弱みを整理する。

次に、資金繰りの概要を知ることである。どのような条件で支払いや資金回収を行っているか、またそれを成り立たせている（＝キャッシュが必要量確保できている）のはなぜかを確認する。たとえば、支払いサイトと回収サイトの差により必要な資金はどの程度か、銀行借入れはスムーズか、内部蓄

積は豊富か、豊富な場合それは高利益率だからなのか過去の蓄積で凌いでいるのか、などである。利益率が高い場合、商品力なのか営業力なのか競合が少ないためかなども押さえる必要があろう。同規模同業種であっても、回収サイトと支払いサイトの差が1カ月の会社と2カ月の会社とでは必要資金が異なるからである。そもそもそこに差が生じること自体にそれぞれもっている信用力に差があるかもしれない。

　最後に、資金繰りを可能としている状況が、今後も維持されるのか、それとも反対にキャッシュ減少のリスクを抱えているのかを見極めることになる。たとえば、現在は資金繰りが成り立っていても、販売先の業績が不安定なため不良債権化する懸念はないか、とか、売上げ拡大のためには設備投資が必要だが、投資に見合った受注はあるのか、市場は今後も拡大するのか、新規参入が簡単で競合が増え採算性が低下するのではないか、そもそも投資のための資金を確保できるのか、といった判断をしていくことになる。このような情報をいかに早く、多く、正確なものを集められるかが、焦げ付きを防ぐためにはもちろん、当該企業を支援し、再建させるためにも重要なポイントとなる。

(3) 信用調査のポイント

　これまで述べてきたことをまとめると以下のようになる。

① 調査先企業のビジネスモデルを把握する（商材・商流と強み弱みの整理）
② 資金繰りの実態を把握する（必要資金量と実際の資金調達状況）
③ ビジネスモデルから推測して資金繰りに影響を及ぼすリスクを押さえる
④ そのリスクの大きさとそれへの対処がどこまで可能かを判断する

　以上のポイントをみると、判断材料のほとんどは定性情報であることに気づくかと思われる。過去の定量的な業績把握も重要ではあるが、資金繰りは刻々と移り変わる状況の中で変化していく。そしてその変化に気づき対応方針を決めるのは銀行であったり、取引先であったり、また経営者自身であっ

たりする。企業信用調査にあたっては、日頃から取引先企業の変化に対する耐性がどの程度あるかを分析しておくと同時に、変化そのものの情報を収集することが望まれる。

(西島　茂)

第3章 中小企業支援ネットワーク

I 地域経済活性化支援機構

1. はじめに

　株式会社地域経済活性化支援機構（以下、「REVIC」という）の前身組織である株式会社企業再生支援機構（以下、「ETIC」という。なお、REVICおよびETICを合わせて、以下、「機構」ということがある）は、世界的な金融経済情勢の悪化等により、低迷が続く地域経済の再建を図り、有用な経営資源を有しながら過大な債務を負っている中堅事業者、中小企業者その他の事業者の事業の再生を支援することを目的として、2009年10月に設立された。

　機構手続が他の事業再生手続と大きく異なる点は、機構自身が、出資・融資・債権買取り・経営人材の派遣等、ヒトとカネの点での事業再生に必要なツールを自ら保有し、これを積極的に利用して、リスクをとりつつ対象事業者の事業再生を進める点にある。また、機構は、政府の監督・支援の下で、強力な債務調整機能を有するとともに、専門人材による再生助言機能を有している。

　ETICは、このように包括的な再生支援機能を活用し、2012年12月末日までの間に、28件の支援決定を行い、また、REVICは、2013年3月18日のETICからの商号変更後、2014年3月末日までの間に、10件の支援決定を行っている。

　本稿では、紙幅の関係で、機構の一般的な機能に関する説明は割愛し、事案としては日本航空のケースを取り上げつつ、事業再生諸制度との関係で触

れておきたい内容について論じることとさせていただく。[1]

2. 日本航空事案

(1) ETIC 支援の意義

まず、ETIC の第1号支援案件である日本航空事案については、2009年9月の中間決算において、同社は957億円の営業損失を計上し、巨額の不足資金の調達が必要であったが、同社に対する投融資は、極めてリスクが高いものとして、当時、民間から出資や融資を得ることは困難であった。

この状況下、ETIC は、日本航空および主要債権者より再生支援の申込みを受けて、デューディリジェンス・事業再生計画の策定を進め、ETIC 手続と会社更生手続を併用しつつ、2010年1月19日に支援決定を行った。支援決定の前後においては、日本政策投資銀行と協調して、3000億円を超えるDIP ローンを供給し、日本航空の運航継続を可能とした。

更生手続開始決定にあたっては、法人たる ETIC および片山英二が管財人として選任された。[2]

ETIC は、支援決定に際して、政府・金融機関から求められた、できる限り早期の再生を実現する手段として、事前調整型のいわゆるプレパッケージ型更生申立てにより、ETIC をスポンサーとしてあらかじめ事業再生計画を策定した。これにより、商取引債権者・金融機関等に対し、その後の再生手続についての方向性を示し、理解と協力を得ることができた。

そして、稲盛和夫氏を会長として招聘し、経営指導力を十分に発揮していただきつつ、ETIC は、法律面の管財人とともに、法人管財人として、あらためて更生計画を策定することにより、大規模かつ複雑な事案について、安定的に再生を果たしていくことが可能となった。更生計画では、中立的な公

---

[1] 本稿は、筆者ら個人の意見にわたるものであり、株式会社企業再生支援機構の見解を明らかにするものではない。
[2] 法人管財人の職務執行者として、瀬戸英雄企業再生支援委員長および中村彰利代表取締役専務が指定され、中村氏が事業面を担当、片山が法律面を担当、瀬戸氏が全体を統括した。

的機関として、日本航空がすべての関係者に対する義務を貫徹できない局面において、債権者・株主・従業員・OB等の関係者に対し、管財人として公平と判断する負担割付けの受認を求め、債権者からは、ほぼ100％に近い賛成を得た。

当時、事業再生計画の策定・資金繰り支援・人材供給・金融機関調整の点で、これを自らワンストップによって実施できる組織は存在しなかった。日本航空事案は、経済危機下において、ETICのもつ総合的な事業再生支援機能が適切に発揮された事案ということができよう[3]。

(2) 債権者委員会的機能を有した主要債権者との協議

ETIC手続は、原則として、主要債権者と対象事業者が連名で事業再生計画を策定し、ETICに対して支援を申し込む（機構法（株式会社企業再生支援機構法。その後平成21年法律第63号により株式会社地域経済活性化支援機構法に改正される）25条参照。以下、連名申込みを行う主要債権者を「持込金融機関」という）。そのため、事業再生計画の策定過程において、ETICと持込金融機関との間で、支援の手法や債権放棄依頼額等について、綿密な協議が行われ、支援決定時には、事業再生計画の個別具体的な内容について、持込金融機関の同意を得ている。

一方、日本航空の事案においては、5つの主要債権者が持込金融機関となり、支援決定が行われているが、支援決定時における事業再生計画は、更生計画によって後に変更されることが予定されていた。通常の支援決定と異なり、主要債権者については、再生の基本的な方向性について理解を得たものの、個別具体的な金融機関の支援内容については、更生計画策定にあたり、あらためて協議を行うことが想定されていたものである。そのため、支援決定後において、主要債権者との間では、定例的な協議以外にも、詳細な質問事項の提出とこれに対する回答対応を含めた協議等が実施された。そして、主要債権者側からも、計画の実現可能性を高めるための具体的措置などにつ

---

3 詳細については、片山英二＝河本茂行「日本航空の事業再生プロセスについて〜支援機構の機能と役割・新しい会社更生手続」事業再生と債権管理133号152頁を参照されたい。

いて確認が行われ、これをも踏まえた更生計画は、短期間で策定された事業再生計画について、より確実かつ早期に成果を実現できるよう改善するものとなった。

　更生手続においては、少数の利害関係人によって組織された機関が全体の利益を代表し、裁判所や管財人に意見を述べるための制度として、更生債権者委員会・更生担保権者委員会（および株主委員会）がある（会社更正法117条）。本件では、債務者と債権者との間で、私的整理と法的整理の連続性を保つ対話としての協議が行われ、より良い事業計画の実現に結びついたものであり、有意義な非制度的債権者会議が運営されたものと理解できよう。[4]

　債権者の事業再生手続に与える影響は、かつてに比してより大きくなっており、今後もその傾向は拡大する可能性がある。債権者と債務者の課題の相克にあたって、再生に向けた前向きな対話が積み重ねられていくことが望まれる。[5]

(3) 日本航空に関するいわゆる不公平論等

　日本航空は、公的機関によって再生支援が行われ、その後の業績が急回復したことを受け、支援に対する批判として、債権放棄額や出資額が過剰であったとの過剰支援論や、同業他社との関係での競争上の不公平論が展開された。新規路線の開設や新規投資を規制すべきである等の議論である。[6]

　この点につき、以下では事業再生との関係に触れるにとどめるが、まず第1に、当初から中庸の成果をめざす取組みにとどめたのでは、事業再生は不可能である。通常の経営にあたっても同様であるが、特に、一度経営破たんし、再生か事業停止かの局面においては、売上げの増加と費用の削減に向け、全力を尽くすことは当然である。また、再生途上の会社において、新規投資が制限されるとすれば、再生のために必要となる新たな収益機会も得られな

4　支援決定時の事業再生計画において、主要行の対象債権に占めるシェアは、非保全債権について70％超、保全債権について90％超、全体で80％超という状況であった。
5　東京地方裁判所において、更生担保権者会議が設置された初めての事案につき、鐘ヶ江洋祐「更生手続における更生担保権をめぐる諸問題（ABL融資および更生担保権者委員会の実務対応）」NBL956号82頁。

くなり、再生の可能性を縮減させる。これに伴う負担は、計画上、債権者や従業員に転嫁されることとなる。

　そして、事業再生の過程においては、スポンサーの確保が重要な課題であり、ETIC手続においても、スポンサーなどできる限り民間の資金を活用した再生が求められているが[7]、上記のような視点に基づいた規制がそのまま現実のものとなれば、公的支援の性格を有する手続を前提としてスポンサーとなる投資家は、高いリスクを甘受する一方で、得られるリターンが限定される結果、事業再生支援にあたって必要となるニューマネーの拠出に際し、萎縮効果を受けることになる。この場合、民間投資家の投資意欲と機会を縮減させる一方で、結果として、政府保証による低コストでの資金調達が可能である公的機関の投資機会を拡大させる可能性があり、民業圧迫につながりかねないことにも留意する必要がある。また、公的機関による投融資が行われた案件について、上のような視点に基づいた規制が無限定に行われた場合には、公的機関における投資損失の発生、つまり、国民負担発生の可能性を拡

---

[6] このような議論の射程範囲が明確にされる必要があろう。①公的組織から、対象事業者に対し、政府保証等を背景とした低利調達資金が、投融資によって供給された場合における公正な競争の歪みを論じるのであれば、ETICその他政府系組織によって実施される、投融資を含んだ支援一般の議論となる。②公的組織が、寡占業界に属する対象事業者に対して行う支援に関して公正な競争の歪みを論じるのであれば、同様に、公的組織による寡占業界に属する企業への支援一般の問題となる。③会社更生法による財産評定の結果生じる繰越欠損金活用に伴う税メリットや、債権放棄の効果、会社更生法適用会社による新規投資制限などについて公正な競争の歪みを論じるのであれば、法的整理や、いわゆる公表された私的整理手続を利用して再生を図る事業者一般についての議論となる。すなわち、これらの議論は、自ら投融資機能を有しながら産業革新・事業再生への取組みを行う株式会社産業革新機構・株式会社東日本大震災被災者再生支援機構・産業復興機構等の活動についてもあてはまる可能性があるとともに、法的整理を含む事業再生制度一般に関する議論となりうるものであることに留意が必要である。

[7] ETICの支援基準においては、「機構が申込事業者に対する債権の買取り、資金の貸付け、債務の保証又は出資を行う場合には、支援決定が行われると見込まれる日から3年以内に、新たなスポンサーの関与等により申込事業者の資金調達（リファイナンス）が可能な状況となる等、申込事業者に係る債権又は株式若しくは持分の処分が可能となる蓋然性が高いと見込まれること。なお、再生支援の実施に当たっては、いわゆるメインバンク、スポンサー等から資金支援を受けるなど、民間の資金を最大限に活用するものとする」とされている（株式会社企業再生支援機構支援基準Ⅰ支援決定基準1.(4)）。

大させることになろう。

　マクロ経済的な観点からは、日本経済の活性化のためには、新規企業や産業の拡大を図るとともに、既存の不振企業・事業の改善を図ることが必要であり、これが事業再生の本質とされる。寡占下における公的支援のあり方については、今後も引き続き議論が継続されるものと考えられるが、日本航空の一事例をもって、大企業・中堅中小企業を含む他の多数の事業再生事案に対し、事業再生の本質に関連して、大きな制約が生じる結果となることがないよう願うものである。

8　柳川範之「経済学的観点からの事業再生の在り方」金融法務事情1957号43頁。
9　日本航空の業績が大幅に改善したことから、金融機関による債権放棄が過剰であったとの指摘もある。仮に、今後、この点に留意するとすれば、更生計画において、将来のキャッシュフローに基づいて債権放棄額を変動させることも一案ではあるが、債権者の理解・法務・税務面での技術的問題・債務者のモラルハザード防止やモチベーション維持・向上などの点で、解決すべき課題は多いと思われる。将来のキャッシュフローについては、再生債務者またはスポンサーがリスクを負担すべきであり、特殊な事情がない限り、変動要素とすることについて再生債権者の理解を得ることは難しいと考えられるとの指摘もある（金山伸宏＝柳田一宏「変動弁済方式の再生計画」事業再生と債権管理124号120頁参照）。
10　航空会社に対する新規発着枠の割当て（更生手続を経た日本航空に対し、不利益的な措置がとられたもの）に関し、事業再生的な観点から論考を行うものとして、上田裕康「事業再生と競争――日本航空の再生と新規発着枠の割当について考える――」NBL993号6頁参照。
11　官民ファンドのあり方については、官民ファンドの活用推進に関する関係閣僚会議（平成25年9月27日）において、「官民ファンドの運営に係るガイドライン」が制定されている。ここでは、「官民ファンドが民間資金の呼び水として効果的に活用されるためには、①各々の政策目的に応じた投資案件の選定・採択が適切に行われていること、②投資実行後のモニタリングが適切に行われていること、③投資実績が透明性を持って情報開示されており、監督官庁及び出資者たる国及び民間出資者に適時適切に報告されていること、④成長戦略の観点から特に重視すべき、創業・ベンチャー案件への資金供給について特段の配慮がなされていること、⑤官民ファンドが民業圧迫になっておらず、効率的に運用されていること、等が重要である。
　政府としては、関係行政機関が官民ファンドを設立して終わりにするのではなく、日本経済の成長のため、官民ファンドが政策目的に沿って運営されるよう、官民ファンドの活動を評価、検証し、所要の措置を講じていくことが必要である」として、たとえば、「投資方針」に関し、「民業圧迫（民間のリスクキャピタルとの非競合の担保等）の防止や競争に与える影響の最小限化（補完性、比例（最小限）性、中立・公平性、手続透明性の原則の遵守等）」の検討が求められている。

3. 機構の私的整理実務

　ETIC の支援案件のうち日本航空・ウィルコムについては、会社更生手続を併用しているが、それ以外は通常の私的整理案件である。また、いわゆる大企業に分類されるものも、日本航空・ウィルコムのみであり、その他は中堅・中小企業に該当する。[12]

　私的整理手続としての機構手続については、事業再生 ADR・中小企業再生支援協議会（以下、「協議会」という）手続等において、私的整理の重要課題と指摘されている各事項は、同様の問題としてあてはまる。[13]

　なお、私的整理の課題としては、一部の政府系金融機関や、関係する自治体より、事業再生計画案に対する理解を得ることに相応の困難が存在するケースがある。機構手続においては、政策金融機関等や地方公共団体の協力義務が定められており、この点は他の手続に比して円滑となるよう、法律上の促進措置がとられている。[14・15]

4. 機構と政策メニューの推進

(1) 中小企業の再生支援に向けた機構法改正・支援決定期間等の延長

　地域経済の再建に資する支援を進めるうえでは、事業者の大多数を占め、各地域で経済を支える中堅事業者および中小企業者に対する支援が重要であ

---

[12] 詳細および実例については、河本茂行ほか「企業再生支援機構の再生支援事例集――再生支援手続の特徴から具体的な再生案件を詳解する」事業再生と債権管理137号90頁を参照されたい。

[13] 経済産業省経済産業政策局産業再生課「事業再生関連手続研究会検討経過（途中整理）」（平成24年8月31日）参照。

[14] 政策金融機関等は、機構が26条1項の規定により買取申込み等をするように求めた場合において、当該買取申込み等に伴う負担が合理的かつ妥当なものであるときは、これに応じるように努め、当該買取申込み等が同項2号に掲げる同意をする旨のものであった場合には、当該同意に係る事業再生計画に従って対象事業者の債務の免除その他の必要な協力をしなければならない（機構法65条）。

[15] 国、地方公共団体、機構その他の関係者は、事業再生計画に基づく対象事業者の事業の再生を円滑に推進するために協力が必要であると認めるときは、相互に連携を図りながら協力するように努めなければならない（機構法67条）。

ることから、2012年3月31日に公布・施行された機構法の改正により、大企業については、原則として支援対象から除外され[16]、中堅・中小企業に対する支援に軸足を定めることとなった。

(2) 中小企業の経営改善のための政策パッケージ

前記の改正に続いて、政府において、2012年4月20日に、「中小企業金融円滑化法の最終延長を踏まえた中小企業の経営改善のための政策パッケージ」（以下、「政策パッケージ」という）が策定され、機構における専門人材の拡充や、機構と中小企業再生支援協議会との連携の強化を図る方針などが示された。機構は、これを受けて、新たに設置した中小企業経営支援政策推進室を1つの核として、中小企業者の事業再生を支援する取組みをさらに進めていくこととされた。

(3) 他の事業再生組織との連携

政策パッケージにおいて打ち出された協議会と機構の連携については、案件ごとに、さまざまな取組みが進められた。

たとえば、再生可能性のある中小企業について、デューディリジェンス前に金融債権者会議を開催し、一時停止を得て事業再生計画案を策定し、事業再生計画案について金融機関からの同意を得た際にも、事業者名を公表することは行わないという協議会手続の柔軟性等と、機構の事業再生計画策定支援機能等を組み合わせ、より中小企業の再生に適した事業再生プロセスの実現を図ろうとするものなどである[17]。

---

[16] 大規模な事業者については、原則として支援対象から除外される。ただし、再生支援による事業の再生が図られなければ、当該事業者の業務のみならず地域における総合的な経済活動に著しい障害が生じ、地域経済の再建、地域の信用秩序の維持または雇用の状況に甚大な影響を及ぼすおそれがあると主務大臣が認めるものは支援対象となる（機構法25条1項1号）。この大規模な事業者については、「資本金の額又は出資の総額が5億円を超え、かつ、常時使用する従業員の数が千人を超える事業者とする」とされている（機構法施行規則1条1項）。

[17] 協議会手続により金融機関調整を主として担当し、ETICはデューディリジェンス・事業再生計画案策定支援を主として担当する。当時の機構法においては、支援決定を行った場合、必ず社名が公表される旨定められたところ、この場合、ETICによる支援決定が行われず、したがってETICは投融資を行わない（投融資については地域ファンド等を活用する）が、対象事業者名の公表も行わない、とする手続である。

また、ETICが2012年2月9日に支援決定を行った株式会社ヤマニシについては、同年11月28日に、株式会社東日本大震災事業者再生支援機構によって支援決定が行われた。

　ヤマニシは、石巻地域において新造船建造・船舶修繕事業の双方を営む企業であったが、東日本大震災の津波により、壊滅的な被害を被った。ETICによるヤマニシに対する当初の支援決定にあたっては、当時における調達可能資金額を前提に、新造船事業の再生のみを図ることと、ETICは投融資を行わず、事業再生計画の策定支援と金融機関調整を行った。当初支援決定時、東日本大震災事業者再生支援機構はまだ設立されておらず、ETICとしては、ヤマニシに関し、まずは、いわゆる二重ローン問題を解決し、再生の途につけることにより、一企業の支援にとどまらず、ヤマニシを取り巻く造船クラスターの復興にもつなげ、被災地域の復興を促進することが重要と判断したものである。その後、2012年3月5日、東日本大震災事業者再生支援機構が業務を開始し、同年11月28日、同機構によるヤマニシに対する支援決定が行われ、約40億円の新規出資に基づいて、修繕事業（上に述べるとおり、ETIC支援時の事業再生計画では対象外となっていた）の復興が図られることとなった。

　本件は、ETICによる事業再生計画をベースに、ヤマニシおよび東日本大震災事業者再生支援機構が、これをより強化・改善するものとして事業再生計画を再策定し、同機構による支援決定が行われ、新造船建造・修繕事業の両輪の再生が進められることとなったものであり、結果として、両組織間の連携的な取組みが実現したということができる。

　今後も、制度間の相違にかかわらず、再生の適切な実現を目的として、組織間の柔軟な連携が行われることが望ましいと考えるものである。

5. 法律改正による地域経済活性化支援機構への改組

　2013年1月31日、株式会社企業再生支援機構法の一部を改正する法律案が提出され、ETICは、同法の2013年3月18日の施行により、「株式会社地域

経済活性化支援機構」として改組されることとなった。

　同法は、既存の機構による再生支援業務に、新事業・事業転換・地域活性化事業に対する支援業務を追加し、健全な企業群の形成・雇用の確保や創出を通じた地域経済の活性化を図ろうとするものである。

　具体的には、まず、①従来の直接の再生支援については、支援決定期限を5年間延長し、平成30年3月末までとすること、支援期間を現在の3年以内から5年以内に延長すること、大企業については支援対象事業者名を公表するが、中小企業などそれ以外の企業については、社名を非公表とすることができる。[18]

　次に、②地域の再生現場の機能強化事業活動に対する支援として、地域金融機関、中小企業再生支援協議会等に対する専門家の派遣・連携強化、地域金融機関の事業再生子会社や事業再生ファンド・地域活性化ファンドに対する専門家の派遣、出融資などを実施することとしている。

　REVIC単独での実績としては、2014年3月末日までの支援決定数は10件である。

　また、中小企業再生支援協議会との連携案件は支援決定1件・計画策定3件・調整やデューディリジェンス中のものが5件となっている。[19]

　ETICとして支援決定を行った案件については、順次Exit（株式・買取債権の処分・支援の完了）が進められているが、うち、コロナ工業株式会社については、2011年5月、スポンサーとETICが共同で再生支援に取り組むことを前提に支援決定を行い、その後の厳しい業績環境の中、追加的資金支援の限界等により、やむなく2013年4月に民事再生手続を選択することとなった。民事再生手続にあたっては、少額債権の弁済上限が3000万円と設定され、機構にてDIPローンの供給を実施し、最終的には事業譲渡を基礎とし

---

[18] REVIC手続・機能の詳細については、鈴木学＝竹山智穂「地域の面的な再生に向けて――地域経済活性化支援機構の概要と業務」事業再生と債務管理141号4頁を参照されたい。

[19] REVICにおいては、ホームページ〈www.revic.co.jp〉において、四半期ごとに業務実施状況報告書を公表している。

た再生計画が可決・認可されている。多くの商取引債権者が保護され、また、事業譲渡によって、事業と雇用は一定範囲で維持・承継されることとなり、関係者の損失についても、可及的に限定されたものと考えられる。

　REVICにおいては、中小企業の再生支援を旨とし、案件的にも多数の中小企業に対する支援決定が求められているが、一般論として、取扱件数の増大に伴い、やむなく破たんに至らざるを得ない事案も増加する可能性はあろう。これら支援決定後の破たん事案に対し、最終的に、REVICがどのように対応を行っていくかについては、中小企業振興施策・私的整理手続への信頼保護・国民負担の可及的回避等の観点から、個別事案ごとに、慎重に決せられていくものと見込まれる。

（片山英二／河本茂行）

II　中小企業再生支援協議会

1. 中小企業再生支援協議会の現状

(1)　中小企業再生支援協議会とは

　中小企業再生支援協議会は、産業活力再生特別措置法（現産業活力の再生及び産業活動の革新に関する特別措置法）41条に基づき、中小企業再生支援業務を行う者として認定を受けた商工会議所等の認定支援機関を受託機関として、同機関内に（全国47都道府県に1カ所ずつ）設置されている。

(2)　目　的

　経営環境の悪化しつつある中小企業に対し、多種多様で、事業内容や課題も地域性が強いという中小企業の特性を踏まえ、各地域の関係機関や専門家等が連携して、きめ細かく中小企業が取り組む事業再生を支援することにより、地域経済において大きな役割を果たす中小企業の活力の再生を図ることを目的としている。

(3) 再生支援手続の流れ

中小企業再生支援協議会の手続は、「中小企業再生支援協議会基本実施要領」（以下、「基本実施要領」という）にその内容が定められており、再生支援の手続の流れはおおむね以下のとおりである。

① 窓口相談（第1次対応）
② 再生計画策定支援（第2次対応）
③ 再生計画策定支援の開始と個別支援チームの編成
④ 私的整理の会議（一時停止の通知発信）
⑤ 第1回債権者集会
⑥ 第2回債権者集会（再生計画の合意成立）

第1次対応の段階で相談企業の事業の再生が極めて困難であると判断した場合には、相談企業にその旨を伝え、必要に応じて、弁護士会などを通じて弁護士を紹介する等、可能な対応をするものとされている（基本実施要領5-(4)）。

(4) 中小企業再生支援協議会による私的整理手続の特徴

中小企業再生支援協議会は、第三者的な立場で債務者企業と金融機関の間に立つ公的機関としての位置づけであり、地域ごとの金融債権者の合意形成に一定の役割を果たしていることが特徴である。また、中小企業再生支援協議会の支援決定は、原則として協定債権者である金融機関以外には公表されないので、法的再生手続と異なり、風評被害による事業価値毀損リスクが少ないことがあげられる。さらに、中小企業再生支援協議会が策定支援した再生計画は、一定の要件を満たせば、金融検査マニュアル上で「実現可能な抜本的な計画」として認められており、債務者企業の債務者区分をランクアップできるので、金融機関が不良債権として開示する必要がなくなることが特徴としてあげられる。

(5) 中小企業再生支援協議会の現状

(ア) 相談件数の年度別推移

中小企業再生支援協議会の活動実績を年度別にみると、2009年12月の中小

企業者等に対する金融の円滑化を図るための臨時措置に関する法律(以下、「金融円滑化法」という)の施行以降、相談件数が毎年減少傾向であったが、相談件数のうち再生計画策定支援に着手した案件比率は増加傾向であったことが読み取れる(〔図表29〕〔図表30〕参照)。

　これらの結果からは、金融円滑化法の影響で金融機関への借入金返済条件変更の申入れが受け入れられやすくなったため相談件数は減少したが、金融債権者間の合意形成が困難な案件数はむしろ増加傾向であったことがうかがえる。

　(イ)　相談件数の四半期ごとの推移

　相談件数の四半期ごとの件数の推移を分析してみると、2009年の金融円滑化法の施行以降、相談件数は減少傾向にあったが、2013年3月の金融円滑化法の期限切れを控えて2012年上半期(3月〜9月)には、相談件数が再び増加傾向にあったことが読み取れる(〔図表31〕〔図表32〕参照)。

　(ウ)　再生計画策定支援件数の四半期ごとの推移

　次に、再生計画策定支援件数の推移を分析してみると、2009年度に相談件数が過去最高に増加した後低下傾向にあったが、やはり2012年上半期(3月〜9月)には、計画策定支援件数が再び増加傾向にあったことが読み取れる(〔図表33〕〔図表34〕参照)。

　(エ)　再生支援手法の年度別推移

　次に、再生計画策定支援の手法の内訳推移を分析してみると、債権放棄を含む抜本的な再生支援手法の件数および比率は、2009年度の金融円滑化法の施行以降減少傾向にあり、主にリスケジュールによる再生支援手法が支援件数全体の80％以上を占める状況が続いている(〔図表35〕〔図表36〕参照)。この背景には、金融円滑化法の対応貸出先が大量に残っているものの、①事業の持続可能性はあるが抜本的な金融支援がとられていない、②事業の持続可能性を判断しきれていない、③事業の持続可能性はないが廃業を進められない等の事情がある。さらに上記①と②の貸出先について事業の持続可能性、さらなる事業改善余地、そして抜本的な金融支援実施の成否を判断するため

Ⅱ　中小企業再生支援協議会

〔図表29〕　相談件数および再生支援件数の推移①

年度	1次支援相談件数	前年比	2次支援取組件数	2次比率	備考
2003年度	3,395	―	101	3.0%	2月　再生支援協議会発足
2004年度	2,666	78.5%	355	13.3%	12月　ダイエーが産業再生機構支援へ
2005年度	2,834	106.3%	438	15.5%	4月　銀行預金ペイオフ本格解禁
2006年度	2,548	89.9%	485	19.0%	5月　新会社法施行
2007年度	2,731	107.2%	394	14.4%	3月　新BIS規制（バーゼル2）導入
2008年度	3,164	115.9%	332	10.5%	9月　米国リーマンブラザーズ破綻
2009年度	2,873	90.8%	476	16.6%	12月4日　金融円滑化法施行
2010年度	1,929	67.1%	364	18.9%	1月　JAL（日本航空）会社更生申立 9月　新BIS規制バーゼル3の枠組み発表
2011年度	1,741	90.3%	255	14.6%	3月　東北地方太平洋沖地震発生

出所：中小企業庁の公表データを基に筆者が作成

〔図表30〕　相談件数および再生支援件数の推移②

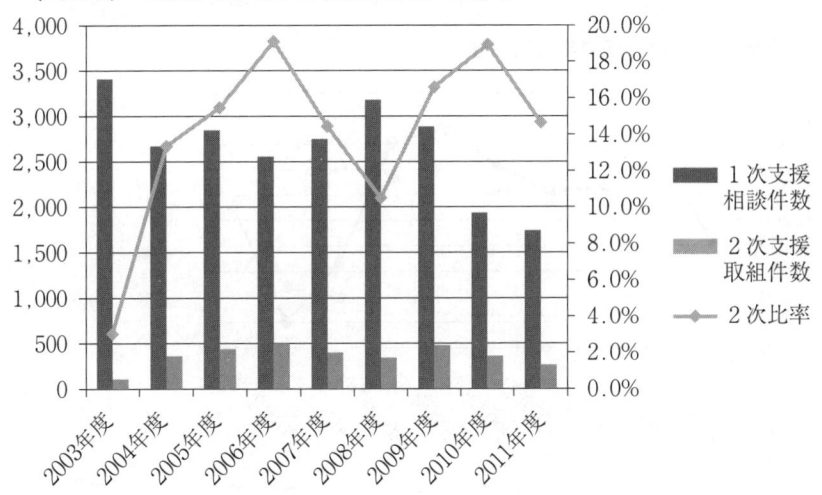

93

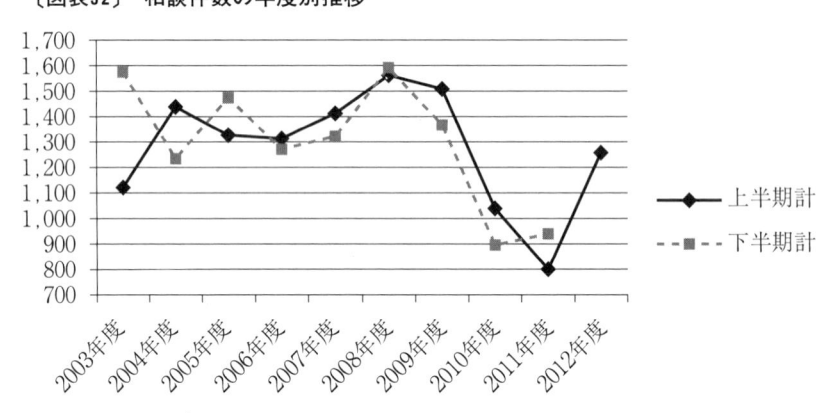

〔図表31〕 相談案件の四半期ごとの推移

	年度合計	第1四半期	第2四半期	上半期計	第3四半期	第4四半期	下半期計
2003年度	2,693	368	750	1,118	796	779	1,575
2004年度	2,666	715	717	1,432	685	549	1,234
2005年度	2,798	643	681	1,324	717	757	1,474
2006年度	2,584	700	610	1,310	626	648	1,274
2007年度	2,731	696	716	1,412	624	695	1,319
2008年度	3,164	768	799	1,567	785	812	1,597
2009年度	2,873	779	728	1,507	727	639	1,366
2010年度	1,929	522	516	1,038	445	446	891
2011年度	1,741	386	417	803	449	489	938
2012年度		459	795	1,254			

※2012年度のデータは、第2四半期まで
出所：中小企業庁の公表データを基に筆者が作成

〔図表32〕 相談件数の年度別推移

〔図表33〕 計画策定完了案件数の四半期ごとの推移

	年度合計	第1四半期	第2四半期	上半期計	第3四半期	第4四半期	下半期計
2003年度	311	101	74	175	59	77	136
2004年度	273	48	97	145	74	54	128
2005年度	310	56	71	127	85	98	183
2006年度	485	133	111	244	110	131	241
2007年度	394	113	74	187	84	123	207
2008年度	332	55	78	133	65	134	199
2009年度	476	96	101	197	140	139	279
2010年度	364	101	86	187	83	94	177
2011年度	255	41	62	103	66	86	152
2012年度		58	95	153			

※2012年度のデータは、第2四半期まで
出所：中小企業庁の公表データを基に筆者が作成

〔図表34〕 計画策定完了案件数の年度別推移

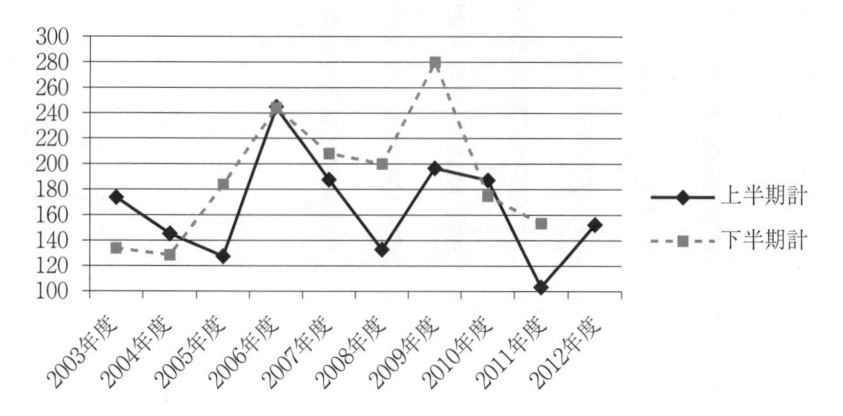

〔図表35〕 再生支援手法別の取組み件数

	2006年度	2007年度	2008年度	2009年度	2010年度	2011年度	2012年度
再生支援数	485	394	332	476	364	255	153
リスケ	305	245	219	423	319	225	123
DDS	36	27	28	43	12	1	6
DES	13	12	4	3	0	2	1
ファンド活用	27	38	22	8	8	9	0
債権放棄	121	113	80	51	48	30	18
内第2会社	50	71	57	40	42	29	18
リスケ比率	62.9%	62.2%	66.0%	88.9%	87.6%	88.2%	80.4%

※2012年度のデータは、第2四半期まで
出所：中小企業庁の公表データを基に筆者が作成

〔図表36〕 再生支援手法の年度別推移

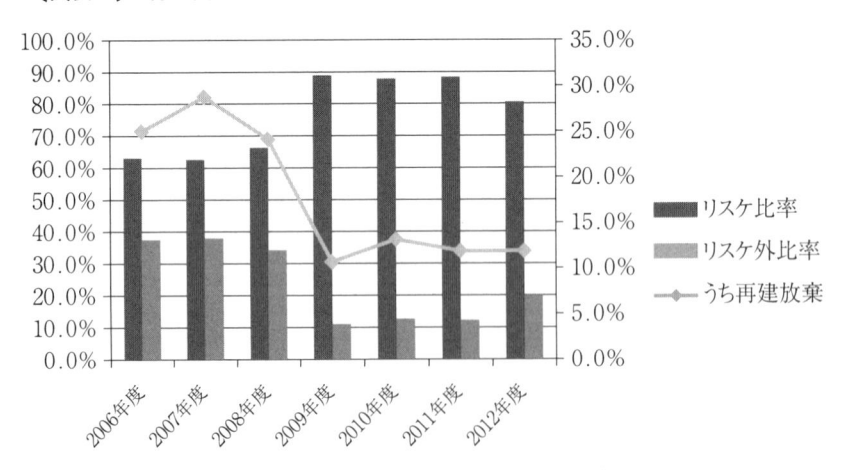

に、暫定的な事業計画の作成支援とモニタリングを行う支援手法のニーズが増加しているためだと考えられる。

(6) 中小企業再生支援協議会の今後の展望

2012年4月20日、内閣府・金融庁・中小企業庁は、金融円滑化法の最終延長を踏まえ、「中小企業金融円滑化法の最終延長を踏まえた中小企業の経営支援のための政策パッケージ」（以下、「政策パッケージ」という）を公表した。政策パッケージでは、①金融機関によるコンサルティング機能の一層の発揮、②企業再生支援機構および中小企業再生支援協議会の機能および連携の強化、③その他経営改善・事業再生支援の環境整備等の施策が定められており、さらに顧客企業のライフステージを@創業・新事業開拓をめざす顧客企業、ⓑ成長段階におけるさらなる飛躍が見込まれる顧客企業、ⓒ経営改善が必要な顧客企業、ⓓ事業再生や業種転換が必要な顧客企業、ⓔ事業の持続可能性が見込まれない顧客企業、ⓕ事業承継が必要な顧客企業の合計7つに区分しておのおののライフステージに応じた最適なソリューションを提案する方針が定められた。特に〔図表37〕の3つの顧客企業のライフステージが、事業再生手続の中心ステージと考えられている。

また、これらの施策の実効性を高めるために、2012年8月30日に「中小企業の海外における商品の需要の開拓の促進等のための中小企業の新たな事業活動の促進に関する法律等の一部を改正する法律案」（中小企業経営力強化支援法案）が施行され、より専門性の高い中小企業支援事業を実現するために既存の中小企業支援者、金融機関、弁護士、会計士、税理士等の中小企業の支援事業を行う者を認定する「認定経営革新等支援機関」の制度が創設された。

さらに、2013年3月8日から、全都道府県に設置されている中小企業再生支援協議会に経営改善支援センターが新設された。経営改善支援センターによる事業は、一定の要件の下、認定経営革新等支援機関が経営改善計画の策定を支援し、中小企業・小規模事業者が負担する経営改善計画策定支援に要する計画策定費用およびフォローアップ費用の総額について3分の2（上限

〔図表37〕 事業再生手続の中心ステージ

顧客企業の ライフステージ等の類型	金融機関が提案する ソリューション	外部専門家・外部機関等との連携
①経営改善が必要な債務者	・経営再建計画の策定を支援 ・実効性のある課題解決の方向性の提案	中小企業診断士、税理士、経営相談員等からの助言・提案の活用（第三者の知見の活用）
②事業再生や業種転換が必要な債務者	DES・DDSやDIPファイナンスの活用、債権放棄も検討	・企業再生支援機構、中小企業再生支援協議会等との連携による事業再生方策の策定 ・企業再生ファンドの組成・活用
③事業の持続可能性が見込まれない債務者	・慎重かつ十分な検討を行う。 ・自主廃業を選択する場合の円滑な処理 ・顧客企業自身や関係者にとって真に望ましいソリューション	税理士、弁護士、サービサー等との連携により顧客企業の債務整理を前提とした再起に向けた方策を検討

200万円）を補助するものである。

　これらの一連の法改正と新しい施策の主な狙いは、金融円滑化法のおかげで経営破たんを免れてきた中小企業に早期の経営改善を促すことである。

　これまで述べてきたように、私的整理による中小企業再生支援の状況は、中小企業再生支援協議会の活動内容の公表により、取組み実績と傾向が明らかになってきている。

　わが国の地域経済の発展には、金融規律の確保（健全性の確保・モラルハザード防止）と中小企業の再生支援が重要であることから、私的整理手続における公平な第三者機関として金融債権者の合意形成機能を担う中小企業再生支援協議会の役割は、わが国の中小企業再生支援の独自の仕組みとして今後も重要な位置づけとなっていくものと思われる。

（秋　松郎）

2. 中小企業再生支援協議会の機能強化のための提案

(1) 中小企業再生支援協議会の機能強化等の現状

　中小企業再生支援協議会（以下、「協議会」という）は2003年に全国都道府県に設置され、2007年6月には各地の協議会の機能強化と均一的能力向上を図るための機関として中小企業再生支援全国本部が設置されている。さらに2013年3月末の中小企業者等に対する金融の円滑化を図るための臨時措置に関する法律（以下、「金融円滑化法」という）の期限切れにより、より一層の機能強化が図られている。

　1点目は2012年4月20日に公表された「中小企業金融円滑化法の最終延長を踏まえた中小企業の経営支援のための政策パッケージ」（以下、「政策パッケージ」という）に基づく、主に人員増加による機能強化であり、2点目は2013年3月8日に各地の協議会の中に新設された経営改善支援センターによる経営改善計画策定に係る費用の一部負担（詳細は下記(5)を参照）である。

　1点目の人員増加は政策パッケージで明記された「協議会ごとに計画策定支援の目標件数を設定し、24年度に全体で三千件程度を目指す」ことに対応するためのものであるが量的対応にとどまっており、2点目の費用の一部負担は受益者負担の観点から中小企業者が全額負担すべきものであるが、経営難で資金繰りが厳しい中小企業者を資金的に支援するための施策であり、双方ともに本格的な質的対応が十分に図られているとはいいがたい状況である。すなわち「真の意味での経営改善」のために必要な事業再生をできる体制としては十分とはいいがたい。

　人の怪我・病気の治療には医者、企業の経営改善には事業再生の知識・経験をもった専門家に相談し、適切な助言を受けることが重要であり、協議会ではそのような取組みは従来から行っているものの、従業員が数人であっても技術力等があり改善の意欲がある多くの中小企業、小規模事業者の事業再生を支援するうえでの機能強化等については、より一層の質的対応の充実が必要である。

(2) 中小企業者の「真の意味での経営改善」

　企業のライフサイクルは一般的に創業期、成長期、成熟期、衰退期の４つの段階に分けられ、事業再生が必要な企業の大部分は衰退期である。事業再生のための経営改善計画を策定するためには衰退期となった要因を十分に把握し、企業の役職員が課題を共有することが重要である。しかし、当事者である企業の経営陣、従業員だけでは窮境要因の実態把握は十分ではないことが往々にして見受けられる。これは、医者ではない人が自らの症状についての真の原因がわからない状況に似ており、企業の場合においても医者のように客観的な立場から窮境要因を十分に分析できる専門家による実態把握を受けることが、「真の意味での経営改善」につながることが多い。

　ここで「真の意味での経営改善」とは、2012年11月１日に公表された「金融担当大臣談話──中小企業金融円滑化法の期限到来後の検査・監督の方針について──」の「〔「中小企業の経営支援のための政策パッケージ」の推進等〕」で用いられている表現であり、努力目標を含んだ計数計画のみの経営改善計画ではなく、企業の十分な実態把握による課題を企業の役職員で共有し、十分な議論の下に策定された全役職員が実際に行動できるレベルまで落とし込まれた具体的な行動計画を含んだ合理的かつ実現可能性の高い経営改善計画のことを指しているものと思われる。

〈資料１〉　金融担当大臣談話──中小企業金融円滑化法の期限到来後の検査・監督の方針等について──〔「中小企業の経営支援のための政策パッケージ」の推進等〕（抜粋）

２．金融庁においては、円滑化法の最終年度である本年度を初年度として、中小企業の事業再生支援に軸足を移し、貸付条件の変更等にとどまらず、真の意味での経営改善が図られるよう、現在、関係省庁や関係機関と連携し、「中小企業の経営支援のための政策パッケージ」（平成24年４月20日公表）に掲げた施策の推進等に取り組んでいるところです。具体的には、企業再生支援機構及び中小企業再生支援協議会の機能強化・連携強化をはじめとする中小企業の再

生支援に向けた態勢を構築してきており、今後、金融機関においては、借り手の真の意味での経営改善が図られるよう、両機関を積極的に活用することを期待しています。また、中小企業再生支援協議会においては、事業再生計画の策定支援に加えて、経営課題を抱える事業者からの様々な相談に積極的に応じており、最適な解決策の提案や専門家の紹介等を行う相談機能の充実に取り組んでいます。更に、企業再生支援機構による中小企業再生支援協議会や金融機関への支援も強化されています。借り手の方々におかれては、中小企業再生支援協議会や取引先金融機関に、経営課題やその解決策等について積極的にご相談頂くことを期待しています。

(3) 「真の意味での経営改善」が必要である中小企業者

　先述の金融担当大臣談話の中では「中小企業向け融資に当たり貸付条件の変更等を行っても不良債権とならないための要件は恒久措置であり、円滑化法の期限到来後も不良債権の定義は変わりません」とされ、恒久措置とされている「不良債権とならないための要件」とは、「経営改善計画が1年以内に策定できる見込みがある場合」や「5年以内（最長10年以内）に経営再建が達成される経営改善計画がある場合」とされている。言い換えれば、以下にあてはまる中小企業者は「真の意味での経営改善」が必要であり、協議会や取引先金融機関に経営課題やその解決策等について積極的に相談することが重要である。

① 金融円滑化法に基づく条件変更を行った日から1年以内に経営改善計画を策定していない。
② 経営改善計画を策定したが10年以内に経営再建が達成されない。
③ 経営改善計画に基づく取組みを行っているが改善状況が順調ではない。

〔図表38〕「真の意味での経営改善」が必要な中小企業者

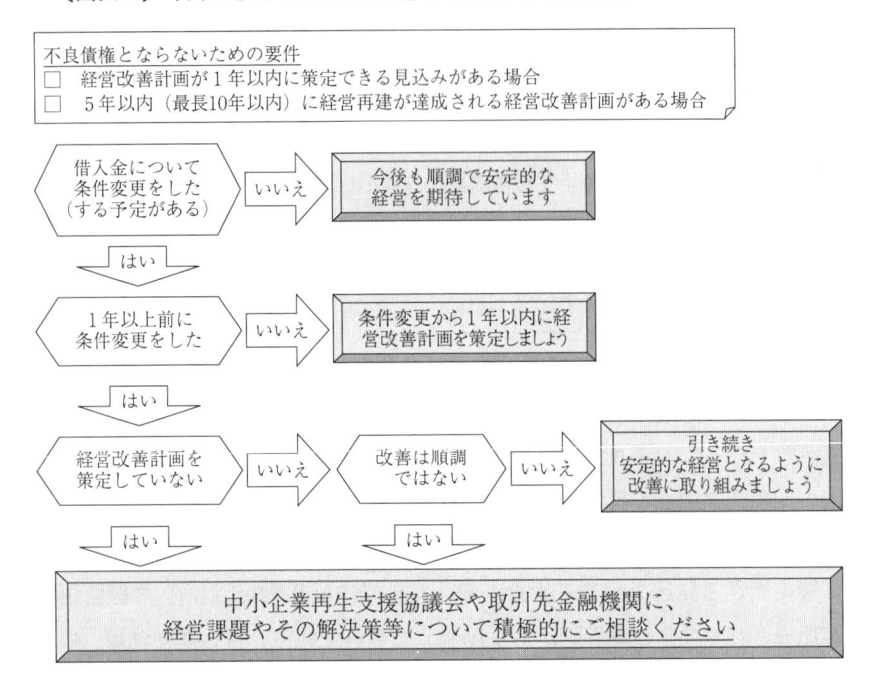

```
不良債権とならないための要件
□ 経営改善計画が1年以内に策定できる見込みがある場合
□ 5年以内（最長10年以内）に経営再建が達成される経営改善計画がある場合
```

借入金について条件変更をした（する予定がある）
→ いいえ → 今後も順調で安定的な経営を期待しています
↓ はい

1年以上前に条件変更をした
→ いいえ → 条件変更から1年以内に経営改善計画を策定しましょう
↓ はい

経営改善計画を策定していない
→ いいえ → 改善は順調ではない → いいえ → 引き続き安定的な経営となるように改善に取り組みましょう
↓ はい　　　　　　　　　　↓ はい

中小企業再生支援協議会や取引先金融機関に、経営課題やその解決策等について積極的にご相談ください

(4) 協議会の機能強化のための提案

(ア) 協議会の常駐専門家

協議会の主な機能は公正中立な第三者の立場として中小企業者の事業面、財務面の詳細なデューディリジェンスを実施し、窮境に至った原因を把握したうえで、中小企業者による経営改善計画の策定を支援するとともに、金融機関に経営改善計画を提示し金融機関調整を実施するものである。

デューディリジェンスによる実態把握と経営改善計画の策定支援の実際の担い手は、協議会が委嘱する外部専門家である公認会計士、税理士、中小企業診断士、弁護士などであるが、今回の協議会の大幅な人員増加は主に金融機関からの出向によって行われており、各協議会の常駐専門家の大部分が金融機関のOBや出向者で構成されている。一部の協議会では常駐専門家とし

〔図表39〕 従来スキームと新スキーム

分類		事業DDおよび財務DD 再生計画策定支援	想定される再生手法 （※2）
①従来スキーム	通常型	協議会から委嘱された外部専門家が実施	債権放棄 実質的な債権放棄 DES 協議会版DDS
	検証型	協議会から委嘱された外部専門家が検証（※1）	
②新スキーム		・メイン行が実施 ・必要に応じて、債務者またはメイン行の依頼で外部専門家が実施	DDS リスケジュール

※1：事業DD、財務DD、再生計画は、債務者またはメイン行の依頼で外部専門家が実施。
※2：新しい実施基本要領においては、他の再生手法の利用を制限していない。

て士業を配置しているものの、その活用は限定的と思われるため、各地域の士業団体も連携して再生を手がけられる専門家育成に協力することが、各地域に「真の意味での経営改善」ができる専門家の裾野を広げ、協議会そのものの質を向上させることができると思われる。

また、協議会の常駐専門家として金融機関から出向した者が事業再生の最前線である協議会で、「事業再生の共通のものさし」を経験することが、将来的な金融機関のコンサルティング能力の向上につながると思われる。

(イ) 新スキームの活用による金融機関および顧問会計事務所との連携

政策パッケージにおいて「金融機関は、自助努力による経営改善や抜本的な事業再生・業種転換・事業承継による経営改善が見込まれる中小企業に対して、必要に応じ、外部専門家や外部機関、中小企業関係団体、他の金融機関、信用保証協会等と連携を図りながらコンサルティング機能を発揮することにより、最大限支援していくことが求められている」ほか、「協議会においては……金融機関等の主体的な関与やデューデリジェンスの省略等により、

再生計画の策定支援を出来る限り迅速かつ簡易に行う方法を確立する」と掲げられたことから、経営改善計画の策定支援の主体が協議会であるものを従来スキーム、メイン金融機関であるものを新スキームとし、より多くの中小企業者を対象とすることとなった。

　従来スキームと新スキームは想定される再生手法によっておおむね区分され、たとえばリスケジュールでとどまることが想定される場合は、メイン金融機関が経営改善計画の策定支援の主体となり、メイン金融機関が保有する中小企業者の財務・事業の情報、必要な調査等の結果を基に経営改善計画の策定を支援し、協議会は経営改善計画の内容が公正かつ妥当か、経済合理性があるか、中小企業者のためのベストシナリオかどうかを調査したうえで、金融機関調整を実施する。

　このように、新スキームによる経営改善計画の策定支援は、「金融機関によるコンサルティング機能の一層の発揮」が求められている。しかし、多くの金融機関はバブル崩壊後の不良債権処理の影響による人員削減、投信販売等の本来業務以外の業務拡大などにより、コンサルティング機能が十分ではないため、対象となる中小企業者の顧問会計事務所との連携を図ることが望ましい。具体的には、金融機関の自己査定等の情報と顧問会計事務所の月次訪問の際に経営者などから相談されている内容を踏まえて、中小企業者の経営改善計画の策定を支援することが考えられる。しかし、多くの顧問会計事務所は税務業務が中心となっているほか、最近では価格競争により経営者の相談に対応する時間が十分に確保できないなど、事業再生をするための具体的施策まで踏み込んだ「真の意味での経営改善」のための計画策定支援を行うためのコンサルティング機能は十分ではない場合もあり得る。また、両者に共通することとして経営改善計画の内容が、遊休資産売却等による有利子負債の圧縮、税務メリットを活用した組織再編など財務改善に関するものが中心であり、中小企業者の事業そのものの実態把握と改善策の立案は十分でないと思われる。

　さて、ここで中小企業者の経営改善によって金融機関、顧問会計事務所が

受ける主な効果を考えてみると、前者は中小企業者の債務者区分が上方遷移することで生じる貸倒引当金の取り崩しによる財務基盤の改善、後者は顧問報酬の確実な受領や報酬引き上げなどがあげられる。しかし、中小企業者の経営改善の適切な対応ができない場合は、先述の効果とは逆に金融機関の財務基盤は悪化し、顧問会計事務所の収益基盤は悪化する。

そもそも協議会が設置される以前は中小企業者の金融機関や顧問会計事務所がさまざまな経営相談に対応していたのであり、本来の機能を取り戻すだけのことであるが、バブル崩壊以降、さまざまな要因によりコンサルティング機能が低下した金融機関、顧問会計事務所の経営方針の転換、すなわち、「真の意味での経営改善」を支援するコンサルティング機能の強化を図ることによる自らの経営改善が急務である。

(5) 経営改善支援センターの活用

先述のとおり、金融機関、顧問会計事務所のコンサルティング機能が十分ではない場合は、事業再生を手がけられる外部専門家の客観的な知見を取り入れるべきであり、従来の協議会の仕組みを活用するだけではなく、協議会に設置された経営改善支援センターを活用することが望まれる。

経営改善支援センターの事業は、借入金の返済負担等、財務上の問題を抱えていて金融支援が必要であるものの、自ら経営改善計画等を策定することが難しい中小企業・小規模事業者を対象として、中小企業経営力強化支援法に基づき認定された経営革新等支援機関（以下、「認定支援機関」という）が中小企業・小規模事業者の依頼を受けて経営改善計画などの策定支援を行うことにより、中小企業・小規模事業者の経営改善を促進することを、資金的に支援するためのものである。具体的には、認定支援機関が経営改善計画の策定を支援し、中小企業・小規模事業者が認定支援機関に対し負担する経営改善計画策定支援に要する計画策定費用およびフォローアップ費用の総額について、経営改善支援センターが、3分の2（上限200万円）を負担する仕組みである。しかし、従来の協議会事業のような協議会による関与（計画策定支援、金融機関調整）は受けられないことに留意が必要である。

また、本事業の対象となる経営改善計画の中には、ビジネスモデル俯瞰図、経営改善計画に関する具体的施策および実施時期、実施計画（アクションプラン）およびモニタリング計画（原則３年程度）が含まれていなければならず、単に計数のみの計画では中小企業者の「真の意味での経営改善」ではないと解することができる。なお、計画の実現可能性を高めるために、モニタリングを十分に行うことが義務づけられている。

　本事業の中心的存在である認定支援機関には、経営改善支援センター事業についてビジネスチャンスととらえることなく、１つでも多くの事業再生の支援を行い、地域経済、ひいては日本経済の再生に取り組むよう期待したい。

〈資料２〉　中小企業の新たな事業活動の促進に関する法律──目的：第１条

> （目的）
> 第１条　この法律は、中小企業の創意ある成長発展が経済の活性化に果たす役割の重要性にかんがみ、創業及び新たに設立された企業の事業活動の支援並びに中小企業の経営革新及び異分野の中小企業の連携による新事業分野開拓の支援を行うとともに、地域におけるこれらの活動に資する事業環境を整備すること等により、中小企業の新たな事業活動の促進を図り、もって国民経済の健全な発展に資することを目的とする。

(6)　事業再生をするための具体的施策にまで踏み込んだ「真の意味での経営改善」

　上記(4)(イ)で問題提起したように、さまざまな要因によりコンサルティング機能が低下した金融機関、顧問会計事務所の経営方針の転換が急務である。ここで、協議会の新スキーム、経営改善支援センターのどちらを利用した場合でも経営改善計画の中にビジネスモデル俯瞰図、経営改善計画に関する具体的施策および実施時期、実施計画（アクションプラン）を含めることとされているが、これは、形式的に含めればよいというものではなく、これこそが事業再生をするための具体的施策まで踏み込んだ「真の意味での経営改善」を目標とした重要な手続の１つであるということを示している。

ビジネスモデル俯瞰図は、中小企業者の事業内容について図や絵を描き、当事者（中小企業者の役職員）と策定支援者（メイン金融機関の担当者、場合によっては顧問会計事務所の担当者や外部専門家）が、中小企業者の実態を十分把握し課題を共有することにより、事業再生に向けた具体的施策を十分に議論するツールである。当然、ビジネスモデル俯瞰図はツールの1つであるので、SWOT分析などによる方法でも十分であるかもしれないが、ビジネスモデル俯瞰図を利用することによって事業内容の現状を大局的に俯瞰し、当事者と策定支援者の間で「課題の共有」をすることで、将来的な方向性と課題の改善について「十分な議論」を活性化することができる。

　経営改善計画策定の過程において当事者の意識の再生を図ることこそが事業再生の第一歩であり、ビジネスモデル俯瞰図を用いて十分な議論を行った過程の中で策定された経営改善計画は、当事者が十分に理解し納得した具体的な行動計画を含んだ合理的かつ実現可能性の高いものとなり、将来的には策定支援者の支援が不要となるような自助努力による安定的な経営につながるものと思われる。

（本永敬三）

第4章 私的整理をめぐる社会資源

I　企業再生ファンドの現状
　　――地域再生ファンドを中心に

1. はじめに

　わが国で企業再生ファンドが話題になったのは、1998年頃からであり、この頃からローンスターやサーベラスなど、海外の大手企業再生ファンドが日本に進出してきている。また、1998年7月に会社更生法を申請した富士機工電子の事業管財人に国内投資ファンド（MBIファンド）のアドバンテッジ・パートナーズ社が選任され、企業再生に取り組んだ。さらに、2000年2月には、当時の大和SBCMと米国のロスチャイルドが「ジャパン・キャピタル・パートナーズ・リミテッド・パートナーシップ（Japan Recovery Capital Partners Limited Partnership)」を設立し、その後も大手証券・銀行系の企業再生ファンドの設立が続いた。さらに、2002年3月には、独立系の企業再生ファンドである、フェニックス・キャピタルも設立されている。ただし、リーマン・ショック以降は、これら企業再生ファンドのうち、金融・証券系は、投資残高を減らし、出口戦略を模索している。この背景には、金融危機後の金融機関への自己資本規制強化の流れがあり、今後の投資についても、より慎重な姿勢に転じる可能性が高いと考えられる。また、海外の大手ファンドも日本への投資の関心を薄め、企業再生型投資にも慎重な姿勢に転じている。したがって、現在、企業再生ファンドとして注目されているのは、いわゆる地域再生ファンドであり、これらは地域の中小・中堅企業の再生を手

がける、比較的規模の小さな投資ファンドである。

　国内の地域再生ファンドは、〔図表40〕に示されているとおり、各都道府県で2003年頃から設立され、一部の県を除き、ほぼすべての都道府県で設立されている。当初、これらの地域再生ファンドの設立の背景には、地域金融機関の不良債権処理という目的があったが、2009年、中小企業者等に対する金融の円滑化を図るための臨時措置に関する法律（以下、「金融円滑化法」という）が施行されたことによって、不良債権処理が先送りされ、これらのファンドによる処理がいくぶん低調になっていた。

　しかし、2013年3月末で、金融円滑化法が期限切れを迎えたため、「出口戦略」の模索が始まっている。なかでも注目されるのは、内閣府・金融庁・中小企業庁による「中小企業金融円滑化法の最終延長を踏まえた中小企業の経営支援のための政策パッケージ」（2012年4月20日）で、ここでは「再生ファンドの設立」が提唱されている。また、2011年3月の東日本大震災被災企業の復興・再生においてもファンド・スキームの利用が考えられる。したがって、今後地域再生ファンドの設立や取組案件も増加することが見込まれている。

　本項では、地域再生ファンドの取組みを具体的に紹介し、その現状と課題を考察する。

2. 地域再生ファンドの特徴

　まず、〔図表40〕に示される地域再生ファンドは、民間主導型と公的機関主導型に大別できる。さらに、前者は地方銀行主導型とファンド運用会社主導型とに大別できる。このうち、地方銀行主導型ファンドの場合、地方銀行は、ファンド運用会社を設立し、出資、人材派遣、案件紹介、債権売却、運用会社と再生計画の相談・ノウハウの共有、サービサー会社の設立、同社への人材派遣などに関与している。また、ファンド運用会社主導型の場合、ファンド運用会社が地方銀行と連携して、ファンドを設立し、もっぱら地方銀行から紹介された案件に対して、出資、人材派遣、債権購入、再生計画の策

〔図表40〕 主な地域再生ファンド

地域	設立年月	名称	総額	関係金融機関等	運営管理者
北海道	2003年9月	北海道企業再生ファンド	100億円	大和証券SMBCPI、北洋銀行等3金融機関	北海道マザーランドキャピタル
北海道	2007年6月	北海道中小企業チャレンジファンド	5.22億円	大和証券SMBCPI、北洋銀行等	北海道マザーランドキャピタル
北海道	2014年3月	北海道オールスターワン	30億円	北洋銀行・北海道銀行等30金融機関	北洋キャピタル・REVICキャピタル
岩手	2013年10月	いわてフロンティアファンド	非公表	岩手銀行	リサ・パートナーズ
青森秋田岩手	2004年9月	北東北がんばるファンド	50億円	青森銀行、秋田銀行、岩手銀行	ジェイ・ウィル・パートナーズ
秋田	2005年7月	地域企業再生ファンド	30億円	北都銀行、みずほコーポレート銀行	船井財産コンサルタンツ
山形	2004年1月	ルネッサンスファンドII	(310億円)	山形銀行	ルネッサンスキャピタルマネジメント
宮城	2004年9月	みやぎ企業再生ファンド	30億円	七十七銀行、仙台銀行	ジェイ・ウィル・パートナーズ
福島	2004年10月	福島リバイタルファンド	不明	東邦銀行	リサ・パートナーズ
福島	2010年5月	うつくしま未来ファンド	30億円	東邦銀行等	福島リカバリ
栃木	2004年7月	とちぎ地域企業再生ファンド	50億円	足利銀行等11金融機関	とちぎインベストメントパートナーズ
栃木	2013年8月	とちぎネットワークファンド	20億円	足利銀行、栃木銀行等	とちぎネットワークパートナーズ
群馬	2005年2月	ぐんま企業再生ファンド	不明	群馬銀行	ジェイ・ウィル・パートナーズ
茨城	2004年4月	茨城いきいきファンド	30億円	常陽銀行等6金融機関	いばらきクリエイト
茨城	2012年12月	茨城いきいき2号ファンド	20億円	常陽銀行、筑波銀行等	いばらきクリエイト
埼玉	2003年7月	埼玉企業リバイバルファンド	50億円	埼玉りそな銀行	三洋パシフィック投資顧問
埼玉	2005年11月	埼玉中小企業再生ファンド	30億円	埼玉りそな銀行等	埼玉・ターンアラウンド・マネジメント
埼玉	2013年10月	彩の国中小企業再生ファンド	20億円	埼玉りそな銀行等	ルネッサンスキャピタル
千葉	2004年2月	ちば再生ファンド	(200億円)	千葉銀行等3金融機関	ジェイ・ウィル・パートナーズ
千葉	2006年3月	千葉中小企業再生ファンド	20億円	千葉銀行等	千葉リバイタル
千葉	2013年1月	千葉中小企業再生ファンド2号	20億円	千葉銀行、千葉興業銀行、京葉銀行等	ちばぎんキャピタル
東京	2004年10月	東京チャレンジファンド	100億円	大和証券SMBCPI等	大和証券SMBCPI
東京	2005年3月	再生ファンド・リカバリ	200億円	新銀行東京、あおぞら銀行	あおぞら債権回収
東京	2013年1月	とうきょう中小企業支援ファンド	25億円	東京都民銀行、八千代銀行、東京スター銀行	東京リバイタル

Ⅰ 企業再生ファンドの現状──地域再生ファンドを中心に

神奈川	2011年12月	かながわ中小企業再生ファンド	24.1億円	横浜銀行、スルガ銀行等	横浜キャピタル
長野	2004年2月	ずくだせ信州元気ファンド	30億円	八十二銀行等9金融機関	やまびこ債権回収
長野	2013年3月	信州みらい応援ファンド	30億円	八十二銀行、長野銀行等	八十二キャピタル
新潟	2004年1月	ルネッサンスファンドⅡ	(310億円)	第四銀行	ルネッサンスキャピタルマネジメント
新潟	2005年3月	にいがたリフレッシュファンド	50億円	北越銀行	オリックス
新潟	2012年12月	新潟事業再生支援ファンド	非公表	第四銀行、北越銀行、大光銀行等	リサ・パートナーズ
富山	2013年3月	とやま中小企業再生支援ファンド	20億円	北陸銀行、富山銀行、富山第一銀行等	富山リバイタル
石川	2010年5月	いしかわ中小企業再生ファンド	50億円	北國銀行等	北國マネジメント
静岡	2004年3月	パートナー	40億円	静岡銀行等県下の全銀行、信用金庫等（一部の信金を除く）	静岡キャピタル
静岡	2006年9月	スクラム	60億円	静岡銀行等県下の全銀行、信用金庫等（一部の信金を除く）	静岡キャピタル
静岡	2009年7月1日	テイクオフ	40億円	静岡銀行等県下の全銀行、全信用金庫および信用保証協会等	静岡キャピタル
静岡	2013年2月1日	フロンティア	40億円	静岡銀行等県下の全銀行、全信用金庫および信用保証協会等	静岡キャピタル
愛知	2004年1月	ルネッサンスファンドⅡ	(310億円)	愛知銀行	ルネッサンスキャピタルマネジメント
愛知	2005年3月	愛知中小企業再生ファンド	28.2億円	名古屋銀行、UFJ銀行、愛知銀行、中京銀行等19金融機関	ソリューションデザイン
愛知	2013年3月	愛知中小企業再生2号ファンド	20億円	名古屋銀行、愛知銀行、中京銀行等	愛知リバイタル
岐阜	2005年1月	ルネッサンスファンドⅡ	(310億円)	十六銀行、大垣共立銀行等7金融機関	ルネッサンスキャピタルマネジメント
岐阜	2008年3月	ぎふ中小企業支援ファンド	20.1億円	十六銀行等	ぎふリバイタル
岐阜	2013年12月	ぎふ中小企業支援2号ファンド	20億円	十六銀行等	ぎふリバイタル
三重	2004年7月	三重再生ファンド	(200億円)	百五銀行等3金融機関	ジェイ・ウィル・パートナーズ
三重	2013年6月	みえ中小企業再生ファンド	20億円	百五銀行、三重銀行、第三銀行	三重リバイタル
滋賀	2013年1月	しが事業再生支援ファンド	非公表	滋賀銀行、関西アーバン銀行など滋賀県下に主要拠点をおく金融機関等	リサ・パートナーズ
京都	2005年2月	きょうと企業再生支援ファンド	非公表	京都銀行、滋賀銀行、南都銀行など京都府下に主要拠点をおく金融機関等	リサ・パートナーズ
奈良	2004年11月	なら再生支援ファンド	不明	南都銀行	ジェイ・ウィル・パートナーズ

第Ⅰ編　第4章　私的整理をめぐる社会資源

和歌山	2005年2月	くろしお企業支援ファンド	100億円	紀陽銀行	オリックス
大阪	2003年11月	元気出せ大阪ファンド	非公表	府下の金融機関	大和証券SMBCPI、UFJつばさ証券、三洋パシフィック投資顧問
大阪	2006年4月	おおさか中小企業再生ファンド	25億円	りそな銀行等	オリックス
岡山	2004年1月	マスカットファンド	(200億円)	中国銀行	ジェイ・ウィル・パートナーズ
岡山	2012年10月	おかやま活性化ファンド	50億円	中国銀行、トマト銀行等	おかやまキャピタルマネジメント
広島	2003年11月	ひろしま事業再生ファンド	30億円	広島銀行	リサ・パートナーズ
広島	2005年1月	せとみらい再生ファンド	100億円	広島銀行、もみじ銀行、広島信金	せとみらいキャピタル（ルネッサンスキャピタル子会社）
島根鳥取	2004年12月	山陰中小企業再生支援ファンド	20億円	山陰合同銀行等10金融機関	ごうぎんキャピタル
島根鳥取	2013年1月	山陰中小企業支援3号	30億円	山陰合同銀行、鳥取銀行、島根銀行等	ごうぎんキャピタル
香川	2004年7月	まんでがん企業再生ファンド	50億円	百十四銀行等5金融機関	オリックス
香川	2013年2月	かがわ中小企業再生ファンド	20億円	百十四銀行、香川銀行等	香川リバイタル
徳島	2005年6月	とくしま企業支援ファンド	50億円	阿波銀行、徳島銀行、四国銀行等5金融機関	オリックス
高知	2005年3月	南国土佐再生ファンド	20億円	四国銀行等2金融機関	四国キャピタルリサーチ㈱
愛媛	2005年6月	えひめ中小企業再生ファンド	30億円	伊予銀行、愛媛銀行など7金融機関	リサ・パートナーズ
福岡	2003年9月	福岡銀行再生ファンド	(200億円)	福岡銀行	ジェイ・ウィル・パートナーズ
佐賀長崎福岡	2004年3月	九州広域企業再生ファンド	50億円	佐賀銀行等3金融機関	オリックス
長崎	2004年3月	ながさき企業再生ファンド	200億円	十八銀行、シティグループ、オリックス	JNCパートナーズ
熊本	2004年1月	ルネッサンスファンドⅡ	(310億円)	肥後銀行	ルネッサンスキャピタルマネジメント
大分	2004年1月	大分企業支援ファンド	50億円	大分銀行等3金融機関	大分ベンチャーキャピタル
大分	2013年4月	大分PORTAファンド	30億円	大分銀行、豊和銀行等	大分ベンチャーキャピタル
宮崎	2003年9月	宮崎県中小企業等支援ファンド	25億円	宮崎銀行等2金融機関	宮崎ベンチャーキャピタル、宮崎太陽キャピタル
宮崎	2004年9月	宮崎企業再生ファンド	不明	宮崎銀行、宮崎太陽銀行	オリックス
九州	2009年8月	九州中小企業支援ファンド	30.2億円	大分銀行、福岡銀行等	大分ベンチャーキャピタル
九州	2008年6月	九州BOLERO	30億円	日本政策投資銀行、あおぞら銀行、鹿児島銀行、十八銀行等	ドーガン・インベストメンツ

九州	2013年9月	九州BOLERO2号	33億円	鹿児島銀行、十八銀行、西日本シティ銀行	ドーガン・インベストメンツ
沖縄	2012年11月	かいほう中小企業支援ファンド	非公表	沖縄海邦銀行	リサ・パートナーズ
沖縄	2012年10月	沖縄スマイルファンド	非公表	沖縄銀行	リサ・パートナーズ
沖縄	2006年3月	おきなわ中小企業再生ファンド	30億円	琉球銀行等	おきなわリバイタル
全国	2003年10月	JAIC－事業再生1号	20億円		日本アジア投資
全国	2009年4月	FB－JAIC事業再生2号	3.48億円		エフビー企業投資・日本アジア投資
全国	2010年6月	ルネッサンスファイブ	153.55億円	北海道銀行、岩手銀行、紀陽銀行、西日本シティ銀行等	ルネッサンスキャピタル
全国	2013年10月	ルネッサンスシックス	91.5億円	北海道銀行、第四銀行、紀陽銀行、肥後銀行等	ルネッサンスキャピタル

(注1) 簡略化のためファンド名称から「投資事業有限責任組合」を省略した場合がある。
(注2) カッコ内の金額は、1地域ではなく複数地域を対象とするファンドの総額である。また、ルネッサンスファンドⅡは、複数の地域の金融機関と提携している。
(注3) すでに解散したファンドを含んでいる。
出所：新聞報道、各金融機関・ファンド等のHP・プレスリリース等を基に作成。

定・実行等を行う。ただし、両者の相違はそれほど明確ではなく、必ずしも一方が主導したと断定しにくい場合もある。

　他方、公的機関主導型はそれほど多くはないが、地方自治体やその関連団体等の公的機関がファンド設立、出資、さらに運用面に関与し、地方銀行は主に債権売却を行う。なお、公的機関が関与した場合、地元での認知度向上、債権者間調整の円滑化、免除益課税や金融機関の無税償却における優遇措置、金融機関の債務者区分の引き上げなどのメリットがある。

　これら地域再生ファンドの特徴をあげると、以下のとおりである。

　第1に国内外大手の企業再生ファンド運用会社の参入は一部にみられるものの、それほど多くないことである。これは、投資ファンドにとって、地方の中堅・中小企業は規模の面で、投資対象となりにくいことを意味している。したがって、各ファンドの投資総額は20〜50億円程度、大きなものでも100億円規模であり、通常の企業再生ファンドに比べて小規模である。このようにファンドの投資枠が小さいのは、中堅・中小企業が投資対象であるためであり、1件あたりの投資額は、おおむね数千万円から2、3億円程度と考え

られる。

　第2に、地域再生ファンドの投資は、債権買取りが中心である。これは、地域再生ファンドの多くが地域金融機関の不良債権処理を背景に設立されたことによるものであるが、一部のファンドでは、株式等による出資もみられる。

　第3に、中小企業基盤整備機構が出資しているファンドがかなりの数に上っていることも特徴である（〔図表41〕参照）。同機構は、かねてより創業・ベンチャー支援を行っており、その延長線上に再生業務を位置づけており、地域の金融機関、中小企業再生支援協議会、自治体等の公的機関などの依頼に応じ、地域再生ファンドに関する勉強会・説明会に参加し、ファンド設立・支援に関する情報提供を行い、地域再生ファンドの設立を支援している。また、地域再生ファンドから出資依頼があれば、ファンドの提出した提案書を基に審査を行い、一定の条件の下に出資を行っている[1]。なお、出資先のファンドを審査する際のポイントは、①ファンドのジェネラル・パートナーの経営支援に関する実績および力量、②中小企業再生支援協議会のデューディリジェンス、③ファンド・スキームの公平性・公正性、などである。

3. 地方銀行主導型ファンド

　地方銀行主導型ファンドは、その設立において地方銀行が主導し、地方銀行と投資ファンド運用会社とが提携して設立・運営するものであるが、そのスキームをみると、単一の地方銀行と投資ファンド運用会社が提携している場合（クローズド・プラットホーム型）と、複数の地方銀行が相乗りでファンドを設立している場合（オープン・プラットホーム型）とがある。

　いずれの場合も、これらのファンドは、企業の過剰債務圧縮を主たる目的としており、金融機関の保有する債権を買い取る場合が多いため、通常の企

---

[1] 中小企業基盤整備機構の定める要件については、同機構ホームページ「中小企業再生ファンド出資事業の主な要件」（2010年11月1日）〈http://www.smrj.go.jp/fund/dbps_data/_material_/i_0_fund/pdf/saiseiF-youken101101.pdf〉参照。

〔図表41〕 中小企業基盤整備機構による中小企業再生ファンド組成実績
（2014年3月）

(単位：億円)

	組合名	組合設立時期	無限責任組合員	ファンド総額	うち機構出資約束額
1	JAIC-事業再生1号投資事業有限責任組合	2003.10.22	日本アジア投資㈱	20.0	10.0
2	大分企業支援ファンド投資事業有限責任組合	2004. 1.15	大分ベンチャーキャピタル㈱	50.0	22.5
3	静岡中小企業支援投資事業有限責任組合	2004. 3.31	静岡キャピタル㈱	40.0	15.0
4	茨城いきいき投資事業有限責任組合	2004. 4.28	いばらきクリエイト㈱	30.0	13.7
5	とちぎ中小企業再生ファンド投資事業有限責任組合	2004.10.25	㈱とちぎインベストメントパートナーズ	38.0	19.0
6	山陰中小企業再生支援投資事業有限責任組合	2004.12.20	ごうぎんキャピタル㈱	20.0	10.0
7	南国土佐再生ファンド投資事業有限責任組合	2005. 3.25	四銀キャピタルリサーチ㈱	20.0	10.0
8	投資事業有限責任組合愛知中小企業再生ファンド	2005. 3.30	㈱ソリューションデザイン	28.2	14.1
9	えひめ中小企業再生ファンド投資事業有限責任組合	2005. 6.30	㈱えひめ・リバイタル・マネジメント	30.0	15.0
10	埼玉中小企業再生ファンド投資事業有限責任組合	2005.11.30	㈱埼玉・ターンアラウンド・マネジメント	30.0	15.0
11	おきなわ中小企業再生ファンド投資事業有限責任組合	2006. 3.31	㈱おきなわリバイタル	30.0	15.0
12	千葉中小企業再生ファンド投資事業有限責任組合	2006. 3.31	㈱千葉リバイタル	20.0	9.0
13	おおさか中小企業再生ファンド投資事業有限責任組合	2006. 4.28	オリックス㈱	25.0	12.5
14	静岡中小企業支援2号投資事業有限責任組合	2006. 9.12	静岡キャピタル㈱	60.0	27.0
15	北海道中小企業チャレンジファンド投資事業有限責任組合	2007. 6.11	北海道マザーランド・キャピタル㈱	5.22	2.61

16	ぎふ中小企業支援ファンド投資事業有限責任組合	2008. 3.31	㈱ぎふリバイタル	20.1	10.0
17	FB-JAIC事業再生2号投資事業有限責任組合	2009. 4.30	エフビー企業投資㈱ 日本アジア投資㈱	24.0	12.0
18	静岡中小企業支援3号投資事業有限責任組合	2009. 7.30	静岡キャピタル㈱	40.0	18.0
19	九州中小企業支援ファンド投資事業有限責任組合	2009. 8.10	大分ベンチャーキャピタル㈱	30.2	15.0
20	うつくしま未来ファンド投資事業有限責任組合	2010. 5.24	福島リカバリ㈱	30.0	15.0
21	いしかわ中小企業再生ファンド投資事業有限責任組合	2010. 5.31	北國マネジメント㈱	30.0	15.0
22	ルネッサンスファイブ投資事業有限責任組合	2010. 6. 1	ルネッサンスファイブ㈱	153.55	30.0
23	かながわ中小企業再生ファンド投資事業有限責任組合	2011.12. 7	横浜キャピタル㈱	24.1	11.55
24	おかやま企業再生ファンド投資事業有限責任組合	2012.10.15	おかやまキャピタルマネジメント㈱	50.0	25.0
25	茨城いきいき2号ファンド投資事業有限責任組合	2012.12.20	いばらきクリエイト㈱	20.0	10.0
26	とうきょう中小企業支援ファンド投資事業有限責任組合	2013. 1.17	㈱東京リバイタル	25.0	12.5
27	山陰中小企業支援3号投資事業有限責任組合	2013. 1.17	ごうぎんキャピタル㈱	30.0	15.0
28	千葉中小企業再生ファンド2号投資事業有限責任組合	2013. 1.17	ちばぎんキャピタル㈱	20.0	9.0
29	静岡中小企業支援4号投資事業有限責任組合	2013. 2.12	静岡キャピタル㈱	40.0	19.0
30	かがわ中小企業再生ファンド投資事業有限責任組合	2013. 2.20	㈱香川リバイタル	20.0	10.0
31	愛知中小企業再生2号ファンド投資事業有限責任組合	2013. 3.27	㈱愛知リバイタル	20.0	10.0
32	とやま中小企業再生支援ファンド投資事業有限責任組合	2013. 3.27	㈱富山リバイタル	20.0	10.0

33	信州みらい応援ファンド投資事業有限責任組合	2013. 3.29	八十二キャピタル㈱	30.0	15.0
34	大分PORTAファンド投資事業有限責任組合	2013. 4.30	大分ベンチャーキャピタル㈱	30.0	14.9
35	みえ中小企業再生ファンド投資事業有限責任組合	2013. 6.27	㈱三重リバイタル	20.0	10.0
36	とちぎネットワークファンド投資事業有限責任組合	2013. 8.29	㈱とちぎネットワークパートナーズ	20.0	10.0
37	九州BOLERO2号投資事業有限責任組合	2013. 9.4	㈱ドーガン・インベストメンツ	33.0	16.5
38	やまぐち事業維新ファンド投資事業有限責任組合	2013. 9.30	山口キャピタル㈱・REVICキャピタル㈱	30.0	15.0
39	彩の国中小企業再生ファンド投資事業有限責任組合	2013.10.25	ルネッサンスキャピタル㈱	20.0	10.0
40	ルネッサンスシックス投資事業有限責任組合	2013.10.31	ルネッサンスキャピタル㈱	91.5	45.0
41	関西広域中小企業再生ファンド投資事業有限責任組合	2013.12.20	ルネッサンスキャピタル㈱・REVICキャピタル㈱	33.0	16.2
42	ぎふ中小企業支援2号ファンド投資事業有限責任組合	2013.12.27	㈱ぎふリバイタル	20.0	10.0
43	北海道オールスターワン投資事業有限責任組合	2014. 3.31	㈱北洋キャピタル・REVICキャピタル㈱	30.0	6.0

（注） 網掛けは、投資受付中のファンド。
出所：独立行政法人 中小企業基盤整備機構HP〈http://www.smrj.go.jp/kikou/dbps_data/_material/g_0_kikou/press/kanto/20140331fund-jisseki.pdf〉

業再生ファンドと概念的に区別されることもある。ただし、これらの地方銀行主導型ファンドは、単に債権を銀行のバランスシートから切り離し、不良債権の圧縮だけを図るのではなく、その後の取引関係の維持・継続をも図る点で、リレーションシップ・バンキングの一環とされる。また、債権買取りのほかに、後述するように出資を行う場合もある。

これら地方銀行主導型ファンドの運営上、技術面では、銀行との連結決算問題（ファンドと銀行との人的・資本的関係が強い場合、会計上銀行の連結対象となる可能性がある）、真正売買の問題（債権売却者として、当該売却が真正売買とみなされる必要がある）などの課題があるが、基本的な課題は、以下のとおりである。①ファンドと地方銀行との間に利益相反関係がある。つまり対象債権の価格設定が低ければ、ファンドの利益は拡大するが、金融機関の損失は大きくなる。②既往金融機関と取引先企業との間の取引関係の維持・継続が難しい場合がある。ファンドに債権を売却した金融機関にとって、当該企業は損失を出した取引先であるため、取引関係が断絶する可能性がある。③ファンドの公平性・公正性の確保に慎重な配慮を要する。特に、オープン・プラットホーム型の場合、特定の金融機関の取引先に案件が偏重すると、ファンドの運用において広範な連携が維持できない。したがって、公平性・公正性を担保するスキームが必要である。

4. 地方銀行主導型ファンドの事例――静岡キャピタルの取組み

　地方銀行主導型の地域再生ファンドとして、早い時期から今日に至るまで、その地道な取組みで知られている、静岡キャピタル株式会社の事例をここでは紹介しよう。

　同社は、静岡銀行のグループ企業として1984年に設立され、株式公開の支援および企業再生の支援を目的としており、2004年に静岡中小企業支援ファンドを設立し、地域の中小企業の再生と地域活性化への取組みを遂行している。

　まず、同社が最初に設立したファンドは、静岡中小企業支援ファンド「パートナー」であり、これは中小企業基盤整備機構（以下、「中小機構」という）および静岡銀行など県下の地方銀行や信用金庫との連携によって、2004年に設立された。その後、2号ファンドとして、2006年、同社は「スクラム」を前者同様、中小機構や静岡銀行などの地域金融機関との連携によって設立した。さらに、2009年には3号ファンド「テイクオフ」を設立した。すでに1

号および2号ファンドにおいても、中小機構のほか県下の全地方銀行が出資するとともに、ほとんどの信用金庫も出資していたが、この3号ファンドには、中小機構はもとより県下の全地方銀行が出資したほか、県信用保証協会が初めて出資、さらに県下の信用金庫すべてが出資に参加し、「オール静岡ファンド」といわれた。このことは、それまでの実績が評価され、同社の取組みが県下で定着したことを意味していると考えられる。なお、現在、2号ファンドは予定の存続期間が満了し、全投資の回収が完了した。また、3号ファンドの投資も完了し、今後は所定の存続期間内での回収に専念する方針である。さらに、2013年2月には、4号ファンドが新設されている。この4号ファンドも3号ファンドと同様に「オール静岡ファンド」である。

　同社の運営するファンドの特徴は、まず官民一体型のファンドを組成している点である。つまり、中小機構と地方銀行、信用金庫、さらには県信用保証協会が出資に参加し、広範な協力体制が整えられている。地域によっては、地元金融機関の足並みが揃わず、地域再生ファンドの組成さえも進捗しない場合もあるが、静岡県の場合、地元金融機関の体力があることも見逃せないだろう。次に、多数の金融機関が参加しているため、中立性・公平性の確保について慎重な配慮がなされている点である。たとえば、特定の金融機関の取引先案件に偏重したり、有利な買取条件を提示するようなことがあると、参加金融機関の間で対立的な関係が生じるが、同ファンドは静岡県中小企業再生支援協議会から推薦された案件を対象とするだけでなく、外部の専門家を加えた投資委員会を設置し、特定の金融機関に偏重することがないように配慮されている。また、融資債権の買取りに関しても、外部評価機関の評価を得たうえで、買取価格を決定するなど、中立性・公平性の確保を重視した業務フローとなっている。第3に、投資先の既往取引金融機関と同ファンドが一体となって再建を支援している点である。同ファンドは、公認会計士や税理士、弁護士などの外部専門家を派遣し、必要な経営支援を行っている。したがって、当該企業と既往金融機関との関係が維持されている。このような取組みが評価され、前述の実績につながっているものと思われる。

〔図表42〕 静岡キャピタルの中小企業支援ファンド（概要）

ファンド名	設立年月日	ファンド規模	投資期間	投資実績		エグジット件数	投資形態
パートナー	2004年3月31日	40億円	7年	13件(15社)	32.4億円	13件(15社)	デット型:12件、エクイティ型:3件
スクラム	2006年9月12日	60億円	7年	15件(16社)	43.3億円	15件(16社)	デット型:15件、エクイティ型:1件
テイクオフ	2009年7月30日	40億円	8年	9件(9社)	32.3億円	1件(1社)	デット型:9件、エクイティ型:2件
フロンティア	2013年2月12日	40億円	8年	3件(3社)	7.4億円	0件(0社)	デット型:3件、エクイティ型:0件

（注）投資期間は、すべて3年を超えない範囲で延長可能。
出所：同社より提供いただいた資料より作成。

今後、地方銀行主導型の地域再生ファンドが実績をあげるためには、ここで紹介した静岡キャピタルの取組みが参考になるだろう。

5. 民間ファンド会社の事例──リサ・パートナーズ

早い段階から、地域再生ファンドの設立・運営に専門的に取り組んでいる民間投資ファンド運営会社として、株式会社リサ・パートナーズをあげることができる。

同社は、1998年7月に設立され、本社は東京都港区にあり、2014年4月現在、役職員108名である。社名の「リサ」は、"Real Integrated Solution & Advisory"の頭文字である。創業時の社長は、日本長期信用銀行出身で、マーチャントバンキング業務を担当した井無田敦氏であり、創業時の役職員約30名のうち銀行出身者が6割程度を占めていた。

同社の沿革をみると、1998年7月に債権売買に関するコンサルタント業務から出発し、アセットマネジメント業務、デューディリジェンス業務、債権サービシング業務へと業務を拡大し、2001年7月から不動産投資業務を手がけている。さらに、2003年12月には、同社の企業再生ファンド第1号となる「ひろしま事業再生ファンド」を組成するとともに、不動産ファンド第1号

となる「R-Fund 1 号」も組成している。このような業容拡大を背景に2004年3月には、東京証券取引所マザーズに上場を果たした。上場時の事業領域は資産流動化、不動産再生、地域企業再生が基本であり、同年9月には、ジョージ・ソロス率いる不動産投資ファンド「ソロス・リアル・エステート・インベスターズ」と不動産共同投資に関する業務提携契約を結ぶなど、不動産投資に注力していた。その一方で、中小機構の出資する企業再生ファンド「えひめ中小企業再生ファンド」（2005年6月）、「埼玉中小企業再生ファンド」（同年11月）、「おきなわ中小企業再生ファンド」、「千葉中小企業再生ファンド」（ともに2006年3月）、信用金庫初の地域特化型企業再生支援ファンド「京都ちゅうしんリバイタルファンド」（2005年9月）などを組成するとともに、会津東山温泉の3旅館（同年9月）および栃木県日光市の金谷ホテル（同年11月）の再生支援、大阪市の新歌舞伎座への経営参画（同年12月）など個別企業への経営支援や経営参画も手がけた。

　同社は、2005年12月、東京証券取引所第1部への上場を果たし、上場後も不動産投資ファンド業務や企業再生ファンド業務を拡大したが、同社業績は2007年12月期の売上高274億円、経常利益106億円、当期純利益67億円をピークに減少し、不動産市況の悪化に伴い、同社の純利益は翌2008年▲22億円、2009年▲28億円、2010年▲199億円と赤字が拡大した。このような事態に対して、同社は2009年2月にNECキャピタルソリューション（以下、「NECAP」という）と業務資本提携契約を結び、第三者割当てによって40億円を調達した。これによってNECAPの持ち株比率は25.7％となった。また、2010年10月、同社社長井無田氏が退任し、現在の社長である田中敏明氏が専務から昇格した。田中氏も井無田氏同様、日本長期信用銀行出身で、2003年にリサ・パートナーズに入社している。

　新社長の就任に伴い、同社は不動産投資事業から撤退を表明するとともに、2010年10月、NECAPによるTOBに対して賛同意見表明を行い、同年12月に子会社（2011年4月上場廃止）となり、現在に至っている。2012年期は、不動産投資事業からの撤退に目途をつけ、同期以降純利益も黒字基調で推移

している。

　同社の企業理念は、「投資とアドバイザリー機能を併せ持つ創造性豊かな投資銀行として社会に貢献」することであり、必ずしもファンド運用にとどまるものではない。現在の具体的な業務内容は、企業領域、債権領域、資産領域に分かれ、企業領域では、企業への投資・融資、フィナンシャル・アドバイザーおよび再生・成長アドバイザー業務を手がけている。また、債権領域では、債権投資、サービシングおよび債権デューディリジェンス、さらに資産領域では、アセットファイナンス、資産アドバイザリー、CRE戦略アドバイザリーを手がけている（〔図表43〕参照）。ここでいうCRE戦略とは、企業不動産（Corporate Real Estate）戦略であり、企業の所有または賃借している不動産の価値を見直し、その有効活用を図る戦略である。現在の同社の役職員約110名の6～7割は内外の金融機関出身者であり、2～3割は不動産関連の出身者で占められており、公認会計士、弁護士や不動産鑑定士等

〔図表43〕　リサ・パートナーズの事業内容

	投融資機能	アドバイザリー機能	
企業領域	企業投資事業 企業投資	アドバイザリー事業 フィナンシャルアドバイザリー 成長支援アドバイザリー	企業価値評価 再生支援アドバイザリー
	ファイナンス事業 ファイナンス	ファイナンスアレンジメント （資金調達支援、エージェント）	ビジネスデューディリジェンス
債権領域	債権投資事業 債権投資	ファンド運営管理業務 財務リストラクチャリング	サービシング （債権管理回収） 債権デューディリジェンス
資産領域	不動産事業 不動産投融資	アセットマネジメント業務 資産流動化アレンジメント	CRE戦略アドバイザリー 不動産デューディリジェンス
		アセットソリューションビジネス	

出所：同社提供の資料による。

Ⅰ　企業再生ファンドの現状――地域再生ファンドを中心に

も含まれている。

　同社の企業再生ファンドは、〔図表44〕のとおりであり、現在46件に達しており、そのうち中小機構などの出資する官民一体ファンドが12件を占めている。また、投資形態は、債権買取りが大半を占めるが、エクイティ出資や負債ファイナンスも含まれている。

　同社の特長は、以下のとおりである。

　まず、債務者・債権者・ファンド間の利害を調整し、企業再生という共通目標の下に win-win-win の関係を構築することを念頭におきながら、デューディリジェンス、アドバイザリー、投融資、債権回収などのソリューションをワンストップで提供できる点である。[2]

　次に、地域金融機関を中心に172の金融機関と提携しており、これらの金融機関の取引先案件が大半を占めている。このような多数の金融機関と提携することで、レピュテーションを高め、債務者企業からの信頼を獲得することができるというメリットがある。なお、金融円滑化法施行後は、地域金融機関からの紹介案件は、減少傾向をたどっていたが、金融円滑化法の期限が2013年3月に迫った時点から、増加基調に転じている。また、弁護士や会計士からの紹介案件もある。他方、法的手続案件のスポンサー選定における入札に参加することもあり、最近はこのような案件も増えている。さらに、他のファンドからの案件もある。これは、いわゆる fund-to-fund であり、ファンドの運用期間を超えた案件に別のファンドが再投資するものである。

　そして、国際的な展開を試みており、具体的には、初の海外拠点として、2012年4月にシンガポールの現地法人 RISA　PARTNERS　ASIA　PTE.　LTD を100％出資で設立した。同現地法人は、日系企業のアジア進出の支援を行うことを企図している。つまり、現下の厳しい情勢の中で、中小企業再生を単独で推し進めるには限界があるため、M&Aや海外との連携を図る必要があり、海外拠点をおくことで、日系金融機関および現地政府系ファン

2　「インタビュー　リサ・パートナーズ田中敏明社長に聞く」金融ジャーナル669号28〜29頁参照。

第Ⅰ編　第4章　私的整理をめぐる社会資源

〔図表44〕　リサ・パートナーズの再生ファンドと提携金融機関

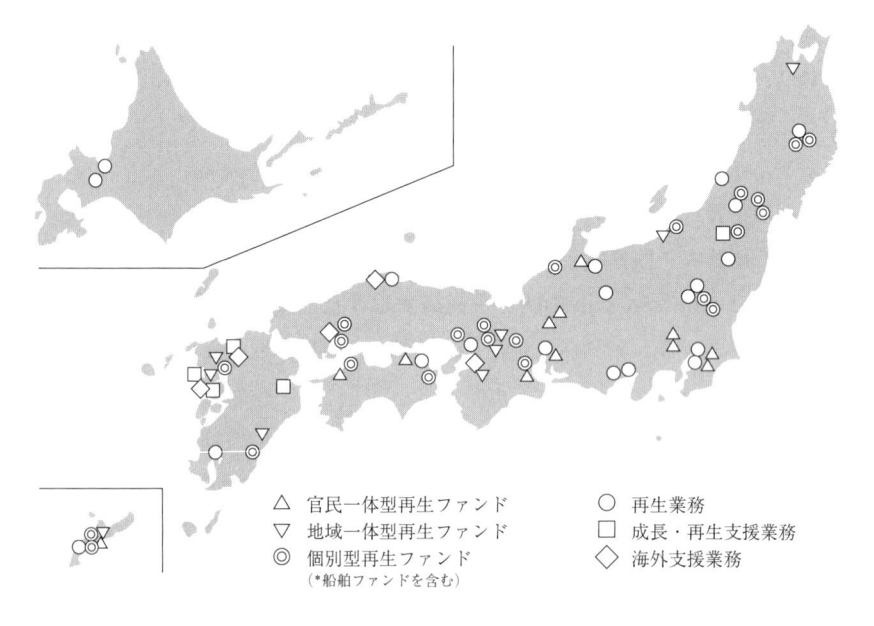

△　官民一体型再生ファンド　　　○　再生業務
▽　地域一体型再生ファンド　　　□　成長・再生支援業務
◎　個別型再生ファンド　　　　　◇　海外支援業務
　（*船舶ファンドを含む）

■北海道・東北エリア
・地域一体型再生ファンド	あおもり地域再生ファンド （青森銀行、みちのく銀行）			
・個別型再生ファンド	岩手銀行	北日本銀行	七十七銀行	杜の都信用金庫
	きらやか銀行	東邦銀行		
・再生業務	北海道銀行	北洋銀行	岩手銀行	荘内銀行
	山形銀行	大東銀行		
・成長・再生支援業務	福島銀行			

■関東・甲信越エリア
・官民一体型再生ファンド　埼玉中小企業再生ファンド
　（埼玉りそな銀行、武蔵野銀行、埼玉縣信用金庫、飯能信用金庫、川口信用金庫、青木信用金庫、埼玉信用組合、熊谷商工信用組合）
　千葉中小企業再生ファンド、千葉産業復興機構
　（千葉銀行、千葉興業銀行、京葉銀行、千葉信用金庫、銚子信用金庫、東京ベイ信用金庫、館山信用金庫、佐原信用金庫、房総信用組合、銚子商工信用組合、君津信用組合）
　とうきょう中小企業支援ファンド
　（東京都民銀行、八千代銀行、東京スター銀行、多摩信用金庫、東京東信用金庫、さわやか信用金庫、西武信用金庫、亀有信用金庫、足立成和信用金庫、興産信用金庫、新銀行東京）
・地域一体型再生ファンド　新潟事業再生ファンド
　（第四銀行、北越銀行、大光銀行、新潟信用金庫、長岡信用金庫、三条信用金庫、柏崎信用金庫、上越信用金庫、新潟縣信用組合）
・個別型再生ファンド　　　常陽銀行　　　　　足利銀行　　　　　第四銀行
・再生業務　　　　　　　　足利銀行　　　　　足利小山信用金庫　千葉興業銀行　　　京葉銀行
　　　　　　　　　　　　　長野銀行

出所：同社提供の資料による。

Ⅰ　企業再生ファンドの現状──地域再生ファンドを中心に

■北陸・東海エリア

・官民一体型再生ファンド	とやま中小企業再生支援ファンド （北陸銀行、富山銀行、富山第一銀行、富山信用金庫、高岡信用金庫、新湊信用金庫、にいかわ信用金庫、氷見伏木信用金庫、砺波信用金庫、石動信用金庫、富山県信用組合）	
	ぎふ中小企業支援ファンド、ぎふ中小企業支援2号ファンド （十六銀行、大垣共立銀行、岐阜信用金庫、大垣信用金庫、高山信用金庫、東濃信用金庫、関信用金庫、八幡信用金庫、西濃信用金庫、岐阜商工信用組合、飛騨信用組合、益田信用組合）	
	愛知中小企業再生2号ファンド （名古屋銀行、愛知銀行、中京銀行、岡崎信用金庫、碧海信用金庫、瀬戸信用金庫、豊田信用金庫、蒲郡信用金庫、西尾信用金庫、豊橋信用金庫、いちい信用金庫、豊川信用金庫、知多信用金庫、愛知信用金庫、半田信用金庫、尾西信用金庫、中日信用金庫、東春信用金庫）	
	みえ中小企業再生ファンド （百五銀行、三重銀行、第三銀行、桑名信用金庫、北伊勢上野信用金庫、三重信用金庫、紀北信用金庫）	
・個別型再生ファンド	北國銀行　　　　　　　百五銀行	
・再生業務	北陸銀行　　　三島信用金庫　　静岡県信連　　　愛知銀行	

■関西・中国・四国エリア

・官民一体型再生ファンド	かがわ中小企業再生ファンド （百十四銀行、香川銀行、高松信用金庫、観音寺信用金庫、香川県信用組合）
	えひめ中小企業再生ファンド （伊予銀行、愛媛銀行、愛媛信用金庫、宇和島信用金庫、東予信用金庫、川之江信用金庫）
・地域一体型再生ファンド	しが事業再生支援ファンド （滋賀銀行、滋賀中央信用金庫、長浜信用金庫、湖東信用金庫、滋賀県信用組合、関西アーバン銀行、京都銀行、京都信用金庫、京都中央信用金庫、商工組合中央金庫 大津支店、彦根支店、日本政策金融公庫 大津支店、彦根支店）
	きょうと応援ファンド （京都銀行、京都信用金庫、京都中央信用金庫、京都北都信用金庫、商工組合中央金庫 京都支店、日本政策金融公庫 京都支店、西陣支店、舞鶴支店、滋賀銀行、南都銀行）
	奈良まほろば再生ファンド （南都銀行、奈良信用金庫、大和信用金庫、奈良中央信用金庫、商工組合中央金庫 奈良支店、日本政策金融公庫 奈良支店）
・個別型再生ファンド	滋賀銀行　　　　　京都銀行　　　　　京都中央信用金庫　　みなと銀行 広島銀行　　　　　阿波銀行　　　　　伊予銀行
・船舶ファンド	広島銀行
・再生業務	関西アーバン銀行　　山陰合同銀行　　　百十四銀行
・海外支援業務	関西アーバン銀行　　山陰合同銀行　　　広島銀行

■九州・沖縄エリア

・官民一体型再生ファンド	おきなわ中小企業再生ファンド （琉球銀行、沖縄銀行、沖縄海邦銀行、コザ信用金庫）
・地域一体型再生ファンド	さが事業再生ファンド （佐賀銀行、佐賀共栄銀行、唐津信用金庫、佐賀信用金庫、伊万里信用金庫、九州ひぜん信用金庫、佐賀東信用組合、佐賀西信用組合）
	ながさき事業再生ファンド （十八銀行、長崎銀行、九州ひぜん信用金庫、たちばな信用金庫、商工組合中央金庫 長崎支店、佐世保支店、長崎三菱信用組合、長崎県医師信用組合、長崎県民信用組合、佐世保中央組合、福江信用組合）
	みやざき事業再生ファンド （宮崎銀行、宮崎太陽銀行、宮崎信用金庫、都城信用金庫、延岡信用金庫、高鍋信用金庫、南郷信用金庫、宮崎県南部信用組合）
	おきなわ事業再生支援ファンド （琉球銀行、沖縄銀行、沖縄海邦銀行、コザ信用金庫、商工組合中央金庫 那覇支店、沖縄振興開発金融公庫）
・個別型再生ファンド	佐賀共栄銀行　　　宮崎銀行　　　　　沖縄銀行　　　　　沖縄海邦銀行
・再生業務	鹿児島銀行　　　　琉球銀行
・成長・再生支援業務	西日本シティ銀行　十八銀行　　　　　長崎銀行　　　　　大分銀行
・海外支援業務	西日本シティ銀行　十八銀行

（敬称略、都道府県・金融機関コード順）

ドと連携して、きめ細かな情報収集、投融資案件発掘、投融資先フォローを行うことを目的としている。

　このような同社の特長を活かした案件として、会津若松市の東山旅館の再生をあげることができる。同案件は、経営者が異なる3旅館を統合して再生した案件であり、「面的」再生の成功例である。温泉旅館の再生支援では、温泉街が衰退している場合、単独の施設のみの再生では限界があり、十分な成果を達成しにくい。そこで、温泉街全体の再生が課題となるが、個別の施設は経営者が異なるため、利害関係が複雑であり、調整は容易ではない。本案件は、このような課題を克服した事例といえる。

6. まとめ

　冒頭でも述べたように、2013年3月末で、金融円滑化法が期限切れを迎えたことから、いわゆる「出口戦略」の模索が始まった。その際、企業再生ファンドが注目され、特にここで取り上げた地域再生ファンドは、地域の中堅・中小企業を対象としており、重要な役割を担うものと考えられた。

　しかし、地域の中堅・中小企業の再生には、さまざまに困難な要素がある。具体的には、①地域のマーケットの縮小による需給ギャップの拡大、②地域金融機関と対象企業の間で「問題先送り」が恒常化していること、③対象企業の規模が小さく、投資ファンドの投資対象となりにくいこと、などがあげられる。特に、地域経済の衰退が地域のマーケットを縮小させ、地域企業の再生を困難にしている。また、これは、単に個別地域の抱える問題ではなく、日本経済全体の長期停滞の中で、需要不足による供給過剰が恒常化していることと連関している。しかし、見方を変えれば、このような長期停滞の克服には、地域再生が重要な鍵となるだろう。なぜならば、地域再生は、地域価値の見直しによる新商品・サービスの創造につながるとともに、地域の雇用拡大や消費拡大による内需拡大につながるからである。

　また、投資ファンドによる地域再生を考えるとき、「ダブル・ボトムライン」の発想が役に立つと思われる。ダブル・ボトムラインとは、「2つの収

益」を意味し、その1つは、経済的・金銭的収益（ファースト・ボトムライン）であり、もう一方は、地域社会や環境への貢献（セカンド・ボトムライン）である。また、このように2つの投資収益や投資目標を設定した投資は、ダブル・ボトムライン投資といわれ、米国などではそれを明確に設定した投資ファンドが現れている。つまり、ファンドである以上、金銭的な収益確保は必須であり、それが曖昧になると、ファンドは金融機関の不良債権問題の先送りに利用される可能性がある。しかし、金銭的な収益だけを最優先すると、地域経済や地域社会の再生・活性化には必ずしも寄与しない。これら2つのボトムラインをどのようにバランスさせるかは必ずしも容易ではないが、ファンドにとってのダブル・ボトムラインをそれぞれ明確化し、目標設定することで、ファンドの存在意義が高まるだけでなく、地域社会への貢献を明確にすることで、長期的には金銭的な収益を高めることができるものと思われる。

＊本稿作成に際し、独立行政法人・中小企業基盤整備機構・福本功氏、同・豆谷篤氏、静岡キャピタル株式会社・笠原純氏、同・青木秀範氏、同・飯田知秀氏、株式会社リサ・パートナーズ・田中敏明氏より貴重なご教示を賜りました。また、本研究は、桃山学院大学共同研究プロジェクト（11連219）の研究成果のひとつです。厚く御礼申し上げます。

（松尾順介）

II 企業再生ファンドの現状
——外国再生ファンドの動向

1. 日本の投資ファンド・再生ファンドを取り巻く環境

投資ファンド・再生ファンドとよばれる存在は、今や日本においても一定程度認知されるところとなっているものの、国内におけるその歴史はわずか

10年余りのものであり、その本来の社会的意義が正しく理解されていないケースが散見される。ともすれば、「何となく怪しい」、「会社を乗っ取られるのではないか」と疑心暗鬼に陥る者もまだ少なくないように感じられる。とりわけ外資系投資ファンドともなれば、その傾向がより強いといわざるを得ない。そういった観点から、日本における投資ファンド・再生ファンドを取り巻く環境はいまだ黎明期の域を抜けていないと考えている。

2. 投資ファンドとの関係性

一方、筆者がゴールドマン・サックス、ベインキャピタル、Orbis Investment でみてきた、ニューヨーク、ボストン、ロンドンにおける投資ファンドという存在は、日本とは異なるものであった。その存在意義がより明確に認知され、彼らが提供する付加価値に対し、被投資会社のほうからも積極的にアプローチするという構図が明確にみてとれた。

日本では、ソーシング（案件獲得）の段階において、いまだ投資ファンドが案件を「懸命に探す」という、いわば一方通行の関係になっていることが大半であると認識している。ただ、筆者の経験では、こういった一方通行の関係性は、投資クロージング後、すなわちともに事業価値向上を志向する段階までくると、大きく変化することが多い。よりフレンドリーに、もっといえば、投資ファンドのエクスパティーズが理解・受容され、被投資会社サイドがそれをうまく利用してさらに前進するという感覚をもつようになり、信頼関係が深まっていく。投資を受け入れるに至った時点で、投資ファンドは被投資会社の「株主」になるので、関係性が変わるのは構造上当然と考えることもできるが、決してそれだけでは信頼関係までは構築できない。被投資会社が、投資ファンドを本当の意味で受け入れるには、当初の漠然とした不安を払拭して余りある実質的かつ具体的なメリットの認識が必要だろう。

3. 投資ファンドを受け入れるメリット

ここでいうメリットの例として、以下の3点をあげたい。一般にヒト・モ

ノ・カネとよくいうが、Post-acquisition management（投資後の事業価値向上）においては、ヒト・情報・カネが鍵になると考えている。
① ヒト：客観的な視点から事業改革を遂行できる人材
② 情報：広範なネットワークを活かした情報力
③ カネ：資金拠出および財務面でのエクスパティーズ

　まず①であるが、被投資会社は当然ながら自らが属する業界について知見を有し、多くの場合、会社の歴史の中でさまざまな成功体験を積み重ねてきている。それは一義的には有益に違いないが、成功体験が蓄積される中で無意識のうちに固定観念・先入観が醸成され、変化への要請に対応が遅れるケースがある。これに対し投資ファンドは、業界における経験や関連の知見については、通常被投資会社に及ばないものの、客観的な視点から当該会社や業界の状況を分析し、次の一手を提案することができる立場にある。さらにいうと、投資ファンド、とりわけ再生ファンドとなると、投資後に自らの保有する株式の価値が相当程度向上しなければファンドビジネスとして成立しないため、事業を構造的に分析し必要な変革を断行する能力を磨いてきている。無論必ずしも常に正しい提案ができるとは限らないが、少なくとも客観的な視点からの分析に基づき、新たな風を吹き込ませることができるという点において、相応の存在意義が認められる。

　次に②である。投資ファンドは、常に良い投資案件を探し検討を重ねているため、M&A等に係る最新の情報を得るための環境が整っている。そのため、特に被投資会社が自律成長から舵を切るような場合には、投資ファンドが貴重な情報源となり得る。また、投資対象会社に人材の補強が必要な場合にも、レピュテーションやネットワークを活かして優秀な人材にアクセスし、当該会社に代わって確保してくれるケースがしばしばある。

　最後に③である。まずは単純に資金の出し手としての機能、これはあたり前のように思われるかもしれないが、被投資企業の長期的な成長可能性を信じ、短期中期の苦境を乗り越えるためのエクイティ性資金を実際に提供できるようなプレイヤーは貴重な存在である。特に金融危機直後の世界において

は、その稀少性がより顕著になった。ただ、このような「資金の出し手」としての機能は、投資ファンドの「カネ」の観点からみた存在意義を示す要素の一部分にすぎない。あわせて重要なのが、財務面での専門知識・経験の共有である。事業会社においても、財務部等をはじめとして財務のエキスパートが通常在籍しているわけであるが、特に新規外部資金を取り入れるような局面においては、攻・守（さらなる成長・苦境からの再生）いずれかあるいは両方の目的をもつドラスティックな変革が必要とされている場合が多い。そのような状況において必要な財務面での改革は、投資ファンドが特段得意とするところである。また、苦境からの脱却を図るため財務リストラクチャリングを志向する場合、抜本的な改革が必要とわかっていても、自社内では心情的に断行しづらいような状況が散見される。このような状況下において、第三者たる投資ファンドに改革を先導してもらうことでスムーズに進められるというケースもある。

4．投資ファンドの存在意義——具体例を通じて

上記は一般論としての投資ファンドの存在意義であるが、具体例として、筆者が直接担当した投資案件の中から実際の事業再生の事案を紹介したい。

(1) 案件の概要

株式会社多賀志（以下、「対象会社」という）は、日本全国に直営美容室約250店舗を展開する、従業員数約1350名の大規模美容室チェーンであった。不況の長期化による客単価の低下や来店サイクルの延び、店舗管理やコスト管理の不徹底などにより、不採算店舗が増加していた。さらにそういった厳しい状況の中でも、安易な新規出店計画が継続され、設備投資が増大、借入債務負担が過大となり、返済資金が運転資金を圧迫した結果、東京地方裁判所に民事再生手続開始の申立てが行われることとなった。これを受けて、ゴールドマン・サックス（以下、「GS」という）は投資家として、スポンサー資金提供の検討を行い、対象会社保全管理人との協議を経て、最終的に営業譲渡契約締結に至った。

杜撰な経営で傷みきっていたバランスシート（B/S）、法的整理に陥って一層深刻化していた損益計算書（P/L）の悪化、それらに伴うキャッシュ不足という惨憺たる状況にあった。スポンサーによる資金注入の決断は、みる人によっては鷹揚にさえ映ったかもしれない。しかし、そういった状況で対象会社のターンアラウンドを実現してこそ、再生を得意とする投資家の面目躍如というものであり、GS は当然、デューディリジェンスの過程で十分な勝算を見出していたからこそ投資に至ったわけである。

(2) 事業再生への道筋

それでは、事業再生に向けどのような道筋を描いていたのか、その一端を紹介したい。

まず、事業再生プランを紹介する前に、最も重要なポイントの1つとして、ヤマノホールディングコーポレーション（以下、「パートナー企業」という）との提携について説明しておく。当該パートナー企業は、その系譜をたどると明治時代までさかのぼり、「美容」を追求し続けてきた歴史と哲学のある会社である。GS は、美容事業の真髄やその特殊性、ビジネス運営に係る重要な情報を網羅的に有していたわけではない中で、当該ビジネスに対し深遠な知見をもつパートナー企業を、独自のネットワークからみつけ出し、信頼を勝ち得て、共同での事業再生開始に至った。概括的な説明となるが、パートナー企業が美容室経営や美容技術管理、人材教育などといった、美容に関連する部分の再生を主に担当し、財務に関連する部分の再生を GS が主に担当するという、一定の分業体制を構築したといってもよい。

(3) 具体的な施策

(ア) 事業再生にあたっての前提

それでは、事業再生に向け、パートナー企業と GS から、具体的にどのような施策がもたらされたのか、いくつか代表的なところを紹介したい。

前提として、苦境に陥った企業の再生を志向するうえでまず必要なのは、大きく損傷してしまっている箇所の手当てである。本事案の場合には、前述のとおり、コスト管理の不徹底や無理な出店で B/S も P/L も惨憺たる状況

になってしまっていた。B/S については、法的整理手続のプロセスの中で一定の手当てがなされたわけであるが、P/L を改革せず再び赤字を出すことになれば、早晩また行き詰まることになってしまう。GS は、まずコスト面の改革を志向した。比喩的な表現をすれば、怪我をしているアスリートを再び第一線で活躍させようとする場合に、まずは止血（無駄なコスト垂れ流しの阻止）を行い、治療をしてからトレーニングを行う（トップラインの向上）のと同様である。完治する前にトレーニングを開始すると、トレーニングの効果をみるどころか、傷が悪化したり、痛い部分をかばいながら動くことで別の箇所に支障を来したりするおそれがある。

　一般的な美容室ビジネスにおける主要 P/L コスト要因といえば、人件費と店舗の賃料である。このうち、GS は人件費削減のための解雇などは行わなかった。よく「投資ファンドといえば人切り」などといったイメージがあるようであるが、それは短絡的な認識・不当な先入観といわざるを得ない。一緒に働いてきた仲間が突然解雇されたらどう思うだろうか。多くの場合、残りの従業員の会社に対する信頼は損なわれ、モチベーションの低下を招いてしまう。そして次に、人材の流出が起きてしまう。

　本事案の場合、「美容師にお客様がついている」という美容ビジネスの特徴に鑑みると、人材の流出はそのままビジネスの喪失につながるおそれが大きい。さらなる問題は、そういった状況では優秀な人材ほど流出しやすいということである。どんなビジネスでもそうだが、優秀な人材にはより広い間口があり、転職先がすぐにみつかったり、ほかの選択肢があったりする。法的整理に陥り、かつ仲間たちを裏切った会社に引き続き忠誠を誓おうとは思えないのが人間の心理というものだろう。当時の GS も、世の中の投資ファンドも、不用意な解雇が招く問題を認識している。そういった考えの下、GS は賃料水準の最適化に注力することになる。

(イ)　賃料水準の最適化

　賃料水準の最適化にあたっては、その具体策について、社長や従業員の代表者などと慎重に議論し、詰めていった。投資ファンドといえば不採算店舗

をどんどん閉鎖して、優良店舗だけを残してドラスティックに会社を変えそう、というイメージをもつ方もいるかもしれないが、現実はもっと複雑であり、再生現場というものはもっと人間的なものである。GSがまず行ったのは、既存店舗1つひとつについての採算性分析、そして分析結果に基づく店舗ごとの応急処置である。これらを通じて黒字転換を図り、閉鎖する必要がない店舗はなるべく閉鎖しない、という考え方である。

　その際、最も役に立ったのが、店舗ごとの賃料改定交渉である。店舗ごとの賃料水準を調べていったところ、当時のマーケット水準よりもかなり高く払ってしまっていたケースが相当数あった。これは、過去の杜撰なコスト管理の一端である。当時でいうところの営業譲渡により、契約の1本1本が巻き直しになることをきっかけにして、合理的水準への改定について賃貸人との交渉を行った。法的整理手続という特殊な状況に鑑み、「ともに成長していくために」と、非常に協力的な対応だった取引先もあった。

　かくして、あまり時間をかけずに黒字化ないし大幅な赤字縮小に成功した店舗が相当数出てきた。その一方で、対象マーケットにおける競合状況、顧客ニーズなどに鑑み、黒字化が極めて困難と判断された店舗も相当数あった。そのような店舗については、そもそも過去の出店計画策定の時点で適切なアンダーライティングがなされなかったと考えるべき状況であり、閉鎖を免れることができなかった。

　(ｳ)　**閉鎖店舗従業員の配置換え**

　しかし、筆者は、ここでGSが下した1つの決断が、従業員のモチベーション維持ないし向上に大きな役割を果たしたと考えている。それは、閉鎖店舗従業員の配置換えである。法的整理に陥った時点で、解雇を覚悟した従業員もいたかもしれない。しかし、閉鎖店舗の従業員についても、十分に通勤できる距離にある営業継続店舗への配置換えによって雇用を維持する決断をした。結果として、従業員のモチベーションを維持・向上しながらも、ドラスティックなコスト削減を実現したのである。

###　(エ)　トップラインの向上のために

　コスト削減に伴って一定程度筋肉質な体質を取り戻した対象会社は、次にトップラインの向上をめざすことになる。ここからは、従業員のモチベーションを喚起するためのインセンティブ制度の導入、美容師の技術向上のための教育プログラム実行、美容室経営に係る知見の共有など、美容のプロ集団たるパートナー企業に活躍してもらった。

###　(オ)　事業再生の成功

　さらに、当該営業譲渡の約1年後には、関西地区を中心に83店舗を展開していた美容室チェーンを追加買収し、新会社の傘下に両社を配して、類似の手法で事業再生にあたった。

　実際にどの程度再生が成功したのかを示すために財務数値を示したいところだが、守秘義務上適切でないので、1つの象徴的な出来事を紹介することにする。最初の営業譲渡から約2年が経過し、GSとパートナー企業による連合に、ニューヨーク証券取引所に上場する世界最大の美容コングロマリットであるRegis Corporation（以下、「Regis」という）が資本・業務提携を通じて加わることとなった。Regisが対象会社の美容室チェーンとしての実力・価値を認め、資本も含めた参画を決断したのである。提携交渉にあたっては、筆者自身Regisの本社がある米国ミネアポリスを訪れたが、CEO直々の出迎えがあり、交渉もCEOが中心となって推進するほどの力の入れ込みぶりであり、Regis側の真剣さ、対象会社に対する評価の高さがうかがわれた。わずか2年前に、苦境に陥り法的整理手続の申請を行った会社が、創業100年近い、歴史ある世界的美容コングロマリットに認められるまでに再生したのである。一定の成功の証左といっても過言ではないであろう。

5. 今後の日本における投資・再生ファンド

　冒頭に述べたとおり、投資ファンド・再生ファンドとよばれる存在に対しては、いまだに猜疑心をもってみる人が特に日本では散見される。しかし、上記事例にみられるように、苦境に陥った企業をも救い得る存在であり、時

としてささやかれる冷徹なイメージとその実態とは往々にして違うものだ。日本における投資・再生ファンドは、早晩欧米のようにその社会的地位および存在感が確立されたものになるものと考えている。

　ただし、そういった流れの中でも、近年では特に金融危機以降多くの淘汰が行われてきた。今後日本で生き残っていくファンドがどういった特徴を有するものであるか、考えてみたい。思うに投資対象会社の経営改善・事業再生にエクスパティーズをもち、投資先候補企業やその既存株主から「このファンドになら会社を預けてもよい」と思われる信頼関係を築けるファンドである。その好例としてあげたいのが、ベインキャピタルである。大方どのプライベートエクイティファンドも、「投資先企業の経営をサポートし事業価値向上に寄与する」という趣旨の文言をファンド紹介資料やホームページ等に載せているわけだが、ベインキャピタルはその中でも特段ユニークな存在である。ベインキャピタルをユニークたらしめているのが、その歴史・沿革に裏打ちされた投資哲学である。

　ベインキャピタルは1984年に戦略系コンサルティング会社のベイン・アンド・カンパニーのシニアパートナーらによって設立された（ただし、両社間に法的関係・資本関係は存在しない。なお、2012年の米国大統領共和党候補のミット・ロムニーはこの時の創業者の1人である）。このような設立背景から、創業以来、投資対象会社の事業価値向上に主眼をおき、投資プロフェッショナルも3分の2以上がコンサルタント出身者という、投資ファンドとしては特殊ともいえる体制を貫いてきた。

　さまざまな要素にリターンの源泉を求めることは、経験・技術のある投資家なら容易であり、通常は「どうリターンをあげるか」よりも「どれだけのリターンをあげるか」のほうが重要視される。そういった中で、筆者の見方であるが、自らの特長である投資先の事業価値向上に明確な比重をおいて臨む姿勢は、投資先候補企業、その株主、銀行団などから評価され、良好な案件獲得に寄与しているだけでなく、ベインキャピタル自身への投資家（資金提供者）からも堅固な信頼を寄せられており、長期資金の確保にも貢献して

いる。そして、長期資金が確保されているからこそ、腰を据えて投資先の事業価値向上にあたることができ、それはまたリターン向上、信頼感のさらなる強化にもつながっていく、という正のスパイラルが実現されている。

筆者がベインキャピタルに勤務した時間の中で大きく感銘を受けたことの1つが、この好循環を生む投資哲学である。こういったベインキャピタルの哲学は日本以外の国々でも成功裏に機能しているわけであるが、筆者は特に日本においてこそ成功をみると考えている。

ベインキャピタルはすでに日本で多くの投資を実行しているが、直近2012年の夏には、さらにテレビショッピング会社であるジュピターショップチャンネルの株式50％を取得した。残る50％の株式を保有する住友商事からの譲受けであったが、新聞報道等によると、住友商事は、対象会社の海外（アジア）展開や国内コア顧客へのマーケティング強化等といった、対象会社のさらなる成長を共同で追求できる専門性・動機をもつ事業パートナーを探していた模様である。

冒頭述べたとおり、これはまさしく、投資ファンドのエクスパティーズが理解・受容され、被投資会社サイドがそれをうまく利用したパートナーシップのケースであり、興味深い案件である。また、通常プライベートエクイティファンドは過半数以上の株式持分取得を前提に交渉にあたるが、今般ベインキャピタルは50％しか取得していない。これは、ベインキャピタルが、経営陣との信頼関係を最重要視して投資の意思決定をすることの現れではないだろうか。持分比率でコントロールするのではなく、信頼関係を最重要視する態勢・柔軟性は、日本において投資対象候補企業やパートナー企業の信頼を勝ち得ていくうえで重要な要素となるものではなかろうか。

今後日本経済が活性化していくために、投資ファンドの活用は1つの途となるであろう。各企業が、優秀なファンドを見定める目を養いながら活用を検討していくとともに、日本社会としてファンドとの共存共栄を図れる環境を整備していくべきであろう。

（時国　司）

III 望まれる新しい事業再生と ADR

1. 普通名詞としての事業再生 ADR

　本書の狙いは、良き私的整理の実務への参考たらんことであり、とりわけ、編や章の見出しとして頻繁に使われている事業再編（再生）の効果的な実現である。これは、裁判所の倒産手続がそれに一定程度資していることは認めつつも、物理的に裁判所の容量という点で限界があり、また裁判所手続では事業再生には手遅れになることが多いという理解で、なんとか早期に裁判所外で事業再生を図れないだろうか、との問題意識が起点にある。ここで使用されている ADR という表現は、民事の紛争処理に関し、訴訟とそれ以外の紛争解決手段を対比し、後者を一般に代替的紛争解決（Alternative Dispute Resolution：ADR）とよんでいるところ、その表現を倒産処理の場面でも借りたものである。すなわち、裁判所の倒産手続と対比させる形で、それ以外の対処を裁判所の倒産手続に代わるという意味で ADR の語で括ったということであろう。[3]

　そうすると、民事紛争の ADR に、民事調停などの裁判所内のそれと、民間や行政、つまり裁判所外のそれがあるのと同じ状況が、倒産処理でも存在している。まず、裁判所内のものとして、特定調停が個人のみならず法人の多重債務の整理ひいては債務者の再生に資していることが知られている（個人の事件数は、その後の金利法制の改正の影響で激減した）。これに対し、裁判所外で関係者の合意をベースに、多重債務というか経済的苦境に対処するのが私的整理ということになるが、今日では、一般の ADR と同様に、これが単にアドホックな私的整理が功を奏するというのではなく、常設の組織・仕組みが存在しそれが制度化された私的整理メニューを提供している状況にあ

---

[3] 倒産法との関係でこうした ADR という括り方を示したものとして、山本和彦『倒産処理法入門〔第4版〕』29頁以下、山本和彦ほか『倒産法概説〔第2版〕』312頁以下〔水元宏典〕。

る。それが第2編第4章で分析されている各種の方法である。その中にあって、事業再生実務家協会が提供するメニューが、特に「事業再生 ADR」という名称で認知されており、これはいわば固有名詞としてその言葉が使われているものである。おそらく、この事業再生実務家協会の事業再生 ADR にも改善すべき点があるはずで、本稿ではそれを示唆することもある。しかし、本稿の考察対象はもちろんこれにとどまるものではなく、私的整理全般という意味で、つまり普通名詞としてこれを使用しており、事業再生が少しでも合理的に行われることを願って、ささやかな提言を試みようとするものである。

2. 望まれる事業再生へのさまざまな側面

　私的整理で事業再生が合理的になされるようにするには、もちろん多くの課題がある。おそらく、「望まれる」という言葉の最終的な意味は、再生が功を奏し関係者の権利利益が適正に調整され実現されることであり、それは再生計画における権利処遇となって現われてくるといってよい。第3編第2章で扱われる問題の多くはこれに属する。

　しかし、「望まれる」という意味には、そのプロセスを問うこともあり、第3編第3章はここに関係する。また、事業再生が新たな登場人物の期待を裏切ることなく、従来からの関係者にも納得のいくものになるように、という意味では、第3編第4章のスポンサー関係の問題が避けて通れない。そして、このスポンサー問題は、私的整理が常に成功裡に終わるとは限らない関係で、裁判所の倒産手続に移行した場合に、私的整理の段階で登場したスポンサーの存在が相応の保護を受けられるかどうかにかかっているといえる。このように、私的整理で事業再生がうまくいくようにするにはレベルを異にした問題をクリアーしなければならないことがわかる。相互に関連するが、以下、問題を分けて考えてみたい。

3. 事業再生にとってのADRの位置

　事業再生ADRに限らない一般のADR論争ですでに経験済みの話になるが、ADRは対置されるものと異質であるのか否か、これを事業再生でいえば、裁判所の再生・更生手続と事業再生ADRは断絶したものであるのかどうか、まずここから考えてみたい。

(1) ADRの潮流の波及

　ADRはインフォーマルであることが持ち味であるので、型にはめることはすべきではないというのが異質論である。ADR法（裁判外紛争解決手続の利用の促進に関する法律）の制定が相当の難産となったのも、こうした異質論が原因であった。異質論では、ADRが訴訟に範を求めるようなことはしないことになるが、ADRを「裁判と並ぶ魅力的な選択肢」ととらえた司法制度改革審議会意見書は、異質論には与しなかったといえる。

　この点は事業再生に関しても示唆的である。すなわち、困難な事態に陥った事業を再生させる点で、裁判所の再生・更生手続かADRかで異なるというのはむしろ不自然であろう。米国では、先行してなされた私的整理から裁判所の更生手続に移行した際にも、断絶ではなく事前の調整としてこれを尊重する扱いが確立していった。また、イギリスやフランスでは、倒産処理に相当する制度が私的整理に相当する制度も包括した法典で規定されており、異質論が優位に立つ余地がなくなっている。すなわち、米国においては、連邦倒産法第11章手続そのものがわりと使いやすいことが知られているが、再生の骨子がそれに先立って調整済みのプレ・パッケージ型の事業再生が多くなされている。[4] イギリスは、早くから私的整理の手法が充実していた国であり、現行の倒産法制はいわば強制色の薄い私的整理も取り込んだものである。[5] 大陸のフランスやドイツはこうした流れに遅れていたところがあったが、フ

---

[4] 堀内秀晃ほか『アメリカの事業再生の実務』。
[5] これについては、中島弘雅「近時のイギリスにおける事業再生の枠組みについて」（青山善充先生古稀祝賀・民事手続法学の新たな地平）795頁以下。

ランスが1984年に合意による再生の手法を導入し、2005年の倒産法改正（商法典への再編纂）ではこうした動きを明確に打ち出すに至っているし、ドイツも私的整理と通底した自己管理手続の利用を促そうとしている。[6]アジア諸国もまた、私的整理による事業再生は盛んといえる。[7]

これに対して、わが国では、長い間、私的整理は不透明・不正のイメージがつきまとい、仮に成功したとしてもせいぜい次善の策という位置づけであったように思われる。異質論から脱却し、私的整理と裁判所の倒産手続の乗り入れ・補完関係が意識されるようになったのは比較的最近のことと思われる。[8]たとえば、故宮川知法教授が説いた破産排斥（潜在化）の理論は、両者の連携の形を具体的に示すものであった。その後、一般のADR論の展開も参考に、私的整理と裁判所の倒産手続はどのような補完関係が望ましいかが盛んに論じられるようになった。[9]ハイブリッド再生とよんでおく。

(2) **事業再生と裁判所の内外**

この点でまず参考になるのは、裁判所の倒産手続間で移行があった際の規律の存在である。わが国の倒産法制は申立て時に手続の種類を選択する縦割主義であるが、常に最適の手続が選択されているとは限らないところ、方向転換を余儀なくされる際に前後の手続で断絶が生じないよう工夫がされている。[10]すなわち、手続の種類が変わっても、両者を可能な限り一体として扱う制度的な担保が存在しており、これが倒産処理全体の信頼確保に役立っていると思われる。つまり、移行リスクを気にすることなく、関係者が現前の手

---

[6] フランスについて、小梁吉章『フランス倒産法』。ドイツも、そこまで明確ではないが、裁判外の再生への関心を高めている。経済産業省経済産業政策局産業再生課編『各国の事業再生関連手続について・米英仏独の比較分析』は、4カ国の近時の状況を示している。

[7] 髙木新二郎「世界的私的整理ガイドラインの必要性」NBL981号34頁。

[8] 伊藤眞「私的整理の法理」（同・債務者更生手続の研究）227頁以下、宮川知法「破産排斥（潜在化）の論理」（同・債務者更生法構想・総論）121頁以下。

[9] 水元宏典「倒産処理における法的および非法的紛争解決システムの連携とその限界」（吉田勇編著・紛争解決システムの新展開）220頁。

[10] 具体的には、民事再生法第14章の再生手続と破産手続との間の移行、会社更生法第11章の更生手続と他の倒産処理手続との間の移行等、の規定群である。多比羅誠＝髙橋優「倒産手続間の移行」（園尾隆司＝多比羅誠編・倒産法の判例・実務・改正提言）23頁。会社法574条も参照。

続の推進に傾注できるからである。たとえば、先行手続の共益債権として扱われる手続コストが移行後の手続でも共益（財団）債権と扱われる保障がなければ（たとえば、再生から破産へ移行した場合、民事再生法252条6項）、安心して現前の手続を進めることはできなくなるであろうし、DIPファイナンスに応じてくれる者も現われないであろう。また、先行手続においてすでに受けた弁済が移行後に覆されるのも望ましくないことであり、この点もホッチポット・ルール（配当調整）によって一体処理が志向されている（同法190条3項・4項）[11]。

このような考え方は、私的整理と裁判所の倒産手続の間でも、妥当すべきものと思われる。やや古い裁判例であるが、破産に先行した私的整理の過程で債権者委員会が行った弁済について、それが他の債権者との関係で公平を害さない限り破産否認を免れるとした岐阜地大垣支判昭和57・10・13判例時報1065号185頁があり、先行した私的整理と後の破産手続をトータルにとらえて債権者間の公平を考えており、両者が異質のものではないという発想をみてとることができる。

他方で、裁判所の手続としての再生・更生が事業再生を図るうえで最もネックとなるのが、これが倒産に引きつけられるあまり、事業価値の毀損につながってしまっていることである。確かに、開始事由を破産原因とオーバーラップさせ、倒産法という体系で括られているので無理からぬ面もあるが、開始事由を前倒ししている分、倒産色を脱した側面が忘れられている。この点で注目されるのが、結果的に裁判所の更生手続に移行することになったが、事業再生実務家協会の事業再生ADRが先行したケースで、その後の更生否認との関係で、事業再生ADRの申立てを支払停止とみなかった東京地決平成23・11・24金融法務事情1940号148頁である[12]。これは、いうなれば事業再

---

[11] たとえば、再生手続が先行し、再生計画に基づき一部の弁済がなされた後に破産手続への移行を余儀なくされたとしよう。その場合も、後行の破産手続との関係で、当該弁済が不当利得や否認権の対象とされることはなく、その分を控除して破産配当に加わり（民生再生法190条3項）、他の債権者が同率の配当を受けるまで配当は受けられない（同条4項）。これは、国際倒産におけるいわゆるホッチポット・ルールと同じである。

生に関しては、裁判所外の私的整理のほうが、倒産イメージが薄まる分、優位にあることを示唆しよう。

4. 事業再生 ADR の適正水準

　一時的な資金繰り難から私的整理に踏みきる際は、資金注入者をいかに確保するか、そこに私的整理の成否はかかってくるが、多くのケースにおいては、負債が資産を大きく上回り、損益収支上も赤字が増える経営状態に陥っているものである。資金の注入については、後で述べることとし、まず経営の悪化、それ自体から考えてみよう。これには、要は債務者の体力と体質の2つの側面がある。体力の低下は、企業の貸借対照表に債務超過となって現われ、体質の悪化は、損益計算書において収益を超える損失、つまり赤字経営となって現われる。事業再生はこれらの改善がまず目標とされる。およそ改善の見通しが立たない場合は、当該事業を市場から撤退させることも広い意味での事業再生の役目であろう。[13]

(1) 損益の改善

　債務者の損益バランスの改善には、大幅な事業展開の見直し、徹底した経費削減が必要となる。これは、将来を見据えた経営判断となるが、この先どういう事業展開で再生していくのかの選択に迫られ、それが事業譲渡や会社分割となって現われたりする。また、これに伴って人件費という形で収益に影響してくる整理解雇が敢行されることもある。濫用的な会社分割で事業の選択をトカゲの尻尾切りのように行うのはいささか問題であるが、あまり悠長に構えてもいられない。再生計画の数値基準として第3編第2章Ⅰで考察されるところであり、私的整理ガイドラインが当初目標として打ち出した3

12　事業再生 ADR の手続に入ると、債権者に対して回収を控えるべく一時停止通知の利用が欠かせないが、これをもって支払不能・支払停止と同視されては、せっかくの試みに水を差す可能性があったところであり、学説でも好意的に解されている。笠井正俊「判批」事業再生と債権管理138号12頁。ただし、その後の法的手続との関係で、立ち入った考察を要するとして慎重な姿勢を説くものとして、伊藤眞「『私的整理の法理』再考」金融法務事情1982号30頁、特に、38頁以下。
13　柳川範之「経済学的観点からの事業再生の在り方」金融法務事情1957号44頁。

年で債務超過解消・黒字転換というのは、一律の基準としては高すぎたようであったが[14]、当面の目標とされる分には現場の支持は得られよう。

(2) 債務の整理＝権利処遇

収益の改善は経営体質をいかに変えていくかという意味で将来志向のものであるが、もう1つの問題である、落ち込んでしまった体力をどう改善するか、それは債務の整理に手をつける、つまりそれまでに抱えた債務を見極める過去志向的なものとなる。私的整理の場合も、この点の基本は、裁判所における再生・更生と同じであろう。すなわち、債務者が対応しなければならない債務を絞り込み（参加意思の確認、調査、確定）、これをどのように遇するかを検討する、言い換えると、債権者に譲歩を求めることと引換えでないと再生に向かう体力が回復しないのが債務者の実状である。どれくらいのスパンで猶予を求め、どれくらいの権利を削減するか、裁判所の再生・更生計画においては最も関係者の関心が寄せられるところである。再生・更生計画では、この点は基本的な枠組みが法定されている。具体的には、猶予期間は10年ないし15年であり（民事再生法156条3項、会社更正法168条5項）、債権者の平等と衡平（民事再生法155条1項、会社更正法168条1項・3項）が要請され、債権者一般の利益としての清算価値を保障しなければならない、といった基準である。もちろん、これで再生・更生計画の内容が自動的に決まるほど単純ではなく、具体例の中でさまざまな解釈・運用が試みられていることはいうまでもない。

これに対して、私的整理は関係者の合意がベースになるので、よくいえば柔軟に対処することが可能であり、それが持ち味でもある。しかし、ことは関係者の権利義務という実体権の帰すうなのであるから、この点が再生・更生計画と極端に異なってしまうことは望ましくないであろう。したがって、ここで権利関係の秩序破壊が起きず[15]、裁判所の倒産手続に準じた処理がされ

---

[14] 私的整理ガイドライン7(2)(3)参照。債務超過解消の目標年数は、他の制度化された私的整理でも3年とされているものが多いが、中小企業再生支援協議会は、3～5年と柔軟である。中小企業再生支援協議会事業実施基本要領六(5)②③参照。

ることがやはり私的整理の信頼の基礎となろう。

　もっとも、再生や更生では躊躇を伴うような権利処遇も、私的整理ならではという意味で、柔軟かつ大胆に試みられることがあってもよいだろう。たとえば、商取引債権や不法行為債権は保護する一方で、内部債権については経営者責任と絡めて劣後させたり、メリハリのある処遇が関係者の共感をよび、それが事業再生を推進する力となることもあり得よう（第3編第2章Ⅱ・Ⅲ）。もっとも、私的整理における再生計画のスパンは、裁判所の再生・更生計画に準じては、望ましい私的整理にはつながりにくく、早期の着手で早期に再生を果たすという理想に照らし、3年は無理としても、5年程度の短期決戦を旨とすべきであろう（第3編第2章Ⅳ）。

5. ハイブリッドな事業再生手続

(1) 私的整理は新たなステージへ

　私的整理には、もともとは裁判所の再生・更生手続のような型にはまった枠組みはない。誰が主導権を握り、どんな段取りで進めるかも自由といえば自由である。しかし、整理屋に牛耳られたり、関係者の一部が結託して不公平な処理がされたり、マイナス・イメージが拭えなかった。それでも、昭和50年代には貴重な私的整理の実態調査がなされているし、当事者は裁判所の倒産手続が十分に機能を発揮できないでいたので、むしろ適正合理化に向けての努力がかなりなされていた。そうした土台があってのことであるが、現

15　裁判所の倒産手続と異なり、強制的な停止効果が働かないことから、自力救済的な商品の引上げをする者が現われることが稀ではなく（福岡地判昭和59・6・29判例タイムズ533号192頁）、また債権者委員長がその地位を利用して偏頗的な利益を得ることもあり（広島高判昭和49・11・28判例時報777号54頁）、私的整理のマイナス・イメージの原因であった。

16　債権者にとって、実質（回収額）より、公平性・透明性が重要とするのは、中光弘ほか「法的整理手続に関するいくつかの意見」金融法務事情1957号6頁。

17　もっとも、私的整理における権利処遇が裁判所の手続では明文の根拠規定を欠くため、連携に課題も多いことを示すのは、山本弘「私的整理と法的再建手続との連携」ジュリスト1401号4頁。

18　棚瀬孝雄＝伊藤眞『企業倒産の法理と運用』、霜島甲一「東京における私的整理の実態と法的分析」判例タイムズ433号19頁以下・434号57頁以下・435号27頁以下・436号24頁以下。

在の私的整理はかなり事情を異にしているというべきだろう。というのも、まず倒産法制がその後の改正によってほぼ生まれ変わり、なかでも和議法から民事再生法へ再建型倒産手続のモデル・チェンジは功を奏し、次善の策として私的整理で裁判所手続の空白を埋めなければならないという事情はなくなったからである。そのうえで、どうしても倒産のレッテルが冠される再生・更生では事業再生には支障が少なくないとの認識で、各種の制度化されたないし公設機関のかかわる私的整理の手法が相次いで誕生していることである。したがって、現在においては、このような状況の中で私的整理のあるべき姿を論じなければなるまい。

　もちろん、現在も、経験豊かな弁護士が債務者のアドバイザーとなり、当該事件限りの手づくりの私的整理を進めること自体は妨げるものではないし、そこでの創意工夫が制度化された私的整理の改善のヒントになることもあろう。しかし、関係者の利害の対立が複雑になることが避けられない私的整理は、中立かつ専門的資質のある者が確実に関与して事業再生に向けて安定したスキルが提供されることが望ましい。それには、制度化された私的整理のおのおのがよく知れわたると同時に、おのおのがスキルを異にしているところがあるので、実施者が相互に最適なものへ振り分ける作用が働くことも必要となろう。その意味では、制度化された私的整理を型にはまったものと考えるべきではなく、柔軟な切り換えが可能になっていくことが望ましいし、場合によっては裁判所の再生・更生にスムーズに引き取られることも想定されるべきである。つまり、先行した私的整理が覆滅されるというのではなく、前捌きとして一定の尊重がされることである。

(2) 私的整理で重視されるべきこと

　さて、では前捌きとしてであれ、もっぱら私的整理だけで事業再生が試み

19　羽田忠義『私的整理法』、高木新二郎＝中村清『私的整理の手引き』（同書は1998年に、『私的整理の実務』として改訂されている）。また、麻上正信ほか編『私的整理』（金融商事判例増刊）も各分担者によって当時の到達点が示されている。田原睦夫「整理屋の時代と弁護士の倒産実務」（松嶋英機先生古稀記念・時代をリードする再生論）270頁。

られる場合であれ、これが社会で評価されるために肝心な点は何であろうか。

　それは、透明性の確保にあろう。かつての私的整理はここに最大の弱点があった。では、透明性の確保に何が必要か、それは私的整理にあっても裁判所に準じた専門人材が確実に関与することから始まるのではないかと考える。その点で、制度化された私的整理はこの手続実施者に配慮しており評価できる。とりわけ、今日におけるそのための人材は、弁護士を中心としつつも、弁護士であれば誰でも良いわけではない一方で、事業再生には弁護士以外の専門家の力も必要であり、むしろ医療でいう「チーム医療」のような体制が望まれるように思える。そして、こうした専門家の関与の下、関係者に対し適時に関連情報が開示され、関係者が納得のいく形で節目節目に参加の機会が与えられ自己決定できることが重要である。専門家の関与が関係当事者の出番を少なくするのではなく、かつての私的整理の債権者委員会がもっていた活気は今後も受け継がれてしかるべきであろう。

　こうした透明性の確保、専門家関与の下での情報開示は、後に裁判所の再生・更生手続との連携（移行）が必要となる場面でも利いてくる。というのも、私的整理の場面では、前述のように、時に裁判所の手続を超える柔軟で大胆な権利処遇を行うことがある。また、この段階で新たなファイナンス（プレ DIP ファイナンス）に応じてくれる者を探し、スポンサーを募りその候補者は相当の労力や負担を投入する。体力の弱った債務者にとって、既存の権利削減は患部の切除であり、新たな金融支援は点滴注射ともいえる。この金融支援につき、私的整理の場面であれ、裁判所の再生・更生に移行した場合であれ、相応の手当てつまり優先的地位やフィーの支払いを確保するには、普段から透明性、情報開示の視点を欠かさないことが問題の発生の防止につながるものと考える。第3編第4章の各論考でさまざまな角度から検討されるところである。[20]

---

[20] 倒産弁護士によるQ&A集である、全国倒産処理弁護士ネットワーク編『私的整理の実務Q&A100問』は、示唆に富む実践が示されている。

6. 結びに代えて

　私的整理による事業再生は、世界の潮流であり、わが国も遅れてはいられない。それは国内企業の再生を考えるうえではもちろん、国際的な企業の再生を考える際にも、世界の関係者そして実務家が私的整理による事業再生を実践している以上、避けていてはワールドな仕事はできない。すでにその機運は熟しつつあると思われるが、気になることもある。というのも、全都道府県を網羅し全国組織もある中小企業再生支援協議会については利用実績があがっているのに対し、私的整理ガイドラインや事業再生実務家協会の事業再生 ADR はさほど利用実績があがっていない点である。ある意味で制度化の弊害であろうか、想定した型に呪縛されるあまり、守備範囲を広げられない印象がある。この点は、ADR 一般についてもみられる現象で、今や認証 ADR は128（2013年12月現在）を数えているものの、受理事件数が伸びておらず、いわば看板だけの認証 ADR も現われている。型をつくる、認証を得る、というのが目標ではなく、私的整理は本来は合意をベースにして変幻自在に展開していけるのが持ち味のはずである。最終受け皿となる再生・更生・破産に至った場合に通用しない処理では困るが、透明性の確保と情報開示を忘れなければ早期かつ効果的な事業再生を目指す実践が支持されないはずはない。

（佐藤鉄男）

Ⅳ　地域経済の活性化とこれからの ADR

1. 地域経済の状況と従来の再生手法

(1) 地域間競争の激化

　今、地域をめぐるキーワードは「地球規模の地域間競争」といわれている。このような現象が起きる要因は、情報化・グローバル化の進展および個人消

費の多様化等である。

　企業経営では、従来はその地域内での競争で勝ち組になることを目指してきた。つまり、その地域内にターゲット商圏を設定し、地域内の競合相手との競争を行ってきたのである。ところが、これまで商店街であればその商店街内のライバル店との競争であったものが、郊外の大型ショッピングセンターやネット販売等との競争となっていたり、温泉旅館街であればその温泉旅館街内で競っていたものが、他地域の温泉旅館街や海外リゾート地との観光客獲得競争を繰り広げている。

　この流れに乗れない企業は、倒産、廃業することになり、そのような企業が多く存在する地域では、ますます活気が失われていく。地域経済の活性化のためには、グローバルな視点をもち、時代の流れに迅速に、かつ柔軟に対応することが必要である。

(2) 長期的視点の欠如

　現状の事業再生手法では、一企業の事業継続のために、人的リストラや経費削減などの損益計算書（P/L）の改善と、過剰債務の整理などの貸借対照表（B/S）の改善を進めるのが通常である。過剰債務の整理の場合、スポンサーへの支援を依頼するケースも多いが、金融機関は経済合理性の観点から、「地域の発展に理解のあるスポンサー」よりも、「一番高く買ってくれるスポンサー（＝金融機関にとっては最も債務免除額が少なくなる）」を選択することとなる。

　その後、金融支援により過剰債務の重荷から解放された当該企業が、その地域で安価にサービスを提供したり、他地域の取引業者との取引を多くすることにより、当該企業がその地域での経済循環を弱めることもある。あるいは、スポンサーが買収の際の投資額を早期に回収するためのビジネスモデルを構築し、短期間で投資額を回収後、当該企業を転売または清算するケースも見受けられる。

　つまり、「経済合理性」のみにフォーカスした短期的な観点からの再生を行うと、その地域全体の経済を歪める結果となることもあり得るのである。

地域経済の活性化のためには、長期的な視点が必要である。

2. 新たな再生手法

(1) 地域経済の活性化のための事業計画

　本来望まれる地域経済の発展を踏まえた事業計画は、地域間競争に立ち向かうための「地域力の強化」が含まれ、かつ地域内のシナジー効果を十分発揮させるために地域全体の活性化を考えながら取り組まれるべきである。それには、以下の3つを目的とした事業計画の作成とその実行が必要である。

(ア) 地域全体の活性化

　特定の事業者が過剰債務の整理をしたり、投融資を受けたりする再生では、その事業者のみが生き残るための視点だけで、再生計画が立案・実行される。そのような再生計画では、地域全体が活性化されず、かつ逆に地域の力を弱める可能性もあるので、特定の事業者自体の再生も長続きしないだろう。地域全体の観点から対象地域の各事業者の役割を明確にした戦略を立案するなど、面的視点での検討が必要である。

(イ) 長期事業計画の高い実現可能性

　特定の事業者だけの短期的な収益力アップの事業計画や、近い将来転売や清算される可能性のある事業計画では地域経済の発展には寄与しない。特定の事業者であっても自社の再生だけでなく、対象地域に長期的に寄与できる事業モデルを確立すること、またその計画を確実に実現することが重要である。

(ウ) 雇用確保の極大化

　雇用を確保することから、その地域における経済循環が始まるともいえる。ある一定の雇用が確保されないのであれば、その事業を存続させる意味はない。また、その地域で別の事業を行うほうが雇用の確保につながるのであれば、その事業への転換も視野に入れて検討すべきである。

(2) 商店街・温泉旅館の事例

　上記を実践している商店街と温泉旅館の事例について次に述べる。

(ア) 商店街の事例

　近年の商店街を取り巻く環境は、大型商業施設の進出、インターネット販売等の購買手段の多様化、中心市街地の人口減少等の構造的な要因により、厳しい状況が続いている。〔図表45〕によると、2006年度には「衰退のおそれがある」との回答が37.9％と最も多かったが、2009年度には「衰退している」が44.2％と最も多くなっている。このように、徐々に景況が悪化していると実感している商店街事業者が多くなっている状況である。

　また、〔図表46〕について、「経営者の高齢化による後継者難（51.3％）」、「魅力ある店舗が少ない（42.7％）」、「核となる店舗が無い（27.3％）」等の回答が多い。これらの課題は、商店街の個々の店舗で解決できるものではない。

　香川県高松市の丸亀町商店街では、1996年には年間通行量が100万人を超えていたが、2004年には58万人まで減少し、総売上高も最盛期から半減した。このような地域の停滞から脱却するために、丸亀町では、一店舗一店舗の個々の努力は当然のことながら、各店舗の土地を商店街全体の視点から、合理的に利用し、集積のパワーを生み出していこうという施策を立案した。つまり、一定の共同化によってより合理的な土地利用を行い、ある程度の規模の商業床と魅力的な都市空間をつくり出すこと、商店街全体を１つのショッピングセンターと見立て全体のレイアウトを考える中で、業種の偏りを修正し適切にマネジメントすることを目指した。そのために都市計画としての位置づけを明確にするとともに、土地の権利調整を行うために、都市再開発法に基づく市街地再開発事業を実施することを高松市の提案の下で決定した。

　具体的には、地元青年会が中心となり、行政から５％の出資を受け、民間主導型第３セクター「高松丸亀町まちづくり株式会社」を設立した。同社では、不動産所有者と定期借地契約を締結し、商店街全体のゾーニング、テナントミックス、リーシングの役割を担った。つまり、不動産の所有と運営を分離することで、商店街全体のマネジメントを可能にしたのである。

(イ) 温泉旅館の事例

　昭和40年代の高度経済成長期の交通網整備やレジャーブームによって、温

Ⅳ 地域経済の活性化とこれからの ADR

〔図表45〕 商店街の最近の景況

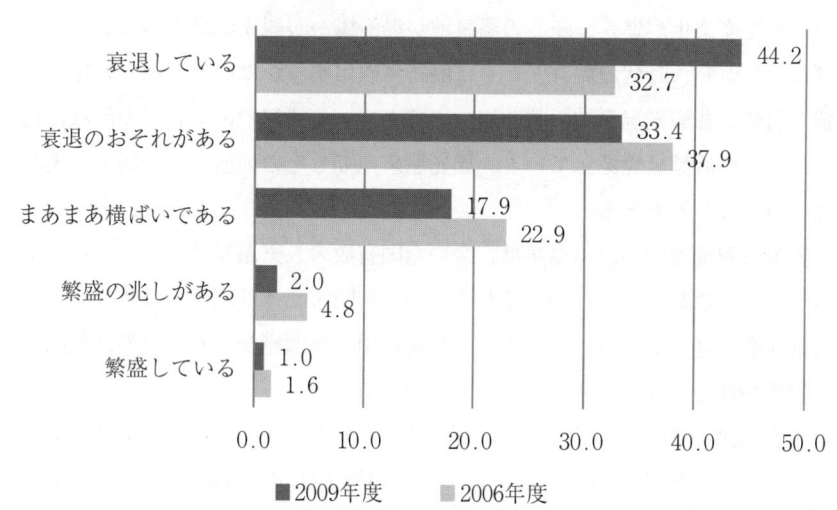

項目	2009年度	2006年度
衰退している	44.2	32.7
衰退のおそれがある	33.4	37.9
まあまあ横ばいである	17.9	22.9
繁盛の兆しがある	2.0	4.8
繁盛している	1.0	1.6

出所：中小企業庁「平成21年度商店街実態調査報告書」42頁

〔図表46〕 商店街における問題

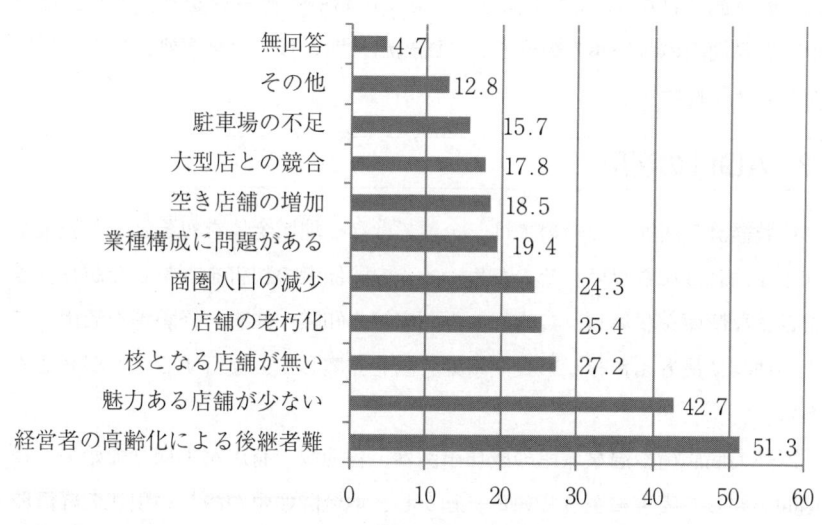

項目	割合
無回答	4.7
その他	12.8
駐車場の不足	15.7
大型店との競合	17.8
空き店舗の増加	18.5
業種構成に問題がある	19.4
商圏人口の減少	24.3
店舗の老朽化	25.4
核となる店舗が無い	27.2
魅力ある店舗が少ない	42.7
経営者の高齢化による後継者難	51.3

出所：中小企業庁「平成21年度商店街実態調査報告書」49頁

151

泉旅館へのニーズが飛躍的に拡大した。その結果、旅館の大型化、高級化、総合観光産業化が進み、多くの温泉地が湯治場から観光温泉地へと変貌を遂げた。しかし、時代の流れとともに優勝劣敗が明らかになり、個々の旅館の勝ち組や、各観光温泉地の勝ち組が出てきている状況である。この流れに乗れていない旅館は廃業していき、観光温泉地でもその地域全体の活気が失われているところもある。

熊本県阿蘇地域の黒川温泉は、今や全国有数の人気温泉地である。以前からそのようになっていたのではなく、1985年頃までは地図にも載らない無名の低迷温泉地であった。そのような状況の中、問題意識をもった地元旅館主が陣頭指揮をとり、再生へと導いたのである。

黒川温泉の景観をつくり出した基本が、「部分に気をとられて全体を見失うな」であった。その将来ビジョンは、「地域全体が1つの旅館、道は廊下、各旅館は部屋」と考え、露天風呂、入湯手形、雑木の3つのツールによって、「地域全体＝1つの旅館」のコンセプトを実現したのである。そして、各個々の旅館ではなく、「黒川温泉」としてのホームページを充実させ、その中で温泉地内の各旅館の紹介をし、観光温泉地としてお食事処、おみやげ処などの情報提供をしている。

3. ADRの活用

地域経済の活性化のためには一企業ではなく地域全体を対象とした施策を進めなければならない。そのため、多くの関係者の利害を調整しながら、さまざまな情報を収集し、各方面の専門家等の知識・知恵・経験等を活用して、その地域に最もふさわしい長期事業計画を立案して、実行することが必要である。

既述の商店街や温泉旅館の成功事例は、各地域の有志が手探りで始め、長期間を要して実現に至っている。しかし、地域間競争が激しい現状の経済環境下においては、短期間にその方向性を見出して迅速に行動を開始しないと、その地域が再生に至るまでのハードルが、徐々にあがっていくこととなる。

Ⅳ 地域経済の活性化とこれからの ADR

〔図表47〕 ADR 機関の役割イメージ図

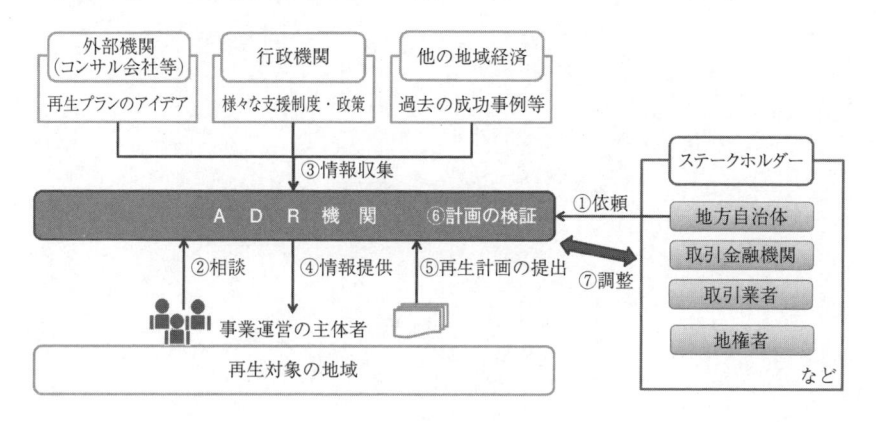

そこで、地域再生のノウハウを集約した ADR 機関があれば、その機関へ問題意識をもった地方自治体等が相談を持ち込むと考えられる（〔図表47〕参照）。そのような ADR 機関が早期に設立され、その機関が各案件についてスピード感をもって対応していくことにより、多くの地域が早期に再生・活性化されるなど、ADR 機関が地域経済の発展のために多大な貢献をしていくことに期待したい。

(横江正三)

第Ⅱ編 私的整理のすすめ

第1章　倒産処理の不易と流行[1]

I　はじめに

　失われた10年といわれ、わが国のさまざまなシステムや慣行が完全に疲弊してしまった1990年代、それは法分野の大変革の引き金ともなった。倒産法制についていえば、1996年10月の法制審議会倒産法部会設置で始まった変革の荒波で、すべて一新されたところであり、最初の10年を経た今は新倒産法制を検証する良いタイミングであろう。

　法典として不備が目立ってきていた旧倒産法制は、しかし、結果として立法の糧となる重要判例や実務手法を生み出し、また倒産処理の担い手たる倒産実務家（Insolvency Practitioner）の成長を促した[2]。これにより、集中的な改正作業で法典が一新されただけでなく、倒産の手前で事業の再生・再編を実現する私的整理の手法にも格段の展開がもたらされた。わずか10年ほどで大変革を遂げた倒産法制であるが、これで歩みを終えたわけではないし、そもそも旧法制から何も引き継がなかったわけでもない。倒産という現象は、人間が自給自足ないし物々交換という原始的な経済体制を脱し信用取引を始めた時から必然となり、これへの対処は不可欠となり、以来倒産法制は過去・現在へと途切れることなく展開してきたものであり未来へとつながる。

1　本稿は、ジュリスト1414号に初出の原稿を、同誌の許諾を得て、掲載するものである。なお、改題し、基準時が動いたことに伴う加除修正を施している。
2　Insolvency Practitioner はイギリスにおける倒産実務の資格制度であるが、倒産処理にはさまざまなプレーヤーが登場する。実務を牽引した第一人者がこうした動向を鳥瞰したものとして、髙木新二郎『事業再生』、特に、第2章。産業競争力強化法51条および経済産業省関係産業競争力強化法施行規則17条、18条参照。

もっとも、時空を超え、体制を超える存在感を示す倒産法制は、今わが国にあるそれがいかに相対的なものにすぎないかをも意識させる。このことを踏まえ、本項では、近時のわが国の倒産法制を概観することで、その枢要を探り出し、今後の展開を占えればと思う。

II 現行倒産法制への途

現行倒産法制へと至る道のりは、かなり複雑である。詳論の余裕はないが、現行法制の基礎となった旧法制が、時間差で、影響に濃淡はあれ諸外国の法制を参照してできてきたものであることは現行法制にも影響を与えている。旧法制下では異なる時代背景を反映し、発想も微妙に異にした複数の制度が競合する状態が長く続き、時には手続間の移行という法技術を媒介に、いささか複雑な倒産五法制もそれなりにわが国独特のものとして定着するに至っていた。しかし、基本となる破産法は大正年代の立法で時代にそぐわないものとなり、一見多くある再建型手続は「帯に短し襷に長し」で使い勝手が甚だ悪く、倒産法制の改正は急務となっていた。おそらく、バブル経済崩壊の後遺症で歴史上わが国が最も倒産法制を必要としたであろう1990年代、それ

---

3 倒産法制は、懲戒主義・非懲戒主義、商人破産主義・一般破産主義、固定主義・膨張主義、免責主義・非免責主義、等々、さまざまな立法主義の対立が知られる。これは、時空すなわち歴史的・比較法的考察を通じて浮かびあがるものであり、体制を超えるとは、すなわち、倒産を想定しない社会主義経済が転換を余儀なくされ、倒産による産業や資本の再編成の意義が評価され倒産法制がインフラとして再認識されたことである。

4 すでに、こうした検証の試みと次の改正に向けての提言が始まっている。事業再生研究機構編『民事再生の実務と理論』、伊藤眞＝須藤英章監修『新倒産法制10年を検証する』、倒産法改正研究会編『提言倒産法改正』、東京弁護士会倒産法部編『倒産法改正展望』、倒産実務研究会編『倒産法改正への30講』、園尾隆司＝多比羅誠編『倒産法の判例・実務・改正提言』。

5 旧々破産法（明治23年商法破産編）はフランス、旧破産法（大正11年）はドイツ、和議法（大正11年）はオーストリア、会社整理・特別清算（昭和13年商法改正）はイギリス、旧会社更生法（昭和27年）は米国、という状況である。倒産法制の大きな流れについては、加藤哲夫「経済構造の変化と倒産法の対応」ジュリスト971号268頁、同「企業倒産法制の軌跡とその展望」ジュリスト1155号157頁、杉本和士「戦後企業倒産処理法制の変遷」季刊企業と法創造7巻1号24頁、山本和彦「倒産手続の現在と未来」市民と法77号21頁。

が十分機能せず再建可能な企業も再建できず、日本経済の傷はよけいに深まる結果となったといえる。くしくもその頃、わが国がかつて範とした先進諸国の倒産法制は抜本的な改正作業を経て新装開店と相成ったのみならず、その後もたびたび改正が重ねられている。今般の改正作業では、特定の国の立法を模倣するような表面的な法継受ではもちろんなく、何よりも外国に範を求めながら制定された旧倒産法制そのものがわが国の風土の中で運用されるうちに、わが国の担い手がこれをわが物とするに至っていたので、改正作業は精力的にそして濃密な審議を経て実行された。その意味で、現行倒産法制は、特定の国の色合いを脱し、名実ともにわが国特有のものとなったといえるものである。

　もっとも、それまでの倒産法制を借り物と断じてしまうことは正しくはない。確かに、形式的には明治期の法典整備は固有法との断絶の上に成り立ったものであるが、法典はできてもこれを運用するのは固有法になじんできた、担い手たる専門家そして利用者たる日本国民なのであるから、独特のアレンジをしながら展開してきたものと思われる。すなわち、法はこれを使いこなす法律家の存在が不可欠なのであるが、当然のことながら、法曹の養成は一朝一夕でできるはずもなかった。江戸時代の法制度と確かに断絶はあっても、旧来の分散、身代限りが旧法制はもちろん今日の強制執行、破産につながっていることを完全に否定することは適切ではない。

　社会的に避けられない倒産という現象をいかに克服するか、こうした人間

6　和議手続は、1980〜1986年までの7年間、500件を超える新受件数であったという意味では全く使えないということではなかった。しかし、開始決定前の取下げが多いうえに、開始され和議条件が可決・認可に至っても履行確保のフォローがないなど、評価が芳しくなかったことは疑いない。

7　英米独仏の倒産法制の当時の改正動向はわが国でも注目されていたが、たとえば、石黒一憲ほか『国際金融倒産』21頁以下の第2章「各国国内倒産法の比較」〔佐藤鉄男〕参照。

8　分散や身代限りについては、園尾隆司『民事訴訟・執行・破産の近現代史』41頁以下、102頁以下、192頁以下、248頁以下、278頁以下。明治23年の商法破産編が商人破産主義であったので、非商人用に制定された家資分散法は、固有法の分散に由来しており、そこに定められた公民権剥奪は破産が同様の効果を伴うものと今日もよく誤解される淵源となっている。

の営みに断絶があるはずもなく、倒産法制は時空も国境も越えて通底するところがあるように思える。それにしても、ごく短期間で整備された現行倒産法制は、おそらく数十年先になってもエポック・メーキングと称されることになろう。まず、先頭を切った（2000年4月施行）のが民事再生法であるが、単に和議法にとって代わっただけでなく、またたく間に再建型倒産法制の主軸となった。その通用力は、当初はマイナー・チェンジしか予定されていなかった会社更生法の全面改正をもたらした（2003年4月施行）。さらに続いた破産法の全面改正は、懸案であった倒産実体法の見直しを含む改正作業のハイライトであった（2005年1月施行）。次いで、形の上では会社法の制定の一環であるが、実質的には倒産法制の1つとして検討された特別清算の改正（会社整理の廃止）も実現した（2006年5月施行）。こうしてできたのが現行倒産法制である。

　しかし、従来からそうであったが、裁判所の倒産法制だけがわが国の倒産処理のすべてではなかった。裁判所の手続によらないで倒産の処理をする、いわゆる私的整理に関しても大きな動きがこの間にあった。もともと倒産の処理は再建に向かうにしても清算に向かうにしても、ここにかけられる費用には限度があるのであるから、廉価にこれを実現しうる私的整理は経済合理性で裁判所の倒産手続に優っている。ところが、拠り所となる規制のない私的整理では、整理屋の介入を阻止できなかったり、早い者・強い者勝ちによる不公平な結果を防ぎきれなかったりした。1990年代の国家的課題となった不良債権処理は、住宅金融債権管理機構そしてこれを引き継ぎ今日に至る整理回収機構という公的な機関による破たん処理スキームを生み出した。回収中心の急激な処理には功罪があったとみるほかなく、それはまだ破たん処理スキーム展開の序章にすぎなかった。裁判所の倒産法制の改正作業が進むのと並行して、21世紀に入ると事業再編ないし倒産処理に資するさまざまな組織や手法が編み出された。まず、国がかりで公的融資機能も備えた時限的な機関としては、産業再生機構（2003〜2007年）と、その後身ともいえる企業再生支援機構（2009〜2013年）、地域経済活性化機構（2013年〜現在）をあげ

なければならないだろう。時間的にそれに先行したものとして、不透明な私的整理の打開に向け、金融界、産業界、専門家が総出で作成した私的整理ガイドライン（2001年）も意義深いものである。また、行政ベースのものとして、経済産業大臣の下、産業活力の再生及び産業活動の革新に関する特別措置法（現産業競争力強化法。以下、「産活法」という）に基づき、各都道府県に中小企業再生支援協議会が設置され多くの事業の再生を支援してきている（2000年〜現在）。さらに、民間型ADRとして、事業再生実務家協会が、裁判外紛争解決手続の利用の促進に関する法律（ADR法）による法務省認証・産活法による経済産業省認証と2つの認証を得て事業再生ADRに乗り出している（2008年〜現在）。加えて、主として自然人の多重債務調整を念頭において導入された特定調停（2000年〜現在）は、自然人の事件は減ったが第3セクターを中心に法人による利用は続いており、倒産ADRはその選択肢が誠に豊富になっていた[9]。

ところで、倒産法制の問題は、今日、事業者だけのものではない。周知のとおり、サラ金やクレジット・カードによる消費者信用の拡大に伴い、非事業者、すなわち自然人たる消費者の経済的破たんが増大した。旧破産法は改正作業が進行していた2003年に新受件数25万件というピークを迎えたのである。この間、民事再生法に個人再生に関する特則が加わり（2001年4月施行）、特定調停は2003年に53万件を数えたが、その後、過払金請求による攻守交代、利息法制の改善などで激減した。もっとも、東日本大震災による二重ローンという別の問題も生じており、前述の私的整理ガイドラインは個人版が整備された。

さらに、ボーダーレスの時代を迎え不具合が目立つ属地主義で知られていたわが国の倒産法制が、普及主義に転換したほか（民事再生法38条1項、破産法34条1項）、一気に国際倒産法制を整備したのもまさにこの間である（外国倒産処理手続の承認援助に関する法律。2001年4月施行）。

---

9 こうした状況を概観したものとして、山本和彦ほか『倒産法概説〔第2版〕』312頁以下（第3章第1節）〔水元宏典〕。

III 倒産法制の現在の状況

　上記のような形で整った現行の倒産法制であるが、今後を展望する前に、現時点での状況を確認しておきたい。まず、バロメーターになるのは利用状況であるが、これは申立新受件数として統計に現われる。当然のことながら経済状況に左右される面があり、新受件数は2003年をピークにその後は減少している。かつて、倒産事件の一部しか裁判所の倒産手続が利用されていないうえに（倒産処理の2割司法）、まともな私的整理も少なく、倒産事件に法の支配が行き届いていないという現象は、かなり解消されたといってよい。裁判所手続の利用しやすさ、私的整理手法の拡大、そして関係者（プレーヤー）の努力には肯定的な評価ができよう。もっとも、司法統計はさまざまなことを示唆する。

　たとえば、破産事件の新受件数の減少は、主として自然人の事件の減少によるものであり、法人事件に関してはそれほどの落ち込みはなく、経済的に破たんした法人の最終受け皿としての破産手続という位置づけは、ほぼ全国的に定着したといえる。これに対し、自然人の破産事件の減少は、産業・福祉・雇用・金利政策など種々の要因が絡みあってのものと思われるが、近時の管財事件の比率の増加も関係し、同時廃止そして免責へと続く流れ作業的な破産処理には歯止めがかかったようである[10]。これに対し、再生事件の新受件数は比較的安定的なものであり、立法者の思惑どおり再建型手続の基本としての地位を不動のものとした[11]。もっとも、何をもって再生手続の成否を評価すべきなのかは意見の分かれるところである。これを手続的側面でみれば、開始決定→再生計画の可決・認可→終結へと進んだ事件にはプラスの評価をすることが可能であり、この点では通常の再生手続は確実に成果をあげ

---

10 同時廃止問題については、佐藤鉄男「同時廃止に関する一考察」東北学院法学71号1頁。
11 施行10年の成果をみる限り、倒産法制のヒット商品といってよい。事業再生研究機構編・前掲書（注4）は民事再生の10年を検証する。また、民事再生研究会『民事再生法の実証的研究』。

た。しかし、これを事業の再生という経済実体的側面までみるとすれば、再生手続を経た会社の再倒産率は高水準にあると報じられており、厳しい現実があるようである。ただ、再生計画で大幅に負債の軽減を図った会社が急激に盛り返したとすれば、計画が債権者の利益を過度に犠牲にしていたということにもなりかねず、権利関係の調整と事業の再生の兼ね合い（民事再生法1条）はかなり微妙なものであることがわかる。競争秩序の問題もあろう。

　また、個人再生に関しても、それほど（法理論的には）簡単ではない手続ながら、自然人の倒産法制の一環として全国的な定着をみたといえるが、利用状況に顕著な変化があった。というのも、施行から最初の2年は、給与所得者等再生の利用が小規模個人再生のそれを上回っていたが、その後完全に逆転した。これは、給与所得者等再生にあっては、弁済基準を客観化（民事再生法241条2項7号）することで決議は要しないと制度設計したわけであるが、この弁済基準がかえって足かせとなり、決議の手間はあっても（同法230条）小規模個人再生のほうが柔軟で使い勝手がよいとの現場の評価が反映したものといえる。

　更生手続の状況についても言及しておこう。旧会社更生法施行当初はさほど規模の大きくない企業が利用する例もあったが、やがて上場企業や地場の有力企業といった規模の大きい倒産事件での利用が定着した。結果的に、更生事件の大半は東京地方裁判所と大阪地方裁判所で受理されることになり、2地裁以外での申立ては例外現象といってよく、ある意味で更生手続はローカル化した。担保権も拘束し、経営者の更迭や資本関係の入れ替えも当然視

12　これは、和議と比較すれば明らかである。すなわち、和議は、開始前の取下げが多いうえに、認可決定が確定し終結となり和議条件の履行を手続から捨象していた。これに対し、再生手続は、中途の挫折は少なく、計画遂行へのフォローもある（民事再生法188条2項・3項）。花村良一「近年における法的倒産処理手続を巡る状況」債権管理と事業再生122号112頁、林圭介「企業倒産における裁判所による再建型倒産手続の実務の評価と展望」ジュリスト1349号41頁。
13　内藤修「民事再生企業の追跡調査」NBL930号4頁。
14　この点は会社更生でも同様の問題がある。旧法下の更生計画の分析の結果として、本来劣位にある株主や経営者が上位にある担保権者や債権者の利益を犠牲にして恩恵を受けたと評するのは、丸山宏『企業再生の計量分析』。

する更生手続は、大掛かりで敷居の高い手続といえる。ところが、そうした事情が近時変わりつつある。それは、ともに専門部ながら、再生事件と更生事件を別の部で扱う東京地方裁判所が発信源である。すなわち、従来、経営権の剝奪が基本であった更生手続の運用を見直し、経営権を温存する方式（この点が再生手続に近いことから、DIP型更生手続とよばれている）を事案次第で推奨することとしたことによる。つまり、更生手続が再生手続に歩み寄ったともいうべき現象であるが、これは、バリエーションが豊富で時には管財人選任方式も用意し（民事再生法64条以下）、立案段階では想定していなかったような大型事件の利用にも耐えている再生手続が刺激を与えたといえる。[17]

このように現行倒産法制は、旧倒産法制の到達点や課題を継承しつつ、段階的な施行で徐々に定着し、すでに独自の運用・解釈を試みる段階を迎えている。人間の経済活動にとって倒産法制はセーフティ・ネットとして不易のものである一方で、複雑に展開し未知の事態との遭遇ともなって現われる現代の倒産事件を克服しうる柔軟な流行性も帯びたものでもある。

---

[15] 要するに、東京地方裁判所と大阪地方裁判所以外では、更生事件の新受件数は何年もゼロ件という地方裁判所が大半を占めている。現行法の競合管轄規定（会社更生法5条6項）はこの傾向に拍車をかける。両地方裁判所には専門部（東京地方裁判所民事第8部と第20部、大阪地方裁判所第6民事部）があり、事件処理のうえでメリットがある。なお、競合管轄は会社更生法に限ったことではない。

[16] 現行法は条文上もこれを許容しており（会社更生法67条3項）、経営責任のある経営者がすでに退任し新体制の下で更生手続による処理を決断するケースが意識されている。DIP型更生については、難波孝一ほか「会社更生事件の最近の実情と今後の新たな展開——債務者会社が会社更生手続を利用しやすくするための方策：DIP型会社更生手続の運用の導入を中心に」NBL895号10頁、福岡真之介『事業再生ADRとDIP型会社更生の実務』。

[17] 複数の倒産法制が存在し入口（申立て時）縦割りの設計は、開始後の手法が歩み寄れば、やがて統合という話になってくる（米国の倒産法が1978年改正で再建型手続を一本化したのが象徴である）。佐藤鉄男「再生手続と更生手続の関係——解除特約と競合事例にみる融合の可能性——」（青山善充先生古稀祝賀・民事手続法学の新たな地平）735頁。この点に慎重なのは、園尾隆司「倒産法改正の見通しとその基本構想」金融法務事情1974号19頁。

Ⅳ　倒産法制の今後の展開

　発生した倒産事件は何らかの形で克服しなければならないし、人間社会はこれをしてきた。個々の事件レベルで、また時には社会全体のレベルで工夫がされてきた。公費が投入された日本航空や東京電力の処理は（採用されたスキームは異なるが）後者の例といえよう[18]。こうしたことは、わが国に限られた現象ではなく、たとえば米国ではゼネラルモーターズ（GM）やクライスラーの処理に政府が大きく関与しており、倒産法制が国民的な政策課題と直結することがあることを知らしめた[19]。また、1人ひとりの負債額は小さく、一見するとつながりのない自然人の経済的破たんも10万人単位ともなれば、国民的な政策課題であり、そうした意味でも倒産法制は社会の大きな流れの中で進化し続けるべきものであることがわかる。

　すなわち、倒産という人間の経済活動の失敗を治める手段として存在する倒産法制であるが、これも人間が創造したものであるから完璧ではあり得ない。他人から得た信用に応えられなかった債務者に厳しく臨むという意味で、当初の倒産法制は懲罰的色彩の濃いものであった。しかし、破産者に対する懲罰が倒産の一般予防になるかといえば、それは刑罰と犯罪の関係と同様に不確かなものである。それゆえ、やがて倒産法制は、債務者のわずかな残余財産を債権者間で平等に分配するという強制的な清算の側面を基本とするようになった。もっとも、平等といっても、形式的な平等というより、衡平の語で表現できる実質的なものであり（民事再生法155条1項・2項、会社更生法168条1項・3項参照）、自由競争社会のそれに則ったものであることが要請される。この点は、この先、どんなに倒産法制が変化を遂げようとも譲ること

---

[18]　日本航空の更生手続については、「特集　事業再生をめぐる法律問題」ジュリスト1401号4頁以下の各論文。また、冨山和彦ほか「事業再生と市場経済」（松嶋英機先生古稀記念・時代をリードする再生論）38頁。

[19]　1955年、1967年、1985年、2005年と半世紀の間に4度も倒産法を大改正したフランスは、倒産立法が時の課題への対処であることを如実に示す。小梁吉章『フランス倒産法』160頁、167頁。

のない、まさに倒産処理の不易であろう。そして、これは裁判所の手続が最も実現の場にふさわしく、また法律家が倒産処理の担い手たりうるゆえんでもあろう。しかし、何が平等であり衡平にかなうか、それは時々で異なる課題として現われることが少なくない。すなわち、不動産業やゴルフ場運営会社というように倒産業種に波があることはもちろん、関連して判例・学説の争点が変遷することもあり、倒産処理は流行に敏感なところがある。近時話題の商取引債権の保護などはその典型であろう。これは、金融債権者と商取引債権者を区別し、後者を保護することが事業の再生につながると解することによるのであるが、時代の変化の中で実務・理論が解決を迫られたものといえる。

　そして、その背景ともいえる事業再生に目を転ずれば、倒産法制の変遷に想到する。というのも、倒産法制は、懲罰的倒産観から出発し、その後、破たんした事業の厳格な清算という今日に連なる核心部分を確立し、やがてこれに債務者の救済という要素が加わったということである。すなわち、自然人でいえば、免責による経済的再出発、企業でいえば、集団的合意による事業の再生、が明確に倒産法制の目的とされるに至った。しかし、このことは、法的な枠組みとして誕生した倒産法制が異質の領域にも踏み込んだことを意味していた。というのも、裁判所における手続として、法適用による事後的救済を図る分には、法律家がその中心的担い手として持ち味を発揮し得るのは当然といえる。ところが、債務者の再生となると、将来を見通すことなしには成り立たない。この点は、企業に関しては、前述したように、何をもって再生したと評するかという問題があったが、その後も低空飛行を続けたり再倒産する例が多く出ることは好ましくない。また、法律家が再生の可能性を見誤り清算を急いでしまった例もあったであろう。自然人の破産免責につ

20　破産は、手続開始時点における清算（破産法2条5項で範囲が定められた破産債権は、同法34条1項で定められた破産財団の限りで弁済される）を厳格な手続で実現するものであり、否認権や相殺禁止では効果を遡及させる（リレーション・バック）という意味で、いっそう過去志向的なものである。

いても、積極的に活用されるようになって30年、再度の破産が散見されるようになってきた。確かに、7年の待機期間（破産法252条1項10号、旧法下では10年）を経過すれば、破産免責のリピートも可能ではあるが、真の再生に向けての支援も視野に入れなければならない時期がきているように思われる。ここにも将来志向が必須となったのである。

　最後に、前述したように、すでに倒産法制が、裁判所の手続のみならず、各種の私的整理スキームをも包含したものを指すようになったことについて言及しておきたい。倒産処理、なかんずく再建型のそれは経済合理性が重要な要素となる。迅速性、経済性の確保であり、その点で、裁判所の手続は私的整理に引けをとらざるを得ない。私的整理の活性化の流れは止まらないだろうし、私的整理と裁判所の手続をリンクさせる例ももっと増えるだろう。ただ、早期の対応で生きた事業を多く扱うことになれば、これが法律家の独壇場でないことは明白である。すなわち、諸外国においては、さまざまなバック・ボーンをもった者がターンアラウンド・マネージャーとして事業再生の最前線に立っている。わが国でも、再生はビジネスとしての市場が確立しつつあるように見受けられる。少なくとも、個々の倒産弁護士の踏ん張りで事業再生が可能な時代ではなくなった。チーム医療に準じた、多彩なプレーヤーの総合力こそが事業再生の成否を決すると思われる。この点は、本書の執筆者の顔触れの広さからも想像ができよう。その中にあって法律家（とりわけ弁護士）がいかに存在感を発揮していくかも注目される。

（佐藤鉄男）

第2章 私的整理の枠組み

I 私的整理のガイドラインによる実務の総括

1. 私的整理ガイドラインの導入

(1) 私的整理の問題点

　本項は、窮境企業の事業を継続させる私的再建手続として、私的整理ガイドラインの活用と問題点について考察する。企業が倒産に際してとりうる方策として、法的整理および私的整理がある。それらは再建型および清算型に分類できるが[1]、本項は再建手続を念頭において検討する。

　法的整理は法的倒産手続に基づき整理を行うが、私的整理は債務者と債権者の当事者間の話合いにより過剰債務を整理していく倒産処理方法であり[2]、当事者の合意により、処理内容を柔軟に決めていくことが可能である。裁判所が関与する法的再建手続に比べ、概して低廉な費用で迅速・柔軟に手続が進行し[3]、債務弁済が短期・高率に行われる長所がある[4]。

---

[1] 再建型の私的整理には、①法令または公表されている準則に基づき進められる私的整理、②法令または公表された準則に基づくのではなく、当事者の合意による適宜の方法で行われる私的整理がある。
　①のタイプとして、私的整理ガイドラインによる手続、中小企業再生支援協議会による手続、特定調停手続、事業再生ADRによる手続、整理回収機構（RCC）による企業再生などがある。金融支援型に限定されないが、特定調停も裁判外の私的整理手続の1つといえる。

[2] 法的整理のメリットは、法的安定性および履行の確実性などである。デメリットは、運用の硬直性および相対的に費用増となるなどである。

[3] 髙橋眞＝村上幸隆編『中小企業法の理論と実務〔第2版〕』358頁、伊藤眞『破産法・民事再生法〔第2版〕』19～44頁。

反面、私的整理では、整理屋または事件屋等の介入、債務者による財産隠匿、強硬かつ不正行為をなす債権者により手続が公正・衡平に行われない場合がある。また、私的再建手続は担保権者と租税徴収権者に対し無力であり、全債権者の同意を得ることおよび包括的な保全処分が困難である。[5]

(2) 私的整理ガイドラインの導入

　私的整理は柔軟に運用できる反面、従うべき準則が曖昧であり、債権者間の合意を得にくい難点がある。そのため、企業の「私的整理に関するガイドライン」（以下、「私的整理GL」という）が2001年9月9日に公表された。

　私的整理GLは、債権者と債務者の合意に基づき、債務（主として金融債務）について猶予・減免などをすることにより、経営困難企業を再建するため、私的整理を公平・迅速に行うための準則（ルール）をいう（私的整理GL1項(1)）。私的整理GLは法的拘束力および強制力のない「金融界・産業

---

[4] 私的整理のメリットは、運用の弾力性、時間の節約、費用の低廉がある。運用の弾力性として、第1に、柔軟な債務処理である。たとえば、金融債務のうち、協力の期待できる大口債権者に対する債務を債権放棄の対象とすることが当事者の合意により可能である。第2に、事業価値の維持である。たとえば、法的整理は倒産というイメージが強く、ブランドイメージが毀損される。私的整理は、必ずしも倒産として取り扱われることがなく、事業価値の毀損を抑え、収益の下落が少なくて済む可能性がある。

　他方、私的整理のデメリットは、法的裏付けがなく安定性に欠ける、履行の不確実性などがある。具体的には、第1に、合意形成の困難性である。多数決による債務処理ができる法的整理の場合に比べ、債権放棄または弁済期限の延長などの再建計画案に定められた債務処理について、全債権者との間で合意が必要である。債権者の中でも、主要債権者から同意を得られない場合、私的整理は困難である。第2に、債権放棄の過小性である。私的整理では債権放棄を行うのは一部の債権者に限られることが多く、債権放棄に伴う債権者役員の善管注意義務違反が問題となることがあり、再建が可能な程度に十分な債権放棄を受けられない可能性がある。第3に、私的整理中の個別執行の可能性である。私的整理の過程であっても、債権者が強制執行・仮差押え等の個別執行をなす可能性がある。第4に、合意の効力の限界および公平性・透明性の欠如である。私的整理は事業価値の毀損が少ない反面、裁判所の関与がなく、債権放棄について透明かつ公平な手続がなされないリスクがある（森・濱田松本法律事務所＝㈱KPMG　FAS編著『倒産法全書(上)』316頁～318頁）。

[5] 私的再建手続の遂行においては、次の要素が求められる。①債務者および債権者委員長の誠実性と責任感、②早期に財産保全がなされ散逸防止策ができていること、③手続に不参加または反対する少数債権者の保護、④民事再生または破産等への予備的な移行準備体制、⑤法的整理に移行した場合、その効力が否定または否認される処置をとらないこと、などである（日本弁護士連合会＝日弁連中小企業支援センター編『中小企業事業再生の手引き』14～15頁）。

界の紳士協定」であり、私的整理の全部を対象とはしていない（「私的整理に関するガイドライン」Q&A（以下、「GL：Q&A」という）4）。私的整理 GL は、債務者と多数の金融機関等の債権者が関与して進める倒産法制の範囲外の手続であるが、倒産法制に準じた厳格な手続を要求することにより、私的整理に関する基準を明確にし、不良債権処理を促進するものである。[6]

私的整理 GL は、2001年9月の策定後、数回の改訂を経ている。特に、2005年度税制改正では、一定の要件を満たす私的整理に関し、評価損益の計上および期限切れ欠損金の優先利用が認められたことに伴い、私的整理 GL は税制改正を受けた改正がなされた。

(3) 私的整理 GL の特徴

私的整理 GL の特徴は、①複数の金融債権者からの借入れのある債務者が、②基本的には一般の商取引債権者に負担を求めることなく、③金融債務に関する条件変更または免除といった支援要請を含む再建計画案を策定し、④債務者が主要債権者との連名で対象債権者に「一時停止通知」を発して再建計画を共同提案するというものである。[7]

---

[6] 私的整理 GL の導入経緯は、以下のとおりである。バブル経済の崩壊により、金融機関の不良債権処理問題と企業の過剰債務問題の一体的解決を促進するため、2001年4月に政府は「緊急経済対策」において、経営困難企業の再建およびそれに伴う債権放棄に関する原則の確立をあげた。それを受けて、同年6月に「私的整理に関するガイドライン研究会」が発足し、企業の私的整理に関する基準となる考え方が検討された。同年9月に、「私的整理に関するガイドライン」として採択され、私的整理の進め方、対象企業の選定基準、再建計画案の内容等の指針を定めた。私的整理 GL の策定にあたっては、全国銀行協会・全国地方銀行協会等の金融機関団体、日本経済団体連合会、弁護士、公認会計士、研究者等が参加し、財務省、経済産業省、国土交通省、金融庁等の関係監督官庁がオブザーバーとなっている。私的整理 GL は、「金融界・産業界の経営者間の一般的なコンセンサス」（私的整理 GL 2 項(1)）である（GL：Q&A 2）。

[7] 日本弁護士連合会＝日弁連中小企業支援センター編・前掲（注5）132頁。私的整理 GL の整理対象となる債権者は原則として金融機関であり、公的金融機関を対象債権者にすることができる（GL：Q&A16）。しかし、一般の商取引債権者を対象債権者とした場合、商取引の縮小を通じ損失回避を図る結果、当該債務者の再建に著しい支障を生じることが考えられるため対象外である。ただし、金融機関以外であっても多額の債権を有し、債務者と密接な関係にあり、当該大口債権者の協力を得なければ再建が困難な場合、主要債権者または対象債権者に加えることができる（GL：Q&A17）。多数の社債権者または一般の商取引債権者に協力要請をしなければ再建に支障が出る場合、私的整理 GL に基づく私的整理は困難といえる。

このうち、「主要債権者」とは、債権額が多い複数の金融機関であるが、主力行が一行でも圧倒的なシェアを占めている場合、主力行単独で主要債権者となり得る（GL：Q＆A 9）。
　また、「対象債権者」とは、再建計画案が成立すれば、それにより権利を変更されることが予定されている債権者であって、主要債権者を含む（GL：Q＆A 8）。対象債権者は通常、金融機関であり、実務上は少ないながらも、その他の大口債権者を含めることができる。対象債権者と債務者は、私的整理の過程において共有した情報につき相互に守秘義務を負う（私的整理GL 2項）。
　近年利用が増えている事業再生ADRは、法務大臣および経済産業大臣の認定を受けた特定認証紛争解決事業者が担い、中小企業再生支援協議会が各都道府県に設置されて支援手続を担っている。他方、私的整理GLは手続の準則であるため、個々の事案について手続の申込みを受理する特定組織はない。しかし、主要債権者が中心となり関係当事者が利害調整をしつつ、専門家アドバイザーが調査報告をすることにより、内容の公正・衡平性および透明性に資するようにしている。

(4) 再建計画案の内容と要件

　私的整理GLは法的強制力を有するものではないが、債権者に債務の猶予または減免などの協力を求める前提として、債務者は以下の内容に基づく再建計画案を作成しなければならない（私的整理GL 7項(1)～(7)）。
　第1に、事業計画案について、一定事項を含む内容記載である[8]。第2に、再建計画案の実質的な内容について、次の要件を満たすことが求められる。すなわち、①3年以内の債務超過解消、②3年以内の経常損益の黒字化、③株主責任、④経営者責任、⑤債権者間の平等と衡平、⑥対象債権者にとって

---

[8] 私的整理GLにおける事業計画は、債務者企業の自助努力（GL：Q＆A 5）が十分に反映されたものであるとともに、事業計画案には、①経営が困難になった原因、②事業再構築計画の具体的内容、③新資本の投入支援・DES（GL：Q＆A 38・39）などを含む自己資本の増強策、④資産・負債・損益の見通し（10年間程度）、⑤資金調達計画、⑥債務弁済計画等の内容を記載しなければならない（私的整理GL 7項(1)）。

の経済的合理性、である。

対象債権者の債権放棄を受けるに際しては、減増資により既存株主、とりわけ支配株主（GL：Q&A6）の割合的地位を減少または消滅させること、債権放棄を受ける企業の経営者は退任することが原則となる。株主は債権者より劣後する法的地位にあり、債務超過の状態にある企業の株式は実質価値がゼロであると考えれば、減増資により既存株主の持分割合の希釈化（株式の併合等を含む）が求められる。私的整理における経営者責任および株主責任は当然であるが、前記3年以内という数値基準の要件を満たすことは、経営破たんに瀕した中小企業にはハードルが高い。

(5) 対象債務者となり得る企業

私的整理GLが想定している企業再建は、法的整理によると事業基盤が著しく毀損されて再建に支障が生じるおそれがあり、私的整理によることが債権者および債務者の双方に経済的合理性がある場合に、私的整理GLによる手続が採用される。[9]

私的整理GLによれば、対象債務者となり得る企業は、次の各要件を備えなければならない（私的整理GL3項）。①過剰債務性・自力再建困難性、②再建の可能性、③法的整理によった場合の再建困難性、④経済的合理性（GL：Q&14）、である。

たとえば、過剰な設備投資により有利子負債が企業規模に比べ多大であり、自力再建が困難であるが、健全な事業部門を抱え、不採算事業からの撤退と過剰債務の除去により、事業再建が可能な企業などである（GL：Q&A3）。

債務者企業の規模および業種に制限はないが、後述するように、私的整理

---

[9] 萩原栄『無理せず会社をたたむ法』180頁。「事業基盤が著しく毀損されて再建に支障が生じるおそれ」とは、法的整理では納入業者からの商品納入の拒否、倒産レッテルによるブランドイメージの劣化等により、事業継続が困難となり清算の可能性が高まることである（GL：Q&A13）。他方、対象債権者にとっての「経済的合理性」とは、私的整理GLによる手続が会社更生法および民事再生法などによる手続よりも、多い債権回収を得られる見込みが確実であることなどである（林圭介「企業倒産における裁判所による再建型倒産手続の実務の評価と展望」ジュリスト1349号40頁）。

GL の利用は、中小企業では少なく、会社更生に適する規模にある企業または企業グループが多い。

2. 私的整理ガイドラインの手続

(1) 私的整理の申出

　私的整理 GL は、手続の開始を主要債権者（メインバンク等）の判断に委ねている。債務者企業（私的整理 GL 3 項該当企業）は、前述した再建計画案を作成し、主要債権者に私的整理 GL に基づく私的整理の申出をする。[10]

　通常、メインバンクが債務者企業の資産負債、損益および資金繰り等の状況を把握している。メインバンクは運転資金の追加融資をすることが難しいと判断すれば、債務者企業と共同で再建計画案を策定し、私的整理の開始をするかどうかを検討する場合が多い。

(2) 一時停止の通知

　主要債権者は提出された再建計画案等から再建可能と判断した場合、「一時停止の通知」を対象債権者に送付する。これが私的整理の開始となる。一時停止の通知は、第 1 回債権者会議の招集通知を兼ねて、再建計画案等の説明資料を添付し、主要債権者および債務者が連名で書面にて発する（GL：Q&A15・18）。[11]

　一時停止とは、再建計画案の合意成立までの間、対象債権者の債権および債務者の資産を凍結し（私的整理 GL 6 項(1)）、対象債権者に対し私的整理の協議の要請をするものである。[12] 不公平な事態の防止および私的整理の円滑な[13]

10　私的整理の申出にあたり、債務者は主要債権者に対し、①過去と現在の資産負債と損益状況、②経営困難に陥った原因、③再建計画案と内容に関する資料の提出を要する（私的整理 GL 4 項(1)）。また、ガイドラインによる私的整理は、債務者企業と主要債権者が共同で再建計画案をつくることが想定されている（高木新二郎「急速な変化の途上にある企業再生の手法とその将来(上)」金融法務事情1634号21頁）。

11　主要債権者は、私的整理の申出があると、債務者の提出資料および説明に基づき、次の各点について検討し、主要債権者全員の合意により一時停止の通知を発するのが相当かどうかを判断する（私的整理 GL 4 項(2)）。すなわち、①私的整理 GL の適用対象企業（私的整理 GL 3 項）の要件確認、②再建計画案につき対象債権者の同意の見込み、③再建計画案の実行可能性、である。

遂行のためにある。[14]一時停止は、債務者と私的整理 GL の対象債権者に適用され、それ以外の債権者に対するものではない（GL：Q&A26）。一時停止の期間中であっても、商取引先債権者との間では通常どおりの支払いが行われる。

(3) 第 1 回債権者会議

第 1 回債権者会議は、一時停止の通知を発した日から 2 週間以内の日に開催される（私的整理 GL 5 項）。

第 1 回債権者会議では、①再建計画案の説明および質疑応答、②一時停止の追認と期間延長、③再建計画案を調査検証する専門家アドバイザーの選任、④今後のスケジュール（専門家アドバイザーの説明会・第 2 回債権者会議の開催日等）の決定、⑤債権者委員会の設置の要否（設置実例は少ない）、⑥一時停止期間中の追加支援融資に対する優先弁済権の付与・担保設定等が決議される[15]（私的整理 GL 5 項(3)、GL：Q&A 20・27～34）。

(4) 主要債権者による報告（専門家アドバイザーの説明会）

第 1 回債権者会議の開催後、主要債権者は、対象債権者全員に対し、再建

12　一時停止の期間は、原則として一時停止の通知を発した日から第 1 回債権者会議までの 2 週間である（私的整理 GL 5 項(1)）。しかし、第 1 回債権者会議において、その開催日から 3 カ月を超えない範囲内の日に開催される第 2 回債権者会議まで延長ができる。なお、第 2 回債権者会議またはその続行期日（私的整理 GL 8 項(5)）の債権者会議において一時停止の再延長ができる（私的整理 GL 6 項(2)）。

13　第 1 回債権者会議に重要な対象債権者が私的整理不参加を表明して欠席した場合などでは、その段階で一時停止の期間は終了する。全対象債権者が賛成しないまま私的整理を継続することは不公平感が強く残るため、実務上、一定期間内に全対象債権者から一時停止についての同意を取得できないことを解除条件として、一時停止を承認する旨の決議を行う場合もある（永石一郎編『倒産処理実務ハンドブック』298頁）。

14　一時停止の期間中、対象債権者による与信残高の維持（GL：Q&A28・29）に加え、次の行為を差し控えないといけない。①債務者による資産処分および新債務の負担、②債務者による一部債権者に対する弁済・相殺等債務消滅に関する行為・物的人的担保の供与、③対象債権者による追加の物的人的担保の供与要求・担保権の実行・法的倒産処理手続の申立て、などである（私的整理 GL 6 項(1)、GL：Q&A25）。

15　債権者会議決議は出席した対象債権者全員の同意により成立するが、対象債権者の権利義務にかかわらない手続的事項は対象債権者の過半数による（森・濱田松本法律事務所＝㈱KPMG FAS 編著・前掲（注 4 ）343頁）。

計画案の検証結果(正確性、内容相当性、実行可能性等)を報告する。これは、専門家アドバイザー(弁護士、公認会計士、税理士、不動産鑑定士等)による報告書の提出および説明会として開催される。当該説明会は、一般的に第1回債権者会議より1カ月から1.5カ月後になされ、質疑応答とともに、再建計画の修正案が提示されることも多い(GL:Q&A23)。

(5) 第2回債権者会議

原則として、第1回債権者会議から3カ月以内に第2回債権者会議が開催される(私的整理GL6項(2))。第2回債権者会議では、再建計画案に同意するか否かの決議がなされる。

この会議において質疑応答および意見交換が行われることはあまり想定されていないが、再建計画案の一部変更等のため、第2回債権者会議を続行することは可能である(私的整理GL8項(5))。

(6) 再建計画の成立・不成立

対象債権者全員が再建計画案に同意する旨の書面を提出した時に再建計画案は成立する(私的整理GL8項(4))。債務者は再建計画を実行する義務を負担し、対象債権者は再建計画の定めに従った処理をする。再建計画の概要は、原則として公表する。再建計画の実施状況は、定期的に開催される債権者会議等で報告される(私的整理GL9項(1)(2)、GL:Q&A45・46)。

債権者会議で対象債権者全員が再建計画案に同意しない場合[16]、私的整理GLによる私的整理は終了し、債務者は法的倒産処理手続開始の申立てなどの適宜な措置が求められる(私的整理GL8項(6))。債務者が対象債権者に対する債務弁済計画を履行できないときも同様である(私的整理GL9項(3))。

---

[16] 再建計画案にほとんどすべての債権者が同意したにもかかわらず、ごく一部の債権者の同意を得られない場合、不同意債権者を対象債権者から除いても再建計画上大きな影響が出ないのであれば、不同意債権者を除外して再建計画案を成立させることは可能である(GL:Q&A44)。

3. 私的整理ガイドラインの利用メリット

(1) 債権者・債務者側の税務処理

第1に、債権放棄が行われた場合の債権者側の税務処理について、私的整理GLに基づく再建計画が策定され、法人税基本通達9-4-2による要件である再建計画の合理性等を充足し、計画どおり実施されている場合、債権者は実施した債権放棄の全額を原則として全額損金算入することができる（GL：Q&A10-1）。

ただし、予定された再建計画と実施内容が異なる場合等、新たな事実関係が生じたときは、寄附金と認定される可能性がある。たとえば、再建に不必要な多額の債権放棄をした場合、再建計画の基礎とした決算見込数字よりも著しく多額の利益が計上された場合などである。[17]

第2に、債務免除が行われた場合の債務者側の税務処理について、2005年度税制改正により、一定の要件を満たす私的整理で債務免除が行われた場合、資産評価損益の計上および期限切れ欠損金の優先控除が認められる。一定の要件とは、私的整理GLによる計画策定、専門家アドバイザー（弁護士および公認会計士を含む）3人以上の選任、資産評定の公正性、複数の金融機関による債務免除などである（GL：Q&A10-2）。

(2) 事業価値の急激な毀損回避

私的整理GLは、金融機関を手続対象とするため、取引先の連鎖倒産および納入拒否などの事業運営上の混乱を招くことが少なく、事業価値の急激な毀損を回避できる可能性が高い。

対象債務者が上場企業でなければ、私的整理の開始を公表する必要はなく、信用不安は拡大しにくい。また、対象債権者である金融機関全員の同意によって再建計画が成立するため、計画成立後に金融取引の継続協力を得られやすい。

---

[17] 森・濱田松本法律事務所＝藤原総一郎編著『企業再生の法務～実践的リーガルプロセスのすべて』59頁。

(3) 迅速かつ透明性・公平性の高い手続

　私的整理 GL は、一時停止の期間は原則 2 週間および 3 カ月であり（私的整理 GL 5 項(1)・6 項(2)）、一時停止の通知から約 3 カ月半で再建計画案の成否が決まる迅速なスケジュールで運用される。再建型の倒産手続では、その迅速性が特に大きな意義があるため、私的整理 GL は手続の迅速性が重視されている。

　また、再建計画案の調査検証を第三者たる専門家アドバイザーが行い、合理性および中立性の確保がなされている。債権者会議の開催において情報開示がなされ、再建計画の概要が原則公表される。そのため、手続の透明性および公平性が高い。

(4) 抜本的な再建計画

　私的整理 GL は、原則として、対象債務者の資産負債について、実質貸借対照表の策定がなされ（GL：Q&A10-2）、対象債務者の財務状況を踏まえた債権放棄等の金融支援が行われる。再建計画の要件を満たす範囲内であれば、抜本的な再建計画案の策定が可能である。

　たとえば、メインバンクの負担を重くする、新株予約権付社債または優先株の発行、会社分割などの手法を活用できる。[18]そのため、従来の私的整理に比べ、運転資金等を確保しやすい。[19]

(5) 代表訴訟リスクの軽減

　債権放棄に賛成した金融機関の取締役は、善管注意義務または忠実義務違反により、対会社責任を株主代表訴訟により追及される可能性がある。それに対し、私的整理 GL に基づく再建計画の場合、債権放棄等を行うことの必要性、他の債権者との公平性、対象企業の再建可能性の妥当性が備わっている。

　私的整理 GL は法的拘束力を有しないが、金融界・産業界の経営者間の一般的コンセンサスに基づく手続であり、私的整理 GL に沿った再建計画であ

---

[18] 全国倒産処理弁護士ネットワーク編『私的整理の実務Q&A100問』8〜9頁。
[19] 森・濱田松本法律事務所＝藤原・前掲（注17）61〜63頁。

れば、株主等に対し合理性の説明が容易となるであろう。[20]

(6) 上場廃止等の猶予

　東京証券取引所の上場廃止基準によれば、上場会社がその事業年度の末日に債務超過の状態である場合において、1年以内に債務超過の状態でなくならなかったときは上場廃止事由となる。

　しかし、私的整理GLによる整理を行うことにより、当該1年を経過した日から起算して1年以内に債務超過の状態でなくなることを計画している場合（東京証券取引所が適当と認める場合に限る）には、2年以内に債務超過を解消すればよい（東京証券取引所有価証券上場規程601条5項）。

(7) 債務者区分の取扱い

　金融検査マニュアルの信用リスク検査用マニュアル別表1(3)③によると、①経営改善計画等の計画期間が原則として5年以内、②計画期間終了後の当該債務者の債務者区分が原則として正常先となる、③取引金融機関等において経営改善計画支援の内部手続の合意確認、④支援内容が債務者に対する資金提供を伴うものでない場合などの要件を満たす場合、債権放棄後の残債権の債務者区分が「要管理先」ではなく「要注意先」になり、金融機能の再生のための緊急措置に関する法律（金融再生法）の開示債権および銀行法のリスク管理債権にならなくなる。私的整理GLの手続による私的整理が成立した場合、当該適用の対象となる。[21]

　また、私的整理GLに基づく再建計画期間終了後においては、債務者企業は「正常先」となることが想定されている（GL：Q&A37）。

4. 私的整理ガイドラインの利用デメリット

　私的整理GLの利用デメリットとして、たとえば、次のことが指摘できる。これらデメリットに対し、一定の緩和策が講じられている。

20　森・濱田松本法律事務所＝藤原・前掲（注17）58頁。
21　永石・前掲（注13）302頁。

(1) 要件の厳格性

私的整理GLは、対象債権者全員が同意しなければ、再建計画案が成立しない。再建計画には、3年以内の債務超過解消、3年以内の経常損益の黒字化、支配株主の権利消滅・減増資による既存株主の割合的地位の減少または消滅、経営者の退任を要件としている。当該要件はより柔軟な再建計画の策定を困難とする面がある。

従来、私的整理による再建計画の期間は5年から10年を超える事案も少なくなく、3年以内に債務超過の解消は容易ではない。私的整理GLが、「安易な債権放棄により問題企業を延命させない」という経済界の要望を受け入れたともいわれる。

そのため、2002年10月29日付ガイドライン運用に関する検討結果では、再建計画等の要件に合理的な例外を排除しないことが明記された。たとえば、3年以内の債務超過解消は事業の特質を考慮して判断をなすこと（GL：Q&A36）、株主責任では常に減資をしなければならないものではないとした。

(2) 経営者の責任

債権放棄を伴う場合、債務者企業の経営者は原則退任が求められる。これは、①安易な債権放棄を招かないようにモラルハザード対策のため（GL：Q&A40）、②取引先（納入業者、販売先）の継続支援を得るために納得感が必要であるためである。

しかし、経営困難に陥った後、旧経営陣はすでに退任しており、再建のために新しいスポンサーまたは主力の金融機関から新たに派遣された経営者までも退任対象とすることの批判があった。また、企業が窮境に至った原因について、経営者に問題があるとはいえない場合がある。そのため、経営責任を問うことが妥当でない経営者に対しては、例外を認めている（GL：Q&A41）。

なお、経営責任のある経営者を債務者企業に残留させざるを得ない場合、厳しい経営監視下におき、当該経営者により積極的な私財提供を求めることになるであろう。

(3) 法的拘束力・強制力の欠如

私的整理 GL には、法的拘束力および強制力はなく、対象債権者が債権者会議に出席することの強制はできない。債権者会議で取り決めた事項の効力を、出席しない債権者に及ぼすこともできない。一部例外を除き、原則として再建計画案を多数決で決めることはできず、同意しない債権者を拘束することはできない (GL：Q&A44)。また、違反に対する罰則なども定められていない。

対象債権者に参加してもらわなければ再建が難しい場合、当該債権者に債権者会議への出席を繰り返し要請する必要がある。欠席した対象債権者の参加なしには再建が難しい場合、私的整理は不成立となり、債務者は法的倒産処理手続の開始申立てをしなければならない (GL：Q&A22)。

(4) 失敗後の法的整理への移行義務

私的整理 GL の適用に失敗した場合、債務者企業は法的整理に移行する義務を負う。たとえば、①全対象債権者から再建計画案に期限までに同意を得られない場合（私的整理 GL 8 項(6)）、②再建計画成立後、対象債権者に対する債務弁済計画を履行できない場合（私的整理 GL 9 項(3)）、直ちに法的倒産処理手続の開始申立てをしなければならない。

そのため、私的整理の申出後の事業価値の保全（一般取引債権者・顧客離れの加速）にとって問題となる。また、①法的手続へ移行するような「再建計画不履行」とは、具体的にどのような目標未遂の場合を指すのか（たとえば、実質債務超過の判断基準等）、②株主責任を担保するため、減増資を実施した後に初めて債権放棄する、などを再建計画同意書に明記すべきであろう。[22]

---

[22] 森・濱田松本法律事務所＝藤原・前掲（注17）65～66頁・90頁、全国倒産処理弁護士ネットワーク編・前掲（注18）9頁。株主責任のあり方として、①既存の全株主が株主としての地位を喪失する、②破たん責任のある経営者の全所有株式を譲渡・償却することにより、株主の地位を失わせる、③破たん責任のある経営者に対し、支配株主の地位を失わせる、④破たん責任のある経営者の株式を担保にとり、将来担保権の実行により、支配株主の地位を喪失させ、債権者が支配株主となる地位を確保する、などがある。（住田昌弘「実践私的再生手続⑥事業再生における経営者責任と株主責任」銀行法務21・663号36頁）。

5. 私的整理ガイドラインの課題と利用減少

　債務者企業の規模および業種に制限はないが、実際上、私的整理 GL の利用は中小企業では少ない。その理由として、次のことがいえる。

　第 1 に、メインバンクの負担である。私的整理 GL に基づく再建計画においては主要金融機関の意欲が強くなければ実行は困難であり、メインバンクは再建計画案の策定および手続において主導的立場にある。私的整理による債権放棄のカット率は、各債権者との交渉過程で各債権者の合意可能な水準に定められるが、債権放棄のカット率は債権者間で同一である必要はない（GL：Q&A42）。私的整理が必要とされる窮境企業では、通常、メインバンク以外の金融機関は融資残高を減少させているであろう。私的整理 GL の手続が開始された場合、融資残高が比較的少ない金融機関はメインバンクである主要債権者に対し、債権をより多く放棄するように求めてくる可能性が高い（メイン寄せ）。メインバンクに対する当該要求があまりに大きい場合、法的整理との比較での経済合理性を欠くことにもなる。

　第 2 に、私的整理 GL は、主要債権者および債務者企業が連名で他の金融機関に対し、一時停止の通知兼債権者集会開催の通知を送付することから手続が開始する。手続要件の厳格性・迅速性から、主要金融機関が企業再建に向けた全面的協力および強い意欲がなければ、手続すら開始できない。

　第 3 に、事実上、手続開始前にデュー・ディリジェンスの実施を含む外部専門家への依頼、再建計画案の策定を要する。再建計画案の策定を行うのは債務者企業自身であるが、弁護士、公認会計士、不動産鑑定士、アドバイザリー会社、その他の外部専門家への依頼が必要となる。私的整理 GL では専門家アドバイザー（弁護士および公認会計士）の選任が通例であり、これら費用・報酬額は、事業規模や負債総額などに比して十分に見合っているものでなければならない。

　このように、私的整理 GL の利用では、メインバンクの負担は重く、メインバンクと他の対象債権者との間に軋轢が生じることにもなり、私的整理

GLが敬遠される要因となった。[23]

　近年、金融システムの変貌によりメインバンク制が後退している傾向にある。そのため、私的整理GLは、①主要金融機関が中心となり負担を一定程度重くしても強い意欲をもって再生させたい、②メインバンクによる対象債務者の経営・窮境原因への関与度合いが大きい、③支援会社が存在している、④対象債務者が前記費用を事前に用意できる、⑤地元金融への影響等の事情がある場合、利用する価値はあろう。[24] 手続負担、株主責任および経営者責任のあり方に照らせば、私的整理GLの利用は、中小企業では少なく、会社更生に適するような規模にある企業（企業グループ）が多いといえる。[25]

（今川嘉文）

II　個人版私的整理ガイドライン

1．現状の枠組み・成果の検証

(1)　はじめに

「個人債務者の私的整理に関するガイドライン」（以下、「本ガイドライン」という）は、東日本大震災によって住宅ローンや事業性ローン等の既往債務を返済できなくなった個人債務者の私的整理を目的として策定されたものである。

23　松嶋英機ほか編著『企業倒産・事業再生の上手な対処法〔全訂二版〕』121頁。
24　西村あさひ法律事務所＝フロンティア・マネジメント編『私的整理計画策定の実務』171～173頁、日本弁護士連合会＝日弁連中小企業支援センター編・前掲（注5）46頁、森・濱田松本法律事務所＝藤原・前掲（注17）87頁、全国倒産処理弁護士ネットワーク編・前掲（注18）8頁。
25　私的整理GLでは、メインバンクの負担が重く、メイン寄せといわれる弊害が生じる傾向にあるため、事業再生ADRの利用が多くなっている。事業再生ADRは手続の利用を促進するために特定認証紛争解決事業者（事業再生実務家協会（JATP））が手続を受理し、利害関係のない弁護士・公認会計士等の専門家が手続実施者として手続の進行を担う。具体的手続および再建計画案の要件等は事業再生に係る認証紛争解決事業者の認定等に関する省令（ADR省令）に規定されている。特定認証紛争解決事業者に対する費用負担増はあるが、私的整理GLの内容と大差はない（全国倒産処理弁護士ネットワーク編・前掲（注18）5頁、29頁）。

本稿は、運用開始から2年半余りを経過した現時点（平成26年4月）における本ガイドラインの現状と成果について略述し、もって「あるべき私的整理手続」を考える一助に供するものである。なお筆者は、「一般社団法人個人版私的整理ガイドライン運営委員会」の幹事を務めているが、本稿中意見にわたる部分は筆者の個人的見解であることを念のためお断りする。[26][27]

(2) 本ガイドライン策定の経緯

2011年3月11日に起こった東日本大震災は、死者・行方不明者約1万9000人、全壊建物約13万戸、半壊建物約26万戸という甚大な被害をもたらした。被災地の多くは今なお復興の途にあるが、被災者が復興に向けて再スタートを切るにあたり、震災前から負っていた既往の債務が負担になって新規資金調達が困難となる等の問題（いわゆる「二重債務問題」）が震災直後から指摘されていた。

そのため政府は、2011年6月17日、「二重債務問題への対応方針」を取りまとめ、その一環として、個人の住宅ローンや個人事業主の負う事業性ローン等についての「個人向けの私的整理ガイドライン」という新たな債務整理プロセスを策定することが掲げられた。

これを受け、全国銀行協会を事務局として「個人債務者の私的整理に関するガイドライン研究会」が発足し、同研究会における議論を踏まえて、7月15日、「個人債務者の私的整理に関する民間関係者間の自主的自律的な準則」

---

26 本ガイドラインの条項およびQ＆Aは、運営委員会のウェブサイト〈http://www.kgl.or.jp/guideline/pdf/guideline.pdf〉〈http://www.kgl.or.jp/guideline/pdf/qa.pdf〉でみることができる。
　なお、本ガイドラインの全般的な解説としては、小林信明「個人債務者の私的整理に関するガイドラインの概要」金融法務事情1930号29頁以下が現時点で最良のものと思われる。また、本ガイドラインによる債務整理の実例を紹介したものとしては、石毛和夫「『個人債務者の私的整理に関するガイドライン』の現在」銀行法務21・746号4頁以下がある。本稿とあわせお読みいただきたい。
27 本稿の作成にあたっては、一般社団法人個人版私的整理ガイドライン運営委員会の事務局および幹事の各位から貴重な情報、ご意見、ご教導をいただいた。ここに記し深く感謝を申し上げる。また、ほくと総合法律事務所秘書・松崎圭子氏および伊藤由紀恵氏の助力に対してもここで感謝を述べておきたい。

として、本ガイドラインが策定・公表され、8月22日から適用を開始した。

(3) 本ガイドラインの特徴

(ア) 東日本大震災の影響を受けた債務者を対象

本ガイドラインは、東日本大震災の影響を受けた債務者を対象としている[28]。個人債務者一般または東日本大震災以外の災害被災者等を対象とする一般的・恒久的な措置ではない。

(イ) 「個人」である債務者を対象

本ガイドラインは、「個人」である債務者のみを対象としている（本ガイドライン3項。なお、以下、本ガイドラインの条項を示す場合は、単にその条項のみで表示する）。

法人については従前から私的整理の各種準則が存在しているが、個人についてはこれまで特段の準則が存在しなかった。また、東日本大震災における法人事業者の「二重債務問題」については、東日本大震災事業者再生支援機構および産業復興機構という2つの対策が設けられたが、個人被災者の既往債務の処理を目的とした制度としては、本ガイドラインが唯一のものである（特定災害の被災者である個人を対象とした債務整理プログラムは、世界的にみてもおそらく初めてのものである）。

本ガイドラインの対象となる個人債務者は、本ガイドラインを利用することによって、特に破産手続に伴う一定の不利益を回避して、債務整理を行う[29]ことが可能となる。

(ウ) 中立・公平な第三者機関による運営

本ガイドラインにおいては、中立・公平な第三者機関として「一般社団法

---

[28] 本ガイドライン前文。なお本ガイドラインでは、「東日本大震災」を、「2011年3月11日に発生した東北地方太平洋沖地震およびこれに伴う原子力発電所の事故による災害その他これに関連する災害」と定義している。また、本ガイドラインによる債務整理を申し出ることができる債務者の要件については本ガイドライン3項参照。

[29] 破産者は、さまざまな資格制限、転居・旅行制限、破産管財人による郵便物管理等の制約を受ける（破産法37条、81条、82条等）。また、破産した事実は、信用情報登録機関への情報登録がなされるが、本ガイドラインでは、債権者は、本ガイドラインによる債務整理を行った事実等を、信用情報登録機関に報告・登録しないこととされている（10項(2)）。

人個人版私的整理ガイドライン運営委員会」（以下、「運営委員会」という）を設立し、運営委員会が弁済計画案の本ガイドライン適合性・合理性・実行可能性等を確認して、対象債権者に報告する（4項・8項）。

　また、独力で本ガイドラインの手続を遂行することが困難な債務者は、運営委員会に登録されている弁護士・不動産鑑定士等の専門家（以下、「登録専門家」という）の支援を受けることができる。なお、債務者は登録専門家の費用を負担する必要がなく、これも本ガイドライン利用のメリットの1つとなっている。

　(4)　**手続の概要**

　本稿では本ガイドラインの手続を詳細に解説するだけの紙幅がないが、略述すれば以下のとおりである。

①　債務者が、すべての対象債権者に対して同日に、本ガイドラインによる債務整理の申出を行い、財産目録・債権者一覧表その他の必要書類を提出する（5項(1)(2)）。

　対象債権者の範囲は、主として金融機関等（銀行、信用金庫、信用組合、労働金庫、農業・漁業協同組合、政府系金融機関、信用保証協会、貸金業者、リース会社、クレジット会社等）となっている（5項(5)）。

　運営委員会を経由して申出書を提出することも可能であり、実際にも、ほとんどの事案において運営委員会経由での申出がなされている。また、個人である債務者にとっては、申出書や添付書類を作成する負担も重いことから、ほとんどの事案では、書類の作成や提出の手続も、登録専門家弁護士または代理人弁護士の支援を受けて行っている。

　そのような実態から、いきなり債務者から申出がなされることは少なく、まず債務者から運営委員会事務局に相談があり、そこでの第1次的な事実関係調査やスクリーニングを経て、手続進行可能と判断される事案について、申出支援のための登録専門家が委嘱されるという順序をたどるケースがほとんどである。

②　原則として債務整理の申出があった時点から、対象債権者の権利行使

が禁止されるとともに、債務者側も資産処分・新債務負担等が禁止される「一時停止」期間が進行する（5項(3)・6項）。
③　この間に、債務者が本ガイドラインに則って弁済計画案を作成する。ただし、債務者の独力では弁済計画案の作成は困難であり、ほとんどの事案においては、登録専門家弁護士または代理人弁護士の支援を受けている。
④　運営委員会において、弁済計画案が本ガイドラインに適合しているか等を審査し、確認報告書を作成する（8項）。なお、確認報告書作成にあたる登録専門家弁護士は、申出支援のための登録専門家弁護士とは別に委嘱される。
⑤　債務者が弁済計画案および確認報告書を対象債権者に提出し、説明等を実施する（9項(1)）。運営委員会経由で提出することもでき、実際にも、ほとんどの事案において運営委員会経由での提出がなされている。手続全体を通じ、債権者集会・債権者説明会は必要的とされておらず、実際にもその例はみられない。
⑥　対象債権者が弁済計画案に対する同意・不同意を表明する（9項(2)）。
⑦　対象債権者全員の同意により、弁済計画が成立する。協議しても全員の同意が得られない場合は、弁済計画は不成立となる（9項(3)(4)）。

(5)　本ガイドラインによる弁済計画

本ガイドラインは、弁済計画案の内容（要件）について、債務者の状況（事業者・非事業者の別、将来収入の有無等）に応じて、①将来弁済型、②清算型、③事業再建型の3つの類型を用意している（7項(2)）。

一般に、債務整理には、大別して、債務者の事業または生活の再建を図り、その再建による収益・収入から債権者に弁済を行う「再建型」の手続と、債務者の資産を処分・換価して債権者に平等に配当を行う「清算型」の手続がある。本ガイドラインの①および③の各弁済計画案は再建型の手続にあたる。

他方、②の弁済計画案は、清算型の手続にあたるものである。清算型の私的整理については、これまで法人向けを含め特段の準則は存在しなかった。

その意味において、②の類型を含む本ガイドラインは重要な意義を有する。また本ガイドライン上、将来にわたり反復・継続的に収入を得る見込みがある債務者であっても清算型を選択することができるとされており（7項(2)①ハ）、実際にも、ほとんどの事例において清算型が選択されている。震災・津波等により居宅や家財道具のすべてを失った被災者にとっては、総資産を処分する「清算型」に対する抵抗が相対的に小さいためではないかと推測されるが、本ガイドラインの起草段階では、「清算型」が原則的な類型になるという事態までは、必ずしも予想されていなかったのではないかと思われる。

清算型計画の基本的な構造は、破産手続と同様、債務者の総資産を処分し、その処分代金をもって対象債務に対する按分弁済に充て、その余の対象債務について免除を受けるというものである。ただし、債務者の資産のうちでも、破産手続において自由財産となる財産は、本ガイドライン手続上も自由財産としてその処分は求めない。民事執行法上の差押禁止財産（民事執行法131条）のほか、「被災者生活再建支援法」に基づく生活再建支援金（被災者生活再建支援法20条の2）等がこれにあたる。

また、本ガイドライン手続においては、震災以後の仙台地方裁判所における自由財産の拡張事例等を参考にして、自由財産とする現預金の範囲を、法定の99万円（破産法34条3項1号）から、上限500万円を目安として拡張する運用を行っている。たとえば、地震保険の保険金もこの「500万円」上限の枠内で自由財産として債務者が留保できることとなっており、被災者の生活再建への配慮が図られている。

また、特定の財産（たとえば自宅や敷地等）について、換価処分に代えて、当該財産の「公正な価額」に相当する額を弁済する計画も許容される。不動産の公正価額算定に際しては、登録専門家である不動産鑑定士の支援を受けることができる。

なお、本ガイドラインにおいては、原則として保証人に対する保証履行は求めないとされており（7項(5)）、実際にも、ほとんどの弁済計画では、主債務とあわせて保証債務も免責されることとされている。これも、破産手続

と比べた場合の債務者側のメリットといえよう。

(6) **成果の検証**

(ア) 利用件数とその分析

運営委員会では、すべての案件について、事前相談・申出書・添付書類・弁済計画案等を1件1件精査している。提出された書類の中に、「家族を車に乗せて必死で津波から逃れましたが、家はすべて流され、その夜は車の中で泣き明かしました」、「震災後わずかに残っていた預金も、子供2人の葬儀を出したら尽きてしまいました」、「震災後、これからどうなるのか不安でたまらず、自ら命を絶つことも考えました」等という記載を見出すこともある。そのようなとき、本ガイドラインは、被災者1人ひとりの生活、時としてその生命にもかかわる事業であることが痛感される。「1つの命を救うのは、無限の未来を救うこと」という言葉もあるくらいだから、こういう場合、数の多寡は問題ではないのかもしれない。しかし、これも1つの政策である以上、その利用件数を無視するわけにもいかないであろう。本ガイドラインの利用件数と効果について、以下略述する。

(A) 「二重債務問題」の対象債務者数

前提として、本ガイドラインの適用ある債務者として想定される個人、すなわち、「東日本大震災により既往債務の弁済が困難となった個人債務者」の数がどの程度であるかを検討しておこう。

金融庁が、いわゆる「被災三県」(岩手県、宮城県および福島県)に所在する金融機関を対象に行った調査によれば、東日本大震災直後の時点で約定返済を一時停止した住宅ローン債務者は6572先、また正式に条件変更契約を締結した住宅ローン債務者数は984先で、合計7556先とされている(平成23年5月末時点。なお、その債務額は897億円とされており、1債務者あたりの債務額は約1200万円となる)[30]。

本ガイドラインの対象となり得る個人債務者は「住宅ローン債務者」には

---

30 〈http://www.fsa.go.jp/news/23/ginkou/20120611-1/10.pdf〉。

限られないが、相当程度、これと重なっているとみてもよいだろう。そうとすれば、この「7556」という数字が、「東日本大震災により既往債務の弁済が困難となった個人債務者」の数を推測する手がかりとなり得る。もちろん、この数字に現れない「東日本大震災により既往債務の弁済が困難となった個人債務者」も多数いるし、他方で、この7556先の中にも、本ガイドラインの適用要件を充足しない債務者がいるはずである[31]。したがってこの数字もあくまで「規模感」をみる程度の参考指標にすぎないが[32]、まずはこれを念頭におきつつ、本ガイドラインの実際の利用者数をみてみよう。

(B) 本ガイドラインの利用件数

本ガイドラインは現在もなお運用中であり、その利用件数は日々増え続けているが、平成26年4月4日現在の状況は〔図表48〕のとおりである。

現時点で債務整理が成立している案件数は896件であるが、手続中の案件数（「債務整理成立に向けて準備中の件数」）も470件ある。運営委員会では、登録専門家を付する段階で、ある程度スクリーニングを行っているので、この470件についても債務整理成立に至る見込みは高い。これと成立済みの896件とを合わせれば、「見込まれる成立案件数」は現時点ですでに約1360件に達しているといえる。報道や論稿等では、「成立済み」案件の数だけを問題とするものが少なくないが、運用の実態を正確に踏まえたものとはいえない。

他方、本ガイドラインの利用件数の「伸び」には変化が生じている。〔図表49〕中の棒グラフは、4週間ごとの新規受付案件数（「申出に向けて登録専

---

31 調査対象は被災3県に本店をもつ地域銀行、信用金庫、信用組合等と、主要行の被災3県に所在する支店に限定されている。たとえば、全壊建物約2700戸を出した茨城県、同じく約800戸を出した千葉県等は調査対象になっていない。住宅ローンを負わず、事業性ローンのみを負って返済困難に陥っている個人債務者も、この数字には含まれていない。また、実際には既往債務の正常弁済が困難な状態であるにもかかわらず、義援金・支援金等を弁済に充てることによって約定弁済を継続しているためにこの調査には現れない債務者も相当程度いるものと推測される。
32 たとえば、震災前から実質的な支払不能に陥っていた債務者は、東日本大震災の影響で既往債務を弁済できなくなったわけではないため、本ガイドライン適用の要件を満たさない（3項(1)）。他方、震災直後には約定返済の一時的停止を受けたものの、時間の経過とともに、本ガイドラインによる債務免除を受けなくとも正常弁済を再開できるまでに弁済能力が回復した債務者も一定割合存在するであろう。

〔図表48〕 個人債務者の私的整理に関するガイドライン利用件数
（平成26年4月4日時点）

1．個別の相談　　　　　　　　　　　　　　　　5,056件
　　　（このほか、一般的な制度についての照会等2,001件がある）
2．申出に向けて登録専門家を紹介して準備中の件数　　101件　　(A)
3．債務整理開始の申出件数（運営委員会宛て提出分）

全体件数	369件	(B)
うち東京本部	5件	
うち青森支部	－件	
うち岩手支部	97件	
うち宮城支部	258件	
うち福島支部	9件	
うち茨城支部	－件	

4．債務整理成立に向けて準備中の件数　　　　　470件　（A＋B）
5．債務整理の成立件数

全体件数	896件
うち東京本部	29件
うち青森支部	1件
うち岩手支部	235件
うち宮城支部	568件
うち福島支部	61件
うち茨城支部	2件

門家を紹介した件数」）を示しているが、震災から丸2年を経過した2013年3月頃から減少傾向にあり、同年末頃には件数が1桁となる月も出てきている。同様に、相談件数の累計を示す折れ線グラフをみても、2013年半ば頃から徐々に伸びが鈍化していることがみてとれる。このデータをどう解釈するか

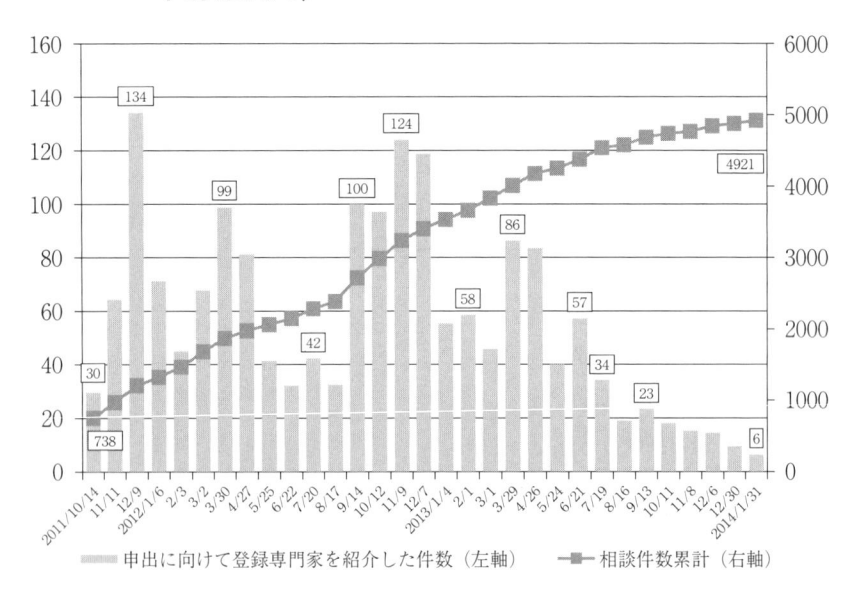

第Ⅱ編　第2章　私的整理の枠組み

〔図表49〕　個人債務者の私的整理に関するガイドライン利用件数推移（平成26年1月31日まで）

はなお今後の課題であるが、震災から丸3年が経過した現在、時限的性格をもつ本ガイドラインが1つの曲がり角を迎えているということはいえそうである。

とはいえ、この約1360件という数字も、先ほどの「7556先」に比して大きなものではない。もとより、「7556先」のうちには、本ガイドラインによる債務免除を受けなくとも正常弁済を再開できる債務者も一部含まれているであろうが、それを勘案してみても、やはり本ガイドラインは、本来適用のあるべき債務者のすべてを取り込んでいるわけではないと思われる。

個人債務者の個別的債務整理を被災地域全体の復興にまでつなげていくためには、ある程度以上の案件の積み上げが必要である。利用件数は今後も増加していくと思われるが、引き続き関係者が協力して利用の促進に努めていく必要があろう。

(イ) 債務減免の必要性と合理性の担保

　本ガイドラインの成果として、もう1点つけ加えておきたい。債務減免の必要性と合理性を担保する機能についてである。

　本ガイドラインにおいては、登録専門家ないし運営委員会の関与と債権者である金融機関等の同意というプロセスを経ることにより、債務減免の必要性と合理性が1件1件精査される。実際、この過程で偏頗弁済や財産隠匿を疑わざるを得ない事情が判明し、債務者に追加説明や是正を促すこととなる事案も、少数ではあるが、存在する。

　理屈抜きに被災者を支援したい。その気持は誰の心にもある。しかし、「二重債務問題」対策には、いくつかの根本的な疑問がつきまとう。災害や事故により家や事業を失い、「二重債務」に苦しんでいる個人は、決して東日本大震災の被災者だけではない。このような債務者との「公平」性について、どう整理すべきなのか。また、金融機関による債権放棄は、公的資金投入等という形で、最終的には国民全体の負担につながっていく。ではその負担に、どこまでの国民的コンセンサスがあるのか。これらの疑問に答えることは容易ではない。できることは、債務減免の1つひとつについて、愚直なまでにその必要性と合理性を突きつめていくこと、だけではないだろうか。あまり指摘されない点であるが、このようにして被災者支援の中に1本の筋を通していることも、本ガイドラインの成果というべきであろう。

(7) おわりに

　いま、被災地の復興がわが国の最重要課題の1つであることに異を唱える者はないであろう。そしてそのために、既往債務の一部免除を必要とする債務者が多数存在することもまた事実である。しかし、だからといって無制限にモラル・ハザードを起こしてもかまわない、ということにはならない。金融機関もまた多くは被災者である。

　本ガイドラインは、この困難な課題への1つの解として、債権者との個別的合意によって債務者1人ひとりに適正・公正な金融支援をもたらし、その積み上げによって地域全体の復興基盤を築くことをめざすものである。強権

的な手段にも、バラマキ的な手段にも頼らず、民間当事者間の互譲・協力によって被災地の自律的再起を促す本ガイドラインの方向性は至当なものと信ずる。ひいては、被災者の再起に、「徳政令」でも「補助金」でもない、「私的整理」という枠組みを用いることの積極的な意義も、ここに見出すことができよう。

　本ガイドラインはあくまでも非常時のルールである。東日本大震災からの復興のために力を尽くし、その後はおそらく、いつまた来るかもしれないわが国の危機に備え、しばしの休息につくことになるであろう。運営委員会は今日も、本ガイドラインが「次の非常時」に重要な先例として参照されるであろうことを銘記し、1件1件、公正・中立な運営に努めている。

　だが今はまだ、被災地は復興の途についたばかりであり、本ガイドラインもようやく軌道に乗ったところである。本ガイドラインの成果を検証するにはなお時期尚早であるように思われる。もし許されるなら、またいつか、本ガイドラインがその使命を終えたときに、その成果を総括する機会を与えられれば、と願う。ここでは、読者諸賢に本ガイドラインへの一層のご理解とご支援をお願いして、ひとまずの結びに代えたい。

（石毛和夫）

2. 個人版私的整理ガイドラインの現状と課題

(1) はじめに

　2011年3月11日に発生した東日本大震災は、東北地方を中心に甚大な被害をもたらした。その中で生起した重大な問題の1つとして、住宅などの生活用資産や事業用資産が、津波や地震の影響で被災してしまったにもかかわらず、そのローンのみが残ってしまうがために、生活や事業の再建に向けての重大な足かせとなってしまうという、いわゆる二重ローン問題がある。

　二重ローン問題について適切な解決がなされないことには、被災者の生活や事業の再建はままならず、ひいては、被災地の復興にも重大な支障を生じることになる。そのため、この問題の解決は震災復興にとって極めて重要で

ある。

　「個人債務者の私的整理に関するガイドライン」（以下、「ガイドライン」という）は、このような二重ローン問題対策の一環として策定された、個人債務者向けの私的整理の準則である。

　ガイドラインは、その運用開始から2年半以上が経過し、その間、数次にわたる運用改善もなされ、一定の成果をあげつつあるが、克服すべき課題も少なくない。本稿は、東日本大震災の被災地域において被災者に対する法的支援等の職務を行う弁護士の視点からみたガイドラインの現状と課題について論じるものである。

　なお、ガイドラインの運用については、運用開始から現在に至るまでの2年半余の間に少なからぬ変更があり、今後も運用に変更が生じる可能性もあり得るので、本稿記載の運用状況等は、あくまでも本稿執筆時点（平成26年3月現在）におけるものであることにご留意願いたい。また、本稿中の意見にわたる部分は、筆者の個人的見解である。

(2) ガイドラインの意義・特徴

(ア) 意　義

　ガイドラインは、東日本大震災の影響によって現在または近い将来において既往債務の弁済ができなくなった個人の債務者について、一定の基準に従い、債権者との合意に基づき債務の減免を行うことを内容とする、私的整理の準則である。

　ガイドラインは、「私的整理」という意味では倒産処理スキームの1つと位置づけられるものではある。しかし、ガイドラインは、もともとは政府の「二重債務問題に対する対応方針」（平成23年6月17日）に基づき策定されたものであり、ガイドラインの最終的な目的も「債務者の自助努力による生活や事業の再建を支援し、ひいては被災地の復興・再活性化に資すること」と定められていること（ガイドライン1項）にも表れているとおり、単なる倒産処理スキームの1つにとどまらず、東日本大震災からの復興政策の一環をなす手続である。このガイドライン策定の「目的」は、ガイドラインの運用

や解釈のあり方を考えるにあたっても十分に留意されるべきである。

　(イ)　特徴・メリット

　ガイドラインには、他の個人債務者向けの倒産処理手続（破産、個人民事再生等）と比較して、以下のような特徴（債務者にとってのメリット）がある。

(A)　個人信用情報機関に登録されないこと

　ガイドラインによる債務整理を行った債務者について、対象債権者は、ガイドラインによる債務整理に関連する情報を、信用情報機関に報告、登録しないこととされている（ガイドライン10項(2)）。そのため、被災者は、新たな住宅ローンを組むことが困難になったりクレジットカードの使用ができなくなるなどの不利益を回避しつつ、既往債務の減免を受けることができる。

(B)　比較的広範かつ定形的に自由財産が認められること

　義援金や被災者生活再建支援金、災害弔慰金、その他差押禁止財産については自由財産として保持できるほか、2012年1月の運用変更により、500万円を目安とした現預金等が自由財産として認められることとなった。さらに、その後の運用変更により、地震保険中の家財部分については250万円を上限の目安として上記とは別枠の自由財産として認められるとともに、震災後に購入した自動車についても取得価額が200万円までのものについては生活必需品として自由財産とする運用が行われている。

　このように、ガイドラインにおいては比較的広範かつ定形的に自由財産が認められ、被災者は生活再建のための資産を保有しつつ債務の減免を受けることができる。

(C)　原則として保証人の履行責任が問われないこと

　保証債務がある場合においても、保証履行を求めることが相当と認められる場合を除き、保証人に対する保証履行は求めないこととされている（ガイドライン7項(5)）。債務者の中には、連帯保証人等に迷惑が及ぶことを懸念して破産等の法的倒産処理手続をとることを躊躇する者も少なくない。原則として保証履行が求められない点は、ガイドラインを利用するにあたっての被災者の心理的障壁を軽減することにもつながると考えられる。

(D) 無料で登録専門家の支援が受けられること

　被災者は、個人版私的整理ガイドライン運営委員会（以下、「運営委員会」という）に登録している専門家（弁護士、不動産鑑定士等）の支援を無料で受けることができる。

(ウ) **債権者にとっての合理性**

　ガイドラインに基づく弁済計画は、破産手続による回収見込みよりも多くの回収を得られる見込みがあるなど、債権者にとって経済的合理性が期待できることを内容とすることが求められている（ガイドライン3項(4)・7項(2)①②）。

　また、ガイドラインに基づき成立した弁済計画により債務を減免した場合には、貸し倒れとして損金算入が認められる（法人税基本通達9－6－1(3)ロ、平成23・8・16国税庁課税部長回答）。そのため、金融機関等の債権者にとっては、法的倒産処理手続の要件に該当し、近い将来不良債権化することが見込まれる債務者について、早期に債権処理を行うことができる。

　なお、中長期的な視点でみれば、ガイドラインを利用した債務者については信用情報機関に登録されないため、震災の影響でいったんは法的倒産処理手続の要件に該当した債務者を、新規融資の潜在的な顧客層に転化させることになる。さらに、ガイドラインの利用により被災者の生活や事業の再建がなされ、被災地の復興が進めば、地域経済全体の回復・再活性化が期待され、震災により多数の取引先が甚大な被害を受けた被災地の金融機関にとっては、取引先の回復にもつながる。

(3) **ガイドラインの現状と課題**

(ア) **利用件数の伸び悩み**

　ガイドラインは、運用開始当初は、およそ1万件の利用が見込まれるともいわれていた。ところが、実際の利用件数は、ガイドラインの運用が開始されてから2年半以上を経過した時点においても債務整理の申出件数が389件、弁済計画成立件数が876件と伸び悩み（運営委員会による平成26年3月28日時点の公表値）、近時は新規の相談件数も大きく減少している。

このようにガイドラインの利用件数が伸び悩んでいる理由としては、さまざまな要因が考えられるが、大きな要因の1つとして、特に運用開始当初における被災者に対する周知が必ずしも十分でなかったことがあげられる（この点に関連し、金融庁は、運用開始から1年近く経過した平成24年7月、金融機関に対し「債務者に対してガイドライン利用のメリットや効果等を丁寧に説明し、当該債務者の状況に応じて、ガイドラインの利用を積極的に勧めること」を求める通知を発している（平成24・7・24金監1894号金融庁監督局長通知））。

ガイドラインが多くの被災者に利用されなければ、二重ローン問題救済スキームとして十全に機能したものとはいいがたい。効果的な周知策をとり、今後もガイドラインの利用可能性のある被災者を利用に結び付ける方策がとられる必要がある。

(イ)　対象債務者の範囲のあり方

ガイドラインの対象債務者の要件として、「東日本大震災の影響によって、住宅ローン、事業性ローンその他の既往債務を弁済することができないこと又は近い将来において既往債務を弁済することができないことが確実と見込まれること」（ガイドライン3項(1)）が定められている。

ここに、「既往債務を弁済することができないこと」とは、破産手続における「支払不能」の状態を指し、「既往債務を弁済することができないことが確実と見込まれること」とは民事再生手続における「支払不能のおそれ」に相当する状態を指すものとされている（ガイドラインQ&A3-3）。また、「東日本大震災の影響によって」の部分は、支払不能（のおそれ）の発生が東日本大震災に起因することを要求しているものであり、たとえば、東日本大震災とは無関係に支払不能（のおそれ）が発生した債務者の利用を排除するものである。

ガイドラインの利用を検討した被災者のうちの一定数は、この要件に該当しないとの理由で、ガイドラインの利用を断念している。

もとより、ガイドラインは、法的倒産処理手続の要件に該当することとなった被災者を、法的手続によることなく救済するという制度設計となってい

るため、対象債務者を無限定に拡大することは困難である。しかし、ガイドラインが被災者の生活および事業の再建、被災地の復興・再活性化を目的として策定された震災復興策の一環であることに鑑みれば、少なくともこの要件に該当しないことが明白とはいえない被災者については、入口段階で「門前払い」するのではなく、できる限り柔軟にガイドラインの利用を認める方向で運用がなされることが望まれる。

　㋒　**手続の迅速化・簡素化**

　ガイドラインは、規定上は、申出からおよそ4～5カ月程度で成立に至ることが予定されている。ところが、実際には、提出書類が多岐にわたるため申出書提出までも相応の時間を要する場合もあるうえ、運営委員会に申出書を提出した後も、運営委員会からの補正依頼に対する対応や債権者からの照会に対する対応等に時間を要したり、弁済計画案提出後も債権者の同意不同意の意見表明に相当の時間を要する等して、申出書提出から相当長期間が経過してもいまだに弁済計画の成否が明らかとならず、不安定な状態におかれている被災者も存在している。

　しかしながら、被災者の生活再建、被災地の復興のためには、できる限り迅速な解決が求められることはいうまでもない。また、迅速かつ柔軟な解決こそが、私的整理の利点でもある。運営委員会も、運用開始から1年を経過する頃から、書式の簡素化や事務手続の効率化等、より迅速な運用を志向した改善策を示し、債権者においても運用開始当初に比べれば意思表明期間が短縮化してきているところであるが、被災者にとってより利用しやすい救済制度とするためには、手続のさらなる迅速化・簡素化が求められる。

　㋓　**個人事業者の事業再建への活用**

　もともとガイドラインは、事業再建をめざす個人事業者の旧債務処理スキームとしての機能をも担うことが予定されており（平成23年6月17日政府閣僚懇談会「二重債務問題への対応方針」参照)、同ガイドラインにおける弁済計画案にも、いわゆる事業再建型の類型が認められている（ガイドライン7項(2)②)。

しかし、ガイドラインの運用開始から２年半以上が経過した時点においても、個人事業者の事業再建の手段としてガイドラインの利用がなされている事例はほとんど見受けられない。

　その原因が、制度の認知度の問題なのか、ガイドラインによる事業再建に適した事案が乏しいのか、ガイドライン自体が個人事業者の事業再建の手段としてふさわしくないのかは必ずしも明らかではないが、比較的簡易な個人事業者の事業再建スキームとして、ガイドラインの活用が検討されてもよいと思われる。

(オ) ガイドライン運営委員会の体制整備

　ガイドラインは、第三者機関である運営委員会がその運用を担っている。個別事案における相談の受付から手続の進行、ガイドライン適合性の判断等はもとより、ガイドラインの解釈や運用指針の策定も運営委員会が行っており、その役割は極めて大きい。

　運営委員会は、東京に本部をおき、岩手・福島・宮城・青森・茨城の各県の県庁所在地に支部が設置されているが、運用開始当初から多くの被災者が居住する太平洋沿岸部の被災地にも常設の相談場所を設置して気軽に相談に行ける環境を整備する等、被災者にとってのアクセス向上を図る方策がとられることが望ましかったのではないかと思われる。

　また、ガイドラインは、東日本大震災の震災復興策の一環である以上、被災者や被災地の実情を無視してはその存在意義が没却されかねない。個別事案における対応はもとより、ガイドラインの解釈や運用指針の策定においても被災者や被災地の実情が適切に反映される運営体制の構築が求められる。

(カ) 「私的整理」からくる限界──結果の不確実性

　ガイドラインはあくまでも私的整理の準則であり、ガイドラインに基づく債務整理が成立するためにはすべての対象債権者の同意が必要である。そして、同意が得られるかどうかは最後までわからないため、その間被災者は、不安定な立場におかれることとなる。また、弁済計画案に同意するか否かは、最終的には対象債権者の判断に委ねられるため、同種事案においても、救済

の可否の結論が異なるということが起こりうる。「私的整理」であることゆえの限界であるともいえよう。

しかし、震災の被災者の救済策として結果の不確実性の点は無視し得ない点である。ガイドラインはもともと金融機関団体等の関係者が協議を重ねて策定したものであり、金融機関等の対象債権者には、ガイドラインを自発的に尊重、遵守することが求められているところである（ガイドライン2項(1)）。ガイドラインを被災者救済策として十分に機能させるためには、運営委員会がガイドラインに適合すると認めた弁済計画案に対しては、特段の事情のない限り債権者は同意すべきであるとの実務慣行が確立され、手続の予測可能性を高めることが求められる。

(4) おわりに

わが国は災害大国といわれている。近い将来にも、首都直下型地震、南海トラフ地震等、大規模な地震津波災害が発生することが予想されている。万一これらの大規模災害が発生した場合、被災が予想される地域には大都市が多数含まれていることからすれば、そこで発生する二重ローン問題の規模は、東日本大震災を大きく上回る可能性が高い。

わが国においていつ発生しても不思議ではない大規模災害に備え、ガイドラインの成果と課題を検証し、万一災害が発生した場合には速やかに適用が可能となる二重ローン問題救済スキームを確立していくことが求められる。そして、大規模災害からの1日も早い生活再建・地域の復興を図るためには、何より確実な救済が求められること、画一的・大量的・迅速な処理が求められること等を考えると、個々の事案における債権者債務者間の合意の成立を基礎とするADRスキームに委ねることの妥当性自体についてもあらためて検証し、恒久的な立法措置を講ずることも含めた検討が必要であろう。

(小向俊和)

第3章 事業再編に関する比較法的考察

I はじめに

1. 本章の意義

　本章では、各執筆者により、事業再編に関する主要国そしてわが国の最新の実情が示される。事業再編を必要とする場面は、当然のことながら事業状況が振るわない場合が多く、再編はまさにそこからの脱却が意図されている。事業不振が明白化した段階で、ようやく再建型の裁判所の倒産手続の利用を決断し、それが功を奏し事業が盛り返す例は、もちろんないわけではないが、不振がオープンになると事業価値の毀損、取引先や顧客の離散が激しく、回復はかなり厳しいのが現実である。事業再編を本気で考えるのであれば、早期着手が鉄則といえる。それは、本書のテーマである、あるべき私的整理ということとオーバーラップしてくる。

　さしあたり事業再編も私的整理も不振事業について裁判所外でてこ入れをするもので同趣旨のものと考えれば、それは世界に遍く想定しうる現象といってよい。実際、その具体的なありようはさまざまであると思われるが、不振が顕在化した際に視野に入ってくる裁判所の倒産手続を意識しつつ、可能な限りこれを避け効果的に事業再編ができないか、そのような要請が働くであろうことは洋の東西を問わないように思える。

　そこで、最適任の執筆者を得て、米国のほか、アジアやヨーロッパの諸国の事業再編の現状を読者に提示し、あわせてわが国の状況にも光をあてるのが本章の狙いである。

2. 本章の視点

　かかる問題をめぐる各国の状況は、多様性と共通性を見出すことが可能であり、これによってわが国の状況を相対化できよう。当然のことながら、事業活動はまずは各国のビジネス環境や独自に発展してきた法体系・システムの中で行われるので、その再編問題も国により状況は異なる。しかし、事業活動は今日では国境の壁を越えてなされており、共同で取り組む課題も増え、国際的なルールが発展し、各国の国内法も調和の兆しがみえてきている。すでに倒産法の分野では、国際倒産の理論と実務が豊富な展開をみせているところであるが、国際的な要素のない事項の規律も調和が意識されるようになってきた。たとえば、EUや国際連合では、国際倒産事件に対処する試みを超え、国内事件の処理が調和のとれたものになるよう規律やモデルを展開させている状況にある[1]。そして、こうした状況は、極端に独自色のある立法主義をとっていると関係者から敬遠されることになりかねないので（倒産におけるフォーラム・ショッピング）、各国の立法が徐々に平準化する傾向を生み出している。

　事業再編に関しても状況は似ているであろう。すなわち、どの国にも、最終受け皿という意味で裁判所の倒産手続による事業再編の途がある一方で、それが事業再編には手遅れで必ずしも効果的でない現実があるので、早期の裁判所外での試みへと向かう傾向がどこの国にもうかがえるということである。とはいえ、そのやり方は各国さまざまであることも確かであり、共通性と多様性をこの後に続く論稿で味わっていただきたい。

　本章の視点を、筆者の専攻である倒産法から示すのは適切とはいえない面もある。しかし、たとえば、倒産と非倒産の境をなす、破産原因である「支払不能」、「債務超過」の時期を個別の事件で確定するのが時に困難であることからもわかるとおり、両方の世界はつながっており、すでに現代の倒産法

---

[1] EU Insolvency Regulation, UNCITRAL Legislative Guide on Insolvency Law.

201

は視野を広げている。簡潔にこれを示せば、最初は破産等の清算型手続が出発点になっているが、やがて再建型の手続が強化され、次に、裁判所外での清算・再建も事業再編という点で目的を一にしているのでこれも取り込もうというものである。スローガン的にいえば、可及的に裁判所外へと広がり、早期化したということであり、私的整理の重視である。その分、狭義の倒産法の比重は小さくなったというほかないが、これを補い、または克服の対象として意識されるという点で影響下にあり、倒産法からの発想もなお有用ではあろう。

3. 不良債権処理と事業再編の新展開

　グローバルに成長した経済とその破たん、1990年代に経験した経済的苦悩はわが国に限られたことではなかった。それに先立って、先進諸国では倒産法の改正が相次いでいたが、当時の経済の低迷は不良債権処理という形で倒産法を超えて、国家的課題となっていき、関連領域を著しく発展させた。

　すなわち、わが国の状況については、すでに分析されているところであるが、簡単にいえば、次のようなことである。それは不良債権処理に国家が乗り出し、この課題に取り組む組織がつくられ、さまざまなスキームが開発されたということである。その代表格は、住専処理に始まり、その守備範囲を広げ今日も活動を続けている整理回収機構（RCC）である。また、時限的に大企業の再生に寄与した産業再生機構、それを引き継いだ企業再生支援機構、地域経済活性化支援機構は出資機能をもった強力な組織であるし、産業再生機構と同時期につくられた中小企業再生支援協議会は機能こそ劣るものの、全国を網羅し現在も活動中である。そして、強力に清算型の債権回収処理も行ったが、やがて債務者を再生させるほうが社会的にも回収成果という意味でも望ましいということにもなった。M&A、DES、DIPファイナンスといったスキームが事業再編手段として磨きをかけていった。そして、時代を前

2　第1期事業再編実務研究会の成果物として、事業再編実務研究会編『最新事業再編の理論・実務と論点』。

Ⅰ　はじめに

後して、倒産法の改正がなされ、私的整理の手法も大きく変化した。しかも、裁判所の倒産手続と私的整理はそのつながりを深めていくこととなったのである。

　まず、狭い意味での倒産法の改正であるが、かつてわが国が立法に際して範としたことのある、フランス、ドイツ、イギリス、米国は1980年代以降相次いで倒産法の抜本的改正を果たした[3]。その間、国際倒産事件の処理を通して、各国は自国の法制を相対化し、他国の動きに敏感にもなった。おのずと同調化の傾向も見出すことができ、概していえば、早期化、迅速化、そしていかに事業再編を促すかに腐心するようになった。

　また、不良債権処理が国家的な取組みとして現われたことも、本章の以下の論稿で確認されるであろう。たとえば、米国では、金融機関の破たん処理に関しては、明確にこれを連邦倒産法の対象外とし、連邦預金保険公社（FDIC）等による独自のスキームで処理されてきた（近時、連邦倒産法に金融機関の処理を取り込む動きがある）。関連して、資産信託公社（RTC）が果たした不良債権処理はわが国の整理回収機構のモデルとなり、ゼネラルモーターズ（GM）やクライスラーの破たん処理では、連邦倒産法による処理を使いながら国家の関与で極めて迅速に処理された。韓国では、1990年代にいわゆる財閥が多く破たんし不況に陥り、多額の金融機関の不良債権処理に資産管理公社（KAMCO）をつくり、この間に裁判所外の私的整理の展開があり、また倒産法の改正もあった。イギリスは、もともと裁判所外のワークアウトの技法が発達していたが、1986年の倒産法の制定で、再建型の倒産手続が充実するとともに、さらに倒産に至る前の事業再編を促進する法改正も相次いでいる[4]。また、商事裁判所の伝統をもつフランスは、裁判所がビジネスに立ち入ることに躊躇が少なかったので、債務整理のための調停、倒産を予防す

3　概観するものとして、佐藤鉄男「各国国内倒産法の比較」（石黒一憲ほか・国際金融倒産）21頁以下。
4　経済産業省経済産業政策局産業再生課編『各国の事業再生関連手続について――米英仏独の比較分析』。

203

る和解的整理、といった技法を発展させ、独立分野となっていた倒産法が商法典に再編成され、倒産前の救済がより強調されるようになった。

4. 裁判所内外の事業再編

　企業の経営には波があり、いい時もあれば悪い時もあり、その中間は連続的なものである。悪い方向にあるという場合に、どの段階でてこ入れをするか、関係者の認識や思惑に左右されることもあるが、本来狙いは一緒であろう。とかく、破たんが顕在化し、裁判所の倒産手続が選択される場合が括り出されがちだが、その手前で試みられる事業再編を異質のものとみるべきものでもない。むしろ、裁判所の手続で再編をしようとすると費用も多めにかかるし手遅れになりがちなので、裁判所外で早期に再編に着手するほうが一般には効果的である。

　もとより、古くから裁判所外の事業再編としての、広い意味での私的整理はどこの国でもなされていたところであるが、明確な規律を欠いていることが多いので、裁判所の倒産手続とは区別されることが多かったのが実情かと思われる。しかし、もともと連続性のあるものであり、近時は、統一的な視点で、あるいは少なくとも密接に関連したものとして、理解されるようになっている。それは事業再編の入口と出口に象徴的に現われる。

　まず、入口における現象とは次のようなことである。わが国において、くっきりとそれを示したのは、故宮川知法教授の破産排斥（潜在化）論であった[5]。これは、裁判所の破産手続を最終受け皿としつつ、関係者の合意で私的整理が適正になされる限り、破産手続は表に出さないという形で、裁判所手続と私的整理を関係づけるものであった。これに対し、出口での両者の関係づけは、わが国では、近時、さまざまな事業再編支援窓口の利用が進むことによって登場するようになった。すなわち、支援窓口で事業再編の地ならしを済ませ、最後の仕上げを裁判所手続で行うというものである。

5　宮川知法『債務者更生法構想・総論』121頁以下。

こうした裁判所内外のスキームがばらばらに孤立するのではなく、相互に乗り入れたり補完し合う関係は、諸外国でもみられる現象であり、むしろかなり先行している。こうした状況をⅡ以下の各論稿から学び、本編第4章で示されるわが国の手法とぜひ比較してほしい

5. 事業再編窓口とプレーヤー

もっとも、わが国では、倒産法は独自の領域を確立ししかも縦割り方式で個別法典に分かれているが、世界的にはむしろ統一的な倒産法、ひいては倒産前の事業再編も取り込んだ形の立法が増え、実務的にも裁判所の倒産手続だけを孤立させてはいないようにみえる。裁判所の倒産手続はむしろ事業再編の一手段という位置づけである。

事業再編がそのようにとらえられているということは、これを実現するプレーヤーという点でも特徴が現れることになる。もとより、事業再編への着手と実現には、直接の利害関係者の決断と行動が不可欠であり、それらの者が果たす役割も大きいが、広い領域の専門知識・経験を要する事業再編には専門家の関与が必然となる。わが国の倒産処理の感覚では、ここでの専門家といえば、申立代理人、破産管財人として関与する弁護士がイメージされ、それが弁護士の中でもかなり選別されていた関係で「倒産村」なる言い方が知られていたが、もうこれは古い。もちろん、事業再編は、高度な法運用場面であるから弁護士が活躍する領域であることは世界的にも共通はしているが、今日の世界の流れをみると、もはや弁護士が主役の座にいるとはいいがたい。すなわち、事業再編は、法（ごく基本的な法律から極めて特殊専門的なものまで）のみならず、会計、税、経営、金融、と多くの領域にまたがるので、単独の専門家では手に余るものであり、関与する専門家は複数化し、弁護士の役割は相対的に低くならざるを得ない。医療の世界でいう、「チーム医療」に似た状況にあるとみることが可能であろう。

この点、不良債権処理が国家的課題となれば、国がこれを担う組織に専門家を集約することはいうまでもないが、民間レベルで事業再編を担う場合も、

弁護士は専門家の一集団にすぎず、既存の資格制度を超えて、ターンアラウンド・スペシャリストと称される独自の専門家が世界各地で育っている。こうした担い手にも注目して、各国の状況とわが国の状況を比較してほしいところである。

　抽象的な前置きはこれくらいにとどめ、以下の個別論稿をじっくりお読みいただきたい。

(佐藤鉄男)

II　米　国

1.　米国事業再編の実務──制度的視点

　米国における事業再編の制度も、日本と同様、私的整理手続と法的整理手続の2本柱で成り立っている。本稿では、米国の私的整理手続と法的整理手続の概要と両手続の関係を述べた後、簡略に各手続に関する各論を説明する。

(1)　制度の概要
(ア)　私的整理手続

　米国では、裁判所外で債務者が債権者と債務内容の変更等の交渉を行ういわゆる私的整理のことをワークアウト（Workout）とよぶ。

　ワークアウトは、法的には債務者と債権者との間の和解契約を意味し、返済期限の延長（extension）や債務の減額（composition）が主な契約内容となる。ワークアウトが契約を基礎としている以上、ワークアウトの手続において債務者が提案する返済計画や再建計画は、これに同意する債権者との間でのみ法的効力を有し、同意しない債権者を拘束することはできない。[6] こうしたワークアウトの法的性質は、債権者からの個別の同意を基礎とする日本の

---

[6] David G. Epstein, *Bankruptcy and Related Law in a Nutshell Seventh Edition* (2005), at 113.

私的整理と変わらないといえる。

　もっとも、日本の私的整理手続では、事業再生ADR手続や中小企業再生支援協議会等の私的整理の枠組みが複数用意されているのに対し、米国のワークアウトにはこのような準則化された枠組みは見当たらない。その背景には、日米企業の資金調達方法の違いがあると考えられている。[7]すなわち、日本では、同一の債務者に対し金融機関がそれぞれ別々の条件で融資を行うため、私的整理の対象となる金融債権者間の利害は錯綜しており、その調整と手続の公正性を確保するための枠組みが工夫されてきたと考えられる。これに対し、米国では一般的に、相応の規模を有する企業の借入れは大型のシンジケートローンに一本化され、ワークアウトにおける金融債権者との交渉も１つのシンジケート団を相手にすれば足りるケースが多いため、日本に比べ債権者間の複雑な利害関係を調整する必要性が必ずしも高くなく、制度の創設に至っていないと考えられている。

　(イ)　法的整理手続

　米国の法的整理手続は連邦倒産法（Bankruptcy Code。以下、「連邦倒産法」という）によって規律される。連邦倒産法は1978年に制定され、アメリカ合衆国法典の第11編（Title 11 of the United States Code）に収録されている。連邦倒産法は全９章から構成され、第１、３、５章が総則規定、第７章が清算手続、第９章が地方自治体の債務整理手続、第11章が再建手続、第12章が農業・漁業従事者の債務整理手続、第13章が個人の債務整理手続、第15章が国際倒産手続を定める。[8]これらの中で事業再編との関係で最も重要なのは、チャプターイレブンとして知られる第11章の再建手続（Reorganization）である。

　チャプターイレブンの特徴は、管財人が選任されるべき例外的な事案を除[9]

---

[7]　堀内秀晃ほか『アメリカ事業再生の実務』262頁。
[8]　連邦倒産法の概要については、堀内ほか・前掲（注７）５頁、福岡真之介『アメリカ連邦倒産法概説』１頁参照。
[9]　裁判所は、債務者の現経営陣に詐欺、不誠実、無能、甚だしい経営失態（gross mismanagement）等の事情がある場合に管財人を選任する（連邦倒産法1104条(a)）。

き、申立て後も債務者（の経営陣）が事業運営および資産の管理処分を継続するDIP（debtor in possession、占有継続債務者）型の手続である点にある。加えて、チャプターイレブンは、債務者申立ての場合には債務超過や支払不能といった手続開始要件が求められないことや、チャプターイレブンの申立てによって自動的に債権者の個別的な取立行為等が停止するオートマティックステイ（automatic stay）の効果が得られるなど、債務者保護に手厚い制度といわれ、日本の民事再生手続・会社更生手続の10倍以上の申立がなされている[10]。著名事件としては、ゼネラルモーターズ（GM）、クライスラー、リーマンブラザーズなどがあげられる[11]。

また、チャプターイレブンにおいては、債権者の代表である債権者委員会が組成され、債権者委員会が債務者の財務状況等を調査し、再建計画案の作成に関与する等の重大な役割を担っており（連邦倒産法1102条、1103条）、債権者委員会と債務者との交渉の産物として再建計画がつくり上げられていく。そのため、チャプターイレブンは、裁判所および管財人といった公的機関ではなく、債務者および債権者という利害関係人に手続の主導権を委ねる関係人主導型の手続であるといわれる[12]。

10　経済産業省経済産業政策局産業再生課編『各国の事業再生関連手続について――米英仏独の比較分析――』6頁。

11　米国連邦裁判所が公表するデータ〈http://www.uscourts.gov/Statistics/BankruptcyStatistics.aspx〉によれば、チャプターイレブンの申立て件数（個人向け債務に関する申立てを除く）は次のとおりである。2007年の世界金融危機以降は、2007年度（2006年4月から2007年3月までの12カ月間。以下も同様に前年の4月1日から当該年の3月末日時点までの12カ月間の統計である）の4668件から、2008年度は6274件、2009年度は1万846件、2010年度は1万3553件と急増した後、2011年度は1万1093件、2012年度は9616件、2013年度は8413件、2014年度は7307件と減少傾向にある。これに対し、日本の再建型倒産事件（個人再生を除く民事再生事件および会社更生事件）の数は、2007年（1月から12月までの12カ月間。以下同様）は673件、2008年が893件、2009年は695件、2010年は368件、2011年は334件、2012年は329件、2013年は215件であり、やはり2008年以降減少傾向にある（生原美穂ほか「平成25年における倒産事件申立ての概況」NBL1024号36頁）。

12　村田典子「再建型倒産処理手続の機能(2)」民商法雑誌129巻4=5号646頁、福岡・前掲（注8）249頁。

(2) ワークアウトとチャプターイレブンの関係

(ア) ワークアウトとチャプターイレブンの同質性・連続性

　ワークアウトとチャプターイレブンは、私的整理手続と法的整理手続という性質が異なる手続であるが、チャプターイレブンの沿革からすると、どちらも債務者および債権者が再建案を交渉する「場」としての機能を有する点で同質の手続であるといわれる。すなわち、チャプターイレブンは、1938年旧連邦倒産法（いわゆるチャンドラー法）の規定する第Ⅹ章の会社更生手続（Corporate Reorganization）と第ⅩⅠ章の整理手続（Arrangement）とを統合したものであるが、管財人が手続を遂行する会社更生手続の側面は例外的な場面に限定され、債権者および債務者の任意交渉の結果作成された整理計画の認可を目的とする整理手続の特徴を引き継いだ手続となった。そのため、チャプターイレブンは、会社の再建は関係人間の私的交渉に委ねられるべきであるとする整理手続の考え方を引き継ぎ、債務者および債権者が交渉する「場」を提供する機能を有する手続として制定されたと考えられている。このように、ワークアウトとチャプターイレブンは、どちらもDIP（占有継続債務者）が事業を継続して再建を図る場合に、債務者および債権者の任意交渉の場を提供する点で同質の手続ということができる。

　実務的にも、ワークアウトとチャプターイレブンは、事業再編の1つの流れの中で連続した手続としてとらえられている。事業再編の一般的な流れは、まずはじめに、チャプターイレブンに比し時間と費用がかからないワークアウトが試みられ、ワークアウトの手法では限界がある場合やワークアウトが奏功しない場合にチャプターイレブンに移行する。チャプターイレブンの法律上も、チャプターイレブンの申立て前にワークアウトが先行していることを前提に、ワークアウトとの調整を図る規定が存在する。たとえば、連邦倒産法305条(a)(1)においては、チャプターイレブンの申立てがあっても、申立

13　チャプターイレブンの沿革については、村田典子「再建型倒産処理手続の機能(1)(2)」民商法雑誌129巻3号346頁、4=5号646頁、事業再生研究機構編『プレパッケージ型事業再生』3頁参照。
14　村田・前掲（注12）646頁、福岡・前掲（注8）249頁。

てに先行するワークアウトを尊重するほうが債権者および債務者にとってより利益となる場合には、裁判所はチャプターイレブンの申立てを却下または停止することができるとされている。また、連邦倒産法1102条(b)(1)は、チャプターイレブンの開始前に構成されたワークアウトのための債権者委員会であっても、委員が公正に選任され、かつ各種債権者を代表していると認められる場合には、チャプターイレブンにおける債権者委員会として認めることができるとする。

　さらに、ワークアウトとチャプターイレブンの関係で最も特徴的なのは、プレパッケージ型（Pre-packaged）手続、およびプレアレンジ型（Pre-arranged）またはプレネゴシエート型（Pre-negotiated）とよばれる手続（以下、あわせて「プレネゴシエート型手続」という）である。

　プレパッケージ型手続は、チャプターイレブン申立て前に法定多数の債権者が同意した再建計画案について、その同意が適切な情報開示の後に勧誘されたものであるときは、申立て後、当該再建計画案に対してあらためて投票することなく、裁判所により認可決定がなされるとの制度である（連邦倒産法1126条(b)）。なお、日本の事業再編制度との関係でも「プレパッケージ型」という用語が用いられるが、それは、申立て前にスポンサー候補先を決定し、主要債権者との間で事前交渉を行っているというケースを意味し、米国のプレパッケージ型手続とは異なるものであり、むしろ次に述べるプレネゴシエート型手続に近い意味で用いられている。

　プレネゴシエート型手続は、チャプターイレブン申立て前において、大口債権者やスポンサーとの事前交渉を済ませ、再建計画案の大筋について同意を得たうえでチャプターイレブンの申立てを行うものである。プレパッケージ型手続との違いは、プレネゴシエート型手続では再建計画案への投票勧誘

15　たとえば、法廷外のワークアウトにおいて不平等な内容ではない合意が存在するのに、一部の債権者が非自発的な申立てを行った場合があげられる。USC §305 Historical and Revision Notes.
16　堀内ほか・前掲（注7）237頁。
17　堀内ほか・前掲（注7）240頁。

Ⅱ 米国

がチャプターイレブン開始後に行われ、チャプターイレブンの手続の中で再建計画案への決議が行われる点にある。プレネゴシエート型手続は、先に述べた GM、クライスラー、リーマンブラザーズといった著名事件においても利用され、特に大型倒産事件において利用が増加している手続である。[18]

　プレパッケージ型手続およびプレネゴシエート型手続は、チャプターイレブンの申立て前にワークアウトを先行させることで、チャプターイレブンの手続の早期終結を実現し、迅速かつ低コストというワークアウトのメリットを活かしつつ、チャプターイレブンで認められる法律上の効果も享受しようと工夫された制度である。[19] プレパッケージ型手続およびプレネゴシエート型手続の各論については後述するが、このようなワークアウトとチャプターイレブンが融合した中間的な手続の存在は、米国の事業再編制度における大きな特徴である。

　以上のとおり、米国の事業再編制度においては、ワークアウトとチャプターイレブンは同質の手続として連続性をもって運用され、プレパッケージ型手続およびプレネゴシエート型手続といった中間的な手続も利用されているなど、密接な関係を有している。

　(イ)　ワークアウトとチャプターイレブンのメリット・デメリット

　ワークアウトおよびチャプターイレブンのメリット・デメリットは、ワークアウトのメリットはチャプターイレブンのデメリット、ワークアウトのデメリットはチャプターイレブンのメリットというように表裏の関係にある。

　上記のとおり、米国の事業再編制度においては、プレパッケージ型手続およびプレネゴシエート型手続の利用を含めワークアウトからチャプターイレ

18　プレネゴシエート型手続の件数に関する統計としては、経済産業省経済産業政策局産業再生課・前掲（注10）10頁および堀内ほか・前掲（注8）240頁参照。これらの文献によれば、大企業（株式を公開している資産規模1億ドル以上の企業）が申し立てたプレネゴシエート型手続の件数は、2007年には1件だが、2008年の金融危機の影響で2009年には25件に増加した。また、2009年の大型倒産（米国、バンクラプシーデータ・ドット・コム調べの資産規模上位20社）のほぼ半数がプレネゴシエート型であったとされている。

19　堀内ほか・前掲（注7）237頁。

ブンへの移行を想定するのが通常であるため、ワークアウトの検討過程においても、債務者および債権者とも、チャプターイレブンへの移行を常に念頭におきつつ、ワークアウトとチャプターイレブンのメリット・デメリットを比較して交渉を進める。

ワークアウトの最大のメリットは、手続の迅速さと低コストにある。[20] 通常型のチャプターイレブンの手続は、迅速化が試みられているとはいえ、いまだ相当長期間を要する。[21] これに対しワークアウトでは、法律上要求される手続がないため、債権者団との交渉次第で迅速化が図れる。期間が短ければ、弁護士・会計士等の専門家の費用が少なく済むうえ、ワークアウトでは法定の書面の作成や通知等の手続を要求されないことから、ワークアウトはチャプターイレブンに比べ手続費用の負担が少ない。

また、米国ではチャプターイレブンの利用は社会的に汚点（スティグマ）としてとらえられておらず、日本に比べると法的倒産手続の申立てによる事業への影響は小さいと考えられるものの、それでも営業に対し全くインパクトがないわけではないため、ワークアウトの秘密性の高さはワークアウトのメリットである。さらに、ワークアウトでは、連邦倒産法の制限なく柔軟な再建計画が作成できるとのメリットがある。

以上のとおり、ワークアウトには、①迅速さ、②低コスト、③秘密性、④

---

20 ワークアウトとチャプターイレブンのメリット・デメリットについては、Conrad B. Duberstein, *Out-Of-Court Workouts* (1993), 1 AM. BANKR. INST. L. REV. 347, Christopher W. Kirkham and Jennifer M. Taylor, *Working Through A Workout: A Practitioner's Guide From the Perspective of Private Equity Sponsors, Venture Capital Funds and Other Significant Equity Investors* (2009), 5 HASTINGS BUS. L.J. 355, John D. Ayer et al, *Out-of court Workouts, Prepacks and Pre-arranged cases* (2005), 24-3 ABIJ 16,堀内ほか・前掲（注7）262頁、堀内秀晃「米国不良債権事情(1)――法廷外のワークアウト――」国際金融1115号46頁、渡邉光誠『最新・アメリカ倒産法の実務』109頁参照。

21 UCLA-LoPucki Bankruptcy Research Database によれば、上場企業の大型案件におけるチャプターイレブンの申立てから再生計画認可までの平均期間（プレパッケージ型およびプレネゴシエート型を除く）は、2008年は944日、2009年は483日、2010年は471日、2011年は674日、2012年は1050日、2013年は651日とされている〈http://lopucki.law.ucla.edu/tables_and_graphs/Average_case_duration_non-prepack_non-prenegotiated.pdf〉。

手続の柔軟さというメリットがある。逆にいえば、チャプターイレブンには、①手続の長期化、②膨大な費用負担、③周知性、④手続の厳格さというデメリットがある。ここであげられるワークアウトのメリット（チャプターイレブンのデメリット）は明確であるため、ワークアウトが可能なケースはワークアウトによるべきとするのが事業再編を進める基本的な考え方である。

他方で、ワークアウトのデメリットとしては、私的整理であることに内在する限界がある点にある。こうした考え方は、日本における私的整理手続と法的整理手続の手続選択の考え方と基本的に異ならない。

まず、ワークアウトのデメリットとしては、ワークアウトは任意交渉である以上、再建案に同意しない債権者を強制的に拘束できないとの限界がある。ホールドアウト（holdout）とよばれる問題である。これに対し、チャプターイレブンにおいては反対者を拘束できるメリットがある。すなわち、チャプターイレブンでは、再建計画案においてクラス分けされた各クラスにつき、債権者の頭数の過半数かつ債権金額の2分の3以上の賛成があれば当該クラスからの承認を得ることができるため、当該クラスの中で反対する債権者をも拘束することができる（連邦倒産法1126条(c)）。また、裁判所から再建計画案が認可されるためには、原則として、すべてのクラスが上記の承認をするか減損を受けないこと（unimpaired）が要件となるが、例外として、クラムダウン（Cram Down）によって、上記の承認要件を満たさない反対のクラスの債権者をも拘束することができる。クラムダウンによれば、減損を受けるクラスの少なくとも1つが賛成し、清算価値の保障と絶対優先の原則（absolute priority rule。優先する債権者への配当をしない限り次順位の債権者への配当をしてはならないという原則）を満たせば裁判所から再建計画案への認可を受けることができる。したがって、再建計画案に反対しているクラスの債権者全体をも拘束することができる（連邦倒産法1129条(b)）。このように、ワークアウトとチャプターイレブンの違いは反対者を拘束できるかにある。

第2に、ワークアウトでは、当然ながらチャプターイレブンで認められる法的効果を受けられない。たとえば、チャプターイレブンにおいては、申立

てと同時かつ自動的に債権者による債権回収行為や担保権の実行等が停止するオートマティックステイ（連邦倒産法362条）の効果が生じ、債権者からの債権回収行為を防ぐことができる。また、チャプターイレブンの債務者には、未履行契約の拒絶権（連邦倒産法365条）が認められており、これを利用して債務者に不利な契約を拒絶することができる。さらに、チャプターイレブンでは、手続期間中の債務者の資金繰りを支援するいわゆるDIPファイナンスについて、すべての共益債権に優先するスーパープライオリティが裁判所から付与される等の優遇がある（連邦倒産法364条）。このような法的効果を利用して事業の再編を図りたい場合には、チャプターイレブンの手続を利用することになる。

以上のとおり、ワークアウトおよびチャプターイレブンのメリット・デメリットは表裏の関係にある。これに対し、両者のメリットをできる限り取り入れようとして工夫された制度が、先に述べたプレパッケージ型手続およびプレネゴシエート型手続である。

加えて、2008年の金融危機後はワークアウトやプレネゴシエート型手続の利用が多くなっているとする分析もある。[22] その理由としては、金融危機後に金融機関がDIPファイナンスを縮小し、金利や返済期限などの貸出条件も厳しくしたため、チャプターイレブンにおけるDIPファイナンスの利用が[23]困難となり、資金繰りの観点から手続の迅速さがより一層重要となったことや、資本構成やファイナンスの構造が複雑さを増しているため、チャプターイレブンになると、株主対債権者、シニア有担保債権者対無担保債権者等の利害対立が顕在化し、訴訟に発展して手続が長期化するおそれがあることか

22　Jo Ann J. Brighton et al, *The International Scene, Sovereign Debt Restructurings: Global Effects and Lessons Learned from the U.S.* (2012), 31-1 ABIJ 44、経済産業省経済産業政策局産業再生課・前掲（注10）7頁。
23　Jo Ann J. Brighton et al,・前掲（注22）31-1 ABIJ 44。同文献によれば、DIPファイナンスの金利水準は、金融危機前のLIBORプラス250ベーシスポイントから、金融危機後はLIBORプラス600ベーシスポイント以上に上昇し、返済期間についても、12～18カ月から2～6カ月と短期化したとのことである。

ら、柔軟に利害関係を調整できるワークアウトが好まれる傾向にあるとされている。

(3) 各 論
(ア) ワークアウト

ワークアウトは、債務者と債権者との間の私的交渉において、債務返済に関する合意（和解契約）を目的とした手続である。[24]ワークアウトの対象となる債権者は金融機関や社債権者であり、取引債権者や労働債権者は含まれないのが通常である。

ワークアウトの進め方としては、債務者がシンジケートローンにおける財務制限条項（一定金額以上のEBITDAの確保、資本支出やレバレッジレシオの上限設定等）に違反するまたはそのおそれが生じ、債権者（シローン団）に対し財務制限条項の緩和や放棄を依頼する交渉の場面から始まることが多い。その後の一般的な流れは、まずシローン団の幹事行および主要参加行で構成される債権者会議が組成され、債務者との契約交渉が開始する。債権者会議は、必要があれば自ら弁護士・会計士等のカウンセルを雇い、債務者の財務状況を調査したり資産価値を評価したりして、債権者会議が支持できる再建案となるように債務者と交渉を重ねる。交渉の結果作成された再建案に対し債権者会議は意見を述べ、これを参考としつつ各債権者は独自の判断で当該再建案に合意するか否かを決定する。一定の割合以上（たとえば90％以上）の債権者から合意が取りつけられればワークアウトは成立する。ただし、シンジケートローン契約に一定割合以上の同意があれば全契約当事者を拘束できる特段の定めがある場合は別として、ワークアウトでは再建案に合意しない債権者を拘束することができない。

ワークアウトにおける合意事項としては、①財務制限条項の緩和または放棄（シンジケートローン契約上、参加行の過半数または3分の2以上の同意によって変更可能であるのが一般的である）、②利率の引下げまたはPIK金利（利

---

24 ワークアウト全般については前掲注20の文献を参照。

息相当額が元本に加算されるか償還期限まで繰り延べられる金利）への変更、③返済期限の据え置きまたは延長、④担保の解放、⑤DES（Debt Equity Swap）、⑥既存債務の劣後化、⑦債権放棄等がある。後者にいくほどハードルが高く、ワークアウトにおける交渉期間も長くなる。

　以上がワークアウトの概略であるが、より詳しいワークアウトの実務については、次項2を参照されたい。

　　(イ)　プレパッケージ型手続

　プレパッケージ型手続とは、前述のとおり、チャプターイレブン申立て前に法定多数の債権者が同意した再建計画案について、その同意が適切な情報開示の後に勧誘されたものであるときは、申立て後、当該再建計画に対してあらためて投票することなく、裁判所により認可決定がなされるとの制度である（連邦倒産法1126条(b)）[25]。この点、プレパッケージ型手続においては、チャプターイレブンの申立て前に、投票勧誘およびその前提となる情報開示説明書（disclosure statement）の配布を含めた再建計画案に対する投票手続が終了しているため、チャプターイレブンの終了までに要する期間は通常型のチャプターイレブンに比し圧倒的に短い（通常では2カ月から6カ月程度、早い場合には30日から45日程度の期間で手続が終了するとされる）[26]。また、手続の迅速化に伴い、手続費用も大幅に削減できるメリットがある。

　しかし、このようなメリットにもかかわらず、プレパッケージ型手続はあまり利用されていない。その理由は主に情報開示説明書をめぐる問題点にあるとされている[27]。すなわち、プレパッケージ型手続について定める連邦倒産法1126条（b）項は、申立て前の再建計画案に対する債権者の決議が申立て

---

[25]　プレパッケージ型手続については、堀内・前掲（注7）237頁、福岡・前掲（注8）306頁、事業再生研究機構・前掲（注13）33頁、中島弘雅＝村田典子「アメリカのプレパッケージ型倒産手続について」国際商事法務33巻9頁、阿部信一郎「米国におけるプレパッケージ型再建手続について」国際商事法務31巻305頁、Brian K. Tester et al., *Need for Speed: Repackaged and Prenegotiated Bankruptcy Plans, ABI's* 17 th *Annual Northeast Bankruptcy Conference* (2010) 参照。

[26]　堀内ほか・前掲（注7）237頁。

[27]　経済産業省経済産業政策局産業再生課・前掲（注10）7頁。

後も有効な決議とみなされるためには、申立て前になされる投票勧誘が、証券取引法等の企業情報開示に関する法令に従ったものであるか、かかる法令等が存在しない場合には、適切な情報開示のうえでなされた勧誘であることを要求している。この点、申立て後の投票勧誘についても適切な情報を含んだ情報開示説明書の配布が必要であるが（連邦倒産法1125条(b)）、申立て後の投票勧誘には証券取引法等の企業情報開示に関する法令の適用が排除されているのに対し（連邦倒産法1125条(d)）、申立て前の投票勧誘にはこのような適用排除はない。このため、プレパッケージ型手続の場合は、証券取引法等の違反の観点から申立て後に情報開示の適切性が債権者から争われ、裁判所が不適切と認めた場合には投票が無効となり、再度情報開示と投票の手続をやり直さなければならないリスクがある。

(ウ) プレネゴシエート型手続

　上記のとおりプレパッケージ型手続が利用しにくい面があるため、これに代わって利用されてきたのがプレネゴシエート型手続である。プレネゴシエート型手続は、プレパッケージ型手続と異なり、チャプターイレブンの申立て後に再建計画案への投票手続を行うものであるから、情報開示説明書が適切な情報を含むことについて裁判所の承認を得る手続（連邦倒産法1125条(b)）等が必要となり、プレパッケージ型手続よりも30日程度余計な日数が必要となる。[28] それでも、債権者との事前交渉を済ませている分だけ通常型のチャプターイレブンよりも圧倒的に手続を迅速化できるメリットがある。また、プレネゴシエート型手続では、再建計画案への投票勧誘が申立て後になされるところ、連邦倒産法により証券取引法等の企業情報開示に関する法令の適用が免除されており、また情報開示説明書について裁判所の承認も得るため、プレパッケージ型手続と異なり、事後に投票勧誘の際の情報開示が不十分であったとされるリスクもない。

　このように、プレネゴシエート型手続は、手続の迅速化およびこれに伴う

28　福岡・前掲（注8）308頁。

費用の削減というワークアウトの利点を活かしつつ、プレパッケージ型手続の不都合も回避しながら、チャプターイレブンの法的効果も享受できる有意義な制度として積極的に活用されている。また、プレネゴシエート型手続と、いわゆる363セールとよばれる再建計画の承認手続外で資産を売却する制度（連邦倒産法363条）を組み合わせた案件も増加している。このような案件では、債務者は、チャプターイレブンの申立て前に主要関係者と事前交渉を重ね、債務者の事業の全部または一部の譲渡先を選定したうえで申立てを行い、申立て直後に裁判所の許可を得て事業譲渡を実行する。先にあげたGM、クライスラー、リーマンブラザーズといった近時の著名事件も、プレネゴシエート型手続と363セールを組み合わせた手法を利用している（363セールについては、詳しくは後記4を参照されたい）。

ただし、プレネゴシエート型手続では、プレパッケージ型手続と異なり、申立て後に再建計画案への決議が行われるため、事前交渉の結果どおりに債権者に投票してもらわないと手続が安定せず、迅速化も図れない。そこで、プレネゴシエート型手続においては、チャプターイレブン申立て前に、債務者および債権者との間で、債権者が裁判所へ提出される再建計画案に賛成する旨あらかじめ合意するロックアップアグリーメント（Lock-up Agreement）を締結することで、債権者の投票行動を拘束し、プレネゴシエート型手続の安定性を高めている。

(4) 結　語

米国においても日本においても、まずは時間と費用の負担が少ない私的整理手続を検討し、私的整理手続が難しい場合に法的整理手続を選択する事業再編の進め方は共通している。しかし、特にプレネゴシエート型手続に現れているように、米国においては、私的整理手続と法的整理手続の連続的・一体的運用が大きな特徴となっている。

この点、日本においても、事業再生ADR手続から法的手続に移行した後もADR手続中のDIPファイナンスの優先性を確保するための規定が存在し[29]、ADR手続期間中の取引債権者に対する弁済方針を法的手続申立て後も

継続する運用がなされる等、私的整理手続と法的倒産手続の連続性の確保という点について実例も踏まえ議論が積み重ねられているところである。かかる観点から、米国における事業再編制度の特徴は、日本における私的整理手続のあり方を模索するうえで非常に参考になるものと考える。

(森　倫洋／菅野百合)

2.　実務的視点——事業再生に絡むプレーヤー

(1)　はじめに

　米国では、企業が経営危機に陥ると、当該企業や債権者を各方面からサポートするアドバイザー(弁護士、会計士、投資銀行、ファイナンシャル・アドバイザー等)やターンアラウンド・マネジャー、当該企業に資金を供給するレンダー、投資ファンド、事業スポンサー、当該企業の資産処分をサポートするリクイデーターといったさまざまなプレーヤーが関与してくる。米国の事業再生はこうした事業再生の特定分野における専門プレーヤーによって効率化が図られている。一方、日本の事業再生では近時は米国並みに専門プレーヤーが登場することもあるが、米国に比べて十分に浸透しているとはいえない。本稿ではこうした米国の専門プレーヤーの中から、

① 経営危機に陥った企業の債権を安価で購入し、その債権を株式に転換したうえで、企業価値を向上させて売り抜くディストレスト債権投資ファンド

② 経営危機に陥った企業に雇用され、経営陣として事業再生を実際にとり行うターンアラウンド・マネジャー

③ 経営危機に陥った企業の不採算店舗の閉店に伴う在庫処分、工場閉鎖に伴う機械の処分等をサポートしたり、自ら処分を行ったりするリクイデーター

という、日本ではいまだ十分に浸透しているとはいえない専門プレーヤーを

29　産業競争力強化法58条〜60条。

(2) ディストレスト債権投資ファンド（アップサイド追求型）

(ア) ディストレスト債権ファンドの類型（アップサイド追求型と元本回収型）

　米国で経営危機に陥った企業に投資する手法として、対象会社が債務者となっているローン債権を安価に取得して、これを株式に転換（Debt Equity Swap）し、対象会社の支配権をとり、企業価値を上昇させて利益を得るという手法（アップサイド追求型投資）がある。この投資手法では、①購入債権の取得価格を低く抑えること、②購入した債権が財務リストラクチャリングを通じて、多くの株式に転換されること、③株式転換後は取得した株式に基づく支配権を通じて対象会社の経営を管理し、収益力の上昇を通じて株式の価値を増加させ、価値の増加した株式を処分することにより投資を回収、リターンを得る。上記の各段階が投資リターンを増加させる機会でもあり、リスクでもある。米国には投資家から資金を集めてこうした投資を行うファンドが存在する。

　ディストレスト債権の投資手法としてはディスカウントで購入した債権が購入額以上で弁済を受けることで利益を得る手法（元本回収型投資）もあるが、この手法では債権の額面が回収額の上限となってしまうので、債権の購入時点で利益の上限が確定してしまう。つまり、購入価格をいかに低く抑えるかが投資の成否を決定する大きな要因となる点でアップサイド追求型投資と大きく異なる。

　日本においても経営危機に陥った企業を引き受ける会社として、ファンド等のファイナンシャル・バイヤー（金融投資家）や事業会社等のストラテジック・バイヤー（戦略的投資家）が共に存在する点では米国と変わりはないが、倒産前の企業のローンや社債をディスカウントで購入して、株式に転換することでアップサイドをとっていくという投資家は米国に比べて少ない。この理由は投資家にとって対象会社が法的整理に移行した際に、保有債権がどのように扱われるかの予見性が低いため、投資としてリスクが高すぎることになってしまうからであろう。

(イ)　アップサイド追求型投資の投資手法

　米国のアップサイド追求型投資の投資手法について簡単な例を用いて説明する。

　Chapter 11申請時点の対象会社のEBITDA（償却前金利前利益）の実績値が100であったとし、これがChapter 11脱却時点でいくらになるか推定する。これにはChapter 11の期間内にどれだけ業績が改善するかを予想することになる。〔図表50〕ではEBITDAが200に増加するという前提をおいた。次にEBITDAと企業価値の乗数（マルチプル）であるが、これもChapter 11脱却時点での水準を予想することになり、ここでは5倍としている。したがって、Chapter 11脱却時点の推定企業価値は1000となる。この企業価値を借入金と株式に分けることとし、借入金の比率を60％とすると借入金は600、株式が400となる。この借入金（レンダーからみれば融資・ローン）600と株式400を既存債権者にどのように分配するかについて以下でみてみる。

　ローン600を上位債権者である元第1順位担保権者にその金額500までを与え、残り100を元第2順位担保権者に与える。次に普通株式400は第2順位担保権者に100（元の債権額200から割り当てられたローン100を差し引いた金額）を与える。残りの株式300は元無担保社債権者に与えられ、無担保劣後債権者以下は何も与えられない。上記は絶対優先原則に基づいた理論的分配であり、財務構成もローンと普通株式の2種類に単純化しているが、実際には無担保劣後債権者以下にもワラントやオプション等将来に価値が実現するかもしれないものが配当として与えられることがある。

　アップサイド追求型の投資家はこういった予想を立てると、上記の例では無担保社債を多く購入しようとする。なぜならば、この前提ではChapter 11脱却時の株式の75％を無担保社債権者が受領することになるので、この組の債権を多く購入することがChapter 11脱却後の対象会社を支配することにつながり、より多くのアップサイドを狙えるからである。なお、株式に多く転換される証券のこと、上記の例では無担保社債のことをFulcrum Security（てこの支点となる証券、つまり、てこの原理で少ない力で大きな効果、アッ

〔図表50〕 事例：Chapter 11申請時と脱却時点の企業価値

Chapter 11申請時点		Chapter 11脱却時点	
EBITDA	100 →	推定 EBITDA (A)	200
		推定企業価値倍率(B)	5
		推定企業価値(C)＝(A)×(B)	1,000
		推定 Debt/(Debt＋Equity 比率)(D)	60%
		推定 Debt (C)×(D)	600
		推定 Equity (C)×(100%－(D))	400

〔図表51〕 事例：借入金と株式の既存債権者への分配

Chapter 11申請時点の財務構成		Chapter 11脱却時点の配当（割当）	
全資産担保シンジケート・ローン	700		
（内第1順位担保権(First Lien)）	(500) →	全資産担保ローン	500
（内第2順位担保権(Second Lien)）	(200) →	全資産担保ローン	100
		→ 普通株式	100 議決権25%
無担保社債	300 →	普通株式	300 議決権75%
無担保劣後借入金	100		
優先株式	50	配当なし	
普通株式（簿価）	300		
合計	1,450		

プサイドを狙えるという意味であろう）とよばれる。

　Chapter 11脱却後、たとえば1年後にEBITDAが300に増加し、マルチプルが5倍とすると企業価値は1500となる。ローンは600なので、株式の価値は900となり、400の価値が2.25倍になることになる。こうやって、アップサイド追求型の投資家は利益を得るのである。もちろん、こういった結果を生むには、種々の前提条件が充足される必要がある。

　以上のシナリオの中でいくつかの前提をおいているところがあり、その部分が投資家にとってのリスクになる。たとえば、Chapter 11脱却時にEBITDAがどういった水準になっているか、その時点でのマルチプルはどの程度の水準か、ローンと株式の比率はどれくらいとするのが適正か等であ

る。また、Chapter 11脱却後、EBITDA がさらに増加するかどうかもアップサイドを享受するには大きな影響を及ぼす。最後に、こういった価値実現までに投資からどの程度の時間を要するかを予想して、その期間で目標 IRR に達するように債権の購入価格を設定する。ただ、前述のような配当の方法や考え方、投資回収までの時間が想定の範囲内に収まらないと、結論が予想と大きく乖離してしまい、想定外のリスクを負ってしまうことになる。上記の点については、過去の前例等からして、保守的な前提をおくこと、法的整理である Chapter 11においてどういった配当になるかということがある程度経験的に予見できること等により、リスクをマネージすることで、こういったアップサイド追求型投資が可能となる。

(3) ターンアラウンド・マネジャー

(ア) ターンアラウンド・マネジャーの雇用

米国では、ターンアラウンド・マネジャー（以下、「TM」という）が経営危機に陥った企業に乗り込んで経営を再建することがよくある。TM 雇用のきっかけの多くは債権者からの要請である。業績が悪化し、銀行融資の財務制限条項に抵触すると、銀行団は債務者からの財務制限条項の緩和要請に応じる見返りに、債務者に対して TM の雇用を条件とすることがある。銀行は3社程度の TM を債務者に推薦し、その中から債務者に選択させる。債権者が TM を直接選ばないのは、債権者が選んだ TM が業績を改善できなかった場合に、貸し手責任を負わされることがないようにするためである。

(イ) ターンアラウンド・マネジャーの職務

債務者が相応の規模を有する場合、TM は数名からなるチームとして送り込まれる。TM のメンバーはなるべく、経営の権限のあるポジションをとるようにする。たとえば Chief Executive Officer（最高経営責任者：CEO）、Chief Restructuring Officer（リストラクチャリングの最高責任者：CRO）、Chief Financial Officer（最高財務責任者：CFO）等のポジションである。なるべく、CEO となることが望ましいが、これが難しい場合は CRO となるようにする。CRO は対象会社のリストラについてすべてを任されているポ

ジションで、CEOにレポートするのではなく、取締役会に直接レポートすることによって、既存経営陣からのリストラに関する横槍を防ぐようにする。

　債務者がTMを雇用するが、前述のとおり、銀行団からの要請によるもので、経営陣が自主的に雇用したわけではないことも多く、TMは経営陣から歓待されるとは限らない。TMは対象企業に入って行って、会社の経営の中枢部門を掌握し、そこで勤務している経営者や従業員から順次業務を継承していき、継承した時点で勤務していた経営者や従業員は解雇される可能性が高いからである。そういった環境の下で債務者の経営陣や従業員から情報を引き出して経営を継承していくのであるから、コミュニケーション能力や人間力といったものが必要となる。一方で、TMには再建に障害になる者には断固とした態度をとることも要求される。筆者が米国でみた例としては、倒産した企業のカリスマCEOが有名なTMを雇用して、バンク・ミーティングで自分が連れてきた有能なTMとして紹介した数カ月後にそのTMによってCEOが解雇されたということがあった。後日、そのTMによれば、そのCEOは営業畑の人間で、経費削減が必要な最中にコーポレートジェットを使用しているなどして、経費削減のマインドに乏しく、再生の障害になりつつあったので解雇したということであった。

　対象企業に乗り込んだTMが最初にやることは現金の流出を止めることである。経営危機にも度合いがあるが、一般的には、倒産前は資金繰り対応が喫緊の課題になることが多く、TMは目先の経費の削減、買掛金の期限の延長等細部にわたって見直しをかける。資金繰りに目処が立たないと落ち着いて抜本的なリストラクチャリングができないからである。一方で、倒産するとDIPファイナンスを得ることで、当面の資金繰りの目処が立つのでTMとしてはリストラ案を立てやすくなる。

　資金繰りに目処が立つと、抜本的な経費の削減を行う。この中には大がかりな人員削減、工場閉鎖、小売店舗閉鎖といったことが含まれる。特に間接部門とよばれる本社の管理系部署は収益を生まないコストセンターであるので、見直しの対象になりやすい。不採算部門や不採算店舗の閉鎖・売却、余

剰人員の削減等は目に見えて経費を削減できるので、大胆に行われる。二度、三度と同じようなリストラを行うと、残された従業員の士気が下がる懸念があるので、リストラは計画的に一度で大胆に行う傾向にある。人員削減には割増退職金が必要になる等、リストラには先行経費がかかるが、これについては、プレ DIP ファイナンスや DIP ファイナンスで獲得した融資枠を用いることで、対応する。

　次の段階は、ビジネスモデルの一部変更、新規顧客層の開拓、ブランド再構築といった、売上高増加の施策である。経営危機に陥った会社が売上高減少基調をうまく修正し、売上高が底を打つと、あとはリストラの効果である程度収益は改善するので、この段階で TM としての職務を終了するというケースもあるし、一段先に進んで売上高増加に手をつけるケースもある。一般的には売上高の増加はリストラによる収益改善よりは難度が高いとされる。売上高増加を図るには対象会社の販売チャネル、顧客、商品、ブランド等のビジネスについての専門知識を必要とされる場合があり、TM がそこまでの知識やネットワークを有しているとは限らないこと、売上増加は、最終的には顧客の反応によるところが大きいので、これを TM がコントロールすることができないこと等がその理由である。ケースによっては別に業界コンサルタント等を雇用する必要がある。

　㈦　TM 業務のタイム・フレームと終了

　TM は対象会社に入ってから資金繰りの目処、会社の現状、問題点の把握、リストラ策の策定と実行等までを約1年で完了したいところである。2年目以降はリストラ策の実行状況と、その財務面の効果、特に利益の確保について細かくモニターしていき、次の経営者を探していく。したがって、同じ会社に TM として3年以上の長期にわたってかかわるのは得策ではない。必要以上に対象会社にとどまっていると、景気が後退したり、業界特有の問題が発生したりして、TM が入っているのに業績が改善しない、または悪化するということになりかねず、そうなってしまうと、TM の世評に影響するからである。ターンアラウンドに目処がつくと、次の経営者になるべく

早期に引き継ぐことが TM にとっては肝要である。

　一度、対象会社から引き揚げて、その後に対象会社の業績が再度悪化したら、その時点で新たに TM として雇用されることは特に問題はない。一方、業績が再度悪化するまで、対象会社に居座ると、業績悪化の責任があるかのように対外的には評価されてしまうので、TM としてはこういった状況は避けたいところである。TM とその他の経営コンサルタントの違いは、TM は経営危機に陥った会社がそれを脱するまでがその職務の領域であるので、経営危機を脱したら、その職務は終了するのに対して、一般の経営コンサルタントは、同一の対象会社に長く、継続的に雇用され、安定的収益源を得ようとする傾向にある点にある。

(4)　リクイデーター

(ア)　リクイデーターの雇用

　次に、リクイデーターについて解説する。在庫や機械は不動産と異なり、種類が多岐にわたり、物によっては価格が大きく変動するものもあるので、その鑑定評価は難しい。また、在庫、機械はその処分にもノウハウが必要となる。アプレーザー/リクイデーターとよばれる業者が、在庫や機械の鑑定評価、処分代行等を行う。米国には全米をカバーする大手のアプレーザー/リクイデーターだけでも数社以上あり、鑑定評価業務と清算請負業務の両方を行い、清算請負業務で得た処分価格の情報を鑑定評価業務に活かしている。また、自らの鑑定評価能力と在庫処分能力を活かして、在庫担保融資を行うところもある。本稿では、彼らの業務の中で、清算請負業務（小売在庫の処分）について解説する。

(イ)　清算請負業務の概要と手数料体系

　清算請負業務は、債務者が清算に至った場合にのみ発生する業務ではない。私的整理や法的整理の下で再生を図る債務者であっても、不採算店舗の閉鎖や低稼働率の工場の閉鎖は重要なリストラ策の１つであり、これを実行する際にリクイデーターを雇用する。全米に小売店舗網を有するような債務者の店舗を閉鎖して在庫を処分する場合は、地域ごとに別のリクイデーターを雇

用して一斉に在庫処分を行うということもある。

　清算請負業務には大きく分けて3種類があり、おのおの手数料体系も異なる。

　第1は、依頼人（債務者または担保権者）に代わって在庫や機械の売却を代行する業務で、リクイデーターへの手数料は売却代金に応じて支払われるという方法である。この方法では、在庫が売れ残ってもリクイデーターがこれを引き取るということはなく、リクイデーターは在庫の処分リスクを一切負わない。売却代金が下がると手数料が減少するだけで、リクイデーターが損失を被ることはない。売却代金が増減するリスクはすべて依頼人が負っている。手数料は売却代金の5～10%程度とされる。

　第2は、売却にあたって、リクイデーターが最低売却代金を保証したうえで、売却を行う方法である。この場合は、実際の売却代金が最低保証売却代金を下回った場合には、その差額をリクイデーターが依頼人に補てんする。一方で、実際の売却代金が最低保証売却代金を上回った場合には、その超過額に対してリクイデーターに成功報酬（手数料よりも高額）が支払われる。この方法では最低保証売却代金まではリクイデーターが価格のリスクを負う。依頼人にとっては、最低保証売却代金はリクイデーターによって保証されるが、売却価格が最低保証売却代金を超過したら、超過分は依頼人とリクイデーターの間で分配することになる。超過分についてはその30～50%がリクイデーターに支払われるようである。この方法の応用版として、保証はしないが、実際の売却代金が一定額までは手数料を賦課せず、一定額を超過したら、通常の手数料よりも高い手数料を一定の率で賦課する方法や、手数料の料率が、売却代金が高くなるにつれて、減少していく方法もある。

　第3は、リクイデーターが処分対象物をすべて買い取って、自らのリスクで売却する方法である。この方法では処分価格のリスクは、すべてリクイデーターが負う形になり、依頼人はリクイデーターに対象物を売却して代金を受領するので、価格のリスクを全く負わない。

　どの方法を選択するかは依頼人である債務者や担保権者による。一般的に

はリクイデーターはアップサイドが見込める第２か第３の方法を好むようである。

　㈦　小売在庫処分業務

　事業再生の過程で、複数の不採算小売店舗を閉鎖して在庫を処分する場合にリクイデーターを雇用することがある。雇用されたリクイデーターは債務者（小売業者）が出した在庫のデータを基に、処分セールの戦術を検討する。一般的には在庫は所在する店舗を用いて処分するほうが高く売れる。在庫を店舗から持ち出して１カ所に集めて販売する場合、高価なブランド品等であると、購入者に商品が本物かどうか疑わしいという疑念を抱かせる原因となり、値引きを要請されやすくなること、卸売業者への一括販売になり、販売価格が卸売価格になってしまうこと等から、小売店舗を使用し、債務者の従業員を用いて販売する。したがって、実際の処分セールにおけるリクイデーターの職務は、どういった在庫がどういった価格でどの程度販売されているかといった処分状況の管理、従業員のモラルに懸念がある場合は販売代金等の現金の管理、商品の陳列方法と価格設定等の販売戦術等となる。

　セール開始前に、リクイデーターは小売店舗が入居している物件の賃貸人と交渉し、どういった形のセールが可能かを詰める。高級デパートではあまり派手な宣伝等は控えてほしいといった要請があるからである。賃貸人は閉店により新たな賃借人を探さなければならなくなるが、閉店セールによって賃借人の当該店舗における売上高が一時的に上昇し、賃貸料が増加するので、いちがいにこういったセールが敬遠されるということはないようである。[30]

　実際にセールが開始されるとリクイデーターは各店舗の従業員に商品の陳列方法や販売価格を指導する。通常の営業の場合は売れ筋商品を目立つ所に配置して、販売を促進するが、閉店セールではこれを行うと売りづらい商品が残っていってしまうことになる。リクイデーターは在庫をほぼすべて処分することが目的であるので、売りづらい商品も値引きをしながらきっちり販

---

[30]　不動産の賃借料の一部は賃借人の売上高に連動するパーセンテージ・レントとなっていることが多い。

売するようにする。つまり、当初あった在庫の構成をあまり変化させないようにして在庫を減少させていくようにする。こうすることで売れ筋商品のみが欠落したゆがんだ在庫ポートフォリオになることがなく、売れ筋とそうでない在庫がバランスよく販売され、それが早期にしかも比較的高い価格での処分に結びつくのである。在庫のバランスを維持するべく、毎日の販売状況がリクイデーターに報告され、それを受けてリクイデーターによって、翌日以降の商品の陳列方法や価格設定が行われるのである。こういった販売手法の指導にリクイデーターの価値がある。

(5) おわりに

　本稿では米国の事業再生において活躍するプロフェッショナルの中で、ディストレスト債権の投資ファンド、ターンアラウンド・マネジャー、リクイデーターという日本では米国ほど浸透していないと思われるものを取り上げて解説を行った。それぞれに、特色のある業務を手がけ、おのおのが事業再生のさまざまな場面で有効に機能していることがわかる。

　再生会社への投資という意味では事業会社やプライベート・エクイティ・ファンドがスポンサーになることもあるが、本稿で紹介したタイプの投資家の存在が投資手法のバリエーションを豊富にし、債権のセカンダリー・マーケットの活性化に資するのではないだろうか。会社の再生について、TMを雇用せず既存経営者がそのまま再生にあたるということも可能であるが、業績を悪化させた既存経営者が再生には向いていないことも多く、過去の経緯から、思いきったリストラの施策を導入できない可能性がある。TMへの手数料を節約するよりは、手数料を支払ってでも専門プロフェッショナルに経営を委ねたほうが、企業価値が上昇することがある。同様に、在庫の処分は債務者自ら行うことも可能である。ただし、一定期間内に大量の在庫を処分するという条件が付されると、普段とは異なった手法が必要となる。通常の営業の下では、売れやすい物から順番に売り、品薄になれば仕入れることが可能であるが、清算や店舗閉鎖の場合は次の仕入はないし、売却完了までの時間も制限がある中で処分金額を極大化する必要がある。こういった条

件下での売却には特殊な専門性が要求されるので、手数料を支払ってでも専門性の高いリクイデーターを雇用するほうが手数料控除後のネットの売却代金が増加することもある。

　日本でも、こういった専門プロフェッショナルの台頭により、事業再生がより効率化される余地があるものと思われる。

[参考文献]
堀内秀晃『ステークホルダー小説事業再生への途』(2012年・金融財政事情研究会)
堀内秀晃ほか『アメリカ事業再生の実務』(2011年・金融財政事情研究会)

(堀内秀晃)

3. 米国の銀行破たん処理とFDICやRTCの役割

(1) レシーバーシップ方式で処理

　米国の銀行破たん処理の特色は、レシーバーシップ (receivership) またはコンサベーターシップ (conservatorship) という方式を用いていることと、行政機関 (FDIC) が強大な権限を有し裁判所の関与が原則的に排除されていることにある。コンサベーターシップはレシーバーシップの応用形なので、本稿ではレシーバーシップを中心に解説する。

　レシーバーシップとは、特定の財産を一定目的の下、レシーバーとよばれる中立的な第三者の支配下におき、レシーバーによって右目的を達成する制度ないしそのような状態にある財産をいう。レシーバーは「財産保全管理人」と訳されている[31]が、財産の保全にとどまらず応用範囲は広いので、原語どおり「レシーバー」と表記する。

　レシーバーの興味深い活用例を紹介しよう。1970年代のワシントンD.C.の刑務所で、医療サービスが低下するという問題が発生した。原因は収容人

31　田中英夫編集代表『英米法辞典』701頁。

員の過剰である。服役者の訴えを受けて、裁判所は数次にわたり改善命令を発したものの、刑務所側の対応は不十分であった。このため裁判所は、1995年にレシーバーを任命、医療施設を刑務所の管理からレシーバーの管理に移して改善措置を施したのち、2000年に再度刑務所の管理に戻した。

　レシーバーシップはコモンローに由来する制度で、裁判所の判断により利用される。ところが銀行は例外で、レシーバーの任命については国法銀行法（National Bank Act）に、レシーバーの権限については連邦預金保険法（Federal Deposit Insurance Act）に規定がある。とりわけ連邦預金保険法の規定は詳細である。

　国法銀行法とは、連邦の銀行法のことで、1864年に制定された。明治5年（1872年）の「国立銀行條例」は国法銀行法を移入したものなので、日本とも縁がある。米国では通貨発行権限をめぐる連邦と州の対立が機縁となり、連邦と各州がそれぞれ銀行法を制定している（米国には銀行法が51ある）。連邦と州の銀行法相互間に上下関係や優劣関係はなく、両者は対等に併存している。国法銀行法に基づく銀行を「国法銀行」、州銀行法に基づく銀行を「州法銀行」という。このような制度を二元銀行制度といい、米国銀行制度の際立った特徴である。

　1876年の国法銀行法改正により、OCC（通貨監督官）にレシーバーの任命権限が付与された。OCCとは、国法銀行の監督機関である。この改正の意義は、①制定法によってレシーバー任命権限が裁判所ではなく銀行監督機関に認められたこと、②銀行破たんの処理が行政機関のイニシアチブの下、レシーバーシップを利用して行われるという今日に至る基礎が確立されたこと、である。

　1935年まで国法銀行は発券業務を行っていたので、銀行破たんは銀行券の信用維持に直結する問題であった。また、銀行破たんは多数の小口債権者（預金者のほか発券銀行時代には銀行券保有者を含む）を巻き込む。これらの特性から、銀行の破たん処理には一般企業の破たん処理にはない特別な配慮が必要になる。レシーバーシップ採用の背景には、このような特殊事情があっ

た。

　ところが、大恐慌によってレシーバーシップ方式に綻びが生じた。銀行破たんが激増しレシーバー不足が常態化したうえ、破たん処理を意図的に長引かせ手数料を荒稼ぎする悪質なレシーバーが横行するなど、その質の低下が深刻になったためである。

(2) FDIC の 3 つの顔

　この事態をどう乗り切るのか。1933年の連邦預金保険法の制定、これが議会の回答であった。同法によって FDIC（Federal Deposit Insurance Corporation）が創設された。FDIC というと預金保険のイメージが強いが、預金保険はいわば余禄で、立法の主眼は信頼できるレシーバーの創設にあった。

　独立まで各植民地（州の前身）は独自に通貨発行権限をもっていた。ところが、連邦憲法上「通貨（Money）」（憲法にその定義はないが、文言上、金貨などの鋳造貨幣と解される）の発行権限は連邦政府にあるとされた。州としては面白くない。州は、州法銀行に発券業務を行わせ、事実上、通貨の発行権限を奪還した。当時の銀行券の法的性質は、無記名・一覧払い式の約束手形であった（兌換銀行券）。手形債務の内容は券面額相当の「ドル」を支払うというもので、銀行の信用力に応じて譲渡時（譲渡は占有の移転による）にディスカウントされることもあった。国法銀行法の目的は、連邦が州から発券業務を奪還することにあったが、それはともかく、銀行券の信用確保のため、州レベルで「安全ファンド」などと称される預金保険類似の制度の整備が進んでいた。それゆえ連邦の権限拡大につながる連邦ベースでの預金保険制度の創設には、議会内に強い抵抗があり、その試みは再三にわたり失敗している。それにもかかわらず1933年に至り議会が FDIC 創設を承認した理由は、信頼できるレシーバーを確保しないことには、目の前の銀行破たんに対処できないという、背に腹は替えられない喫緊の課題があったためである。連邦ベースでの預金保険制度を目論む勢力は、この問題に便乗し念願を達成した。

　ここで FDIC の機能を整理しておこう。FDIC は、①レシーバーおよびコンサベーター、②預金保険制度の運営者、③連邦銀行監督機関、という 3 つ

の顔をもっている。

①のレシーバーについてみると、FDICの創設に伴い、OCCはFDICを破たん国法銀行のレシーバーに任命しなければならないとされた。州法銀行については州当局次第であるが、現実には州もFDICを破たん州法銀行のレシーバーに任命しているので、実質論として、破たん銀行のレシーバー業務はFDICが独占している。

②の預金保険制度の運営は、預金保険料を徴収し、保険準備金を用いて破たん銀行の預金を保護するというもので、大筋において日本の預金保険制度ないし預金保険機構と共通する。米国の預金保険制度は、法所定の金融機関の法所定の預金は自動的に付保される日本と異なり、金融機関ごとにFDICの審査を受け加入する方式である。

③の連邦銀行監督機関は二元銀行制度に由来する米国固有のものである。連邦と州の権限配分上、州法銀行に対し連邦政府の規制監督は及ばない。もっとも今日では、州の権限を侵害しない範囲で、連邦準備法もしくは連邦預金保険法によって、連邦準備制度理事会（FRB）もしくはFDICいずれかの規制監督が及ぶような仕組みが整備されている。

(3) 銀行破たん処理と事業再編

これらFDICの3つの顔のうち、銀行破たん処理に関連するのは①と②だが、銀行破たん処理と、本章のテーマである事業再編はどのように関連するのだろうか。

そもそも銀行の「破たん」とは何か。現行の国法銀行法に破たんの定義規定はないが、破たんとは、FDICがレシーバーもしくはコンサベーターに任命されること、もしくはその状態にあることと解される。任命権限は銀行監督当局（国法銀行ではOCC）にある。任命要件は連邦預金保険法に規定がある。支払い停止や債務超過などにとどまらず、自己資本不足、業務停止命令違反、帳簿類の隠匿、不健全な業務運営など多様である（12 U.S.C. 191(a)(1)・1821 (c)(5)）。FDICによる保険打切りも任命事由である。

レシーバーもしくはコンサベーターに任命されるとFDICは、破たん銀

行の資産・負債を信託的かつ包括的に承継する。破たん銀行の資産はFDICの「自己資産」となるのであって、破産財団とその管理・処分権者という関係ではない。破たん処理とは、この「自己資産」の処分にほかならない。以下では、レシーバーに任命された後の事務フローを概観しよう。

　第1ステップは、破たん銀行の預金の帰すうの決定である。もっとも、このステップは実質的にはレシーバー任命以前に終わっている。検査監督の精度が向上すると、破たんは事前に予知できる。破たん不可避と思われる銀行についてFDICは、OCCやFRBと連絡を密にしながら、たとえば地域経済のために当該銀行の業務継続が必要か否か、預金や一部の健全な貸出し等を救済銀行に承継させるか（承継方式）、ペイオフ（保険準備金による預金の支払い）とするか、承継方式ならどの銀行を救済銀行とするのかなどの方針を決定し、段取りをつける。準備が整うとOCCはFDICをレシーバーに任命する。そして承継方式であれば、救済銀行が承継する預金等はレシーバーシップを経由して救済銀行に移転し、救済銀行の一支店として再出発する。この限りでは、レシーバーシップはトンネルのようなものである（いわゆる金月処理）。このときFDICは救済銀行にバックファイナンスをつけるが、これはFDICの損失となる。

　第2ステップは、残資産の売却である。救済銀行に移転しなかった資産はレシーバーシップに残る。FDICはこれら残資産を処分し、損失の回復を図るが、この関係で厄介なものが、会計上OREO（Other Real Estate Owned）とよばれる抵当流れ不動産である。米国の銀行は抵当不動産を自ら取得するので、銀行が破たんするとOREOはFDICの手元に集まる。その中身は、オフィスビル、ホテル、ショッピングセンター、牧場、個人住宅や集合住宅など多彩である。OREOの処分の巧拙は損失を大きく左右するので、民間の専門機関とも連携しながら、たとえばオフィスビルをリノベーションするなど資産価値の改善に努める。結果としてFDICは、OREOに関連する事業の再編に関与することになる。

　第3ステップは、債権者への配当である。このプロセスでは、債権額の査

定、隠匿資産の取戻しなどの法的な問題が多数発生する。この局面でFDICはレシーバーとして、破産裁判所に匹敵する強大な権限が与えられている。

(4) レシーバーの権限

では、FDICは具体的にどのような権限をもっているのだろうか。1980年代後半の銀行危機を経験して連邦預金保険法は数次にわたり改正され、そのつど、権限は強化されていった。概要を紹介しよう。

まず破たん銀行との関係について、破たん銀行の権利・義務、株主の権利、取締役の権利等すべての権利・義務を承継し（12 U.S.C. 1821(d)(2)(A)。以下「12 U.S.C. 1821」は省略する）、破たん銀行を管理（(d)(2)(B)）、清算し資産を回収する（(d)(2)(E)）。他の銀行と合併させることもできる（(d)(2)(G)）。株主の権利も承継しているので、株主総会の必要はない。

破たん銀行の債権者との関係では、債権を届け出るよう通知し、債権額を査定する（(d)(3)）。査定に関する規則を制定する（(d)(4)）。債権額は原則として届出から180日以内に査定し決定する（(d)(5)(A)）。査定結果ついて債権者は、60日以内に限りFDICに再審査を請求するか、または連邦地方裁判所に訴えることができる（(d)(6)）。しかし、証拠不十分を理由に届出債権や担保権を否認する決定は（(d)(5)(D)）、裁判で争うことはできない（(d)(5)(E)）。

破たん銀行の資産保全に関しては、レシーバー・コンサベーターに任命される以前の5年間に行われた破たん金融機関を害し、あるいは破たん金融機関の財産を隠匿する行為や取引を否認し、資産の回復を図ることができる（(d)(17)）。また、レシーバー・コンサベーターに任命される以前の契約やリース等で、破たん金融機関の負担となっているものを否認することができる（(e)）。

これらの権限行使に必要があるときは、召喚令状や証拠物件等の提出命令状を発出できる（(d)(2)(I)）。

また、準立法的・準司法的な権限を有する。レシーバーシップ・コンサベーターシップの運営に関する規則制定権を有し（(d)(1)）、さらに、本条（12 U.S.C. 1821）に定める場合を除き、FDICの要求がない限り、裁判所はレ

235

シーバー・コンサベーターの権限を制約し、あるいはその権限行使に影響を与えることをしてはならない（(j)）。

権限はこれらに尽きるものではないが、ここに紹介した例からも強大な権限が与えられていることがわかるであろう。

(5) コンサベーター

ところで、FDIC はコンサベーターとしての権限も有する。これはどのようなものであろうか。レシーバーとコンサベーターの任命要件は同一であり、この点で両者に違いはない。しかし、権限面で1つ大きな違いがある。レシーバーには破たん銀行を使って銀行業務を行う権限はない。これに対してコンサベーターは、破たん銀行を使って限定的ながら銀行業務を実施できる（(d)(2)(D)）。業務継続の有無およびこの違いに派生する諸権限を除くと、レシーバーとコンサベーターの権限は同一である。大恐慌時、政府は銀行を、①問題のないもの、②閉鎖すべきもの、③いずれでもないものの3グループに分類し、③については政府の管理下で業務を継続しながら、①ないし②の最終判断を決した。この③が、コンサベーターのルーツである。

任命要件に違いはないので、レシーバーとコンサベーターのいずれを任命するかは、銀行監督当局の裁量に委ねられている。では、銀行監督当局はどのような基準で判断しているのであろうか。

レシーバーに任命された後の事務フロー・第1ステップ（上記(3)）で述べたように、通常はレシーバー任命以前の段階で、業務停止後を見越した対策が講じられている。したがって、業務継続問題は表面化しない。しかし、予知に失敗すると、「損失拡大を防止するためには、破たん銀行に業務を継続させるわけにはいかないが、預金者や地域経済の便宜を考えると、業務を停止させるわけにもいかない」というジレンマに直面することがある。当局はどのように対処すべきであろうか。

このときに登場するのがコンサベーターである。破たん銀行を FDIC が承継し、限定的な範囲で業務を継続しながら、最終的な処理方法を決めていく。レシーバー任命後の事務フロー・第1ステップの前段階である。さらに

いえば、コンサベーターの任命は、破たん予知能力の低さ、検査監督能力の低さの証明でもある。

なお、今日ではFDICにも自らをレシーバーないしコンサベーターに任命する権限が認められている（(c)(4)）。コンサベーターシップ下の破たん銀行の最終処理方法が決まると、FDICは自らをレシーバーに任命し（コンサベーターの地位は消滅）、破たん銀行は業務を停止、残資産の処分、配当の手続に移る。すなわち、ここから前記の第1ステップが始まる。

(6) RTC

不良債権問題が深刻化した1990年代の日本で、RTC（Resolution Trust Corporation）への関心が高まった。RTCとは何であろうか。これを理解するためには米国の金融制度や預金保険制度について、今少し予備知識が必要である。

これまで「銀行」と一括りに述べてきたが、この「銀行」には連邦ないし州の銀行法に基づく銀行（Bank）と、これとは法体系を異にする貯蓄機関（Savings Association）とよばれる銀行類似の預金金融機関を含んでいる。貯蓄機関は、かつてはS&L（Savings & Loan Association）とよばれていたが、1980年代後半にその大半が破たんしてしまった（S&L危機）。少数の生き残りが今日の貯蓄機関である。

S&LはFSLIC（Federal Savings and Loan Insurance Corporation）という独自の預金保険制度を擁していた。FSLICは、概略FDICをコピーしたような制度で、①レシーバー・コンサベーターおよび②預金保険制度の運営者という顔をもっていた。

ところが、S&L危機の結果、保険金支払い負担の増大に耐えられず、1989年にFSLICも連鎖倒産してしまった。この結果、FDICが①②の業務を継承することとなった。しかし、当時は銀行破たんも急増しており、FDICには破たんS&Lの処理にあたる余力がなかった。加えて、FDICの保険準備金は銀行が拠出したものなので、これをS&Lに流用するわけにはいかないという財源上の問題もあった。

このため議会は臨時暫定的な機関として RTC を創設し、破たん S&L のためのレシーバー・コンサベーター業務を担当させた。また、財源問題については公的資金（納税者の資金）を投入した。

以上のような経緯を知ると、RTC とは何か、自明であろう。RTC とは、破たん S&L のレシーバー・コンサベーター業務を行う臨時暫定的な連邦政府機関である。その権限は FDIC について述べたところと同じである。

なお、時系列的にはコンサベーターは FSLIC に固有の権限で、FDIC にはないものであったが、1980年代の銀行危機の中で FDIC にも導入された。もっとも、FDIC がコンサベーターを用いた例は、ゼロではないものの皆無に近い。これに対し FSLIC ないし RTC はコンサベーターを多用している。理由は監督当局の検査監督能力にある。S&L 危機の背景の１つとして、当時の S&L の監督機関（1989年の法改正により解体された）の検査監督能力の低さが指摘されている。

(7) 日本の参考になるか

銀行破たん処理という次元に限定すると、これまで述べてきた米国の銀行破たん処理は日本では参考にしにくいだろう。法制度が大きく異なるし、日本の銀行は抵当不動産を自ら取得しないので OREO が発生しないという銀行実務との乖離も大きい。そもそも日本では、銀行破たんはあってはならない例外的事象である。これに対して、小規模な銀行が多数存在する米国では、銀行破たんは必ずしも例外的事象ではない。銀行が破たんしなければレシーバーの出番もない。日米の違いは大きい。

しかし、銀行破たんを離れ、事業再編の法的・実務的な枠組みづくりという次元でみると、米国の銀行破たん処理は興味深いヒントを提供しているように思われる。

第１に、私的整理や事業再編のスピードアップを図るため、関係者の権利の大胆な見直しが必要ではあるまいか。これは、現行法の枠組みと矛盾抵触するところも少なくなく、容易ではないが、議論の価値はあろう。

具体的には、私的整理であっても、信頼のおける公的機関の関与があると

きは、債権額の査定や取戻し権などについて準司法的な権限を認め、裁判手続を省略することはできないか。それともこのような発想は裁判を受ける権利（憲法32条）の侵害であろうか。

また、破たん企業の取締役や株主の権限の封殺も検討課題であろう。破たんした信用協同組合に金融整理管財人が任命されても、その地位は被管理金融機関の代表者であり、組合員代表訴訟を提起する資格は組合員にあるとの判例がある（最判平成15・6・12最高裁判所民事判例集57巻6号640頁）。民事再生法の適用を受けても、合併等に関する株主総会の議決権に変更はない。現行法の枠組みで既存株主の権限を奪うには、増減資などの手続を講じる必要があるが、株主責任の一環として、端的に株主権限を封殺する仕組みがあってもよいのではあるまいか。「船頭多くして……」という事態は回避すべきである。

第2に、「寄せ場」である。担保物件を市場で処分すると、事業再編に有益な資産が散逸する危険がある。もちろん、買主の手元で再生される可能性は否定できないが、OREOとしてFDICに集中するように、いったん責任ある機関の手元に資産を集約し、民間専門家等の力を借りながらグランドデザインを描き事業再編を進めるシステムも、選択肢の1つとして必要ではあるまいか。FDICは期せずして資産の「寄せ場」になっている。

たとえば信用保証協会など公的な機関が、債権者に代位して抵当権を行使する場合は（民法501条）、いわゆる帰属清算を原則とし、これら機関を「寄せ場」にし、事業再編機能も付加することは考えられないだろうか。

第3に、残資産処分における政策的考慮である。FDICは残資産処分にあたり、回収額の極大化のみを重視しているわけではない。資産の内容によっては、一定の政策的考慮を優先させている。たとえば、破たん銀行が担保として取得した住宅の処分であれば、住宅需要のある中低所得者に優先的に売却される（(u)）。また、FDICが所有権を取得した不動産でFDICが適切と判断するものは、マイノリティーや女性企業家が経営する中小零細企業に優先的に売却される（(w)）。マイノリティーや女性に対する差別は、ないとい

えば嘘になるだろう。このことも関係してか、彼らは起業意欲が強い。OREO は、彼らの事業を支援する道具ともなる。

　このような視点は参考になろう。たとえば、後継者不在のため廃業する中小企業が、抵当権の設定された工場を処分するというケースを想定する。この場合、工場を活用して事業を継続してくれる事業主を公募し、その者に割安となっても優先的に売却する。通常の競争入札によった場合の予定落札額との差額は落札者の長期的な債務とするが、雇用や税収面での地元経済に対する貢献に応じて減額・免除するというインセンティブを与え、これに対応する債務は地元自治体が肩代わりするといった仕組みは考えられないだろうか。その前提としても、資産の「寄せ場」が不可欠と思われる。

（髙月昭年）

4．米国連邦倒産法363条セールの概要と事業譲渡における債権者保護

(1)　はじめに

　倒産手続を開始して信用力を失った事業を早期に再建するためには、スポンサー企業への迅速な事業譲渡が必要とされる場合がある。迅速な事業譲渡により、事業価値が維持または最大化され、債権者の回収も増加する。そのため、わが国の倒産手続においてはいわゆる計画外事業譲渡が認められており、手続開始決定を受けた後、再生計画等の認可を待たず、裁判所の許可を得て債務者の事業を譲渡することが可能である（会社更生法46条2項、民事再生法43条等）。

　米国連邦倒産法上も、事業譲渡に関する固有の制度ではないが、通常業務外で行う資産処分の一環として、再建計画策定に先立って債務者の事業を譲渡することが認められている。米国連邦倒産法363条に基づく譲渡であるので、一般に、「363Sale（363条セール）」とよばれている。

　もっとも、363条セールとわが国の倒産法上の計画外事業譲渡は制度上も運用上も多くの相違点があると思われる。たとえば、363条セールにおいて

は、連邦倒産法上の双務契約に関する規定に基づき、一定の条件の下、契約相手方の個別承諾を得ずに譲渡する事業に関連した契約上の地位を譲渡の相手方に移転することが可能であり、また、譲渡対象資産について設定された担保権について担保権者の個別承諾を得ずに担保権を抹消して資産を移転することができる。わが国の倒産法の下では、契約上の地位を移転したり譲渡対象資産について設定された担保権を抹消するためには、個別に契約相手方や担保権者の同意を取得する必要があるので、その意味において、363条セールでは、わが国の倒産法の下での計画外事業譲渡よりも効率的かつ迅速に事業譲渡を実行することが可能であるといえる。

他方、債務者の事業を第三者に譲渡する場合、当該事業譲渡の諸条件によって債権者の回収可能金額はほぼ決定されてしまうので、不当な条件で拙速な事業譲渡がなされないよう、債権者の権利保護を図る必要性は高い。363条セールにおいては、効率的な事業譲渡が可能とされる反面、当該事業譲渡の具体的条件について債権者に対する情報開示と異議申立ての機会が保障されており、債権者の保護についても、わが国の計画外事業譲渡に比して充実した制度および運用が採用されていると思われるので、本稿では、その一端を紹介したい。

(2) 363条セールの制度概要と実務運用

(ア) 裁判所の許可に基づく資産譲渡

米国連邦倒産法363条(b)に基づき、債務者は利害関係人に対する告知と聴聞手続を経たうえで、通常業務に属しない資産の譲渡を行うことができる。その一環として、事業譲渡を行うことが可能である。いわゆる「リーマン・ショック」後には、リーマンブラザーズやゼネラルモーターズ（GM）等の大型チャプター11事件において極めて迅速な事業譲渡がなされたことが注目を集めた。

裁判所が363条セールを許可する一般的な基準は、判例法上、当該譲渡が十分かつ健全なビジネス上の目的と正当性をもって実行されたかという意味における「ビジネス・ジャッジメント・ルール」[32]による。利害関係人の求め

により、裁判所は、利害関係人の保護のための適切な保護（adequate protection）を講じるため、譲渡に一定の条件を付したり、譲渡自体を禁止したりすることができる（米国連邦倒産法363条(e)）。

(イ) 契約上の地位の移転

米国連邦倒産法365条により、債務者は、裁判所の許可を得て、双方未履行双務契約における契約上の地位を、契約相手方の承諾を得ることなく、第三者に譲渡することができる。譲渡の条件は、①米国連邦倒産法365条所定の手続に従うことおよび②契約の承継人による将来の債務の履行について適切な保護（adequate protection）が提供されていることである。事業譲渡に伴って大量の契約を譲受人に承継させなければならない場合でも、双方未履行双務契約の譲渡に関する裁判所の許可を得ることにより、相手方の個別承諾を得ることなく事業を移転することが可能である。

契約の相手方の利益は、上記②の要件のとおり、契約の承継人による将来の債務の履行についての「適切な保護」が付されることによって保護される。また、契約上の地位の移転に異議のある相手方は、後述の告知・聴聞手続によって、契約の譲渡について異議を述べることができる。ただし、裁判所が異議を却下すれば、異議を述べた契約の相手方であっても、契約上の地位を移転する命令に拘束される。また、一身専属性のある契約など、一定の契約は譲渡することができない（米国連邦倒産法365条(c)）。

わが国の計画外事業譲渡においては、民法上の原則に従い、事業譲渡に伴って契約上の地位を移転する場合には個別に契約の相手方の承諾を得る必要がある。譲渡の対象となる契約が多数に上る場合には、契約の相手方の承諾を得ることが譲渡実行を遅延させる可能性があり、また、契約上の地位の移転によって相手方が何らの不利益を負わない場合でも、相手方が承諾料を求めることなどにより、債務者に追加的な負担が生じる可能性がある。

32　Collier on Bankruptcy, Vol. 3, §363.02 [1] [f].

(ウ) 担保権の消滅

　米国連邦倒産法363条(f)により、債務者は、一定の条件の下で、譲渡対象資産について設定された担保権を抹消して事業または資産を第三者に移転することができる。その場合、譲渡対象資産について設定されていた担保権は、譲渡対象資産の譲渡対価に対して、当該譲渡対象資産に対して設定されていた担保権と同順位で存続する。

(エ) ストーキング・ホース・ビッド

　入札手続は、実務上、ストーキング・ホース・ビッドとよばれる形式で実施されることが多い。ストーキング・ホース・ビッドにおいては、相対の事前交渉とデュー・ディリジェンスを経て選定されたスポンサー候補者（当該スポンサー候補者は、いわば「当て馬」になるという意味で、ストーキング・ホースとよばれる）が一定の買収条件と買収価格を示し、他のスポンサー候補者は、当該ストーキング・ホースよりも一定程度以上良い条件を提示した場合に限って、スポンサーに選定されることができる。ストーキング・ホースは、最終的にスポンサーに選定されなかった場合には、「ブレイク・アップ・フィー」として、デュー・ディリジェンス等に要した費用等の補償を受けることができるのが一般的である。

　ストーキング・ホース・ビッドを行うメリットは、ストーキング・ホースが提示した価格を一定の指標として、他のスポンサー候補者にはさらに高い価格を提示しようとするインセンティブが設定されるので、財団価値の最大化を図ることができる点にある。また、倒産手続が開始される以前に債務者と交渉していたスポンサー候補者がいる場合、他のスポンサー候補者との間に情報格差が生じることとなるが、多くの情報を有するスポンサー候補者が提示した価格を一定の指標として入札手続が実施されるので、情報量の少ない他のスポンサー候補者もそのような指標がない場合に比べて高い入札価格を提示しやすくなり、財団の増殖につながる。

(3) 363条セールにおける債権者保護

　363条セールでは、裁判所の許可によって契約上の地位を移転し、担保権

を消滅させることができる一方、当該事業譲渡によって影響を受ける債権者の権利を保護するため、一定の手続を経ることが必要とされている。

　㋐　入札手続に関する許可

　まず、適正な条件で譲渡が実行されるためには、それに先立つ入札手続が適正に実行されなければならない。そのため、債務者は、入札手続におけるデュー・ディリジェンスの期間、ストーキング・ホース以外のスポンサー候補者が提示しなければならない最低入札価格、ストーキング・ホースがスポンサーとならない場合のブレイク・アップ・フィー等の詳細について、裁判所の許可を得なければならない。デュー・ディリジェンスの期間が不当に短かったり、最低入札価格やブレイク・アップ・フィーが不当に高い場合には、事実上、ストーキング・ホース以外のスポンサー候補者を募ることができず、有効な競争環境を維持できない可能性があるためである。

　入札手続に関する裁判所の許可を得るためには、入札手続に関する条件について債権者に対する告知が行われたうえで、聴聞手続が実施され、債権者から異議が出れば、必要な証拠調べも行ったうえで裁判所が許可を行うかどうかを判断する。

　㋑　譲渡に関する告知・聴聞手続

　また、裁判所が許可した入札手続に従って入札が実施された場合でも、債務者は、落札者との間での事業譲渡契約について別途裁判所の許可を得なければならない。裁判所の許可を得るためには、事業譲渡契約や関連する取引について契約書を添付する等の方法でその詳細を明らかにし、これを債権者に告知したうえで、聴聞手続における審理を経る必要がある。

　入札手続に関する許可の場合と同様、債権者から異議が出されれば、必要な証拠調べも行ったうえで裁判所が許可を行うかどうかを判断する。

　363条セールは、債務者の事業を速やかに倒産手続の外に切り出すことによってその価値を維持する効果がある。他方で、当該譲渡の条件によって、債権者の決議に付されるべき再建計画に定める返済条件を決定してしまうという側面がある。そのため、363条セールが連邦倒産法に定める再建計画の

策定に伴う諸手続（開示説明書：Disclosure Statement による債権者への詳細な情報開示や債権者による再建計画案に対する決議）等を潜脱するものでないかどうかという観点での検証がなされる。363条セールによって、事実上、再建計画案の可決・認可に係る手続を潜脱しようとする場合、そのような譲渡は事実上の計画案（sub rosa plan とよばれる）として違法とされる。[33]

(4) 363条セールの許可に係る近年の傾向

363条セールの実例としては、2008年に実施されたリーマンブラザーズグループの北米部門のバークレイズ・キャピタル・インクへの事業譲渡、2009年に実施されたゼネラルモーターズやクライスラーの新会社への事業譲渡が世界的にも注目を浴びた。世界有数の巨大企業であるにもかかわらず、また、膨大な数の債権者からの異議申立てにもかかわらず、リーマンブラザーズのチャプター11手続における363条セールはチャプター11の申立てからわずか7日間で実行され、ゼネラルモーターズは39日間、クライスラーは40日間で実行されている。その経緯については、筆者も2009年および2010年に簡単な紹介を行った。[34]

しかし、筆者が米国の倒産実務家に確認したところによれば、その後は、上記の事案において超短期で実行された事業譲渡は当時の経済環境や政治環境における極めて例外的な措置であったことを前提に、効率的で迅速な事業譲渡よりも、手続の適正を慎重に検討することが重視される傾向にあると考えられており、特に、早期に担保目的物を処分して回収を図ろうとする担保権者の利益が、無担保債権者を含む全債権者の利益に合致しているのかという観点から検証がなされる場合もあるとのことである。

363条セールが慎重に審理されている事例としては、たとえば、2009年のDewey Ranch Hockey, LLC 事件では、債務者がクライスラーやゼネラルモーターズの事案を引用して363条セールの許可を求めたのに対して、米国

---

[33] In re Braniff Airways, Inc. 700 F. 2 d 935 (5th Cir. 1983).
[34] 井出ゆり「GM・クライスラー等のチャプター11手続にみる『363条セール』の論点と日本の倒産手続上の計画前事業譲渡」事業再生と債権管理127号51頁。

連邦破産裁判所アリゾナ州地区は、これらの事案は特殊環境における事案であるとして先例性を認めず、無担保債権者が公平に扱われていないことを理由に、363条セールに対する許可を下さなかった。その後、無担保債権者に関する条件を修正したうえで363条セールは許可されたが、債務者が当初要請していたスケジュールよりも譲渡は遅れて実施されることになった。また、2010年のCloverleaf Enterprises Inc.,のチャプター11手続において、連邦破産裁判所メリーランド地区は363条セールを許可しなかったが、その際、363条セールが許可される条件としては、①当該譲渡が健全なビジネス・ジャッジメントに基づくものであるか、②再建計画によるのではなく、363条セールを通じて当該譲渡を行うことについて健全なビジネス上の合理的理由があるか、③363条セールの効果についてすべての債権者に対して十分な告知がなされているかどうか、④当該譲渡に係る通知が再建計画案に関する開示説明書（disclosure statement）と機能的に同等のものであるか、⑤当該譲渡は関連する当事者の忠実義務に即したものであるか、が検証されなければならないと判示している。

(5) わが国の事業再生手続に対する示唆

　事業再生の迅速性は長らく実務上の要請として重視されており、たとえば、法的倒産手続における計画外事業譲渡において、なお契約上の地位の移転に関する相手方の個別承諾が必要である点などについては、立法による解決も検証されてよいのではないかと思われる。[35]

　他方、迅速な事業譲渡を実行する場合でも、わが国の倒産手続においては、計画外事業譲渡において債権者に対する意見聴取手続は法定されているものの（会社更生法46条3項、民事再生法42条2項）、当該意見聴取の前提となる債権者への情報開示や通知の方法は定められておらず、また、近年では実務運用に変化がみられるものの、長きにわたり、わが国では、スポンサーとの契約条件は閲覧制限の対象となって債権者に開示されない運用がとられてきた。

35　上記のような立法論につき、井出ゆり「事業譲渡の迅速化」（東京弁護士会倒産法部編・倒産法改正展望）239頁。

また、適正な契約条件を担保すべき入札手続についても、監督委員または調査委員等が監督や調査を行うものの、債権者に対してその監督や調査の基準や結果が公表されるものではなく、入札手続の条件や入札の結果は債権者に対して公式には全く開示されないのが一般である。したがって、事業譲渡の迅速性を追求するのと同時に、あるいはそれ以前に、拙速な事業譲渡によって侵害される可能性のある債権者の権利をどのように保護すべきか、または、拙速な事業譲渡によって権利を侵害されているのではないかという債権者の疑念を生じることのない手続の透明性をいかに確保するかという検証が必要ではないかと思われる。

(井出ゆり)

Ⅲ　アジア

1. 韓国──韓国資産管理会社（KAMCO）による再生支援

(1) はじめに

1997年に韓国ではアジア金融・経済危機の影響を受けて、企業によるデフォルトが相次いだことから金融機関に大量の不良債権が発生した。韓国政府は、公的資金の投入により不良債権を買い取ることによって金融機関を支援し、さらに、主要債権者により私的整理を推し進めることができる枠組みを構築することにより債務者企業の早期再生を図った。その中で韓国資産管理会社（KAMCO：Korea Asset Management Corporation）がどのような役割をしてきたのか、金融機関からの不良債権の買い取りおよびその後の再生手法にも活用されている債権処理手法、および私的整理による再生支援の内容について説明する。

(2) KAMCO 設立

1997年のアジア金融・経済危機の影響は大きく、各金融機関が耐えうる規模をはるかに超えていたことから、即時に公的資金の投入が決定された。こ

の公的資金の投入は2つの公社を通して行われた。1つは経営破たんした金融機関に対して直接資金を投入する預金保険公社（KDIC：Korea Deposit Insurance Corporation）であり、もう1つは金融機関から不良債権を買い取ることによってオフバランスを促進するKAMCOである。

韓国政府は、1997年8月に「金融機関の不実資産等の効率的処理及び韓国資産管理公社の設立に関する法律」を制定した。同法に基づき、同年11月に1962年に設立された成業公社を解散すると同時に新公社を組織した。新成業公社は1999年12月に韓国資産管理会社へと改称された。

(ア) KAMCOの資本構成

設立資本金は、韓国政府、韓国産業銀行、韓国産業銀行以外の32銀行がそれぞれ400億ウォンを出資し、合計1200億ウォンとなっている。なお、KAMCOの設立が急遽決定されたため予算枠取りが遅れた関係で政府の出資は翌年となっている。その後、資金需要に応じて、主に政府が追加出資を行っている。

〔図表52〕 KAMCO資本増資歴

単位：億ウォン	増資額	増資後資本金	増資理由
1997年11月	—	800	設立資本金（金融機関）
1998年2月	400	1,200	設立資本金（政府）
1999年2月	100	1,300	企業構造改革支援業務強化財源
2000年12月	100	1,400	コレト信託社への出資および借入金償還の財源
2005年12月	1,200	2,600	ヒマンモア対象債権買入資金
2009年1月	4,000	6,600	金融危機対応財源
2009年5年	2,000	8,600	

出所：KAMCO持続可能経営報告書2009およびホームページに基づき作成

(イ)　不良債権購入の資金調達

　KAMCO設立と同時に5年の期間存続する時限組織として、銀行から不良債権を買い取ることを目的とした不良債権整理基金が設置された。不良債権整理基金の財源は、政府から元本の支払い保証を受けて発行する整理基金債権（20.5兆ウォン）と金融機関からの拠出（1.1兆ウォン）である。その後、基金はその必要性から5年経過後も運営期限を2回延長し、2012年11月22日をもって清算されている。

　(3)　不良債権処理
　(ア)　不良債権の買取り
　(A)　買取り価格、買取り基準

　不良債権の引受けは、時価に基づいた価格による買取りを原則としている。不良債権の時価を算出するうえで将来キャッシュ・フローを現在価値に割り引くインカムアプローチは合理的な算定方法の1つであるが、時間と手間がかかる。つまり、当初発生した莫大な数の不良資産を細分化して個別に将来事業計画を作成しキャッシュ・フローを導き出したうえで、事業リスクに見合った割引率を設定し計算することは、短時間ではできないことであった。このため買取り価格の算定方法は、過去の類似した取引事例を用いて、資産の潜在的な市場価値を推定し、それを基準に買取り価格の比率を一律にする一括確定買取り方式が採用された。また、どうしても不良資産の価格が確定しにくい場合は、不良資産の買取り金額と処分価格間の差額を事後に精算する契約条件を買取り契約につけ加えた精算条件付買取り方式も使用された。

　実際、不良債権の買取り方法と基準は、変化する経済状況によって何度も変更された。IMF救済体制が始まった1997年11月から翌年の9月までは、金融機関の流動性確保が至急必要だったことから、精算条件付買取り方式が採用されたが、その後金融機関の資金繰りが好転したため、一括確定買取り方式に切り替えられた。

　買取り基準は、債権特性から担保付一般債権、無担保一般債権および特別債権（法的手続が認可決定され、2回以上返済計画の未履行がない債権）に区分

しそれぞれ決められた。まず、担保付一般債権と無担保一般債権に関しては、精算条件付買取り方式において、概算買入率を担保付一般債権の有効担保額の70〜75％、無担保要注意一般債権の債権額の10〜20％、無担保破たん懸念一般債権の債権額の1〜3％と設定し買い取った。一方、一括確定買取り方式においては、一律に担保付一般債権は、有効担保額の45％、無担保一般債権については債権元本の3％を買取り価格としていた。そして、特別債権に関しては、精算条件付買取り方式において、1997年11月から1998年7月までは、概算買入率を担保付債権の債権額の70〜75％、無担保債権の債権額の20〜60％としたが、1998年9月から1999年6月までは、担保有無にかかわらず、債権元本の45％で買い取った。また、1999年6月以降は、一律な買入率は決めずに、債権内容の詳細に基づき個別に債権時価を算定し、買取りを行っている。

(B) 買取り対象

金融機関が保有しているもので、金融監督院が規定した資産健全性分類基準に基づき、3カ月以上延滞債権のうち、法律上譲渡可能であればすべて買取り対象とした。

不良債権の買取り債権の銘柄は、前半（1997年11月〜1999年12月）と後半（2000年〜2002年11月）では特徴があり、前半では、さまざまな銘柄の不良債権を幅広く買い取っているのに対し、後半では大字系列の不良債権を中心とした買い取りになっている。

また、すべての金融機関から幅広く買い取りを行っている。買取りを行った金融機関とその金額は〔図表53〕のとおりである。自己資本比率が8％未満での整理対象もしくは条件付きで存続している銀行からも、要請に基づいて不良債権の買取りを行っている。

年度別の買取り状況をまとめたものが〔図表53〕である。2002年11月末までに111.5兆ウォンとなっている。これは簿価ベースで韓国GDP（1998年の韓国のGDPは576万5868億ウォン（出所：IMF）の20％弱に相当する。

〔図表53〕 金融機関別不良債権買取り状況（1997年11月～1999年12月）

(単位：億ウォン)

	買取債権額	買取代金
商業銀行	350,395	141,686
地方銀行	63,636	25,148
特殊銀行	57,201	27,270
総合金融会社[*1]	26,988	17,556
保証保険会社	58,627	13,664
生命保険会社	239	50
証券会社	1,152	564
相互信用金庫	1,873	1,051
合計	560,111	227,764

出所： KAMCO不良債権整理白書2000年3月
*1：総合金融会社とは、証券仲介業務と保険業務以外のほぼすべての金融業務を行うことができる第2金融圏金融機関のことを指す。

〔図表54〕 年度別不良債権買取り状況

(単位：億ウォン)

	買取債権額	買取代金
1997年	110,624	71,362
1998年	328,319	122,553
1999年	182,898	44,644
2000年	329,749	129,192
2001年	60,024	19,538
2002年	89,616	10,657
合計	1,101,230	397,946
清算による増減額調整後[*1]	1,115,000	392,000

出所：第256回および第303回国政監査要求資料に基づき作成
*1：清算による増減額を反映した2011年8月時点における金額である。

(イ) 不良債権からの回収

　KAMCOの不良債権売却方式は、流動化方式と債権回収方式の2つに分けられる。流動化方式は、不良債権の諸条件を考慮したうえで、類似した債権をプーリングし、それを担保に証券を発行し売却する方式である。一方、債権回収方式は、裁判所競売、KAMCOによる公売、自主返済または法的措置を通じて債権を回収する方式である。

　流動化方式の基本的なスキームは、資産流動化法に基づき、まず特別目的会社（SPC）を別途設立し、金融機関より買い取った延滞貸出債権の中、合意認可された売却特約条件付特別債権をSPCに譲渡する。そして、SPCは譲渡された特別債権を担保に投資者向けに資産担保証券（ABS：Asset Backed Security）を発行し、KAMCOが売却代金を資産譲渡代金として回収するものである。

　ABSの発行主体はSPCで、資産保有者の信用とは分離され、投資収益とリスクは、担保資産の収益率および元金回収率に依存することになり、信用リスクは投資家に移転する。つまり、担保資産価値が減って、元金・利息の支払額が足りなくなった場合であっても、投資家は、資産保有者に代位返済を要求する権利はない。したがって、このスキームにおいては、投資家保護の観点から客観性を維持するため第三者の目を通すことが必要とされる。具体的には、対象資産のデューディリジェンスおよび価値評価を行う会計事務所、ABSのクレジットレーティングを行う格付け会社、さまざまな契約および権利関係を確認する弁護士事務所等である。

　ABS発行による不良債権売却は、資金の早期回収、大規模な資産売却が可能であり、景気回復時、SPC配当金回収で追加的な売却利益が見込めるなどのメリットがある一方、初期費用が大きく、実施プロセスが複雑等のデメリットがある。

　効率的な不良債権処理のため、韓国政府は証券化市場のインフラ整備を素早く進めた。1998年9月に「資産流動化に関する法律」の施行により証券化の法的枠組みが整備され、1999年にKAMCOが韓国で初めてABSを発行

した。それ以来、一般金融機関によるABS発行が浸透して、韓国におけるABS発行額は急速に増加した。ABSの手法が後の企業構造調整投資会社（CRV）に活かされ企業再生に利用されることになった。

(4) **私的整理と企業再生**

(ア) **ワークアウトによる再生**

(A) **ワークアウトの導入**

　不採算企業の業績悪化をいち早く食い止め、連鎖倒産を断ち切るために「ワークアウト」といわれる私的整理のプロセスが韓国では導入された。これは、韓国の大手企業のほとんどが財閥に属しており、その権利関係は複雑に錯綜していることが多いため、裁判上の手続では長期化し、再生が困難となるためである。このワークアウトはKAMCOの再生業務を後押しするものとなっている。ワークアウトは法律の枠外で行われる手続であり、債務者と債権者間の私的双務契約に基づくものである。ワークアウトプロセスの基本的な契約上の枠組みは1998年企業リストラ協定（CRA：Corporate Restructuring Agreement）に基づいており、銀行、保険会社、投資信託銀行、総合金融会社などの金融機関が参加している（債権金融機関協議会）。手続に参加できる債権者を債権金融機関協議会の金融機関メンバーに限定しており、一般の商事債権者は手続から除外されている。

　まず、債務返済が難しくなった企業が債権金融機関協議会に手続開始の申入れを行い、協議会では債務者企業の財政状況などを提示して、ワークアウトプログラム開始の採決をとる。企業の債権額の4分の3以上の賛成が得られた場合に作業は開始され、4分の1以上4分の3未満の賛成の場合には政府の機関である企業構造改革委員会が開始の可否を決定し、4分の1未満の場合には手続は打ち切られる。作業が開始されると、主要債権者主導の下、債務者企業が再生計画を作成する。再生計画の内容について4分の3以上の賛成が得られた場合、その計画に基づき債権者の金融機関は弁済等を受ける。4分の1以上4分の3未満の賛成の場合には企業構造改革委員会に決定が委ねられ、4分の1未満の場合には手続は打ち切りとなる。

(B) 企業構造調整促進法

　当初のワークアウトは自主協約なので手続が不透明であり、モラルハザードに陥りやすかった。また、フリーライドする金融機関との不公平感もあったことから、ワークアウトの枠組みを立法化して金融機関の参加を強制化する措置がとられた。これが2001年に制定された企業構造促進法である。手続は主要金融機関が単独で開始することができ、再生計画の可決には債権額の４分の３以上の賛成が必要とされるが、議決に反対する金融機関の債権は時価で売却することが義務づけられている。なお、対象となる債務者企業は、債務総額が500億ウォン以上であり、それ未満は引き続きワークアウトの私的整理プロセスに基づいて手続が行われることになる。

(C) KAMCO再生支援業務

　設立当初、KAMCOは、不良債権の買取りと回収の最大化および早期化に注力していたが、ワークアウトの導入に伴い主要債権者としての地位を利用して再生業務に関する注力を始めた。KAMCOは、３段階に分けて再生支援を行っている。

① 第１段階支援
　ⓐ 債務調整（利息減免、償還猶予、分割償還）を通じた担保権実行
　ⓑ KAMCO名義で所有権取得後、売買条件付委託経営
② 第２段階支援
　○ 資金貸出
③ 第３段階支援
　ⓐ デットエクティスワップ
　ⓑ 支払保証

　企業再生支援資金は主に、KAMCOの資本金の利用、不良債権整理基金からの借入れ、債券発行、によって調達されている。

　KAMCOによる企業再生支援は、以下のようになっている。
① 構造調整企業（不実徴候企業[36]と構造改善企業[37]）の資産を買取り、再生を支援

○　資産には、不動産等有形資産、投資有価証券、系列企業（子会社）などが含まれる。
　②　不実徴候企業の貸出債権等の買取りおよび債務調整
　　ⓐ　金融企業からの借入金（貸出債権）、金融機関が保有する社債の買取り
　　ⓑ　債務企業に対する利子減免、償還猶予、分割償還等債務調整
　　ⓒ　債務企業、出資法人および出資転換法人に対する資金貸与・支払保証
　③　不実徴候企業の再建のためのコンサルティング支援
　　ⓐ　不実徴候企業に対する経営診断・再建案の提示
　　ⓑ　不実徴候企業のM&A斡旋、構造改善企業の資産売買仲介
　(D)　大宇グループの再生支援
　KAMCOがワークアウトプログラムに参加した案件には大宇グループの再生がある。1999年、大宇グループが破たんした。大宇グループは、当時韓国第2の財閥で、その破たんは経済界に大きな影響を与えた。KAMCOは、1999年8月から計6回、総額12.7兆ウォンを投入し投信会社、銀行などから大宇系列会社の不良債権35.9兆ウォンを買い取った。その後、買い取った大宇系列会社を再生・売却するため系列企業の統合・分割を行い、12社だった大宇の系列会社を23社に増やし、それぞれ個別にイグジット戦略を策定している。2011年6月までに23社のうち16社を売却・整理完了しているが、5社に関しては清算・破産となっている。
　　(イ)　CRV活用による再生
　企業再生支援は、KAMCO自身によるもののほか、中小企業資金支援を目的とした企業構造調整基金（CRF）、また外資系投資銀行と合弁で設立し

36　不実徴候企業とは、金融会社によって構成された団体が、与信取引企業の中、経営状態が不良で経営危機に陥り、不良化する可能性があると判断した企業をいう。
37　構造改善企業とは、吸収・合併・転換・整理などを通じて、リストラおよび財務構造改善を図っている法人および系列企業をいう。

〔図表55〕 大宇系列企業再生支援状況

12系列会社	23会社	主要支援手段	現在状況
㈱大宇	㈱大宇（存続）	会社分割、出資転換	破産申請 （06.5.25）
	大宇建設	出資転換	W/O 卒業 （03.12.30） M&A 終了 （06.12.15）
	大宇インタナショナル	出資転換	W/O 卒業 （03.12.30） M&A 終了 （10.9.20）
大宇重工業	大宇重工業（存続）	会社分割	破産申請 （05.2.22）
	大宇造船海洋	出資転換	W/O 卒業 （01.8.23）
	斗山インフラコア（大宇総合機械）	出資転換	M&A 終了 （05.4.29）
	㈱ロテム	n.a.	返済完了
大宇自動車	大宇自動車（存続）	会社分割、出資転換	裁判所管理
	大宇双竜車 GM 大宇 大宇仁川自動車 大宇バス	新会社設立	売却完了
大宇電子	大宇電子（存続）	会社分割、出資転換	破産申請 （06.6.19）
	大宇エレクトロニクス	出資転換	W/O
大宇通信	大宇通信（存続）	会社分割	破産申請中
	S&T 大宇（大宇精密）	出資転換	M&A 終了 （06.9.12）
双竜自動車		出資転換	M&A 終了 （05.1.17）
大宇キャピタル		CRV 設立	M&A 終了 （05.6.30）
大宇電子部品㈱		出資転換	M&A 終了 （06.2.1）

オリオン電気	該当事項なし	会社分割、出資転換	M&A 終了（05.5.9）
Keangnam Enterprise		出資転換	卒業(02.12.5)売却完了
ダイナースクラブコリア		CRV 設立	卒業(01.12.28)売却完了
大宇自動車販売		元金償還猶予	返済完了

出所：「韓国資産管理公社の機能と役割を再確立するための未来発展案」韓国金融学会（2011年7月）

た企業構造調整専門会社（CRC）や企業構造調整投資会社（CRV）への不良債権の売却を通しても行われた。CRVは資産流動化（ABS）の構造と同じである。すなわち、資産保有者（各金融機関）が資産（債権）をSPCに現物出資し、対価として受け取ったSPCが発行した証券（社債または株式）を投資家に売却して資金を回収するのが基本的な仕組みである。ただ、経営者を招聘して運営を任せるまたは、持分を経営手腕のある外部投資家に売却して運営を任せるところに特徴がある。

　CRVの事例としては、2001年に大宇財閥の傘下におかれたダイナースカードコリア社の再生がある。1984年米国ダイナースカードによって設立された同社は、1993年に大宇グループに吸収され、運営されてきた。その間カード会員と加盟店の大幅な増加など非常に順調な成長を遂げてきたが、1999年下半期大宇グループが経営難に陥ったことから、系列会社に貸し出した9500億ウォンの莫大な規模の貸出債権が不良化し、財務状態は急激に悪化した。よって、債権者団は1999年8月、同社をワークアウト対象企業と選定した。CRVに移転した対象資産はすべてダイナースカードコリアに対する金融機関の貸出債権で、すべての貸出債権に担保権はなかった。関係法令および内部規定によってCRVに現物出資できなかった金融機関が保有する債権4750億ウォンは、今後CRVに売却することを約定して、同債権をCRVに現物出資した場合、受けたはずのCRV持分、すなわち新株引受権を公開入札に付し、落札者が金融機関から債権を買い取るようにした。同新株引受権に入

札とともにCRV株式なども売却することとなり、CRV発行総株式の50%が売却された。入札の結果、現代キャピタルが単独入札し、落札した。現代キャピタルは50%のCRV株式を取得することになったが、ダイナースカードコリアの経営が軌道に乗った場合、さらにKAMCO所有持分のうち17%の持分を追加取得できる株式買取請求権が付与された。これは、株主総会での特別決議を可能にする持分比率である。本件は、外部経営者である投資家によって再建された事例である。

　(ウ)　その他の支援

　その後もKAMCOは再生に関与しており、2000年後半の主な支援業務は以下のようになっている。

(A)　貯蓄銀行の経営支援

　2007年サブプライムローン問題を発端としたグローバル金融危機発生後、不動産マーケットの不振に伴い、不動産プロジェクト・ファイナンス貸出不良債権が急速に増加した（2007年末0.3兆ウォン→2008年末1.4兆ウォン→2009年末1.2兆ウォン→2010年末6.2兆ウォン）。とりわけダメージが大きかったのは、貯蓄銀行だった。貯蓄銀行は、もともと地域に密着した庶民金融として1972年から発足した相互信用金庫であるが、2000年から政府の指導の下、信用金庫間の統合がなされ、いくつかの大きい信用金庫が誕生した。2002年金大中政権の時、総合信用金庫から貯蓄銀行に改組し、1人あたりの預金保護限度額を2000万ウォンから一般銀行水準の5000万ウォンまで引き上げた。ただし、資金運用ノウハウの欠如で、ほとんどの貯蓄銀行は、不動産プロジェクト・ファイナンス貸出しに偏った資金運用をしたため、不良債権が急増した。

　KAMCOは、2011年8月までに、484の不動産プロジェクトに関連する合計8.3兆ウォンのPF（プロジェクトファイナンス）債権の買取りを行った。ただし、不動産マーケットは、依然厳しい状況が続いており、買い取った債権の処理がなかなか進展しない状況となっている。貯蓄銀行を公的資金を利用してまで救済する必要性が本当にあったのか、モラルハザードが問題となっている。

〔図表56〕 企業構造調整関連制度の比較

区分	CRC	CRF	CRV
法的根拠	産業発展法	証券投資会社法	企業構造調整投資会社に関する法律
組織形態	商法上実態を伴う株式会社	Mutul fund形のPaper company	ファンド形態のPaper company
設立要件	資本金70億ウォン以上	Mutul fund設立要件	3人以上の発起人 資本金5億ウォン以上
投資対象	不実企業 構造調整の必要な企業を包括的に規定	再生可能な中堅企業 新規発行有価証券 金融機関のDES有価証券	約定締結企業[*1] 法定下管理企業
主要業務	構造調整対象企業の買取り、正常化支援、売却 不良債権買取り、ABS発行 構造調整業務代行	新規発行証券の引受け 経営コンサルティング	約定締結企業などの有価証券および資産売買 資金借入および支援 ABS発行
資産運用主体	CRCが直接構造調整遂行	専門AMCに委託	専門AMCに委託
経営権取得与否	経営権取得可能	有価証券投資に限定	経営権取得を通じた構造調整
性格	非金融機関性格 永久的非限定的	金融機関性格 暫定的、限定的	金融機関性格 暫定的、限定的（5年以内、1年延長）
構造調整対象企業	すべての不実企業および不実可能性のある企業	一時的な流動性不足が発生した中小・中堅企業	ワークアウト約定締結企業
構造調整方式	経営権取得を通じた構造調整	資金支援（有価証券買取り）	経営権取得を通じた構造調整
監督機関	産業資源部	金融監督委員会	金融監督委員会

出所： KAMCO不良債権売却方法（2002年4月）

*1：企業構造調整投資会社に関する法律に基づき、権利調整を通じて、債権保証金融機関らと企業改善約定を採決した再生対象企業を約定対象企業と称する。

(B) 海運業の支援

　2008年のグローバル経済危機により船舶運送が減少し、撒積船の用船料の急速・大幅な下落をもたらした。これにより海運大手の用船主および船主は大きなダメージを受けた。2009年4月に政府は「海運産業構造調整と競争力強化法案」を発表するとともに、KAMCO主導で40兆ウォン規模の構造調

整基金を設置し、運行中の船舶を買い入れ始めた。2011年8月までに、KAMCOは、3790億ウォンを投入し、4つの海運会社より計27隻の船舶を買い取り、韓国海運業の流動性を支援した。

(5) 最後に

　金融機関の債権買取りから債権者の地位を利用しての再生支援等、経済状況にあわせて業務内容を変化させて幅広く対応しているのが特徴である。また、公的資金の償還の可能性をめぐっての問題、企業価値ないし企業の存続支援をめぐってのモラルハザードや、さらに民業圧迫が議論される。しかし、再生にとって重要なことの1つにその迅速な処理がある。その面からKAMCOの金融・経済のセーフティ・ネットと企業再生支援の役割は一考の価値がある。

（高岡俊文）

2. アジア諸国

(1) はじめに

　アジア地域においては、20世紀後半から東アジア諸国を中心に経済成長が続いていたが、特に1990年代にかけて韓国、香港、台湾、シンガポールといったNIEs諸国、加えてタイ、インドネシア、マレーシア等のASEAN諸国においても著しい経済成長を遂げた。これらの諸国においては、1997年7月のタイバーツの実質的な切下げに端を発したアジア通貨・経済危機により多大なる影響を受けたものの、その後、短期間に不良債権処理を含めた諸改革を成し遂げた。さらに21世紀に入ってからは、グローバリゼーションの進展に伴い、中国やインドといった大国、ASEAN地域をはじめとしたアジア地域全体の経済成長が続いている。かかる経済成長に伴う企業の進出・国際展開によりアジア地域における国際的な取引、経済活動は著しく増加しており、また、今後もますます増加することが予想されるところ、企業活動および金融取引のインフラとなる効率的で透明性のある企業倒産・再建実務の充実がのぞまれることは論をまたないであろう。殊に、任意の参加を前提と

する私的整理手続においては、海外債権者にとっても受入れ可能な枠組みや多国籍企業についても適切な運用が担保される枠組みの構築と実務の充実が必要となろう。

以下では、主に、アジア通貨・経済危機を契機としたアジア諸国の私的整理手続実務の進展および主要国における私的整理手続実務の概要、さらには、アジア地域における多国籍企業等を念頭においた枠組みについて、簡単に紹介することとする。なお、本稿に述べる意見は筆者個人の見解であり、筆者の所属する会社の意見を述べるものではないことを申し添える。

(2) アジア通貨・経済危機を契機とした私的整理手続実務の進展

市場経済において、非効率な企業の淘汰という事象の発生が不可避であることを前提とすれば、法的整理手続実務に加え、その間隙を補う工夫、あるいは事業価値の毀損を回避するための積極的努力としての私的整理手続実務は、程度の差こそあれ、アジア諸国においてもアジア通貨・経済危機よりも相当程度以前から存在していた。もっとも、たとえば、英国法の伝統と実務を一定程度受け継いでいる香港等では、法的整理手続実務の充実を支えとする信頼性のある再建型私的整理手続実務が存在していたとされる一方、法的整理手続を忌避する文化的な背景や法制度そのものの不備を理由として私的な処理（踏み倒しや衡平性が担保されない中での財産の配分・回収による解決等を含む）が選択されていた国も存在していたようであり、私的整理手続とはいってもその実務水準は国・地域によってさまざまであった。

そのような中、1970年代中頃からの取組みの末、1990年代前半までに英国の中央銀行であるイングランド銀行が英国の銀行関係者との協議を経て形成し、実績を重ねていたとされる先進的な私的整理手続の枠組みであるロンドン・アプローチは、アジア通貨・経済危機において深刻な影響を受けてIMFの支援を受けることとなった韓国[38]、タイおよびインドネシアを含め、多額の不良債権の処理が必要となったアジア諸国においてさまざまな形で導

---

38 韓国については本稿の対象外としている。前記1を参照されたい。

入が試みられることとなった。結果的には、これらの諸国においては、債務者へのペナルティーとしての法的整理手続の不備や縁故主義的な経済構造といった公正な私的整理手続の推進を阻害する要因、さらには、多額の不良債権を迅速に処理しなければならないという経済情勢による制約もあり、ロンドン・アプローチを踏まえた民間当事者による任意のプロセスに加え、公的な仲裁機関による積極的な介入が行われ、あるいは不良債権が移管された公的な資産管理会社による[39]（裁判所外の手続ではあっても事実上強制力の働く）プロセスにより多額の不良債権処理が進められたという側面は否定できない。しかし、効率的で透明性のある私的整理手続実務の支えとなる法的整理手続に関する法制度の改正、規制や税制等に係る環境整備、さらには事業再生ビジネスに携わる実務家の養成や経験・研究の蓄積といった観点をも含め、アジア通貨・経済危機を契機として、アジア諸国における私的整理手続実務は大きな発展を遂げたといってよいであろう[40・41]。

なお、2000年10月には、国際的な倒産実務家団体であるインソル・インターナショナル（Insol International）により、ロンドン・アプローチの実務等を踏まえた私的整理の8つの原則の説明書であるインソル8原則（Statement of Principle For a Global Approach to Multi-Creditor Workout）が公表されたが、さらにインソル8原則およびアジア通貨・経済危機における経験をも踏まえ、アジア開発銀行（Asian Development Bank）の主導によりアジ

---

[39] 後述のインドネシアのIBRA（2004年閉鎖）、マレーシアのダナハルタ（2005年閉鎖）およびタイのTAMC（2011年閉鎖）並びに前記1にて紹介された韓国のKAMCOなどがある。これらの公的な資産管理会社の多くは時限機関であり、すでにその役目を終えたが、私的整理手続による事業再生の手法も使いつつ不良債権の回収を促進したことから、各国における私的整理実務の定着と発展に多大なる貢献をしたことがうかがわれる。

[40] ロンドン・アプローチとアジア通貨・経済危機における取組みについて、"The London Approach and Corporate Debt Restructuring in East Asia" MANAGINA FINANCIAL AND CORPORATA DISTRESS, LESSONS FROM ASIA 299頁以下ほか。

[41] 本稿では割愛しているが、2001年のトルコ金融危機を契機として、2002年6月にトルコの金融当局が承認し、トルコの商業銀行関係者が参加するイスタンブール・アプローチにおける私的整理手続の枠組みもロンドン・アプローチおよびアジア通貨・経済危機での経験を踏まえていると評価されている（"Corporate Restructuring; Lessons From Experience" 76頁以下ほか）。

ア地域の法的整理手続実務および私的整理手続実務を強化するための研究が進められ、後述のアジア銀行協会（Asian Bankers' Association）によるアジア地域の私的整理ガイドラインである ABA ガイドライン（Asian Bankers' Association Informal Workout Guidelines）の承認へとつながることとなった。[42]

(3) 各国における私的整理手続実務の現状

㈠ 香港

香港においては、英国による統治という歴史的経緯により、倒産法制を含めて英国法系の法体系を承継しており、また、法曹の質や裁判所の運用も含めて伝統的に実務水準は高いと評価されている。もっとも、法的整理手続について、清算型の手続については十分に機能しているものの、再建型手続については、和議手続（Arrangement）が存在してはいたものの、債権者の権利行使を停止する規定が存在しないことなどから事実上機能せず、結果として香港における再建型の債務整理はほとんどが私的整理手続によっていた。[43]

そのような中、1998年4月に、香港の銀行協会である HKAB（Hong Kong Association of Banks）は、ロンドン・アプローチを踏まえた私的整理手続のためのガイドラインを公表し、さらに同ガイドラインは、1999年11月には、その内容を充実させ "Hong Kong Approach to Corporate Difficulties" として HKAB と香港の金融管理当局である HKMA（Hong Kong Monetary Authority）との連名で発表された（ホンコン・アプローチ）。かかる枠組みは、任意の参加を前提としながら、HKAB と HKMA の強い支持もあり、現在まで香港における私的整理手続の枠組みとして実務に定着している。[44]

---

[42] ABA ガイドラインについて、高木新二郎「世界的私的整理ガイドラインの必要性」NBL981号32頁ほか。

[43] アジア通貨・経済危機以前における香港の倒産法制の状況等について、財団法人国際金融情報センター「アジア9カ国の倒産法整備の現状と実際の運用」（2000年3月）〈http://warp.ndl.go.jp/info:ndljp/pid/1022127/www.mof.go.jp/jouhou/kokkin/tyousa/tyou001.htm〉40頁以下ほか。

[44] ホンコン・アプローチについて、〈http://www.hkma.gov.hk/eng/key-information/guidelines-and-circulars/circulars/1999/circu_031199b.shtml〉（2014年4月6日アクセス）ほか。

(ｲ) **タ　イ**

　タイにおいては、英国法をモデルとして制定されたとされる従前の同国破産法（1940年制定）が主として清算手続を目的としたものであり、本格的な再建型手続が存在しなかったこと、また、清算手続においても、自己破産が認められないうえに時間とコストを要すること等から、法的整理手続が選択されることは多くはなく、大多数の倒産案件が私的な処理によって解決される傾向にあったようである。その後、アジア通貨経済危機の際に、IMFによる支援条件として破産法の改正・整備が要求されたこともあり、1998年および翌1999年の法改正により、破産裁判所の設立や会社更生手続の導入などがされ、法的倒産手続が整備された。[45]

　一方、私的整理手続については、1998年6月にタイ中央銀行の指導の下に金融機関の不良債権処理と民間企業のリストラを進めることを目的にタイ中央銀行と民間5団体によりCDRAC（Corporate Debt Restructuring Advisory Committee）が設立された。CDRACは、優先順位の高い案件を抽出するとともに、1998年9月にはロンドン・アプローチを基礎とした任意の私的整理の指針であるバンコク・アプローチを発表し、取組みを促そうとしたが、後に純粋に任意の取組みでは迅速な不良債権処理の進展が見込めないことが明らかとなった。そこでタイ中央銀行は1999年1月にCDRAC事務局（Office）を中央銀行内に設置し、優先度の高い案件について直接進捗を管理し、さらに、CDRAC事務局の主導により、再建計画策定のスケジュールや75％の債権額の債権者の賛成等による再建計画の承認等を定める債務者債権者間協定（Debtor-Creditor Agreement）および債権者間協定（Inter-Creditor Agreement）が作成され、多数のタイおよび海外の金融機関が参加することとなった。また、2001年には公的な資産管理会社であるTAMC（Thai Asset Management Company）が設立され、不良債権処理が進められること

---

[45] アジア通貨・経済危機以前におけるタイの倒産法制の状況等について、金子由芳「タイの倒産法改革動向(1)(2)──『アジア危機』の克服過程──」広島法学23巻4号71頁以下、24巻1号73頁以下ほか。

となった。[46]

(ウ) インドネシア

インドネシアにおいては、アジア通貨経済危機以前においては、倒産法制の不備や裁判所の腐敗・経験不足、さらには銀行設立の自由化により債務者と債権者が同一の企業グループに属することが多くなっていたこと等の経済構造上の問題もあり、企業が破たんした際に法的整理手続が選択される例は多くはなく、透明性・公平性が必ずしも担保されない私的な処理が利用されることが多かった。そのため、アジア通貨経済危機においては、IMFの支援条件として倒産法制の整備があげられ、1998年の破産法の改正や、破産手続専門の商業裁判所の設立などの改革が行われることとなるが、裁判官の経験不足等もあり、当初は必ずしも適切な運用がされなかったようである（なお、2004年に新破産法が制定された）。[47]

そのような中、私的整理手続については、企業の過剰債務問題への取組みとして、1998年にロンドン・アプローチの原則を取り入れた任意の参加を原則とするジャカルタ・イニシアチブと、これを支援・促進するためのJITF（Jakarta Initiative Task Force）が設立された。しかし、私的整理手続の透明性や実効性を確保するための支えとしての法的整理手続に関する（裁判所の運用を含めた）実務の脆弱性もあり、結果的に当初は成果が限定されていた。そこで政府は、2000年4月には、JITFに対して手続の進行に非協力的な当事者に対して一種の制裁を課す権限を与えるなどして取組み促進を図ることとなった。

また、インドネシアにおいては、破たん銀行を含めた国内債権者の不良債権の多くは公的資産管理会社であるIBRA（Indonesia Bank Restructuring Agency）に移管されたが、IBRAは悪質な債務者に対しては改正された破

---

46 バンコク・アプローチについて、〈http://www.bot.or.th/English/AboutBOT/related/CDRAC/Pages/BgInFoTh.aspx〉（2014年4月6日アクセス）ほか。

47 アジア通貨・経済危機以前におけるインドネシアの倒産法制の状況等について、財団法人国際金融情報センター・前掲（注43）4頁以下ほか。

産法に基づく破産申立ても含めた対応を行う姿勢を示し、私的整理手続による回収を推進した。[48]

㈐　マレーシア

　英国法の流れを受けるマレーシアにおいては、アジア通貨経済危機以前においても、法曹の水準を含めた法的整理手続実務のインフラがある程度充実しており、また、私的整理手続の実務も存在していたようである。

　アジア通貨経済危機の際には、IMFによる支援を受けるには至らなかったものの、不良債権処理の必要性から自発的に諸改革がなされることとなり、1998年6月には、資産管理会社であるダナハルタ（Pengurusan Danaharta Nasional Berhad）が設立され、ほぼすべての国内金融機関から移管された多額の不良債権を私的整理手続の手法をも用いながら強力に処理する一方、1998年8月には、マレーシア中央銀行の支援の下、CDRC（Corporate Debt Restructuring Committee）が設立され、私的整理手続の枠組みが公表されるに至った（なお、2001年8月には機能がより強化された）。

　このように、マレーシアでは、ダナハルタとCDRCという公的機関の積極的な関与・指導の下において、私的整理手続の手法を用いた不良債権の処理が進展することとなった。[49]

㈑　中　国

　中国（中華人民共和国）においては、1949年の建国以来、計画経済体制の下で、破たんした企業は国家の資金援助や他企業との合併によって救済されるのが常であり、1986年に国有企業を対象とした企業倒産法が制定された後も、労働者保護の観点や行政介入等から必ずしも法的整理手続実務は定着せず、1990年代において市場経済体制への移行が進展した後も多くの破たん企業の処理は裁判所外において行われていた。特に、1990年代後半においては、

48　ジャカルタ・イニシアチブについて、佐藤百合編「インドネシア・ワヒド新政権の誕生と課題」アジア経済研究所トピック（1999年12月）〈http://www.ide.go.jp/Japanese/Publish/Download/Topics/37.html〉第5章「インドネシア経済改革――金融部門の再構築」ほか。

49　アジア通貨経済危機におけるマレーシアの諸改革について、中川利香『マレーシア通貨危機と金融政策』21頁以下ほか。

国有企業への融資が多い四大銀行（中国銀行、中国工商銀行、中国建設銀行、中国農業銀行）における多額の不良債権が問題となったことから、1999年には、それぞれの銀行に対応する四大金融資産管理会社を設立して多額の不良債権を移管して処理することとなった。これらの金融資産管理会社は、当初より事業再生をその業務範囲に含めており、デット・エクィティ・スワップ（DES）等の手法も活用しながら集中的に事業再生と不良債権処理を行った結果、2006年末頃までには当初の目的をおおむね達成したとされている。[50]

このような中、民間企業も含めた企業に統一的に適用される近代的倒産法制である企業破産法が2007年6月1日に施行された。同法は、クロスボーダー倒産についての規定（普及主義の採用と海外倒産手続の承認についての規定）を含むものであり、アジア経済における中国の重要性に鑑みれば、実務の定着と発展が望まれるものである。また、私的整理手続実務においても、より市場原理に基づく当事者主導の債務再編モデルも模索されており、企業破産法の実務をも踏まえ、効率的で透明性のある私的整理手続実務の定着と発展が期待されるものである。

(カ) インド

英国法の流れを受けるインドにおいては、ロンドン・アプローチおよびアジア通貨危機でのタイ、韓国、マレーシア等の実務を踏まえた私的整理メカニズムの必要性が認識され、インド中央銀行等の主導により、2001年に私的整理手続の枠組みとして、債務者債権者間協定（Debtor-Creditor Agreement）および債権者間協定（Inter-Creditor Agreement）の契約的手法により債権額の75％超の債権者の賛成等により再建計画を承認する手法等を含めたCDRメカニズム（Corporate Debt Restructuring Mechanism）および同メカニズムにより債務整理を進めるためのガイドラインが発表された。CDRメ

---

[50] 中国における私的整理の状況について、胡利玲「裁判外再生成果の強化――中国における裁判外再生困難を解決する有効なルートに関する検討」（第2回東アジア倒産再建実務シンポジウムレジュメ集102頁以下）ほか。また、資産管理会社の状況等について、西崎賢治「中国における不良債権処理の可能性と今後の展望――資産管理会社を中心に――」中国経営管理研究3号32〜62頁ほか。

カニズムは2009年のガイドラインの改訂等を経てその後も発展を遂げ、現在も使用されている[51]。

(4) アジア地域で共有される私的整理手続の枠組み

すでに述べたとおり、アジア諸国の私的整理手続実務は、アジア通貨・経済危機を契機とした諸改革により大きく発展した。無論、各国が自国の状況に応じた取組みを行ったこともあり、その枠組みはそれぞれの国において相当程度カスタマイズされたものとなっているが、ロンドン・アプローチやインソル8原則等の国際的な研究の蓄積を踏まえて構築されたそれらの手続には一定の普遍性ないし共通性もあり、すでに海外債権者の参加を得ているものもある。

また、すでに述べたとおり、アジア開発銀行により私的整理手続の枠組みを含めた倒産処理実務の向上のための研究も進められ、これを受けて2005年10月にはアジア銀行協会によりABAガイドラインが承認された。現在までのところ、同ガイドラインが適用された事案は存在しないようであるが、引き続き、普及に向けた研究と活動が続けられている[52]。インソル8原則自体、各国による採用を意図した国際的な取組みといえるものであるが、さらに進んで、アジアにおける主要銀行が参加しているアジア銀行協会において承認されたABAガイドラインについては、今後アジア地域における多国籍企業等の私的整理において、一定の役割を果たすことも期待されるのではなかろうか。

(5) おわりに

アジア通貨・経済危機における経験や種々の研究が示すとおり、私的整理手続実務における効率性と透明性は、手続の枠組み自体のみならず、梃子となる法的整理手続実務の充実に大きく依拠するという点は論をまたないであろう。また、多国籍企業において、各国の裁判権をまたいで私的整理手続を

---

51 インドのCDRメカニズムについて、〈http://www.cdrindia.org/aboutus.htm〉（2014年4月6日アクセス）ほか。
52 髙木新二郎「グローバル私的整理ガイドライン」金融法務事情1971号50頁ほか。

試みる場合には、国際倒産に関する各国の法制の未整備もあり、法的整理手続との連続性・整合性の欠如、あるいは法的整理手続による場合との比較の困難性が問題となることもあろう。その点からも、引き続き世界の成長を牽引することが期待されるアジア諸国においては、事業再生の両輪としての法的整理手続実務および私的整理手続実務のさらなる充実に向けた努力並びに諸国間の協調が強く望まれるものである。

[主な参考文献]
　本文中に掲げたもののほか、以下のとおり。
福岡真之介＝金春『中国倒産法の概要と実務』(2011年・商事法務)
三井物産審査部・脇山達也ほか「アジア諸国の倒産・担保法制の概要(1)〜(11)」Credit & Law137〜147号
財団法人国際民商事法センター監修　アジア・太平洋倒産法制研究会編『アジア・太平洋諸国における倒産法制』(2000年・商事法務研究会)
"2009—UNCITRAL Practice Guide on Cross-Border Insolvency Cooperation" UNITED NATIONS COMMISSION ON INTERNATIONAL TRADE LAW (2009/7)
"Corporate Restructuring; Lessons From Experience" EDITED BY MICAEL POMERLEANO, WILLIAM SHAW. THE WORLD BANK (2005)
"Final Report April 2005; Promoting Regional Cooperation in the Development of Insolvency Law Reforms" ASIAN DEVELOPMENT BANK (2005/4)
"Statement of Principle For a Global Approach to Multi-Creditor Workout" INSOL INTERNATIONAL (2000/10)
"Managing Financial and Corporate Distress; Lessons From Asia" EDITED BY CHARLES ADAMS, ROBERT E. LITAN, AND MICHAEL POMERLEANO. BROOKINGS INSTITUTION PRESS (2000/9)
"Hong Kong Approach to Corporate Difficulties" HONG KONG MONE-

TARY AUTHORITY（1999/11）

（杉本　究／信夫大輔）

Ⅳ　ヨーロッパ

1.　イギリス

(1)　イギリスにおける私的整理の変遷

(ア)　ロンドン・アプローチ

　イギリスの私的整理の発展に関して、イギリス中央銀行（BOE：Bank of England）が果たした役割は小さくない。古くは1970年代の不況時代までさかのぼり、当時は公正な仲介者（Honest Broker）として債権者と債務者の間に入って債務者の事業再生を支援していた。1980年代は景気が回復したこともあって事業再生のニーズは弱まったが、その間に債権者のタイプが外資系金融機関や社債権者等にまで多様化したこともあり、1990年代に再び景気が悪化すると、より効果的な事業再生手法が望まれるようになった。特に当時は1986年に制定された倒産法（Insolvency Act）が当初想定されたように使われていなかったこともあり、あらためてBOEを中心としたロンドン・アプローチ（London Approach）とよばれる私的整理の枠組みが、明文化はされなかったものの実質的にスタートした。

　ロンドン・アプローチとは、もともとロンドンルール（London Rules）とよばれていたものがベースとなっているが、内容は事業再生の検討が必要な債務者に対して、債権回収行為を停止すること、債権者間の衡平性を保つこと等により、債権者の利益を損なわずに債務者の事業再生を促すものであり、その多くはこの後に倒産実務家国際協会（INSOL：International Federation of Insolvency Professionals）によって公表された私的整理8原則に引き継がれている。BOEが提唱したロンドン・アプローチは法的拘束力をもたなかったものの、当時のBOEは中央銀行としての役割のほか、現在の日本にお

ける金融庁のようにイギリスの銀行に対する監督権限を有していたため、多くのイギリスの銀行は基本的には従わざるを得なかったと推察される。

(イ) INSOL 私的整理 8 原則

　INSOL は国際的な事業再生の枠組みの創造を進める目的で1982年に設立された国際的な組織であり、イギリスが中心となっていることは本部がイギリス（6-7 Queen Street, London EC4N 1SP）におかれていることからもうかがえる。

　前述のとおり、INSOL はロンドン・アプローチの精神を引き継いだ INSOL 私的整理 8 原則という指針を2000年に公表しており、その主な内容は以下のとおりである。現在においても、イギリスにおける私的整理は、まず下記の INSOL 私的整理 8 原則を踏まえて進められており、その概要は下記(2)以降に述べるとおりである。

(A) 第 1 原則：回収停止期間

　債務者が財務的に困難な状況に陥っている場合、関係するすべての債権者は債務者に対して十分な（ただし限定的な）時間（「回収停止期間」：Standstill Period）を与えるように相互に協力するようにしなければならない。その間に、そのように取り扱うことが不適切である場合を除き、債務者に関する情報の入手・分析、そして債務者の財務上の困難を解消させるためのプロポーザルの作成・評価がなされることを企図している。

(B) 第 2 原則：権利行使禁止の同意

　回収停止期間中、関係するすべての債権者は、債務者に対して有する権利を実行し、もしくは与信残高を減少させる手続をとらないこと（ただし、第三者に対する債権売却のケースを除く）に合意しなければならない。ここで各債権者は、回収停止期間中、他の債権者と比較してそのポジションが不公平にならないことを主張する権利を有する。

(C) 第 3 原則：回収停止期間開始日の状態の維持

　回収停止期間中、債務者は、回収停止期間開始日の状況と比較して、関係する債権者（全体・個別問わず）の回収見込額に悪影響を与える可能性のあ

る行動をとることはできない。

　(D)　第4原則：協調行動

　関係する債権者の利益は、財務的に困難な状況に陥っている債務者に対して協調して対応することによって最大限守られることとなる。そのような協調は、1名もしくは複数名の調整委員会の代表者の選任によって、もしくはそのような委員会、あるいは適切な場合にはプロセスに参加する関係債権者グループに対して、助言やサポートするプロフェッショナル・アドバイザーを任命することによって、促される。

　(E)　第5原則：情報開示

　回収停止期間中、債務者は、財務状態および関係する債権者に対して示されるプロポーザルについて適切な評価がなされるように、資産、負債、ビジネス、将来見込みに関するすべての関連情報を提供する必要があり、かつ、関係する債権者とそのプロフェッショナル・アドバイザーがこれらの情報に合理的かつタイムリーにアクセスできるようにしなければならない。

　(F)　第6原則：回収停止期間開始日の状況の反映

　債務者の財務上の困難を解消するためのプロポーザル、そして（実現可能な限り）回収停止に関する関係債権者の合意は、回収停止期間開始日における関係する法令と関係債権者の相対的ポジションを反映していなければならない。

　(G)　第7原則：関連情報の取扱い

　債務者の資産、負債、ビジネス、そして財務的な困難を解消するためのすべてのプロポーザルに関して入手される情報は、すべての関係する債権者に対して利用可能でなければならず、かつ、公開情報である場合を除き、守秘情報として取り扱われなければならない。

　(H)　第8原則：追加融資の優先的地位

　回収停止期間中、あるいは救済・再生計画に基づいて追加的な資金が提供される場合、そのような追加的な資金に対する返済は、実現可能な限り、関係する債権者の有する他の債権もしくは請求権と比較して、優先的な地位が

与えられなければならない。

(2) 私的整理の概要

(ア) 債権者委員会の組成と現状分析

私的整理では、債務者、債権者、株主、従業員、取引企業等の多くの利害関係者のうち、債務者および債権者である銀行が関与するケースが多い。その他の利害関係者が私的整理に直接関係することは通常あまりないが、たとえばファンド等が新たにスポンサーとして私的整理に関与するケースが考えられる。

まずは、融資残高の多い銀行が主体となって債権者委員会が組成され、当該債務者の再生可能性があるかどうかを判断するため、そして各債権者の権利関係を確認するため、現状確認を行う。その際に、案件の規模・複雑性にもよるが、最近ではアドバイザーを任命し、そのアドバイザーが第三者事業評価（IBR：Independent Business Review）を実施するケースが増えている。IBRで分析する内容は案件によって異なるが、一般的に以下のような事項を確認する。

① 貸借対照表
　ⓐ 現預金残高の実在性
　ⓑ 短期的な資金繰り計画
　ⓒ 長期的な資金繰り計画
　ⓓ 資産・負債（簿外債務・年金債務等も含む）項目の内容・再評価額
② 損益計算書
　○ 過去の正常収益力
③ ビジネス
　ⓐ 市場環境
　ⓑ 競合企業の状況
　ⓒ コア・ノンコア事業の分類
　ⓓ 当該事業の成長性・将来性
　ⓔ 事業の全部・一部売却の可能性

④　計画
  ⓐ　過去の事業・再生計画と実績の差異
  ⓑ　現在の事業・再生計画の実現可能性
⑤　借入金の状況
  ⓐ　金融債権者
  ⓑ　借入金の内容（優先劣後、借入金残高、担保等）
⑥　その他
  ○　マネジメントの能力

また、IBRでは上記の分析を踏まえて、債権者と前提条件について協議のうえ、事業再生の可能性や債権者にとって望ましいと思われる選択肢（返済計画の変更等）を評価・検討することもある。

　(イ)　再生計画の策定・合意・実行

IBRの結果、事業再生の可能性があると債権者委員会が判断した場合、再生計画の策定フェーズに進む。一方、事業再生の可能性がないと債権者委員会が判断した場合には、必然的に清算手続に移行することになる。

債務者が再生計画を策定する際、会計や税務の専門アドバイザーを起用するケースも多く、策定後には債務者がアドバイザーとともに債権者委員会に対して再生計画を説明する。通常、再生計画が1回で合意に至るケースは少なく、債権者委員会の要望・意見を検討し、何度も説明・交渉を繰り返して、最終的に債権者委員会の合意をとりつけることができれば計画策定のフェーズは終わり、その内容を協定書に反映させて協定書の調印によって正式に再生計画が成立したことになる。

日本と異なり、イギリスでは事業再生の対象会社のマネジメントとして再生計画を実行する事業再生専門家（CRO：Chief Restructuring Officer）がいるため、再生計画策定時に債務者のマネジメントの評価が芳しくないときには外部からCROを任命することについても検討される。再生計画成立後は、債務者のマネジメント（外部から登用されたCROも含む）が計画を実行し、債権者は合意した再生計画に基づいて支援していく。

(ウ) 私的整理期間中の回収停止

　INSOL 私的整理 8 原則の第 1・第 2 原則で触れられている回収停止は、利払いの停止も含め、貸出金の回収行為を行わないことを合意することによって、私的整理期間中の債務者の資金繰りを助けることを目的としている。

　回収停止に関しては、その開始時期、期間、内容（対象債権、利息）、該当する債権者、手数料の有無等について合意する。イギリスでは、日本のような主力銀行の負担が大きくなる、いわゆるメイン寄せ、ということはなく、債権者の融資残高に応じた負担（プロラタ・ベース）が一般的であるため、特に回収停止期間開始時の融資残高の確定が重要な位置づけを占める。また、回収停止期間中には、弁済要求、担保権の実行を含む回収行為等が禁止されることが多い。

(エ) 新規融資

　INSOL 私的整理 8 原則の第 8 原則で規定されているとおり、私的整理手続中に実行された新規融資債権は、通常、既存融資債権よりも優先して弁済を受けることになるが、この優先権は私的整理に合意しない債権者に対しては主張することができない。イギリスでは、米国ほど事業再生局面にリスク・マネーを提供できる投資家がいないこと、そして大手銀行の数が少ない寡占状態で頻繁に交流していることから、新規融資を拒否して手続を停滞・失敗させた際の他行への影響、ひいては他案件における他行との関係等を勘案し、既存債権者による新規融資が比較的多いと思われる。

(オ) 法的整理の活用

　イギリスでは、元来、債権者の回収の最大化に重点がおかれており、極端な場合には再生の可能性がある企業に対しても清算手続を推し進めることがあったといわれているが、近年では財務的に困難な状況に陥った債務者を清算するより救済したほうが債権者の回収額も増額する可能性がある、という意識が高まっている。

　一方で、日本と同じく、イギリスにおいても法的整理は「事業の失敗」のイメージが強く、法的整理のニュースが報じられると事業を著しく毀損して

しまう可能性が依然として高いため、私的整理を進めていくうえで、法的整理へ移行する場合との比較検討により債権者の同意を得る、というプロセスをとる場合もある。以下は法的整理の概要である。

(A) 法的整理の概要

イギリスでは、1985年会社法（Companies Act）、1986年倒産法（Insolvency Act）、2002年事業法（Enterprise Act）の3つの法律によって、会社の清算および再生を目的とする手続が規定されており、その中でも再生目的を含む手続としては主に以下の3つがあげられる。

① 会社管理手続（Administration）〈Insolvency Act, Enterprise Act〉
   ⓐ 会社管理手続は、集合的な債権者の手続であり、あらゆる債権者の行動に対して支払猶予（Moratorium）が設定される。
   ⓑ 管理人（Administrator）が任命されると、取締役の権限はほとんどなくなり、管理人が経営権を握る。
   ⓒ 会社管理手続の目的は継続企業（Going Concern）として企業を救済することにある。仮に継続企業として救済ができなかった場合には、一部事業売却等により、債権者にとって清算よりも良い結果となることをめざす。それらがいずれも困難な場合には、担保権者・優先債権者に対して資産を換価して配分する。
   ⓓ 後述するCVAや会社整理計画と一緒に利用することも可能である。

② 会社任意整理（CVA：Company Voluntary Arrangement）〈Insolvency Act〉
   ⓐ 債務者は、整理委員（Nominee）のサポートを得て、プロポーザルを準備する。整理委員になれるのは倒産実務士（IP：Insolvency Practitioner）という資格を有した者のみである。
   ⓑ プロポーザルは債権者集会で提示され、投票が行われる（金額ベースで75％以上の賛成が必要）。
   ⓒ CVAが承認されれば、イギリスの倒産実務士の管理下で手続が進められる。

ⓓ　会社管理手続と異なり、支払猶予の効力がないため、必要に応じて債権者団と支払猶予について個別に合意する。
　　ⓔ　裁判所の関与が少ないため、一般的に会社整理計画より債務者が負担するコストが安いといわれている。
　③　会社整理計画（Scheme：Scheme of Arrangement）〈Companies Act〉
　　ⓐ　会社法に基づく手続で、債務者、債権者、そして株主間の合意をめざす。
　　ⓑ　債権者と株主はそれぞれの権利に応じて異なるクラスに分類される。
　　ⓒ　手続は裁判所の監督下で進められる。整理計画の集会の招集には裁判所の認可が必要である。
　　ⓓ　それぞれのクラスは個別に集会を開催する。計画認可の手続には、集会への出席者の50％、債権額で75％以上の賛成および裁判所の認可が必要である。

(B)　CVAの活用

　法的整理の選択肢の1つであるCVAは、以前はあまり活用されていなかったが、近年になって小売業を営む企業を中心に利用されるケースが増えている。その理由は、裁判所の関与が限定的であり、債権者との事前交渉の結果に応じて比較的柔軟に対応ができること、また対象とする債権者を金融機関だけではなく、窮境原因の1つとしてあげられる収益性に比して高い家賃設定をしている賃貸人まで広げられることなどがある。CVAを活用した事業再生の例としては、スポーツ用品を販売しているJJB Sports（2009年と2011年の2回CVAを実施）、同じくスポーツ用品を販売しているBlacks Leisure（2009年、その後2011年に会社管理手続）、スポーツジムを運営しているFitness First（2012年）、ホテルを運営しているTravel Lodge（2012年）などがあげられる。

　　(3)　各選択肢の比較
　〔図表57〕は、事業再生を専門とするアドバイザーが、実際に債務者企業の再生手法を選択する際に検討する主なポイントを示したものである。

〔図表57〕 再生手法の選択の主なポイント

手続	特徴	利点	留意点
私的整理 Company rescue/ restructure outside a process	・法的手続が不要 ・債務者は業務改善を通じて財務的困難な状況を脱することを企図する ・BS改善のため、債務の株式化（デット・エクイティ・スワップ）などを組み合わせることもある	・債務者企業の存続 ・事業価値を維持 ・重要な商取引を維持 ・税務損失のメリットを確保できる可能性あり	・債権者からのアクションを法的に防ぐことは不可（あくまでも紳士協定） ・重要な利害関係者からのサポートが必要 ・すでに発生しているコストをカットすることが難しい（従業員コスト・年金コスト等）
会社管理手続 Administration	・あらゆる債権者の行動に対して猶予期間を設定することができる包括的管理手続 ・管理人を任命後、取締役の権限はほとんどなくなり、管理人が経営権を握る ・再生計画は、債権者の過半数の賛成が必要	・債権者に対して非常に強い拘束力をもつ法的整理手続 ・ノン・コア事業の売却がプロセス内で可能 ・（CVAやScheme内で）再生計画を策定する間、モラトリアム設定が可能	・公表による負のインパクトが大きい ・供給契約違反に該当して供給がストップする場合がある ・管理手続中の資金手当てが必要
プレ・パッケージ型 会社管理手続 Pre-pack administration	・管理人が任命されると同時に事前に合意された事業売却が行われる会社管理手続	・通常の会社管理手続より事業に与える負の影響が小さい ・迅速な手法 ・売却代金により、すぐに債権者に対する返済が行われる	・会社管理手続と同じ ・事前に合意された事業売却のプロセスに関して説明責任がある ・公正価値による取引であることを示す必要がある

会社任意整理 CVA	・債務者がプロポーザルを作成し、整理委員が裁判所に報告 ・すべての知れたる債権者に通知 ・再生計画は債権者の75%（金額ベース）以上の賛成が必要	・コストが安い ・EU域内で比較的認知度の高い手続である ・近年では、小売業を営む企業において、店舗オーナーに支払う家賃の引下げにつながるケースも多い	・支払猶予制度がない ・実施前に相当な事前交渉が必要 ・すべての債権者を対象に賛否を問うため、権利の中身が異なる債権者が存在する場合、計画の一部を切り出して別の計画案として関連する当事者のみを集めて承認することができるScheme（後述）と比較すると、賛成多数が得られにくいという点がある
会社整理計画 Scheme of Arrangement	・債権者と株主はそれぞれの権利に応じて異なるクラスに分類される ・裁判所の監督下で手続が進められ、整理計画の集会の招集には裁判所の認可が必要 ・それぞれのクラスは個別に集会を開催 ・計画認可の手続には、集会への出席者の50%、債権額で75%以上の賛成が必要	・倒産手続ではない ・反対を表明する債権者グループがあったとしても、当該グループにとって有利となる場合には、計画に従わせることが可能 ・すべての債権者・株主が関与する必要はなく、影響を受ける関係者のみでの手続が可能	・支払猶予制度がない ・裁判所主導で手続を進めるため、時間がかかり、また、コスト負担が大きくなる可能性がある ・EU域内での認知度がそれほど高くない

実際には、清算手続等、〔図表57〕以外のオプションも含め、あらゆる角度から検討を進めるが、その際には関係当事者に与える影響、そしてそれらを踏まえて策定された再生計画の認可の可能性が重要なポイントとなる。

前述したとおり、イギリスにおいて法的整理は、たとえ再生目的であったとしても依然として「事業の失敗」という評価を受けてしまい、事業の毀損につながるリスクがあるため、まずは私的整理での再生可能性が模索されることとなる。

[参考文献]

柴田義明「イングランドの会社再建手続について」海外司法ジャーナル5号70頁以下

内閣府産業再生機構担当室「各国の事業再生関連手続について──英仏米の比較分析──」〈http://www8.cao.go.jp/sangyo/1213zenbun.pdf〉

JETRO「英国会社法改正（The Company Act 2006）」ユーロトレンド2011.2

事業再生研究機構編『事業再生ファイナンス』（2004年・商事法務）

INSOL International "*Statement of Principles for a Global Approach to Multi-Creditor Workouts*"

Samantha Bewick, KPMG LLP "*Practical Uses of a Scheme of Arrangement‐Marconi plc and Marconi Corporation plc*" INTERNATIONAL CORPORATE RESCUE

KPMG "*The West Lothian question in voluntary arrangements*" RECOVERY SPRING 2012

（中村吉伸／舟橋宏和）

2. フランス

(1) 概　観

わが国では1991年にバブル経済が崩壊してから、景気が急速に悪化し、事

業破たん、消費者の多重債務問題が深刻化した。こうした状況下、1996年に法務大臣は法制審議会に倒産法制の見直しの諮問を発し、その成果として、1999年以降、倒産処理法が全面的に刷新された。並行して、政府は産業活力再生特別措置法（産業活力再生法。その後、産業活力の再生及び産業活動の革新に関する特別措置法に名称変更され、2014年1月20日に廃止）、中小企業者等に対する金融の円滑化を図るための臨時措置に関する法律（金融円滑化法）など事業支援、事業再生のための施策を立案・実行してきた。わが国の事業再生対策は、倒産処理法という法律上の対策と事業支援施策が並行して整備されてきたのである。

　事情はフランスも同じである。バブルの崩壊はフランスでも同様に爪あとを残し、1990年代の倒産件数は高い水準が続き、景気の停滞も顕著であった[53]。そしてフランスでも事業再生のために倒産処理法の改正とともに事業支援施策を提供してきた。グローバル化は経済の一体化を進め、事業再生への対応策もスタンダード化させているということができる。

　現在のフランスの事業再生の枠組みとして、倒産処理法上の制度（(2)）と事業再生支援策（(3)）、起業支援策（(4)）をみることにしよう。最近の2008年のリーマン・ショックはフランスも例外でなく、その後も景気は低迷している[54][55]。自国産業の空洞化、積極的な事業再生支援も財政赤字の制約があること、これらもわが国と同じであり、フランスの対策の多くはわが国に類似の制度を見出すことができるが、下記(2)(エ)(C)および(E)は同国独特である。

(2) 倒産処理法上の制度

　法的な倒産処理手続は、期限の到来した債務を継続的、一般的に返済でき

---

[53] フランス倒産法処理法の改正に際して上院に提出された資料では、1985年の倒産件数は約2万6000件であったが、1990年には約4万7000件、1993年には約6万8000件と増加し、1997年までほぼ6万件であった。

[54] 2007年7月にベア・スターンズ、同年8月初めにドイツ産業銀行がサブプライム・ローンによる損失を被り、同年8月9日にフランスの大銀行BNP-Paribasが16億ユーロの投資ファンドを凍結し、信用リスクに対する不安感が急速に広がった。

[55] フランス国立統計経済研究所（INSEE）の公表統計では、同国の経済成長率は2008年に▲0.1％、2009年に▲2.7％とマイナスが続いた後、ようやく2010年に＋1.5％を示した。

ない債務者についてとられるものであり、これはフランスも同様である。制度趣旨や目的といった大枠に差はないが、細かい点では相当異なった点がある。特にフランス倒産処理法の特徴を理解するうえで、下記の諸点は重要といえよう。[56]

(ア) 商人倒産主義

フランスでは倒産処理法が現在も商法典に編集され（第6編「窮境にある事業」）、伝統的に商人倒産主義をとっている。ここでいう商人とは営利会社、個人事業主を含み、また当初は含まれていなかった職人や農業経営者、専門職（弁護士など）も現在は含まれている。したがって同国の倒産処理の範囲は、わが国では信用調査会社が公表している企業倒産の範囲に近いといえるが、フランスの倒産処理件数はわが国の企業倒産件数よりも圧倒的に多い。[57]なお本稿では特記しない限り、引用条文は商法典の条文である。

(イ) 商事裁判所の管轄

フランスでは倒産処理手続は、一部地域を除いて[58]、商事裁判所が管轄する[59]。商事裁判官は、原則として各地の商工会議所の会員から互選される。素人裁判官であるが、現に実業の世界の紛争や問題を迅速、かつ無報酬で解決しており、実業界の自律・独立という矜持がある。

---

[56] 本文の3点のほか、フランスでは「支払停止」が倒産処理の手続開始原因であることも特徴の1つである。わが国では法人の破産手続開始原因は、支払不能または債務超過であり、支払停止（銀行取引停止処分など）は支払不能を推定させる事実にすぎない。ただしフランスでは「支払停止」の概念が実質的に変化し、支払不能に近づいている。同国の倒産処理については、小梁吉章『フランス倒産法』と同「2008年フランス債務整理法改正の意義」広島法学33巻2号254頁を参照。最近の動きについては、同「フランスにおける倒産法の改正の動き」国際商事法務41巻9号1293頁を参照。

[57] 信用情報会社アルタレスと会計事務所デロイトの2013年3月の共同レポートによると、フランスの2012年の倒産件数（裁判上の更生手続と清算手続の合計）は5万9780件である、わが国の信用調査会社による同年の企業倒産件数は約1万2000件である。人口、経済規模はわが国がフランスの約2倍であるから、事業破たんの深刻度はわが国以上であろう。

[58] フランス東部のアルザスの2県とロレーヌ地方のモーゼル県については、19世紀後半のドイツ占領時代から倒産処理は商事裁判所ではなく、大審裁判所商事部が管轄している。

[59] 商事裁判所の管轄は、商人、金融機関の紛争、商行為をめぐる争い（L721-3条）、手形に関する争い（L721-4条）とされている。

(ウ)　倒産処理の懲罰的性格

　わが国でも倒産にはネガティブな評価がつきまとうが、フランスでも伝統的に倒産処理手続は懲罰的であった。1967年の法改正は経営者個人に対する懲罰という性格を除いたが、同時に裁判上の更生・清算手続を開始し債権者に対する債務を完済できない場合、経営者個人に残債の補てん責任を命じることができる旨が規定された。現在、これは裁判上の清算手続の場合に限られてはいるが、企業経営者に心理的な圧迫を加えるものである。

　(エ)　フランスの事業再生のための法制度

　上記を前提に、フランスの事業再生のための法制度をあげれば以下のとおりである。

　(A)　商事裁判所による警報制度[60]

　これはわが国には存在せず、また導入しようとしても商事裁判所がないから不可能である。フランスでは企業の会計書類は商事裁判所に提出される（L232-21条〜23条）。商事裁判所は、計算書類や租税・社会保険の納付状況、手形の不渡情報などから個別企業の倒産の前兆を知ることができ、業況に懸念があると判断すると、商事裁判所は書面で経営者を召喚し、対策を問い質す（L611-2条）。これを一般に警報制度（alerte）とよび、1984年の法改正で設けられた。経営者が業績悪化という現実を直視したがらず、何とかなるといった淡い楽観論を抱き、手をこまねいて抜本策をとりたがらないことは洋の東西を問わない。商事裁判所が後見的に経営者の目を覚醒させることが目的である。この制度が可能なのは、商事裁判所が税務・社会保険当局等と個々の企業情報を共有する態勢があることであるが、同時に実業の世界の問題を商人が自律、独立して解決するという自負心の表れでもある。なおこの制度の対象は、会社だけではなく、個人事業主も含まれる。また、商事裁判所の職権による召喚・質問とは別に、会社の監査役は企業の経営の継続を脅かす事実があれば、経営者に対策をとるように注意を喚起する義務があり、

60　警報制度の詳細については、小梁吉章「事業倒産の予防における裁判所の機能——ベルギーとフランスの場合」広島法学31巻2号230頁を参照。

対策がとられなければ商事裁判所に報告しなければならない（L234-1条）。また企業委員会（comité d'entreprise）はフランス固有の制度で一種の会社の労使協議の場であるが、この委員会では経営者から業況や経営方針について情報が提供されるが、組合は経営者に業況などについて説明を求める権利が認められている（労働法典L2323-78条）。これも経営者への注意喚起の制度である。

(B) 公的会計コンサルティング（groupement de prévention agréé）

フランスでは1984年の法改正によって、会計コンサルティング制度が設けられた（L611-1条）。規定では「すべての商事会社・民事会社は、各州に国家の代表の決定により認可される倒産予防協会に加盟することができ」、「同協会は、コンフィデンシャル・ベースで加盟会社の会計・財務データを分析し、定期的に提供する」とされている。認可された倒産予防協会に対しては、地方公共団体が直接、間接に援助をしている。

わが国では、2003年に改正された産業活力再生法に基づいて、各都道府県に商工会議所等の認定支援機関を受託機関とする中小企業再生支援協議会が設けられている（同法41条）。フランスの倒産予防協会も、中小企業を対象に会計コンサルティング・サービスを提供している点では類似しているが、わが国の中小企業再生支援協議会が発足以来2011年9月までに2万3000社の相談に応じ[61]、特に地方における中小企業の再生に重要な役割を果たしていることに比べると、フランスの倒産予防協会の活動は低迷しているようである。公的なサービスではあるが、有償であることが原因の1つであろう。

(C) 倒産予防のための調停手続（procédure de conciliation）

フランスでは1967年の法改正により、支払停止（倒産処理手続開始原因）が生じる前の倒産予防の手続が設けられ、1984年に中小企業向けの和解的整理手続として整備された。さらにバブル経済の崩壊後の1994年、パリ商事裁

---

[61] 中小企業庁「中小企業再生支援協議会の活動状況について（平成23年12月22日）」〈http://www.smrj.go.jp/keiei/dbps_data/_material_/common/chushou/b_keiei/saisei/pdf/katsudo/shihanki/H231222_saisei_katsudo.pdf〉を参照。

判所の実務を取り入れるとともに、従来、中小企業に限定していた制度を拡大し、整備した。これに特別受任者（*mandataire ad hoc*）と調停人（*conciliateur*）の2つがある。いずれも商事裁判所における手続である。[62]

　まず企業経営者・個人事業主が支払停止の状態にはないが、事業経営上困難な問題を抱えた場合、商事裁判所の所長に特別受任者の選任を申し立て（L611-3条）、商事裁判所の所長が選任する。特別受任者の職務の内容、その期間は法定されておらず、職務は商事裁判所の所長が個別に定めるので、機動的な運用が可能である。選任されたことは官報には公告されないので、一般には知られない。ただし、特別受任者が選任されても申し立てた企業に対する強制執行を停止させる効果はない。

　また企業経営者・個人事業主が、業績の悪化に直面し、資金調達に困難を来した場合、商事裁判所の所長に調停人の選任を申し立てることができる（L611-4条）。調停人の職務期間は原則として4カ月で（L611-6条）、職務はもっぱら債権者・債務者間の債務整理の調停に限られる（L611-7条）。調停人の選任も公告されないが、調停人による手続が進行している間は個々の強制執行の停止を命じることができる（L611-7条は民法典1244-1条から1244-3条を準用）。仮に、調停人による調停が不調に終わっても、支払停止という状態になければ、倒産処理手続は自動的には開始されない。裁判上の更生手続、清算手続が開始されるのは、あくまでも支払停止という事実が生じた場合である。

　この2つの制度の運用は具体的には、まず外部に知られることのない特別受任者を選任してもらうことから始まる。債権者との債務整理の交渉を委ね、この段階で債務整理計画について債権者の合意を得れば、和解による私的整理が成立し、債務の問題は解決される。

　債権者を拘束する必要があれば、調停人の選任を申し立てることになる。調停人が債権者・債務者間の債務整理計画をまとめると、原則として債務者

62　特別受任者の職務は債務整理の調停に限られないので、調停制度は正確には調停人による手続だけである。

285

と債権者が裁判所に「確認」（constat）を求める（L611-8条）。裁判所の確認は、後見的なものである。債務整理計画は契約であるから、合意した債権者だけが拘束され、確認の事実は官報には公告されない。一方、債務者が申し立てれば、商事裁判所は債務整理計画を「認可」（homologation）する（同条）。裁判所は決定によって債務整理計画を認可するので、債務整理したことは事後的に第三者も知ることになる。

「確認」は第三者にはわからず、一方、「認可」は公告される。このいずれを選ぶかは債務者の判断である。債務整理計画が認可されれば、整理計画を履行している間は個別の手続の停止効が維持され、また計画の履行中に金融機関のニュー・マネー・ファイナンスを受けるには、確認ではなく、認可が必要である（L611-11条）。また、認可を受けるためには、債務者は支払停止の状態にあってはならず、また債務整理計画は合意に加わらなかった債権者の利益を損なうものであってはならない（L611-8条）。

この調停手続については、成功と評価されている。[63] わが国には特定調停の制度があるが、フランスのこの手続は会社・事業者を対象とし、一方、わが国の特定調停は主として個人の多重債務整理の手段であるという違いがある。ただし後記の(E)を組み合わせると、倒産処理手続の開始前に調整役が登場するという点では、わが国の事業再生ADRに機能が似ている。

(D) **倒産予防の事業救済手続**（*sauvegarde des entreprises*）

事業救済手続は、2005年のフランス倒産処理法改正の目玉であった。それまでフランスの倒産処理手続は支払停止となった債務者について裁判上の更生手続と清算手続を規定していた。法律上は、裁判上の更生手続を優先し、更生が不可能と判明すると清算に移行したが、実際には裁判上の更生手続はもっぱら事業の譲渡と経営者の交替を目的とした手続であって、この手続に入った債務者の約9割が清算になっていた。これは更生手続の開始原因が支

---

[63] R. Dammann et S. Schneider, *La sauvegarde finacière accélérée*, D., 2011, p.1430. 2013年9月3日の法案（後記参照）では肯定的評価をしている。なお司法統計によると、特別受任者の申立ては、2007年に390件、2010年には1608件、調停人の申立ては同じく354件、916件である。

Ⅳ ヨーロッパ

払停止であったためである（2005年改正前の L622-1条）。わが国でも再建型倒産処理法であった旧和議法の開始原因は「破産の原因たる事実ある場合」（同法12条）であったので、これも一因として、十分に機能していなかった。わが国の民事再生法は手続開始原因を「債務者に破産手続開始の原因となる事実の生ずるおそれがある」こと（同法21条）に改めたが、フランスでも2005年改正によって、債務者が支払停止ではないが、そのおそれがある場合に事業救済手続を開始することとしたのである（L620-1条）。現在、フランスでは倒産処理法は事業救済手続を中心に構成され、裁判上の更生手続は事業救済手続の規定を準用する形になっている。またフランスの事業救済手続はDIP（L622-1条、L622-3条）、手続中の事業継続（L622-9条）、個別手続の停止効（L622-21条）、財産の評定と債権届け・調査確定（L622-6条、L624-1条、L625-1条）、再建計画の策定（L626-1条）などわが国の民事再生手続に類似している点が多いが、フランスの事業救済手続では、担保権者も手続に取り込まれること（L622-25条）、再建計画の決議は、債権者委員会が設けられる場合はその決議により（L626-30条）、債権者委員会がない場合には裁判所の決定によること（L626-9条）、債権者委員会が設けられるのは中規模以上の企業に限られ（L626-29条）、しかも金融機関債権者委員会と商取引債権者委員会の2種類であること（L626-30条）など大きく異なる点もある。

フランスの事業救済手続は2005年に設けられ、2006年初頭に施行され、利用件数は順調に増えている。わが国の通常の民事再生手続の既済件数は、2005年の1010件をピークに数百件で推移しており、経済規模を考慮すれば、

---

64 わが国の民事再生法の制定にあたっては、アメリカ連邦倒産法上のチャプター11手続が参考にされたが、フランスの事業救済手続の制度設計にあたっては、アメリカ連邦倒産法に加えて、先行したわが国の民事再生法なども参考にされている。

65 事業救済手続で債権者委員会が設けられるのは、従業員が常時150人超または総売上高2000万ユーロ超の会社で監査役が選任されているものである。労働債権を有する者、租税債権者は、委員会に含まれない。

66 わが国の会社更生手続では更生債権者委員会と更生担保権者委員会の2つの債権者委員会があるが制度の立法趣旨は異なる。

67 事業救済手続の申立件数は、2006年516件、2007年593件、2010年には1567件となっている。

その利用度はわが国の民事再生手続以上である。また従来、フランスでは裁判上の更生手続が開始されるとほとんど清算に移行していたが、事業救済手続を新設してからの2007年から2011年の4年間では、裁判上の更生・清算に移行した割合は18％、25％にとどまっている[68]。事業救済手続の新設目的であった事業再生には相応の効果があったといえる。

(E) 金融債権者に限定した事業救済手続（*sauvegarde financière accélérée*）

これはわが国では類似したものがなく、参考に値する手続である。

上記のとおり、フランスの中規模以上の会社の事業救済手続では、債権者委員会が構成されるが、2010年に法律で事業救済手続の特例が設けられた（法律第2010-1249号による。L628-1条～L628-7条）。一般に倒産処理手続は包括執行とよばれ、原則として全債権者に及び、フランスでも従来の事業救済手続では、手続開始前に原因のある債権についてはすべて返済を禁じられている（L622-7条）が、この特例では、開始される手続の対象は金融機関債権者に限定されている。「半包括執行」（*semi-collective*）とよばれるゆえんである。つまり商取引債権者は対象外であり、債務者はこれらの債権者には債務を支払い続けることができる。すでに2009年4月のオートディストリビューション事件、2009年12月のトムソン事件で行われた実務を法制化したものである。あらかじめ調停人により金融機関債権者との間で債務整理についての基本的合意が形成されている場合に可能である。このためフランスでは、プレパッケージ型事業再生とよばれている。事業救済手続の債権者委員会が金融機関と商取引相手で別に組織されるために可能な制度である。事業救済計画の決議には、債権者委員会ごとに3分の2の同意を要するが（L626-30条）、一部の商取引債権者の反対による救済の挫折を回避すること、調停手続と事業救済手続を円滑に連結させること、債務整理交渉が一般に知られることによる事業価値の劣化を防ぐこと、以上が制度を設けた理由であろう。ただしこの特例手続には、債務者が一定規模であること、事前に調停手続を

---

[68] アルトレスとデロイトの2013年3月における共同レポート（注57参照）による。

済ませ、そこで大多数の債権者の同意をとりつけていること、一般債権者の利益を損なわないこと、事業の継続を保障する計画であることなどの要件がある。

一般に歓迎する意見が多いが[69]、適格事業が限定されていることに不満の声もある[70]。

わが国では事業再生 ADR と法的整理の組合せが考えられるが、この場合原則としてすべての債権者が対象となり、この特例と異なる。またわが国の私的整理に関するガイドラインも金融機関債権者を対象とするが、紳士協定であって、法的な拘束に欠ける。この特例手続は裁判所が管理する拘束力のある手続であり、この点で効果がある。

(3) 事業再生支援策

(ア) 中小企業金融円滑化調停人（*médiation du crédit*）

これはリーマン・ショック後の世界的金融危機の下、銀行の貸し渋り、貸し剝がしが懸念されたことから、2008年10月23日に当時のサルコジ大統領がとった措置である。顧客が銀行に対して対等な地位を確保するため、経済産業大臣の下に中央調停人をおき、金融機関、保証会社などと個別の覚書を取り交わしている。つまり法律の裏付けのない覚書に基づく措置である。具体的にはフランス中央銀行の各県の支店が窓口として相談に応じており、2011年末までに申立て3万3000件、取上げ件数2万7000件に達している[71]。

わが国では2009年12月に施行された金融円滑化法で、金融機関に対して中小企業者に対する信用供与について柔軟な対応を求めているが、類似している。

---

69 R. Dammann et S. Schneider・前掲（注63）p. 1430。
70 2011年7月、経済成長と雇用拡大のための法律の簡素化法案が出され、その中でこの金融機関に限定した事業救済手続（迅速金融救済手続）の適格企業の拡大が提示されたが、コンセイユ・デタにおける法案の審査で違憲と判断され、削除された。
71 中央調停人の報告書による。わが国の金融の円滑化を図るための臨時措置に関する法律による2012年3月までの申立ては300万件、実行280万件であり、桁違いである。わが国の措置は銀行の受付件数、フランスの措置は調停人による積極関与であるから、性格が異なることも影響していよう。

(イ)　中小企業再生支援機関（OSEO）

　中小企業再生支援機関は、2005年に設立された公的機関で（オルドナンス第2005-722号）、従来の中小企業開発銀行（BDPME）と国立研究開発公社（ANVAR）を統合したものである。具体的には無利子融資、一般融資、助成金などによるイノベーションの支援を行うほか、民間銀行やベンチャーキャピタルからの借入れの保証、民間銀行の融資の補完などを行っている。2011年の支援実績は8万4000件、総額310億ユーロである。わが国では政策投資銀行が類似したサービスを提供している。

　(4)　起業の促進

　倒産処理法の改正、貸し渋り対策、融資の提供は既存企業向けである。これでは企業は減るだけである。そこでフランスでは起業促進を図っているが、その手段が起業家の財産の倒産隔離である。2003年には個人事業主に住居用不動産の差押禁止財産宣言を認め（法律第2003-721号8条によるL526-1条改正）、さらに2008年にこれを非事業用不動産に拡大（法律第2008-776号14条によるL526-1条改正）し、さらに2010年には有限責任個人事業制度（EIRL）を設け、不動産だけでなく、動産、知的財産権などを一般財産を差押えできない特別目的財産とすることが認められた（法律第2010-658号）。機能としてわが国の信託宣言（信託法3条3項）に類似している。特別目的財産制度の評価はまちまちである。[72]

　(5)　続けられる努力

　フランス政府は2014年1月2日、新しい法律第2014-1号を公布した。これは企業の一層の手続の簡素化とその維持存続を目的とするものである。この中で政府に債務整理のための調停手続、事業救済手続の強化・改善、さらに裁判上の更生手続・清算手続に入った場合の事業の維持継続のための措置を

---

[72] 差押禁止宣言には、対抗可能な債権の範囲が問題となった。破毀院2011年6月28日商事部判決は、2005年4月30日に住居について差押禁止宣言を行い、公告され、その翌年、宣言者について裁判上の清算手続が開始され、清算人（管財人）がこの住居を競売にかけた事件である。控訴審は、宣言が対抗できるのは宣言後に生じた債権であるとして競売を認めたが、破毀院は控訴審判決を破毀・差し戻した。

とるようにグリーハンドを与える旨が規定されている（同法2条各項）。

　2014年3月12日オルドナンス第2014-326号が公布され、倒産予防の調停制度、事業救済手続、裁判上の更生・清算制度にまたも相当の改正が加えられた。特に調停手続を前置したプレパッケージ型の事業救済制度の対象が拡大されたことは、従来からの実務家の批判に応えたものであり、評価されよう。その他に雇用者のいない個人事業主の簡易清算手続も新設された。改正法は2014年7月1日に施行される。

　フランスは高止まりする失業率、個別企業の競争力の相対的低下という構造問題と産業の空洞化という外圧に悩み続けている。新自由主義を標榜した前保守派政権時代にも、結局、事業再生策は国家依存を免れなかった。社会党政権下では一層この傾向は強まろう。政権の所在がどうあろうと事業の維持と再生は永続的な課題である。

（小梁吉章）

第4章 日本における事業再編の歴史

I 整理回収機構

1. はじめに

　第1期事業再編実務研究会がその研究の成果を世に問う中で、いわゆるバブル崩壊後のデフレ不況の中において、銀行の不良債権問題と企業の過剰債務問題の処理を推進するために、法的倒産手続と私的整理手続とが逐次充実してきた経過を踏まえて、私的整理手続の有用性の啓蒙と、その具体的な手法の解説に力点をおいて説明をした。

　しかし、私的整理の再評価のためには、上記各問題の処理に関係してきた整理回収機構（RCC）と預金保険機構の活動の実態がどのようなものであったか、それが、わが国の経済の再生に寄与し得たか否か、もし、そこに問題があったとすればどのようなものか、そして、その反省点を今後の私的整理の中でどのように活かしていくべきかといった問題についても踏み込み、検討しておく必要があると考えた。

　それは、あるべき私的整理を世間に啓蒙するうえでも、意味があると思われた。そこで、2009年4月筆者らは第2期研究会を立ち上げるに際して、両機構が果たした機能等を掘り下げてみることを企画した。

2. 整理回収機構設立の背景

　整理回収機構や預金保険機構の活動を顧みる前に、まず、当時の時代背景を検討しておく必要がある。

Ⅰ　整理回収機構

　1991年頃以降、わが国はバブルの崩壊により深刻な不況を迎え、金融機関の不良債権問題と企業の過剰債務問題とを抱え、それらの解決なしには、不況からの脱出が困難であることが、次第に国民のコンセンサスとなっていった。

　企業の過剰債務問題の処理のためには、当時のわが国の倒産法制には不備が多かったことから、1996年法制審議会に倒産法部会が設置され、2000年の民事再生法の制定と和議法の廃止を手始めとする一連の倒産法の改正作業が行われた。同時に、企業の過剰債務問題解決のもう１つの鍵として、債権管理回収業に関する特別措置法が制定され、1998年10月16日に公布され、1999年２月１日に施行されたことを忘れてはならない。[1]これにより、従来は弁護士法72条により禁止されていた不良債権売買が解禁され、それによる再生ビジネスの展開が可能となったのである。

　その再生ビジネスに、外国資本が続々と参入したことは、当時登録されたサービサー会社の一覧表を眺めれば一目瞭然である。1973年のオイル・ショック後に誕生した大量のオイル・マネーが米国の金融機関に集まることによって成立した金融資本によって国境を越えて動くいわゆる金融のグローバル化が進展し、[2]さらに、米国は、1980年代に、「金融立国戦略」にシフトして、ドル供給量を増加させて金融空間を拡大し、ワシントンに本部をおくIMF（国際通貨基金）や世界銀行を通じて発展途上国を金融取引の相手方として引き込んでいく。その一方、わが国に対しても、1994年からは、毎年「年次改革要望書」を突き付けてくるようになったとされ、[3]これが、わが国の再生ビジネスへの外国資本の参入につながっていったのである。

　米国では、1989年に投資貯蓄銀行（S&L）が大量に破たんしたことに伴い、S&Lに対する補償業務を担う連邦預金保険公社が破たんしたため、その破たん処理を行う政府機関として整理信託公社（RTC：Resolution Trust Cor-

---

1　事業再編実務研究会編『最新事業再編の理論・実務と論点』。
2　ジョージ・ソロス著・徳川家広訳『ソロスは警告する』152頁以下参照。
3　中谷巌『資本主義以後の世界』121頁。

293

poration）が設立された。その際、米国の民間企業が、RTCとパートナーシップを組む等して、次第に企業再生の経験を積んでいった。彼らが、わが国にも、大型投資ファンドを組成する等して参入したのである。

　米国での破たん企業の標準的再生手法は、金融機関債権者から不良債権を買収することに始まるが、金融機関債権者は、企業の全資産を引当てとして、大型シンジケート・ローンを組んでいることが多いため、最優先順位のシンジケート・ローンを組成する金融機関の1社からの不良債権買収のために買収監査を実施済みである場合、同一のシンジケート・ローンを組成する他の金融機関から不良債権を追加買取りする場合には、重ねて買収監査を実施する必要がないようである。したがって、最優先順位の債権を取得した投資ファンドは、同一の優先順位をもつ金融機関と債務者企業再生のために提携するか、さらに債権を買い増すかして、再生の主導権を握り、債務者企業を再生させる過程で、債権を株式に振替えたうえで、これを換価するか、または債務者企業上場を通じて資本市場で株式を売却すること等によって、投資を回収するとともに、多額の利潤を確保するというものであった。

　わが国でも、RTCに倣って、整理回収機構が設立されて、銀行から不良債権を取得したうえで、当時新設された多くのサービサー会社や、再生ビジネスに参入する内外の投資ファンドと提携する等して、整理回収機構が取得した不良債権を回収または換価することとなった。

3．わが国での整理回収機構の活動の限界

　しかし、整理回収機構は、後にみる不良債権の回収作業はともかく、不良債権を売却したり、これを債務者企業の株式に振り替えて資本市場で投資を回収するような手法による換価には成功しなかったと、筆者は考えている。それは、整理回収機構のみではなく、再生ビジネスに参入したファンドの多くに共通することで、彼らが当初期待した成果をあげられなかったことは、わが国の倒産事件史をみれば理解できる。

　わが国では、債務者企業の資産は各個別に担保に提供されている。したが

って、1個の工場をとっても、土地については一団の工場敷地を構成する各筆の土地ごとに担保権者や被担保債権が異なっている。動産も、個別に質権が設定されていたり、集合動産として譲渡担保に提供されていたり、非典型担保に供されていることがある。そのようなわけで、同一の債務者企業に対する複数の金融機関から不良債権を買収する場合、各別に複雑な法律関係の存在を前提として買収監査を実施する必要がある。これは、投資ファンドの機動的な活動を困難にさせる。複数の担保権者の利害は錯綜し、その調整は容易ではない。

　しかし、前述の倒産法改正作業は、当然のことながら、一般的な民事実体法部分の改正を目的とはしておらず、倒産実体法の見直しの中でも、新たな再生ビジネスのインフラを整備するための改正点にまで踏み込むものではなかった。また、本来は、会社更生手続は、使用済総資本の組替えの手法による事業再生手法であるから、新旧会社更生法のいずれによっても、更生計画において、弁済対象となる全更生担保権を、企業の全資産を担保とする1個のシンジケート・ローンに変更することが可能であるのに、この時期に認可された更生計画で、そのような工夫をしたものは存在しない。その理由は、2次破たんにおける企業再生の便宜より、当初更生担保権者が把握していた個々の担保権を2次破たんの際の回収のために存続させようとするのが、金融機関債権者の担当者の自然な選択だからである。それを克服しようという実務上の努力は、倒産専門弁護士といわれる人々にも、東京や大阪の地方裁判所の倒産専門部にも、払われた形跡はない。

　次に、わが国の金融機関は、しばしば、債務者企業の再生支援はしないが、不良債権の早期売却もせず、将来の再生計画の中で可及的高額の回収をめざすことがある。したがって、債務者企業再生時の不良債権の評価が可能であっても、金融機関債権者が、この価格による売買を拒否し、再生計画において、評価額以上のリターンを求める結果として、投資ファンド等の貢献によって上昇するであろう企業価値の配分についての調整が難航することもある。

　それらの理由により、投資ファンド等が、金融機関から不良債権を買い取

り、債務者企業を再生させることに成功して、投資を回収できるに至った事例は決して多くない結果として、整理回収機構も、債権の取立てによる回収や、会社役員や保証人からの回収を図ることを余儀なくされたという面もあるといわねばならない。整理回収機構が範とした米国のRTCが、銀行からの不良債権の譲受けと、経済ベースによる合理的な回収方法の実施とにより、金融機関の不良債権問題と企業の過剰債務問題の双方を比較的短期間に解消できたことと、大きく異なっているところである。

また、わが国の整理回収機構は、自らサービサー会社として永続的な存在となることをめざしたこともあって、企業の過剰債務問題の処理が長引くことに痛痒を感じることや、回収コストに意を払う必要にも乏しく、その結果、不良債権の売却を通じて債務者企業をして再生の目的を遂げることを急がせる必要は長く訪れず、それが不況を長引かせる原因の1つになったのではなかろうか。

ちなみに、韓国で後に設立された韓国RTCの場合にも、過酷な取立てがなされたようであるが、韓国RTCの存続期間が限定されていたことから、企業の過剰債務の処理に、一定の経済的合理性が付随するとともに、金融機関の不良債権の拡大も最小限にとどめることができたように思われる。

4．金融庁検査

ところで、金融庁は1999年に、金融機関を検査する際の手引書である「預金等受入金融機関に係わる検査マニュアル」を決定した。当初は銀行のみを対象としていたが、その後、信用金庫等に対象を拡大し、それら金融機関に対して厳格な資産査定を促すとともに、金融機関ごとに異なっていた自己査定の基準を一本化した。また、2002年には中小企業に特化した「中小企業金融検査マニュアル」が作成された。

金融機関の中でも特に銀行は、BIS（Bank for International Settlements：国際決済銀行）によるBIS規制で、国際金融に携わる銀行は総資産に対する自己資本比率の最低限が8％と定められている。なお、BISは業務を国内

に限る金融機関について特に定めていないが、日本では国内法で4％の自己資本比率を維持することが求められている。銀行が保有する不良債権の査定の結果が、BIS基準の適合性の判断に影響を与えることになる。

　ところで、米国のRTCは、前述のとおり破たんした貯蓄信用組合の不良債権を買い取ったが、その目的は、金融機関に残された債権については一般の信用を回復させ、もって、金融機関の経営の基盤を確立させることにある。したがって、バブル崩壊後のデフレ不況の防止のためには、金融機関が不良債権をだらだらと発生させないことが肝要である。

　しかし、わが国は、金融庁検査官によって、金融機関の自己査定が次々と否定されたことにより不良債権が積み増しされたために、いわゆる不良債権問題が解決されないばかりか、過剰債務を抱える破たん企業が長い期間継続的に発生していったといっても過言ではない。

　それが、単なる検査官の個人的資質の問題ではなく、金融庁の生立ちやそれをめぐる米国の政策が根幹に存在したともいわれている。現に、当時の金融庁が、上記「ワシントン・コンセンサス」や「グローバル・スタンダード」の名の下に、金融機関の有する債権を極めて厳格に査定することを通じて、その不良債権を増加させていったことによって、わが国内部での当時の不良債権ビジネスの市場は急拡大していったが、それは、本稿のテーマではない。ただ、金融機関の不良債権査定に関する当時の政府の政策ミスであったことだけは指摘しておきたい。

　この政策ミスがゆえに、金融機関から不良債権を買い取った預金保険機構や、回収等を担った預金保険機構に対する怨嗟の声が、より大きくなったことは否定できないであろう。

　現に、米国の金融当局は、途上国等には、「ワシントン・コンセンサス」等とよばれる厳しい市場規範を押しつけながら、自国の国際金融システムが危機に陥れば、これを棚上げし、IMF（国際通貨基金）も、世界銀行も米国の利害を他国に対して優先させるといわれている。2008年9月15日のリーマン・ショック発生直前の3月18日に、SEC（米証券取引委員会）は、全米の

銀行と企業に対して、2007年11月に導入した新会計基準（FAS157）に関して「SECからの手紙」によって有価証券の分類基準を示したが、それは実質的に「時価会計の放棄」にあたる行為である。

5. 整理回収機構による不良債権の回収

(1) 整理回収機構による不良債権回収のスタンス

　株式会社整理回収機構は1991年4月1日に発足したが、それは、株式会社住宅金融債権管理機構（以下、「住管機構」という）および株式会社整理回収銀行が、前者を存続会社として合併することにより誕生したものであり、預金保険機構が100％出資する子会社である。

　整理回収機構の前身の住管機構は、住宅金融専門会社の抱える不良債権を取得することによって、住宅金融専門会社に対して多額の貸付金を有していた金融機関に信用不安が起きることを防止するために設立されたが、それらの救済に対する国民批判をかわすために、弁護士を社長に招聘しており、社長をして住管機構が取得した債権については2次ロスを発生させないと、天下に大見得を切らせたことが、後々、整理回収機構の回収業務を特徴づけていくことになる。住管機構を設立して、経営破たんした住宅金融専門会社（以下、「住専」という）の不良債権処理に7000億円の税金を投入する「特定住宅金融専門会社の債権債務の処理の促進等に関する特別措置法」は1996年の通常国会で成立したが、2次ロスの発生は必然であった。

　しかし、住管機構や整理回収機構の代表者に就任した弁護士は、整理回収銀行勘定の不良債権の多くは中小企業に対する債権であり、住専勘定の債権は暴力団が入り込んだ先やすでに先順位の担保がついた回収が難しい債権が多いこともあって、回収努力をしていることを世間にアピールするために、どうしても不良債権の過酷な回収に走りがちであり、マスコミ各社からもそのように報道されていたようである。これは、整理回収機構自身が、RTCの担ったブリッジ・バンクとしての機能をわが国でも積極的に果たしていこうとする意欲に乏しかったことをも物語る。

その挙句、初代社長は、破たんした朝日住建の不動産の任意売却代金による配当に際して、他の債権者をだまして15億円を余計に回収し、詐取したとして、2002年10月に東京地方検察庁特捜部に告発され、弁護士を廃業すると約束して、起訴猶予処分となるという経過をたどった。整理回収機構に対する怨嗟の声は、2代目社長にも向けられ、同機構の社長在任当時、債務者である不動産会社から月あたり約10万円の顧問料を徴収していたことが発覚し、所属する大阪弁護士会から、2008年9月16日に、「整理回収機構の職務執行に対し疑念を抱かせ、弁護士の品位を損なう」等として、戒告の懲戒処分を受けている。

　しかし、これらは、特異な事件とみるべきではなく、後述の債務者倒産前における整理回収機構の回収が、詐害行為として取り消されたり、倒産法制上の否認権の行使に復した裁判例は、当時の整理回収機構等の回収全般に関連する問題であったことを物語っているというべきである。すなわち、金融機関の不良債権回収のためのパフォーマンスには細心の注意を払うが、過剰債務を抱えた債務者の再生には関心を抱くことはなかったのである。

　そして、結局2012年に、住専勘定の2次損失は1兆4017億円に確定しているが、勘定から除外された経費については、現時点では、これを積算する方法はないように思われる。

　(2)　**整理回収機構による不良債権回収の実態**

　以下、整理回収機構による不良債権の回収の実態について、債務者との争いの類型化を試みながら、判例を検討していきたい。

　(ア)　債権の存否

　整理回収機構が金融機関から取得した債権が不存在とされる判例がみられ、それは、バブル時の金融機関経営において、いかに、コンプライアンスが欠けていたかを物語っている。整理回収機構の回収のあり方とは直接の関係を有しているわけではないが、整理回収機構が、健全な企業によって事業が継続されることに最優先順位をつけておけば、おのずから、異なる処理も可能であったかもしれない。

東京地判平成17・3・25金融・商事判例1771号51頁は、整理回収機構が、A銀行と、C信用金庫から取得した債権の債務者および連帯保証人に対する貸付金返還請求について、迂回融資であるとして、民法93条ただし書の類推適用により請求を棄却した。判決理由は、「A銀行は、本来は融資できないC社に融資するため、迂回融資の仕組みを考案し、Y_1にその協力を依頼したのであるから、単にY_1の借主名義を借用したにすぎず、Y_1に返済を求める意思がなかったばかりか、Y_1に対しても、返済を求めない旨を約していたのであり、他方、Y_1も、返済義務がないものと信じてこれを協力し、それによって何らの利得も得ていないのである。そうすると、A銀行は、Y_1を借主とする各金銭消費貸借契約において、貸主としての保護を受けるに値せず、民法93条ただし書が類推適用されるので、上記各貸付金債権を譲り受けたXは、Y_1に対し、各貸付金の返還を求めることは許されない」、「B信用金庫は、D社に対する大口融資規制に違反する融資の事実を隠蔽するため、迂回融資の仕組みを考案し、Y_1にその協力を依頼したのであるから、上記各融資は、単にY_1の借主名義を借用したものにすぎず、Y_1に返済を求める意思がなかったばかりか、Y_1に対しても、返済を求めない旨を約していたのであり、他方、Y_1も、返済義務がないものと信じてこれに協力し、それによって何の利得も得ていないのである。そうすると、B信用金庫が、Y_1を借主とする各金銭消費貸借契約において、貸主としての保護を受けるに値せず、民法93条ただし書が類推適用されるので、上記各貸付金債権を譲り受けたXは、Y_1に対し、各貸付金の返還を求めることは許されない」としている。

また、東京地判平成14・12・25判例時報1825号86頁では、整理回収機構が破たんした金融機関から取得した根抵当権につき、同金融機関の乱脈な経営を背景に、その被担保債権となっている手形貸付金のずさんな処理を踏まえ、当該貸付金債権が実在したものとは認められないとして、根抵当権設定者の相続人の抹消登記請求が認容されている。

東京高判平成19・2・7東京高等裁判所判決時報（民事）58巻1～12号1頁

は、信用組合の理事長が、主債務者からの保証委託も、理事会の承認決議もないのに締結した連帯保証契約について、当該権限濫用は、悪意または知らないことにつき過失がある債権者に対して、信用組合を吸収合併した控訴人は、民法93条ただし書の類推により、前記連帯保証契約上の責任を負担しないなどとされた事例である。

　これらの事例は、当時整理回収機構が、最大限の回収をめざすあまり、債権の存否、内容について慎重に確認する姿勢に乏しかったことを示唆するものである。

　ところで、金融機関の子会社が、親会社から融資を受けるに際して、親会社から出向していた子会社の代表取締役が、連帯保証を差し入れることが少なくなかった。かかる役務保証は、通常は、単に形式を整えるためだけに締結された通謀虚偽表示により無効な契約であり、保証債務は不存在であると解され、筆者の経験でも、整理回収機構がこの問題については、柔軟に対応してきたことが理解できる。そうした役務保証ではない事例について、東京高判平成14・1・23判例時報1788号43頁は、信用組合との間で包括連帯根保証契約を締結した保証人の責任について、信義則により残元本の4割と年6分の割合による遅延損害の範囲に制限しており、裁判所も保証の具体的経過等に即して現実的な解決を図ったことがうかがわれる。

　(イ)　履行期

　ところで、整理回収機構が取得した貸金債権が契約書の記載上は短期借入金であったとしても、それは金融機関内部の事情によるものであって、債務者と金融機関担当者との間では、返済期日に書き換えることにより、実質的には長期借入金と同様の扱いを行うことが同意されていることが少なくなかった。

　しかし、整理回収機構は、頑なにそのような事実を認めようとせず、契約書上の返済期限に完済できない場合には、期限の利益が失われたとして、残債務全額の請求に及ぶことを原則とした。

　東京高判平成14・10・17金融・商事判例1162号14頁は、期限の利益喪失を

前提にした貸金の一括弁済請求が信義則違反とされた事例であり、これは、債権譲渡銀行が送付した催告書記載の遅滞額が十数万円程度だったこと、その後の銀行の対応では貸金返還債務が期限の利益を喪失したものであるとはうかがえないことなどからすると、銀行から被告整理回収機構への債権譲渡契約証書が作成された時点においては、期限の利益喪失の主張は形骸化し、これを撤回したものと推認すべきで、被告が、期限の利益を喪失したことを前提にして貸金債権の一括弁済を求めることは信義則に反し、許されないとしたものである。

　もっとも、債務者がこの種の訴訟を覚悟したとしても、整理回収機構からの民事保全手続の申立てや、担保権実行のための競売手続の申立てを誘発することがあるところ、実際には、その場合でも事業を継続できる体力のある企業が少ないことから、代替借入先がみつからない限り、短期借入金の返済日が到来する前に、法的倒産手続の申立てや、廃業等を決意する債務者企業も少なくはなかった。

　　(ウ)　**債務免除等**

　当時、金融機関が特定の債務の担保のために徴求したのに、法形式的には根担保の形をとることが多かった。その場合に、特定の債務の消滅に伴い、当該担保も消滅したとして当事者間では認識されていたのに、整理回収機構が別の債権を譲り受けた後に、それを被担保債権として根担保の実行に及ぶことがあった。

　また、金融機関の有する債権につき債務引受けがなされた際に、残存債務あるいは保証人の債務について免除がなされたのに、当該債権を譲り受けた整理回収機構が、回収のために提訴したと争われる場合もあった。

　しかし、この問題についても、整理回収機構の姿勢は頑なであり、根担保の放棄や債務免除の証拠がないとして争い、他の被担保債権の回収のために当該担保を利用しようとすることが多かったが、東京地判平成21・8・26判例集未登載（2009WLJPZA08268017）は、債務引受けされた債権を譲り受けた整理回収機構が、原債務の保証人に対して履行請求したのに対し、債務引

受け時に連帯保証が免除されたと認めた裁判例であり、丁寧な事実設定が行われている。

　しかし、この種の被告勝訴例には乏しく、東京地判平成19・3・29判例集未登載（2007WLJPZA03298032）は、譲受債権請求事件において、不起訴の合意を含む和解の成立を否定して、請求を認容した事例である。類似の判例として、東京地判平成12・12・18金融法務事情1611号95頁は、銀行と信用保証協会との間において保証債務につき免責の合意が成立したとは認められなかった事例である。

　なお、東京地判平成18・6・27金融法務事情1796号59頁は、以上に紹介したような事実認定に関する争いではないが、特別清算手続中の個別和解においてされた主債務者に対する債務免除の債権者の保証人に対する権利に及ぼす影響という法律問題に関して、特別清算手続中の個別和解においてされた主債務者に対する債務免除は、債権者の保証人に対する権利に影響を及ぼさないと判断したが、これは、免除の絶対的効力と矛盾する判例であり、整理回収機構の法に抵触しても回収を優先したいとする姿勢を如実に表す事例である。

　なお、東京地判平成24・5・31判例タイムズ1385号158頁は、整理回収機構と預金保険機構とが、債務者との間で債務弁済協定が成立した後に、債務者の資産状況について錯誤があったとして、債務一部免除および清算条項の無効確認を求めた事例において、要素の錯誤はなかったとして、請求を棄却した事例である。

　(エ)　責任財産の帰属

　整理回収機構は、預金保険機構の強制調査権を活用し、債務者企業のみならず、関係会社と推測される企業の財産を調査し、法人格否認論や、実質的権利帰属者は債務者であるとする理屈で、当該第三者の資産に対して差押え等の訴訟行為に及ぶことが少なくなかった。

　東京高決平成14・5・10判例時報1803号33頁は、外形上債務者の責任財産と認められない他人名義の預金債権であっても、債権者が右債権が真実債務

者の責任財産であることを証明した場合には、執行裁判所は適法に執行手続を開始することができるとした事例である。

東京地判平成16・10・7判例時報1896号114頁は、執行免脱を疑わせる事情のあるとされた不動産売買契約について、虚偽表示の成立が認められなかった事例である。

また、東京地判平成11・7・29金融法務事情1589号61頁は、債権譲渡後に債権譲受人が仮差押えをした場合において、当該債権譲受人が仮差押え前の目的不動産の譲渡につき背信的悪意者ではないとされた事例である。

しかし、このような債権の掴取力の行使は、債務者をして、金融機関に対して負担する債務の期限の利益を喪失させる原因となるし、そもそも、事業の資金繰りに影響を与えることも少なくないため、いわゆる泣き寝入りを余儀なくされ、整理回収機構との早期和解の途が選択されることが多かったことから、裁判上の係争になることが少なく、裁判事件となっても、しばしば整理回収機構が勝訴している。

東京地判平成18・10・30判例集未登載は、Ａ信用組合のＢタウン株式会社（Ｂタウン）に対する貸金債権を譲り受けた原告が、被告がＢタウンと別個の法人であることを主張してこの債務を免れることは信義則上許されないとして、被告に対し、貸金残元金、確定遅延損害金および約定遅延損害金の支払いを求めた事案について、被告とＢタウンとは、原告による本件債権の取立ておよび強制執行を免れる目的で恣意的に法人格を使い分けて法人格を濫用しているものと認められるとして、請求を認容した事例である。

また、京都地判平成19・9・25判例タイムズ1263号342頁は、刑事事件の被告人の親族が、弁護人に対し、保釈保証金相当額の金員を預託したとの事実を認定し、その預託金返還請求権を差し押さえた差押債権者である整理回収機構の取立請求を認容した事例であり、東京高決平成14・5・10判例タイムズ1134号308頁は、外形上債務者の責任財産と認められない他人名義の預金債権であっても、債権者が右債権が真実債務者の責任財産であることを証明した場合には、執行裁判所は適法に執行手続を開始することができるとされ

た事例である。

　(オ)　否認権および詐害行為取消権

　整理回収機構の回収業務を通じて、倒産実体法の否認権については、判例が深化している。ここでは私的整理を含む倒産処理の効力が争われた事例を紹介する。

　大阪地決平成12・10・20判例タイムズ1055号280頁は、債務の本旨弁済が民事再生法127条1項1号の「再生債務者が再生債権者を害することを知ってした行為」に該当するとして、偏頗弁済を認めた事例である。当時、債務者企業が全金融機関債権者に対して、債務のリスケジュールの申出をして、事業再生を図る際に、整理回収機構だけは、回収不足が国民負担につながることを理由に、継続的な債務の内入れを要求するのが常であり、後日、否認権を行使される場合には、いまだ支払不能状態にはなっていなかったと争うことが多かった。大阪地方裁判所は、再生債務者の経営状態が危機的状況の下で特定の再生債権者になされた本件弁済は、その方法および弁済額などに照らし、ほかの再生債権者を害する偏頗行為というほかなく、また、再生債務者および当該再生債権者は本件弁済がほかの再生債権者を害するものであることを認識しており、本件弁済は民事再生法127条1項1号に該当すると、判断している。

　東京高決平成15・7・25金融・商事判例1173号9頁は、再生債務者が関連会社の債務を免除した行為を対象とする債権者取消訴訟が、再生手続開始時に係属していたにもかかわらず、監督委員が民事再生法140条2項によって同訴訟を受継することなく、再生計画の認可決定にまで至った事案において、監督委員が受継をしていれば、免除行為が取り消されて、関連会社から復活した債権を回収することができ、その結果、再生債権者に対して再生計画によるより多額の弁済が可能となる蓋然性が高い場合に、抗告審は、再生裁判所のした再生計画認可決定を取り消すことができるとの判断を示した。

　なお、東京地判平成21・8・28判例集未登載は、破産手続開始前の詐害行為取消訴訟および保全処分、民事執行の費用に関する破産法148条1項1号

の類推適用の可否について、消極の判断を示している。

　(カ)　**債権者代位権**

　整理回収機構は、債権者代位権も積極的に行使したが、東京地判平成16・1・27金融法務事情1717号81頁は、更生債権者は、更生手続開始決定後更生手続終結までの間は、更生計画認可決定後であっても、更生会社の有する債権を債権者代位権によって代位行使することは許されないと判断している。

　(キ)　**文書提出命令**

　金融機関の融資稟議書は、かねてから、民事訴訟法220条4号ハ所定の「専ら文書の所持者の利用に供するための文書」にあたると解する説が有力であり、最決平成11・11・12判例時報1695号49頁は、ある文書が、その作成目的、記載内容、これを現在の所持者が所持するに至るまでの経緯、その他の事情から判断して、もっぱら内部の者の利用に供する目的で作成され、外部の者に開示することが予定されていない文書であって、開示されると個人のプライバシーが侵害されたり個人ないし団体の自由な意思形成が阻害されたりするなど、開示によって所持者の側に看過しがたい不利益が生ずるおそれがあると認められる場合には、特段の事情がない限り、当該文書は民事訴訟法220条4号ハ所定の「専ら文書の所持者の利用に供するための文書」にあたるとの一般論を示したうえで、銀行において支店長等の決裁限度を超える規模、内容の融資案件について本部の決裁を求めるために作成され、融資の内容に加えて、銀行にとっての収益の見込み、融資の相手方の信用状況、融資の相手方に対する評価、融資についての担当者の意見、審査を行った決裁権者が表明した意見などが記載される文書である貸出稟議書は、特段の事情がない限り、民事訴訟法220条4号ハ所定の「専ら文書の所持者の利用に供するための文書」にあたるとの判断を示している。

　そして、最決平成12・12・14判例時報1737号28頁は、信用金庫の会員が役員を相手どって提起した代表訴訟において、当該貸出稟議書が民事訴訟法220条4号ハ所定の「専ら文書の所持者の利用に供するための文書」にあたらない特段の事情の存否が争われた事例において、特段の事情を否定する判

断を示している。

　前述の整理回収機構が破たんした金融機関からの譲受債権の回収を図った訴訟においても、被告が債務免除等の抗弁主張とともに申し立てた融資またはその回収関係の稟議書の提出命令についても、同機構は、この判断を引用して文書の提出を拒否することがあった。

　しかし、整理回収機構が破たんした金融機関の役員に対して、損害賠償請求訴訟を提起しながら、その役員が防御権を行使するために必要があるとして提出を求めた融資稟議書の開示を拒否することは、明らかに不公正である。

　そこで、この場合について、大阪地決平成12・3・28判例タイムズ1058号269頁は、金融機関が作成した貸出稟議書でも、現在の所持者内部における自由な意思の表明に支障を来し、または所持者の自由な意思形成が阻害されるおそれがなく、また、文書作成者たる金融機関は現在においては清算中であるという判示事実の下では、「専ら文書の所持者の利用に供するための文書」に該当しない特段の事情があるといえるとの判断を示し、最決平成13・12・7判例タイムズ1080号91頁も、信用組合の作成した貸出稟議書の所持者は、預金保険機構から委託を受け、同機構に代わって、破たんした金融機関等からその資産を買い取り、その管理および処分を行うことを主な業務とする株式会社であり、経営が破たんした信用組合からその営業の全部を譲り受けたことに伴い、貸出稟議書を所持するに至ったものであること、その信用組合は、清算中であって、将来においても、貸付業務等を自ら行うことはないこと、所持者は法律の規定に基づいてその信用組合の貸し付けた債権等の回収にあたっているものであって、当該貸出稟議書の提出を命じられることにより、所持者において自由な意見の表明に支障を来しその自由な意思形成が阻害されるおそれがあるものとは考えられないことという事実関係等の下では、当該貸出稟議書につき、平成13年（2001年）改正前の民事訴訟法220条4号ハ所定の「専ら文書の所持者の利用に供するための文書」にあたるとはいえない特段の事情があるとして、同旨の判断を示している。

6. 整理回収機構による破たん金融機関の役員に対する責任追及の問題

　整理回収機構は、破たん金融機関や債務者企業の役員に対する損害賠償の追及を熱心に行っているが、事実上法律上の問題点も少なくはない。以下、筆者の経験した事例を紹介する。

(1) O氏の場合

　大阪市中央区に本店をおくF信用金庫は、1999年3月期決算で17億円の債務超過となったことから、同年4月21日に金融監督庁から業務改善命令を受け、業務監査委員会によって業務を継続したうえで、同年11月29日に大阪府内の複数の信用金庫に分割して事業譲渡された後、清算された。なお、事業譲渡時には、預金保険機構より95億円の金銭贈与と113億円の資産の買取りを受けた。

　ところで、業務監査委員会の外部委員の一部によって構成された「経営責任解明委員会」によって、役員の責任の存否に関する「F信用金庫特別調査報告書」が提出され、大口不良債権金額1億8600万円について、「融資の保全手続等に若干の問題点は認められるが、いずれも影響は軽微であり、F信用金庫破綻の直接原因とは考えられない」と記載されているにもかかわらず、整理回収機構は、ゆえなく、報告書の訂正を要求し、解明委員会からの拒否を受けるや、2002年5月7日、整理回収機構代理人から役員のO氏に対し、上記不良債権につき損害賠償を請求する書面を発信し、当事者間の協議を経て、同年8月頃解決金200万円による和解を成立させている。それでも、1つの破たん金融機関の役員の責任追及に成功したことになるのであろうが、事実の経過に照らせば、功を誇るための行き過ぎた責任追及だとは考えられないであろうか。

(2) T氏の場合

　大阪市東住吉区に本店をおくT信用組合は、経営破たんが表面化したことにより、1997年5月14日にさくら銀行（当時）に事業譲渡し、1998年4月20

日に解散したが、事業譲渡に際して、1998年4月13日整理回収銀行が資産を買い取り、同銀行は合併により、1999年4月1日整理回収機構になっている。

役員のＴ氏は、整理回収機構が問題とした融資に本店営業部長として関与したが、融資窓口にすぎず、融資の決裁には関与していないばかりか、融資窓口として、融資稟議書の記載を通じて、融資拒絶意見を具申していたのである。

しかし、整理回収機構は、Ｔ氏に対して訴額２億円に及ぶ損害賠償請求訴訟を提起したが、融資稟議書の開示命令の申立てに対して、融資稟議書は内部文書であるから開示命令の対象とはならないと主張し、その所在が判明しない、事業承継先銀行、清算会社のいずれに存在するかも判明しないとの論理で拒否し、受訴裁判所もこれを認めて証拠の開示を求めず、原告を全面的に勝訴させる判決をした（大阪地判平成13・3・30判例タイムズ1072号242頁）。

しかし、Ｔ氏は、2001年4月12日に控訴し、2003年10月10日に裁判上の和解が成立するに至ったが、２億円の損害賠償義務は認めたものの、支払額は数％にも満たなかった。

当時、整理回収機構は、全国各地で、金融機関の役員の責任を追及しながら、融資稟議書は開示しないのが常であったが、その論拠の１つであった内部文書であるとする点については、その後、判例が変更されるに至っていることは、すでに検討してきたとおりである。

7. 結　語

整理回収機構との間で、主として債務者代理人として多様な事件に関与してきた筆者としては、整理回収機構が行ってきた回収の実態については、それを１つの歴史的事実として記述しておく必要があると考え、本稿を執筆した。後に再び、このような機関による不良債権処理が必要な時代が訪れた際には、整理回収機構の功罪をみきわめ、社会が求めるような活動を期待できるように工夫するためには、重要なことと思うからである。

（四宮章夫）

II　住管機構の立上げと当初の全体の運営方針など

1. 住管機構

(1) 住管機構の設立

　株式会社住宅金融債権管理機構（以下、「住管機構」という）は、設立当時（1996年7月）、世間の大きな期待をもって設立された。住管機構に対する期待度や注目度は、後に国が関与して設立した不良債権関連の組織（産業再生機構、企業再生支援機構など）とは大きく異なり、不良債権の債務者や金融関係者にとどまらず、世論の耳目を集めることとなった。住管機構の中坊公平社長（当時）が野党の首相候補とまでいわれたことからも、その注目度の大きさが推測できると思う。

(2) 不良債権処理と住管機構

　住管機構設立後も、不良債権問題は一層深刻となった。不良債権処理への対応は、「小出し」と批判を受け、また金融問題の所管官庁である大蔵省（当時）職員の不祥事もあり、政府の施策に対する世論の不信感を募らせる結果となった。

　一方、いわゆる住専（住宅金融専門会社。以下、「住専」という）国会で明らかになった住専債権の債務者の悪質性の追及と2次負担の回避並びに回収の極大化を目的に掲げた住管機構は、いわば正義の味方となり世論の評価を受けた。世間の期待を背景に住管機構の対応は、いわば自縄自縛の状態で、当初はその方針運営を関与者責任の追及と担保処分による自らの債権回収優先に純化していった。[4]

(3) 事業再生という考え方

　金融債権者間の利害調整を行い、その結果、雇用や事業ノウハウの継続を

4　中坊社長退任後、住管機構が自らに有利なように処分金額を偽り、担保処分を行った事件が問題となり、同氏が弁護士を廃業したことは象徴的な事件といえる。

もたらそうとする社会経済的観点は、この当時は議論のテーマとはなり得なかった。住管機構が自らの債権回収だけでなく、これらの観点を加味して債権処理を図る概念が回収業務に明確に取り入れられるには、住管機構を引き継いだ整理回収機構（RCC）設立後数年を経過した2001年の政府の新たな方針（「今後の経済財政運営及び経済社会の構造改革に関する基本方針」いわゆる「骨太の方針」）や金融機能の再生のための緊急措置に関する法律（金融再生法）の改正以降となる。[5]

　住管機構は当初日本の不良債権処理マーケットで大きな地位を占めたため、住管機構が立上げ当初に重視した債務者の責任追及と透明性の重視の観点は、その後もさまざまな不良債権スキーム策定の過程で大きな影響力をもつこととなる。

　その結果、雇用や事業ノウハウの継続などを重視する、たとえば私的整理などのスキームが不良債権処理において有効性のある手法であると位置づけられるまでには相応の時間の経過が必要となったと思われる。

2. 住専処理前後の日本の不良債権の状況

　以下、住専処理前後の日本の不良債権処理の状況を〔図表58〕で概観する。

(1) 処理に伴う負担スキームと公的資金

　日本の不良債権処理の制度的手当ては、1998年の日本長期信用銀行と日本債券信用銀行の破たん処理を、新たに法律を制定して実行したこと、並びに1999年の整理回収機構の設立で大手銀行以外の破たん処理の受皿ができたことで、公的資金投入が制度的に確立し不良債権処理の入口の大枠は決着したといえる。

　しかし、ここに至るまで、日本の不良債権処理に関する議論は、もっぱら処理スキームの制度のあり方とそれに伴う公的資金投入の可否の議論を繰り返し、この点の決着に不良債権問題の顕在化から約10年を要し、それ以外の

5　事業再編実務研究会編『最新事業再編の理論・実務と論点』173頁〔津田敏夫〕。

〔図表58〕 日本の不良債権処理の状況

1990年3月	大蔵省通達　総量規制、三業種規制
1991年4月	静信リース会社更生手続 〜金融機関系ノンバンク初の法的整理
1992年8月	宮沢首相の軽井沢発言"不良債権に公的資金導入も検討" 〜世論の大きな反発を受ける
1993年1月	共同債権買取機構設立
1994年	東京協和信用組合、安全信用組合の破たん
1995年1月	東京協和信用組合、安全信用組合の受皿として、東京共同銀行設立
1995年	コスモ信用組合、兵庫銀行、木津信用組合の破たん 大阪3行の直系ノンバンク特別清算 〜処理負担を、完全母体行主義から修正母体行主義へ修正
1995年12月	住専処理の政府案発表
1996年1月〜6月	住専国会
1996年11月	金融三法成立（金融ビックバン）
1997年3月	日債銀系ノンバンクの破産手続 〜修正母体行主義の修正、スポンサーの入札募集の先駆け
1997年11月	三洋証券、北海道拓殖銀行、山一證券の破たん
1998年10月	日本長期信用銀行の破たん（特別公的管理）
1998年12月	日本債券信用銀行の破たん（特別公的管理）
1999年4月	整理回収機構の設立（住管機構と整理回収銀行の合併）
2001年12月	金融再生法改正
2002年9月	竹中氏が経済財政政策担当相に加えて金融相を兼務 〜いわゆる「竹中プラン」による主要銀行の不良債権処理を実施
2003年3月	産業再生機構の業務開始
2003年5月	りそな銀行の国有化
2006年1月	東京三菱銀行によるUFJ銀行の救済合併

生保の破たん：日産（97）、東邦（99）、第百（00）、千代田（00）、協栄（00）、東京（01）、大和（08）

地銀の破たん：国民（99）、石川（01）、中部（02）、足利（03）

論点について議論を深めることはなかった。

(2) 新たな展開

2001年のいわゆる骨太の方針、2002年の竹中プランなどにより、「事業再生」という概念が不良債権処理に本格的に導入され、「企業再生支援機構」が国により設立されることとなる。

しかし、住専処理・住管機構立上げから企業再生支援機構設立までの5、6年間は、不良債権処理における唯一の国策機関である住管機構の影響力は大きく、正義の実現を掲げるその活動方法が不良債権マーケットにおける回収手法に大きな影響を与えた、といえよう。

3. 住専処理

住管機構の設立とその運営方針の基本を導くこととなった、住専処理について概観しておきたい。

(1) 政府案

1995年12月に閣議決定された住専処理の政府案骨子は、以下のとおりである。

- 住専全体の債権12兆9000億円を大蔵省（当時）の立ち入り検査に基づき分類し、Ⅳ分類債権の約6兆4100億円のみを処理対象とする（Ⅲ分類債権1兆2000億円は処理対象としない）。
- 法人としての住専は、金融システムの安定性確保を理由に、法的整理ではなく通常清算により処理する。
- 住専設立の母体行は債権全額（3兆500億円）を放棄する。
- 残る不良債権処理額の負担のうち、一般行分は系統金融機関も含めた残高を母数とする債権額に応じてプロラタでの負担とする。
- 系統金融機関（県信連など）はいったん全額弁済。プロラタで計算した場合の負担額の一部（5300億円）を支援として贈与する。
- 一方、不足分である6800億円を公的資金で負担する。
- 上記処理により簿価を引き下げたうえで住専のすべての資産を、15年の

期間限定で新設する住管機構に譲渡する。

(2) 住専国会

　住専国会では、不良債権処理に初めて利用される6800億円の公的資金（税金）投入の可否が議論の中心となった。この国会での議論は、住専の不良債権発生に関与した関係者（関与者）の責任追及が中心となり、不良債権処理において何を残すべきか、そのための制度やスキームをどうすべきかは議論の対象とならなかった。

　国会の議論で登場したいわゆる関与者（債務者、銀行）の関係者の発言・態度なども影響し、6800億円の公的資金の投入は認められたものの、関与者の責任追及は不可避であるとの世論が形成されたといえる。

(3) 住管機構設立

　住管機構は、預金保険機構の100％子会社として1996年7月に設立された。住専国会の議論を受けた形で設立された経緯、並びに他に引受け手がない状況下で社長に就任した弁護士の中坊公平氏の指導力により、関与者責任の追及と公的資金の早期回収が主目的の組織となった。

4. 住管機構立上げ当初の不良債権処理手法

(1) 国策会社・司法的見地に立っての業務運営

　中坊社長は、住管機構の方針を「罪なくして人を罰することがないよう、国民に二次負担をかけない」とした。中坊氏は、「住専七社の倒産に……一般大衆は何も責任がない。ところがそれを税金で賄う。さらに問題なのは、……今回の住専法は、むしろ二次負担を国民に負担させるための法律だと一部の人たちが言っている。まさに私が見ても当を得ている部分がかなりある」と表明していた。[6]

　また、住管機構を、国策会社と位置づけるべく活動し、住管機構の業務の依頼者は全国民であるとの立場を鮮明にした。[7]

6　中坊公平『住専を忘れるな――中坊公平が語る正義の回収』10～11頁。
7　中坊・前掲（注6）13頁。

(2) 世論への対応

中坊社長は、①正義、道理、公正、②透明の2つを住管機構の目的達成のための手法として大事にしたい、と表明した。また、実際の回収戦略として、回収原資として「3つの枡（ます）」を標榜した。1つ目が「担保物件」、2つ目が「一般資産」、3つ目が「関与者責任」である。

これは住専処理の過程で生じた公的資金投入は不要ではないのかという世論に生じた感情を素直に受け止めそれに対応したものといえる。

一方、担保や資産処分以外からの回収は重視しなかった。

このように住管機構の業務運営方針は、事業再生という観点ではなく、悪徳債務者やそれに関連した金融機関を裁くという観点、並びに投入した公的資金をなるべく早く回収することを最優先にしたものであったといえる。

(3) 回収目標達成の目的化

回収実績をあげることは、このようにいわば国民に対する公約となった。

回収手段としては、仮差押え・仮処分、競売、物上代位による賃料差押え、訴訟的・支払い督促の申立て、本差押えをあげており、調停や法的倒産手続は例外扱いとされている。

公約実現のため回収現場には、7年半で全額回収ができるための回収額が目標として設定された。

このように高い回収目標を掲げ、かつその手法として資産処分による回収

---

8 中坊・前掲（注6）15〜18頁。
9 中坊公平＝住管機構顧問弁護団『住管機構債権回収の闘い』20頁。
10 「ある債務者について……信用力に基づいて回収することになるので、……この会社の営業活動の継続を前提とせざるを得ません。そうなると担保処分もままならず、返済期間も20年とか30年とか相手の言いなりになりかねなくなってしまう」と中坊社長は発言している（中坊・前掲（注6）48頁）。
11 中坊社長は、「回収に15年もかけるような馬鹿なことはできません。その半分の7年半ぐらいで返済するつもりで、……国民の輿望をになって、何としても全額回収したい」と表明している（中坊・前掲（注6）22頁）。
12 中坊＝住管機構顧問弁護団・前掲（注9）63〜67頁。
13 「この目標数字というのは現場から積み上げたものではなく、本部が設定して現場に下したものである」（中坊＝住管機構顧問弁護団・前掲（注9）244頁）。

を優先することとなった。着々と回収実績をあげ、その事実は中坊社長が1996年8月から始まった定例記者懇談会で毎月発表した。これは、住管機構の活動について世論のバックアップを受けることにつながったといえる一方、不良債権処理の手法として住管機構の対応である債務者の責任追及と資産処分による回収が基本パターンとなった。このため、責任追及を行わないスキームや事業収益による回収、といった他の手法が劣後扱いされることにつながったと思われる。

5. 住管機構の設立とその当初の運営を振り返ってみて

以上述べた住管機構の設立と当初の運営方針を振り返ってみて、以下の問題提起を行い、本稿を終えることとしたい。

(1) 処理時期は適切であったか

1995年12月の閣議決定により発表された住専処理案であるが、これは国際公約の実現との観点が大きかった。

不良債権の象徴となっていた住専問題の処理案発表は、当時の日本の銀行、特に海外での業務展開を進めていた都市銀行や長期信用銀行の活動を大きく制限する影響を与えた出来事（ムーディーズによる財務格付けの発表や大和銀行ニューヨーク支店における不正摘発）へのとりあえずの対応策といえる。

一方で、今では各国で金額の多寡はともかくほぼ合意をみている不良債権への公的資金投入について合意形成の議論は当時ほとんどなされていなかった。むしろ宮沢喜一首相の軽井沢発言以降タブー視されていた。

このような状況で住専処理のみを取り出し先行して処理を行うべきであったのか、銀行本体への公的資金導入ができるスキーム確定を待って処理を行うことができなかったのか、議論の余地があると思われる。

(2) 司法的処理が適切であったか

住管機構は、競売などの司法的処理を優先した結果、不良債権処理においては元本回収を優先する考えが一時的に定着した。また、処理スキームは透明性を優先すべきとの立場から入札により案件処理を行うという考えも定着

した。

しかし、短期間での元本回収を行う、すべてを入札により処理する、というスキームが雇用や事業ノウハウを維持する観点からは必ずしも適切でない場合があると考える。

設立当初の住管機構は、不良債権マーケットに対する影響力は大きく、元本回収と入札というスキームを離れて不良債権処理ができにくい状況を形成したことは否めないと思う。

担保処分以外の回収、たとえばキャッシュフローによる利払いの実施と長期弁済ではなぜいけないのか、不良債権に該当すればすべて時価評価による清算バランスで判断しなければいけないのか、という回収手法やその根拠となる債務者の資産評価の手法、また手続はすべて入札という手段で透明性を確保しなければいけないのか、についてより深い議論を行うべきであると思う。

(3) 銀行という金融機能にキャピタルゲインは必要か

「国民に二次負担はかけない」という住管機構の公約は、簿価以上の回収を目的とする活動すなわち回収行為において元本のキャピタルゲインを求める活動が不良債権処理で主流となる基盤をつくったともいえる。

銀行による貸付けという金融機能は何を目的とすべきかと考える場合、キャピタルゲインを求めるのではなく、確実な利払い（場合によっては元本回収は長期にわたってもかまわない）ができることを主目的にすべきとの考えがある。

不良債権処理の場合であっても銀行による貸付けという金融機能が発揮されるべきであるならば、その場面においてキャピタルゲインを求めることが必要であるのか、むしろ利払いが確実にされることを目標にすべきではないのか、についての議論をさらに深める必要があると思う。

特に、上記2、3の観点は、地域に密着した債務者をもつ地方金融機関の不良債権処理においてより一層検討すべきテーマになっていると思う。中小企業者等に対する金融の円滑化を図るための臨時措置に関する法律の期限終

了後の対応においても検討すべきものであると思う。

(吉田　正)

III　産業再生機構——カネボウ・花王の事例から

1.　カネボウの略歴および私的整理開始の背景

　カネボウは、1887年に東京綿商社として設立され、1889年の紡績工場稼働に伴い社名を鐘淵紡績（その後、1971年に「鐘紡」に、2001年に「カネボウ」に変更）に変更し東京株式取引所に上場した。その後不況のあおりで三井家の支援を受けつつも、1899年に武藤山治氏が社長に就任して以来、労働環境が苛酷というイメージが強かった繊維業界にあって家族主義的な従業員の処遇、業務の標準化やマーケティング等の近代的な経営手法等をとり入れることにより業容を拡大した。多数の中堅・中小紡績会社も買収し、日本三大紡績会社の一角を形成した。1930年以降も、綿紡績のみならず綿布の加工や絹・羊毛等の綿以外の素材にも事業を拡大し、1936年には日本の民間会社で売上高第1位を記録している。1934年には、家庭用品や化粧品事業の起源となる高級石鹸を商品化して輸出を開始する等、繊維以外の事業拡大にも積極的で、戦前にかけては化学・木材・造機・鉱山等の分野にも進出した。戦争被害が大きかったカネボウは、戦後に重工業分野から撤退、繊維不況を経て、合成繊維部門・天然繊維部門における川下事業への拡大を図った。1968年には中興の祖とよばれる伊藤淳二氏が社長に就任し、化粧品部門を大きく成長させるとともに、繊維・化粧品・薬品・食品・住宅不動産の5つの分野を軸に事業多角化を図るペンタゴン経営を標榜、業界では特に後発だった合繊部門への積極投資も行い、7大繊維（綿・羊毛・絹・レーヨン・ナイロン・アクリル・ポリエステル）のすべてを手がける国内唯一の総合繊維企業を確立した。また同氏は、企業の社会的責任や民主社会主義思想を強調し、武藤氏以来の温情主義的経営を「運命共同体的労使関係」なる理論に発展させることによ

り労使協調路線を盤石にし、当時の日本企業における労務対策の模範とされた。

一方、こうした拡大路線は1973年の石油ショックで転機を迎える。1974年の赤字計上、繊維業界の構造不況に伴う1977年の無配転落を受け、労使協調路線の下で穏便なリストラを実施したが効果は限定的だった。そこで伊藤氏は、「繊維の鐘紡」から「美と健康の総合産業を目指すカネボウ」への転身を掲げ、本社における不採算事業を15社に分離する一方、稼ぎ頭となった化粧品子会社を含む12社を本社に吸収、有望な経営資源を本社へ集中することにより1984年に復配を果たした。伊藤氏が会長に退いた後もペンタゴン路線は継続され、「美と健康」を強調する一方、繊維事業の復活を軸に、エレクトロニクスやバイオ等の先端分野を含む非繊維事業の拡大をめざした。この方針はバブル景気の下、当初は好調に推移したが、1985年のプラザ合意後の円高に伴う繊維部門の収益悪化に加え、それまで事業拡大を借入金に依存していた影響で、1987年4月期には約4300億円の有利子負債を負う状態となったため、1990年代にようやく拡大路線が修正されることとなった。

バブル崩壊後、カネボウは天然繊維部門を中心としたリストラを進めたものの、その他部門の業績不振により1994年3月期には連結ベースで営業赤字かつ純資産が17億円となったことに加え、多角化に伴い細分化され大幅に増加した事業部門の設備投資に抑制がかからず、有利子負債は約5500億円にまで膨らんだ。同年、有利子負債を800億円削減する3カ年の中期経営計画を発表したものの、業界において後発で赤字の温床となっていた合繊部門の抜本対策が盛り込まれていないとして、メインバンクのさくら銀行（当時）が強い懸念を抱いたため、合繊事業を見直しつつ化粧品や薬品等の事業を軸に再建する内容に変更された。銀行の意向をめぐっては、脱繊維路線に反対するカネボウ経営陣の強い抵抗がみられたが、翌年には同行と合意、役員派遣を受け入れることにより銀行の管理が強化された。

その後、繊維部門の赤字自体は縮小したものの、その他部門の業績低迷により1996年3月期に約250億円の連結債務超過に転落した。これに対し、

1998年3月期に第2次再建計画を策定、繊維部門のリストラを進める一方、好調な化粧品と家庭用品事業を軸に収益を回復して2001年3月期における連結債務超過の解消を目標とした。この計画公表と同時に、化粧品部門出身の帆足隆氏が社長に就任したことで、化粧品事業が拡大し繊維事業も黒字を達成した。一方、2001年3月期の連結純資産は、海外子会社の土地再評価益により辛うじて8億円を計上する状態であった。また、この時期から国内では、退職給付会計や減損会計等財務内容の透明化を図る制度が次々と導入されると同時に、銀行の不良債権処理を促進する政策がとられ、メインバンクの三井住友銀行も旧住友銀行主導で不良債権対策の検討が進められたため、カネボウは窮地に陥ることとなる。こうした背景の下、花王との協議が開始されたが、2003年8月にアクリル事業からの撤退を公表し、2003年9月中間期に629億円の連結債務超過かつ有利子負債が5242億円という財務状況に陥ったため、早急にリストラ原資を確保して債務超過を解消する必要に迫られた。こうした中、カネボウにとって花王との交渉は切迫した環境で行われることとなった。

2. 私的整理のプロセス

(1) 花王との化粧品事業統合案

2003年10月に公表された統合案は、カネボウが新設分割により化粧品新会社を設立、新会社株式の49％を花王に売却した後、花王が新会社に化粧品事業を統合、その後、販売会社と製造会社に再編し、販売会社はカネボウが、製造会社は花王が、それぞれ連結子会社とする内容であった。カネボウは、これにより2004年3月までに債務超過を解消し有利子負債を3000億円以下に圧縮することを目論んだが、花王の想定買収価格が低かったことに加え、再編後における花王とカネボウの主導権が不明確だったこと等から花王が難色を示した。

(2) 花王への化粧品事業売却案

交渉が難航する中、2003年12月、花王は、花王が新設分割により化粧品新

〔図表59〕 カネボウ私的整理の推移

2003年10月23日	花王との化粧品事業統合案の公表
2004年1月31日	花王への化粧品事業売却案の公表
2004年2月16日	産業再生機構（IRCJ）への支援要請
2004年3月10日	IRCJによる1回目の支援決定
2004年4月19日	経営浄化委員会の発足を公表
2004年5月7日	新会社「カネボウ化粧品」発足
2004年5月31日	IRCJによる2回目の支援決定
2004年10月28日	経営浄化委員会が粉飾決算の事実を公表・東証が監理ポストへ割当
2005年4月13日	経営浄化委員会が粉飾決算の調査結果を公表
2005年6月13日	東証がカネボウ株式を上場廃止
2005年12月16日	IRCJが花王・ファンド連合への売却を決定
2006年2月22日	ファンド連合がカネボウ普通株式のTOBを開始
2006年4月17日	カネボウ事業をファンド所有法人へ譲渡することを公表
2006年4月21日	少数株主による提訴開始・紛争の本格化
2006年6月30日	営業譲渡後のカネボウ（海岸ベルマネジメント）が解散し清算会社となる
2007年7月1日	ファンドビークル傘下の事業会社が社名・商標をKanebo からKracieに変更
2008年11月11日	海岸ベルマネジメント（旧カネボウ）がファンドビークルに吸収合併され消滅
2009年9月30日	ファンド連合がKracie H.D株式の60％をホーユーへ売却
2011年9月30日	少数株主との紛争が終結
2012年3月30日	ファンド連合がKracie H.D株式の40％をホーユーへ売却

出所：公表情報を基に作成

会社を設立しカネボウが化粧品事業を営業譲渡するスキームをカネボウに提案した。これは新会社に対する花王の主導権を明確にしたもので4000億円強の買収価格が提示されたともいわれており、メインバンクもこの案を支持したが、唯一の高収益部門である化粧品事業譲渡後における本体の再生を懸念したカネボウは、この実質的な完全事業売却案に躊躇し、交渉はさらに難航した。カネボウ社内での意見対立も激化しており、売却案に反対する勢力が投資ファンドと接触、ファンド51％・カネボウ49％の出資比率で新会社を設立し、化粧品事業を当該新会社へ営業譲渡するスキームの提案を受けていた。このファンド案は、営業譲渡後もカネボウが持分法により新会社の利益を取り込むメリットがあったが、ファンドの資金調達力と中下位行による債権回収リスクを懸念したメインバンクが強く反発し、カネボウ役員会でも否決された。

　一方、花王との協議は実務レベルで続けられていたものの、労働組合が、組合のない花王への事業売却による組合員の大幅な減少や、花王における雇用維持を懸念して売却案に反対、強固な労使協調路線の下、重要な意思決定には組合の了承を必要とする慣習のあったカネボウ社内の意思統一は困難を極めた。また、売却案を機関決定する直前に、消滅したファンド案が継続検討されているような報道がなされたり、カネボウが「労働組合の理解が得られない」として花王との売却案合意に関する記者会見を突然キャンセルする等、協議・交渉のプロセスは混乱の一途をたどっていた。最終的には、2004年2月、カネボウが売却案を白紙撤回してメインバンクとともに産業再生機構（以下、「IRCJ」という）に支援要請を行い、メインバンクから取引金融機関に対して「私的整理ガイドライン」に基づく一時停止の通知が発せられることとなった。

(3) IRCJによる支援決定（1回目）

　カネボウは支援要請の当初、新設分割により化粧品事業を分割し、新会社の株式50％超と借入金をIRCJが買取り、カネボウの取引金融機関には金融支援を求めない構想を描いていた。これは、従前のファンド案に類似したス

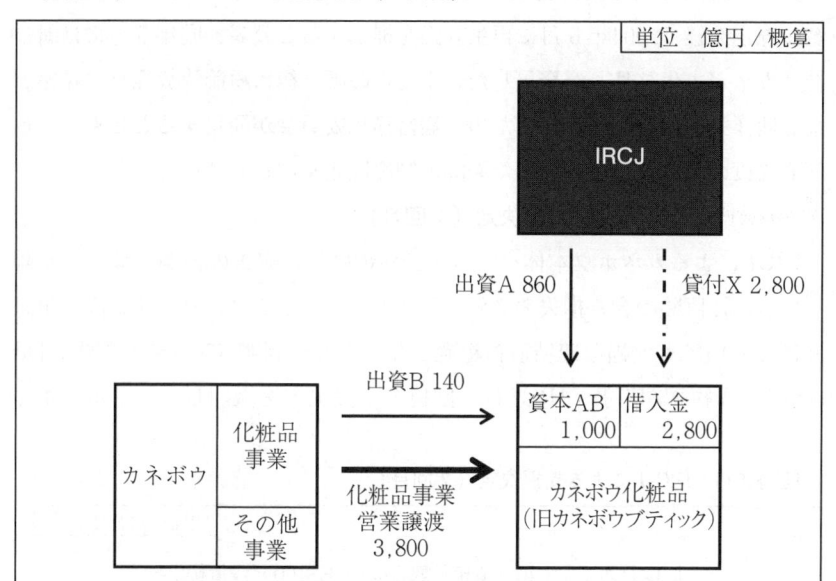

Ⅲ　産業再生機構――カネボウ・花王の事例から

〔図表60〕　IRCJによる支援決定（1回目）

単位：億円／概算

[図：IRCJから新会社「カネボウ化粧品（旧カネボウブティック）」へ出資A 860、貸付X 2,800。カネボウから化粧品事業営業譲渡3,800および出資B 140。新会社の資本AB 1,000、借入金2,800]

出所：IRCJプレスリリース（2004年3月16日）を基に作成

キームで、化粧品新会社のみに対する支援要請だったが、IRCJが、法的整理になった場合の分割否認リスクや、赤字を抱えるカネボウ本体の抜本処理が先送りされるリスクを懸念したことに加え、公的機関が民間でも検討可能なスキームをもって支援することに対する金融業界や世論からの反発があったこと等により、メインバンクとともにカネボウ本体を含めた支援要請を行うこととなった。

　2004年3月に決定した支援スキームは、化粧品事業をカネボウグループ100％の子会社に3800億円で営業譲渡して化粧品新会社とし、IRCJが新会社に860億円の出資および2800億円の融資を実行、新会社は当該資金をカネボウに支払うとともに、カネボウは既存の持株を無償消却したうえで新会社に対して140億円を出資する内容であった（〔図表60〕）。このほか、メインバンクからのDIPローン700億円に関してIRCJが優先弁済の確認を行ってい

る。この時点で取締役 8 名は全員退任し、IRCJ は、カネボウ本体に関する資産査定を経て2004年 5 月に再生計画を提示すると公表、同年 5 月には新会社「カネボウ化粧品」が発足した。またこの頃、後に粉飾決算発覚の端緒となる興洋染色問題に対応するための経営浄化委員会が発足するとともに、退任取締役のポストとなっていた顧問の制度廃止を決定している。

(4) IRCJ による支援決定（ 2 回目）

IRCJ によるカネボウ本体への資産査定の結果、過去の粉飾決算により隠ぺいされた巨額の含み損失や必要なリストラコスト等により、化粧品事業譲渡後においても大幅な連結債務超過となることが判明（2004年 3 月期の連結純資産は▲約3550億円）、IRCJ は 1 回目の支援決定を撤回し、カネボウ本体

〔図表61〕 IRCJ による支援決定（ 2 回目）

単位：億円／概算

```
             債権譲渡Y 1,040（債権放棄555・DES100・残債権385）
┌──────────┬──────┐ ─────────────────────────▶ ┌──────────┐
│ 取引      │ メイン│                                            │          │
│ 金融機関  │ バンク│    出資C 200                               │   IRCJ   │
│ 63社      │       │    (100は DES)                             │          │
├──────────┴──────┤                                            │          │
│    貸付金元本       │                                            │          │
│       5,560         │                                            │          │
└──────────────────┘                                            └──────────┘
    │           │                                                    │    │
 債権放棄980  出資D 300          貸付Y 385                           │    │
 (放棄損または DIPローン 700                                         │    │
  債権譲渡損）(メインバンクのみ)    出資A 860              貸付X 2,800
    ▼           ▼                                                    ▼    ▼
┌──────┬──────┐                                          ┌──────┬──────┐
│借入金│資本CD│                                          │資本AB│借入金│
│920(*)│少数株主│                                       │1,000 │2,800 │
├──────┴──────┤   出資B 140                            ├──────┴──────┤
│   カネボウ      │ ─────────────▶                      │ カネボウ化粧品 │
├──────┬──────┤                                          │(旧カネボウブティック)│
│第一分類│第二分類│                                       └─────────────┘
│第三分類│第四分類│
└──────┴──────┘
```

(*) 貸付元本 5,560- ネット営業譲渡代金 3,660-債権放棄 980

出所：IRCJ プレスリリース（2004年 5 月31日）を基に作成

Ⅲ　産業再生機構——カネボウ・花王の事例から

〔図表62〕　事業の選択と集中

第一分類	事業性あり今後コアビジネスとなる可能性が高い
ホームプロダクツ、薬品、食品（フリスク・菓子・粉末）、ファッション（フィラ・ランバン等）	
第二分類	事業性あるがコア事業としての見極めが必要
北陸工場に集約後の合繊（ナイロン4品目・ポリエステル・高分子）、新素材（ビジョンシステム）、食品（紙パック飲料・シイタケ）、鐘紡記念病院	
第三分類	継続・売却・清算の判断を行う
食品（冷菓・冷菓小売）、ファッション（インナー・小売）、カネボウ物流	
第四分類	早期に売却または清算を実施
食品（めん・飲料）、海外含む天然繊維、北陸工場以外の合繊（防府工場関連・海外）、新素材（ビジョンシステム以外）、その他	

出所：日本経済新聞社編『経営不在』149頁を基に作成

　が新たな再生計画に基づき、再度支援要請を行った。

　2004年5月に決定した支援スキームは、カネボウの借入金について、64の取引金融機関に995億円の債権放棄を要請（実際の放棄額は980億円）するとともに金融機関の債権元本約5560億円のうち約1040億円をIRCJが買取り、また株式について、約99.7％の減資および10株を1株にする株式併合（かつ1単元は1000株から100株に引き下げ）に加え、IRCJが200億円・メインバンクが300億円の増資を行う内容であった（〔図表61〕）。

　なお、カネボウ本体の再生計画については、戦略なき多角化が窮境を招いた原因と特定し、事業ポートフォリオの選択と集中により、過去主力だった繊維等の産業財から家庭用品や薬品等の消費財への転換を図ることとした。「選択と集中」にあたっては、事業性の観点から事業を4つに分類し、従前より先送りされてきた天然繊維部門からの完全撤退を含む繊維部門の大幅縮小という抜本的な施策が盛り込まれた（〔図表62〕）。

　一方、経営浄化委員会が、2004年10月に粉飾決算の事実を、2005年4月にその調査結果を公表し、2000年3月期から2004年3月期にかけて行われた利

第Ⅱ編　第4章　日本における事業再編の歴史

〔図表63〕　IRCJによる2回目の支援決定後

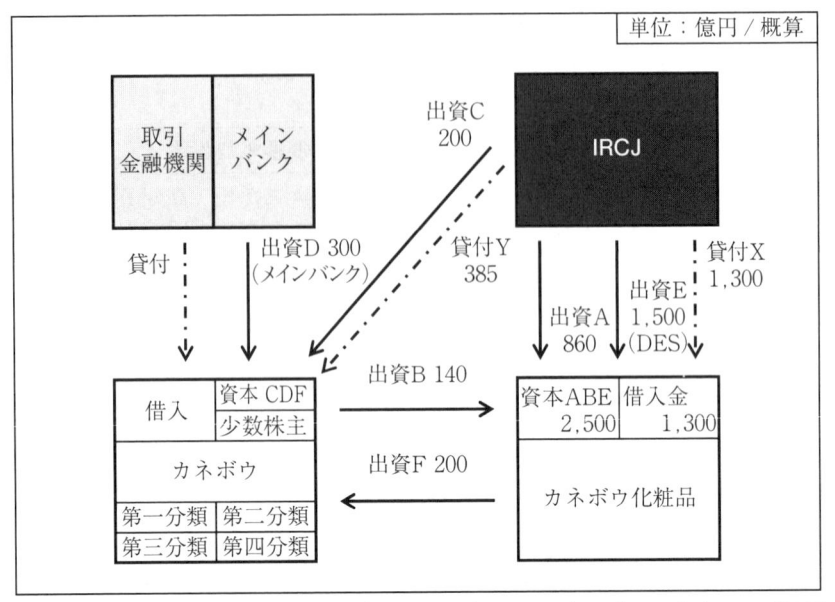

単位：億円／概算

```
取引           メイン            出資C              IRCJ
金融機関       バンク             200

  貸付  出資D 300      貸付Y        貸付X 1,300
        (メインバンク)   385    出資A  出資E 1,500
                              860   (DES)
        資本CDF   出資B 140    資本ABE  借入金
  借入  少数株主                2,500   1,300
        カネボウ
                  出資F 200    カネボウ化粧品
        第一分類 第二分類
        第三分類 第四分類
```

出所：IRCJプレスリリース（2004年12月16日）、カネボウプレスリリース（2005年6月6日）を基に作成

益の過大計上額が累計で約2150億円と判明した結果、カネボウは同年6月に東証一部から上場廃止となり、少数株主の株式売却機会が著しく減少した。

2回目の支援決定後、IRCJは、カネボウ化粧品向け貸付金2800億円のうち1500億円についてDESを行う一方、カネボウ化粧品は、カネボウによる200億円の第三者割当増資を引き受けて筆頭株主となった（〔図表63〕）。この背景には、上場廃止により早期再生の必要性が高まる中、カネボウ化粧品の業績が順調に推移する一方、カネボウの収益改善・構造改革が遅れることにより、カネボウのエグジットが困難になる懸念があったことや、両社による「カネボウ」ブランドの重複利用の問題等があったとされている。カネボウおよびカネボウ化粧品が、増資を通じてシナジー効果を発現し企業価値向上を図ると公表したことからも、カネボウとしては、カネボウ化粧品との一体

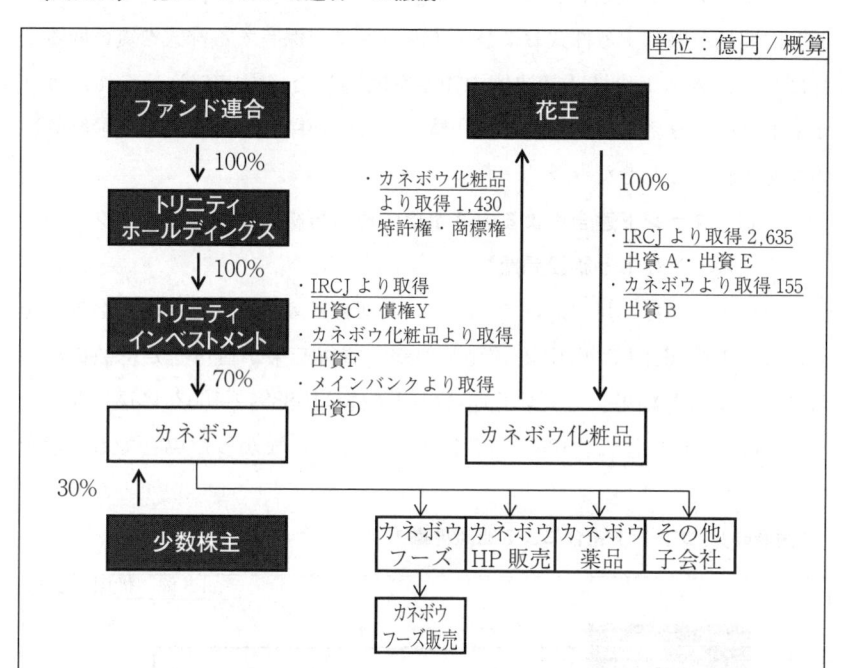

Ⅲ　産業再生機構——カネボウ・花王の事例から

〔図表64〕　花王・ファンド連合への譲渡

単位：億円／概算

```
ファンド連合                              花王
    ↓100%          ・カネボウ化粧品        ↓100%
トリニティ            より取得 1,430
ホールディングス       特許権・商標権       ・IRCJ より取得 2,635
    ↓100%                                出資A・出資E
トリニティ          ・IRCJ より取得       ・カネボウより取得 155
インベストメント      出資C・債権Y          出資B
    ↓70%          ・カネボウ化粧品より取得
                   出資F
カネボウ            ・メインバンクより取得
                   出資D                カネボウ化粧品
30% ↑
少数株主            カネボウ｜カネボウ｜カネボウ｜その他
                   フーズ  │HP販売 │薬品   │子会社
                     ↓
                   カネボウ
                   フーズ販売
```

出所：IRCJ プレスリリース（2005年12月16日）を基に作成

再生に強いこだわりがあったことがうかがわれる。

(5)　IRCJ による花王・ファンド連合への売却

　2005年8月から同年12月にかけて3回の競争入札が実施され、最も高い評価額を提示したといわれた花王およびファンド3社の連合体が落札し、IRCJ は、化粧品事業を花王に、化粧品以外の事業をファンド連合に売却することを決定した。花王は、消費財分野での投資実績があるファンド連合と組んで応札することでカネボウ化粧品のみを完全に傘下に収めた。

　花王は、IRCJ が保有する株式を約2635億円、カネボウが保有する株式を約155億円で買い取るほか、カネボウ化粧品から商標権・特許権を約1430億円で取得、これらを合計すると買収総額は約4220億円となる（〔図表64〕）。

第Ⅱ編　第4章　日本における事業再編の歴史

一方のファンド連合は、カネボウについて、IRCJ が保有する株式、カネボウ化粧品が保有する株式およびメインバンクが保有する株式を買い取ることにより、カネボウ株式議決権の70％を取得した（〔図表64〕）。これによりカネボウは、カネボウ化粧品との一体再生の途が閉ざされ、両社は最終的に切り離されることとなった。

(6) ファンド連合によるカネボウの組織再編（少数株主のスクィーズ・アウトと訴訟問題）

2006年2月から3月にかけて、ファンド連合はカネボウの完全子会社化をめざし、1株162円で TOB を実施したが、買付結果が買付予定株数の約43％にとどまった結果、ファンド連合の議決権は約83％と100％に達しなかった。この TOB 自体は、100％子会社化が達成できなかった場合でも、産業

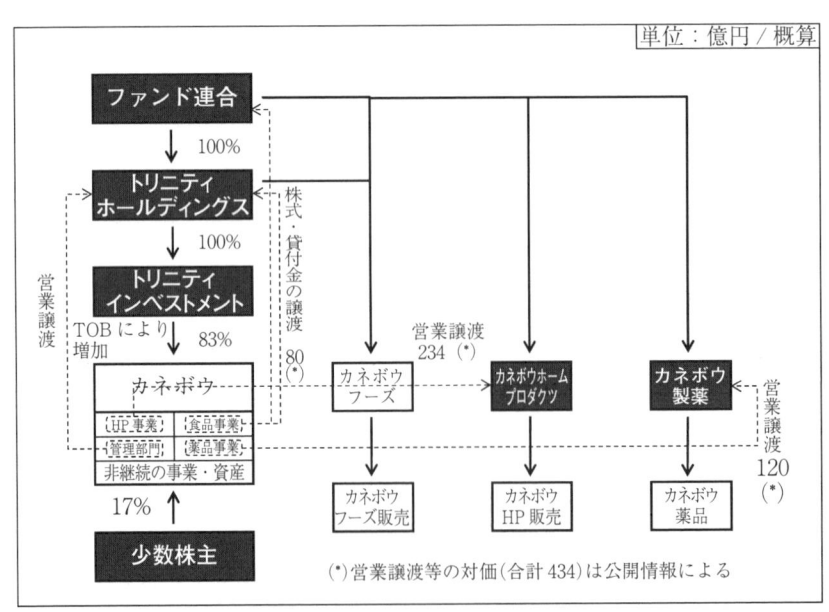

〔図表65〕　ファンド連合による組織再編①

出所：カネボウ・トリニティ・ホールディングスプレスリリース（2006年4月14日）を基に作成

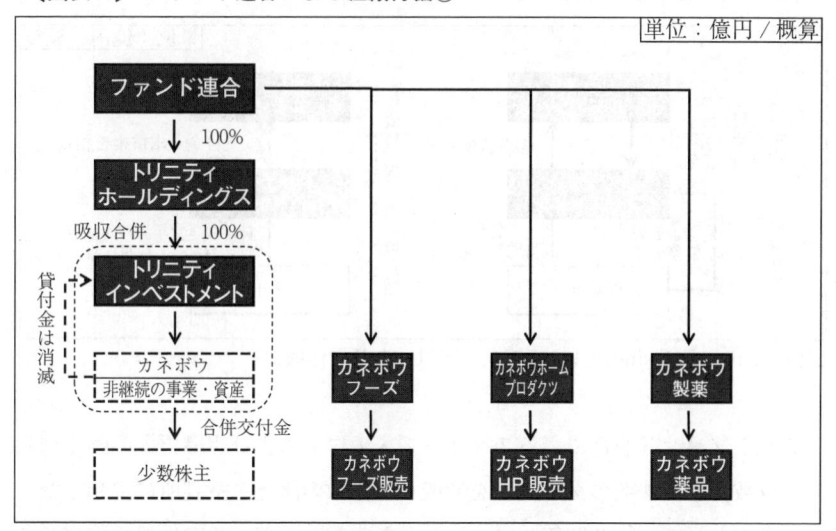

〔図表66〕 ファンド連合による組織再編②

単位：億円／概算

出所：トリニティ・インベストメントプレスリリース（2009年7月26日）を基に作成

活力の再生及び産業活動の革新に関する特別措置法（当時。以下、「産活法」という）に基づく金銭交付の簡易株式交換が予定されていたため、ファンド連合による少数株主のスクィーズ・アウトの一環との位置づけであり、その後、カネボウのコア3事業（ホームプロダクツ・薬品・食品）をファンド連合が所有する法人に対して営業譲渡または株式譲渡する組織再編が計画されていた。株式交換は行われなかったものの、同年5月には、産活法に基づく簡易営業譲渡により株主総会での決議を経ずに、カネボウのコア3事業と本社管理部門のそれぞれが、ファンド連合が出資する別々の法人に対して譲渡された（〔図表65〕）。

これによりカネボウはノンコアの事業と資産を保有するのみの会社となり、2007年6月には株主総会において会社の解散が決議された。なお、当該清算会社（旧カネボウ）は、2008年11月にファンド連合傘下の子会社に吸収合併されて最終的に消滅、その際少数株主に支払われる合併交付金は130円とされた（〔図表66〕）。

〔図表67〕 営業譲渡対価の処理

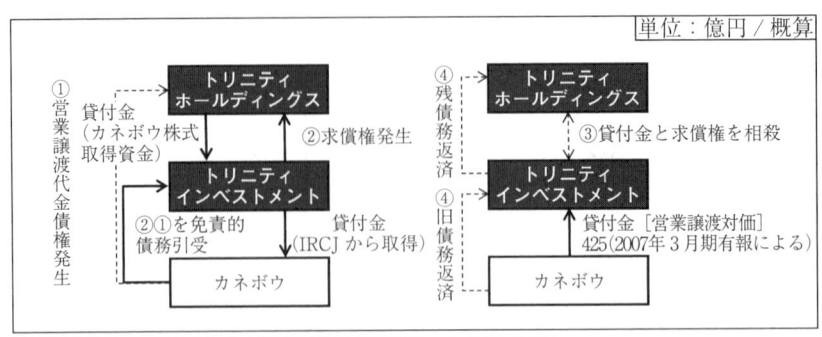

単位：億円／概算

（図：トリニティホールディングス、トリニティインベストメント、カネボウ間の資金・権利関係図）
① 営業譲渡代金債権発生／貸付金（カネボウ株式取得資金）／②求償権発生／②'を免責的債務引受／貸付金（IRCJから取得）
④残債務返済／③貸付金と求償権を相殺／④旧債務返済／貸付金〔営業譲渡対価〕425（2007年3月期有報による）

出所：Nikkei Business（2007年3月19日）を基に作成

　これらファンド連合によるスクィーズ・アウトおよび組織再編の動きに対し、少数株主が複数のグループを形成して複数の訴えを裁判所に提起した。主なものとして、①2006年4月に行われた営業譲渡差止めの仮処分申立てを皮切りに、②営業譲渡および合併に反対する株主からの株式買取り請求に対する買取り価格の妥当性や、③ファンド連合がIRCJおよびカネボウ化粧品から議決権の3分の1超を種類株で取得した相対取引の妥当性、等が争われた。①については、そもそもTOBに関するファンド連合の情報開示が少なかったことや営業譲渡対価の処理スキームが難解だったこと（〔図表67〕）等により、支配株主が強引にコア事業をファンドに移転してカネボウの価値を著しく減少させるとの印象をもった少数株主からの反発の意味合いが強かった。東京地方裁判所が仮処分申立てを却下し東京高等裁判所および最高裁判所が抗告を棄却した。

　②について、営業譲渡に反対する買取り請求に関し、少数株主は各グループによって1株あたり950円〜1578円を主張したものの、カネボウ側がTOBと同価格を提示し続けたため、東京地方裁判所が鑑定人を選任、本件においてあるべき株価の算定手法やその算出過程に関する個別論点までも含めて争われたが、東京地方裁判所および東京高等裁判所は、最終的にDCF法ベースで算定された360円が妥当と決定、最高裁判所が特別抗告を棄却し

た。また、合併に反対する買取り請求に関し、東京地方裁判所は、時価純資産法をベースにカネボウ側が算定した130円が妥当と決定、東京高等裁判所が原告による抗告を棄却した。③については、ファンド連合が、種類株ベースで支配権を獲得する際には普通株も含めてTOBを実施すべきであり、当時の証券取引法における公開買付規制に違反したとして、少数株主が損害賠償請求を行ったものである。東京地方裁判所は、公開買付規制の例外規定に基づき、相対取引の対象となった種類株の保有者が25名未満かつ全保有者の同意があるためTOBは不要と判断したのに対し、東京高等裁判所は、一般株主に対する公平性・透明性を欠くとの趣旨により、当該例外規定の適用には普通株主も含まれるべきと1審と反対の判決を下した。しかし最終的には、当該例外規定の趣旨である事業再編の迅速化とそれによる企業活動の活性化を重視した最高裁判所により、当該相対取引が、公開買付規制に違反しないとの判決が下される結果となった。

①②③のいずれも、最高裁判所まで持ち込まれることとなり、少数株主側とカネボウ側との間で5年半に及ぶ訴訟合戦となったが、営業譲渡に反対する株式買取り価格を除けば、ファンド連合とカネボウ側の主張が認められる結果となったといえる。

(7) ファンド連合によるホーユーへの売却

花王への化粧品事業売却後、2008年1月末に「カネボウ」ブランドの使用期限を控えていたカネボウは、2007年7月、社名・商標をKaneboからKracie（クラシエ）に変更し、ホームプロダクツ・薬品・食品事業を展開する新ブランドとして新たなスタートを切った。その後、2009年9月にホーユーが、ファンド連合の所有するクラシエホールディングス株の60%を取得し、さらに黒字化の目途のついた2012年3月に残り40%の追加取得を行うことで、2003年頃から本格化したカネボウの再生は10年近くの歳月を経て終結する。

3. カネボウの再生における私的整理の意義

(1) 私的整理開始および成立の主な要因

　カネボウは、創業以来の拡大志向やペンタゴン経営に象徴される事業多角化戦略、借入金への依存、堅固な労使協調路線の下で重要な経営課題を先送りする企業体質等が財務内容の悪化を招いたと考えられる。最終的には、カネボウ本体における巨額の損失処理および金融支援に伴い事業ポートフォリオは整理され、花王への化粧品事業売却、コア3事業のブランド名変更およびホーユーへの売却により、法人としての「カネボウ」は消滅したものの、事業性のある主要な事業は存続する結果となった。

　私的整理プロセス開始の背景としては、国内における会計ビッグバンの導入や金融機関の不良債権問題をめぐる政治的動向等により、カネボウにとっても金融機関にとっても問題の先送りがそれ以上不可能な状況に追い込まれたという外部環境があげられる。一方で、カネボウが単独で花王と交渉してグループの再建を模索した動きが頓挫したことにみられるように、ノンコア事業の抜本的な整理、化粧品以外のコア事業の採算性や隠ぺいされた巨額の損失といったカネボウそのものの窮境原因、損失と責任の負担を含めたグループ全体の再生への道筋を明示する再生計画がこの時点で存在しなかったことが、カネボウ、花王、メインバンクという主要当事者間の利害不一致を招き、IRCJの関与を伴う私的整理プロセスが開始されたといえる。それに加え、複雑な窮境原因の解明と非常に多くの利害関係者を調整する強力なリーダーシップを発揮したIRCJが、主要当事者と利害関係のない公的機関だった点に、本件私的整理が成立した大きな要因があったと考えられる。以下、本件における主要な利害関係者が、どのように私的整理プロセスに関与しどのような結果となったかについて考察したい。

(2) IRCJの役割

　IRCJは、金融機関の不良債権処理促進を通じた信用秩序の維持、産業の再生および過大債務を抱える事業者の早期再生支援を目的として、2003年4

III 産業再生機構——カネボウ・花王の事例から

〔図表68〕 IRCJ スキームにおける投融資の状況

カネボウ化粧品 (単位：億円／概算)

株式／借入	図中の表記	内容	引受先	金額(*1)	議決権	譲渡先	譲渡金額(*1)
株式	出資A	普通株式	IRCJ	860	86%	花王	2,635
	出資E	A種類株式[優先株]	IRCJ	1,500	—		
	出資B	普通株式	カネボウ	140	14%		155
借入金	貸付X	当初2,800(DES 前)	IRCJ	1,300	(*3)		

カネボウ

株式／借入	図中の表記	内容	引受先	金額(*1)	議決権	譲渡先	譲渡金額(*1)
株式	出資C	C種類株式[後配株](*2)	IRCJ	200	32%	ファンド連合	105
	出資D	A・B種類株式[優先株]	メインバンク	300	—		N/I
	出資F	C種類株式[後配株]	カネボウ化粧品	200	38%		
借入金	貸付Y	額面1,040	IRCJ	470	(*4)		

残り30%は既存株主

IRCJ

出資／貸付	金額(*5)	備考
資金支出	4,230	出資A＋出資E＋出資C／2＋貸付X＋貸付Y
資金回収(*6)	4,425	出資A＋出資E＋出資C＋貸付X＋貸付Yのうち385
回収額−支出額	195	

出所：公表情報を基に作成

(*1) 基本的に公開情報によるが、公開情報がないものはN／I 表記
(*2) 200のうち、100は現金出資、100は譲受債権1,040の一部について DES を実行
(*3) 花王への売却に伴い回収
(*4) 額面1,040に対し555の債権放棄・100の DES を実施、残り385は回収およびファンド連合への売却に伴い譲渡
(*5) あくまで公開情報を基に試算したものである点に留意されたい
(*6) 利息・配当は考慮していない

月に設立された公的機関（主たる株主は、預金保険機構）であり、支援対象会社に対する投融資機能および取引金融機関や株主等との利害調整機能を有していた。本件私的整理のプロセスに関しては、１回目の支援決定において、カネボウ化粧品への投融資およびメインバンクがカネボウに供与する DIP

ファイナンスの優先性確認を行い、2回目の支援決定において、取引金融機関からの債権買取りおよびカネボウ本体に対する出資を実施している。このプロセスにおいて重要な点は、IRCJが、第三者による客観的な立場でデューディリジェンスを行い、窮境原因とその改善策、損失処理および責任負担の方法を明確化した抜本的な再生計画を策定、金融機関調整による合意形成を経たうえで支配権を確保し、当該計画を推進したことである。カネボウと花王との直接交渉が頓挫した時点で、IRCJと同様の利害調整機能や同規模の資金支援を提供でき、かつ過去の不正経理が発覚する中で、非常に多くの金融機関からの合意を取得するプロセスに関する公平性や公正性を担保できる機関は存在しなかったといえる。

　会社更生等の法的整理によれば、手続の公正性や透明性は確保されるものの、カネボウの中核事業が、創業事業である産業財から化粧品や家庭用品といった消費財にシフトしていたことや、特に、化粧品は肌に直接触れる繊細な商品でブランドイメージに加えて対面販売が重視されるため、顧客である消費者や販売チャネルの専門店、ひいては化粧品事業のスポンサー候補である花王にとって倒産のイメージがつきまとう選択肢はとり得なかったのではないかと考えられる。カネボウは、公的な資本の強制力を伴う私的整理のプロセスにより過去累積した多くの問題が短期間で清算され、事業性ある事業の価値毀損を抑制しかつ取引先へ損失負担を強いることもなく、あるべきスポンサーに事業が引き継がれたといえるのではないだろうか。なお、本件におけるIRCJの投融資採算について、公開情報ベースで大雑把に試算すれば、資金支出額が約4230億円である一方資金回収額は約4430億円となるため、国民負担となる損失も発生しなかった（〔図表68〕）。

(3)　金融機関

　カネボウは1990年代半ば頃から役員受入れ等により実質的にメインバンクの管理下にあったが、この間同行による支援の継続により、私的整理プロセス開始時点における同行の融資残高シェアは約40％に達していた。IRCJの第1回支援決定においては債権放棄を含む金融支援策は盛り込まれなかった

が、その後の過程を経て、金融機関全体としては、貸付金元本約5560億円のうちの非保全部分約4240億円に対して約980億円の損失を負担（非保全額に対して約25%）したことになる。個別金融機関ごとの損失負担額は非保全残高割合により決定され、損失負担に関しては債権者平等の原則が貫かれた。過去からカネボウに対しての支援を継続してきたメインバンクにとっては、他金融機関からの損失負担に関するメイン寄せを抑制する意味で、IRCJ が関与する私的整理プロセスのメリットがあったと考えられる。また、DIP ローン供与や議決権のない優先株出資を通じた追加の金融支援により、その他の金融機関に対してメイン行責任を果している。なお、金融支援に関する利害調整に関しては、カネボウの取引金融機関が100を超えており、メインバンク単独での交渉による全行同意取得は困難であることが推察されるため、この点においても上述のメリットがあったといえる。結果的に、損失負担の対象となった金融機関は、非保全残高が3億円以下の先を除外した64先であった。

(4) 既存株主

IRCJ の第2回支援決定において、金融機関による債権放棄と IRCJ およびメインバンクによる増資に伴い、株主責任として、既存株主の議決権は株式併合により大幅に減少し、資本金も約99.7%が減資された。一方で上場は維持され、株価については、花王との化粧品事業統合案を公表した時点で1480円（時価総額約760億円）であったが、IRCJ へ支援要請した時点で1100円、第2回支援決定時点で990円まで下落した後、再生への期待感から1600円近辺まで上昇し粉飾決算の事実を公表した前日においても1491円と推移していた。既存株主にとっては、議決権は失ったものの、株式の経済的価値と流動性は残された点で私的整理のメリットがあったといえる。

しかし当該メリットは、カネボウが粉飾決算の事実を公表して上場廃止となったことにより失われ、株価も上場最終日の360円まで下落した。臨時株主総会において IRCJ による第2回支援決定の内容を承認して少数株主となった既存株主からすれば、基本的には公表情報以外に粉飾決算の詳細につい

335

て知り得る立場になく、カネボウ再生への期待感は裏切られる結果となった。さらに、IRCJ のエグジットに伴い、カネボウとカネボウ化粧品との資本関係が解消されると同時に、カネボウ本体の支配権を獲得したファンド連合が組織再編のために少数株主をスクイーズ・アウトしたことにより、少数株主の株式換金価値も TOB 価格の162円、合併交付金の130円まで下落した。この一連の動きについて、一部の少数株主とカネボウおよびファンド連合との間で訴訟合戦が繰り広げられたことは前述のとおりである。裁判所は、最終的に DCF 法に基づく360円の評価が妥当との判断を下したが、訴えによりスクィーズ・アウトに応じた株主よりも高い買取り価格を獲得した株主についても、粉飾の事実が織り込まれていたはずである上場最終日における市場での終値と同額の結果となったため、カネボウが粉飾決算を通じて隠ぺいしてきた経済的な損失は、間接的にではあるものの、既存株主においても遍く負担される形になったといえる。ただし、当該訴訟の長期化とともに IRCJ がエグジットした後のカネボウ本体における再生プロセスも長期化しているため、支配株主となった IRCJ とファンド連合およびカネボウの、少数株主に対する情報開示や説明責任については改善の余地があったのではないかと思われる。

(5) カネボウ経営陣

カネボウ経営陣は、花王との交渉過程および IRCJ へ支援要請を行った当初において、化粧品事業の統合または部分的な売却により、金融機関に対する損失負担を回避し、カネボウグループとしての利益を守ろうと模索したと考えられるが、花王との協議が混乱を経て破談し、かつカネボウ本体を含む形で IRCJ へ支援要請を行うことになったため、この狙いは実現不可能となり退陣に追い込まれた。そうなった背景としては、カネボウ経営陣が、自社グループの実情を正しく評価し、花王や金融機関とも利害が一致するような再生の方向性を打ち出すという視点を欠いていたためと思われる。この意味においても、資本力を有する IRCJ が、第三者の立場でグループ全体の事業および財務実態を客観的に評価したうえで再生計画を策定し、利害調整を行

ったことに意義があったといえる。

(6) 花 王

　洗剤やトイレタリー用品等の国内最大手企業である花王は、2003年3月期まで22期連続増益記録を更新しており、財務面で苦境にあるカネボウとは対照的な地位にあった。当時花王は、ビューティケア事業の強化をグループ成長戦略の軸としていたが、化粧品事業の売上高は約760億円と、資生堂の約4860億円、カネボウの約2110億円、コーセー化粧品の約1160億円に次ぐ4位と苦戦を強いられており、カネボウの化粧品事業買収が実現すれば業界2位に浮上するまたとない機会だった。家庭用品と量販店チャネルを軸に製造・物流等のコスト削減や経営の効率性に強みをもつ花王にとっては、高付加価値品と2万店の専門店チャネルを軸にマーケティング力とブランド力に勝るカネボウの化粧品事業は魅力的な存在だった。

　花王の狙いは当初からカネボウ化粧品事業のみの買収であり、それ以外の事業については、自社と重複する日用品事業や開発プロセスの異なる薬品事業等買収効果が期待しにくいとされ、買収検討の対象にはならなかった。IRCJへの支援要請以前にカネボウと花王の買収交渉が成立しなかった原因は、花王がカネボウ本体のスポンサーではなく、カネボウとしても花王への化粧品事業売却後における本体を含めたグループ再生の青写真を自力では描けなかったことにある。したがって、カネボウそのものの窮境原因および再生の方向性を明確にした私的整理プロセスは、花王にとってもメリットがあったといえる。

(7) ファンド連合およびホーユー

　ファンド連合は、カネボウ本体について、事業ポートフォリオが抜本的に整理された後にIRCJから支配権を獲得したものの、事業計画策定時点において、ホームプロダクツ・薬品・食品のコア3事業は収益性が脆弱で、化粧品事業の完全売却後の事業継続が懸念されていた。少数株主をスクィーズ・アウトするプロセスについては前述の課題があったものの、事業再生の面で、当該コア3事業の経営合理化を進め、カネボウ本体における窮境原因の一部

を解消したファンド連合が果たした役割は、IRCJ同様に見逃せない存在といえる。なお、ファンド連合より事業を買収したホーユーは、国内染毛剤最大手メーカーの非上場企業であり、クラシェグループの半分程度の売上高規模であるものの、国内の染毛剤市場成熟化と競争激化により、新たな収益源を確保することが買収の目的とされている。

[参考文献・資料]

日本経済新聞社編『経営不在――カネボウの迷走と解体』(2004年・日本経済社新聞社)

週刊東洋経済 2003.11.8号／2004.2.21号／2004.2.28号／2004.6.12号／2005.5.2号／2005.5.28号／2008.4.19号

週刊ダイヤモンド 2004.2.14号／2006.1.7号

Nikkei Business 2004.2.23号／2004.4.12号／2005.6.20号／2007.3.19号

日本経済新聞 2009.6.23朝刊

IRCJ プレスリリース 2004.3.10／2004.5.31

花王 プレスリリース 2005.12.6

花王 第100期 有価証券報告書

トリニティ・インベストメント 公開買付届出書 2006.2.22／公開買付届出書の訂正届出書 2006.3.17／公開買付報告書 2006.3.29

Advantage partners プレスリリース 2006.4.14

カネボウ・トリニティ・ホールディングス プレスリリース 2007.2.27

海岸ベルマネジメント プレスリリース 2007.7.2

トリニティ・インベストメント プレスリリース 2009.7.28

ホーユー プレスリリース 2009.9.24

ホーユー プレスリリース 2012.3.30

カネボウ個人株主の権利を守る会ホームページ

商事法務1837号／1838号／1923号

(上田耕一郎)

Ⅳ 日本航空の会社更生手続に至る経緯とその後の経過

1. はじめに

　日本航空（以下、「JAL」という）の再建については、経営危機→自主再建→タスクフォース→企業再生支援機構→会社更生手続→稲盛会長→再上場と、めまぐるしくステージが推移してきたが、この一連の流れを振り返るとともに、そこから読み取れる諸問題について整理をしてみたい。

2. 経営危機に至るまでの状況

　JALは、2002年に日本エアシステム（JAS）と合併し規模を拡大したが、2006年頃より経営不振が顕在化し、主力取引銀行も協力して第三者割当増資等を含む自力再建努力がなされていた。さらにリーマン・ショックによって大幅な赤字に転落したため2009年には資金繰りを含めた外部支援が必須な状況にまで陥ったので、政府は日本政策投資銀行の融資に保証をつけるなどしてJALの再建に乗り出した。

3. 経営危機から破たん・再建までの経緯

　〔図表69〕からJALのたどった経緯について客観的にみていく。

〔図表69〕　JALのたどった経緯（更生計画案提出まで）

2009年6月18日	JAL「経営再建計画の基本方針」を国土交通省に提出。
同年6月22日	日本政策投資銀行および3メガバンクによる1000億円のつなぎ融資に対する政府保証が決定。JALが政府による指導・監督を受け入れることが条件とされる。
同年7月9日	国土交通省と銀行団との連絡会議発足。
同年8月7日	第一四半期の最終利益が▲990億円となったことを公表。

同年8月20日	「日本航空の経営再建を支援する有識者会議」の第1回会合。国土交通省主導により、9月末までに経営改善計画を策定することとなる。
同年9月11日	2500億円調達とデルタ航空との資本提携検討が報道される。国土交通省主導によるアライアンスの再編が目論まれていることが表面化したものである。
同年9月15日	第2回有識者会議開催、JALが「経営改善計画」を提出。計画の内容として、①早期退職実施による人員削減、②企業年金減額、③不採算路線廃止、④機材の小型化等。
同年9月16日	鳩山内閣発足、前原国土交通大臣就任。政権交代に伴い、脱官僚依存・政治主導を表明。
同年9月17日	前原国土交通大臣が「有識者会議は白紙に」と発言。国土交通省主導からの転換を表明したもの。「オバマのGM、鳩山のJAL」と言われていた。ただし、「破たんはさせない」とも表明。
同年9月21日	銀行団がJALの新旧分離を要請。債務超過転落が見込まれることから、特別立法による公的資金注入を要求したもの。
同年9月25日	JAL再生タスクフォース設置、デューディリジェンス開始。前原国土交通大臣直轄の民間人チームによる再建計画のゼロベースでの見通しを開始。
同年9月30日	前原国土交通大臣「政府が全面支援し、法的整理はしない」と発言。白紙撤回による信用不安の打消しを狙って私的整理しか行わない旨を表明してしまったもの。
同年10月13日	タスクフォース中間報告。事業再生ADRと産業活力の再生及び産業活動の革新に関する特別措置法（産活法）による日本政策投資銀行出融資の組合せ案を提案したが、この報告に対しては以下の問題点が指摘された。 ① 公的資金による資本増強策が不明 ② 事業再生ADRによる銀行団の調整の成否が不明 ③ 年金半減に対するOB説得の成否が不明 ④ タスクフォース自体の法的地位が不明確であるにもかか

	わらず、巨額の債権放棄を提案したことに対する反発が大きい
	⑤　タスクフォースメンバーが役員就任を要求したことに対して野心的との批判
同年10月20日	政府内での検討により、タスクフォース案が企業再生支援機構活用に変更される。公的資金による資本増強について意思決定し、再建手法の透明性を高め、金融機関の了解を取りつけるべく機構活用に変更された。
同年10月29日	企業再生支援機構活用決定、再デューディリジェンス開始、タスクフォース解散。政府内に「日本航空再建対策本部」を設置し、前原国土交通大臣主導から官邸主導に再度転換されることとなった。
同年11月10日	5閣僚合意、政府の支援姿勢明確化。年金減額への特別立法を検討するとともに、融資への信用補完を正式に表明した。
同年11月13日	JAL事業再生ADR申請、一時停止発効。金融機関への支払いの一時的ストップの手法として活用したもので、タスクフォース案とは無関係。信用不安が拡がる中、企業再生支援機構のデューディリジェンスが続けられ、さながら時間との闘いの様相を呈し始めた。
同年12月29日	政府内で法的整理案が浮上、銀行団反発。プレパッケージ型会社更生手続の案が表面化して、信用不安がさらに拡がる。政府内でも国土交通省は法的整理案に反対するなど、迷走が続いた。
2010年1月3日	政府は日本政策投資銀行によるつなぎ融資1000億円増額を決定。国内および海外での信用不安がさらに拡がり、正月返上で政府支援を検討・発表した。
同年1月7日	3メガバンクが減資を含む「私的整理案」を提案。
同年1月11日	3メガバンクが「法的整理案」を受け入れる。ただし、金融機関の負担増加に反発して、追加の資金支援は拒絶したため、国が丸抱えで支援する型での法的整理となる。

341

同年1月12日	JALOBが年金削減に合意、稲盛氏のCEO就任が内定。法的整理論の高まりに押されて、OBの3分の2の同意が集まり、再建に向けてのハードルが1つクリアされた。
同年1月19日	会社更生手続開始申立て、開始決定。プレパッケージ型会社更生を申し立てたが、以下の点が特徴。 ① 商取引債権の全額保護（リース債権まで保護） ② 申立て直前の融資への任意支払い ③ 企業再生支援機構の管財人就任 ④ 申立て同日での開始決定 建前としては、「手続の透明性と再建が抜本的となることを重視」した法的整理手続の活用ではあったが、背景として以下の点も指摘された。 ① 債務超過額が多大で、私的整理では債権者間の調整がしきれないおそれがある。 ② 企業再生支援機構が発足直後で案件の大きさや複雑さに対して力量不足であり、裁判所の力が必要と見込まれた。
同年1月20日	日本政策投資銀行がDIPファイナンス2400億円を実行。企業再生支援機構の保証付与。
同年2月1日	稲盛会長就任。
同年2月9日	アメリカン航空とのアライアンス継続を決定。
同年2月17日	人件費引き下げを労働組合と交渉開始。
同年3月1日	希望退職募集開始。
同年3月17日	年金改正を厚生労働省が認可。
同年3月31日	新再生計画案発表。追加リストラは盛り込まれていたものの、銀行団は同意に難色を示した。また、国会においても異論が続出した。
同年5月25日	更生計画提出期限を6月末から8月末へ延期。
同年6月30日	財産評定提出、債務超過額増加により追加金融支援を要請。債務免除額の増加により銀行団の反発が一層高まり、更生債権のリファイナンスに対して、再度拒絶を表明された。

同年8月2日	更生計画案を銀行団に提示。交渉の結果、更生計画案自体は銀行団に了承されたが、認可後の更生債権リファイナンスについては未決着のままとなった。
同年8月30日	更生計画案提出。結局、銀行団によるリファイナンスは未決着のままの提出となった。
同年11月19日	銀行団リファイナンスに合意。メガ3行ほかは、JAL案の7年を大幅に短縮した期間2年での更生債権借換え融資に合意した。
同年11月30日	東京地方裁判所が更生計画を認可。
2011年3月28日	更生計画終結。メガ3行ほかのリファイナンスにより更生債権を全額一括弁済し、認可から4カ月で終結した。
2012年9月19日	東京証券取引所1部へ再上場。時価総額6800億円での再上場となり、企業再生支援機構は投資額の約2倍となるリターンを得た。

4. 諸問題の整理

　以上の経緯の中で浮かび上がった問題点について以下整理してみたい。

(1) 政治主導による混乱

　有識者会議を白紙にして、法的地位も曖昧なタスクフォースを投入し、政府の全面支援を早期に約束してしまったことは、企業活動や信用といった経済的側面を無視した政治パフォーマンスであった。さらに政府内での政治家・省庁間の綱引きにより決定者が不在となり、手続を迷走させ、信用不安の助長や客離れを招き、企業価値が毀損していった。こうして処理が綱渡りとなったことによって資金支援額等の一時的なコスト負担とリスクが増大してしまった。

(2) タスクフォースの問題点

　タスクフォース発足により、それまで進められてきた銀行交渉や外部支援の交渉がすべてストップしてしまい、緩やかな経営危機であったものが、待ったなしの危機となってしまったが、事前にそうした側面を検討した節はみ

られず、ずさんな行政介入であった。

　タスクフォースはデューディリジェンスと再生計画案の提示というファーストステージのみでなく、実行ステージも担当しようとすべく、メンバーのJAL役員への就任を要求して、野心的との批判を受けて解散させられた。

　タスクフォースは、経営危機を深刻化させ1カ月の時間を空費したとの批判を受けたが、逆の見方をすれば、私的整理の問題点を浮き彫りにしたという点で、後に企業再生支援機構が法的整理に踏み込む露払いとなったともいえる。

(3) 私的整理の限界

　本件ほどの巨大再生事案において、銀行団の債権放棄等による金融支援負担と、公的資金による資本増強（国有化）を、立法措置もない中で私的整理手続で引き出そうとしたことには明らかに無理があった。

　また、経営危機が深刻化した中での私的整理による債権者調整手続では、強制力や時間軸の両面において難しかったといえる。

　さらには、法的整理になったことによって、担保権も大幅に調整され（航空機材に対する財産評定）、大型機、老朽機の退役によって再建がより抜本的なものとなった点も、私的整理よりすぐれていた。

(4) 不完全なプレパッケージ型会社更生手続

　信用不安の高まりによって時間的制約を課されたため、事前調整は不完全なままでの申立てとなった。運行継続には成功したものの、更生計画の根幹たる金融債権に対する放棄負担の調整ができず、DIPファイナンスや更生債権のリファイナンスによるエグジットについて未定なまま手続に入ったので、ゼネラルモーターズ（GM）のような事前調整型と本当にいえるのかうについては疑問の残るところである。これによって2次破たんリスクを政府が丸抱えすることになったことは大きな不安材料といえた。

(5) おわりに

　最後に、更生計画におけるリストラ案の内容をみると、当初JALが提出した自力再建案と項目的には大きく異なっていないが、より踏み込んだ内容

となって再建の実現性が高まり抜本策となったことが結果としては良かったのではなかろうか。

ただし、迷走によって再建するためのコスト（国民負担）とリスクが一時的に増大したという点において、民主党政権の政策運営は失敗だったといえよう。

（伊藤隆宏）

V 事業再生 ADR

1. 弁護士の視点から

(1) 事業再生 ADR の特長

事業再生 ADR は、企業の事業再生を目的とする私的整理手続（あるいはフォーラム）の１つの有力な選択肢であるが、特に債務者の代理人弁護士の視点からは、次のような特長が認められる。

(ア) いわゆるメインバンクの積極的な主導が条件でないこと

従来の私的整理ガイドライン手続、整理回収機構（RCC）の再生スキームあるいは地域経済活性化支援機構（旧企業再生支援機構）での再生支援では、程度の差はあれ、債務者企業の再生にメインバンクの積極的な支援、関与が前提となる。これに対し、事業再生 ADR では、メインバンクが不在、ある

---

14 この点、私的整理ガイドラインでは、多くの場合メインバンクが「主要債権者」として手続を積極的に主導することが求められる。たとえば、債務者企業から私的整理の申出を受けた主要債権者は、債務者企業の資料などを精査・検討したうえで、連名で一時停止の通知を発するものとされているなど（「私的整理に関するガイドライン」4項(2)(3)）。「RCC 企業再生スキーム」による私的整理の利用は、債務者企業からの申請ではなく、主要債権者からの委託により開始されるものとされている（RCC 企業再生スキームIIと称されるものについて。RCC 企業再生スキーム5項(2)）。地域経済活性化支援機構における再生支援においても、債務者企業による再生支援の申込みが、「当該申込みが、いわゆるメインバンク等の当該申込事業者の事業再生上重要な債権者である一以上の者との連名によるものであること」という基準が求められている（「株式会社地域経済活性化支援機構支援基準」（平成21年内閣府、総務省、財務省、経済産業省告示第 1号））。

いは必ずしもメインバンクが債務者企業の再生にいまだ強い積極的な姿勢をみせていない段階においても利用可能である。たとえば、債務者企業の主要な債権者がLBOローンのシンジケートローン団である場合や、メインバンク側の企業文化的背景や財政状態の理由から債権放棄を伴う再生計画に対し「明確な」支援表明を受けがたい場合は、事業再生ADRが有力な選択肢となるであろう。

　しかし、メインバンクの積極的な主導が条件ではないことが、すなわちメインバンクの協力が不要ということを意味しないことはいうまでもない。メインバンクが事業再生ADRによる再生に対して強く反対している場合には、別の手段による再生を考えるべきであろう[15]。

(イ)　**厳格な資格要件が定められた手続実施者による手続関与**

　準則化された私的整理の共通点として、債務者および債権者から独立した専門家が第三者的な立場から再生手続の適正および再生計画の内容の合理性を確認するという特徴があげられる。事業再生ADRでは、省令により定められた厳格な資格要件に適合する専門家のみが手続実施者となりうることから[16]、再生手続および再生計画を検証する第三者が、再生型私的整理案件に深い経験と見識を有する者であることが制度的に担保されている[17]。私的整理ガイドラインの時代も、専門家アドバイザーは、事実上同様の資質を有する専

15　少なくとも、メインバンクとの事前協議を前提に「同意の方向性ぐらいは確認」できていることが前提となる（松嶋英機「事業再生ADR申請上の諸問題と展望」事業再生と債権管理125号5頁。

16　事業再生ADR手続の主催者として債権者・債務者間の債権債務関係の調整を図る担い手である手続実施者の認定要件は、事業再生に係る認証紛争解決事業者の認定等に関する省令（平成19年8月6日経済産業省令第53号）4条において定められている。中小企業再生支援協議会においてプロジェクトマネージャー、サブマネージャーの経験がある者、事業再生ADR手続において手続実施者の補助者として3件以上の経験がある者、私的整理ガイドラインに基づく専門家アドバイザーの経験がある者のみが該当し、厳格な経験要件である。

17　中村廉平「金融機関から見た事業再生ADR」（「裁判外事業再生」実務研究会編・裁判外事業再生の実務）196頁において、「ADRは、個別案件を担う手続実施者の資質の確保の点でも、その人選の公正さを担保する仕組みにおいても、精緻に構築されており、法的整理に準じる高度の信頼性を確保している」との評価がある。

門家がその任にあたっていたが、事業再生ADRでは、それが法令上で保証されているという点に違いがある。

　事業再生ADRを利用する債務者代理人弁護士の立場からは、経験豊富でかつ見識の高い専門家に再生手続や計画に関するさまざまな問題点につき相談をし、あるいは確認を求めることができる点は非常に大きなメリットである。また、手続実施者が再生計画案の内容の検証結果を記載する調査報告書（協議会議において配布されるもの）は、再生計画案を検証する対象債権者にとって、最終的に再生支援の意思決定を行ううえでの重要な客観資料として取り扱われている。

　　(ｳ)　プレDIPファイナンスの保護

　事業再生ADRの手続中に、産業競争力強化法（平成25年12月11日法律第98号）所定の要件を備えたプレDIPファイナンスに基づく債権は、同法59条および60条のいわゆる衡平考慮条項により、再生計画案（あるいは更生計画案）の中で他の再生債権（更生債権）よりも優遇して取り扱うことが可能となっている。同様の法律上の特則は、株式会社地域経済活性化支援機構法の中にもみられる。しかし、中小企業再生支援協議会の再生支援では、かかるプレDIPファイナンスの保護制度がなく、この点は他の私的整理のスキームも同様である。私的整理手続において金融支援を求める債務者には、その手続の間、資金需要が発生する場合が多い。反面、法的整理の中でのDIPファイナンスのように、共益債権として保護されることが法律上明確でないと、レンダーは債務者の2次破たんをおそれ、プレDIPファイナンスを出しにくい。そのような意味において、プレDIPファイナンスを優遇できる可能性が法律によって明記されている事業再生ADRは、他の手続と比べて利用しやすい面があることは間違いない。

　　(ｴ)　手続スケジュールが比較的迅速かつ明確であること

　事業再生ADRは、認証紛争解決事業者（現時点では事業再生実務家協会が事業再生に係る認証紛争解決事業者として唯一の存在）が案件を正式に受理し、対象債権者に一時停止通知が発出されてから2週間以内に第1回債権者会議

(すなわち概要説明会議）が開催されることが省令上明示的に定められている。その後、2回の債権者会議（協議会議および決議会議）を経て、事業再生計画が成立に至ることも省令上明らかとされている。案件によって若干の違いがあるものの、一時停止通知の発出から決議会議（事業再生計画の成立）までの期間は、およそ4カ月ないし5カ月であることが多い。迅速な事業再生を果たすことで事業価値の毀損の回避をめざす債務者代理人の立場からは、手続のスケジュールに関して比較的明確な予測を立てることが可能な事業再生ADRのメリットは大きい。

　(2)　**事業再生ADRの課題**

　事業再生ADRの、他の私的整理手続との比較における特長は上記のとおりであるが、逆に、事業再生ADRが利用の促進を阻害している要因としてどのようなものが考えられるか。事業再生ADRは、手続利用の実績が積み重ねられる中、これまでもなされたように、今後も手続の改善が重ねられることが期待されるが、これまでにしばしば指摘されたことは次のような点である。

　(ア)　**費用の面**

　まず指摘されることが手続全体にかかる費用が比較的高額であるという点である。事業再生ADRを利用する際に事業再生実務家協会に対して支払う費用の基準は、規模（その考慮要素は対象債権者数と負債額）により段階的に定められており、かつ債権放棄型の事業再生ADRの場合、原則として手続実施者は3名以上選任されるところ、負債10億円未満の企業が債権放棄型の事業再生ADRを利用する場合には2名で足りるようにしている等、中小企業の再生に配慮した体系になっている。しかし、その金額は小規模な中小企業者にとって負担が軽いとはいいがたい。また、事業再生計画案の策定にあたり行われる財務デューディリジェンスの費用および事業再生計画策定と事業再生ADR手続遂行のために起用する再生コンサルティングファームや弁護士の費用も自己負担する必要がある。

　平成26年3月31日時点において、事業再生ADRの申請件数は50件とのこ

とである。そして、その多くは上場企業や中堅企業（およびこれらを中核とした企業集団）であるとされている。これらの企業は費用負担能力が十分あったケースであることが推測される。事業再生 ADR が、困難な企業を早期再生する極めてすぐれた制度であることを考えると、事業再生 ADR の利用対象が、真に早期再生を必要とする中小企業にさらに拡大していくことを望む[18]。仮に費用が高いと認識されているとしても、これは債務者側カウンセルの努力と事業再生 ADR（事業再生実務家協会）の制度の柔軟な運用で改善可能なはずであるし、そもそも他の再生支援制度に比べて本当に高くなるのか、その実態を検証し、より利用しやすい制度にするために世の中に周知させる努力が必要であろう。

(イ) 手続に関する理解

　事業再生 ADR は、事業再生実務家協会が2008年11月に事業再生に係る認証紛争解決事業者として認定されて以降、着実に実施案件数を重ねてきた。その案件中には巨大な上場企業を債務者とするものなど著名な企業も含まれている。その結果、事業再生 ADR という用語自体は、周知が進んでいると思われる。ただ、案件の中心が都市部の上場企業や中堅企業であったこともあり、実際には地方の中小企業の案件も存在するものの、いまだ地方の地域金融機関が慣れ親しんだ制度ということはできない。再生を必要とする債務者企業にとって、主要な金融機関は最も身近なコンサルタントとして、また支援を必要とする重要な取引先として、そのアドバイスが重要な意味を有する。ときには、いかなる制度で再生を試みるかという点についても、債務者の選択に主要金融機関の意向が強く反映されることもある。ただ、上述のとおり、その際に主要金融機関が主導的に事業再生 ADR の利用をすすめるケースは多くないようである。そのような金融機関にとって、事業再生 ADR

18　ここにおける事業再生 ADR の活用が期待される中小企業には、産業競争力強化法 2 条17項に定義される中小企業のみならず、医療法人、学校法人、農事組合法人など、中小企業再生支援協議会（産業復興相談センター事業の場合を除く）が対象としない事業者を含んだ意味で用いている。

は、「大規模な会社のための手続」、「コストが高い」という理由によって、企業再生のメニューからそもそもはずれているということはないであろうか。事業再生ADRの全国的な利用をより促進させるためには、地方の金融機関を中心に、事業再生ADRの有用性に関する理解を進めていく必要がある。同様に、事業再生ADRを債務者側（申請者側）で経験した実務家（弁護士、会計士、コンサルタント等）も、必ずしも地理的な拡がりをもっているとはいえない。唯一の認証紛争解決事業者である事業再生実務家協会の窓口が東京にのみ所在し、地方の再生実務家にとって必ずしも身近な存在ではないことも、手続利用の促進を阻害する要因になっている可能性がある。事業再生ADRの申請経験をもつ実務家の層をより拡げていくこと、ウェブサイトの充実など事業再生実務家協会への情報アクセスをより容易にする柔軟なコミュニケーション手段を活用することなどが求められているのではないだろうか。

(ウ) **信用保証協会に対する金融支援要請**

中小企業の再生に事業再生ADRを利用する際に、多くの場合慎重な配慮を要するものとして、信用保証協会の保証付き債権をいかに扱うかという点がある。かつて私的整理ガイドラインが利用されていた時期には、信用保証協会を対象債権者に入れず、信用保証協会が保証している貸付債権については、保全付債権として扱い、債権放棄等の対象外とするのが通例であったようである[19]。しかし、近年、さまざまな中小企業金融支援政策の実施がなされ、中小企業の貸出債権に占める信用保証協会の保証付き債権の割合が高まっており、金融支援を前提とする再建を図る場合に、信用保証協会が取得する求償権の権利変更も求めざるを得ないケースが増えている。他方、日本政策金融公庫と信用保証協会との間の包括保証保険約款の文言上、信用保証協会が求償権の放棄、求償権の不等価譲渡、求償権のDDS、求償権消滅保証等の事業再生支援を行うことができる場合に、事業再生ADRに基づく再生計画

---

[19] 田中亀雄ほか編『私的整理ガイドラインの実務』237頁以下、257頁以下。

による金融支援が入っていなかった。そのため、事実上、信用保証協会を対象債権者とすることが極めて困難であった。この問題は、近頃、事業再生ADRを私的整理ガイドラインと同様に扱うという取扱いがなされることになり、制度上は解決している。しかし、信用保証協会を対象債権者とする事業再生ADRの案件実績はいまだ少なく、地域によっては信用保証協会に対して事業再生ADRの再生に理解を求めることが事実上困難な場合があるようである。このような点は、案件件数の蓄積とともに解消されていくことが望まれる。

　加えて、信用保証協会の保証付きの貸付債権が、地方公共団体の制度融資に基づくものである場合には、さらに注意を要する。地方公共団体の制度融資の場合、信用保証協会の損失は、包括保証保険制度だけではなく、各地方公共団体との損失補償契約に基づき損失補償金を受け取ることによりカバーされる。損失補償契約上、信用保証協会は、求償権の回収のため善良なる管理者の注意をもってこれにあたらなければならず、求償権の債権放棄を伴う事業再生計画に賛同するためには、事前に当該地方公共団体の議会の承認を要することが多い。ただ、事業再生ADRの限定されたスケジュール内で議会の承認を求めることは、極めて困難であることが予想されるため、そのような場合には、信用保証協会に債権放棄を求めることは難しいことに注意を要する。なお、近時、地方公共団体の制度融資に関する条例が改正され、信用保証協会が議会の承認ではなく首長の意思により債権放棄の申出を行うことができるようになっている場合があるので、この点も案件ごとに確認を要する。[20]

(3)　手続を利用するにあたっての債務者側の留意点

　最後に、事業再生ADRの申請代理人を複数件行った立場から、同手続を

---

[20] 制度融資の場合、保証協会による求償権の放棄のために必要な手続は、当該信用保証協会と地方公共団体が締結する損失補償契約の内容により異なるようである。この点を網羅的に調査した論稿として、築留康夫ほか「事業再生ADR手続中の会社分割と信用保証協会の求償権への対応」事業再生と債権管理140号112頁がある。

利用するにあたって、実務上留意すべきと思われる点をあげる。

　(ア)　事前準備段階

　事前準備を綿密に行う必要があることは、すべての事業再生案件についてあてはまることである。とりわけ、事業再生 ADR は、一時停止通知を発出した後、4 から 5 カ月程度で完了させる比較的短期間の手続であるため、事前の準備作業段階の重要性は、より高いといえる。認証紛争解決事業者（事業再生実務家協会）に対し事業再生 ADR の仮申請を行う前に、まず財務デューディリジェンスを完了しておき、事業再生計画の基本方針を策定しておく必要がある。そして、仮申請後は、手続実施者の候補者に対し、早急に案件の要点について必要な説明と情報提供を行うことにより、早期の正式申請・一時停止通知発出に至る。

　この準備段階でしばしば問題になることは、事業再生 ADR に至るまでの間に、対象金融機関の間に不公平な状態がある場合である。たとえば、以前から金融機関に対し元本弁済猶予を要請していたものの、一部の金融機関だけに対して元本猶予の変更契約を締結する代わりに追加の預金を積んでいる場合などである。そのような際には、事業再生 ADR 手続に入る前に、各金融機関に対しその事実を誠実に開示し、かかる不公正状況を可能な限り解消しておくことが求められる。

　(イ)　対象債権者

　事業再生 ADR は、他の私的整理手続と同様、原則的には金融機関のみを対象として行われる（「事業再生に係る認証紛争解決事業者の認定等に関する省令第14条第 2 項の規定に基づき認証紛争解決事業者が手続実施者に確認を求める事項」（平成20年経済産業省告示第29号）1 条参照）。ただし、案件の性質により、金融機関のみを対象債権者としただけでは適切に事業再生計画案が策定できない場合（たとえば大口の商取引債権者やリース債権者などにも支援を求めなければ債務超過解消が困難な場合などが考えられる）には、金融機関以外の債権者を事業再生 ADR の対象債権者とすること自体は妨げられない。

　ただし、金融機関以外の債権者には、業種、規模、属性、国籍などさまざ

まな種類の者が考えられ、一時停止通知発出から2週間以内に開催される第1回債権者会議に出席を求めることが強く期待できない場合もある。筆者の経験した案件にも、大口の取引債権者や社債権者に対し支援・協力を求めなければ、事業再生計画が成り立たないものがあった。それらの案件では、金融機関以外の債権者を事業再生ADRの対象債権者とはせず、他方、それらの債権者の支援・協力を事業再生計画案の「前提条件」とすることにより手続を成立させた。[21]いかなる債権者を対象債権者とするかについては、手続に入る前に、案件の個別事情にあわせて適切に検討しておく必要がある。[22]

(ウ) スポンサー型再生の場合

事業再生計画案の内容として、新たにスポンサーを選定し、スポンサーによる経済支援を前提に再生を図る場合も多い。スポンサー型の再生を志向する際、特に債務者が上場企業である場合、かつ事業再生ADRの手続に入った後にスポンサー選定手続を行う場合（すなわちいわゆるプリ・アレンジド型でない場合）には、事業再生ADRのスケジュールとの関係で、配慮を要する場面が多い。

まず、スポンサー選定手続（しばしば入札のような形式で行われる）であるが、これは第2回債権者会議（協議会議）よりも相当期間以前に完了しておく必要がある。この点は、スポンサーによる経済支援が事業再生計画案の重要な内容になること、かつ当該事業再生計画案につき手続実施者の調査を経ておかなければならないことから当然といえる。

次に、事業再生計画案の実施において、スポンサーに対して多数の株式を割り当てる場合の留意点である。債権放棄型の事業再生ADRの場合、事業再生計画案に「株主の権利の全部又は一部の消滅」の内容が含まれている必

---

[21] これらの案件では、大口債権者については相対の交渉、社債権者については会社法に基づく社債権者集会、という事業再生ADR以外の手法で別途合意を取りつけた。

[22] なお、2013年に産業競争力強化法が制定された際、事業再生ADRを利用する企業が、社債権者の権利の変更（社債の金額の減額）をよりやりやすくするための新制度が導入された（同法56条、57条、産業競争力強化法第56条1項の経済産業省令・内閣府令で定める基準を定める命令（平成26年1月17日内閣府・経済産業省令第1号））。

要がある。スポンサーが多数の株式を引き受けることにより、既存の株主の株主権が希釈化されることは、株主の権利の一部の消滅に該当し、当該条件が満たされることになる。他方、債務者が上場企業である場合、各取引所が定める「企業行動規範」により、第三者割当てを行った結果、株式の希釈化率が25％以上となるとき、または、支配株主が異動するときは、原則として独立した第三者からの適正意見書を入手するか、または株主総会の決議などにより株主の意思を確認する手続を経ることが必要となる。これらの手続を第3回債権者会議（決議会議）までに完了しておくことが求められる。

ほかにも、スポンサーとの間で経済支援に関する合意形成をするプロセスであるスポンサー選定手続と、金融商品取引法の定める届出前勧誘禁止規制との関係、そして事業再生ADRのスケジュールとの関係を事前に調整するなどの配慮点がある。

　　(エ)　デリバティブ取引の損失債務

近時、中小企業（中堅企業）の窮境原因として、当該企業が金融機関との間で締結した為替等デリバティブ契約による損害が発生したことによるものがみられる。このようなデリバティブ契約は、企業と金融機関が相対で締結されるものであり、その内容・条件はさまざまである。その中には、そのような金融商品を当該企業に販売することが、金融商品取引法が規定する適合性の原則に照らして問題と思われるものもある。そのような場合、為替等デリバティブ契約に基づく損害金債務を事業再生ADRの対象債権としたうえで、その債権を他の貸付債権よりも高い放棄率を適用して処遇する誘因が働くが、事業再生ADRの中でデリバティブ損害金債務を他の金融債務よりも不利に扱うことは、金融商品取引法が定める顧客に対する損失補てん等の禁止に違反する可能性が高いため、そのような処理は困難である。

他方、為替等デリバティブ契約に基づく損害が、一般の金融債務に比して多額に上るケースの場合に、デリバティブ関連債権の約定金額を全額認めたうえで、すべての債権を同条件に扱う計画では、デリバティブ債権を有していない金融機関からの反発が予想される。そのような場合、デリバティブに

係る債権の金額をあらかじめ金融 ADR または特定調停等の手続で確定したうえで、事業再生 ADR の手続に入るなど、納得感のある解決に向けた配慮が必要になるであろう。

(鈴木　学)

2. 公認会計士の視点から

(1) 事業再生 ADR における公認会計士の役割

公認会計士としては、手続実施者およびその補助者として対象債務者が作成した事業再生計画案の調査・検証を行う、または対象債務者のアドバイザーとして事業再生計画案の策定を行う形で、事業再生 ADR に関与することが考えられる。いずれの場合でも、弁護士をはじめとする他の専門家と協力して業務を進めることになるが、公認会計士として把握すべき債務者の状況は、①過年度の損益・財政状態、②現在の財政状態、③将来の損益・財政状態の見込み、に大別することができる。

すなわち、債務者の過年度の損益・財政状態を調査・分析することにより、窮境要因の把握を行い、債務者の実態的な財政状態を明らかにするとともに、窮境要因の除去可能性を検討し、将来の数値計画を策定・検証する必要がある。

(2) 事業再生計画案の内容

経済産業省関係産業競争力強化法施行規則（平成26年経済産業省令第1号。以下、「省令」という）によれば、事業再生計画案は、以下の事項を含むものでなければならない（省令28条）。

① 経営が困難になった原因（1項1号）
② 事業の再構築のための方策（1項2号）
③ 自己資本の充実のための措置（1項3号）
④ 資産および負債並びに収益および費用の見込みに関する事項（1項4号）

　　ただし、以下のⓐまたはⓑに該当する場合には、ⓐまたはⓑに定める

要件を満たさなければならない（省令28条2項）。
- ⓐ 債務超過の状態にあるときは、事業再生計画案に係る合意が成立した日後最初に到来する事業年度開始の日から原則として3年以内に債務超過の状態にないこと（2項1号）
- ⓑ 経常損失が生じているときは、事業再生計画案に係る合意が成立した日後最初に到来する事業年度開始の日から原則として3年以内に黒字になること（2項2号）

⑤ 資金調達に関する計画（1項5号）

⑥ 債務の弁済に関する計画（1項6号）

⑦ 債権者の権利の変更（1項7号）

　債権者の権利の変更の内容は、債権者の間では平等でなければならない。ただし、債権者の間に差を設けても衡平を害しない場合は、この限りでない（3項）。

⑧ 債権額の回収の見込み（1項8号）

　債権額の回収の見込みは、破産手続による債権額の回収の見込みよりも多い額とならなければならない（4項）。

また、事業再生計画案が債権放棄を伴う場合、当該事業再生計画案は、以下のいずれにも該当するものでなければならない（省令29条）。

① 債務者の有する資産および負債につき、経済産業大臣が定める基準により資産評定が公正な価額によって行われ、当該資産評定による価額を基礎とした当該債務者の貸借対照表が作成されていること（1項1号）

② 前号の貸借対照表における資産および負債の価額並びに事業再生計画における収益および費用の見込み等に基づいて債権者に対して債務の免除をする金額が定められていること（1項2号）

③ 株主の権利の全部または一部の消滅（事業再生に著しい支障を来すおそれがある場合を除く）について定められていること（1項3号）

④ 役員の退任（事業再生に著しい支障を来すおそれがある場合を除く）について定められていること（1項4号）

(3) 資産評定の基準

事業再生計画案が債権放棄を伴う場合、省令29条１項１号の資産評定に関する基準（以下、「ADR評定基準」という）に基づいて資産評定を行い、その評定額を基礎とした実態貸借対照表を作成する必要がある。

ADR評定基準では冒頭で、その目的と評定の原則を以下のとおり規定している。

> １　目的
> 　本基準は、債務者の実態的な財政状態を明らかにして債務者の再生可能性の判断に資する情報を提供し、また、再生可能と見込まれる債務者が引き続き事業を継続することを可能にしつつ、債務者に対して債権放棄等の金融支援を行う債権者の経済合理性を満たすような公正かつ適正な債務処理を行うための手続の一環として、公正な価額による債務者の有する資産及び負債の価額の評定を行うために定める。
>
> ２　評定の原則
> 　「１目的」に鑑み、本評定では、債務者の有する資産等から回収可能な価額（直接的な回収額以外の価額を含む）の算出に当たっては、原則として、時価により評定するものとし、時価として公正な評価額以外のその他の価額による場合には本基準に評定方法を定めるものとする。ただし、今後継続的に使用しない資産については、処分価額により評定することができる。
> 　また、債務者の負う負債等の金額を明らかにするため、別段の定めのない負債については、原則として一般に公正妥当と認められる企業会計の基準に準拠して評定するものとする。
>
> （以下、省略）

(4) 公認会計士としての対応

事業再生ADR手続においては、通常、対象債務者のアドバイザーとして公認会計士・監査法人・コンサルティング会社等が、財務デューディリジェンスを行い、事業再生計画案策定のための資料を作成することになる。省令が要求する事業再生計画案の策定、ADR評定基準による貸借対照表の作成には、相当程度の準備期間が必要となることから、事業再生ADR手続に入

った後、事業再生計画案の協議のための債権者会議まで、債務者による計画策定と手続実施者による調査が平行して進行することも多い。

事業再生計画案策定のための主な留意点は以下のとおりである。

　(ア)　過年度の損益・財政状態

　債務者の決算書を調査・分析し、損益状況、財政状態の推移を把握する。債務者の決算書上、不適切と認められる会計処理が存在する場合には、当該会計処理の影響を排除した実態を把握する必要がある。債務者の過去の実態を把握することにより、窮境要因を分析し、当該窮境要因を除去することが可能な事業再構築のための方策を検討することとなる。

　(イ)　現在の財政状態

　省令29条では、「事業再生計画案が債権放棄を伴う場合」にADR評定基準に基づいた実態貸借対照表の作成が求められているが、債権放棄を伴わない場合に、実態貸借対照表の作成が不要であるかが問題となる。金融支援の内容がいわゆるリスケジュールのみであれば、制度会計上の貸借対照表で足りるとも解されているが、債務者側としては、債権放棄を要請する場合と同様、DES（デット・エクイティ・スワップ）を要請する場合にも、債務消滅益の処理について税務上の検討が必要となり、実態貸借対照表の作成が必要になると考えられる。

　また、実態貸借対照表が債権者に対する情報提供という観点から有益であることは疑いがなく、ADR評定基準の「目的」を勘案すると、債権放棄を伴わない場合でも実態貸借対照表を作成することが望ましいといえよう。ADR評定基準では、資産評定は原則として時価とされており、仮に実態貸借対照表を作成しない場合でも、含み益を有している資産を保有している等、制度会計上の貸借対照表における帳簿価額と時価に乖離がある場合には、その内容を開示すべきである。

　なお、債務者は、破産手続に移行した場合の債権者への弁済の見通しを確認するため、清算価値を基礎にした清算貸借対照表を作成し、予想破産配当率を算出し、手続実施者はこれを検証しなければならない。

(ウ) 将来の損益・財政状態の見込み

　事業再生計画成立後の債務者の状況を検討するための前提として、債務者は、将来数期間にわたる貸借対照表・損益計算書・キャッシュフロー計画を策定するが、これら数値計画は、窮境要因の除去の結果および過剰設備・遊休資産の処分または不採算部門の整理・撤退など債務者の自助努力が反映されたものでなければならない。また、実態貸借対照表および当該数値計画を基礎に、対象債権者に対する債務免除の割合および債務免除額を定め、残債務の弁済の金額および方法に関する計画を策定することとなる。

　将来計画は、債務者の事業計画を基礎として、スポンサー等からの出資等、自己資本充実のための措置、資金調達に関する計画、債務の弁済に関する計画を含むものであり、これら一連の計画が合理的かつ実効可能性が認められるものであり、各数値間の整合性を備えているものでなければならない。

　また、省令28条2項では、原則として計画成立後3年以内に、債務超過の状態にある場合には債務超過の解消を、経常損失が生じている場合には黒字になることを要求している。

　この点、債権放棄を伴う事業再生計画案の場合には、ADR評定基準に基づく実態貸借対照表ベースで、債務超過を解消する必要がある。また、債務者が上場会社である場合には、制度会計上の貸借対照表において、上場廃止基準に抵触しないよう、債務超過状態を解消する事業再生計画案を策定する必要がある。

（大橋　修）

3. コンサル会社の視点から

(1) はじめに

　窮境企業が債権放棄などの金融支援を求める場合、その経営者が退任や退職給付金等の放棄等の経営者責任を求められる場合が多い。債権放棄などの金融支援を求めることは企業が事業再生を図るうえの最終手段であるべきであり、そのモラルハザードを回避する観点からも、経営者責任を求めること

自体は贅言を要しない。一方で、経営者が事業再生ADRなど私的整理手続を選択するうえで、この経営者責任に関する規定が心理的にも大きなハードルになっていることは否定し得ない。民事再生法施行当初の手続申立ての増加や近時の会社更生手続の申立て増加は、経営陣が続投可能なDIP (Debtor in possession) 型が認められていることが窮境企業の経営者にとって手続申出の誘因になっているともいえよう。早期治療が事業再生の1つの鍵である以上、申出をいかに早めるかは、事業再生ADR活用の向上はもとより、窮境企業の再生可能性の向上に資すると考えられる。ついては、本稿では、事業再生ADRに規定する経営者責任について、私的整理手続および法的整理手続における規定の状況並びに事業再生ADRに関する事例を照らしつつ一試論を展開するものである。なお、本稿に述べる意見は筆者個人の見解であり、筆者の所属する会社の意見を述べるものではないことを申し添える。

(2) 経営者責任の射程

事業再生ADRには、経営者責任のあり方として、事業再生計画案が債権放棄を伴う場合には、「役員の退任（事業継続に著しい支障を来すおそれがある場合を除く）」を含むものでなければならない旨の規定がおかれている（事業再生に係る認証紛争解決事業者の認定等に関する省令14条1項4号）。この場合、退任する役員の範囲は、経済的窮境ないし破たんの原因をつくった経営者であり、その選別基準は「破綻原因作出への寄与度、債権放棄等を強いられる対象債権者の意見、事業の継続性などの観点から個別に検討することになる」[23]。しかし、退任する「経済的窮境ないし破綻の原因をつくった経営者」について、近時の米国テロ、リーマン・ショック、東日本大震災などのイベントリスクと背中合わせの不透明な経済環境の中で、何を基準として「破綻原因作出の寄与度」を測れるだろうか。また、役員の退任の例外とされている「事業継続に著しい支障を来すおそれがある場合を除く」という、「著しい支障を来すおそれ」とは具体的にどのような基準に基づいて判断が可能と

---

[23] 西村あさひ法律事務所＝フロンティアマネジメント編『私的整理計画策定の実務』296頁。

なろうか。

　結論としては、これを定量的な基準に基づいて判断するのは困難であり、その多くは定性的な判断とならざるを得ないのが実務上の対応ではなかろうか。不正行為などの違法な経営責任の問題がある場合や、本業外の業務に手を出して多大な債務を負うなどの明らかな経営判断の誤りがある場合には、経営者責任の特定は比較的容易であるが、破たん原因とすべき事象発生後にすでに経営者が交代している場合や破たん原因が明らかな外部要因に基づく場合など、破たん原因を作出した経営者の範囲およびその原因の特定が難しい場合などには、主要債権者などの意見を踏まえつつ、個々の事案の背景や状況に基づいて、可能な限り合理的・客観的に判断していくことになろう。

(3) 各手続の比較

　経営者責任の規定に関して、事業再生ADR以外の手続を俯瞰してみる。私的整理手続のうち、私的整理に関するガイドラインでは「対象債権者の債権放棄を受けるときは、債権放棄を受ける企業の経営者は退任することを原則とする」(私的整理ガイドライン7項(5))とし、中小企業再生支援協議会の支援スキームでは、「対象債権者に対して金融支援を要請する場合には、経営者責任の明確化を図る内容とする」(中小企業再生支援協議会事業実施基本要領6項(5))とある。一方で、法的整理手続のうち、民事再生手続は原則としてDIP型を採用しており、また会社更生手続においても東京地方裁判所において平成21年1月よりいわゆるDIP型会社更生手続の運用が開始された。これらを私的整理手続と法的整理手続の枠組みで比較すると、私的整理手続においては、表現には若干の差異があるものの、経営者の退任を原則論としている一方で、法的整理手続においては経営者の継続を許容している点は私的整理手続と法的整理手続の制度間の差異として着目すべき点であり、近時のDIP型会社更生手続の利用増加の実態[24]も相まって、事業再生ADRにおける経営責任規定のあり方は再考に値するといえるのではなかろうか。

(4) 事例の検討

　事業再生ADRにおける金融支援(債権放棄またはデット・エクイティ・ス

ワップ（DES））と経営者責任の事例について、上場企業として開示されている範囲では〔図表70〕のものが存在する。[25]この点、金融支援を伴うにもかかわらず、代表者の退任が伴わなかった事例として、株式会社マルマエの事例がある。[26]同社社長の経営責任の程度や債権者側の反応については、公表資料の範囲では不明であり、また、私財提供等の別途の対応もされているようであるが、少なくとも、代表者である社長が交代せずに債権放棄などの金融支援を含む事業再生計画が成立した事例が事業再生ADRにおいても実際に存在する。

また、事業再生ADRを含めた私的整理手続においては、自力再建型であろうとスポンサー型であろうと、債権者側の意見を勘案すること、スポンサー型の場合はこれに加えてスポンサーの意向を勘案することは実務上において必要不可欠である。私的整理手続が私的自治を原則としており、事業再生ADRにおいても関係当事者の全員の同意がなければ事業再生計画が成立しない以上、債権者側およびスポンサー側が役員の退任が必要との立場をとる場合は当然に役員の交代が行われるのが通常であろう。

(5) 経営者責任規定の必要性

経営者責任のあり方に関しては、モラルハザード回避と経営者の資質の双方の観点から検討すべきであるが、前者の観点に関してはわが国において事

---

[24] 帝国データバンク「特別企画：DIP型会社更生法の申請状況と弁済率調査」TDB平成25年1月24日号〈http://www.tdb.co.jp/report/watching/press/pdf/p120405.pdf〉。本資料によれば、東京地方裁判所においてDIP型会社更生手続の運用開始以降3年で11件の申立てが行われている。なお、DIP型で申立てが行われた後に主要債権者の賛同が得られず、通常の管理型に移行する案件が5件ある。また、大阪地方裁判所でも運用事例（不動産賃貸業）が現れている。

[25] 〔表70〕は、あくまでプレスリリースとして各社が公表している情報に基づくものであり、脱漏や実際の事業再生計画の記載内容とは異なる可能性がある点に留意いただきたい。

[26] 同社の事業再生計画成立に係る平成23年7月19日付けプレスリリースによれば、「……当社の実態は中小企業であり後任の人材に限りがございますところ、特に前田社長につきましては、当社の主要株主であり、かつ、現在の当社事業を一人で立ち上げ、また、営業、加工、管理面全体を見ており、代替となる人材は見当たりませんので、前田社長が退任する場合、当社事業の継続に著しい支障を来すことが明らかであると認識しております。従いまして、前田社長の退任は予定しておりません」とされている。

〔図表70〕 金融支援を伴う上場企業の事業再生計画における経営者責任の事例

債務者名	取引所／業種	成立年	主な支援内容	主な経営者責任
株式会社コスモスイニシア	JASDAQ 不動産業	平成21年9月28日	債権放棄、DES	代表取締役会長、代表取締役社長、その他取締役2名退任
ラディアホールディングス株式会社	東証2部（上場廃止）サービス業	平成21年10月23日	債権放棄、DES	取締役全員退任（再建のために招聘した代表取締役会長を除く）
株式会社さいか屋	東証2部 小売業	平成22年2月1日	債権放棄、DES	社外取締役以外全員退任
日本インター株式会社	東証2部 電気機器	平成22年6月22日	DES	代表取締役社長退任
株式会社アルデプロ	東証マザーズ 不動産業	平成22年6月29日	DES	代表取締役社長退任（ただし、取締役以外の立場で引き続き経営をサポートする旨の記載あり）
株式会社新日本建物	JASDAQ 不動産業	平成22年11月25日	債権放棄、DES	代表取締役退任
株式会社マルマエ	東証マザーズ 機械	平成23年7月19日	債権放棄、DES、DDS	取締役2名退任（代表取締役社長は退任せず、私財提供および連帯保証を実施する旨の記載あり）
株式会社明豊エンタープライズ	JASDAQ 不動産業	平成24年1月31日	債権放棄、DES	取締役全員退任（ただし、代表取締役以外の取締役については、スポンサーの意向・当社の事業継続上の必要性に鑑みて、新たに取締役に選任される可能性がある旨の記載あり）。

業再生という市場および金融機関やファンド・弁護士・アドバイザーなど各種プレイヤーが定着し、各関係者が十分な実務経験を重ねてきている環境下、安易な金融支援の要請の回避、すなわちモラルハザードの回避は相応に可能な状況にあるといえるのではなかろうか。その観点からは、経営者責任のあり方は経営者の資質の観点から検討されるべきではなかろうか。

　組織の長たる経営者とは、たとえばオーケストラの指揮者である。指揮者が楽員の奏でる楽器の音程を見極めつつ、最高のハーモニーを引き出す役割を担うのと同様、経営者は企業が保有するヒト・モノ・カネ・情報といった経営資源を活用しつつ業績を向上させる役割を担う指揮者であるとすると、それは高度な専門職種といってよい。そして、経営者が司る組織とは、「ラーニングカーブ（学習効果曲線）[27]」での実証のとおり、経験の蓄積が組織を強化する要因である以上、高度な専門職である経営者と、組織としての経験の蓄積との掛け算が企業の事業再生・成長・発展を支える礎となるのではなかろうか。

　経営者は企業にとって唯一無二の存在ではなく、当然に代替すべき人材が豊富な企業であれば、金融支援を求める立場にある以上、経営者の交代は本来的には必然といえよう。しかし、この高度な専門職といえる指揮者を担える人材が一企業の経営資源としてはもちろん、わが国においてもどれほど多くいるのだろうか。また、経営者の退任に付随して組織としての過去の経験の蓄積を失うこととなる場合は、企業の事業再生・成長・発展をめざすという大局的な目的からすれば、原則として退任を必要とすることにはならないのではなかろうか。ただし、仮に退任を必要としない場合でも、経営者個人の退職給付金等の放棄や私財提供、連帯保証（個人保証）の保証債務履行に伴い発生する求償権の放棄等、財産的見地からの責任のとり方は当然に検討していくことになろう。[28]

---

[27] 経験を蓄積するほど、その作業効率や生産性が高まる右上がりの関係の総称。入山章栄『世界の経営学者はいま何を考えているのか』83〜103頁における「組織の記憶力」に関する記述は経営者と組織のあり方を考えるうえで興味深い。

これまで私的整理手続と法的整理手続との比較、事業再生 ADR における事例および実務および経営者という職種としての特殊性などについて触れてきた。以上の文脈からすれば、事業再生 ADR における経営者責任のあり方として「役員の退任（事業継続に著しい支障を来すおそれがある場合を除く）」を規定しておく必要はないものとは一考に値するのではなかろうか。

(6) おわりに

経営者の交代により新たな経営理念並びに経営哲学の徹底とともに社内の風土や経営管理体制が一変した結果、短期間で業績が急回復した企業を目の前でみてきた。その際に筆者が痛感したのは、組織という経営資源の集合体を指揮する経営者は、出世の最後の花道としてたどり着いた者ではなく、モノ・カネ・情報という楽器を使いながら音を奏でるヒトという経営資源を調和・統率し、かつ目の前に直面する環境の中から死活的に重要な要素をみつけ出し、そこに経営資源を集中させる方法を考えることが可能な、経営者という「職種」のプロフェッショナルでなければならないということである。

経営者というプロフェッショナルが多く存在する企業はいかなる経営環境にも耐えうる強い企業といえるであろう。しかし、中堅・中小企業をはじめとして経営者の人材不足の例は枚挙にいとまがなく、事業再生の局面において、経営者の資質をもった者が仮に退任に追い込まれた場合には、事業の再生を図るうえで著しい支障が生じることとなる。わが国には経営のプロフェッショナル、すなわち経営者の資質の才能をもつ者は多くはいないのが実情である。その観点からは、経営者人材の育成は企業にとって重要な経営課題であろうし、また事業再生の局面においては、その資質があると認められるのであれば一概に退任に追い込むのではなく経営者自身の再生もあってしかるべきではないだろうか。

---

28 上述した株式会社マルマエの事例では、代表者の退任が伴わなかった一方で、私財提供等の対応がされているようである。

[主な参考文献]

本文中に掲げたもののほか、以下のとおり。

田作朋雄「金融円滑化法延長下の出口戦略と事業再生」季刊サービサー26号16〜26頁

田作朋雄「音楽と事業再生──芸術性の発露としての事業再生」（商事法務編・再生・再編事例集4）（2005年・商事法務）

住田昌弘「事業再生における経営者責任と株主責任」銀行法務21・663号33〜39頁

東京三弁護士会倒産法部会共催シンポジウム「事業再生をめぐる今日的課題(2)」NBL939号52〜58頁

難波孝一ほか「会社更生事件の最近の実情と今後の新たな展開」NBL895号10〜24頁

大門匡ほか「導入後2年を経過したDIP型会社更生手続の運用状況」NBL963号31〜41頁

上田裕康ほか「大阪地方裁判所におけるDIP型会社更生事件」金融法務事情1922号47〜55頁

（杉本　究／信夫大輔）

Ⅵ　司法型ADRとしての特定調停

1. 司法型ADR

　ADRは、その機関の設置主体あるいは運営主体に着目して、民間型、行政型および司法型に分類されることがある。司法型ADRは、裁判所が設置・運営するADRであり、広くは民事調停、家事調停、労働審判等の手続が含まれることになるが、とりわけ事業再生を目的として私的整理手続を行う場合に、裁判所が関与する司法型ADRとして特定調停が有効な手続として考えられる。本稿では、事業再生を目的として私的整理手続を行おうとす

る場合に利用可能な司法型 ADR としての特定調停手続の利用可能性等を検討することとする。

2. 特定調停

(1) 立法の経緯とその運用

　特定調停手続は、1999年12月に成立した「特定債務等の調整の促進のための特定調停に関する法律」(2000年 2 月17日施行。以下、「特定調停法」という)に基づく調停手続である。支払不能に陥るおそれのある債務者等の経済的再生に資するため、このような債務者が負っている金銭債務に係る利害関係の調整を促進することを目的とする(特定調停法 1 条)。

　特定調停法の立法の経緯は、不動産に係る複雑な権利関係を整理して金融機関の不良債権処理を促すという企業倒産に関する不良債権処理をめざす方向性と、当時社会的にも問題となっていた消費者の多重債務問題の処理をめざすという方向性の、 2 つの異なる側面からの問題提起を受けて制度整備が図られたものである。[29]

　特定調停法成立後は、従前民事調停事件の中の債務弁済協定調停事件という類型で処理されていた事案が特定調停手続として申し立てられることが多かった。すなわち、サラ金等からの多額の借入れをして経済的苦境にある個人を中心とする多重債務者が、多数の金融債権者を相手方として特定調停を申し立てて債務の返済期限猶予や返済条件の変更等を求めるなど、多重債務問題の処理を図る手続として特定調停手続が活用されてきた。

　他方で、事業者を中心とする事業再生のための手続としては十分に活用されてきたとはいいがたい。しかし、特定調停は、私的整理の利点である、商取引債権者を対象としないことで取引上の信用の毀損等を防ぎ、金融債権者の全部または一部のみを対象として債務の調整を行うという点を維持することができるとともに、他方で、裁判所の関与の下、手続の公正さ、透明性、

---

[29] 山本和彦ほか『ADR 仲裁法』105頁。

経済合理性を確保することもできる。さらに、任意には同意を得ることが困難な債権者について民事調停法17条に基づく裁判所の決定等を活用すること等により、債権者の利益に配慮しつつも債務者の経済的再生を図ることができるという点で、事業者を中心とする事業再生のための手続としても十分に活用可能なものであろう。また、対象とする債権者のすべての同意が必要とされる事業再生ADR等の他の私的整理手続において、多数の債権者が同意しているにもかかわらず一部の債権者が同意しないために私的整理の目的が達成できないような事案において、当該債権者のみを対象として特定調停を申立て、特定調停の中で当該債権者の同意を得るようにするといった、特定調停と他の私的整理手続の連携による活用可能性も考えられるところである。

現在まで、東京地方裁判所や大阪地方裁判所の倒産専門部を中心として、民間事業者のほか、住宅供給公社等の第三セクターも含めた利用実績があるようであるが、申立件数自体は少ない[30]。なお、大阪地方裁判所における最近の事件数は、2007年は2グループ12件、2008年はゼロ、2009年は1グループ4件、2010年は4グループ5件、2011年は1グループ2件、2012年は1グループ3件、2013年は同年3月末までで1グループ7件である[31]。

(2) 特定調停の事業再生における利用可能性

(ア) 民事調停と異なる特定調停の特色

特定調停法は、民事調停法の特則であり、特定調停法に規定されていないところは、民事調停法の規定が適用されるため（特定調停法22条）、特定調停の基本的な手続は民事調停の手続と同じである。

もっとも、特定調停は、経済的に破たんする債務者の経済的再生に資するための金銭債務に係る利害関係の調整を目的とすることから、その申立ては「特定債務者」（特定調停法2条1項）に限定されるほか、民事調停手続とは

---

[30] 東京地方裁判所の運用例について鹿子木康「東京地裁民事第8部における特定調停の運用状況」事業再生と債権管理119号65頁、多比羅誠「事業再生手続としての特定調停」（新堂幸司＝山本和彦編・民事手続法と商事法務）19頁。
[31] 大阪弁護士会との協議会における裁判所からの報告。

異なる定めがされている。たとえば、特定調停の円滑な手続進行のためには早期の弁済計画の立案検討が必要になるところ、その前提となる債権または債務の発生原因および内容、弁済等による債権または債務の内容の変更および担保関係の変更等に関する事実の早期開示を、債権者および債務者の当事者の責務として定める（特定調停法10条）。また、民事調停においても認められる民事執行手続の停止ができる場合について、民事調停に定める事由のほか、「特定調停の円滑な進行を妨げるおそれがあるとき」にもこれを認め、さらに、停止の対象となる民事執行の範囲を広げ、無担保での手続停止を可能とするなど、その適用範囲を拡充し（同法7条、民事調停規則6条参照）、より実効性のある手続としている。また、特定調停における調停条項は、「公正かつ妥当で経済合理性を有する内容のものでなければならない」とされている（特定調停法15条）。さらに、特定調停では、当事者の共同の申立てが必要ではあるが、調停委員が示す調停条項案により当事者間に合意が成立したものとみなす制度（同法17条）も設けられているなど、特定調停に特有の手続も多い。

　他方、特定調停法に定めのないところは民事調停法の定めが適用される（特定調停法22条）から、特定調停手続においても、民事調停法12条に定める調停前の措置の利用のほか、同法17条に基づく決定（いわゆる17条決定。以下、「17条決定」という）の制度も利用できる。実務的に活用が考えられるのはこの17条決定である。

　(イ)　管　轄

　特定調停事件の管轄は、原則として簡易裁判所となるが（民事調停法3条）、事業者の事業再生に係る手続は、倒産処理について専門的知識を有する地方裁判所の倒産専門部などが対応することが適当である場合が多いと考えられる。地方裁判所は、相当と認めるときは、申立てまたは職権で自ら事件を処理することができることから（民事訴訟法16条2項、非訟事件手続法10条、民事調停法22条、特定調停法22条）、事業者の事業再生に係る特定調停事件は地方裁判所に直接申し立てることが適当な場合が多いであろう。また、簡易裁

判所は相当と認めるときは申立てを受けた特定調停事件を地方裁判所に移送することもできる（民事訴訟法18条）。

　(ウ)　調停機関

　特定調停事件は、調停委員会で調停を行う場合（調停委員会型。民事調停法5条1項本文）のほか、裁判所が相当であると認めるときは裁判官だけで行う場合がある（単独型。同項ただし書）。調停委員会型の場合、裁判所は、事案の性質に応じて必要な法律、税務、金融、企業の財務、資産の評価等に関する専門的知識を有する者を調停委員として指定することができ（特定調停法8条）、倒産処理に豊富な経験を有する弁護士や会計士が候補者として考えられる。

　もっとも、事業再生または倒産処理という事案では迅速性が求められる点からすれば、単独型での実施が適当な場合が多いと考えられ、東京地方裁判所、大阪地方裁判所の実際の運用も現在は単独型がほとんどである。また、事業再生ADRが実施されている事案について特定調停の申立てがあった場合には、裁判所は、当該手続が実施されていることを考慮して、簡易迅速な事業再生を図るため単独型での調停を行うことが想定されている（産業競争力強化法（以下、「産競法」という）52条）。単独型の場合には、専門的知識を有する調停委員は選任されないものの、後述のとおり、調査嘱託の手続を利用することにより事業再生に対する外部の専門的知見を活用することが考えられる。なお、東京地方裁判所、大阪地方裁判所のいずれについても事業再生のための私的整理に関する特定調停事件については、調停部の裁判官ではなく、倒産部の裁判官が主として担当する運用がなされている。[32]

　(エ)　事業再生計画に対する相当性の担保

　わが国においては、一般的に裁判所に対する信頼性は高いものがあり、特定調停手続においてもこの点は変わらないといえる。したがって、純粋な私的整理手続の場合と異なり、裁判所の関与の下に行われる手続に対しては、

---

[32]　林圭介「企業倒産における裁判所による再建型倒産手続の実務の評価と展望」ジュリスト1349号48頁。

手続の公正さ、透明性については債権者の理解が得やすいところではある。もっとも、特定調停が、事業再生のための私的整理手続の1つとして利用されることから倒産処理に対して十分な経験、知識等を有する裁判所または専門家による手続遂行への期待は高い。加えて、債権者である金融機関等においては内部のコンプライアンスの要請の点からも、債務者が策定する事業再生計画に対する手続的公正さ、透明性に加えて、経済合理性の担保の確保に対する要請も高いといえる。

　したがって、私的整理ガイドラインの場合の専門家アドバイザー、事業再生ADRにおける手続実施者の存在が私的整理手続の手続的公正さや経済合理性を確保するための有効な手段であるのと同様に、特定調停でも、事業再生計画に対する公平な第三者による確認等が手続的公正さや経済合理性を担保するのに有効な手段であると思わる。前述のとおり、特定調停が調停委員会型で行われる場合、裁判所は、事案の性質に応じて必要な法律、税務、金融、企業の財務、資産の評価等に関する専門的知識を有する者を調停委員として指定することが予定されており（特定調停法8条）、かかる専門家による調整によってその要請は一定維持されているといえる。また、実際の運用として多い単独型の場合には調査嘱託（特定調停手続規則9条、民事調停規則13条）を活用することにより手続的適正さや経済合理性の担保の確保に対する要請を満たすことが可能である。これは、裁判所が、調査嘱託先弁護士を選任し、嘱託先弁護士が公認会計士を補助者として、事業計画内容の相当性等に関する調査報告書を提出してもらい、かかる調査報告書を調停手続の中で事業再生計画の相当性、妥当性の検証のために参照等する方法である。東京地方裁判所では、主として弁護士を調査嘱託先弁護士に選任し、①事業計画に基づく再建の見込み、②弁済計画の遂行可能性、③弁済額と破産配当の比較などの調査事項のほか、債権者の意見を聞いたうえで調査事項を追加する運用がとられている[33]。また、大阪地方裁判所でも、調査嘱託先弁護士を選任

---

[33] 鹿子木・前掲（注30）66頁。

し、調査嘱託先弁護士が事業計画内容の相当性に関する調査報告書を提出するという運用が原則とされている。[34]

(3) 特定調停の実務上の活用

(ア) 特定調停に適した事案

特定調停も、事業再生のための私的整理手続である以上、事業性を有するコアな事業が存在すること、金融機関等の大口債権者についてリスケジュールや債務の一部免除等を得ることによって事業の再建を図ることができること、また手続中の資金繰りが確保できること等、私的整理一般に求められる条件を備えている事案であることが当然に必要である。この点、私的整理ガイドライン申出の適格に相当するような事情が認められることを必要とする見解もあるが[35]、このような事情が認められるものに限る積極的理由はないように思われる。また、調停によって調整を行うことを前提とする以上、債務者の立案する弁済計画について一定の調整の余地があることが必要であるともいえる。[36]

他方、事前の大口債権者との交渉、調整にかかわらず合意が得られる見込みが全くない事案、相手方となる金融債権者等があまりに多数に及びすべての債権者の同意を得ることが困難と予想される事件は適さない場合がある。また、特定調停手続中に資金繰りに窮するような事案も適さない場合といえる。

(イ) 他の私的整理手続との連携

司法型 ADR 以外の私的整理手続で、従前利用されていた私的整理ガイドライン手続は、対象債権者全員が事業再生計画案に同意することが必要であり、同意しない対象債権者を拘束することはできない。また、2007年に施行された「裁判外紛争解決手続の利用の促進に関する法律」に基づいて認証を受け、かつ、「産競法」に基づく認定を受けた紛争解決事業者(現在は事業再

---

34 林・前掲(注32)48頁。
35 西村あさひ法律事務所=フロンティアマネジメント編『私的整理計画策定の実務』128頁。
36 「裁判外事業再生」実務研究会編『裁判外事業再生の実務』258頁。

生実務家協会のみである）が行う事業再生 ADR 手続の利用が近時増加しているが、当該手続においても対象債権者全員の同意があることが必要であり、同意の得られない債権者に対して計画を強制することはできない。そのため、かかる私的整理手続では再建計画に大多数の債権者が同意しているにもかかわらず、一部の債権者の不同意により成立せず、法的倒産手続に移行せざるを得ないという場面が生じ得る。事業再生 ADR では、債権放棄を伴う事業再生計画を提出する場合、計画において対象債権者の同意が得られない場合には、債務者は、特定調停、民事再生、会社更生または特別清算の申立てを行うものと定めることが求められている（事業再生に係る認証紛争解決事業者の認定等に関する省令第14条第 2 項の規定に基づき認証紛争解決事業者が手続実施者に確認を求める事項平成20年経済産業省告示29号 2 条 5 項）。このような場面に、同意の得られない一部の債権者のみを対象として特定調停を申し立て、特定調停手続の中で調整を行い、当該債権者の同意を得るようにするという方法が考えられる。

　具体的には、特定調停も、調停である以上、原則として、対象債権者の同意が調停成立の前提である。特定調停では、当事者の共同の申立てがある場合に調停委員会が示す調停条項案により当事者間に合意が成立したものとみなす制度のほか（特定調停法17条）、17条決定によって同意を得ることが考えられる。民事調停法17条は、「調停委員会の調停が成立する見込みがない場合において相当と認めるときは、当該調停委員会を組織する民事調停委員の意見を聴き、当事者双方のために衡平に考慮し、一切の事情を見て、職権で、当事者双方の申立てに反しない限度で、事件の解決のために必要な決定をすることができる」と定めており、裁判所はこれに基づいて、公正かつ妥当で経済合理性を有する内容の決定を出すことができる（特定調停法20条）。この場合には当事者の共同の申立ては不要である。かかる17条決定に対しては、当事者または利害関係人は、決定の告知を受けた日から 2 週間、異議を申し立てることができ、異議の申立てがあった場合には17条決定は効力を失うが、当該決定に対して異議を申し立てなかった場合には裁判上の和解と同一の効

力を有するものとされている（民事調停法18条）。

　この場合、少なくとも、特定調停において調整しようとした調停案に対して金融機関等の債権者から積極的な同意が得られないとしても、債権者が17条決定に対して積極的に異議を申し立てなければ、その消極的同意が得られた結果として、調停が成立したのと同様の効果が得られる。金融機関等の中には、積極的に同意できないものの、裁判所という公的な機関が、公正かつ妥当で経済合理性を有する内容である決定をした場合にはその裁判所の決定を尊重するというところもあることから、対象債権者から積極的な同意が得られなかった場合でも十分に活用可能な手続である。

　　(ウ)　事業再生 ADR 手続との連携

　産競法52条において、特定調停法の特例として、事業再生 ADR を経た特定調停では、事業再生 ADR の手続の結果を考慮して単独型の調停が想定されているのは、調停委員会型の調停委員会を構成する専門家による資産査定や調整に代えて、事業再生 ADR の手続の結果を考慮するという趣旨であり、事業再生 ADR 手続と特定調停の連続性の確保を意識したものである。また、事業再生 ADR 手続における手続実施者の調査報告書等を特定調停においても活用するなどすることは、事業再生 ADR 手続と特定調停の平仄を合わせるという点から有効であると考えられる。

　事業再生 ADR 手続において特定調停の活用を検討する場面としては、たとえば、①事業再生 ADR 手続上の一時停止に同意しない（事業再生 ADR 手続にはじめから参加しない）債権者がいる場合、②手続に参加したが計画への同意が得られる見込みがない場合、③事業再生 ADR の事業再生計画案の決議のための債権者会議において一部の対象債権者が同意しない場合などである。

　具体的には、事業再生 ADR 手続を終了させて、対象債権者全員を対象にあらためて特定調停を申し立て、調停で計画同意を求める方法である。さらに、一部債権者が事業再生 ADR 手続に同意しない場合に、当該債権者のみを事業再生 ADR 手続から除外して、その余の対象債権者だけで事業再生

ADR手続の決議を得たうえで、他方で、除外した当該債権者のみを相手方として特定調停を申し立て、調停を成立させる方法である。この場合、形式的には事業再生ADR手続と特定調停手続の別々の手続が並列することになることから、両手続における計画内容の同一性の担保が必要となる。さらに、事業再生ADR手続において一部債権者の同意が得られる見込みがないと判明した時点で、たとえば、それが第3回債権者会議における決議の場合には、第3回会議を続行にしたうえで、当該対象債権者のみを相手方として特定調停の申立てを行い、調停の中で裁判所による調整や17条決定により同意を得た後、事業再生ADR手続の債権者会議においてすべての対象債権者の同意を得て決議を成立させる方法である[37]。実務的には、事業再生ADR手続において債権者の不同意が見込まれる場合には、事前に裁判所と特定調停の申立てについてスケジュール等について相談しておくと、特定調停の申立てや手続が円滑かつ迅速に進行するであろう[38]。

　このように事業再生ADR等の全員同意が前提となる私的整理手続がとられたものの、一部の債権者の不同意により成立が困難となることが予想される場合に、特定調停を申し立て、裁判所による調整や17条決定を活用することによって当該債権者の同意を確保し、結果としてすべての対象債権者の同意を確保するという方法が可能であり、他の私的整理手続との連携、役割分担をもたせた中で特定調停を活用することが十分に考えられる。

　なお、対象債権者が、事業再生計画に基づいて債権放棄をした場合の債務者と債権者の税務処理について、事業再生ADRの場合には、一般に公表された債務処理の準則が定められていることなどから、債権者において当該債権放棄額を貸倒損失とすることができ、また、債務者において資産の評価損益を損金・益金とし、青色欠損金等以外の欠損金（いわゆる期限切れ欠損金）を青色欠損金等に優先して控除することができること（企業再生税制、法人

---

[37]　中井康之「事業再生ADRの手続上の諸問題(下)」銀行法務21・718号41頁。
[38]　多比羅誠「特定認証ADR手続の概要と特定調停の実務」事業再生と債権管理119号55頁。

税法25条3項、33条4項、59条2項）が明確にされている[39]。しかし、特定調停の場合にはこのような取扱いは必ずしも明確ではなく、特定調停に基づいて行った債務免除等について無条件で税務上の処理が認められるものではない。もっとも、特定調停に基づいて債務免除等を受けた場合、法人税基本通達9-6-1(3)、同9-4-1または9-4-2に該当するときは、原則として、法人税法59条2項の適用があるとされており、一定の税務上の処理が認められている。また、債権者においても、特定調停において債権放棄に同意した場合、法人税基本通達9-6-1(3)もしくは(4)、9-6-2または9-4-2によって無税償却が可能となる場合がある。

　(エ)　金融円滑化法終了への対応策としての特定調停

　2009年12月に施行された中小企業者等に対する金融の円滑化を図るための臨時措置に関する法律（金融円滑化法）が、2013年3月末をもって終了したことに伴い、今後増加が予想される中小企業の経営危機に対して、特に中規模以下の中小企業の企業再生についての新たなプラットフォームとして、特定調停の活用が提案されている。日本弁護士連合会が、最高裁判所や中小企業庁等の関係機関との協議を経て、2013年12月に「金融円滑化法終了への対応策としての特定調停スキーム利用の手引き」（以下、「手引き」という）を公表し、かかる手引きに沿った新しい運用での特定調停の活用が期待されている。手引きでは、利用対象となる債務者を「比較的小規模な企業」とし、目安としておおむね年間売上20億円以下、負債総額10億円以下の企業としている。また、最低でも約定金利以上は継続して支払える程度の収益力を有し、法的倒産手続ではふさわしくなく、他方で一般的に私的再生手続がふさわしい企業が想定されている。さらに、手続としては、特定調停の申立て前に弁護士が税理士・公認会計士等と協力し、財務・事業に関するデューディリジ

---

[39] 平成21年7月9日付経済産業省経済産業政策局産業再生課長よりの個別照会に対する国税庁課税部審理室長の回答「特定認証紛争解決手続に従って策定された事業再生計画により債権放棄等が行われた場合の税務上の取扱いについて」および平成20年3月28日付経済産業省大臣官房審議官（経済産業政策担当）よりの個別照会に対する同回答。

ェンスを実施するなどにより経営改善計画案を策定し、金融機関との事前調整を十分に行い、調停申立て前には同意の見込みが得られていることが想定された、事前調整型の運用が想定されている。

　なお、かかる手引きに沿った特定調停の運用が開始されることに伴い、中小企業が融資を受けていることが多い信用保証協会の保証付融資について、信用保証協会の求償権を債務免除の対象とすることができるようになった。さらに、認定経営革新等支援機関（中小企業の海外における商品の需要の開拓の促進等のための中小企業の新たな事業活動の促進等のための中小企業の新たな事業活動の促進に関する法律等の一部を改正する法律に基づく認定機関）による経営改善計画策定支援事業として、同機関である弁護士や公認会計士、税理士が関与した場合には、計画の策定費用やデューディリジェンス費用などの再生手続費用について一定の支払いを受けることができるなど、中小企業の企業再生の方式として特定調停を利用することのメリットは拡大している。今後、経営危機に陥った中小企業の企業再生の手法として特定調停のさらなる活用が期待される。

（中井康之／山本　淳）

第III編
あるべき私的整理手続の実務

第1章 私的整理手続概説

I 私的整理手続の経済合理性

1. はじめに

　経済活動を民間の自由な競争に委ねる場合には、不可避的に新たに競争に参加する事業者と退場する事業者とが生まれるが、債務超過や支払不能に陥った結果、競争社会からの退場を余儀なくされる事業者が経済活動を止めることが倒産であり、残された法律関係の後始末を行うのが倒産処理である。そのために利用される手続として、倒産法制が利用されるのが法的整理であり、倒産法制を利用しないままに当事者間で進められるのが私的整理である。

　ところで、「倒産」の概念は必ずしも一義的に明確ではなく、私たちは通常、債務超過の状態にあっても事業を継続している事業者を倒産者とはよばない。経済社会においては、事業の継続を中止する等して債権者への支払いを一般的に停止することを、「倒産」ととらえることが多いようにみえる。

　もっとも、私的整理の場合には、支払停止あるいは支払不能に陥る以前に、継続可能な事業を他に譲渡したり、取引債権者や少額債権者に対して弁済を行う等、再生または清算のための準備作業が行われることがある。したがって、私的整理をより厳格に定義すれば、倒産処理とその準備作業に係る手続の双方を含む手続であると考えるべきである。

2. 私的整理の必要性

　わが国において日々発生する倒産の大部分に対しては倒産法制が利用され

ることはない。

　責任財産が法的整理の費用に足りない場合には私的整理すら行われることは稀である。経済活動の規模が小さくて責任財産が残っていない場合には、廃業するだけで事態が収拾されるのが通例である。

　責任財産が存在しても、些少であったり、債権者が限定されており個別執行に委ねることによって法律関係の後始末を十分図り得る場合もある。

　これに対して、経済活動の規模が大きく債権者に分配できる一定の残余財産が存在する場合には、これを公正・衡平に分配することが期待されることになるが、各種債権者、従業員、法人役員、取引先等の各ステークホルダーの間で任意の倒産処理を行うことに異存がないときには、私的整理が遂行される場合がある。

　ところで、債務者は、倒産に至る以前に継続可能な一部事業を他に譲渡することで、自らは経済活動を停止して倒産処理に服するが、事業自体は存続させようとすることもある。この場合、倒産債務者から切り離された事業は倒産処理とは無関係に新しい担い手によって継続されていく。多くの場合、それらは赤字事業であり、その場合には、事業譲渡によって一般債権者の利益が害されることもない。

　また、債務者が個人事業者や中小企業である場合には、債権者は、仕入先や下請先等の商取引債権者と、銀行や公庫等の金融債権者に二分されるのが普通であるところ、事業の停止（したがって支払停止）に先立ち、売掛債権の回収金や棚卸資産の換価金によって商取引債権を返済し、金融機関とそれらのために担保が設定された資産だけを残して経済活動を中止するということがしばしば行われる。

　それらの処理は一見債権者間の衡平を害するようにみえるが、経済活動としての合理性ないし正当性が各種利害関係人から承認されている場合も少なくはない。

　まず、事業者が「倒産」する前の準備段階で商取引債権を弁済しておくことは、事業廃止のストレスを最も少なくする有力な手法である。仕入先や販

売先等の取引先は、事業者が事業を廃止するまでの間商取引を継続していても、売掛金の弁済を受けられれば、事業者の倒産による被害を小さくすることができる。その結果、最終的に事業を廃止した時点における事業主に対する風当たりも比較的に少なくなる。

　これとは反対に、商取引債権の保護よりも、債権者間の公正・衡平を優先して、金融機関債権者に対してステイを求める時期に仕入先等への支払いも停止するとすれば、債務者の事業の一部または全部を事前の事業譲渡によって存続させようとしても、私的整理や他に承継された事業の継続への協力を商取引債権者から得ることは著しく困難となるのが通常である。

　他方、倒産事業者が直ちにすべての事業を廃止して、破産、または特別清算の途を選択する場合には、存続できる事業が吸収する雇用等が失われるばかりか、大きな残余財産の換価・回収ロスと相当額の倒産手続費用が嵩むことになる。

　一方で、金融機関が倒産事業者のメインバンクである場合には、長年の継続的金融取引の最後に破産を強いるのか、メインバンクとして協力しながら私的整理で軟着陸を試みさせるのかという選択は、金融機関自身の営業政策とも密接に関係している。債務者を無秩序な倒産に追い込むのでは、他の金融取引先からの信頼を失うおそれがあるからである。

　また、金融機関は、単に倒産事業者だけに融資しているのではなく、往々にして地元の仕入先や下請先にも融資していることが多い。したがって、倒産事業者の倒産の煽りを受けて、それらの融資先にまで連鎖的に経済的活動の維持を困難ならしめることは、金融機関債権者にとっては、必ずしも好都合なことではない。

　そのようなわけで、「倒産」の前段階で、私的整理に着手し、継続可能な事業は他に移転するとともに、売掛債権の回収金や棚卸資産の換価金によって仕入債権者等の商取引債権を返済し、残余財産と、金融機関のために担保が設定された資産とを残したうえで、金融機関債権者への支払いを一般的に停止し、「倒産」処理を開始するという私的整理の方法が、現実には広くと

られているように思われる。

3. 私的整理の再評価

　以上検討したところに照らせば、法的整理は倒産処理の絶対的公正・衡平を確保するうえでは重要な手続であるが、すべての倒産事件を法的整理に吸収することを期待することは間違いであると考えられる。

　また、私的整理が法的整理とは異なる叙上のような経済的合理性を伴うものである以上、その活用のためには、必ずしも法的整理と全く同様の運用を心がける必要もないことになる。比喩的に表現するとすれば、法的整理の理念が絶対的公正・衡平にあり、均分的正義の実現を目的とするとすれば、私的整理は相対的公正・衡平を理念とし、配分的正義の実現を目的とするものであるといえるのではなかろうか。

　私的整理は、経済的合理性をもって遂行される限り、債権者の支持をとりつけることができ、法律の建前に拘束されずに簡易な処理をすることができ、その結果迅速な処理が可能である。たとえば、金融機関債権者や大口債権者等に対して傾斜的な債務免除への協力等を要請する合理的根拠があれば、多数の利害関係人に対する波及を最少限度にとどめながら私的整理を遂行することができる。

　なお、私的整理は裁判所への予納金や管財人等の報酬も不要であるから、必要な出費も比較的少額にとどめることが可能となる。

　そして、このような私的整理の遂行について、事業者と債権者との間、あるいは同種または異種の債権者相互間で利害が対立し、あるいは十分なコンセンサスを形成することが困難であって、倒産処理に混乱を生ずるおそれがある場合には、後述のとおり、法的整理が初めて選択されることになるし、それで足りると考えられる。

　私的整理が債権者による法的整理の申立てによって挫折させられることも、倒産をめぐる各種ステークホルダーの間の利害の調整に失敗した結果、法令に根拠をもつことによって私的整理に優先するところの、絶対的公正・衡平

の理念に基づく法的整理に移行することを意味するが、そのような移行が常に保証されていることこそが、私的整理の相対的公正・衡平確保の保証にもなると考えられる。

すなわち、法的倒産手続開始の申立ては、債務者のみならず債権者も、相手の意思にかかわらず単独ですることができる（破産法18条1項、民事再生法21条2項、会社更生法17条2項1号（当該株式会社の資本金の10分の1以上の債権額を有する少数債権者）、会社法511条1項）。

そして、私的整理の遂行と同様に、私的整理に反対するという行動も、私的自治の範囲内の行動であるから、「倒産」に先立つ準備作業を含めた広義の私的整理を許容するか、債権者破産等の申立てや個別執行の申立て等によって挫折させるかの判断は、基本的には、個々の債権者の自由な選択に委ねられているのである。

したがって、不適切な私的整理の排除は、一次的には、私的自治を貫くことによって実現を図ることができるのである。

4. 過去の私的整理の総括

ところで、かつて私的整理には違法な経済活動が伴うことがあったことから、長い間やましい手続であるという偏見を免れなかった。したがって、今日私的整理を普及させていくためには、過去の私的整理を総括しておくことが必要であるように思える。

まず、かつては、債権者も商品引上げや目ぼしい資産の取付けに走ることが一般的であったし、金融機関も、懇意の金融取引先の要請を受けて同行相殺が可能となるように手形割引に応じる等の不誠実な行為に出ることが日常茶飯事であった。

そうした社会的背景の中で、倒産による混乱を恐れる債務者の弱みに乗じて、暴力的な整理屋が倒産処理に介入し、さまざまな手法を駆使して不法な利益を得ようとすることが少なくなかった。

しかし、1992年3月1日施行の暴力団員による不当な行為の防止等に関す

る法律（平成 3 年 5 月15日法律第77号。いわゆる「暴対法」）の施行後20年以上を経過する間に、民事暴力に対する警察の姿勢がいちだんと厳しくなってきた。

　また、わが国の経済社会における、手形の流通量の激減、中古の機械その他の有体動産の再生品の国内市場の縮小、中小企業に対する取引先からの信用供与手段の変化等により、整理屋の収奪手段はかつてほど有効なものでなくなっている。

　さらに、この間の逐次にわたる民事執行法の改正や、判例の集積によって、債務者または不動産の占有者らによる価格減少行為の防止が容易となり、抵当権者の権利保護も厚くなってきた。平成15年の民法改正により短期賃貸借の制度が廃止されたことも競売妨害をより困難にした。

　そうした経緯を経て、今日では、「整理屋」なる者が経済活動の表舞台からは姿を消して久しいというべきであり、今日巷間で広く行われている私的整理は、かつて整理屋の行っていたそれとは異質のものといえる。

　ところで、過去私的整理のデメリットとして、法的整理と比べて私的整理の手続担当者が必要な情報を開示しないことがあると指摘されることがあった。

　確かに、整理屋による違法な私的整理への介入や、債権者による違法な取立て行動が稀ではなかった時代にあっては、私的整理の当初に詳細な情報開示をすることは手続の混乱の原因ともなり得たであろう。また、債権者等への情報開示に先立ち、債権者への配当の引当財産や事業継続に不可欠な財産を隔離する必要のある場合も存した。

　そして、そうした情報の秘匿や財産の隔離が、さらに私的整理の担当者側の違法行為を誘発する契機となる場合もあったことは事実である。すなわち、債権者委員会、債権者委員長等、債務者情報を取得し私的整理を遂行する担当者が、この情報や立場を悪用して、私利私欲に走り、あるいは詐欺破産罪に該当するような行為に出ることも、過去にはしばしばみられた。そして、私的整理には裁判所の監督がないことから、このような違法行為を防止、あ

るいは阻止することは必ずしも容易ではなかった。

　しかし、前述のとおり、今日では違法な整理屋の活動や債権者の取立て行動は激減しているのであるから、私的整理が秩序を保って尋常に進行するには、むしろ情報開示によって債権者の信頼を確保し、その了解の下に進行することこそが不可欠であるというべきである。

　そして、今日では私的整理を遂行するうえで、債務者財産を倒産隔離する必要が原則としてなくなっている以上、むしろ、債務者とその財産はいつでも法的整理の対象となり得ることを前提として進行されるべきであり、そのためには特別な事情が存する場合を除き、倒産隔離を図るべきではないように思われる。

5．私的整理に期待される秩序

　それでは、私的整理に期待される秩序とはいかなるものであろうか。

(1) 各種 ADR 機関

　まず、参考になるのが、私的整理に関する各種 ADR 機関である。2000年2月17日に施行された特定債務等の調整の促進のための特定調停に関する法律（特定調停法）は、簡易裁判所等を ADR 機関として私的整理に利用できる法律でもある。また、株式会社整理回収機構は、同年改正後の金融機能の再生のための緊急措置に関する法律（金融再生法）54条1号の2により、私的整理に関与する ADR 機関としての活動を開始した。[1] 2003年4月に金融再生プログラムの中核をなす組織として時限立法により設立された株式会社産業再生機構も ADR 機関として私的整理に関与するものであった。また、2003年産業活力の再生及び産業活動の革新に関する特別措置法（産業活力再生特別措置法）によって、全国47都道府県に設置された中小企業再生支援協議会も、私的整理に関与する ADR 機関である。[2] さらには、株式会社産業再

---

[1] 事業再編実務研究会編『最新事業再編の理論・実務と論点』189頁以下〔津田敏夫〕参照。
[2] 事業再編実務研究会・前掲（注1）251頁以下〔岩田知孝〕参照。

生機構や、2007年に施行された裁判外紛争解決手続の利用の促進に関する法律（ADR法）に基づき2008年11月に設立された事業再生実務家協会も私的整理のADR機関である。

以上のような各種ADR機関の利用は、私的整理に秩序をもたらすといえる。同時に、それらのADR機関が求める手続に関するルールは、ADR機関を利用しない手続にあっても応用されることで当該手続に一定の秩序をもたらしているといえる。

(2) **私的整理に関するガイドライン**

次に、金融機関における不良債権処理の促進のために2001年9月に公表された「私的整理に関するガイドライン」は、メインバンクの承諾と協力の下に行う私的整理手続の準則である。このガイドラインに基づく手続は、その生い立ちからくる特殊性を除外すれば、その基礎となった「インソルの8原則」等とともに、広くわが国内で一般に行われるべき私的整理における普遍性を備えている準則に基づいた手続でもあると考えられる。

こうした各種ADR機関の活動の成果や、私的整理のガイドライン等は、わが国で私的整理を利用していくうえで、貴重な指針や準則となっている。

(3) **法的整理手続**

また、私的整理は裁判所の関与のない手続ではあるが、DIP型の倒産法制、すなわち、再生型の場合には民事再生手続を、解体清算型の場合には特別清算手続を参考とすることもまた有意義である。ただし、私的整理と法的整理との間における理念や目的の違いを理解したうえで参考とするべきである。

こうして、今日の私的整理に関しては、債権者、債務者の双方があらかじめ一定の秩序ある手続の進行を期待することができる状況にあるといえよう。

---

3 事業再編実務研究会・前掲（注1）224頁以下〔中野瑞彦〕参照。
4 事業再編実務研究会・前掲（注1）340頁以下〔柴田昭久〕参照。
5 伊藤眞『破産法・民事再生法〔第2版〕』36頁は、「倒産処理全体から見て合理的なのは、法的整理の中で示される手続的および実体的準則が、関係人自身の努力によって私的整理の中にも反映され、公平の見地から社会的に正当と評価される私的整理が行われることである」とする。

6. 私的整理と債権者の同意の要否

(1) 債権者の利益の保護と同意の要否

　私的整理の遂行のためには債権者全員の同意が必要であるとしばしば説かれるが、これは必ずしも正当な指摘とはいえない。

　確かに、債務者が再建を遂げるために、少なくとも債務超過を脱するために過剰債務の一部について減免を受けようとする場合には、複数の債権者から個別に債務の減免の同意をとりつける必要があり、このときには、私的整理による事業再建は多数決原理を利用できる法的整理よりハードルが高いことになる。

　しかし、債務の減免を伴わない事業の再生（債務者自身の営業を再生させる場合のほか事業を他社に譲渡して再生させつつも事業主体である債務者自身は清算に向かうような場合など）や清算も可能である。

　そうした債務の減免を求める必要がない場合、すなわち、債権者が債務者の財産の換価・回収と配当の後に債務のみが残存する状態を甘受する限り、その同意がなくとも、清算事務を円滑に進行させるうえでは一向に支障とはならない。

　これに対し、債権者がこうした私的整理に反対する場合には、前述のとおり法的整理の申立てにより私的整理を即時挫折させることができるほか、再建型の場合には、債権の一部放棄等を拒否して債務超過からの脱出を困難ならしめることによって、私的整理の進行を妨げることもできるのである。

(2) 私的整理と危機時期の到来

　なお、私的整理の開始が直ちには債務者の支払不能や支払停止を意味しないことは前述のとおりであるが、法的整理に移行しない単なる私的整理の挫折もまた同様に考えることができる。

　すなわち、私的整理の開始は、債務者が支払停止や支払不能に陥る前に開始されることが多く、諸般の事情から予期したとおりの私的整理の進行を図ることができないために、私的整理を断念することとなっても、それだけで

は、必ずしも支払停止や支払不能に陥ったということにはならないからである。

したがって、私的整理に対して債権者からの支持が得られないからといって、直ちに倒産に追い込まれるわけではないので、必ずしも早期の私的整理の着手を躊躇することはない。

ただし、一定の債権額を有する債権者が私的整理への不承認の意思表示ともなる行為として、法的倒産手続の申立て、個別執行の申立て、あるいは債務者に対する債務の履行期限喪失の通知に及ぶことによって私的整理が挫折した場合には、それらの事実の到来によって、直ちに、債務者の危機時期の到来を意味する場合があることは否定できないであろう。

7. 私的整理と弁護士

(1) 債権者との関係

私的整理を債務者の委任により弁護士が担うにあたっては、債権者との信頼関係の構築にとどまらず、DIP 型の倒産法制である民事再生手続の債務者代理人が債権者に対しても善管注意義務を負担することに準じて、債権者に対して責任を負担する立場となる。このことは、弁護士職務基本規程20条が、弁護士に、自己への直接の委任者に対してだけでなく、客観的な立場からも職務を適正に遂行することを求めている点とよく適合している。

ところで、私的整理に対する異議が、整然と遂行されている私的整理を妨害し、自己への配分のみを増加させようとするような濫用的な申立てである場合には、これに対して、当該倒産法制の枠内において、対抗がなされるべきである（破産法30条1項2号、民事再生法25条4号、会社更生法41条1項4号、会社法514条4号）が、そうでない限り、この申立権は、私的整理が適正に行われるための担保として尊重されるべきである。私的整理の遂行機関が弁護士であればこそ、当該申立権を適正に保障することが期待できるように思える。

すなわち、私的整理は、途中で法的整理に移行することがあるということ

を常に念頭におき、債務者につき将来法的倒産手続が開始されても、円滑に手続が移行できるように配慮しながら進行されることが、手続が公正に遂行されるために不可欠であるし、その結果として、手続移行により利害関係人の受けるリスクを最小限にとどめることもできるのである。

(2) 係争の目的物の譲受け

なお、弁護士は、弁護士職務基本規程17条により、係争の目的物の譲受けを禁止されているが、従前行われてきたような債務者財産の倒産隔離の必要性が乏しくなった今日、私的整理の遂行機関となることの支障にはならなくなったといえるであろう。

(3) チームリーダーの役割

もとより、債務者の規模によっては、事業の継続、財産の管理、換価回収等にあたり、経営、経済、税法等の専門知識を有する者の関与が不可欠な場合もあり、それらの者が弁護士とともにチームを組んで私的整理を担当する場合もあるが、いずれの専門職種の者がチームリーダーの立場になるかという問題は格別、弁護士が相応の役割を担ってチームに参加することは、私的整理の適正な進行の確保のうえでは必須のことのように思われる。

(四宮章夫)

II 企業価値の評価

1. 事業再編のためのデューディリジェンスの実務

(1) 事業再編のためのデューディリジェンス

企業再生においてデューディリジェンス（以下、「DD」という）とは、対象企業について財務、ビジネスなど各分野において専門家が行う客観的な調査をいう。再生計画策定にあたり対象企業の実態を把握する必要があり、支援が可能か否かを判断するための情報収集や金融支援額の算定のための基礎情報収集を目的として、財務DD・ビジネスDD・不動産DD・法務DDが

行われる。DDの結果を基に、債権者等利害関係者の調整が行われるため、対象企業や債権者等利害関係者とは利害関係のない第三者がDDの担い手になる。

(2) 財務DD

財務DDは、対象企業の財務面からの情報収集を行うものであり、金融・財務系のコンサルティング会社や会計事務所などが実施する。

具体的には、直近財務諸表および過去の財務諸表の調査・分析を通して、資産の実在性や資産性（含み損益）の状況、負債の過小計上の有無・簿外負債の把握等を行う。これにより、修正事項を貸借対照表に反映させて、実態貸借対照表（以下、「実態BS」という）を作成する。さらに、再生計画を策定するにあたって、対象企業が一定の収益性を有していることが前提となるため、対象企業の正常収益力を把握する。また、当面の資金繰り状況の把握および過去のキャッシュフロー状況を分析し、正常なキャッシュフロー獲得能力を把握し、再生計画の実行可能性を検証する。ビジネスDDによる外部事業環境の変遷・対象企業の沿革の把握とあわせ、過年度の損益推移および貸借対照表の毀損要因を分析し、財務的に窮境に至った要因つまり今後排除すべき課題を把握する。

財務DDの結果は、再生計画のいわば発射台となるもので、各DDの結果を計数面で集約したものといえる。

(3) ビジネスDD

ビジネスDDは、対象企業の事業内容や外部事業環境を調査し、窮境に至った原因を把握すること、さらに事業の再生可能性や、今後の収益等計画策定のために必要となる情報の収集と分析することを目的に実施する。各種コンサルティング会社が行うことが多い。

分析は、定性面と定量面の両面から行われる。定性分析として、まずマクロ環境分析・市場動向分析を行う。これらは、将来の売上予測の根拠となるものとして行われる。さらに、競合他社（および競合品）について戦略・実績・経営資源等を検証し、対象企業の特徴を分析する競争環境分析、経営戦

略・企業文化・経営資源・トップのリーダーシップ等の観点から自社の強み・弱みを分析するビジネスプロセス分析を実施する。一方、定量分析としては、対象企業についてセグメント・製品・顧客・拠点別といった切り口から収益力の時系列推移の分析、売上高総利益率・営業利益率等各種利益率をベンチマークや競合他社平均値との比較を行い収益性の高低についての要因分析、損益分岐点分析・正常収益力分析・予算実績分析などを実施する。

これらを踏まえ、SWOT分析を行い、収益性改善策、不採算事業からの撤退、拠点の統廃合など戦略を立案し、施策を数値化し事業計画を策定していく。

(4) 不動産DD

不動産DDは、対象企業の実態BSを作成するにあたり、決算書上に記載のある不動産の有形固定資産等の価値について、不動産の時価を把握するために実施する。通常は、不動産鑑定士が不動産鑑定評価書を作成する。さらに、金融機関等へ担保提供されている不動産については、対象不動産の評価額を筆ごとに配分し、担保権の順位に従って割り付けていく作業を求められることが多い。

なお、不動産の時価は、不動産の所在地や用途によっては金融機関が実施している担保評価の金額と異なる場合があるため、両者の評価の違いを認識する必要がある。特に金融機関との調整局面では、この評価額の差が問題となることが多く、不動産DDの担当者は、的確な説明が求められている。

(5) 法務DD

法務DDは、弁護士を中心に、対象企業の現在の状況について法的観点から調査し、問題点を検出する。

・支援の可否の判断（法的に支援可能か否か）
・潜在的な経済的損失を伴う事項の有無
・支援スキーム実行に必要な手続および法的な障害の有無
・その他再生過程において有用な法的問題点

偶発債務が存在する場合は、その金額の見積りが必要となる。簿外項目に

ついては、実態 BS の作成に影響を及ぼすため財務 DD の調査項目でもあり、見積りに関しては財務 DD と法務 DD それぞれの担当者の連携が必須である。

(6) 事業計画と企業価値

DD のフェーズが終了すると、将来の事業計画策定フェーズに移る。実務的には、事業計画の損益計算（PL。営業利益まで）の策定および事業に必要な設備投資額の見積りがビジネス DD の担当、それらを財務 3 表（貸借対照表：BS・損益計算書：PL・キャッシュフロー計算書：CF）に反映させるのが財務 DD の担当という分担が一般的である。

事業計画を基に、企業価値を算定し、金融支援額の算定、支援可能か否か、支援可能な手法等について検討し、再生計画策定を進めていくことになる。

(7) 各 DD の連携

上記でも触れているように、4 つの DD は独立して行われるものではなく、相互に関係するものである。「支援の可否判断」については、それぞれの立場から判断材料を調査することになるが、「金融支援額の算定のための基礎情報収集」については、それぞれの DD の相互連携が必要となる。

たとえば、ビジネス DD において将来性がなく撤退が必要と判断した事業に係る不動産については、不動産 DD において早期売却可能価格で評価されることになり、当該事業に関連する資産についても財務 DD において処分価値で評価されることになる。また、法務 DD に関しても当該事業の撤退を検討するにあたり、雇用契約や退職金の精算が可能か否かに関する調査を行う必要がある。

また、財務 DD またはビジネス DD で、ある事業の収益性が著しく低く、当該事業の事業継続を前提とした事業価値と当該事業に関する不動産価値を比較した結果、事業価値のほうが低かった場合には、経済合理性の観点から当該事業については撤退したほうがよいと判断されるため、ビジネス DD では撤退を前提とした検討が行われる。

最終的に各 DD における検出事項のうち、数値化できるものは、実態 BS や事業計画に反映する必要があるため、財務 DD の担当者が中心となって作

〔図表71〕 DDとBSの関係

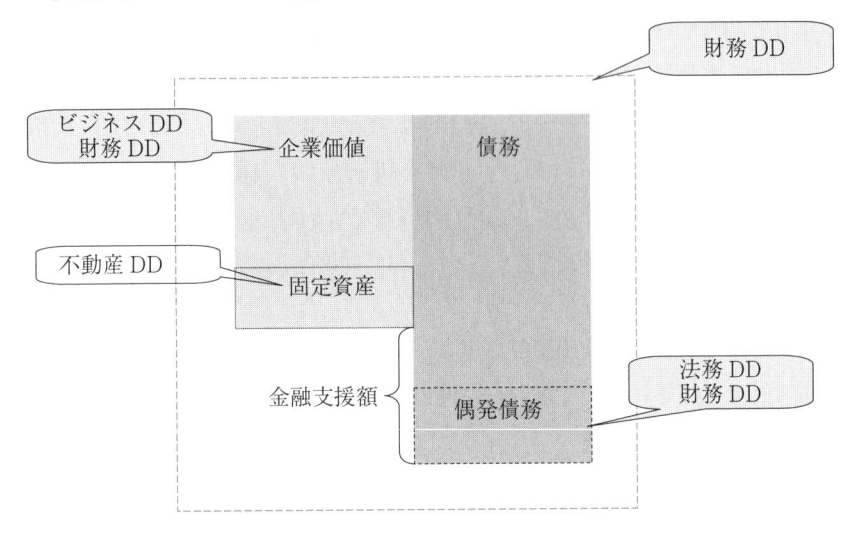

（図：ビジネスDD・財務DD→企業価値、不動産DD→固定資産、財務DD、法務DD・財務DD→偶発債務、金融支援額、債務）

業を進める。計数の取扱いは金融支援額に影響を及ぼす可能性が高いため、特に、財務DDの担当者は他担当との連携を密に進めていかなければならない。1社が複数のDDをまとめて受注できれば効率的に進められるが、個別に受注するときも、他担当とのコミュニケーションは常に必要である。

(山下裕美子)

2. 事業再生と不動産鑑定とのかかわり——法的整理手続を中心に

(1) 法的整理手続と不動産鑑定評価

事業再生と不動産鑑定評価とのかかわりをみていくにあたり、事業再生という枠組みの中において、特に法的整理手続である民事再生と会社更生についてみていきたい。

まず、これらの法的整理手続と不動産鑑定評価とは財産評定において深いかかわりを有している（財産評定にあたっては必ずしも「不動産鑑定評価書」という書面である必要はない）。民事再生法、会社更生法の財産評定において求

められる不動産鑑定評価における価格の種類とこれらに係る規定等は〔図表72〕のとおりである。

(2) 民事再生法、会社更生法における財産評定において求めるべき不動産鑑定評価額

〔図表72〕に掲げられた規定によれば、民事再生法、会社更生法における財産評定において求めるべき不動産鑑定評価額は下記のとおりまとめることができよう。

(ア) 民事再生法

民事再生規則56条の規定により、財産評定は「財産を処分するものとしてしなければならない」ことから、留意事項に従えば特定価格（早期処分価格）をもって鑑定評価額とすることとなる。この場合には、不動産鑑定評価基準に則り正常価格を付記するものとされるが、あくまでも鑑定評価額は特定価格であって、正常価格をもって鑑定評価額とすることはできない。

(イ) 会社更生法

会社更生法における財産評定において求めるべき価格は「時価」であるとされているが、法律上「時価」の定義は明記されていない。社団法人日本不動産鑑定協会（当時。現公益社団法人日本不動産鑑定士協会連合会）「倒産手続における不動産の鑑定評価上の留意事項」においては「時価＝正常価格」であるものとしており、鑑定評価額は正常価格となる。逆にいえば、民事再生法とは異なり、特定価格をもって鑑定評価額とすることはできない。

(3) 民事再生法、会社更生法における財産評定上の問題点

また、民事再生法、会社更生法における財産評定について、〔図表72〕を踏まえ問題点をあげれば下記のとおりとなる。

(ア) 立法趣旨の点

立法趣旨の大枠は債務者の救済および利害関係者の調整等であり、いずれの法律もほぼ同様であると考えられるものの、留意事項によれば、前述のとおりどちらの法律に基づくかにより正常価格であるか特定価格であるかが決定される。

〔図表72〕 不動産鑑定評価における価格の種類と規定（民事再生法・会社更生法）

	民事再生法	会社更生法
立法趣旨	経済的に窮境にある債務者について、その債権者の多数の同意を得、かつ、裁判所の許可を受けた再生計画を定めること等により、当該債務者とその債権者との間の民事上の権利関係を適切に調整し、もって当該債務者の事業または経済生活の再生を図ることを目的とする。	窮境にある株式会社について、更生計画の策定およびその遂行に関する手続を定めること等により、債権者、株主その他の利害関係人の利害を適切に調整し、もって当該株式会社の事業の維持更生を図ることを目的とする。
財産評定	再生手続開始の時における価額（124条1項）評定は財産を処分するものとしてしなければならない（民事再生規則56条）	更生手続開始の時における時価（83条2項）
財産評定の目的	①資産状態の正確な把握 ②清算価値の保証の確認（清算価値保証の原則）	①資産状態の正確な把握 ②会計の具体的基礎の付与（みなし取得原価等） ③利害関係人の権利範囲の明確化（更生担保権の額の確定等）
不動産鑑定評価において求めるべき価格の種類※	特定価格（早期売却価格）	正常価格

※上記「不動産鑑定評価において求めるべき価格の種類」に記載されている価格は、社団法人日本不動産鑑定協会（当時）「倒産手続における不動産の鑑定評価上の留意事項」（平成19年9月）に基づく。なお、破産手続、特別清算手続に係る財産評定は特定価格（早期売却価格）によるものとされている。当該留意事項によれば、「時価」＝「正常価格」であるとの見解となっている。

(イ) 財産評定の目的の点

財産評定の目的の1つである資産状態の正確な把握という同一の趣旨が存在するものの、異なる価格の種類に基づく価格が鑑定評価額となる。

(ウ) コアおよびノンコア資産の区分の点

再生債務者・更生会社等の財産について、再生するに必要な資産であるか

否かにつき計画上の区分がなされる。この場合においても準拠する法律がどちらであるかにより、画一的にすべての不動産を正常価格または特定価格にて評価することとなるため、今後の方向性に合致しない価格の種類を前提とする価格が鑑定評価額として記載される可能性がある。

(4) 鑑定評価により把握できるもの、そうでないもの

上記(3)より、鑑定評価には一定のルールが存在するという前提の下で、下記の点が検討事項として把握しうるものと思われる。

(ア) 鑑定評価から把握できるもの

(A) 特定価格に相当する価値

民事再生法においては特定価格により評価額が決定されるため、この点については疑義は生じないものと思われる。会社更生法については会社更生規則51条（更生計画案についての参考資料の提出）により補完されているものと考えられるが、裁判所が依頼主体であること、財産評定とは時点が違うこと等から異なる性質のものであると考えられる。

(B) 正常価格に相当する価値

民事再生法における正常価格の把握においては、鑑定評価書において、早期売却価格たる特定価格を求める前段階として正常価格を求め、これを付記することが通常であるから、正常価格を鑑定評価額とすることはできないまでも、鑑定評価書内において確認をすることができるという意味で一部充足はしている。会社更生法においては、会計の具体的基礎の付与等という目的も踏まえ、正常価格を鑑定評価額としていることから、この点について疑義は生じないものと思われる。

(イ) 鑑定評価からは把握できないもの

上記(ア)に関連し、処分予定不動産であるか否かにつき、留意事項に則った鑑定評価からは下記事項の把握ができないこととなる。

(A) 民事再生法における計画上処分予定でない不動産の価値の把握

鑑定評価額は早期処分を前提とする特定価格であるため、正常価格の把握が困難である（ただし、上述のとおり、鑑定評価書内において正常価格が付記さ

れているため、これによる代用が許容されれば把握可能）。

(B) 会社更生法における処分予定不動産の特定価格（早期処分価格）の把握

民事再生法と異なり、正常価格が鑑定評価額となっているため、特定価格は把握できない。

すなわち、手続上において特に疑義が生じる可能性がある部分は、鑑定評価のルールに則り評価を行う場合、会社更生法における財産評定時に特定価格（早期処分価格）を把握することができないことであるものと思われる。

(5) まとめ

これまで民事再生法、会社更生法に基づく法的整理手続における財産評定と不動産鑑定とのかかわりについてみてきたが、下記のとおりまとめることができ、また、手続に応じ検討すべき事項が把握できるのではないかと思われる。

① それぞれの案件ごとに関係者や状況が異なる以上、多様な局面に対応するためには、清算価値の保証の意味合いを有する特定価格、早期処分ではなく継続使用を前提とする価値を把握することの重要性等に鑑み、いずれの法に基づく場合であっても正常価格、特定価格に相当する価値を把握しておくことが望ましいものと思われる。特に会社更生法においては、早期売却価格たる特定価格に相当する価値の把握は財産評定の過程において提出される不動産鑑定評価からは把握が困難である。

② 留意事項に従えば、条文上の文言により求めるべき価格の種類が両法律間で異なっているものと考えられるが、会社更生法における「時価」に定義がなく、解釈に委ねられている以上、それぞれの案件もしくは物件ごとに「時価」の解釈が変わる余地があるものと考えられる。すなわち、「時価」の概念は一義的なものではないとの考え方もあるのではないか。

③ ある不動産が継続使用か処分予定かということにスポットをあてると、「倒産手続における不動産の鑑定評価上の留意事項」においても、私的整

理における不動産の鑑定評価の役割は、資産の利用処分計画（継続使用か、処分予定か）に適応した対象不動産の評価額を求めることにあるため、再生計画に応じた価格の種類を判定すると記載されている。すなわち、継続使用予定である資産の場合には正常価格を、再生計画上直ちに処分することが予定されている不動産の場合には早期売却を前提とする特定価格を求めることを趣旨としていると考えられる。

④　法的な概念における「時価」は、一物一価ということではなく、各局面において最も説得力を有するであろう価格をもって「時価」ととらえることも考えうるのではないかと思われ、早期売却を前提とする特定価格をもって「時価」ととらえることもあり得るものと思われる。鑑定評価におけるルールとして、異なった価格の種類を前提とする価格を鑑定評価額として表示することはできないが、実務上は硬直的に考えることなく、本来の目的である合理的な計画自体の迅速な策定、債務者の救済、利害関係者間の調整等を念頭におきながら、柔軟な対応をする必要があるものと考える。

⑤　再生手続の一環を担う鑑定業者として、両法律の立法趣旨を理解したうえで、鑑定評価額という形にこだわらずに不動産面からみた必要な資料を円滑な再生手続の進行のために提供できるよう、正常価格と特定価格に相当する価値を把握しておくことが重要であるものと考える。

（大八木雅明）

III　金融機関による私的整理への新たな試み
──債権者はどこまで踏み込むことができるのか

1. はじめに

新生PIグループ（以下、「当グループ」）は、2013年7月1日付けで新生銀行の投資銀行業務に携わる部署が再編されて組成された金融グループである。

2000年以降、新生銀行の投資銀行業務では、いわゆる不良債権の投資を中心に積極的かつ安定的に業務を展開してきたが、事業環境の変化に応じて生じるさまざまな顧客ニーズに従来以上に機動的に対応するために、子会社中心の組織・運営体制をあらためて整備したものである。

当グループは、事業承継等の局面におけるバイアウト投資やベンチャー投資を行う新生企業投資株式会社、DIPファイナンス等の資金ニーズに応える新生インベストメント＆ファイナンス株式会社、債権管理回収とコンサルティング機能を軸に債権投資を推進する新生債権回収＆コンサルティング株式会社、この3社を束ね、グループのインフラ機能を担う新生プリンシパルインベストメンツ株式会社の4社で構成されており、各々がその役割を果たしつつ、グループ一体となって企業の経営や資金調達に関するさまざまな課題に対し、一緒になって汗をかくスタンスで取り組んでいる。

債権投資のビジネスにおいて、10年以上にわたって6000先以上の顧客に向き合い、さまざまな問題の解決に取り組んできたが、本稿においては具体的な事例を基に、私的整理において金融が果たすべき役割について考えてみることとしたい。

今回取り上げる事案は2005年に新生銀行グループとして投資を行い、7年超にわたって支援を行った後、2013年に最終的な解決を図ったものである。金融機関としてのリスクマネーの供与、ハンズオンによるサービサーとしてのコンサルティング機能の発揮、負債整理による解決の実現の事例として検証してみたい。

2. 債権投資段階

対象債権は、建設会社が地方の大型霊園に対して行った造成工事の未収債権等である。一時期は弁済が滞っていたが、1992年に締結した債務弁済公正証書により、毎月2500万円ずつを弁済、30年間で完済する約定を締結しており、永代使用権等の販売による売上から運営費用を控除した利益により弁済を継続していた。霊園という特殊性から担保権は設定されておらず、無担保

の債権ではあるが、実質的な債権者は当該建設会社のみであり、同社が運営にも深く関与して弁済を維持していた。しかし2005年、当該建設会社は民事再生手続を申し立て、法的整理で再建をめざすこととなった。その中で、ノンコア資産とされた当該債権には銀行の質権が設定されており、別除権の対象でもあったため、競争入札で売却されることになった。

　競争入札である以上、対象債権を購入するためには最高値を提示する必要があるが、債権価値の算定にあたっては弁済原資となる霊園の売上予測の検証が重要なポイントであった。毎月2500万円、年間3億円の弁済を行うためには250区画程度の販売が最低限必要となるところ、過去の実績は250～300区画程度となっていた。また長引く景気の低迷を受けて各家庭の墓地に関する費用総額は抑制される傾向にあり、1区画あたりの面積は年々縮小しつつあった。

　ある程度の安定した販売実績は確認できたものの、無担保の債権であり、長期間のリスクをとれるか否かについて徹底した議論を行った。最終的には今後の超高齢社会におけるマクロ的な霊園の需要動向（価値観の変化による霊園に対する需要の変化のリスクを含む）、当該霊園の地域における知名度および地域における競争力、現地実査に基づく環境の良好さの確認、造成済み部分の販売余力、現行の販売活動状況および今後の改善可能性等を勘案し、長期の弁済継続は可能と判断し、20億円を超える価格（年間弁済額の7年分超）で入札を行い、落札することができた。

3. 債権管理段階

　債権を購入した後の大きな課題は、投資価値を実現するためにいかに売上を維持・向上させるのか、ということであった。それを可能にする方法論の1つが、債務者である財団法人への監事（一般の会社における監査役の立場に近い）の派遣である。すなわち債権管理回収を担当するサービサーの担当者とは別に、サービサーの他のメンバーを監事の立場で債務者に派遣することの是非につき社内で検討を行った。債務者の運営状況を現地で確認し、着実

に資金を弁済にまわせるようにすることの意義は大きいものの、サービサーとして債務者の運営に深く関与することが債権管理回収の足かせにならないか、業績が悪化した場合に貸し手責任を問われるのではないか、という点が議論となった。また、債権の大半を保有したうえで監事を派遣することになった場合、実質支配基準により連結対象となることはないか、という点の確認も行った。

　2005年の段階では債務者への役職員派遣は初めての事案であり、社内において反対意見もあったが、貸し手責任が重くなるリスクよりも債権保全のメリットが大きく、またそれが結果的に債務者の事業継続につながるため社会的意義もあるものと判断し、監事派遣を債務者と協議することとなった。派遣検討に際し、法的な面で取締役弁護士とも協議したポイントは、①外形的には債権者と債務者双方の立場が生じるが、監事は理事らの業務執行を管理監督する立場であり、債権者から債権管理回収を受託しているサービサーとの間では経済合理性があれば利益相反はないこと、②回収行為を保全することは経済合理性があると判断できること、から法的には問題がない、③ただし監事には善管注意義務が発生し、監事の善管注意義務違反をサービサーが指示もしくは暗黙の同意を与えていた場合は、監事だけでなくサービサーも損害賠償責任の対象となる、ということであった。債務者サイドでのサービサー社員の監事受入れについては、もともと最大債権者でもあった建設会社が運営に関与していたこともあり、債務者の理事会もそれをむしろ歓迎する点があってスムーズに承認を得ることができた。

　その後、監事に就任したサービサー社員は、投資期間となった7年超にわたり毎月定例で行われる理事会に出張して参加、現地で稟議書のチェックや役職員へのヒアリングを通じた意思疎通等を行い、業務の監督を継続して遂行した。当該担当者は監事就任にあたり、これまでの債権管理回収ではあまりかかわることのなかった法律、すなわち「公益社団法人及び公益財団法人の認定等に関する法律」（以下、「公益法人認定法」という）等の公益法人関連三法や「墓地、埋葬等に関する法律」の理解に努め、理事会でも積極的に

発言を行うことで、徐々に他の理事の信頼を得ていくことができた。理事会の構成はもともと工事を行った建設会社の出身者とそれとは異なる立場の者に大きく分かれ、この間のコミュニケーションが難しいことも時にあったが、そのような際に当方の監事に相談が持ち込まれることが多くなったため、それぞれの立場に配慮しつつ客観的・中立的な立場から意見を述べることに気を遣っていた。また、ともすると経費を使いたがる理事会の議論に対し、必要性の観点で十分な検討を行うように指導をすることも多かった。これはあくまで監事の立場としての意見表明であって、事業の継続性において適切な運営を行うべき、というものであり、債権者の立場で交渉を行う担当者とは別の観点からの意見である。たとえば、台風の影響で斜面の土砂が一部崩れ、霊園部分への影響が懸念されたケースでは、現地の確認を行ったうえで必要性があると認めたため、数千万円に及ぶ工事費用の早急な支出を率先して推奨し、手元資金の減少を容認している。いずれにしても債権者の意向を汲んで派遣されている監事が債権者寄りの判断をしてしまい、監事としての善管注意義務に違反することがないようにする点には特に留意が必要である。

監事の活動とは別に、債権管理回収の担当者においても、過去の永代使用権購入者の所在地域の分析を行って有効な広告のあり方を提言する等、債務者と協力的な関係を維持しつつ、安定的な回収を継続した。債務者サイドも主体的に販売向上に努力を重ね、有効に活用できていなかった納骨堂の販売等、従来とは異なる取組みを進めることで安定した売上を継続できるようになった。

4. 債権回収出口段階

2010年になると当該財団法人につき公益法人認定法に基づく公益財団法人への移行が検討されることになった。公益財団法人への移行については税務上の優遇措置があるため、基本的に利点が大きいものとサービサーとしては判断していた。

この移行について地方公共団体との協議を進める中で、当方が保有する債

権、すなわち債務者にとっての負債が過大ではないか、との指摘があり、その説明を求められることとなった。時を同じくして、上記の災害対策で資金を使ってしまった影響や設備の劣化に伴う修繕費用の増加等の要因により、長期にわたって行ってきた年間3億円の弁済の継続が将来的には難しくなるのではないか、との懸念も生じるようになってきた。

　これらの状況を踏まえ、抜本的な解決を図る時期が到来したとの判断から、一定額の弁済を受ける代わりに残債権の免除を行う、いわゆるDPOの提案を債権者サイドから行った。この提案内容が実現すれば実質的に負債総額を圧縮できるだけでなく、年間の弁済額の減額も可能となるため、必要な設備資金を捻出する効果も期待できるものであった。弁済を求める一時金については、今後の弁済予定額を適正な割引率で割り引いた債権の現在価値をベースに、金融機関からの借入可能額、当該財団法人の今後の弁済可能額を勘案して設定した。数億円単位の実質的な債務免除が行われることになるため、金額決定にあたっては社会的な公正さも考慮して判断を行った。一部免除を伴うとはいえ大きな金額の融資となること、事業の特殊性等から借入交渉は簡単には進まなかったが、最終的に当該案件に当初から関与していた会社がスポンサー的に支援することも踏まえて金融機関からの借入れが可能となった。

5. まとめに代えて

　本事案から導かれる金融機関の私的整理における役割は、リスクマネーの提供力を伴ったコンサルティング機能の発揮ということにある。特に銀行系の投資家としては、信頼感のある債権管理回収姿勢を維持しつつ、適切なリスク判断で必要な資金を必要なところに供給し、社会に求められる金融の役割を果たすことが肝要である。

　まず入口の段階で、過去に弁済が困難な時期もあったリスケジュールの無担保債権に対して審査機能を活かして適正価値を判断し、投資を行った。本事案では実質単独債権者であるが、他の事例においては事業再生ADRを申

III　金融機関による私的整理への新たな試み——債権者はどこまで踏み込むことができるのか

し立てて金融機関からの同意を得ている企業の事案で、建設会社が物件の引渡しを拒否していたため、その建設会社の債権のみを購入しADRを成功に導いたものがある。一般の銀行では資金を提供しづらい案件に対して、投資家として実質面を重視したリスク判断で積極的に資金を提供し、債権者間の調整を円滑にする役割を果たしたものである。また、既存債権者から債権を購入するという形で取引を開始した債務者に対してその後の設備資金を融資で提供する事例もあり、単純な債権投資ビジネスにとどまらない、新しい金融のあり方をめざしているものである。

　リスクマネーを提供するためには、それを適切に管理し、しっかりと回収できる機能のあることが前提となる。債権管理回収の専門家であるサービサーが役割を果たし、能動的な回収活動を行うことが投資の成功に結びつく。本事案のように必要があれば債務者の運営にまで踏み込んで支援を行うが、そこまでには至らない、一般的な形で行う日常の債権管理回収業務においてもコンサルティング機能を発揮することに注力している。2009年に成立した「中小企業者等に対する金融の円滑化を図るための臨時措置に関する法律」(中小企業金融円滑化法)において金融機関は債務者からの貸付条件変更の要請に対して適切な措置をとることが求められたが、当グループとしても銀行系としてその精神に基づき、債務者の話に真摯に耳を傾ける姿勢で債権管理回収活動を行ってきた。この場合、債務者からリスケジュールの相談を受けた際に、むしろ債務免除まで踏み込んだ形での提案を積極的に行い、事業再生につながる規模まで債務を圧縮する支援も行ってきた。本事案では債務者が借入先を探してきたが、実際にはそのような伝手をもっていない債務者が多いため、債務者の同意を得たうえで金融機関を紹介することにも注力している。もともとは負債過多で債権者に債権を売られてしまった企業であっても、適正規模まで負債を圧縮することができれば地域金融機関の優良取引先として金融取引に復帰できるケースも相応にあり、そこに至るまでの「つなぎ」の役割を当グループが担うケースも多くなっている。

　また、金融庁の「主要行等向けの総合的な監督指針(平成26年3月)」の

「Ⅲ－5 顧客企業に対するコンサルティング機能の発揮」等にも明記されているように金融機関にはコンサルティング機能を発揮することが求められているが、特に「事業の持続可能性が見込まれない顧客企業」に対するソリューション提案にあたってはサービサーとの連携もうたわれており、サービサーの社会的な役割期待は高まっているものと考えられる。

　債権者がコンサルティング機能を発揮し、債務者の業務運営に踏み込んでいくようになれば、債権者と債務者の境界線が徐々に曖昧になり、貸し手責任の問題が生じるリスクが高まってくる。それでもなお、債務者への要員派遣を含めて取り組み、アドバイスだけにとどまらず資金も提供してリスクを共有することが、投資家としての債権者だからこそ果たせる役割となるだろう。今後の私的整理において事業再生が難しい事例も増えてくるものと考えられるが、事業再生の見極めが難しい場合に一般の金融機関が資金を提供することは難易度が高いものと考えられる。しかし、事業再生の可能性が必ずしも高くないと見込まれる先であっても、資金提供があれば状況が改善するケースもあり、そうした先こそが資金を必要としているものと考えられる。そのような場合に「再生が難しい場合には回収に専念する」という覚悟をもって資金を提供することができれば、これまでは難しいと考えられたような事案でも再生に結びつくこともあるだろう。こうした事例だけでなく、最初から事業の再生は難しく撤退を考えざるを得ない事案や後継者難で事業の承継を想定するべき事案においても、資金提供も含めた形でコンサルティングを行い、適切な解決に結びつけることが新しい金融の役割として期待されるものとなるだろう。

（舛井正俊／前田和則）

第2章 適正な再生計画

I 適正な再生計画における数値基準

1. 債務超過解消の期限

　私的整理の事業再生計画において債務超過の解消期限をどう考えればよいのか。これについて、事業再生ADRにおいては、「事業再生に係る認証紛争解決事業者の認定等に関する省令」（以下、単に「省令」という）13条2項1号において、「債務超過の状態にあるときは、事業再生計画案に係る合意が成立した日後最初に到来する事業年度開始の日から、原則として、3年以内に債務超過の状態にないこと」として、事業再生計画が成立した日の翌事業年度から3事業年度以内に債務超過を解消する計画となっていることが、原則とされている。ここで、債権放棄を伴う事業再生計画案の場合には、債務者の有する資産および負債につき、「事業再生に係る認証紛争解決事業者の認定等に関する省令第14条第1項第1号の資産評定に関する基準」に基づく資産評定の結果としての実質債務超過額が3年以内に解消されなければならない。これは私的整理ガイドラインにおいても同様である（私的整理ガイドライン7項(2)）。一方、中小企業庁が策定し公表している「中小企業再生支援協議会事業実施基本要領」（以下、「協議会基本要領」という）では、実質的な債務超過の状態にある場合には、再生計画成立後最初に到来する事業年度開始の日から3年〜5年以内を目途に実質債務超過を解消することを求めている（協議会基本要領6(5)②③）。また、金融検査マニュアルとの関連でいえば、主要行等向けの総合的な監督指針（Ⅲ-3-2-4-3）および中小・地域金融

機関向けの総合的な監督指針（Ⅲ-4-9-4-3）において、貸出緩和債権からの卒業要件の1つとして、実現可能性が高い抜本的な経営再建計画の実施により経営再建が開始されていることとし、「抜本的」の意味を、おおむね3年後の当該債務者の債務者区分が正常先となること、ただし債務者が中小企業である場合は原則としておおむね5年以内とする、としており（ただし、債務者企業の規模または事業の特質を考慮した合理的な期間の延長を排除しない、とされている）、ここでも3年〜5年の目線が示されている。なお、この3年を基準とした目線は、旧産業再生機構における支援基準においても原則であったし、企業再生支援機構においても同様である。

したがって、私的整理における債務超過解消の期限としては、3年を原則とし、中小企業案件や特殊な事業のケースで最大5年程度の期間が許容されているのが現状と考えてよいだろう。

ここで特殊な事業としては、比較的大型のプロジェクトを受注生産するような業種で、受注が売上げ・利益につながるまでの期間が長いケースが想定される。過去私的整理ガイドライン案件において、造船業で債務超過解消まで5年を要する計画としたケースがあった。

なお、上場企業の私的整理について、上場を維持するためには、別途証券取引所の規則についての考慮が必要となる。すなわち、上場企業がその事業年度の末日に債務超過の状態にある場合、1年以内に債務超過を解消できなかった場合には上場廃止になるという基本原則（東京証券取引所有価証券上場規程601条(5)、603条(3)）、に対し、私的整理ガイドラインを適用する場合には、債務超過解消の期限についてさらに1年間の猶予が認められている（2年以内の債務超過解消。同項ただし書）。こうした特典は、当初、事業再生ADRに関しては認められておらず、法的整理と比較した場合の私的整理適用のメリットの1つである上場維持を事業再生ADRでも実現するため、制度の改定が望まれていたが、2012年3月6日付（施行日は2012年3月9日）の有価証券上場規程等の一部改正により、私的整理ガイドラインと平仄を合わせる形での改正が行われた。したがって、現状は事業再生ADRにおいても、2年

以内の債務超過解消により上場を維持できることとなった。

　私的整理と債務超過解消に関する実務的な論点としては、債務免除やデット・エクイティ・スワップ（DES）等の財務リストラの程度と、黒字化のタイミングや黒字の積み上がり額のバランスの問題がある。すなわち、私的整理においては、多数決ではなく全員同意が必要なことから、その交渉過程で当初の財務リストラ計画の変更を余儀なくされ、中途半端な財務リストラ計画となることがあるが、一方で、3年間に積み上がる黒字額には限度がある（通常は1～2年間損益トントンないし多少の黒字で、3年目くらいから本格的な黒字計上となるケースが多い）ことを考慮すると、それなりに踏み込んだ財務リストラをしておかないと、3年間で債務超過解消に至らないケースも出てくるので、留意が必要である。私的整理における安易な妥協は2次破たんにつながるということを肝に銘じておく必要がある。

2．経常赤字の黒字転換の期限

　上記1と似た論点として、経常赤字の黒字転換がどのタイミングで実現される事業再生計画であるべきか、という問題がある。これについて、事業再生ADRでは、省令13条2項2号において、「経常損失が生じているときは、事業再生計画案に係る合意が成立した日後最初に到来する事業年度開始の日から、原則として、3年以内に黒字になること」としており、私的整理ガイドラインでも同様のことを定めている（私的整理ガイドライン7項(3)）。一方、協議会基本要領でも、「経常利益が赤字である場合は、再生計画成立後最初に到来する事業年度開始の日から概ね3年以内をめどに黒字に転換すること」（6．(5)③）とされている。また、この基準は前述の金融検査マニュアルの3年～5年後に正常先となるという目線にも合致している。ただ、実務的にいえば、3年目に黒字化するという計画は、特殊なケースを除いて、再生計画としては再生のスピード感に問題が残る。少なくとも1年～2年内には黒字化し、3年目には内部留保の積み上げを図るような計画にしておかないと、いざ不測の事態が生じた際のダウンサイドリスクの吸収余力がなく、

2次破たんにつながる危惧が大きいものとなる。さらに経常黒字の問題に関連してキャッシュフローの問題がある。実務上は経常損益の問題もさることながら、キャッシュフロー（特にフリーキャッシュフロー）を3年程度の期間でどのレベルまでもっていけるかが、重要な関心事となる。損益の問題だけではなく、再生計画前には適正でなかった運転資本の適正化や設備投資の最適化がそこでの論点となる。

ちなみに筆者の経験では、米国の再生計画のスピード感は今少し早いという感覚がある。従業員の流動性が高いこともあり、ある程度の期間内に再生の実効性があがらないと、良い人材をどんどん失っていく状況に陥るため、あまり時間をかけられないという背景があるためと思われる。一般的に従業員の企業に対するロイヤリティが高い日本の現状とは違うが、あまり悠長な計画では同様のことが起こるので、再生のスピード感については、こうしたガイドラインを離れて留意が必要である。

3. 再生計画終了年度の財務状態

(1) 私的整理手続における再生計画の期間

それでは私的整理における再生計画終了年度の財務状態はどうあるべきか。

その前に私的整理手続における再生計画の期間は何年であるのか。法的整理手続である会社更生法や民事再生法は債務弁済の期限を決めており、それぞれ15年以内、10年以内である（会社更生法168条5項、民事再生法155条3項）。したがって、これらの法的整理手続の再生計画は、15年ないし10年となっていることが実務上多く散見される。

一方、事業再生ADRや私的整理ガイドラインにおいては、上記1および2の債務超過解消の期限や経常黒字化の期限を定めているだけで（私的整理ガイドライン7項(2)(3)）、明確な債務弁済計画の期間は定められていない。3年以内に債務超過解消・経常黒字化が果たされれば、おのずと合理的な期間内に再建が果たされ、債務を完済できるような財務状況になり、遠からずリファイナンスが可能な状況となるので、そうした規定が必要ないという趣旨

と理解される。

　なお、実務上はこれらの手続においても、法的整理手続の規定や実務の援用や、次に述べる金融検査マニュアルにおけるガイドラインを考慮して、再建計画期間は最長10年と解されている。

(2)　金融検査マニュアルにおける取扱い

　金融検査マニュアルにおける取扱いについて、金融庁が公開しているQ&A（貸出条件緩和債権関係Q&A。以下、「Q&A」という）において、貸出条件緩和債権の上方遷移に関する取扱いについて、以下のことが述べられている。

(ア)　「抜本的」な再建計画

(A)　原則——大企業の場合

　貸し手の金融機関と借り手の企業間で再建計画を策定し事業再生を進めていく場合、当該企業に対する債権が貸出条件緩和債権（要管理債権）から上方遷移するために再建計画が満たすべき基準としては、①「実現可能性の高い」および②「抜本的な」という大別して2つの要件を満たすことが必要である（主要行等向けの総合的な監督指針Ⅲ-3-2-4-3、中小・地域金融機関向けの総合的な監督指針Ⅲ-4-9-4-3。以下、「指針両規定」という）。

　このうち、「抜本的な」という要件の趣旨は、「概ね3年（債務者企業の規模又は事業の特質を考慮した合理的な期間の延長を排除しない。）後の当該債務者の債務者区分が正常先となることをいう」とされている（指針両規定（注2））。

　再建計画の内容は短期的に徹底した経営改善を進めることが必要であり、期間については、「私的整理に関するガイドライン」（7項(2)(3)）や旧産業再生機構の「支援基準」（1．(1)）において3年が目処とされている。また、徹底した経営改善の結果、3年後に到達すべき状態については、「私的整理に関するガイドライン」においては「経常黒字化・実質債務超過解消」が求められ（7項(2)(3)）、旧産業再生機構の「支援基準」においては、これらに加え、「有利子負債のキャッシュフローに対する比率が10倍以内となること」

（1．⑴②ａ）、(3)）、「新たなスポンサーの関与等によりリファイナンスが可能と見込まれること」（1．(3)）等が求められている。

　これらを踏まえ、抜本的と認めうる再建計画の内容は、対象債務者が「3年後」に「正常先」となるものでなければならないと考えられる（Q&A問28）。

　(B)　例外――中小企業の場合

　中小企業においては、大企業と比較してリストラの余地も小さく黒字化や債務超過解消までに時間がかかることが多い。そこで、監督指針は「債務者企業の規模又は事業の特質を考慮した合理的な期間の延長」を認めている。また、「私的整理に関するガイドライン」においては、「中小企業においては合理的な理由があれば、柔軟な活用もあり得る」としており、中小企業の再建計画の策定を実務的にサポートしている中小企業再生支援協議会においても、これを踏まえ、債務超過の解消年数は5年以内としている。そして金融検査マニュアルではおおむね5年以内（5年～10年でおおむね計画どおり進捗している場合を含む）に正常先となる経営改善計画が策定されていれば破たん懸念先から要注意先以上へのランクアップを認めていること、等を勘案し、中小企業に限り、金融検査マニュアルを参照して、卒業基準（要管理債権からのランクアップ基準）を「計画期間が概ね5年以内（5－10年で概ね計画通り進捗している場合を含む）で、計画終了後正常先となる経営改善計画が策定されていること」に緩和することとしている（Q&A問28）。

　(イ)　「正常先」とは

　上記(ア)によれば、大企業で3年、中小企業で5年程度で正常先となる再生計画という目線が提示されている。ここにおいて「正常先」の定義が問題となるが、これに関するヒントとして、Q&Aでは、経常黒字化、実質債務超過解消、有利子負債のキャッシュフローに対する比率が10倍以内となること、リファイナンスが可能と見込まれること、という要件が提示されている（Q&A問28）。

　再建計画終了時の有利子負債の額については、協議会基本要領でも、「再

生計画の終了年度（原則として実質債務超過を解消する年度）における有利子負債の対キャッシュフロー比率が概ね10倍以下とすること」、という定め（6．(5)④）があり、これに合致していることから、１つの重要な定量基準であることには間違いない。

　それでは「リファイナンスが可能な正常先」とはどういう状態の会社なのか。それを考えるうえでは、金融検査マニュアルにおける正常先の定義、また「正常ではない先」の定義としての要注意先の定義が参考になる（自己査定（別表１）参照）。正常先とは、債務者の事業の概況、収益力、財務内容、資金繰り等からみて、債権の回収に係る特段の問題がない債務者と定義される。具体的な判断においては、たとえば以下のような項目を勘案することになる。

・企業を取り巻く経営環境の動向
・債務者が事業を営む業界の動向
・収益力－売上げの傾向（増加傾向、減少傾向、フラット）、営業利益の傾向、利益率の傾向等
・財務内容の健全性（内部留保、繰越欠損金や債務超過はないか、借入金の額、不良在庫や滞留債権等の資産性に問題のある資産の有無等）
・キャッシュフローの傾向（増加傾向、減少傾向、フラット）

　一方、要注意先とはどのような債務者か。要注意先と判断するポイントは、一般的に、①貸出条件に問題がある場合、②債務の履行状況に延滞等の事実がある場合、③業況や財務内容に懸念材料がある場合のいずれか１つないし複数の問題点を抱えていることであるが、ここでの検討の目的に鑑みれば③が重要なポイントとなる。業況における懸念材料とは、売上げや利益の状況が低調ないし不安定なことをいう。財務内容における問題点とは、一般には繰越欠損金、借入れ過大、繰延税金資産の多寡や取崩しのリスクなどをいうが、ここで重要なのはやはり前述の有利子負債とキャッシュフローの比率や内部留保の積立状況（繰越欠損金の解消状況）となる。

以上を整理すると、再生計画終了年度には有利子負債とキャッシュフローの比率が10倍以内になることを最低ラインとしつつ、リファイナンスが可能な正常先たる状況になっていることが求められ、そのためには以下のような要件が必要と考えられる。

- 売上げが上昇傾向で利益額も増加傾向ないし、売上げはフラットないし微増傾向だが利益額は増加傾向
- 業界の状況もそうした売上げ・利益額の傾向をサポートしている
- キャッシュフローも増加傾向（運転資本の状況も正常化している）
- 資産に大きな含み損がない、簿外負債の心配がない
- 従業員の報酬レベルや待遇が競合他社に匹敵している
- 金利と元本払いのEDITDAに対する比率にある程度の余裕がある
- 経営陣が安定している
- 取引先との関係が安定している

［参考文献］
検査マニュアル研究会編『金融機関の信用リスク・資産査定管理態勢』（きんざい）
事業再生実務家協会＝事業再生ADR委員会編『事業再生ADRの実践』（2009年・商事法務）
事業再生研究機構税務問題委員会編『事業再生における税務・会計Q&A〔増補改訂版〕』（2011年・商事法務）

（知野雅彦）

Ⅱ　株主責任・経営者責任

1.　総　論

　一般に、債務者企業が対象債権者に債権放棄や条件緩和等の金融支援を求める場合には、理論上、債権者に劣後する地位にある株主、あるいは、実際上事業の窮境原因を招いた経営者（経営陣）が、その地位や実情に応じた責任を果たすべく、何らかの措置を事業再生計画に盛り込むことが求められる。[1]事業再生を図るにあたっては、まずは債務者企業の自助努力や自浄作用が最優先であり、安易な金融支援の要請によるモラルハザードは回避すべきであることから、いわゆる「株主責任」、「経営者責任」が講じられることは社会経済的にも必要とされる措置だといえよう。

　以下では、まずは株主責任について、次に経営者責任について、私的整理ガイドラインをはじめとするさまざまな私的整理の諸準則において、双方の責任規定がどのように定められているのかを概観していく。

2.　株主責任

(1)　私的整理における株主の責任

　株式会社の最終的なリスクを負担するのは株主であり、株主は会社の残余財産の分配において債権者に劣後する地位にあるのが原則である。また、会社が実質的に債務超過の状態にある場合には、その株式の価値はゼロと評価できる。したがって、債権放棄を求められる金融機関側としては、「債権者が債権放棄を求められる状況においては、株主は一切の権利を放棄するのが株主責任としてあるべき姿である」と要請するところであり、法的整理、特に破産手続や会社更生手続においては当該原則が遵守されているといえよう。[2][3]

---

[1] 西村あさひ法律事務所＝フロンティアマネジメント編『私的整理計画策定の実務』294頁。

415

しかし、私的整理においては、法的整理のように一律ないし同等に責任を負担するというよりは、株主の債務者企業への経営支配の度合いや破たん原因への寄与度などを勘案しながら、個別具体的な事案の実情に応じて、株主責任の内容を決することが可能である。一般に、「株主責任」というと、「経営者に準じた責任」の側面があると理解されており、閉鎖的な中小企業にみられるような、いわゆるオーナーやその一族が実質的に債務者の意思決定をコントロールする現象はしばしば見受けられるところである。このような「支配株主」については、私的整理にまで至る経営破たんを招いたとして経営者に準じた責任を負うべきである。一方、直接的には経営に関与しない既存株主は、支配株主と同等の責任まで負担しなくてもよいと思われる場合もあろう。これらを考慮して、以下のとおり、私的整理に関するガイドライン（以下、「私的整理ガイドライン」という）等では、「支配株主」とそれ以外の既存株主の責任とを区別して説明している。

(2) 私的整理の各準則における株主責任

では、私的整理ガイドラインをはじめとする私的整理に関する各準則において、株主責任はどのように定められているのか。

(ア) 私的整理ガイドラインにおける株主責任

私的整理ガイドライン7項(4)は、再建計画案の内容について「対象債権者

---

2 会社更生手続では、更生会社の組織に関する基本的事項の変更は、更生計画の定めるところによらなければすることができないため、株主も手続に参加する利害関係人となる（会社更生法165条1項）。その地位は更生債権者等に劣後し、残余財産の分配に関する優先株式を有する者とそれ以外の株主とが、それぞれ1つの組をなして議決権を行使する（同法168条1項・3項、196条1項）。ただし、更生会社が手続開始時に債務超過の状態にあるときは、株主は議決権を有しない（同法166条2項）。なお、民事再生手続においては、基本的に株主は手続外におかれているが、再生債務者が債務超過の場合には、株主総会決議の承認に代わる裁判所の許可によって事業譲渡をすることができ（民事再生法43条）、再生債務者の事業再生のために減資が必要となる場合には、裁判所の許可を得て、再生計画に資本の減少に関する条項を定めることができる（同法154条3項、166条1項・2項）。
3 株式会社産業再生機構編著『事業再生の実践第Ⅰ巻』290頁〔尾城雅尚〕。
4 西村あさひ法律事務所＝フロンティアマネジメント・前掲（注1）295頁。
5 石毛和夫ほか編著『的確な金融支援を導く再建型私的整理の実務』230頁。

の債権放棄を受けるときは、支配株主の権利を消滅させることはもとより、減増資により既存株主の割合的地位を減少又は消滅させることを原則とする」と定める。すなわち、債権放棄を含む再建計画案を作成する場合には、原則的に①支配株主の権利の消滅と、②既存株主の割合的地位の減少または地位の消滅が含まれていなければならない。

なお、「支配株主」の概念について、私的整理ガイドラインQ&A【Q6】では「出資比率が低くとも実質的にその債務者の意思決定をコントロールしているオーナーや実質的な親会社など[6]は『支配株主』に含まれ」るとしているが、具体的な定義づけはされておらず、個別の事例ごとに実態に即して判断していくことになる。例としては、主要株主であるオーナー経営者があげられるが、実態に即して判断する必要があるとされる[7]。したがって、債務者企業に対する実質的支配があるとみなされる場合には、オーナー経営者だけでなく、その家族や資産保有会社等も支配株主と認定されることがある[8]。

(イ) RCC企業再生スキームにおける株主責任

RCC企業再生スキームでは、株主責任について、再建計画案の内容を定めたRCC企業再生スキーム7項(5)において以下のように定める。「債務免除を受けるときは、支配株主の支配権を消滅させるとともに、減増資により既存株主の割合的地位を消滅させるか大幅に低下させる」。責任の内容については、①支配株主の権利の消滅と②既存株主の割合的地位の消滅または大幅な低下が定められている点において、私的整理ガイドラインと類似している。ただし、文言上は、既存株主の割合的地位の減少について「大幅な」減少を求めている点、当該内容について「例外」の余地がないように思われる点が私的整理ガイドラインとは異なる[9]。

---

[6] 親会社の概念については、私的整理ガイドラインQ&A【Q6】で、「証券取引法の財務諸表等規則において、『「親会社」とは、他の会社等の財務及び営業又は事業の方針を決定する機関を支配している会社』と規定し、実質的に支配関係を有する会社を親会社と規定しています」と説明する。

[7] 多比羅誠ほか編『私的整理ガイドラインの実務』146頁〔山岸洋〕。

[8] 西村あさひ法律事務所＝フロンティアマネジメント・前掲（注1）296頁脚注118参照。

417

(ウ)　中小企業再生支援協議会事業実施基本要領における株主責任

　中小企業再生支援協議会事業実施基本要領（以下、「基本要領」という）6項(5)⑥には、再生計画案の内容について、「金融支援の内容として債権放棄等を要請する場合には、株主責任の明確化も盛り込んだ内容とする」と定められている。私的整理ガイドラインやRCC企業再生スキームと比較すると、文言は抽象的である。ただし、「株主責任の明確化」の具体的な意味については、基本要領Q&A【Q29】で以下のように説明されている。

　「私的整理において債権放棄を受ける場合には、経営者だけでなく株主も相当の責任をとるべきです。その内容としては、減資や株式の無償譲渡により支配株主の権利を消滅させることはもとより、減増資により既存株主の割合的地位を減少または消滅させる方法があります……。なお、既存株主については、支配株主のような経営への関与が認められないのが通例であるため、そのような場合には、支配株主とは別に取り扱うこともあり得ると考えます」。

　したがって、実質的には私的整理ガイドライン等における内容と差異はないと理解される。

　(エ)　事業再生ADRにおける株主責任

　最後に、事業再生ADRにおける株主責任はどのように定められているのだろうか。

　まず、ADR事業者には、その実施する事業再生ADR手続が、経済産業省令で定める基準に適合した実施方法であることが要求される（産業競争力強化法51条1項2号）。そして、その基準を定めるのが経済産業省関係産業競争力強化法施行規則（以下、「規則」という）であり、規則28条、29条に事業再生ADRにて提出される事業再生計画案に含まれなければならない事項が規定されている。

　株主責任については、債権放棄を伴う事業再生計画案についての事項が列

9　この点、そもそもRCC企業再生スキームは実務準則であるため、例外の余地がないわけではないと思われるとの指摘がある（石毛ほか・前掲（注5）232頁）。

挙されている規則29条において、1項3号に、債権放棄を伴う場合には「株主の権利の全部又は一部の消滅」に関する事項が含まれなければならないと規定されている。これも抽象的な文言ではあるが、一般的には、私的整理ガイドラインにおける株主責任と同様の内容を意味すると理解されている[10]。ただし、「事業再生に著しい支障を来すおそれがある場合を除く」との例外規定が設けられている。

(3) 株主責任の具体的態様

上記のように、私的整理の各準則における株主責任は、債権放棄等の金融支援を受ける場合には①支配株主の権利の消滅と、②既存株主の割合的地位の減少または地位の消滅が再建計画案に含まれることをいう。では、再建計画案にこれらの事項が含まれたうえで、具体的にはどのように株主責任は負担されているのか。

まず、債権放棄等の金融支援を受ける場合には、実質債務超過の状態にあると考えられることから、いわゆる100％減資（全株式の取得と消却）が行われるのが原則的と思われる。あるいは、事業をスポンサー等に事業譲渡した後に会社を清算（特別清算）する場合にも、債務の弁済後に株主への残余財産の分配が不可能であれば、株主としての権利は完全に消滅される[11]。改正前商法における会社編の下では、100％減資を行うためには株主全員の同意が必要と解されていたことから、その実施が困難な場合が多かったが、現行会社法の下では、全部取得条項付種類株式（会社法171条1項）を利用すれば、株主総会の決議によって全部取得条項付種類株式の全部が取得できるようになった。具体的には、たとえば普通株式のみを発行している株式会社の場合、まず新たな種類株式を発行できる旨の定款変更決議を行い、次に既存の普通株式の全部を全部取得条項付種類株式とすること等を内容とした定款変更決議を行う。そして、新たな種類株式をスポンサー等に発行するとともに、全

---

10 須藤英章「私的整理ガイドラインと事業再生ADR」（「裁判外事業再生」実務研究会編・裁判外事業再生の実務）113頁。
11 西村あさひ法律事務所＝フロンティアマネジメント・前掲（注1）295頁脚注114。

部取得条項付種類株式の全部を取得してこれを消却することにより、既存の普通株式は100％減資され、最終的にスポンサー等に発行した新たな種類株式だけが残ることとなる。[12]

　株主の権利の消滅として100％減資を行う場合には上記の方法等によるわけであるが、支配株主を除く既存株主の責任については、私的整理における各準則は、権利の消滅だけでなく「割合的地位の減少」にとどまる場合も想定している。「割合的地位の減少」としては、既存株主の持分割合を希釈化させる方法がよく用いられており、具体的には、一定割合の株式の併合または株式の消却を行うとともに、スポンサー等を引受人とするいわゆる第三者割当増資を行って、既存株主が把握している持分割合を大幅に希釈化する。[13]

　支配株主については、原則的に権利の消滅が要求される。自己株式を無償で取得する場合には、株主総会決議は不要であり（会社法155条13号、会社法施行規則27条1号、会社法156条2項）、支配株主から無償で取得した自己株式については、会社法178条に基づいて消却するのが一般的である。

3. 経営者責任

(1) 私的整理における経営者の責任

　株式会社の最終的なリスクを負担するのは株主ではあるが、その会社の経済的窮境ないし破たんの原因を作出した取締役や代表取締役ら経営者も、当然に責任は負担すべきである。私的整理の各準則は「経営者責任」を負うべき経営者の範囲について明確に定めているわけではないが、債務者が私的整理に至るまでの経済的窮境に陥っている以上、それまでの意思決定に何らかの誤りがあったといわざるを得ず、それに関与してきた経営者が「経営者責任」を負うべき経営者であるといえよう。このような経営者が、債権者等に負担を強いつつ自らは経営者たる地位にとどまることは不公正である。ただ一方で、当該経営者責任の趣旨からすれば、経済的窮境ないし破たんの原因

12　西村あさひ法律事務所＝フロンティアマネジメント・前掲（注1）222頁。
13　西村あさひ法律事務所＝フロンティアマネジメント・前掲（注1）296頁。

作出に関与していない経営者については、必ずしも責任を問う必要はないことになる。以下で説明する私的整理の各準則においても、経営者の退任を原則としながらも、破たん原因の作出に関与していない経営者等については例外を設けながら、個別的に対応している。

したがって、私的整理における経営者責任についても、責任を負担すべき経営者の範囲や責任の内容に関しては、具体的な事案に応じて、破たん原因への寄与度、債権放棄等を強いられる債権者の意見、事業の継続性などの観点から個別に検討すべきことになる。[14]

(2) 私的整理の各準則における経営者責任

では、私的整理の各準則における経営者責任はどのように規定されているのか。

(ア) 私的整理ガイドラインにおける経営者責任

まず、私的整理ガイドラインでは、債務者たる事業者の経営者の処遇について、再建計画案の内容について定めるガイドライン7項(5)に「対象債権者の債権放棄を受けるときは、債権放棄を受ける企業の経営者は退任することを原則とする」と定める。その趣旨について、私的整理ガイドラインQ&A【Q40】の回答に以下のように説明されている。「私的整理による債権放棄を受ける場合には、安易な債権放棄を招かないようモラルハザード対策を講じるべきであり、債権者・債務者間のみならず、社会的にも納得できるような形で経営者責任・株主責任をとることが正義に適うと考えられます。私的整理において債権放棄を受ける場合には、けじめとして経営者（陣）の退任を原則としています。……」さらに、同【Q41】では、経営者（陣）退任の原則について例外はあるのかという問いを受けて、経営者責任を明確にする観点から、経営陣の退任を原則としているが「たとえば、経営悪化に伴って、旧経営陣はすでに退任しており、新しいスポンサーや、主力の金融機関から新たに派遣された経営者が、新経営体制の下で、再建計画を作成し、債権放

---

14 事業再生における経営者責任については、東京三弁護士会倒産法部会共催シンポジウム「事業再生をめぐる今日的課題(2)」NBL939号52頁参照。

棄の申し出を行うなどのケースがあります。そのようなケースまで退任を必須としているわけではなく、その場合には、個別に対応する必要があります」と例外の余地を認めている。これによれば、債務者が経営悪化した後に就任したような経営者については退任は必須ではないとされているが、これを前提とすると、少なくとも債権者から債権放棄を受ける場合には、債務者の経済的窮境の原因作出に関与した経営者の退任は必須だと解することができよう。

　私的整理ガイドラインでは、経営者責任を負う経営者について、経営悪化時の経営陣か否かを基準にしており、「経済的窮境の原因作出への関与」の有無を経営者責任の根拠として重視していることがうかがえる。

　(ｲ)　**RCC企業再生スキームにおける経営者責任**

　RCC企業再生スキームでは、7項(6)に「債務免除を受けるときは、経営者は原則として退任する。債権者やスポンサーの意向により引続き経営に参画する場合も私財の提供などけじめの措置を講じる」と規定している。これによれば、債務免除を受ける場合、原則として経営者の退任が要求されるが、退任の必否はあくまで債権者・スポンサーの意向に従うものとされている。したがって、たとえ債務者の経済的窮境の原因作出に関与した経営者であっても、債権者・スポンサーが当該経営者の留任を要請または許容しており、かつ私財の提供など「けじめの措置」がなされるのであれば、退任は必須ではないということになる。

　私的整理ガイドラインの規定と比較すると、RCC企業再生スキームでは①対象債権者・スポンサーの意向と②「けじめの措置」を強調しているといえよう[15]。

　(ｳ)　**基本要領における経営者責任**

　基本要領6項(5)⑤では、経営者責任について「対象債権者に対して金融支援を要請する場合には、経営者責任の明確化を図る内容とする」と規定する。

---

[15]　石毛ほか・前掲（注5）241頁。

文言としては抽象的であるが、株主責任と同様に、「経営者責任の明確化」の具体的意味について、基本要領Q&A【Q28】で以下のように説明している。

「協議会スキームにおいては、経営者の退任を必須とするものではありません。経営者責任の明確化としての経営者の退任は、窮境原因に対する経営者の関与度合、対象債権者による金融支援の内容、対象債権者の意向、相談企業の事業継続における経営者の関与の必要性など種々の事情を考慮して、個別に対応すべきであり、経営者責任の明確化の内容としては、役員報酬の削減、経営者貸付の債権放棄、私財提供や支配株主からの脱退等により図ることもあり得ると考えます」。

私的整理ガイドラインやRCC企業再生スキームと比較すると、債権者に債権放棄等が要請される場合であっても、経営者の退任が原則とされていない点に注目すべきである。これは、中小企業再生支援協議会スキームの対象が中小事業者に限定されており、中小企業においては経営者の代替が困難である等の事情から退任を原則とすることが適切でないと考えられているからである[16]。したがって、さまざまな事情を考慮して個別に対応すべきことが強調され、柔軟な措置が可能となっている。もっとも、中小企業再生支援協議会スキームにおいても、金融支援の内容として債権放棄を伴う場合には、経営者が退任するケースが多いのが実情のようである。これは、モラルハザードに対する警戒等から、地域金融機関、信用保証協会、政府系金融機関等が経営者の退任を求める場合が多いことに起因するとされる[17]。結局のところは、中小企業再生支援協議会スキームにおいても、やはり債権者等の意向が重視されていることになろう。

(エ) 事業再生ADRにおける経営者責任

事業再生ADRにおける経営者責任は、株主責任と同様に、債権放棄を伴

---

[16] 加藤寛史「中小企業再生支援協議会における案件処理の現状と課題」(「裁判外事業再生」実務研究会編・裁判外事業再生の実務) 69頁。

[17] 加藤・前掲 (注16) 69頁。

う事業再生計画案に定めなければならない事項が列挙される規則29条1項に規定されている。その4号に「役員の退任（事業再生に著しい支障を来すおそれがある場合を除く。）」と定められており、ここでも、経営者の退任が原則とされている。例外として「事業再生に著しい支障を来すおそれがある場合」が認められているが、この文言も抽象的であり、実際にはさまざまな事情を考慮して個別に対応することになる。また、文言上では、ただ「役員の退任」とのみ規定されていることから、経済的窮境の原因作出に関与した経営者であるか否かにかかわらず、例外事由に該当しなければ、一律に退任しなければならないと解せるように思われるが、一般的には、経済的窮境の原因作出に関与していない役員については、例外を認めることも可能であると解されている[18]。

(3) 経営者責任の具体的態様

私的整理の各準則における経営者責任は、原則的に経営者の退任が求められている。しかし、各準則でみてきたように、特に中小事業者等においては経営者の代替が困難な場合もあることから、経営者の退任には例外も認められており、債権者やスポンサーの意向を重視しながらさまざまな事情を考慮して個別的に対応することになっている。では、経営者の退任のほかに求められる経営者責任の態様としては、どのようなものがあるのだろうか。

(ア) 退職給付金等の放棄

経営者の退任以外の態様としては、退職給付金等の辞退ないし放棄を求めるケースが多いとされる[19]。経営者が退任する場合にもあわせて放棄を求める場合もあるが、退任の代わりに、消却的な形で経済的負担を要求することになる。

(イ) 私財提供等

RCC企業再生スキームにおける経営者責任としてあげられていたように、債権者に債権放棄を求める一方で、経営者が引き続き経営に関与する場合に

---

18 須藤・前掲（注10）131頁。
19 西村あさひ法律事務所＝フロンティアマネジメント・前掲（注1）298頁。

は、けじめの措置として私財提供が求められることがある。経営者の私財が会社を資源として形成されてきたものであるならば、当該私財の提供も検討されることがあり得る。[20]

　(ｳ)　**経営者の債権放棄**

　経営者が会社に対して債権（貸付金等）を有している場合、私的整理において、当該債権の放棄は必ずしも要求されていない。しかし、債権者に債権放棄等の金融支援を求める場合には、モラルハザードへの対策から、当該債権の放棄を求めるのが相当であろう。[21]さらに、経営者が会社の債務を連帯保証（個人保証）していたり、会社の債務を担保するために自宅等に担保権を設定（物上保証）している場合に、当該経営者が保証債務を履行したり、担保権実行がなされたりした際に取得する会社に対する求償権についても、同様に債権放棄の要求を検討すべきである。[22]

（杉本純子）

III　債権者間の衡平

1.　債権者間の平等と衡平

　私的整理の再建計画における債権者間の平等・衡平については、各準則とも基本的には同様の規定を設けている。すなわち、対象債権者に対する弁済額等において、その取扱いは原則的に債権者間で平等とするが、形式的平等を貫くとかえって衡平を害することがあるため、衡平を害さない限りにおいて債権者間の取扱いに差異を設けることが許容されている（実質的平等）。[23]このような債権者間の平等について原則と例外を定める方法は、民事再生法や

20　西村あさひ法律事務所＝フロンティアマネジメント・前掲（注１）298頁。
21　全国倒産処理弁護士ネットワーク編『私的整理の実務Q&A100問』241頁〔中西敏彰〕。
22　西村あさひ法律事務所＝フロンティアマネジメント・前掲（注１）299頁。
23　西村あさひ法律事務所＝フロンティアマネジメント編『私的整理計画策定の実務』305頁、全国倒産処理弁護士ネットワーク編『私的整理の実務Q&A100問』195頁〔若杉洋一・大江祥雅〕。

会社更生法にも共通しているものである（民事再生法155条１項、会社更生法168条１項）。

また、ここにいう「平等」と「衡平」の定義については、一般的に「平等」とは形式的平等、つまり「債権放棄の割合を、すべての対象債権者との関係で一律に平等とすること」をいい、「衡平」とは実質的平等、つまり債権の発生原因や各債権者の属性など個別具体的な事情を考慮して対象債権者の取扱いに合理的な範囲内で差異を設けることをいうと理解されている。[24]

2. 私的整理の各準則における債権者間の衡平

では、各準則では債権者間の平等・衡平について具体的にどのように定められているのか。

(1) 私的整理に関するガイドラインにおける債権者間の衡平

私的整理に関するガイドライン（以下、「私的整理ガイドライン」という）７項(6)は、再建計画案の内容について、「再建計画における権利関係の調整は、債権者間で平等であることを旨とし、債権者間の負担割合については、衡平性の観点から、個別に検討する」と定めている。さらに、私的整理ガイドラインQ&A【Q42】では、債権放棄のカット率は債権者間で同一でなければならないのかという質問に対し、私的整理ガイドライン７項(6)の文言はあくまで債権者の負担についての「基本的考え方」、「考え方の軸」を示しているにとどまり、個別的には各債権者との交渉過程で各債権者の合意可能な水準に定められるのが一般的であることから、債権放棄のカット率が債権者間で同一でなければならないことを意味しているものではないと回答している。さらに、「衡平性の観点から個別に検討する」ことの具体的な意味について、同Q&A【Q43】では「衡平性の観点すなわち実質的な平等を担保するために、債務者に対する関与度合、取引状況等を考慮する必要がある」とし、具体例として、関与度合いや取引状況が同等である債権者同士をグルーピング

24　西村あさひ法律事務所＝フロンティアマネジメント・前掲（注23）305頁。

して同一の負担とする方法等をあげている。

(2) RCC企業再生スキームにおける債権者間の衡平

　RCC企業再生スキームでは、再生計画案の内容を定める7項(7)において「再生計画案における権利関係の調整は、正当の理由のない限り債権者間で平等であることを旨とする」と定めている。私的整理ガイドラインと比較すると、衡平性の観点について直接的には定められておらず、債権者間における形式的平等を原則としているように思われる。しかし、RCC企業再生スキームにおいても「正当の理由」が認められる場合には形式的平等を修正する余地がある。「正当の理由」とは、形式的平等の修正が許容される合理的理由と解することが可能であるから、すなわち衡平性の観点から個別具体的な事情を考慮したうえで正当だと認められる場合には、実質的平等による差異を設けることができると解することができよう。したがって、若干文言は抽象的ではあるが、RCC企業再生スキームにおける債権者間の衡平についても、他の私的整理に関する各準則と同様の取扱いをしているといえよう。

(3) 中小企業再生支援協議会事業実施基本要領における債権者間の衡平

　再生計画案の内容を定める中小企業再生支援協議会事業実施基本要領（以下、「基本要領」という）6項(5)⑦には、「再生計画案における権利関係の調整は、債権者間で平等であることを旨とし、債権者間の負担割合については、衡平性の観点から、個別に検討する」とあり、その文言は私的整理ガイドラインとほぼ同一である。さらに、債権放棄のカット率は債権者間で同一でなければならないのか、「衡平性の観点から、個別に検討する」の具体的な意味についても、それぞれ私的整理ガイドラインQ&A【Q42】【Q43】が参照されており、その回答もガイドラインと同一である。したがって、中小企業再生支援協議会スキームにおいても、私的整理ガイドラインと同様に、債権者間の実質的平等が求められており、債権放棄のカット率は債務者への関与度合いや取引状況等を勘案し各債権者の合意可能な水準で定められていると

25　加藤寛史「中小企業再生支援協議会における案件処理の現状と課題」（「裁判外事業再生」実務研究会編・裁判外事業再生の実務）69頁。

いえる。[25]

(4) 事業再生ADRにおける債権者間の衡平

　事業再生ADRにおける債権者間の衡平については、事業再生計画案の内容を定める、経済産業省関係産業競争力強化法施行規則28条3項に規定されている。すなわち、「債権者の権利の変更の内容は、債権者の間では平等でなければならない。ただし、債権者の間に差を設けても衡平を害しない場合は、この限りでない」とする。このような定め方は、民事再生法155条1項および会社更生法168条1項と類似しており、その解釈も民事再生法等と同様に実質的平等が認められていると解することができよう。[26]

3. 衡平性の観点から差異が認められる事例

　私的整理に関する各準則は、債権者間の平等・衡平について、原則的には形式的平等をとり、例外として衡平性の観点から債権者間の取扱いに差異を設ける実質的平等を認めている。では、衡平性の観点から実質的平等が許容される事例とは、具体的にどのようなケースが考えられるだろうか。

(1) 少額債権の有利な取扱い

　私的整理においては、金融債権者は一律に対象債権者として平等に権利変更するのが原則であるが、金融債権者が多数に上る案件においては、そのすべてを対象債権者とすると債権者間の調整に困難を来すために、債権残額を基準として実質的な協議先を相応数に絞り込むこともやむを得ない場合がある。[27]協議先を絞り込む過程において、相対的に債権額が少額である対象債権者について有利な取扱いをしたとしても、他の債権者に与える影響が軽微であれば、むしろ私的整理成立の可能性が高められるという点において、少額債権者を相対的に有利に取り扱うことに合理的理由が見出される場合もある。このような考慮から、実務では、①少額債権者について、あらかじめ対象債権者から除外して手続を進めたり、②少額債権者も対象債権者としつつも、

26　民事再生法155条1項の解釈については、山本和彦ほか『倒産法概説〔第2版〕』440頁等。
27　西村あさひ法律事務所＝フロンティアマネジメント・前掲（注23）306頁。

再建計画において、債権放棄の対象から除外したり、③同様に対象債権者としつつ、再建計画において、対象債権の少額部分について債権放棄の対象から控除したりすることが行われている。[28]

再建型法的整理においても、手続を円滑に進行するため、あるいは事業の継続に著しい支障を来たすことを回避するために少額債権を手続によらずに優先弁済したり（民事再生法85条5項、会社更生法47条5項）、再建計画において少額債権を有利に取り扱ったりすること（民事再生法155条1項ただし書、会社更生法168条1項ただし書）が認められていることから、少額債権に対するこれらの措置は、衡平性を害しないものと一般に理解されている。また、一定額以下の少額債権者を手続から早期に離脱させることによって、その後の手続的負担の軽減、私的整理の円滑な進行を期待できるので、少額債権者以外の対象債権者にも利点があるといえよう。なお、有利な取扱いを行う少額債権の範囲は、債務者の資金繰りの状況、対象債権者の頭数・債権総額等、個別事情を勘案して、衡平を害さないように定める。[29]

もっとも、対象債権者全員の合意が求められる私的整理では、このような少額債権者の優遇措置が必要となる場合がある一方で、少額債権者の優遇により結果として劣後的取扱いを受けることになる対象債権者の利害にも配慮して、両者の利害を調整しなければならない。

(2)　いわゆるメインバンク等が同意している場合

かつて、私的整理ガイドラインによる私的整理においては、メインバンクが他の金融機関に比して劣後的に取り扱われる、いわゆるメイン寄せを行う事案があった。メインバンクは、自ら主体的に手続を担っていたこともあり、他の対象債権者からの要請を受けて、劣後的取扱いを甘受してきた。[30]対象債権者が自ら不利益な取扱いを受けることに同意している場合は、私的自治の原則に基づいて、形式的平等が修正されることは許容される。もっとも、不

28　西村あさひ法律事務所＝フロンティアマネジメント・前掲（注23）306頁。全国倒産処理弁護士ネットワーク・前掲（注23）195頁〔若杉洋一・大江祥雅〕。
29　全国倒産処理弁護士ネットワーク・前掲（注23）195頁〔若杉洋一・大江祥雅〕。

利益な取扱いの対象とされる債権者において、そのような取扱いが合理性を欠くものであるならば、もちろんそれを甘受する理由もないことから、劣後的な取扱いに同意する前提には、以下の2点が必要とされる。

　すなわち、①最低限の条件として、当該債権者において、当該不利益を甘受してもなお当該私的整理に応諾したほうが、法的整理の場合と比較して経済合理性に適うこと、②各対象債権の発生原因、対象債権者の属性、債務者企業との従前の取引の経緯など、個別具体的な事情を勘案して、他の対象債権者よりも相対的に劣後するような処遇を受けることについて、かつその劣後的取扱いの程度ないし内容について、法律的に合理的な説明が可能であることが必要とされる。[31] 後者の点について具体的には、たとえばメインバンク等が過去に、①窮境の原因となった投資に関与していた、②役員を派遣しており、当該役員が経営判断に関与していたり、財務担当役員のように財務情報に接していた、③再建計画の策定・履行を主宰、または関与する立場にいたような場合には、劣後的取扱いが認められると解されている。[32]

(3) その他

　上記のほかに衡平性の観点から実質的平等が許容される事例としては、プレDIPファイナンスに対する優先弁済（DIPファイナンスについては第Ⅲ編第4章Ⅰ参照）や、偏頗的弁済や一事停止後の過誤払いを受けた対象債権者について、その相当額を劣後的に取り扱うこと等があげられる。[33] また、親会社や支配株主、債務者企業の経営陣など、債務者への関与が深い者を対象債権者とする場合には、他の対象債権者より劣後的に取り扱うことが認められる

30　いわゆるメイン寄せについては、西村あさひ法律事務所＝フロンティアマネジメント・前掲（注23）275頁参照。このメイン寄せが行われることにより、次第にメインバンク等がメイン寄せに難色を示すようになり、私的整理ガイドラインの利用自体も避けられるようになったといわれている。この点、事業再生ADRでは、メインバンクが手続を担わないことから、メイン寄せを回避できるとされている（全国倒産処理弁護士ネットワーク・前掲（注23）196頁〔若杉洋一・大江祥雅〕参照）。

31　西村あさひ法律事務所＝フロンティアマネジメント・前掲（注23）306頁。

32　多比羅誠ほか編『私的整理ガイドラインの実務』171頁。

33　全国倒産処理弁護士ネットワーク・前掲（注23）196頁〔若杉洋一・大江祥雅〕参照。

と思われる。

　さらに、リース債権者を対象債権者とする場合に、リース債権が金融としての性質を有すること[34]について理解を得たうえで、リース物件の利用権に対する担保権に一定の評価が可能な場合[35]には、それを保全部分として取扱い、同部分について他の金融債権者よりも弁済条件で有利に取り扱うことも考えられるとの指摘がある[36]。

（杉本純子）

Ⅳ　計画期間

1．計画期間の意義

　計画期間という概念は、主に、「私的整理手続における再建計画の実施期間」を指す用語として用いられるものである。
　上記の定義は、計画期間のいわば形式的な定義であるが、「計画期間とは何を達成する期間を意味しているのか」という実質面から計画期間を定義するとすれば、計画期間とは、「経営黒字化、実質債務超過解消その他の再生要件を達成する期間」であると考えられる。
　ここで、この期間は、必ずしも（というよりも、ほとんどの場合において）、債務者の債務の弁済（完済）期間ではない（債務の完済自体は再建計画の要件とされていない）。この点は、後述のとおり、民事再生手続における再生計画が、再生債権について、再生計画認可決定確定の時から10年以内の全額弁済を義務づけており、再生計画期間には必然的に残債務の完済が組み込まれているのと大きく異なる点である。私的整理手続における再建計画には、「弁

---

[34] 金融機関ではない債権者であっても、多額の債権を有し、債務者との間でのさまざまな点で密接な関係がある場合には、そのような大口債権者にも主要債権者または対象債権者として私的整理手続に参加してもらうことがある（私的整理ガイドラインQ&A【Q17】）。
[35] 最二小判平成7・4・14最高裁判所民事判例集49巻4号1063頁。
[36] 全国倒産処理弁護士ネットワーク・前掲（注23）196頁〔若杉洋一・大江祥雅〕。

済計画」を記載することが要件とされているが（私的整理に関するガイドライン（以下、「私的整理ガイドライン」という）7項(1)⑥など）、残債務全額についての具体的かつ確定的な弁済計画が規定されていなくてもよく、抽象的な弁済計画で足り、したがって、残債務の弁済（完済）期間は計画期間に包含される必然性がないものである。

2. 民事再生手続における再生計画の期間

　まず、民事再生手続における再生計画の期間についての規律を確認しておくと、再生計画は、再生債権者の権利の変更や共益債権および一般優先債権の弁済等をその内容とするものである（民事再生法154条1項）が、それらの債権の弁済期限は、10年を超えてはならないとされている（同法155条3項）。したがって、再生計画案においては、権利変更後も残った再生債権その他の債権（残存債権）について、10年以内にどう弁済（完済）するかという計画が記載されており、再生計画の計画期間と弁済期間の長さは同一となる。

　これは、条文上は、「10年以内に弁済しなければならない」という債務者の責務を記載したものと理解され、法の趣旨も、この期間の限定は債権者の権利保護にあるものと解されるが、実際のところは、民事再生手続においては再生債権の一部免除がほとんど当然に想定されていることから、むしろ、「10年以内に弁済可能な金額を算定し、それが清算価値保障原則に違反していなければ（破産に比べて債権者の利益に資するものであれば）、残債務については免除の提案をしてもよい」（もちろん、債権者集会において可決されることは必要であるが）という大幅な免除提案を行うことの正当性を基礎づけるものともなっている。

　このように、民事再生手続における再建計画は、弁済（完済）計画を組み込んだものであることから、その計画期間と弁済（完済）期間はイコールとなる。そして、そのことの反射的効果として、民事再生手続は、10年以内に完済可能な金額を超える債務については、免除を提案することも許容されやすい手続であると考えられる。

3. 私的整理手続における計画期間

(1) 総論

　上記の民事再生手続における再建計画の規律と異なり、私的整理手続の再建計画においては、債務弁済計画は記載することとされていても（私的整理ガイドライン7(1)⑥など）、残債務について完済に至るまでの具体的な弁済金額や弁済方法を定めることまでは要求されていない。したがって、私的整理手続の再建計画の計画期間は、弁済（完済）期間との一致を要件とするものではない。むしろ、私的整理においては、計画期間が終わった時点で弁済が完了していなくてもよく、実際に、計画期間終了後の残債務の弁済方法については詳細な規定をおかない再建計画がほとんどである。したがって、その反面として、計画期間終了時までの弁済可能金額を超える債務全額の免除について債権者の同意を得ることは予定されていない（ただし、後述のとおり、中小企業再生支援協議会の手続基準においては、計画期間の最終年度の有利子負債／キャッシュフロー倍率が10倍以下になることが求められていることから、最終年度から10年以内というのが、一応の弁済期間の目安となり、その期間までの弁済可能額を基準とし、残債務の免除を再建計画に盛り込むことは考えられる）。

　以下においては、各論として、各私的整理手続において、計画期間の期間を規定する黒字転換達成期間および債務超過解消期間について述べる。

(2) 黒字転換達成期間

　黒字転換達成期間については、以下のとおり、私的整理ガイドライン、中小企業再生支援協議会の手続基準、RCC企業再生スキーム、そして事業再生ADRのいずれにおいても、「3年以内」に黒字転換が達成されることが再生計画の要件とされている。

① 私的整理ガイドライン

　　経常利益が赤字であるときは、再建計画成立後に最初に到来する事業年度開始の日から3年以内を目処に黒字に転換することを内容とする

（7項(3)）。
② 中小企業再生支援協議会事業実施基本要領

　経常利益が赤字である場合は、再生計画成立後最初に到来する事業年度開始の日からおおむね3年以内を目処に黒字に転換する内容とする（企業の業種特性や固有の事情等に応じた合理的な理由がある場合には、これを超える期間を要する計画を排除しない）（6項(5)③）。

③ RCC企業再生スキーム

　経常利益が赤字である場合は、原則として再生計画成立後最初に到来する事業年度開始の日から3年以内を目途に黒字に転換すること（7項(4)）。

④ 事業再生ADR

　経常損失が生じているときは、事業再生計画案に係る合意が成立した日後最初に到来する事業年度開始の日から、原則として、3年以内に黒字になること（産業活力再生特別措置法第48条第1項の規定に基づく認証紛争解決事業者の認定等に関する省令13条2項2号）。

(3) 債務超過解消期間

次に、各私的整理手続の準則においては、以下のとおり、3年～5年の間に、実質的な債務超過を解消しなければならないと定められている。

① 私的整理ガイドライン

　実質的に債務超過であるときは、再建計画成立後に最初に到来する事業年度開始の日から3年以内を目処に実質的な債務超過を解消することを内容とする（7項(2)）。

② 中小企業再生支援協議会事業実施基本要領

　実質的に債務超過である場合は、再生計画成立後最初に到来する事業年度開始の日から5年以内を目処に実質的な債務超過を解消する内容とする（企業の業種特性や固有の事情等に応じた合理的な理由がある場合には、これを超える期間を要する計画を排除しない）（6項(5)②）。

③ RCC企業再生スキーム

実質的に債務超過である場合は、原則として再生計画成立後最初に到来する事業年度開始の日から3年以内を目途に実質的な債務超過を解消すること（7項(2)）。

④　事業再生 ADR

債務超過の状態にあるときは、事業再生計画案に係る合意が成立した日後最初に到来する事業年度開始の日から、原則として、3年以内に債務超過の状態にないこと（産業活力再生特別措置法第48条第1項の規定に基づく認証紛争解決事業者の認定等に関する省令13条2項1号）。

(4) **私的整理手続における計画期間のまとめ**

以上のとおり、私的整理手続においては、黒字転換のための期間としては3年以内、債務超過解消のための期間としては3年～5年以内とされていることから、再建計画の計画期間は、3年～5年とされることがほとんどである。再建計画においては、この計画期間の間に、黒字転換、債務超過解消その他の再建計画の要件（たとえば、中小企業再生支援協議会事業実施基本要領6項(5)④によれば、計画期間の最終年度の有利子負債／キャッシュフロー倍率が10倍以下になること等）を満たす計画が提示されることとなる。

4. 私的整理手続における弁済（完済）期間

以上が、私的整理手続における計画期間についての規律となるが、私的整理手続における債務の弁済（完済）期間は、計画期間が終わっても継続するものであると考えられている。したがって、残債務の弁済については、再建計画においては、「残債務の金利及び弁済方法については、3年間の再建計画期間内に協議して定める」とだけ規定されたり、また、単に弁済資金の調達方法やリファイナンスの見込みだけが規定される場合が多い。つまり、再建計画においては、具体的・確定的な弁済（完済）期間は定められないことが多い。

しかしながら、上記のとおり、中小企業再生支援協議会事業実施基本要領6項(5)④において、債務償還年数が再建計画の最終年度以降最大10年とされ

ていることから、それを踏まえて、「概ね10年以内に完済となるペースで分割弁済を行う」といった債権計画が策定されるケースもある。

(牧野誠司)

第3章 適正な再建手続

I 私的整理の手続

1. 私的整理手続の流れ

　私的整理については、いわゆる事業再生 ADR 手続に関しては手続が法定されている。

　本稿では、法律上あるいはガイドライン上の定めのない、任意の私的整理のスキームを念頭において説明する。

　私的整理は、債権者と債務者の個別の和解を本質とすることから、任意の私的整理においては、かく進めるべきという決まりはない。しかし、一般的には、事業再生 ADR 手続が法制化されていることを踏まえ（手続の流れについては、私的整理に関するガイドライン（以下、「私的整理ガイドライン」という）と多くの部分で共通している）、同手続を参考にして手続を進めていくことになろう。

　すなわち、事業再生 ADR 手続では、一時停止通知（私的整理の手続中は債権回収や担保権の実行を停止すべき旨の要請）を発送して正式に私的整理をスタートさせた後、第1回債権者会議において事業再生計画案の概要を説明するとともに、所定の事項について決議を行う。その後、第2回債権者会議において最終的な事業再生計画案を手続実施者作成の調査報告書とともに対象債権者に提示し、対象債権者の社内稟議を経て、第3回債権者会議で決議を成立させる。事業再生 ADR 手続では、一時停止通知の発送から第3回債権者会議までの間、おおむね〔図表73〕のようなスケジュールにて私的整理を

〔図表73〕 手続の流れとスケジュール

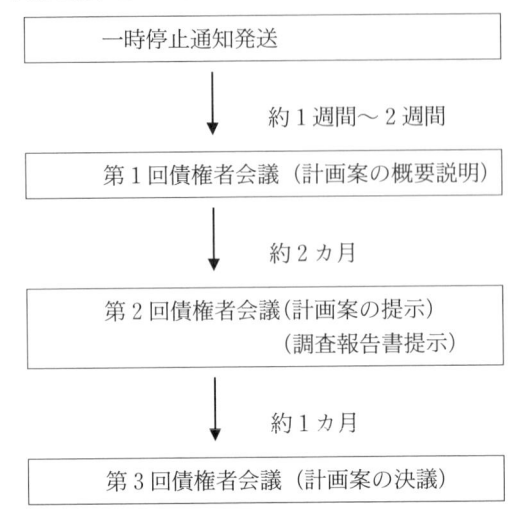

```
┌─────────────────────────┐
│      一時停止通知発送      │
└─────────────────────────┘
            ↓ 約1週間～2週間
┌─────────────────────────┐
│ 第1回債権者会議（計画案の概要説明） │
└─────────────────────────┘
            ↓ 約2カ月
┌─────────────────────────┐
│ 第2回債権者会議（計画案の提示） │
│      （調査報告書提示）      │
└─────────────────────────┘
            ↓ 約1カ月
┌─────────────────────────┐
│ 第3回債権者会議（計画案の決議） │
└─────────────────────────┘
```

進めていくことになる。

　任意の私的整理を進めるうえでも、事業再生ADR手続のスケジュールは参考になろう。もっとも、〔図表73〕は、あくまでも標準的なモデルケースであり、一時停止通知後にスポンサーを選定することを予定している場合など、再建計画案の作成に相当程度の時間を要すると想定される事案では、各債権者会議の開催期間により間隔を空けるなど、当初から一定程度の余裕をもたせたスケジュールを組む場合もある。

　以下、第1回債権者会議は一時停止通知の発送直後に開催される債権者会議のことを、第2回債権者会議は対象債権者の利害調整を経て最終的に再建計画案が提示される債権者会議のことを、第3回債権者会議とは再建計画案について同意を取得するための会議のことをそのように呼称する。実際には、再建計画案の立案や対象債権者の利害調整にあたって、より多くの債権者会議が実施されるケースもあろう。

2. 一時停止の通知

　私的整理は、一般的に、一時停止通知を発送し、債権者会議を招集してこれを実施することからスタートする（もちろん、特に債権者会議を招集することなく、個別に各債権者に説明・説得して私的整理を実行する場合もあるが、公平性・透明性を確保するという観点でも、また、各債権者からの個別の要求をできる限り少なくするという観点からも、債権者会議を開催する形をとったほうが円滑なケースが多いと思われる）。なお、事業再生ADR手続では債務者企業と事業再生実務家協会（JATP）とが連名で一時停止通知を送付する。

　直ちに一時停止通知を発送しなければならない場合を除いて、一時停止通知を行う前に再建計画案の概要を作成し、主要な取引金融機関とは事前の下協議を済ませておくべきである。

　また、一時停止通知を送付すると同時に、債務者企業より、事前協議済みの金融機関を含めて取引金融機関の担当者に対して連絡をとったうえで、面談等により、事業再生計画案の概要説明を個別に行い、第1回債権者会議への出席や第1回債権者会議における議案（一時停止の追認等）についての理解を得るべく尽力することになる。

(1) 対象債権者

　私的整理の対象となる債権者は、基本的には金融機関、貸金業者、サービサー等が想定されているが、「私的整理」である以上、これに限られるわけではない。

　ただし、金融機関以外の債権者、たとえば商取引先等を対象債権者とする場合には、当該商取引先の協力が得られる見込みがあるか否かを慎重に検討する必要がある。本来、私的整理は、商取引先を手続に取り込まないことによって事業価値を維持することにその目的があること、商取引先は金融機関等と比べて私的整理等の手続に慣れていないこと、金融機関等は財務内容や資金力について通常は一定程度の水準が維持されているのに対して商取引先の体力（財務内容・資金力）はまちまちであり、協力が得られるかどうかは

不確定であること等から、実務上は、商取引先を対象債権者に加えるのは、例外的な場合に限られる。

(2) 一時停止の内容

　一時停止通知においては、私的整理の手続が終了するまでの間、債権回収、担保権の設定、法的整理手続申立てを猶予してほしい旨の要請をすることになる。このほかに、流動性預金の開放を求めたり、保証協会の信用保証付融資について保証協会へ代位弁済請求をしないように求めることもある。なお、一時停止通知によって支払いを停止するのは、通常、元本の返済のみであり、利息の支払いは継続することが多い。ただし、資金的な問題等からすでに利息の支払いを止めている場合等には、利息の支払停止についても一時停止の内容にすることになろう。

　前記のとおり、債務者企業は、一時停止通知の発送後、第1回債権者会議の前に、対象債権者全員を個別に訪問し、通知時点の経営状況や財務状況を説明するとともに、一時停止の内容についての理解と協力を求め、第1回債権者会議に出席するように求めるのが通例である。

　一時停止について、対象債権者から同意書を取得する（第1回債権者会議まで、あるいはそれに近い日まで）ことが理想的ではある。もっとも、事業再生ADR手続や私的整理ガイドラインなど、手続が法制化あるいは準則化されているケースであれば格別、そうでない場合には、すべての対象債権者から一時停止について同意を得ることは必ずしも容易ではない。同意書を提出した対象債権者と提出しない対象債権者が生じた場合にはその後の手続がかえって進めにくくなることもあることから、任意の私的整理のスキームの場合、そもそも一時停止について同意書の提出を求めるかどうかを慎重に検討する必要がある。

(3) 一時停止通知の送付と「支払停止」

　一時停止通知を行うことは、「支払停止」に該当するか。「支払停止」とは、弁済能力の欠乏のために弁済期の到来した債務を一般的かつ継続的に弁済することができない旨を外部に表示する債務者の行為をいう（最判昭和60・2・

14判例時報1149号159頁)。

　「支払停止」の有無については実質的に判断する必要があるが、再建計画案が対象債権者の同意を得て成立すれば、その後の支払いは同計画案に基づいて適正になされることになる。私的整理における一時停止通知は、再建計画案の協議・成立までの期間中、一時的に債権の取立て等の留保を要請するものにすぎないのであって、一時停止通知を送付したという一事をもって「支払停止」に該当するというべきではない。

　この点、東京地判平成22・4・27判例集未登載は、弁護士が債務整理の開始を受任し、貸金業者に対し、債権の取立ての中止を要請し、取引経過の開示を要請する通知を送付したことが「支払停止」に該当するかが問題となった事案について、「弁済の能力には、信用を含むと解されるから、債務者が、ある時点において、現有する財産および労務によって、弁済期が到来した債務の弁済を一般的・継続的に行い得ない状況にあっても、その後の再建計画の交渉が成立し、債務者が支払能力を回復した場合には、信用を含めた弁済能力からすると、債務の弁済が一般的・継続的に行い得ない状況にはなっていなかったと評価できる」として、上記のような通知を送付したことは「支払停止」には該当しないと判示した。この裁判例は、債務整理の開始の通知があった場合でも、債務者が再建計画を策定し、債権者と交渉中であって、当該再建計画が成立すれば、支払いの正常化が期待できる見込みがある場合には、「支払停止」には該当しないと判断したものと解される。かかる裁判例に照らしても、私的整理における一時停止通知の送付自体をもって「支払停止」に該当すると考えるべきではなかろう。

3. 第1回債権者会議──計画案の概要説明

　一時停止通知の発送後、比較的速やかに、第1回債権者会議を開催し、一時停止通知時点の経営状況や財務状況を説明するとともに、事業再生計画案の概要を説明する場合が多い。第1回債権者会議において行われる事項は、一般的に、以下のとおりである（経済産業省関係産業競争力強化法施行規則22

条参照)。
　① 債務者の現在の資産・負債の状況の説明
　② 事業再生計画案の概要説明
　③ それらに対する質疑応答と債権者間の意見交換
　④ 今後のスケジュールの提示

　もっとも、事案によっては、債務者企業およびそのアドバイザーにおいて、資産・負債の精査が終了していないケースもある。このようなケースでは、資産・負債の精査が完了した時点で別途それを対象債権者に報告し、かつ、当該資産・負債の状況を踏まえた再建計画案の概要を作成してこれを提示するための債権者会議を別途設定することになる。

　また、一時停止通知の発送にあたって、再建計画案の概要ができていないケースもある。典型的には、一時停止通知の発送後、スポンサーを探索し、スポンサーの支援を前提とした再建計画案を立案する場合である。このような場合も、スポンサーの探索状況やその結果等を踏まえ、再建計画案を別途作成のうえ、その内容を対象債権者に説明することになる。

　一時停止について同意書を取得する場合には、第1回債権者会議まで、あるいは同会議後の比較的早い一定の日までに同意書の提出を求めることになる。

4. 第1回債権者会議から第2回債権者会議まで

　債務者企業は、一時停止通知の前に再建計画案の概要を策定していることが望ましいが、すべての対象債権者との間で利害調整が完了していることは稀である。したがって、第1回債権者会議後、対象債権者の意見を聴取して、必要な修正を行いつつ、対象債権者間の利害調整を行い、最終的な再建計画案を策定・確定させることになる。

　再建計画案の策定にあたっては、対象債権者間の利害調整を行うことが必須であるため、第2回債権者会議に先立ち、必要に応じ、追加で債権者説明会を開催したり、個別に対象債権者を訪問することも一般的に行われている。

債務者企業は、対象債権者から提出された意見を踏まえ、必要に応じて再建計画案を修正し、最終的な再建計画案を作成・確定させることになる。

事案によっては、一時停止通知の発送後、債務者企業の再生に必要なスポンサーの探索をするケースもある。また、一時停止通知の段階では、債務者企業の経営状況・財務状況の確認や、再建計画案の立案ができていないケースもあろう。そのような場合には、第1回債権者会議において、スポンサー探索の有無、債務者企業の経営状況・財務状況の確認、再建計画案の立案についてのスケジュールの目途を確認し、別途、これらが策定され次第、報告をすることになる。

なお、事業再生ADR手続では、手続実施者が選任され、手続実施者が、債務者が策定した事業再生計画案を、事業・財務・法務の各方面から調査・検証を行い、事業再生計画案が、公正かつ妥当で、経済的合理性を有するものであるかについて調査報告書を作成し、提出する。私的整理ガイドラインにおける専門家アドバイザーも同様である。手続実施者（専門家アドバイザー）が、調査報告書において、具体的に調査・検証すべき事項は、概要、以下のとおりである。

① 債務者の概況
② 過年度における財政状況、経営成績の経過
③ 経営困難に陥った原因
④ 現在の財政状態（実態貸借対照表の検証）
⑤ 事業計画・各種数値計画の相当性と実行可能性
⑥ 数値目標の充足
⑦ 金融支援内容の相当性・合理性
⑧ 債権者別の金融支援内容の合理性・衡平性
⑨ スポンサーの相当性
⑩ 経営者責任・株主責任の担当性・合理性
⑪ 経済合理性の観点からの法的整理手続との比較・検証

任意の私的整理スキームであっても、私的整理を円滑に進め、対象債権者

から同意を得やすくするため、再建計画案の合理性について、第三者的立場の弁護士・会計士を選任し、これを検証してもらうことも検討すべきである。

5. 第2回債権者会議——再建計画案の内容説明に関する会議

　第2回債権者会議では、債務者による再建計画案の内容説明がなされる。第三者的立場の弁護士・会計士が選任されている場合には、当該弁護士および会計士の調査報告書が作成され、その内容説明がなされる。そのうえで、対象債権者からの質疑応答等がなされる。

　第2回債権者会議は、再建計画案の協議のための会議という位置づけであるが、現実的には、第2回債権者会議までに、対象債権者との間で個別協議を行い、大方の利害調整を終えた最終の再建計画案を提出することになる。

　次に述べる第3回債権者会議（再建計画案の決議のための会議）までの期間は、対象債権者が社内において稟議を受けるための期間であり、第2回債権者会議後は、再建計画案の修正は原則として予定されておらず、修正がなされるとしても対象債権者における稟議に影響が生じない軽微な修正に限られる。

　このため、再建計画案の策定にあたり対象債権者の利害調整に難航するようなケースにおいては、第1回債権者会議から第2回債権者会議までの間に、何度か債権者会議を開催するケースもある。

6. 第3回債権者会議——決議会議

(1) 書面による同意

　再建計画案が成立するためには、対象債権者全員の書面による同意を得る必要がある。上記のとおり、第2回債権者会議後、対象債権者が、再建計画案への賛否について社内稟議を取得する期間が必要であるため、第3回債権者会議は、第2回債権者会議から約1カ月程度先に期日が設定されるのが通常である。

　第3回債権者会議における同意の意思表示は、対象債権者が第3回債権者

会議の席上においてまたは事前に、同意書を提出することによってなされる。

(2) 第2会社方式

　対象債権者の同意との関係で、再建スキームとして、会社分割を活用したいわゆる第2会社方式を採用する場合、対象債権者全員から同意書が提出されない場合にどうするかは、詐害的会社分割の問題とも絡む非常に難しいテーマである。第2会社方式の場合、いわゆる物的分割によって分割会社の資産と、それに見合う負債を新設会社に切り出し、分割会社に割り当てられた新設会社の株式を第三者（スポンサーやMBOスキームの場合は取締役・従業員等）に譲渡することが多い。分割会社は、分割会社に残存した債権者に対し、新設会社の株式の譲渡代金と、分割会社に残った資産を換価処分し、最終的には特別清算手続の中でこれを弁済し、債権残額は免除を得て清算することになる。会社分割手続は、いわゆる物的分割の手法で行われ、かつ、分割会社が分割によって承継する債務について重量的債務引受けをしている限り、分割会社に残存する債権者との関係で債権者保護手続は不要である。また、特別清算手続は対象債権者の債権額の3分の2以上の賛成があれば成立する。したがって、会社分割スキームの実行自体について、対象債権者全員の同意を得る必要は必ずしもない。他方で、対象債権者が反対している中で会社分割を実行した場合には、事後的に、詐害行為取消権等を行使され、債権者間に混乱を招き、事業承継先の会社の円滑な再生に支障が生じる場合もある。近年、詐害的会社分割として活発に議論されてきた問題であるが、これについては、後記Ⅱにて詳述する。

(3) 対象債権者の同意の対象

　対象債権者の同意の対象は、基本的には、金融支援（対象債権者の権利の変更）の内容についてであり、債務者企業が策定した再建計画案に定められたすべての事項（資金調達計画や収益計画の細かい数値等）について同意の対象となるものではない。たとえば、返済リスケジュールのみが金融支援の内容である場合でいえば、金融支援の具体的な内容である、弁済金額、弁済期間、弁済時期、利率等については、まさに対象債権者の権利変更の主たる内

容であり、対象債権者の同意の対象となる。他方、事業再建計画の基礎となっている債務者企業の収益計画や資金計画については、必ずしも同意の対象とはならない。たとえば、債務者企業が、資金計画として、金融機関からの借入れを計画しているような場合でも、再建計画案に同意したからといって、必ずしも、対象債権者として新規融資を義務づけられるものではない。

万が一、債権者会議において、私的整理の成立に至らなかった場合には、続行期日を定める場合もある。他方、単純に、一部債権者の手続的な問題（社内稟議が間に合わない等）で同意書が提出されなかったにとどまり、早期に全債権者からの同意書が取得できると見込まれる場合には、当該債権者から同意書が提出された段階で私的整理の成立とすることもある。

(4) 債権者会議での決議事項

事業再生ADR手続では、第1回債権者会議で必要的決議事項として、①議長の選任、②手続実施者の選任、③一時停止の内容・期間の承認、④第2回・第3回債権者会議の開催日時を決議しなければならない。また、任意的決議事項として、⑤DIPファイナンスの優先的取扱いに関する承認や、⑥一時停止期間中に担保物件が売却された場合の担保権解除に伴う代担保の設定等について決議がなされることがある。第2回債権者会議では特に決議は予定されないが、第3回債権者会議においては、計画案についての決議が行われることになる。[1]

(5) 対象債権者との個別の条件変更契約

同意書の提出にあたり、対象債権者から、成立するであろう再建計画案の内容にあわせて、対象債権者との個別の契約（金銭消費貸借契約等）について、条件変更契約書の案の交付やこれに関する協議を求められることがある。再建計画案の交付とともに、あるいは、再建計画案の交付後速やかに、このような個別の条件変更契約を各対象債権者に交付し、協議を行うことができ

---

[1] これらの会議において対象債権者全員の賛成が得られない場合、欠席者が生じた場合の取扱い、条件付決議の取得方法、続行期日を定める場合の決議方法等は、井上愛朗ほか『企業再生の法務〔改訂版〕』146頁以下に詳しいので参照されたい。

れば理想的ではあるが、実務上は、スケジュール的にそのような対応を行うことが不可能な場合も多い。そのため、実務上は、同意書の提出を受け、再建計画案が成立した後に、当該再建計画案に基づいて、個別の条件変更契約書等に関する協議を行い、これを締結する場合も多い。

(6) 私的整理の成立後

私的整理の成立後は、再建計画案に基づき、債務者企業は、再建計画案の履行を行うことになる。かかる再建計画案の履行状況について、債務者企業は、対象債権者に対して履行状況を定期的に報告する場合もある。債務者企業の状況によっては、再建計画案の履行内容を監督するため、弁護士等によって構成される委員会や、対象債権者によって構成される債権者委員会を設立する場合もある。特に、事業収益による分割弁済を前提とする再建計画案を立案する場合には、対象債権者から計画案への同意を取得するにあたって、再建計画案の履行可能性が確保されていることは重要な問題である。その意味で、計画案成立後の履行を監視するための第三者委員会的な組織の設置については、債務者企業から積極的に提案することも検討すべき場合もあるし、実際に、このような組織の設置が対象債権者からの円滑な同意の取得の一助となる場合も多い。

II 「詐害的会社分割」と「私的整理」

1. 詐害的（濫用的）会社分割

(1) 私的整理の一手法としての「第2会社方式」

私的整理の場面において、いわゆる「第2会社方式」は積極的に活用されている手法であり、特に債権放棄を伴う事案におけるスタンダードなスキームとして定着している。

たとえば、簿価ベースで、資産600、負債1000の再生中の会社Aがあった場合に、「第2会社方式」によって私的整理を行う場合の典型的なスキーム

は以下のとおりである。
① Aは、継続可能な事業を新設会社Bに承継させる会社分割を行う。
② 上記①の会社分割において、Aは、継続可能な事業に必要な資産300と、これに見合う負債300を新設会社Bに承継させる（事業の円滑な継続のために支払いが必要な商取引上の債務はすべて新設会社に承継させて弁済するのが通常である）。
③ 分割会社Aは、割り当てられる新設会社Bの株式をスポンサーに200で譲渡する。
④ Aは、会社分割後、特別清算の申立て等を行い、残存資産を換価して得た資金（簿価としては300であるがその実価を100とする）と、スポンサーへの株式譲渡代金200の合計300の資産を原資として、分割会社に残存する債権者（残存債権者）の700の債務に弁済を行い、残る400の債務については債権放棄を得て清算する

かかるスキームを行う場合、窮境に至った原因、第2会社方式を実行する必要性、残存債権者への弁済条件を明示した事業再生計画案を立案のうえ、分割会社に残存する債権者（以下、「残存債権者」という）に提示し、十分に説明し、その理解を得たうえで、実行するのが通常である。

(2) 会社法の施行と詐害的（濫用的）会社分割

旧商法下では、会社分割の要件として分割会社、承継会社等の双方において「債務の履行の見込みがあること」が必要とされており（旧商法374条の2第1項3号）、「第2会社方式」を実行するためには、事前に債権者の同意を得ることが必要であった。しかし、会社法下では「債務の履行の見込み」がない場合でも会社分割は有効に実行できることになり、債権者の同意を得ずとも「第2会社方式」を実行することが可能となった（会社法施行規則183条6号等）。

また、会社分割後も、分割会社の純資産には変化はない（分割会社は、新設会社に承継される純資産に見合うだけの株式を保有することになるため）との理由で、分割会社に残存する債権者は債権者保護手続の対象外とされている

（会社法789条1項2号、810条1項2号）。

近年、これを悪用・濫用して、分割会社に残存する債権者への事前の説明や事業計画（弁済計画）の提示もないままに会社分割を断行し、残存債権者が害されるという事案が多発した。これに対抗するため、残存債権者が詐害行為取消訴訟を提起し、また、法人格否認の法理を主張して承継会社等への請求を行う等の訴訟が各地で係属し、どのような場合に会社分割が詐害的ないしは濫用的と評価されるのかが学者や実務家の間でも活発に議論されてきた。

(3) 会社法制の見直しに関する要綱案（詐害的会社分割の救済）

2012年8月1日に「会社法制の見直しに関する要綱案」がまとまり、同年9月7日の法制審議会総会にて「会社法制の見直しに関する要綱」が決定され、公表された。

その後、「会社法の一部を改正する法律」の法律案が公表されたが、そこでは、残存債権者を「害することを知って」行われた会社分割を詐害的会社分割とし、残存債権者から承継会社等に対する直接の請求を認めている。

もっとも、どのような会社分割がなされた場合に「残存債権者を害することを知って」と評価されるかは明確ではない。詐害的会社分割については、これまで、特に、否認権および詐害行為取消権の行使の可否という観点で議論が進められてきているが、かかる議論は上記の「残存債権者を害することを知って」の要件該当性の議論とオーバーラップする。

本稿では、詐害的会社分割が問題となったこれまでの裁判例を概観するとともに、学説の状況も整理したうえで、どのような場合に詐害的と評価されるのかについて、検討したい。

2. 詐害的会社分割がなされた場合の債権者の対抗策と裁判例

詐害的会社分割がなされた後は、分割会社は事業を行わず、事実上、事業が廃止された状態になる場合が多い。そのような場合に、残存債権者が検討すべき請求としてまず考えられるのが詐害行為取消権の行使である。分割会社が破産等の申立てをせずに放置されている場合には、否認の請求を行うこ

とはできないから、債権者自らが何らかの権利行使をするほかない。そして、詐害行為取消権の場合、承継会社等に対する価額償還請求を行うことによって事実上の優先回収をなしうる。そのため、債権者としては、まずは詐害行為取消権の行使可能性を検討するのが通常であり、実際、判例上も詐害行為取消権の成否が問題となったものが多い。詐害行為取消しの成否が問題となった主な裁判例の概要は〔図表74〕のとおりである。

次に、債権者としては、分割会社を破産させたうえで、破産管財人を通じて否認権を行使させるという対応がありうる。この場合、破産手続における割合的な配当において満足を得られるのみであるが、破産管財人の権限による事実関係の調査等が期待できることや、訴訟追行の費用を財団から支出させることができること等のメリットがある。否認の成否が問題となった主な裁判例の概要は〔図表75〕のとおりである。

さらに、詐害的会社分割がなされたケースでは、承継会社等において、分割会社と同一の屋号、同一の従業員で、同内容の事業が営まれる場合もある。このような場合には、法人格否認の主張もなされることになる（詐害行為取消権の主張も予備的になされるのが通常であろう）。法人格否認の成否が問題となった主な裁判例の概要は〔図表76〕のとおりである。

これらの裁判例をみると、詐害的会社分割がなされるケースでは、いわゆる物的分割スキームで、承継会社等に承継させる債務について分割会社が重畳的債務引受けを行うことにより、債権者保護手続を行うことなく会社分割がなされているものが多い。

また、会社分割後、分割会社に割り当てられた承継会社等の株式を低廉な価格で第三者に譲渡し、あるいは、承継会社等が第三者割当増資を行うことにより、承継した事業の支配権を実質的に第三者に移転しているケースが多い。

さらに、残存債権者に対する弁済計画の提示はないか、あっても著しく不利な内容の弁済条件が提示される場合が多い。債権者への事前説明等がなされることなく、突然、会社分割がなされるケースが圧倒的に多い。

いずれの裁判例においても、その事案に照らして、判決の結論自体はごく常識的である。もっとも、各裁判例によって、何をもって「詐害的」と評価するのかの理論構成や理由づけは異なっている。詐害性の基礎をどのように理論づけるかという問題は、どのようなケースが「詐害的会社分割」と評価されるかのメルクマールの問題といってもよい。

〔図表74〕 詐害行為が問題となった判例

	裁判例	事案の概要（分割の内容）	判　示	株式の処分等	弁済計画の提示	債権者への説明
①	東京地判平成20・12・26金融法務事情1922号119頁 東京高判平成21・9・30金融法務事情1922号109頁	Y_2が経営していたパチンコ店2店舗を同業他社（代表者が兄弟関係）であるY_1に会社分割により承継。負債は承継せず。Y_2はY_1の発行済株式の100％を保有。 Y_2の代表者は、消費貸借契約を締結する一方、会社分割を行って事業を譲渡し、設備売却代金や借入金等を隠匿して逃亡。	詐害行為取消権の成立を否定。 詐害行為性は肯定するも、受益者の悪意を否定。 高裁は会社分割の無効を認めた。	実質的に60万円で譲渡。	なし	なし
②	大阪高判平成21・12・22金融法務事情1916号113頁 （上告審） 最判平成24・10・12金融・商事判例1402号16頁	Y_2が、不動産事業を新設分割によってY_1に承継させ、遊技場事業を新設分割によってQに承継させた。Y_2はY_1の発行済株式の100％を保有。	詐害行為取消権の成立を肯定。 Y_2がY_1の発行済株式の100％を保有しているとしても、当該株式の換価は困難。 Y_1の事業の存続可能性によっては会社分割の対価として分割会社が取得した株式の価値は承継した資産の価値を下回る場合もある。	なし	なし	なし
③	東京高判平成22・10・27金融法務事情1910号77頁	Y_2は、新設分割によって、Y_2のほぼすべての資産と一部の負債を新	詐害行為取消権の成立を肯定。 Y_2がY_1の発行済	第三者割当増資で希釈化。	なし	なし

		設会社 Y₁ に承継させ、Y₂ が Y₁ の株式（400株）をすべて保有。新設分割後、Y₁ において、A社を引受人とする第三者割当増資を行い、A社が Y₁ の株式1000株を保有（A社の持株比率：70％強）。	株式の100％を保有しているとしても、Y₁ の株式は非上場株式会社の株式であり、流動性が乏しく、換価が困難である。			
④	名古屋地判平成23・7・22金融法務事情1936号118頁 名古屋高判平成24・2・7金融法務事情1945号111頁	Y₂ が事業を新設分割で Y₁ に承継し、Y₂ が Y₁ の株式を保有。Y₂ の14億円の資産のうち5億円の資産が Y₁ へ承継。Y₂ の36億円の負債のうち3億円の負債が Y₁ へ承継。	詐害行為取消権の成立を肯定。 Y₂ に残される資産は固定資産等が中心で、それ自体が今後収益を生み出すものではない。 会社分割の結果 Y₂ は約24億円という債務超過状態。 Y₁ は債務超過でない健全な状態。 Y₂ による金融機関への弁済期間は約128年。	なし	あり（128年の分割弁済）	あり

〔図表75〕 否認が問題となった判例

	裁判例	事案の概要 （分割の内容）	判　示	株式の処分等	弁済計画の提示	債権者への説明
⑤	福岡地判平成21・11・27金融法務事情1911号84頁	Y₂ は、Xに対し、その事業・資産のすべておよび負債の一部を承継させる新設分割を行い、Y₂ は承継債務について重畳的債務引受けを行った。Y₂ は破産。破産管財人が詐害行為否認を主張し否認請求を行い、破産裁判所がこれを認容したため、Xが異議を求めて提訴。 会社分割にて、Y₂	否認を肯定。 Y₂ は、新設分割により、その資産のすべてをXに承継させており、共同担保となるべき資産はほぼ皆無。 他方、Y₂ は新設分割により、その債務の一部をXに承継させているものの、同時に、上記債務につき重畳的債務引受けをしているため、新設分割後も債務総額は変動していない。	1円で譲渡。	なし	なし

		の一切の資産（約1.3億円）と買掛債務等（1.3億円）をXに承継。承継された債務はXにて弁済。				
⑥	福岡地判平成22・9・30金融法務事情1911号71頁	遊技場の経営および不動産賃貸管理業を営むY_2が、不動産賃貸管理事業をY_1に新設分割で承継し、同時にY_1に移転。Y_2の残存債権者がY_2に対して破産申立てを行い、破産管財人Xが会社分割を原因とする所有権移転行為について破産法160条1項、同法161条1項等に基づいて否認の登記手続を求めた。	否認を肯定。Y_2は会社分割により、無担保の土地をY_1に承継。他方で、Y_2は、会社分割により債務の一部をY_2に承継させているものの、同債務について重畳的債務引受けをしていることから、Y_2の負債額は本件会社分割前のままである。会社分割後にY_1の全株式が100万円で譲渡されているが、本件土地の価格は5600万円とされている。破産法161条1項との関係については、債務超過状態にあるY_2が、本件土地を流出しやすく、適正価格での換価に著しい困難を伴う株式に変更することが、破産債権者を害する処分をするおそれを現に生じさせるものである、と判示。	100万円で譲渡。	なし	なし

〔図表76〕 法人格否認が問題となった判例

	裁判例	事案の概要（分割の内容）	判　　　示	株式の処分等	弁済計画の提示	債権者への説明
⑦	福岡地判平成22・1・14金融法務事情1910号88頁 福岡高判平成	Y_1の大口債権者Xは、Y_1との間で貸金債務の返済方法等につき協議を行ってきたが、	地裁判決 →法人格否認を肯定 高裁判決 →法人格否認を否	新設会社の代表者に10円で譲渡。さらに当該	なし（事前に他の再建スキームの提案あり、	なし

453

	23・10・27金融法務事情1936号74頁	Y₁はXに対する予告なしに、パチンコ店4店舗のうち採算性のある2店舗を新設分割にてY₂に承継させ、Xに対する債務は一切承継しない新設分割を行った。Y₁は分割の対価として取得したY₂株式10株を1株1円でY₂代表者（Y₁代表者の子）へ譲渡。会社分割から6日後に、Y₂は新株100株を発行し100万円でY₂代表者に割り当てた。Xは、主位的に法人格否認、予備的に詐害行為取消権を主張して訴えを提起。	定。詐害行為取消権を肯定	代表者が出資して増資。	拒絶）	
⑧	福岡地判平成23・2・17金融法務事情1923号95頁	債務超過のAが新設分割によりY₁、Y₂、Y₃（以下「Yら」という）を設立して（Yらの代表者はA代表者の妻）、パチンコ店の各店舗の営業資産と債務の一部をYらへ承継させた。Aの総債務額の半分近くを占めるXに対する債務は承継されず。Xは、Yらの法人格を否認し、Yらに対し、AのXに対する債務の履行を求めた。	法人格否認を肯定。Yらにおいて、同一の施設を利用して同一の屋号で経営。営業を中断することもなく、中心となる従業員も変わらずに営業を継続。Xに対する説明や交渉の態度は不誠実。Xは、会社分割によりAから弁済や配当を受けられる可能性はほぼないに等しい状態となった一方、承継債務は相当部分の回収が期待できる状態になっている	200万円で代表者の妻に譲渡。	なし（他の債権者にはあり）	なし（他の債権者にはあり）

3. 詐害的会社分割のメルクマール

(1) 重畳的債務引受けを理由づけとすることの当否

　裁判例をみると、分割会社が承継会社等に承継する債務について重畳的債務引受けをしている、という点を理由づけにしているものが比較的多い。判例⑤⑥は、明確にその点を指摘している。すなわち、承継会社等に資産と負債を承継させる場合、新設会社に承継される債務について分割会社において重畳的債務引受けをしている場合には、分割会社の負債に増減はなく、一方で、資産が新設会社に流出しているから詐害性がある、というものである。

　この論理について、〔図表77〕の例を用いて解説する。

　〔図表77〕の例において、分割会社の資産は400、負債が600で債務超過会社である。この分割会社から、資産300、負債300を承継会社等に承継させ、承継させた負債について分割会社にて重畳的債務引受けをすると、分割会社の資産は100プラス承継会社等の株式、負債は600のまま、ということになる。ここで承継会社等の資産は300、負債は300の会社であるから純資産はゼロである。この純資産価格を承継会社等の株式価値とみると、分割会社の分割後の資産は「100プラス0」、負債は「600」であり、分割前と比べて責任財産が減少している、というのである。

　確かに、この論理は、承継会社等の株式価値を静的にみればそのとおりであるし、単純でわかりやすい。しかし、これをもって詐害性を基礎づけるというのはいささか形式的にすぎる。

　問題点の第1は、重畳的債務引受けをした場合には分割会社の負債は600のままとなる、という点である。通常、負債として承継するのはいわゆる商取引上の買掛債務が中心となる。この種の債務は数カ月間に承継会社等が弁済することによって消滅する。承継負債は承継会社等の負債として計上されており、しかも、承継会社等は承継負債を比較的早期に全額弁済することを予定している以上は、重畳的債務引受けをしているといえども、承継会社等に承継される負債を分割会社の負債としてすべてカウントするのは、実

455

質的にみれば適切とはいえないと思われる。

　問題点の第2は、承継会社等の事業価値を純資産方式で単純に算出している点である。承継会社等は健全な企業として事業を継続していくことを予定している以上は、その株式価値を簿価純資産のみで把握するのは正当とはいえないであろう。DCF等の収益法をベースに算定すれば、相当程度の事業価値となる場合もあるはずである。〔図表77〕の例でいえば、承継会社等のDCF上の株式価値を500とみれば、分割後の分割会社の資産は600、負債は600であり、債務超過は解消することになる（もっとも、承継会社等の株式が適正に換価・処分されて残存債権者への弁済原資とすべき必要があることについて後記参照）。

(2)　詐害性のメルクマール①――弁済率の減少

　〔図表77〕の例のように、分割会社が債務超過に陥っている場合には、破産・民事再生その他の法的整理手続の開始原因がある、ということになる。

　会社分割の詐害性（責任財産の減少）を検討するうえで重要なことは、分割会社が会社分割を行うことなく破産的清算を行った場合、あるいは民事再生等の法的整理に入った場合に債権者が受けられる弁済額と、会社分割によって優良事業を切り出し、事業を継続した場合に残存債権者が受けられる弁済額との比較において、後者が前者より有利か否か、という点にあると解される。

　〔図表77〕の例でいえば、会社分割前の分割会社の資産が400、負債が600であるとして、当該資産を破産的清算にて換価・処分した場合の形成資産が60と見込まれた場合、債権者への弁済率は10%となる。

　他方、会社分割によって承継会社等の事業が継続することにより、分割会社に割り当てられる株式の価値が100と評価されたとする。その場合、分割会社に残された資産100の実質的な価値が10である場合、分割会社の資産は新設会社の株式価値を加えて110となる。この承継会社等の株式価値が適正に換価され、100の回収が得られる場合には、破産的清算を行った場合よりも分割会社の債権者にとっても有利となる（110÷300＝約37%）。このような

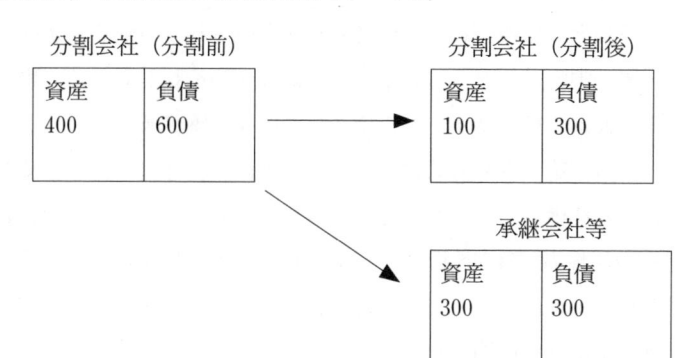

〔図表77〕　会社分割の貸借対照表イメージ図

```
分割会社（分割前）              分割会社（分割後）
┌─────┬─────┐              ┌─────┬─────┐
│ 資産 │ 負債 │   ──→        │ 資産 │ 負債 │
│ 400  │ 600  │              │ 100  │ 300  │
└─────┴─────┘              └─────┴─────┘

                              承継会社等
                              ┌─────┬─────┐
                              │ 資産 │ 負債 │
                              │ 300  │ 300  │
                              └─────┴─────┘
```

ケースであれば、詐害性はないというべきである。

　他方で、分割会社に割り当てられた承継会社等の株式の理論的な価値が100であるとしても、これが換価されて弁済にあてられない限りは破産的清算を行った場合よりも有利とはいえないことから、同株式が早期に処分されて金銭化されない場合には詐害性が認められる場合もあると思われる。

　裁判例においても、会社分割によって分割会社に承継会社等の株式が割り当てられていたとしても、その換価の困難性等を考えると詐害性は否定できないとしているものがあるが、これはその趣旨であると考えられる。また、承継会社等の株式が本来の価値を下回って低廉な価格で譲渡された場合には、その株式の譲渡行為自体の詐害性が問題になるとともに、会社分割自体が、価値ある資産を切り出して低廉な金額にて換価したのと同様であり、その前提となる会社分割の詐害性を基礎づけることになろう。

(3)　詐害的会社分割のメルクマール②──偏頗行為性

　詐害的会社分割の本質は、偏頗行為、すなわち、債権者の平等を害する点にあるとする説もある。

　先の例でいえば、新設会社に承継された債務については全額の弁済がなされる一方で、分割会社に残された債務は承継されない資産に基づく割合的な弁済しか受けられないという不平等性が詐害行為となるとする考え方である。

これを詐害的会社分割の本質であると考えた場合、いわゆる第2会社方式については、分割会社に残される債権者の同意を得られない限り、すべてのケースにおいて詐害行為となってしまうことになる。それもあって、事業再生に携わる実務家からは、必ずしも支持されていない感がある。
　しかし、いわゆる第2会社方式においては、承継会社等に承継されて有利な弁済がなされる債権者と、分割会社に残されて相対的に不利な弁済に甘んじざるを得ない債権者（残存債権者）との不平等性は重要な問題である。第2会社方式も私的整理の一環として実行されるスキームであり、本来的には、不利益を受ける全債権者の同意を得て実行されるべきものである。よって、詐害的会社分割のメルクマールを考えるにあたって、偏頗行為性を外において議論することは正当ではない。
　この点、最判平成24・10・12金融・商事判例1402号16頁は、濫用的な会社分割について詐害行為取消権の行使により新設分割の効力を取り消すことができると判示しているが、その補足意見において、「要するに、本件新設分割における対価が相当であるとしても、Z（分割会社）の純資産（株式価値）は変動しないが、本件残存債権の責任財産は大幅に変更するなどの事態が生じ、かつ、本件残存債権の債権者と本件承継債権の債権者との間で著しい不平等が生ずるに至ったということである」としている。補足意見は、会社分割によって分割会社が承継会社等の株式を保有するに至り、分割会社の純資産には変動がないとしても実質的には責任財産の減少が生じているとしており、その意味で、承継会社等の株式の換価性や価値を実質的にとらえ、その株式が適切に換価されていないことをもって詐害性を認めているものと思われる。また、これに加え、債権者間に著しい不平等が生じているという偏頗性も根拠として、詐害性を認めているものであり、偏頗行為性が無視できない要素であることを明らかにしているといえよう。
　もっとも、残存債権者が合理的理由なく会社分割に反対する場合もあるし、反対はしないまでも同意もしないという場合もある。偏頗性（不平等性）を強調し、常に残存債権者の全員の同意が必要だとするのは、円滑な事業の再

生という観点から必ずしも適切ではない。

　したがって、債務超過会社による再生型の会社分割（いわゆる第2会社方式）が正当化されるためには、「合理的な債権者であれば同意するであろう」という程度の適切な再建計画に基づくものでなければならない、と考えるべきであろう。

　この点、偏頗行為性との関係で、民事再生法85条5項後段、会社更生法47条5項後段を参考として、少額性および事業継続にとっての不可欠性・非代替性が認められれば、一部債権者（残存債権者）の不利益との関係で詐害性を否定してもよいとする見解もある。[2]

　もっとも、民事再生法85条5項後段、会社更生法47条5項後段における不利益取扱いは、①法的整理において（多数決原理での権利変更を認め、かつ、衡平に反しない限り形式的平等が貫かれなくてもよい）、②明文の規定がある中で、かつ、③裁判所の許可をもって正当化される取扱いである。これを私的整理の中に持ち込むのがはたして正当なのか否か、疑問なしとしない。会社分割において、少額性および事業継続にとっての不可欠性・非代替性があれば、残存債権者は不利益を甘受しなければならないとすれば、実質的に、少額性および事業継続にとっての不可欠性・非代替性があれば、債権者の同意なく残存債権者の権利変更を認めてよいということにつながりかねない。

　会社分割スキームは、私的整理の一環としてなされるものである以上、不利益を受ける債権者の同意を基礎として考えるべきであり、「合理的な債権者であれば同意する」と言いうるだけの再建計画が立案、提示されているかどうかがメルクマールとなると考えられる。

4. 合理的な債権者であれば同意するであろうと評価されるための要件

　それでは、どのような計画であれば、「合理的な債権者であれば同意する

---

[2] 松下淳一「濫用的会社分割についての覚書」事業再生と債権管理138号146頁。

であろう」と認められるか。以下、具体的に検討していきたい。

(1) 第2会社方式を実行する必要性——法的整理の開始原因の存在

再生型の会社分割（第2会社方式）が実行される場合には、残存債権者について一定の権利変更がなされることが前提とされている。

残存債権者が権利変更に同意するとすれば、現時点で第2会社方式を実行しなければ法的整理に入らざるを得ず、法的整理に入った場合よりも第2会社方式による再生を実現したほうが経済合理性が高い（＝弁済条件がよい）という点にある。

したがって、第2会社方式による会社分割が正当化されるとすれば、会社分割時点において、最低限、分割会社に法的整理の開始原因がなければならない、ということになる。

具体的には、債務超過または支払不能の状態にあるかそのおそれがあること、弁済期にある債務を弁済した場合には事業継続に著しい支障が生じるおそれがあることが必要になる（破産法15条1項、16条1項、民事再生法21条1項、会社更生法17条1項）。

(2) 弁済条件の合理性

第2会社方式による会社分割が正当化されるためには、分割会社が法的整理に入った場合の弁済条件よりも、会社分割（第2会社方式）を実行した場合の弁済条件のほうが残存債権者にとって有利であることが必要である。

法的整理を行う場合は破産的清算をするほかない、という場合であればともかく、民事再生・会社更生等の再建型の法的整理が可能である場合には、再建型の法的整理を行った場合との比較においてそれよりも有利であることが基礎づけられている必要がある。

この場合、自力再生を前提とした収益弁済型の計画（弁済条件）との比較、という観点も重要であるが、会社分割時にスポンサー（たとえば、事業を承継した新設会社の株式をすべて譲り受けて支援することを標榜している会社等）が確保できているケースであれば、スポンサーの支援を前提とした、法的整理時の弁済計画を立案し、これとの比較での弁済条件の有利性を確保するこ

とが必要と思われる。もっとも、その場合には、法的整理の影響を踏まえた事業価値評価を行ったうえで、それを前提とした弁済計画を作成することになろう。スポンサーに法的整理を想定した場合の支援額の表明を求めてもよいと思われる。

(3) 承継会社等の株式の換価と最大化

詐害的会社分割が問題となった裁判例においては、詐害性の理由づけとして、分割会社が会社分割にあたって承継会社等の株式を保有し、分割会社の純資産に影響がないとしても、その株式の換価の困難性等に照らせば、分割会社の資産を実質的に減少させていることにほかならない、という点があげられている（裁判例②、③参照）。前掲最判平成24・10・12の補足説明も同様の説明をしていると思われる。その意味で、裁判例等においては、承継会社等の株式を換価・処分することによって、残存債権者への弁済の最大化が図られているかどうかが重視されているといえよう。

承継会社等の株式が実際に換価されてその最大化が図られているかどうかは、「合理的な債権者であれば同意する」といえるだけの計画が立案されているかという観点からも重要である。

そのため、分割会社としては、承継会社等の事業を支援するスポンサーを確保し、当該スポンサーに承継会社等の株式を譲渡し、当該譲渡代金を残存債権者への弁済原資に加えて、残存債権者への弁済の最大化を図ることをめざすべきである。

弁済の最大化という観点では、スポンサーは原則として入札方式で確保される必要がある。そして、入札の結果として、承継会社等の株式がスポンサーに譲渡されるのであれば、その譲渡価格の適正性は入札を実施したこと自体で確保されるというべきである。入札方式でスポンサー探索ができないという場合には、その合理的理由が示される必要があろう。

合理的な理由に基づいて入札方式を採用できないという場合、スポンサーに承継会社等の株式を譲渡する場合の譲渡価格について、その適正性が問題となる。この場合には、分割会社にて、客観的な第三者機関に依頼し、承継

会社等の株式価値の評価書を取得するなど、譲渡価格の適正性を基礎づける資料等を確保する必要があろう。

　結果としてスポンサーを確保できなかったとしても、スポンサーの確保に向けた合理的な探索活動は行う必要がある。スポンサー探索活動ができないという場合には、その合理的理由が必要である（スポンサー探索活動をする時間的な余裕がない等）。スポンサーを確保できない場合には、合理的なスポンサー選定活動を行ったことを示す資料として、フィナンシャルアドバイザー等にその過程に関する報告書を提出させるなどの工夫が必要である。また、この場合、実質的には自力再生を前提とした収益弁済型の弁済計画によらざるを得ない。今後の事業計画の合理性、そこから確保される弁済原資の合理性等が確保されていなければならないことになる。

(4) 再建計画の説明

　第2会社方式が実行される場合、再建計画（弁済計画）が残存債権者に対して提示され、かつ、合理的な説明がなされている必要がある。そうでなければ、「合理的な債権者であれば同意するであろう」と評価されることはあり得ないからである。

　しかも、たんに弁済条件や再建スキーム（第2会社方式によること）が説明されているだけでなく、これに同意することに残存債権者として合理性があることが十分に説明されていなければならない。

　具体的には、最低限、以下の内容が盛り込まれている再建計画が策定され、不利益を受ける残存債権者すべてに説明をしている必要があろう。

① 再建計画立案に至る経緯（窮境原因）
② 現在の資産・負債の状況と損益の状況
③ 第2会社方式を実行する必要性
④ 会社分割の内容
　　ⓐ 会社分割によって承継される資産と負債の切分け
　　ⓑ 資産および負債の切分けの合理性
⑤ 弁済条件・内容

        ⓐ 弁済の基本方針
        ⓑ 各債権者への弁済の内容
        ⓒ 残存債権者間の弁済条件の公平性
        ⓓ 法的整理時の弁済条件との比較
    ⑥ 経営責任・株主責任

5. 結びに代えて

　近年、各裁判例において、いわゆる詐害的（濫用的）会社分割として問題とされてきたケースは、債権者への十分な説明もないままに、秘密裡に会社分割を実行して、一部の負債のみを分割会社に残し、実質的に債務の免脱を図ることを意図したものであり、詐害的と評価されるべきことに異論のないものばかりである。

　また、詐害的会社分割のメルクマールとして議論され、履行されるべきと議論されているものについても、全債権者の同意を得なければ詐害的となるか否かという点を除いて、これまでも、私的整理の一環である以上は当然に履践されてきたものである。その意味で、詐害的会社分割の議論は、あるべき私的整理の実務として当然に実施されるべき事項を再確認させた、ということに尽きる。私的整理の手法としての第2会社方式の有効性は異論のないところであり、詐害的会社分割の議論により、実質的に当該スキームの実行が制約を受け、あるいはこれに支障が生じるというものではない。今後も、第2会社方式は、残存債権者の経済合理性が確保されることを前提として、私的整理における有効なツールとして積極的に活用されるべきであるし、活用されることを願うものである。

（井上愛朗）

第4章 スポンサーの保護

I DIPファイナンス

1. 集合債権の譲渡担保の実行の意義

(1) 問題の所在

　近年、「動産及び債権の譲渡の対抗要件に関する民法の特例等に関する法律」の改正を背景として、将来発生すべき債権を対象として譲渡担保を設定し（以下、「集合債権譲渡担保」という）、貸付けを実行する手法が普及している。

　もっとも、集合債権譲渡担保が設定された後に、債務者に倒産手続が開始された場合、倒産手続開始後に破産管財人、再生債務者または更生管財人（以下、これらの手続機関を「破産管財人等」という）の下で発生する債権にも集合債権譲渡担保の効力が及ぶか否かについては、種々の見解が存在している。倒産手続、とりわけ、事業の再生を目的とする民事再生等の再生型倒産手続において、仮に、倒産手続開始後に発生する債権についても集合債権譲渡担保の効力が及ぶとすれば、再生債務者や更生管財人が倒産手続開始後に回収した売掛金等を事業の運転資金に利用することができず、事業の再生は極めて困難なものとなるであろう。他方で、債務者の倒産という事象は、譲渡担保権者の預かり知らないところで発生するものであり、仮に、集合債権譲渡担保の効力が倒産手続開始後に発生する債権に一切及ばないと解すれば、将来発生する債権による回収を見越してファイナンスを行った債権者に不測の損害を与え、流動資産を担保とするファイナンスの利用が抑制されかねな

い。そこで、本稿では、倒産手続開始後に発生した債権に対する集合債権譲渡担保の効力について、現在の議論状況を概観することとしたい。

なお、集合債権譲渡の用語・類型等については種々の整理がなされているが、本稿では、紙幅の都合上、担保権実行までは債務者に債権の回収権限が認められており、対象債権の構成要素が入れ替わる循環型の類型で、かつ、債権譲渡がABL（動産・売掛金担保融資）などの一連の事業収益担保取引の一要素として行われるものではなく、単純に将来債権のみを譲渡する取引形態のものを想定して検討することとしたい。

(2) 倒産手続開始後における集合債権譲渡担保の効力に関する見解

(ア) 否定説

倒産手続開始後に破産管財人等の下で発生した債権については、集合債権譲渡担保の効力は及ばないとする考えである。この見解は、集合債権譲渡担保の設定者である債務者に事業再生の方途を残すべきであるという実質的な理由を背景に、理論的には、倒産手続開始によって債務者は財産処分権を喪失するため、倒産手続開始後に管財人等の下で発生する債権については、集合譲渡担保の効力は及ばないと構成するものが主要なものと思われる。

(イ) 肯定説

倒産手続開始後に管財人等の下で発生した債権についても、集合債権譲渡担保の効力が及ぶとする考えである。最判平成19・2・15最高裁判所民事判例集61巻1号243頁（以下、「平成19年判決」という）は、集合債権譲渡担保について、集合債権譲渡担保の対象たる債権は、特段の付款のない限り、譲渡担保設定契約の締結によって設定者から譲渡担保権者に確定的に譲渡されており、譲渡担保の目的とされた債権が発生したときは、譲渡担保権者は、設定者の特段の行為を要することなく当然に当該債権を取得することができる旨を判示した。肯定説は、かかる平成19年判決を、倒産手続の開始によって債務者の財産処分権が制限されたとしても集合債権譲渡担保の効力には影響が生じないとする趣旨と理解し、倒産手続開始以前にすでに確定的に債権が移転し、対抗要件を備えている以上、集合債権譲渡担保の効力が倒産手続開

始後に発生する債権に及ぶことを否定する理由はない、とするものである[1]。現在の実務の運用・通説は肯定説に立っているものとされている。

　(ウ)　折衷説

　さらに、折衷説として、倒産手続開始後に破産管財人等が新たに締結した契約に基づいて発生した債権については集合債権譲渡担保の効力が及ばないとする見解[2]、倒産手続開始の有無にかかわらず、譲渡担保権者が担保権を実行すれば、担保権実行後に設定者の下で発生する債権には集合債権譲渡担保の効力が及ばないとする見解[3]、倒産手続開始後に担保権を実行されたときには担保権実行後に発生する債権には集合債権譲渡担保の効力が及ばなくなり、平時に担保権が実行された後に倒産手続が開始したときには倒産手続の申立て後に発生する債権には譲渡担保の効力が及ばないとする見解[4]などがある。

(3)　倒産時における集合債権譲渡担保の効力の制限の可能性

　(ア)　倒産時における肯定説の問題点

　倒産手続開始後、破産管財人等は、事業の再建または財団の増殖のために債務者の在庫品等を売却換価し、その結果債権を取得することとなるが、仮に肯定説に立った場合、破産管財人等による在庫品等の売却から発生する債権は、すべて譲渡担保権者に対する弁済に供されることになる。このような事態は、債務者の再生の途を閉ざすという実質的な不都合性を有するのみならず、集合債権譲渡担保の対象となっておらず、本来は総債権者の共同の引当てとなるべきであった債務者の在庫品等が、破産管財人等により換価されることによって、譲渡担保権者という特定の債権者の債権の引き当てになってしまうという点で、倒産財団を特定の債権者のために費消してはならないという倒産法の基本理念に抵触する結果をもたらすことにもなる。

1　山本和彦「債権法改正と倒産法(上)」NBL924号13頁など。
2　小林信明「倒産法における将来債権譲渡に関する規定の創設」(東京弁護士会倒産法部編・倒産法改正展望) 321頁。
3　伊藤眞「倒産手続と担保権――集合債権譲渡担保を中心として」NBL872号60頁。
4　赫高規「集合動産、将来債権譲渡担保の再生手続、更生手続における各取扱い――各譲渡担保の実体法上の効力を踏まえて――」(倒産法改正研究会編・提言倒産法改正) 204頁。

(イ)　平成19年判決との関係

　肯定説は、平成19年判決が譲渡担保契約の締結時に確定的に債権が譲渡されると判示した部分を重視するものと思われる。しかし、債権譲渡人が行った法律行為の結果として発生した債権が、その主体たる債権譲渡人に帰属することなく法律行為の主体ではない債権譲受人に帰属すると考えるのは法律行為の一般的法理から大いに違和感があり、平成19年判決は、あくまで債権譲渡人にいったん帰属した債権が、何らの行為を要することもなく債権譲受人に移転する旨を判示したにとどまると考えるべきである。

　また、肯定説は、平成19年判決を根拠として、債務者の財産管理処分権が失われることは集合債権譲渡担保の効力に影響を与えないと考えるようである。しかし、平成19年判決は、差押え時点で譲渡担保の対象たる債権が既発生であった事案に関するものであって、差押債務者が処分権を有する状態で発生した債権について、その後の差押えにより処分権を喪失したときでも集合債権譲渡の効力には影響しないことを述べたにすぎず、破産管財人等の新たな管理処分権者が行った契約行為によって発生する債権に対して集合債権譲渡担保の効力が及ぶか否かは、平成19年判決が言及するところではないと考えられる。

　さらに、平成19年判決は、譲渡担保の実行後に発生する将来債権に譲渡担保の効力が及ぶか否かについても言及するものではない。

　以上のように考えれば、集合債権譲渡担保の実行後に発生した債権、あるいは、倒産手続開始後に破産管財人等が行った契約に基づいて発生した債権について、集合債権譲渡担保の効力が及ばないと解することは、必ずしも平成19年判決と矛盾するものではないように思われる。

　(ウ)　理論構成

　以上のように、倒産手続開始後に発生する債権について集合債権譲渡担保の効力が及ばないと解すべき実質的必要性が存在し、かつ、平成19年判決にも矛盾しないと解することができたとして、倒産手続開始後に発生する債権について譲渡担保の効力を及ぼさないとする理論構成には、いくつかのアプ

ローチがあるようである。1つは、破産管財人等の第三者性に着目する考えである。ここでいう第三者性とは、対抗要件の場面におけるそれではなく、債務者が行った債権譲渡の処分の効力が破産管財人等が新たに行った法律行為にも及ぶか否かという意味での第三者性を論じるものである。2つ目は、倒産法上の公序に制限の根拠を求める考えである。前述のとおり、倒産時における債権者平等原則との抵触を問題とするものである。さらに、集合債権譲渡担保の実行により効力を画する見解の中には、集合債権譲渡担保は集合体を構成する債権の流動性に本質があり（集合債権概念の維持）、担保実行によってかかる流動性が失われるとして、集合債権譲渡担保の性質から制限の根拠を導くものもある。[5]

(4) 今後の展望

現在の通説・実務の運用は、肯定説に立っていると評価されているものの、以上のとおり、否定説ないし折衷説を排除する決定的根拠はないように思われる。集合債権譲渡担保は、一定の事業活動の発生を前提として、将来債権を発生させる源泉母体（在庫商品等）の処分権を債務者に残して将来のキャッシュフローだけを担保権者に取得させるものであり、倒産により事業が停止した場合にはそもそも債権が発生しないというリスクが内在しているといえる。そうだとすれば、倒産手続開始後に発生する債権について、譲渡担保の効力を一定の範囲で制限しても、担保権者に酷とまではいえないように思われる。

もっとも、集合物債権譲渡担保の効力をどのように解するかは、集合債権譲渡担保の社会的有用性や破産管財人等にどのような地位を与えるかなどの政策的観点からの検討も必要と思われ、現行法の解釈のみで見解の対立に終止符を打つことは困難な状況と思われる。したがって、現在の法状況下では、倒産手続・私的整理手続にあたっては、担保権者に対して事業の再生への十分な配慮を求め、速やかに協議を行うことにより事業の再建をめざすしかな

---

5 伊藤・前掲（注3）60頁。

いと考えられる。

　現在、法務省が進める債権法改正議論の中で、将来債権譲渡に関する規律の創設が検討されている。倒産時・私的整理時における当事者に予見可能性を与えるため、倒産時における集合物債権譲渡担保に関する規律も整備されるべきである。

（金　大燁）

2. 登記した債権譲渡担保権の保全

(1) 債権譲渡担保の対抗要件

　私的整理手続にある会社に対するファイナンスには、担保による保全を図るのが必須であるが、担保として、会社の有する売掛金や貸付金等の資産に対して譲渡担保とするのが一般的である。その第三者対抗要件としては、①債権の相手先の承諾の取得、②相手先への通知、または、③債権譲渡担保の登記の3種類がある（民法467条1項、動産及び債権の譲渡の対抗要件に関する民法の特例等に関する法律4条）。

　1つめは、売掛金等の相手先から異議なき承諾を取得することであり、一番手堅い方法である。しかし、実際には、売掛けの相手先から承諾をとるというのは、相手先の社内手続を要することから手続が煩雑であるし、また、相手先にとっては、「異議なき承諾をすることのメリットは何もないですね。なぜメリットのない取引のために社内の稟議を通さなければならないのですか」と露骨に言われるケースもある等、相手先の抵抗もあるので、実際にはなかなか難しい。

　2つ目の、相手先への通知についてはファイナンスを受ける会社サイドから強い抵抗感があることが多い。売掛先を担保に資金を借りていることが相手先にわかると信用不安になるのではないかと心配するのである。実際のところ、中小企業の資金繰りが大変なのはどの業界も同じである。また、私的整理手続にある場合には、そもそも私的整理手続になっていること自体が信用不安の原因であって、売掛先に対する通知が信用不安の原因ではないので、

手段にかかわらず資金調達するほうが重要であるのに、それでも抵抗される。したがって、債権譲渡担保の対抗要件の具備の手段としては、3つ目の登記を行うことが多い。登記の場合には、売掛金の相手先を巻き込むことがないので、まず、相手に知られる可能性は少ないであろうといえる（可能性がゼロというわけではないので、それについては後述する）。

(2) 債権譲渡担保権の登記
㋐ 債権譲渡登記の有無の確認

　債権譲渡担保権の登記によってファイナンスの保全を図るためには、手続面でいくつか注意すべき点がある。まず、何といっても重要なのは、会社の債権がすでに登記されていないかどうかの確認である。登記所では、同一の債権の登記は何度でも受け付ける。二重に譲渡された同一の債権は、先に登記されたものが優先されると考えられるので、すでに優先する登記があるかどうかを確認する作業が必要になる。具体的には登記事項概要証明書を取得することによって対象会社の債権がすでに登記されているかどうかをチェックすることができる。対象会社の債権が登記されていないのであれば、第1段階はクリアである。対象会社の債権が登記されている場合については後述する。

㋑ 債権に担保権の登記が設定されていないケース

　まず、対象会社の債権が登記されていない場合には、その事実を確認したうえで、対象会社の債権に対して譲渡担保を設定するにあたっての詳細を定める。詳細とは、登記用のファイルにインプットする単なる事務手続ではあるが、実際に対象会社が法的倒産に至るときには、単なる事務手続だと思っていたインプット作業が実はクリティカルになるので、疎かに行ってはならない。インプット項目はいくつもあるが、特に後の保全のために重要なのが、①債権の発生時期の特定、②対象債権の特定の2点である。そのほかが重要でないわけではないが、特に、この2点についてはきちんと定める必要がある。

　まず、①の債権の発生時期の特定であるが、登記の時点ですでに存在して

いる債権のみを登記する場合と、今後発生するであろう将来債権の両方を登記する場合があるので、どちらにするのかを定める。特定かつ単発的な商取引に基づく債権を登記する場合には既発生の債権のみで足りるが、普通は、会社は継続的な商取引をしているはずであるので、将来債権を含めて登記をする。登記にあたっては、債権の発生時期をインプットする必要があるが、その発生時期は期間をもって定めるので、始期と終期の両方をインプットする。始期は登記予定日よりも少し前の時期であればあまり神経質になる必要はないと思われるが、終期のインプットにあたっては、対象会社に対するファイナンスの期間をあらかじめ想定し、ファイナンスの元本が全額返済される時期までは終期が訪れないようにしなければならない。換言すると、ファイナンスの元本が弁済される前に終期を迎えるとその途端無担保となるので、ファイナンスの元本が残存している間に終期が来ることが想定される場合には、再度登記をすることによって保全の期間を延長する手続をとる。

次に、②対象債権の特定であるが、対象債権は特定することもあるし、あえて特定せず不特定とすることもある。商取引の中で継続的な取引先がある場合には、主要な取引先を限定したうえで、その主要な取引先に対する債権を担保として、前述どおり既発生債権に加えて将来債権までを登記するのが基本線であろうと思われる。しかし、継続的な取引先との取引が先細っていて将来的な担保力に懸念がある場合や、消費者金融や通信販売のように既発生している債権の相手先との取引が継続的であることの保証はないし、将来債権としては新規の取引相手に対する債権が発生することになるので、現存する対象債権の相手先に登記内容を限定してしまうことには大きなリスクが残る。そのような場合には、将来債権については対象債権を不特定にして担保権の保全を図る。こうすると、将来発生するであろう誰に対するかわからない債権までも担保権で保全されるようになるので、担保を設定する立場としては安全になる。

　(ウ)　**債権に担保権の登記が設定されているケース**

　上記(イ)の手続は、対象会社の債権に担保権の登記が設定されていないケー

スの手続であるが、すでに登記されていることが判明する場合もある。この場合には、債権譲渡担保権によるファイナンスにはリスクが大幅に高まるので、会社の協力を得ながら細かな点に至るまでチェックをして、きちんと保全が図られるようにすることが重要である。

(A) 第2順位登記の設定

概念的には、第1順位の担保権が設定されている場合でも、対象会社の協力を得て、債権の発生時期の確認と対象債権の確認の両方ができればある程度のリスクが軽減される。上述のとおり、債権の発生時期は終期が定められているので、終期の時期が近い場合には、第2順位でかまわないので登記を設定してしまうという方法もありうる。なぜなら、第1順位の設定者の終期が訪れると、あとから設定した第2順位は自動的に第1順位に繰り上がるからである。劣後する担保権は万全ではないものの、一定の期間のコーポレートリスクがとれるという場合には、第1順位の設定者の定めた終期が訪れるのを待つことによりそれなりの保全を図ることができる。また、対象債権については、第1順位の設定者の設定内容が、対象債権の将来債権は、不特定になっているかもしれないし、または、主要な取引先に限定した担保権の設定になっているかもしれない。将来債権が不特定になっている場合には、こちらサイドは完全なる劣後担保権となってしまうが、対象債権が主要な取引先に限定されている場合には、主要な取引先以外の取引相手に対する債権は無担保状態といえるので、その債権に対して担保権を設定することにより、その部分に対する債権は保全されるということになる。

(B) 第1順位登記の内容の確認

では、登記所に登記された内容を確認するにあたり、第1順位の設定者の登記内容をどのようにして知ることができるか。結論を先に述べると、対象会社の協力なしに登記の詳細な情報を取得することは、実質的には不可能に近い。通常、登記を行う場合には電子データを登記所に持ち込むので、第1順位の設定者の登記時の電子データを入手することができるのであれば最も簡単でコストもかからないが、それができるケースは稀である。

債権譲渡登記所では、登記事項概要証明書と登記事項証明書という2種類の証明書を交付している。登記事項概要証明書は、前述のとおり、その会社の債権等が譲渡されているかどうかの情報が記載されているものであるが、個別の債権の特定をしているものではなく、情報量としても限定されている。会社がどのような取引をしたかという概要を知ることができるにすぎない。一方、登記事項証明書というのは、登記された個別の売掛先の詳細が記載されているもので、1つの売掛先ごとに一枚になっている。換言すると、100の売掛先を登記するとしたら、100枚存在するもので、登記されている売掛先の名称や債権の発生時期等の細かな情報も含まれる。登記事項証明書を100枚取得することにより正確な情報を取得できるかというとそうでもない。100枚取得するためには100社がどこであるのかという情報を会社から入手するか、会社の売上一覧をみながら100社を推測していくかいずれかの方法になるが、後者の場合推測された100社が登記された100社とすべて同一である可能性は極めて低いので、推測による登記内容の把握というのは、現実的には難しい。また、不特定の将来債権というのも、100枚存在する登記事項証明書のうちの1枚に記載される事実であるので、その1枚にたどり着かないと不特定の将来債権なのか、特定の将来債権なのかの情報もわかりにくい。また、現実的には証明書の取得手数料もかかるので、登記事項証明書を丁寧にすべて取得するような事務手続を行うことはしない。

　また、登記事項概要証明書は誰でも取得できるのに対して登記事項証明書は利害関係者しか取得できないので、これから第2順位の担保権を設定しようとしている金融業者が単独のマンパワーですべての情報を把握することもできない。せいぜい、会社サイドから、「A社の債権は譲渡していません」と言われる場合にA社という登記事項証明書があるかどうかの検索をかけ、登記事項証明書がなければ登記されていないことを確認することができる程度にとどまる。通常、第1順位の設定者が存在する場合には、その設定者との契約書を読み、売掛先と将来債権が特定されているかどうかをレビューするのであるが、最終的に合意された契約書のコピーを開示してくれるかどう

かはわからないので、やはり、登記内容でチェックできるのであればそちらで確認するほうがよい。

(エ) **債権に担保権の登記が設定されていないが債権譲渡がされているケース**

以上は、登記に第1順位の設定者が存在するケースであるが、ほかにも根本的な別のリスクもある。冒頭で、債権譲渡担保の対抗要件には、①売掛先の相手の承諾、②相手への通知、③債権譲渡の登記の3種類があると述べた。債権譲渡担保の手続として登記事項概要証明書を取得して第1順位の設定者がいないことが確認できても、実は売掛先の相手の承諾を得てすでに債権譲渡がなされているケースが往々にしてある。

一般的な担保付ファイナンスを行う金融業者にとって、売掛先の相手の承諾を得るのは非常に難しいのは冒頭に述べたとおりであるが、それとは別に世の中にはファクタリング会社というものが存在する。たとえばメーカー等のグループ会社が多く、メーカー等が下請会社の資金繰りを支援するために、下請けのメーカーに対する売掛金をグループのファクタリング会社が前払いするビジネスである。契約は、当該メーカーとファクタリング会社と下請会社の三者間契約を行うので、会社とファクタリング会社との間の取引は売掛先の相手の承諾を得ているものと同等の取引になる。売掛先の相手の承諾を得るのは非常に難しいというのは、一般的な金融業者の話であるが、メーカー等がグループ会社を紹介する場合には、下請会社は抵抗なく安心してファクタリング会社から資金調達をする。そのような場合、登記による優先の担保権者が存在しないことが確認できても、債権譲渡担保の登記そのものは、そのメーカー分についてはファクタリング会社に劣後することになってしまう。

私的整理を行う会社には、そうした大手のメーカー等に対する売上げを有している先も多くあり、しかも、それが債権譲渡の取引のうち、相手の承諾に該当する取引であるということの知識が十分にない会社も多い。そのような場合には、ファクタリングの事実を悪意なく金融業者に開示してくれなかったりすると、金融業者もそのメーカー等に対する売掛金も登記の内容に入

れ、実際の担保価値の計算にあたってもそのメーカー等に対する売掛金の金額も加算したりするのであるが、後日、ファクタリングの事実が判明するときには、担保価値が減じていることも判明するので要注意である。

　売掛金の登記の事実は、普通は相手先に知られるリスクは非常に少ないと冒頭で述べたが、こうしたメーカー等に対する売掛金の登記の事実は往々にして、ファクタリング会社のチェックを通じて知られることになる。ファクタリング会社は、保全と混乱回避のために自分たちが承諾している債権譲渡が登記されているかどうかを定期的にチェックする。具体的には、会社の登記事項概要証明書を取得して債権譲渡の登記がなされていることを確認し、債権譲渡の登記を発見した場合には、グループのメーカー等の登記事項証明書があるかどうかについてもチェックをかけるのである。そして、メーカー等の登記事項証明書をみつけた場合には、たとえその登記がファクタリング会社より劣後するものであっても、そのメーカー等の登記を抹消するように対象会社に指示するのが一般的である。

(3) 債権譲渡担保権の登記のリスク

　こうしてみると、債権譲渡担保の登記というのは、非常に便利な手続であることは認めたうえで、第1順位の設定者がある場合の第1順位の登記の内容の詳細がわからないことや、ファクタリング会社との間に三者間契約がなされた場合等、優先する担保権者が存在する場合には、相当に弱い担保とならざるを得ない。チェックにも限界があるので、相当な掛目は必要になるだろうと思われる。

　また、仮に優先する担保権者がない場合でも、その後、別の業者が第2順位の登記を行うことがある。不動産の場合、第2順位の抵当権者が不動産の強制執行を行う場合、不動産の換価金はまずは第1順位の抵当権者に充当されることになるので第2順位の抵当権者による強制執行は第1順位の抵当権者にとって害にはならない。しかし、債権譲渡担保の場合、第2順位の担保権者が担保権の行使として登記している売掛金の相手先に通知を出し、第1順位の担保権者を差し置いて、売掛金の支払いを第2順位の担保権者宛てに

入金するよう指示を出すことは十分可能である。そうなると、法律論を超えて大きな混乱に陥る。第1順位の担保権者は、すぐに対抗措置を講じるはずであり、まずは、担保権が第1順位の担保権者にあることを売掛先に再度通知を出すことになる。売掛先は、会社に対する支払債務を認識するものの、第1順位からも第2順位からも別々の入金指示が届くことから、二重払いを回避するために支払いを留保したり、供託したりするようになる。混乱状況が長引くと、会社は売掛金の実際の入金がなくなるために、会社は明らかに事業を継続することができなくなる。債権譲渡担保というのは、会社が資金繰りに窮しているときには、第1順位の担保掛目が厳しい場合に、つい第2順位の設定によって追加資金の調達を試みたくなるのであるが、会社サイドにきちんとした知識とリスク認識が欠落する場合には、会社の状態が少し悪くなることにより、事業が大きく劣化するような自殺行為になることも十分ありうる。

　金融業者としては、債権譲渡担保の登記は便利な手段であると考える一方で、登記の限界とリスクについては十分認識する必要があると考えている。

(木下玲子)

3. 資金繰りの管理による債権保全

(1) はじめに

　私的整理中の会社に対してファイナンスを行う場合には、資金繰りを管理することは必須である。それは、混乱なく事業が継続しているケースにおいては、資金の貸し手にとっては、法律的な問題であるというより実務的な課題である。特に、金融業者にとっては、数字を管理するのは、本業であるし、当然にして誰にでもできる業務であるので、これを怠ってはならない。

(2) 資金繰りの概要をつかむ——粉飾を見抜く

　私的整理をしなければならないような状態の会社には、それまで粉飾をしていた会社も多い。デューディリジェンスレポートでは、会計上のバランス

シートと実態のバランスシートが比較されたものが多く用いられ、会社が過去に粉飾していたものの蓄積をみることができる。

　しかし、金融業にとっては、このような会社の状況になると、バランスシートの実態よりも過去から現在に至るまでの損益の実態のほうが重要になってくる。とはいえ、粉飾していた会社の損益の実態を時系列にみていくことはほとんど困難であるので、現実の資金の流れをみることにより、実態の損益の概要をつかむことになる。

　その点、資金繰りというのは正直なもので、粉飾により立派にみえる損益を維持したとしても、資金の過不足をフォローすると、何となく実態上の損益の概要がみえてくる。普通の会社の場合、売上げそのものが増加し続けるときには運転資金調達ニーズも増加するので、利益が出ていても資金繰りがマイナスになることもあり、資金繰りだけが不足することが、イコール粉飾であるとは限らないが、多くの私的整理手続中の会社というのは、売上げそのものは安定または減少傾向にあることが多い。売上げが増加も減少もせず、ほぼ同じ水準を維持しているのであれば、普通は利益が出てさえいれば資金繰りはタイトになるわけがない、というのが前提である。

　にもかかわらず、資金繰りがマイナスであれば、何かがおかしいと思うほうが正しい。利益の粉飾をしているのかもしれないし、あるいは、簿外の借入金があって、その返済に忙しいのかもしれない。または、本来してはならない投資活動をしているとか、何かの理由があるのだろうということで突き詰めていくと、まずは資金繰りの概要をつかむことができる。

(3)　資金繰りの管理

　ファイナンスを要請される場合には、資金繰りをざっくりみると、その会社に対するファイナンスの上限金額は比較的すぐにイメージすることができる。往々にして過大なファイナンスの金額を要請されることがあるが、金融業にとっては、ぱっとみて思いつく金額が常識的な金額であり、その金額を超えてはならないと感じている。

　さて、実際の資金繰りの管理は、かなり根気のいる作業である。基本的に

は日繰りの資金繰りである。1カ月の間の月末残だけを追いかけていてもおおよその概要はわかるが、1カ月の間の特定の日、25日とか20日などに大きく預金残高がボトムになる会社は多い。また、月末には入出金が多いが、支払いと入金が両方であると、大きな入金を確認してからでないと支払いもできない会社があったりして、1日の間でもマイナスになってプラスになったりするので、1カ月の流れを理解しなければならない。その流れを理解したうえで、資金の出入りで異常な支出や大きな入金漏れがないかを管理するのが最初のチェックになる。会社の状況がよくなってきたり、資金繰りを管理している間にスポンサー選考のプロセスが進んでいっている場合には、あまり神経質にならずに資金繰りを管理していればよいが、会社の業況が悪化しているときにはそうはいかない。ファイナンスの引き際をいつにするのかを決めなければならないし、または、担保権を行使して法的倒産への引き金を引くべきかの判断も必要になる。

(4) 担保の設定

私的整理のファイナンスにおいて、担保を設定するのは必須である。その担保としては売掛金や在庫等、会社の営業資産になることが多い。営業資産というのは、その会社が事業を継続していくうえで換価されていく資産であるので、売上げが減少していて赤字が解消されないと、事業存続の危機に瀕する。また、金融の立場からすると、当初はファイナンスの担保として十分な担保があると思われていたものが、気がつくといつの間にか担保割れになったりするリスクがある。担保割れの懸念が出てくるときには、当初の担保カバー率を維持するために一定額の弁済をしてもらう必要があるが、事業が劣化しているときには弁済もままならないような状態になるので、そのようなときには、会社に法的倒産を促したり、担保の実行をすることによって貸金の回収をスタートしたりしなければならない。

(5) 資金移動の手続に関与する

また、資金繰りをきちんとみるために、会社の合意を得て実際に資金移動の手続に関与するケースもある。まさに財務部のような役割で、伝票を1つ

I DIP ファイナンス

ひとつチェックしたり、売上げ先に請求書を発送する前に請求書をすべてチェックすることもある。また、最近の資金移動は印鑑と通帳というより、パソコンバンキングなので、会社の預金口座の閲覧権限を付与してもらい、日繰りの資金繰りの予定表と実際の預金残高に相違がないかどうかについてもチェックしたりする。これは、かなり手間のかかる作業であるし、会社の経理財務部門を一部アウトソースしているのと同等の作業をしていることになるが、普通にまわっている会社には拒絶反応が強い。

　筆者の経験で最近のDIPファイナンスにおいてそのようなケースがあった。

　ある会社が、薄利で事業をしていたが、社長が薄利では物足りなくなり、本業以外の別事業に投資を行うことで収益を確保したいと考えた。しかし、別事業からは、すぐに収益が出るような構造にみえなかったので、筆者らはDIPファイナンスを行う条件として、社長への牽制のために、パソコン画面で預金口座の日々の動きをチェックすることを要請した。契約時には、社長は資金欲しさに預金口座の閲覧をすることに応諾したものの、実際に始まってみると、社長は会社が資金管理されることを非常に嫌がるようになった。会社の資金繰りは、会社の経理担当者さえわかればよく、第三者である筆者らにチェックされたり牽制されたりしたくない、というのが社長の言い分であり、かつ、別事業に自由に資金を使いたがるので、筆者らと社長との話はいつも平行線をたどり、結果的に社長は資金繰りの管理にはうるさくない別の金融業者から資金調達をして、当初半年程度を予定していた筆者らのDIPファイナンスを大幅な期限前にきれいに弁済してしまった。それはそれで、仕方がないと思っていたが、その後、3カ月もしない間にその会社は民事再生手続を経て、それもままならず、あっさりと破産してしまった。また、投資した別事業への資金もすっかり焦げ付き、回収の目途が立たなくなってしまった。DIPファイナンスが弁済された時、遠くない将来に法的倒産をするのではないかと予想していたが、いざ、倒産速報で民事再生手続に続く破産の記事をみつけた時には、あまりにもあっけない終わり方に驚いた

記憶がある。

　これは、借入れにより資金が潤沢にあったものの、季節資金の底に対応する資金繰りを怠っていたことに起因するものであり、資金繰りの重要さを痛感させられた。

(6) 会社の継続と社会貢献性

　資金繰りがまわるというのは、会社の継続の最低条件である。赤字であるとか、資金が流出する会社というのは、事業の継続たり得ない。

　よく、赤字会社の経営者からは、事業には社会貢献性があり、社会に必要な機能をその会社が果たしているという話を聞かされる。しかし、株式会社である以上、赤字であるということ自体が社会貢献性を果たしていないのではないかとよく感じる。

　社会貢献性というのは、まずは、従業員や仕入れ先や債権者等、会社の事業を継続するにあたって関係している直接の関連当事者に対する契約をきちんと履行することであるし、必要な税金や社会保険料等を滞納せず納付することだというのが、実感である。どんなに事業の中身に社会貢献性があったとしても、商取引や雇用関係や金銭消費関係等でその会社と直接かかわっている当事者に対して不履行をしたり、社会保険料や税金等の優先債権を滞納している会社には社会貢献性があるとはいえない。

　事業の中身に社会貢献性があってその事業を継続したいのであれば、まずは、それができるような損益状況と資金繰りまで会社を引き上げなければならないのである。その意味では、金融業者としては、会社が苦しくなり、関係当事者に対する不履行が容易に予測される場合には、その不履行の金額が膨れ上がる前に引き金を引くことが金融業者としての社会貢献性ではないかと思うことがしばしばある。倒産への引き金を引くことは、会社にとっては気の毒なことではあるし、引き金を引くという行為そのものが金融業者のレピュテーションにつながるとして敬遠する人たちも多い。しかし、ファイナンスを行う立場としては、まずは、担保の保全がある間に貸金の元本を回収してしまえば、担保は解放されることになるので、解放された資金は、ほか

の支払いに充当することができる。一方で、引き金を引くことをためらったり、うっかりして資金繰りの管理を怠ることにより、気がついたら担保割れが起こっていたという場合には、債権保全ができないばかりか、担保そのものに余力がないために、ほかに滞っている支払いが全くできなくなり、会社は再生していくどころか、清算しなければならない運命になるのである。

　資金繰りの管理は、一義的には、債権の保全のために行うものであるが、最終的には会社が事業を存続することができるかどうかのチェックを行っているに等しい重要な作業であると思う。また、特に金融業者にとっては、数字を管理することは基本中の基本で、誰にでもできる作業であるので、それを怠ってはならないと考えている。

（木下玲子）

4．米国の ABL と事業再生ファイナンス

(1)　はじめに

　2009年12月に施行された中小企業者等に対する金融の円滑化を図るための臨時措置に関する法律（金融円滑化法）により、銀行は業績の芳しくない企業向けの融資について一時的に弁済を猶予し、その再生を支援してきた。一方で、2013年3月に同法が期限切れとなって1年以上経過し、こういった安易な延命措置も限界に来ているという見方も増えてきており、今後は、抜本的な施策の導入が借入人側に求められるケースも出てくるものとみられる。こういった環境下で在庫や売掛債権を担保にしたアセット・ベースト・レンディング（以下、「ABL」という）が金融面で企業の再生支援ツールとして用いられる機会が増えてくるものと思われる。

　日本で動産の譲渡登記とともに ABL が本格的に導入されてから久しいが、米国の ABL とは本質的な部分で異なっている。日本では借入人との取引関係に立脚したファイナンス（リレーションシップ・バンキング）の一環として ABL が用いられることが多い。具体的には業績が悪化した既存借入れについて、在庫や売掛債権を保全強化目的で担保に入れさせる、不動産担保をと

っている既存融資先からの追加借入要請に応える際に、不動産の担保価値に余裕がない場合、在庫や売掛債権を担保に入れてもらって、融資を増額するといった手法である。最近では新規先にもABLを導入することが行われているものの、いずれにせよ在庫や売掛債権の価値よりは借入人の信用状態を重視するアプローチをとっているところに日本型ABLの特徴がある。一方で、米国型のABLは日本のリレーションシップ型とは異なり、担保価値重視のプロダクト型である点に特徴がある。本稿では米国型ABLについて、金融円滑化法の出口をにらんだ事業再生ファイナンスへの応用について考察してみることとしたい。

(2) 米国型ABL発展の経緯

もともと米国の本格的なABLは主に中堅・中小の小売業者向けに運転資金枠を供与するファイナンス手法として当初発展をみせ、その過程において、製品在庫を取り扱うメーカーや卸売業者等へとその範囲を拡大した。米国のABLの残高は1990年代に飛躍的に上昇し、21世紀に入って、米国の好不況の中で安定的に成長してきた。もともとは中堅・中小企業向けファイナンスであったものが、近年では好況時には、LBOファイナンスの運転資金枠として、不況時には事業再生ファイナンスとして用いられることで新たな使用法が見出されたのである。以下で、米国の事業再生ファイナンスにABLが用いられるケースついて概観する。

米国においてABLが事業再生ファイナンスに用いられるケースは以下の3通りが考えられる。

① 倒産前に実行されるプレDIPファイナンス
② 倒産中に実行されるDIPファイナンス
③ 倒産脱却時に実行されるExitファイナンス

プレDIPファイナンスは経営危機に陥ったものの、法的整理には至っていない企業に新規に行われる融資である。もし、プレDIPファイナンスを実行した後に借入人がChapter 11(米国の再建型法的整理)を申請すると、プレDIPファイナンスの貸付人(レンダー)は当該プレDIPファイナンス

を自らが実行するDIPファイナンスでリファイナンスするという可能性が出てくる。これが倒産裁判所で認められ、リファイナンスが行われた後に、再建計画が倒産裁判所で認可され、借入人が倒産から脱却する時点で、自らExitファイナンスを実行してDIPファイナンスをリファイナンスするということも可能となる。このシナリオどおりに進むと、同じ借入人の異なった状況に応じて3度のファイナンスの機会があり得る。

　事業再生ファイナンスは経営危機に陥っている企業が借入人となることから、融資の信用リスクは通常の融資より一段と高いと考えられる。そういった中で、ABLが米国で事業再生ファイナンスに応用されるにはそれなりの理由がある。つまり、債務者が倒産しても、または最悪のシナリオとして清算に至ってもABLが償却に至る可能性が低いということである。次項では米国型ABLのストラクチャーの特徴を説明し、償却の可能性が低い仕組みについて考察する。

(3) 米国型ABLのストラクチャー

(ア) コミットメントライン

　米国型ABLの資金使途は、借入人の運転資金やメンテナンス等の設備資金、つまり経常的な資金需要である。特に運転資金需要は季節性があることも多いので、こういった増減する資金需要に対応するべく、ABLはコミットメントラインの形態をとることが多い。借入人は必要な時に必要な額を引き出せばよいので、借入人の資金需要に柔軟に対応することが可能となるからである。また、一定期間、一定極度までの貸付けをコミットしているので、レンダー側の判断で新規の貸付けを謝絶するという、いわゆる貸し渋りに相当することは起こらない。つまり、借入人は一定期間にわたって、一定額の流動性を確保できるのである。この代償として借入人は未使用コミットメント額に対してコミットメント・フィーという手数料をレンダーに支払うことになる。

(イ) Borrowing Base (BB)

　一般のコミットメントラインでは借入人が約定違反を起こしていない限り

は、いつでもコミットメント額（極度）まで借入れを行うことが可能である。同じコミットメントラインという形態をとる米国型 ABL では、融資残高は以下で解説する Borrowing Base（以下、「BB」という）以下に抑えることを約定で求められる。BB は担保適格売掛債権に一定掛け目（たとえば80％）を乗じた金額と担保適格在庫に一定掛け目（たとえば60％）を乗じた金額の和とすることが一般的である。つまり、レンダーが担保として依存できない売掛債権や在庫を控除したネットの売掛債権や在庫に掛け目を乗じて一種の担保価値を算定し、常に融資残高がその範囲内となるようにする。このようにすることで、借入人が倒産しても担保余剰がある状態とし、借入人が清算になっても、担保在庫の処分代金や担保売掛債権の回収代金で ABL が完済されるようになる。つまり、精度の高い BB を頻度高くモニターすることで、与信の保全が図れるのである。

(ｳ) **担保非適格資産**（Ineligible Assets）

上記 BB の説明において、「担保適格」という言葉が出てきたが、これは担保対象物から「担保非適格」な資産を控除して算出する。したがって、担保非適格な資産の定義が決まることで担保適格資産が算定されることになる。担保非適格な資産とはレンダーの立場からして担保価値を認められない資産で、売掛債権、在庫について例をあげると〔図表78〕〔図表79〕のとおりである。こういった資産を BB から控除することで、ABL がより保守的になる。借入人のデューディリジェンスでは担保非適格資産のあぶり出しが主たる目的の1つとなる。

(ｴ) **口座集中とデイリー・キャッシュ・スィープ**（DCS）

日本の ABL との比較のうえで、米国型 ABL の1つの特徴として、借入人の入金口座の集中とその口座のデイリー・キャッシュ・スィープ（以下、「DCS」という）があげられる。まず、その仕組みを解説する。

一定規模以上の借入人は通常、拠点別や目的別に複数の銀行口座を有している。このうちの特定の1つの口座（もしくは新規に開設する口座でも可）を指定して、原則すべての入金をその口座に集中する。今まではそれぞれの口

〔図表78〕 担保非適格売掛債権の例

基準	担保非適格とする主な理由
延滞発生（注）から一定期間を経過した債権	延滞して一定期間を経過した債権は支払われない可能性が高い。
売掛債権の債務者が倒産している債権	債務者が倒産している債権は支払われない可能性が高い。
同一債務者の債権の一定比率（たとえば50％）以上が延滞発生（注）から一定期間を経過している場合の残りの債権	同一債務者の債権の一定比率以上が延滞しているということは、残りの債権も期限が到来しても支払われない可能性が高い。
関係会社間の債権	関係会社間では債権・債務関係が適切に発生しているかどうか見分けにくく、レンダーの同意なく債権放棄が行われる可能性がある。
譲渡禁止特約が付されている債権	譲渡禁止特約により譲渡が無効となり、担保権が及ばない。
売掛債権の債務者が海外に所在する債権	法制度によって、担保権の実行が困難となる場合があったり、言語や時差の違いによって取立てが困難となったりする可能性がある。
相殺対象債権となっている債権	借入人が売掛債権の債務者に買掛債務を負っていて、相殺によって回収が図られることで現金が借入人に入ってこない可能性がある。

（注）債権の発生日からと定義する場合もある。

〔図表79〕 担保非適格在庫の例

基準	担保非適格とする主な理由
仕掛品在庫	処分時に完成品に仕上げる必要があり、そのために時間と費用がかかる。
破損在庫	処分不能または処分時に大幅な値引きを要する可能性がある。

長期滞留在庫	長期間販売できていない在庫は処分できない可能性があったり、処分時に大幅な値引きを要する可能性がある。
特定の企業にしか販売できない商品	注文した特定の企業が引取りを拒否した場合、他の企業へ販売することが困難となる。
委託販売品在庫	借入人が所有権を有していないので、譲渡担保が無効となる。
所有権留保付在庫	借入人が仕入代金を支払うまで所有権が納入業者に残っているため、所有権が借入人になく、譲渡担保が無効となる。
小口在庫	1カ所あたりの在庫の価額が一定額以下であると、引き取り処分費用が回収額を上回り、効率的な回収が困難となる。

座で入金も出金もあったわけであるが、今後は、入金は特定口座のみに行われるので、他の口座への顧客からの入金はないことになる。そして、その特定口座にレンダーが担保権を設定し、DCSとよばれる仕組みを導入する。DCSによって、毎日、特定口座に入金された資金を自動的に吸い上げて、ABLの元本弁済に充当する。つまり、借入人が本来受領すべき資金はいったん、全額ABLの弁済に充当されることになる。そうなると、借入人は現金を受け取ることができないので、資金需要が発生しても手元に自由になる現金がなく、借入人は資金需要に対応するべくABLを引き出す。つまり、資金需要は原則すべてABLの引き出しによって賄われることになるのである。ABLの融資代り金は特定口座以外の口座に入金され、そこから先は借入人が自由に使用できる。DCSによって、レンダーは借入人の入金を捕捉でき、問題発生時にはABLの回収が自動的に進むことになり、保全機能が増す。米国では小切手による入金も多いが、小切手はロックボックスとよばれる私書箱に送付され、それは銀行によって特定口座に入金され、DCSの対象となる。

米国ではこういった入金口座を集約、同口座に担保権を設定したうえでDCSを組み込むことをCash Dominionと称する。この一連の仕組みは案件調印時に発動されることが多いが、借入人の信用状況、担保の内容、レンダー間の競合状況等によって、当初は準備のみで発動されず、財務数値や比率が一定水準に達したり、ABLの枠の使用率が一定水準に達したりした時点で発動されるSpringing Cash Dominionという方式をとることもある。

(4) 米国におけるABLの事業再生への応用を支える制度

米国では(3)で説明したストラクチャーを用いることで、ABLがプレDIPファイナンス、DIPファイナンス、Exitファイナンスに適用されている。事業再生を要する借入人はたいていの場合、損益計算書と貸借対照表が傷んでおり、キャッシュフローも弱くなっていることも多い。こういった状況では借入人の財務諸表の数値に依存した伝統的なファイナンシャル・ステートメント・レンディングは難しい。一方で、借入人が良質で相応の量の在庫や売掛債権を有している場合は、その担保価値に依存したABLが適していることもある。この借入人が有する処分可能な資産の価値に着眼したファイナンスが米国型ABLである。この特徴を活かすには、担保価値の実現、担保価値の維持等において、法律面、制度面でのバックアップが必要である。以下で、上記3種類の事業再生ファイナンスにおいてABLを活用するに際して、これをサポートする法律面、制度面について解説をする。

(ア) DIPファイナンス

米国において、相応の規模を有する借入人が連邦倒産法のChapter11を申請する際にはDIPファイナンスの提供を受けることが多い。米国では、DIPファイナンスは特殊な場合[6]を除いては償却に至る場合がない、非常に安全なファイナンスであるという事実があり、こういった認識が倒産事件に関与する弁護士、会計士やその他アドバイザー、レンダー間での共通認識と

---

6 借入人による現預金の持ち逃げ等詐欺のケース、通信会社という固定資産が多い業種で現金の流出が多く、事業譲渡価格がDIPファイナンスの金額をカバーできなかったケース、担保物が金属で担保物処分時に市場価格が急落したケース等、事例が限られている。

なって定着している。この事実の背景にはいくつかの法制度によるサポートがある。

　まず、再建計画の認可条件を定める連邦倒産法1129条で、共益債権（DIPファイナンスはこれに該当）はその債権者が別途合意しない限りは全額現金で弁済することが債権計画の認可の要件の1つになっている。つまり、再建計画が認可になり、借入人がChapter11から脱却するにはDIPファイナンスを全額現金で弁済しなければならないのである。この部分については、共益債権は期限到来時に支払う必要がある日本の倒産法に類似しているが、Chapter11脱却時に一括弁済となっている点で異なる。

　次に新規与信の獲得について定めている連邦倒産法364条において、他に与信を獲得できない場合、倒産裁判所の通知と審尋を経て、共益債権の中で他の共益債権に優先する共益債権（Super Priority Claim）として新規与信を得ることが認められている。これによって、DIPファイナンスは債権として最上位に位置することになり、安全性が高くなる。

　第3に、同様に364条で、他に与信を獲得できない場合、倒産裁判所の通知と審尋を経て、既存の担保権と同順位または既存担保権に優先する担保権（First Priming Lien）を付した与信が認められる。これによって、担保権でも最上位に位置することになり、借入人が清算に至った場合も、資産処分の代り金は一部の例外を除いては[7]DIPファイナンスのレンダーに最初に支払われることになるので、DIPファイナンスの保全が固まる。

　これに加えてABLを適用していると前記のBBによってDIPファイナンスの残高は掛け目を乗じた担保価値の範囲に、常時収まっているので、清算になっても安心できるということになる。つまり、上記の法的保護とストラクチャーによる保全が相まって、ABLを用いたDIPファイナンスは非常に安全な融資となるのである。

---

[7] 弁護士費用や資産処分等に関する清算請負会社に支払う手数料、その他租税債権の担保等、First Priming Lienに実質優先される支払いがあるが、金額面では大きくないことが多い。

(イ) プレ DIP ファイナンス

　米国でも日本同様に経営危機に陥ったものの、法的整理には至っていない企業向けにプレ DIP ファイナンスが実行されることがある。プレ DIP ファイナンスは法的整理前に実行される点で、法的整理前に行われた他のファイナンスと区別できず、プレ DIP ファイナンスを実行した後に借入人が Chapter11 を申請すると、倒産前の債権に分類され、自動的停止（Automatic Stay）により回収や担保権の実行が止められる可能性がある。こういった大きなリスクを冒してまで、プレ DIP ファイナンスが行われる背景について解説する。

　米国でプレ DIP ファイナンスを行使する際には、当該融資が常に担保余剰（Over Secured）となっていることが極めて重要となる。これによって、後述する「適切な保護」（Adequate Protection）を通じて、資金繰りに余裕があれば倒産下での金利の現金払い（資金繰り上、現金による利払いができない場合は、経過利息を債権として計上すること）が認められたり、ある程度担保価値の維持が図られたりするからである。担保余剰があるかどうかという点については、本来は担保物を処分しないと確定しないので、当然その価値をめぐっての論争が繰り広げられることもある。一方で、担保価値が在庫や売掛債権といった流動性の高い資産の価値で構成されており、適切な BB の範囲内に融資残高が抑えられている場合は、担保余剰があるとみなされることが、実務上確認されている。したがって、適切な BB によって管理されている ABL であれば、借入人が Chapter11 を申請しても、現金による利払いが受けられたり、その後の担保価値の維持が図られたりするので、レンダーとしてはある程度安心できるのである。

　また、実務上は、倒産前に実行した融資であっても明らかに担保余剰となっている場合は、他者が行う DIP ファイナンスによって弁済されたり、自己が行う DIP ファイナンスによるリファイナンスを通じて最優先弁済権（Super Priority Claim）に転換されたりすることもある。

　次に適切な保護について簡単に解説する。

米国の連邦倒産法361条に「適切な保護」(Adequate Protection) について記載がある。具体的には、①定期的なもしくは1回の現金による弁済、②追加のもしくは代わりの担保物の提供、③当該担保権と「疑いもなく等しい」(indubitable equivalent) ものの提供が規定されているが、これに限られるものではない。レンダーにとっては、前述のとおり、現金による利払いが非常に重要となる。なぜならば、現金による利払いが受けられると、レンダーとしてその間の資金調達コストが賄われるからである。また、担保物の価値の下落もプレDIPレンダーとしては気になるところであるが、これについても通知と審尋を経たうえで、適切な保護に欠けると倒産裁判所が判断すると担保権の実行が認められることになる。ただし、実務上、借入人の再生に必要とされない資産については、担保権の実行も現実的であるが、在庫や売掛債権については再生に必要であるので、清算への移行のほうが現実的である。[8] 清算に移行した際に、重要なのは担保余剰があることであり、ここでその真価が問われることになるが、在庫や売掛債権は比較的流動性が高く、換価しやすいことから、固定資産等に比べて、清算時の回収額を高めることになる。ABLの借入人が倒産しても、償却に至る可能性が極めて低いといわれるゆえんである。

　　(ウ)　Exit ファイナンス

　米国ではChapter11を申請して法的整理に至った借入人の再建計画が倒産裁判所で認可されると、多くの場合、数週間で当該借入人はChapter11から脱却 (Emerge) する。この際にDIPファイナンスのリファイナンスを主たる目的とする借入れが行われることが多い。この借入金はExitファイナンスとよばれ、ここでもABLが用いられることがある。

　Exitファイナンスは DIP ファイナンスと異なり、連邦倒産法によるレンダーの保護はなく、そういった意味では通常の融資と法的には何ら変わるところはない。したがって、保全はあくまで、担保、Covenants 等の契約に

8　Chapter11の下での清算、またはChapter7への移行。

よって行われる。この契約の中に BB の概念を導入することで、引き続き保全を図っていくのである。Exit ファイナンスにおいて、①DIP ファイナンスのリファイナンスとしての運転資金枠に在庫と売掛債権に第 1 順位担保権が与えられ、その他の借入金は第 2 順位担保権となるケースと、②再建計画に基づいて倒産前の融資の一部が振り替えられたタームローンと、運転資金枠とで担保が共有されるケースがあり、担保のつけ方によってリスクが大きく異なることがあるので注意を要する。

上記のとおり、Exit ファイナンスについては法律面、制度面での特段のサポートはないので、再建計画に基づく借入金の削減や BB の導入によって総合的に保全を図ることになる。

(5) 日本における ABL の事業再生ファイナンスへの応用とその課題

最後に日本において ABL を事業再生ファイナンスに応用する際の課題について言及する。

㋐ DIP ファイナンスについての課題

まず、DIP ファイナンスについては米国では前述のとおり、First Priming Lien による保全が重要な鍵となっている。日米を問わず、倒産した借入人の主たる資産がすでに債権者の担保になっていることは珍しくない。日米の差は、米国では First Priming Lien という概念があるので、既存担保権に優先する形で在庫や売掛債権を担保とした ABL を用いた DIP ファイナンスがやりやすい状況にあるという点にある。これが米国の法的整理の資金面の下支えとなっていることは間違いない。一方、日本では First Priming Lien がないので、倒産時点で売掛債権や在庫が既存レンダーの担保に入っていると、こういった資産を担保にした ABL を DIP ファイナンスに応用することが難しい。したがって、DIP ファイナンスの金額も米国に比較して少額となる傾向にあり、再生に必要な資金を借入人が自己捻出する必要性に迫られることが多く、相応の資金を要する大がかりな再生手法がとりづらくなる傾向にある。

(イ) プレ DIP ファイナンスについての課題

　プレ DIP ファイナンスについては、米国では適切な保護という概念により、担保余剰のある融資が手厚く保護されることが事前に判明している点が、日本と大きく異なる。日本では民事再生法では担保権者は別除権者として倒産手続外で担保権を実行できる建付けになってはいるが、再生に必要な在庫や売掛債権について担保権を実行するということは現実的ではなく、別除権協定を借入人と締結することで和解することになる。会社更生法では別除権協定という概念はないが、担保変換という和解を通じて同様の効果を得ることになるのであろう。ただし、特に会社更生法では担保権者も手続に取り込まれ、回収行為が禁じられるので、倒産期間中に利払いが行われることがないし、共益債権として扱ってもらえるかについても、事前に確定的にはわからない。担保価値の維持義務についても法律上の明記はなく、管財人の善管注意義務に依存せざるを得ないといえる。日本では倒産前に行った融資について、後に法的整理に至った場合の取扱いについて予見可能性が米国に比べて低いと思われる。倒産後に自らの債権がどのように取り扱われるかが予見できないと、倒産を見越してのファイナンス実行は困難とならざるを得ない。

(ウ) 譲渡禁止特約の問題

　現在、日本では、債権法の改正が議論されているが、現状の日本の法律では、売掛債権について譲渡禁止特約が付されている場合には当該売掛債権について譲渡担保を設定しても無効となるので、多くの価値ある売掛債権を担保として活用することができない状況にある。詳細については本稿のスコープからはずれるので割愛するが、売掛債権の債務者が大手優良企業である場合、当然にしてその売掛債権が期限に支払われる可能性が高く、当該売掛債権は担保価値が認められるが、実際には大手優良企業が債務者となっている売掛債権には譲渡禁止特約が付されていることが多い。したがってこういった売掛債権を保有している企業の売掛債権を担保とした資金調達の可能性を摘んでしまっている。

　一方、米国では売掛債権は UCC ファイリングによって第三者対抗要件が

具備され、譲渡担保ではないので、譲渡禁止特約があったとしても第三者対抗要件の具備を阻害するものとはならない。

したがって、この点において、制度面、法律面で日本はABLを行う環境として恵まれていないことになる。

(ア)および(イ)については倒産法の改正、(ウ)については債権法の改正に期待したい。

[参考文献]

堀内秀晃『ステークホルダー小説事業再生への途』（2002年・金融財政事情研究会）

堀内秀晃ほか『アメリカ事業再生の実務』（2001年・金融財政事情研究会）

堀内秀晃「不況期にこそ活用が期待される動産・債権担保融資」週刊金融財政事情2920号44～47頁

堀内秀晃「Asset Based Lendingにおける日米比較と日本における課題と展望」事業再生と債権管理132号119～124頁

堀内秀晃「Asset Based Lendingの事業再生融資への活用に関する考察」NBL955号48～58頁

（堀内秀晃）

5. 担保権消滅請求の限界

(1) 民事再生とリース契約の解除

(ア) 問題の所在

民事再生手続におけるリース契約の法的性質およびその処理については従来から学説が錯綜し、実務上も画一的な取扱いがなされることがなく、個々の事案に応じて柔軟な対応がなされていたところである。しかし、近時、ファイナンス・リース契約についての最高裁判決が相次いで出され（最判平成5・11・25最高裁判所裁判集民事170号553号、最判平成7・4・14最高裁判所民事判

例集49巻4号1063頁)、リース契約が非典型担保として別除権として取り扱われることが判例上ほぼ確定し、実務上もこれに倣う形で定着しつつあるといってよい。

一方で、リース契約は、再生債務者の事業の遂行上、必要不可欠である場合が多く、しかも、民事再生法上、別除権は、再生手続によらないで行使することができること（民事再生法53条）とされている関係で、担保権の実行と解されるリース契約の解除の効力が、「再生債務者とその債権者との間の民事上の権利関係を適切に調整し、もって再生債務者の事業又は経済生活の再生を図ることを目的とする」との民事再生法の趣旨との関係で問題となり、その延長線上に位置づけられる担保権実行中止命令や担保権消滅請求との関係が議論されるようになり、これらの問題点をめぐって議論が錯綜し、百家争鳴の様相を呈するに至っている。

そこで、以下では、判例の動向を踏まえつつ、民事再生手続におけるリース契約の解除に伴う各種問題点について考察することとする。

　(イ)　倒産解除特約

最判平成20・12・16最高裁判所民事判例集62巻10号2561頁は、リース契約におけるユーザーが民事再生手続を申し立てた事例において、リース契約が再生手続上別除権として取り扱われることを前提に、いわゆる倒産解除特約は、民事再生手続の趣旨、目的に反するものとして、無効であると判示した。その具体的な理由は、次のとおりである。

「民事再生手続は、経済的窮境にある債務者について、その財産を一体として維持し、全債権者の多数の同意を得るなどして定められた再生計画に基づき、債務者と全債権者との間の民事上の権利関係を調整し、債務者の事業又は経済生活の再生を図るものであり（民事再生法1条参照）、担保の目的物も民事再生手続の対象となる責任財産に含まれる」、「ファイナンス・リース契約におけるリース物件は、リース料が支払われない場合には、リース業者においてリース契約を解除してリース物件の返還を求め、その交換価値によって未払リース料や規定損害金の弁済を受けるという担保としての意義を有

するものであるが、同契約において、民事再生手続開始の申立てがあったことを解除事由とする特約による解除を認めることは、このような担保としての意義を有するにとどまるリース物件を、一債権者と債務者との間の事前合意により、民事再生手続開始前に債務者の責任財産から逸出させ、民事再生手続の中で債務者の事業等におけるリース物件の必要性に応じた対応をする機会を失わせることを認めることにほかならないから、民事再生手続の趣旨、目的に反することは明らかというべきである」。

　本判決で注目すべき点は、倒産解除特約は「民事再生手続の中で債務者の事業等におけるリース物件の必要性に応じた対応をする機会を失わせること」になり「民事再生手続の趣旨、目的に反することは明らかである」として無効とした点にある。すなわち、「リース物件の必要性に応じた対応をする機会」を再生債務者から奪うことは「民事再生手続の趣旨、目的に反する」ものであり、この機会は、民事再生法の根幹にかかわるものであり、強行法規ということができる。[9]

　最高裁判所がいうところの「機会」とは、リース契約を別除権と構成する立場からは、①民事再生手続の遂行上、当該リース物件が再生債務者の事業遂行上必要であるか否かを検討し、②事業遂行上必要である場合に別除権の協定を行うことや担保権実行中止命令の発令を求め、さらに③担保権消滅許可を申し立てる機会と解すべきであり、このような機会を再生債務者から一方的に奪うようなリース契約の解除は民事再生の根本趣旨に反するものとして、無効と解されるべきである。

　　(ウ)　債務不履行解除

　次に、再生債務者がリース料を遅滞した場合に債務不履行解除ができるか否かが問題となる。

　この点に関しては、①期限の利益喪失条項に基づく解除、②弁済禁止の保全処分期間中の解除、③再生手続開始決定後の解除の場合がそれぞれ想定さ

---

[9]　岡正晶「判批」金融法務事情1876号44頁。

れるところである。

　この点、民事再生手続においては、別除権は、再生手続によらないで行使することができるところ（民事再生法53条）、リース契約の解除は担保権の実行としての意味を有するのであるから、何ら制限されることなく債務不履行解除が認められると解する見解も有力である。

　確かに、民事再生手続においては、担保権は、別除権として、手続に拘束されることなく行使することができるということからすれば、その論理的帰結として、担保権の実行である債務不履行による解除は制限されることはないとの上記見解の論旨は一貫している。

　しかし、債務不履行による解除に一切制限を設けないとするならば、たとえば弁済禁止の保全処分や民事再生手続開始決定の効果によって再生債務者はリース料を弁済することは禁止されているのであり、それによって債務不履行解除を受忍しなければならないとするならば、再生債務者には「民事再生手続の中で債務者の事業等におけるリース物件の必要性に応じた対応をする機会」が与えられることなく、その結果、倒産解除特約の上記最高裁判例が示した「民事再生の趣旨、目的」を貫徹することができなくなる。

　思うに、債務不履行解除の場面にも種々の状況があるが、前述したとおり、「民事再生手続の趣旨、目的」からは、再生債務者には「リース物件の必要性に応じた対応をする機会」、すなわち、①民事再生手続の遂行上、当該リース物件が再生債務者の事業遂行上必要であるか否かを検討し、②事業遂行上必要である場合に別除権の協定を行うことや担保権実行中止命令の発令を求め、さらに③担保権消滅許可を申し立てる機会は民事再生の趣旨・目的から保障されると解すべきであるから、それに必要な一定程度の期間は解除の効力を否定するのが相当であると考える。

　このような考え方に対しては、担保権実行が許容される民事再生手続において、担保権実行たる債務不履行解除が（一定期間とはいえ）否定されることについて十分な理論的根拠を示していないとの批判があり得るところである。

しかし、このような担保権実行の制約は、民事再生手続の制度趣旨から導かれるものであり、民事再生手続に内在する制約であると解される。

　(エ)　担保権の実行手続の中止命令

　リース契約を別除権として取り扱う以上、リース契約のような非典型担保も中止命令の対象になると解され（民事再生法31条の類推適用）、判例もこのような理解を前提としている。しかし、リース契約の解除により担保権の実行が完了するという考え方に立った場合には、中止命令は、早期に手続が終了することになるから、中止命令を利用することはできないのではないかということが問題となる。そこで、この問題を検討するにあたっては、担保権実行手続の終了時期が重要な意味をもつことになる。

　思うに、リースの担保的機能の本質は、現実には、物件の引上げおよびそれに続く精算によって当該物件の価値を残リース料にあてるということにある。そうであれば、単に契約の解除ということだけでは、観念的に利用権が回復されたというだけであり、現実に引上げおよび精算という手続を経て初めて担保権が実行されたということができるのではないであろうか。この点、リース契約の解除は、不動産抵当権の競売申立てと同じ位置づけと解することが可能であろう。[10]

　もっとも、このように解することについては、リース契約の解除によって担保権の実行が完了すると考える必要がないから、あえて担保権行使を制限しない民事再生手続において倒産解除特約を無効と解する必要はなく、また、期限の利益喪失をトリガーとする解除や債務不履行解除に一定の制限を加える必要もないとの指摘がなされるところである。[11]

　しかし、実際のリース業者との交渉においては、一部の強固なリース業者がリース契約の解除およびリース物件の引上げを頑なに主張し、別除権の交渉が暗礁に乗り上げるといった場面も想定されるところであり、このような

10　南賢一「担保権消滅制度における『事業継続不可欠性要件』について」（事業再生研究機構編・民事再生の理論と実務）163頁。
11　南・前掲（注10）163頁。

局面においては、リース契約の解除権の行使が一定程度制約されるということに加えて担保権実行手続の終了時期を目的財産の引渡し時と解することによって、担保権実行中止命令の機会が確保され、同手続の存在が交渉当事者の共通認識とされる結果、当該リース債権者が目先の保全の利益だけに固執せずに再生手続全体における債権者の利益の最大化という大局的な姿勢を導き出すという効果が少なからずあると思われることから、なお、倒産解除特約の最高裁判例の趣旨を貫徹しつつ、担保権実行手続の終了時期を目的物の引上げ時と解する合理的な理由があるものと考える。

なお、中止命令は、すでに係属しまたは開始している担保権の実行手続を中止するもので、担保権の実行を事前に禁止する効力を有するものではないが、非典型担保については、担保権実行手続が早期に終了することからすれば、中止命令の実効性を確保するためにも、担保権実行着手前の中止命令の発令を認めるべきであろう。

(オ) **担保権消滅請求制度**

最後に、リース契約の担保権実行が担保権消滅許可の対象となるか否かについて若干言及する。

リース契約のような非典型担保が担保権消滅請求の対象となるかという点について、これを非典型担保であるがゆえに否定をするという考え方はほとんどないようである。筆者の個人的な経験からは、東京地方裁判所では、リース契約の担保権実行が担保権消滅許可の対象となることを当然の前提としつつも、担保権消滅請求が実際になされた事例はないとのことであった。その理由としては、担保権消滅請求が問題となるようなリース物件は市場性がない特殊なリース物件であることが想定されるところ、かかるリース物件の価格を適正に評価するということは極めて困難であるという事情があることに加えて、前述したリース契約の解除に一定の制限があることや中止命令の実効性等の問題意識が債権者・債務者間で共有されていることから、別除権協定の交渉によって妥結を図ることが債権者と債務者との間で共通の利益となっていることによるものと推察される。

(2) 遊休不動産と担保権消滅請求
(ア) 担保権消滅請求の制度趣旨
　担保権消滅請求は、再生債務者が、再生手続の開始後、事業の継続に欠くことができない財産につき、その価格に相当する金銭を裁判所に納付することにより、当該財産の上に存する担保権を消滅させることができるという制度である（民事再生法148条〜153条）。
　会社更生の場合を除き、倒産手続においては、倒産手続外での担保権行使が認められており、担保権の有する不可分性の原則や順位上昇の原則といった担保権の性質からすれば、本来、すべての担保権を消滅させるためには、被担保債権全額を支払わなければならないはずである。
　しかし、上記担保権の性質から導かれる原則を貫くとすれば、多くの不動産が担保割れしている現状において、一部の後順位担保権者等が、再生債務者の事業継続に不可欠な財産に対する担保権の実行を強固に迫ることにより被担保債権全額の弁済を要求することを容認することになり、ひいては、事業の再建が困難になるとともに債権者間での実質的公平を害する結果となる。
　そこで、再生手続において、担保権者に対して目的財産の価格に相当する満足を与えることにより、再生手続開始当時の当該財産の上に存するすべての担保権を消滅させることにより、再生債務者の事業継続を可能ならしめるという趣旨から、担保権消滅請求の制度が設けられた。
(イ) 事業継続不可欠性の要件
　会社更生においては、一般債権者のみならず、担保権者も個別の権利行使は禁じられており、更生計画の中で優先弁済を受けるというスキームになっている。これに対して、民事再生手続においては、別除権構成により担保権の個別の実行が認められている。かかる相違から、更生手続における担保権消滅許可制度では、条文上、単に「更生会社の事業の更生のために必要であると認められるとき」（会社更生法104条1項）とのみ規定されているのに対し、民事再生手続においては、「当該財産が再生債務者の事業の継続に欠くことのできないものであるとき」と規定され、対象財産との関係において

「事業継続不可欠性」が要件とされている。

このように、民事再生手続においては、「当該財産が再生債務者の事業の継続に欠くことのできないものであるとき」という対象財産との関係における事業継続不可欠性が要件とされていることからすれば、保養所などの遊休不動産は、それ自体が再生債務者の事業の継続に欠くことのできない場合とはいえないことから、原則として、当該要件を満たさないものと考えられる。

(ウ) 事業継続不可欠性の要件該当性の限界事例（担保権消滅請求の限界）

上記のとおり、遊休不動産については、原則として、対象不動産との関係における「事業継続不可欠性」の要件を満たさないものと解されるところ、問題なのは、遊休不動産を売却してその売却代金を再生債権の弁済や別除権の受戻しにあてるなど、遊休不動産の売却が当該事業継続にとって必要不可欠であると解されるような場合である。このような場合においても、なお「当該財産が再生債務者の事業の継続に欠くことができないものであるとき」という要件に該当しないといえるであろうか。

(A) 名古屋高決平成16・8・10

この点、名古屋高決平成16・8・10判例時報1884号49頁は、担保権者への弁済資金を捻出するための売却予定不動産について、再生債務者の事業の継続に欠くことができないものであるとして、担保権の消滅を認めている。

事案の内容は、おおむね次のとおりである。

再生債務者の事業内容は、大別して、ビル・マンションの賃貸事業と開発分譲用地の販売であったが、本件再生申立てにより、以後は、事業規模を大幅に縮小し、その所有するビル（駐車場を含む）を、①駐車場部分と②その他の部分とに分けて区分所有とし、①および②の先順位抵当権者とは別除権協定を締結し、②の部分のみを売却して再生債権者への弁済資金にあてるとする内容の再生計画案を提出し、同計画案は認可された。再生債務者は、後順位担保権者が別除権を行使した場合には、再生計画の実現が不可能となるため、後順位担保権者との別除権協定を締結すべく交渉を継続し、別除権を行使しても、後順位担保権者自体は本件不動産から配当を受けられる立場に

はないことなどから、後順位担保権者に対し、いわゆる「判子代」として100万円の支払いを提示したが、後順位担保権者の要求が高額であり、交渉が決裂したために、再生債務者が担保権消滅許可の申立てをし、原審は、これを認めたため、後順位担保権者が即時抗告をした。

　名古屋高等裁判所は、民事再生法148条1項は、「当該財産」が「再生債務者の事業の継続に欠くことができないものであるとき」と定めており、文理上は、当該財産そのものが、今後、再生債務者が事業を継続していくのにおいて使用する必要があるなど欠くことができないときと解されないではないが、本条が、例外的とはいえ別除権行使の自由を制限してまで企業の再生を優先させる制度を設けている趣旨および目的に鑑みると、そのように限定するものと解するのは相当でなく、当該財産を売却するなどの処分をすることが、事業の継続のために必要不可欠であり、かつ、その再生のため最も有効な最後の手段であると考えられるようなときは、処分される当該財産も再生債務者の事業の継続に欠くことができないものであるときに該当するものと解すべきであるとして、担保権消滅を許可した原審決定を支持して、後順位担保権者の抗告を棄却した。

(B)　学　説

　上記問題点に関して、学説上、保養所などの施設であっても、それを売却することにより再建資金が捻出できる場合には、広義の意味で「再生債務者の事業の継続に欠くことのできないもの」に含まれると解して、判例の立場を支持する見解がある[12]。一方で、これとは反対に、別除権者の権利行使の選択の利益や担保権の不可分性の法理の観点からすれば、担保権消滅請求の制度は、担保権消滅許可申立ての時点での目的物の価格相当額を与えることによって担保権を強制的に消滅させようとするものであるとして、上記のような担保権者の利益を凌駕する利益が存在しなければならないとの立場から、担保権を消滅させて遊休不動産を処分し、その代金を事業を継続する資金と

12　園尾隆司＝小林秀之『条解民事再生法〔第2版〕』701頁。

して活用しようとする場合などは、目的物自体が事業継続にとって不可欠といえないので、消滅許可の要件にあたらないと解して、判例の立場とは反対の結論を支持する見解もある。[13]

(C) 検　討

　思うに、担保権消滅請求の制度の趣旨には、二面性がある。すなわち、債権者間の公平を図りつつ再生債務者の事業再生を果たすという側面と、別除権行使の制限という点を重視して、法的安定性を図るという側面である。前者の側面を重視すれば、事業継続不可欠性の要件をより実質的に検討することに比重がおかれるのに対して、後者の側面を重視すれば、より文理に忠実に解釈することに比重がおかれることになろう。

　しかし、具体的な事案における法律の解釈適用という場面においては、片方の側面だけを強調しすぎることは妥当性を欠く結論を招くおそれがあり、やはり双方の側面のバランスを図りつつ個別具体的な利益衡量の下に検討されなければならないものと思われる。

　かかる観点から前掲名古屋高決平成16・8・10の事案を検討してみると、本件事案においては、再生債務者は、区分所有建物のうち、駐車場部分の賃貸事業のみの管理業務を残して事業を継続し、再生を図っていくものとされており、駐車場部分は、まさに、事業の継続に欠くことができない唯一の財産であるということができる。このような事情の下においては、担保権消滅請求の対象不動産を売却して、駐車場部分の別除権の受戻資金にあてることができなければ、駐車場部分の別除権協定は履行遅滞等により白紙撤回され、先順位抵当権者による担保権の実行がなされる可能性が生じ、その結果、事業の継続に欠くことができない唯一の財産である駐車場部分も当然に担保権の実行の対象となり、再生計画に従った事業の継続は完全に不可能な状態になる。一方で、後順位担保権者が別除権を行使しても同担保権者自体は配当を受けられない地位にあるのであり、担保権消滅請求を認めることによって

13　伊藤眞『破産法・民事再生法〔第2版〕』766頁。

ことさらに後順位担保権者に経済上の不利益が生じる関係にはない。加えて、本件事案では、すでに再生計画が認可されて確定し、先順位担保権者がこれに同意していることなどをも考慮すると、かかる状況下において、担保権消滅請求を否定するならば、まさに、配当の利益にあずからない一担保権者の意思のみによって事業の継続が事実上絶たれる結果を容認することになり、ひいては再生債務者の事業再生を果たすという民事再生法の趣旨を果たすことはできないことになる。

したがって、前掲名古屋高決平成16・8・10の事案において、対象不動産を売却することは、再生債務者の事業の継続にとって必要不可欠であり、対象不動産は、民事再生法148条1項の「当該財産が再生債務者の事業の継続に欠くことができないものであるとき」に該当するというべきであり、名古屋高等裁判所の判断は、妥当なものということができる。前掲名古屋高決が、その判旨において、「事業の再生のため最も有効な最後の手段であるとき」との要件を課しているのも、再生債務者の事業の再生という民事再生法の趣旨を尊重しつつも、別除権行使の制限という側面をも重視して、法的安定性に最大限配慮をしたものと評価することができる。

(青木丈介)

II 再生支援スポンサーの保護

1. はじめに

事業再生を実行する手法としては、大別して私的整理と法的整理があり、法的な事業再生手続としては、会社更生手続と民事再生手続がある。いずれの手法をとるかは、窮境企業である債務者（以下、「債務者」という）のおかれた状況によるところが大きいが一般的にいえば、私的整理による再生が可能であれば、まずは事業毀損リスクの大きい法的整理に優先してこれを実行することになろう。

しかし、私的整理による事業再生を目指したとしても、取引金融機関の一部の協力が得られないことにより、法的整理に移行することは十分あり得る。
　そこで、本稿では、私的整理による場合のみならず、法的手続による事業再生をも視野に入れてスポンサーの選定とその保護について論じることとする。

2. 事業再生支援スポンサーの必要性

　事業再生を実行する場合、スポンサーの存在は必ずしも不可欠とまではいえないが、極めて重要である。
　特に法的手続による場合、すなわち会社更生や民事再生の場合には、取引債権者が手続による拘束を受けるため、債務者の信用喪失が取引債権者に広範に及ぶことになり、仕入先については、現金払いやそれに準じる取引しか応じなくなる一方、顧客については継続的供給についての不安から競争相手に流失するなど、事業毀損の危険は申立ての段階から急激に発生することが稀ではなく、場合によっては致命的でもある。
　他方、私的整理の場合、原則として金融債務のみを支払猶予ないし減免の対象とするため、密行性を保持しやすいこともあって、法的手続による場合より事業毀損は小さく、これが事業再生において法的整理より私的整理が優先される最大の理由である。
　しかし、債務者が私的整理開始により銀行借入金の支払猶予の同意を得られ、その実行により、弁済期間の繰り延べ（リスケジュール）や一部減免（債権カット）を得たとしても、なお多額の債務を負っており、かつ担保余力もないことが通常である。
　このため債務者は私的整理の開始からその完了までの期間、金融機関からの新たな資金調達の途も封じられる一方で、取引債務の弁済について猶予等は得られないから、運転資金をはじめとする資金需要を充足することができず、資金繰りの困難を来す危険がある。
　また、取引債権者については従来どおりの支払いが続行されるとはいえ、

風評等により信用不安や事業毀損が顕在化しないという保証はない。

　そこで第1に、私的整理開始後の債務者の資金繰りを安定化するとともに、事業毀損を防止するためにスポンサーが必要となってくる。このような必要性は緊急性が高く私的整理開始前にあるいは開始後早期に決定が必要である。

　一方、放漫経営や誤った投資判断など窮境原因が内在的であり現行経営者に明らかに責任があるうえ、現行経営陣の経営管理能力の欠如により今後の経営に不安がある場合も少なくない。そのような場合、金融機関としては現行経営陣の続投を前提とした再建計画について、経営責任の見地および計画の遂行可能性の見地の両面から、にわかに賛成しがたいであろう。

　さらに金融機関債権者としては、スポンサーによるM&Aであれば、短期の一括弁済を期待することも可能であり、自力再建による収益弁済の場合に比して事業環境の変化による収益力の低減、それによる弁済計画の不履行の不安も著しく緩和される。

　特に、現今の経済状況の変化のスピードの早さや、M&A型事業再生の定着を考えると、早期一括弁済のニーズはいっそう強まっているといえる。

　したがって、第2に弁済条件の最適化、すなわち弁済率の極大化と弁済期間の短縮という側面からスポンサーの選定が必要ないし適切とされる。

3. プレパッケージによるスポンサー選定

　通常の企業や事業のM&Aと事業再生におけるスポンサー選定は既述のとおりその本質において変わりはないが、大きく異なるのは、事業再生の場合には時間的制約が極めて厳しいという点である。この点、法的整理の場合においては顕著であり、申立てと同時に多かれ少なかれ事業劣化が始まることから、これを防ぐため、あらかじめスポンサーを選定して申立てを行うことがある。これをわが国では一般的にプレパッケージ型会社更生ないしは民事再生とよんでいる。

　私的整理においても、スポンサーが現れない限り、金融機関の同意が得られるような再建案の策定が困難である場合には、あらかじめスポンサーを選

び、私的整理による事業再生に入ることがあり、これをプレパッケージ型私的整理とよんでいる。

　プレパッケージ型の事業再生の場合、信用毀損を最小化することができ、債権者による協力を得られやすい。すなわち、私的整理による事業再生が成功するためには、取引金融機関の協力が不可欠であるところ、自力再建では再生計画案の策定が困難である場合、スポンサーが決定していない、あるいはその目処も立っていないとすると、法的手続に移行する危険、特に破産移行する危険があり、金融機関としては協力に踏みきれない。そこで、事前にスポンサーを決定または内諾して、それを前提として再生計画案を作成することとすれば、金融機関は一定の安心感を得ることができ、私的整理による事業再生に協力しやすくなる。メインバンクが力のある金融機関である場合にはその推薦によりスポンサーを選定することもある。この場合、メインバンクの協力が得られやすいという利点があるが、他方でその選定過程について他行の理解を得られるようにすることが肝要である。

　なお、プレパッケージといっても、その法的拘束力という点からすると、大きく3つの類型がある。

　第1に単に信用補完の目的でその存在を示すことに主眼があり、法的拘束力のあるスポンサー契約はもちろん、法的拘束力のない基本合意書（MOU）も取り交わしていない場合もある。このような場合には、当然のことながら価格の合意も行われておらず、極めて緩い類型である。このような類型のスポンサーであっても、そのスポンサーが有力企業であれば、信用毀損を防ぎ事業毀損を防ぐにはかなりの効果がある。

　第2に、価格を示した基本合意書までを取り交わす類型がある。このような基本合意書には法的拘束力はないが、スポンサーが有力企業であれば、一定の手順を経てスポンサーとなる最終合意締結に至ることが合理的に期待できるから、第1の類型よりは、信用補完の効力が大きいといえる。

　第3に、法的拘束力のある最終合意書（DA）を締結している場合がある。この場合には、価格も固定的な価格として提示されているのが基本形である

が、算定方式を合意する場合もある。

4. プレパッケージによる事業再生の問題点

(1) 限定的な情報開示

プレパッケージで事業再生を進める場合、手続に入る前の極めて早い段階でスポンサーが決定されているため、スポンサーは、本格的なデューディリジェンス等の実施による情報入手ができず、限定された情報に基づいて買収条件を定めることになることが多い。

そのため、再生債務者に内在する事業上、財務上、法務上のリスクについて、スポンサーとしては保守的にならざるを得ない。

(2) 企業業績の不確実性

私的整理ないし法的整理による事業再生の開始前においてはどの程度債権者の協力が得られるか、また、顧客や従業員の離反がないかなど、いまだ不確実性が高く、将来の予測が困難である。したがって、プレパッケージ・スポンサー選定において、スポンサーはこのような不確実性を考慮に入れて、買収価格を含む買収条件を提示することになる。

(3) 競争の不存在

再生計画案の成立により、債務が減免されるなどして、債務者のおかれた環境が改善される一方、これによる一定の収益力が維持される可能性のある企業については、入札方式（以下、「ビッド」ともいう）により、競争原理が機能し、本来の企業価値あるいはそれを上回る条件を提示するスポンサーが出現することがあり得る。

これに比して、プレパッケージ・スポンサーの選定においては情報開示対象者が限定されるため、競争原理が機能せず、スポンサーが提示する買収価格は債務者の本来の企業価値より相当程度低くなる危険がある。

5. プレパッケージ型事業再生におけるスポンサーの再選定

以上のような、プレパッケージ・スポンサーの選定の問題点を是正ないし

解決する方法としては、スポンサーの再選定がある。

　すなわち、手続開始後にあらためて入札方式等により、スポンサーを選定し直すこととし、プレパッケージ・スポンサーも含めて公平に情報を開示して、その結果によりあらためてスポンサー契約を締結する方法である。

　実際に、申立て前に入札を経て拘束力のあるスポンサー契約が締結されたにもかかわらず、再入札が実施された著名な事案として、2003年民事再生申立ての東ハトの事案がある。

　この事案では、申立て前の第1次入札実施にあたって、東ハトは価格以外に申立て前の運転資金の融資を求めたところ、後にスポンサー契約を締結した再生ファンドのユニゾン・キャピタル等（以下、「ユニゾン」という）は、基本契約締結を条件にこれに応じるとした。[14]

　その後、ユニゾンとの間で基本契約が締結され、同社による詳細なデューディリジェンスが実施された後、同社との営業譲渡契約締結と同日に民事再生手続が申し立てられた。

　再生手続開始決定後第1次入札に参加した他社が、自らの入札価格のほうが高かったとして、再入札を求め、再入札が実施された結果、再入札前より36％も高い183億円で、プレパッケージ・スポンサーがあらためてスポンサーとして契約を締結した。[15]

　競争原理の偉大な効果が発揮され、再入札が弁済率の極大化に寄与したことになるが、はたしてこのような再入札の実施が一般的に望ましいのかあるいは必要とまでいいうるか否かは論議のあるところである。

　プレパッケージ・スポンサーがあえて早い段階で、再生企業の支援を決定するのは、リスクに見合った代償が得られる仕組みがあることが前提である。具体的には、スポンサー契約締結前であれば、一定期間独占交渉権が付与されること、契約締結後であれば、より高い買収価格を提示したスポンサー候補が出現したとしても、自らに帰責自由がない限り契約を解除されないこと

14　森・濱田松本法律事務所＝㈱KPMG FAS編著『倒産法全書』16頁。
15　森・濱田松本法律事務所＝㈱KPMG FAS編著・前掲（注14）17頁。

あるいは一定の補償措置があることが条件となろう。

しかるにそのような条件が充足されないとしたら、あるいは契約が法的手続により双方未履行契約として解除される危険があり、その危険が現実化することが懸念されるとしたら、手続開始前等の初期にあえてリスクをとることを決断するスポンサーを確保することは困難となろう。そうなると、ひいては、本来可能であった窮境企業の再生が不可能となったり、著しくその事業価値が損なわれることになりかねない。

そこで、そのような問題意識をも踏まえてプレパッケージ・スポンサーを保護する考え方が提唱されるに至っている。

6. お台場アプローチ──プレパッケージにおけるスポンサー選定の基準

2003年11月にお台場で開催された事業再生シンポジウムで提唱されたことから「お台場アプローチ」とよばれるに至った須藤英章弁護士による提言である[16]。これは、前述の東ハトの事案等を踏まえ、民事再生手続において一定の基準を満たすプレパッケージ・スポンサーの選定についてはこれを原則として認めることにより、プレパッケージ・スポンサーを保護しようとする発想に基づくものである。

この考え方は民事再生手続を前提に提唱されたものであり、事業再生一般にあてはまるものでもない。また、2003年当時と今日では事業再生をとりまく環境は大きく変化しており、私的整理とした準則型私的整理が事業再生に果たす役割が格段に大きくなっている。しかし、当時大きな議論をよぶきっかけとなったこの考え方についてあらためて一定の検証を行うことは意義があろう。

お台場アプローチの内容とは次のとおりである。すなわち、以下の7要件を満たす場合においては、民事再生手続開始後に申立て前にあるいは手続開

16　須藤英章「プレパッケージ型事業再生に関する提言」（事業再生研究機構編・プレパッケージ型事業再生）101頁以下。

509

始前に締結したスポンサーより債務者に有利な条件でスポンサーとなる者が出現したとしても、既存のスポンサー契約を双方未履行契約として解除しないでも再生債務者は公平誠実義務違反とはならず、また監督委員も善管注意義務違反とはならない。

① あらかじめスポンサーを選定しなければ、事業が劣化してしまう状況にあること
② 実質的な競争が成立するように、スポンサー等の候補者を募っていること、これが困難である場合には価格がフリーキャッシュフローに照らして公正妥当であること
③ 入札条件に、価格を下落させるような不当な条件が付されていないこと
④ 応札者の中からスポンサーを選定する手続において、不当な処理がなされていないこと
⑤ スポンサー契約等の内容が会社側に不当に不利な内容となっていないこと
⑥ スポンサーの選定手続について、公正である旨の第三者の意見が付されていること
⑦ スポンサー等が誠実に契約を履行し、期待どおりに役割を果たしていること

上記提言は一定の基準を定立することにより、プレパッケージ・スポンサーを保護ないし尊重しようという発想に基づくといえ、その意味でプレパッケージ型事業再生を安定的なものにする機能があるといえる。

一方、上記提言は、この基準を充足しない場合に、より有利な条件を提示する後発スポンサー候補が現れた場合には、スポンサー契約を解除しないことが債務者の公平誠実義務違反、監督委員の善管注意義務違反を構成する危険があるとの意味をもつ点で、プレパッケージ・スポンサーの保護とは反対の機能も果たし得る。

上記提言に対しては、ⓐスポンサーの再選定は当初スポンサー候補を萎縮

させ、結局再生を困難とするので原則として認めるべきではない、ⓑ申立て前の不安定な状態と申立て後の企業価値はそもそも異なるのであるから、申立て後の企業価値を対象とする再入札を実施することは相当でないとの再選定そのものに否定的な意見[17]が実務家から提起される一方、ⓒより有利な契約の申出があるにもかかわらず、既存の契約を解除しないことは一定の場合には、公平誠実義務違反ないし善管注意義務違反となり得、このことは、DIPであるかどうかを問わないとして再選定を肯定する考え方[18]、ⓓ事業再生は事案により多様であり、一律に形式的な規範を適用すべきではない[19]、等のさまざまな指摘や批判もなされ、シンポジウムの現場であるいはそれ以降活発な議論をよぶところとなった。[20]

7. 優先譲受権の付与

スポンサーの再選定を行う場合、申立て後の企業価値の維持に貢献した当初スポンサーと再選定で参加した後発スポンサー候補との間では、同一条件では当初スポンサーに不公平であるとして、DIP または管財人が当初スポンサーに優先譲受権を与えるという考え方があり、「お台場アプローチ」においても、再選定を行う場合には後述のブレイクアップ・フィーとともに、当初スポンサーに対する優先権の付与が提案された。[21] すなわち、他の入札者が最高額で入札した場合でも、当初スポンサーがその最高額を支払う場合には、当初スポンサーを落札者とするものである。

これに対し、優先権を付与した入札は入札を歪めるから、入札方式をとる

---

[17] パネルディスカッション「プレパッケージ型事業再生の現下の課題」(事業再生研究機構編・プレパッケージ型事業再生) 142頁〔越純一郎発言〕。
[18] パネルディスカッション・前掲（注17）120頁〔佐山展生発言〕。
[19] 松下淳一「スポンサー契約の解除およびいわゆるブレイクアップ・フィーについてのメモ」(事業再生研究機構編・プレパッケージ型事業再生) 255頁。
[20] 松嶋英機「ガイドラインの策定・適用と弾力的な運用を」(事業再生研究機構編・プレパッケージ型事業再生) 209頁。
[21] 須藤・前掲（注16）106頁。

以上平等な条件で行うべきであるとの批判的意見もある。[22]

　優先譲受権を付与するかどうかは、再選定を行う理由ないし状況によって異なると考えるべきである。

　第1の類型は、当初のスポンサーの選定には特に不公正な契約等の問題はなかったが、より有利な価格を得るために当初スポンサーの同意を得て再選定を行う場合である。この場合には、当初スポンサーの信用補完に対する貢献や、取引の安定性を考慮して、優先権を与えるのが妥当であろう。もちろん、そのような場合には、当初スポンサーに優先権が付与される入札であることを他の入札参加者に明示すべきである。東ハトのケースはこの第1の類型に属すると考えられる。

　また、筆書が2002年に会社更生手続で保全管理人、管財人を務めた宝幸水産の事例でも、当初スポンサーとして仮に想定されていた日本ハムに優先権を与えることを前提として、開始決定後にスポンサー選定が実施され、大手商社はじめ4社がビッド参加し、その結果当初スポンサーである日本ハムが適切な価格でスポンサーとして決定した。これにより、申立て当初の事業毀損を最小化するとともに、スポンサー選定の透明性、価格の妥当性を確認することが可能となった。

　第2の類型は、当初のスポンサー選定には公正性あるいは価格に疑義があり、合理的説明が困難なような場合である。この場合には、そもそも、再選定を行わないことが債務者の公平誠実義務違反となりうるのであるから、当初スポンサーを保護すべき理由はなく、優先権を付与する必要まではない。当初スポンサーが不公正な選定に関与したことが明らかであれば、そのようなスポンサーは再選定からはずすべきであり、仮にそうでなくても、再選定により当初スポンサーがディールを失った場合には、それまでに当初スポンサーが負担した実費等を償還すれば足りるであろう。

22　パネルディスカッション・前掲（注17）129頁〔清水通徳発言〕。

8. ブレイクアップ・フィーの設定

　スポンサーの再選定が実施され、当初スポンサーが敗退し、スポンサーの地位を確保できなくなった場合、当初スポンサーに対しあらかじめ一定割合の補償金の支払いを合意するという方法により、当初スポンサーを保護するという考え方がある。

　これは、米国の連邦倒産法下の再建手続であるチャプター・イレブンにおいて、363条セール（計画外の事業譲渡）で採用されている、ストーキングホース・ビッドを参考に提唱されているものである。

　363条セールは、申立て前あるいは申立て後の早い段階で価格を提示したストーキング・ホースの存在を前提に入札を行い、ストーキング・ホース以外の入札参加者がディールを獲得した場合には、決定した取引金額のうち一定割合を当初のスポンサーに支払うこととし、これにより再入札のハードルをあげるとともに、当初スポンサーに経済的に補償を行うことにより一定のインセンティブを保とうする仕組みである。なお、ブレイクアップ・フィーの料率は、取引金額にもよるが米国の363条セールの実務では1％から3％程度が一般的といわれている。[23]

　うまく機能すれば、プレパッケージの弱点を克服しつつ、当初スポンサーの利益を保護することができる合理的な考え方といえ、現に363条セールでは主流の方式となっているといわれている。[24]

　そのため、「お台場アプローチ」においても再選定の場合の補償措置の1つとして提案されている。

　先の東ハトの事例でいえば、仮に再選定に先だってブレイクアップ・フィーが定められていて、それが維持された場合、当初スポンサーがビットで負け、後発スポンサーが183億円で落札したとすれば、ブレイクアップ・フィ

---

[23] 株式会社野村資本市場研究所「各国の事業再生関連手続について——米英仏独の比較分析」〈http://www.meti.go.jb/meti_1ib/report/2011fy/E001739.pdf〉67頁。
[24] 野村資本市場研究所・前掲（注23）9頁。

ーが３％として、５億円強、１％でも２億円弱の金額が支払われる計算となり、契約締結後２週間という短期間の当初スポンサーの貢献に対する経済的な補償としては十分といえよう。このようなことから、当初スポンサーとの基本契約締結に際して、ブレイクアップ・フィーの支払いを定めておくことが考えられる。

　しかし、申立て時においてそのような条項を定めておいたとしても、法的手続開始決定後はスポンサー契約自体が双方未履行契約として解除の対象となり（民事再生法49条１項、会社更生法61条１項）、解除に基づく損害賠償請求権は倒産債権となる（民事再生法49条５項、会社更生法61条５項）ため、ブレイクアップ・フィーの定めは当初スポンサーの保護に十全の機能を果たすとはいえない。

　こうしたこともあって、筆者の知る限りわが国では実際にブレイクアップ・フィーを定めた事例およびそれが実際に機能した例はほとんどない。

9. まとめ──プレパッケージ・スポンサーの保護に関する私見

　再生スポンサーの選定は、事業再生の成否、帰すうに決定的な影響を及ぼすが、事業再生という不安定な局面にあって早期のスポンサー決定と価格の最大化の両者のバランスをとることは容易なことではない。

　お台場アプローチはそのような困難なテーマにあえて挑戦した貴重な提言である。しかし、その後実際の事例においてお台場アプローチが適用されあるいは問題となった事例は寡聞にしてあまりないように思われる。

　それは、第１にはプレパッケージといっても、申立て前に最終契約まで締結する事案はあまり多くないこと、第２に拘束力のある契約締結に至っていなくても、申立て前のスポンサーが、信用補完のみならず、事業的支援を行う場合もあり、また多くのファンドが興味をもつ有力案件から、シナジーを見込める少数の事業会社のみがスポンサーに興味をもつ事案まで状況が異なり、一律に精緻な基準を適用すること自体あまり適切でないという実態、第

3に、これらを踏まえて、債務者等、監督委員、管財人、準則型私的整理の手続実施者、アドバイザー等関係者が適切かつ柔軟に対処していることに起因すると推測される。

(1) 再選定を行わない場合

結局のところ、一般的な事例では選定プロセスおよび価格の根拠、買収の条件が合理的に正当化され、また主たる債権者から積極的異議がなければ、スポンサーを再選定する必要まではないであろう。また、より有利な契約の蓋然性があるとしても、当初のスポンサー契約を解除しなかったことをもって債務者等の公平誠実義務違反、管財人等の善管注意義務違反の問題までは通常生じないと考えるべきであろう。

(2) 再選定を行う権利を留保する場合

一定規模以上の事業再生で、債権者の関心も高く、再選定を行えば価格が相当程度上昇する蓋然性が高いと見込まれる場合には、再生債務者は当初スポンサーに対して、再選定の権利を留保することを明示してその合意を得ることが考えられる。

もっとも、単純に再選定の権利を留保する契約であれば、あえてリスクをとって当初スポンサーとなる企業やファンドを確保することは困難となるおそれがあるから、優先的譲受権、または、合理的な範囲のブレイクアップ・フィー条項を定め、手続開始後はスポンサー契約の履行を選択したうえで、状況に応じビッド等による再選定を実施する等の判断を行うことが適切な場合があろう。

そのような事前の明示的な再選定権留保なしに、DIP型の手続において、債務者がスポンサーに信用補完を依頼し、それによって申立てが可能となったにもかかわらず、手続開始後、より有利な条件のスポンサーが現れた場合に、双方未履行契約として債務者が契約を解除することが許されるとしたら、債務者と当初スポンサーの信頼関係は成立しなくなる。

そうなれば、早期再生、早期の事業安定が望まれる事業再生において、債務者の事業再生が妨げられ、ひいては債権者はじめ利害関係者の利益も損な

われることになる。この点、関係者による賢明な運用により解決されているのが実情であるが、プレパッケージ・スポンサー契約の特殊性、必要性に鑑み、解除権の選択について一定の制約を課する解釈がなされるべきであろう。

(3) 公正性に疑義がある場合

　誠実な債務者ばかりではなく、より有利な条件でスポンサーとなることが見込まれる有力な企業が存在するにもかかわらず、申立て前に公正な選定過程を経ずに不合理で不当なスポンサー契約が締結されている場合もあり得る。

　そのような場合には、そもそも債権者の協力や理解を得ることが困難で再生自体が成功しない原因となるうえに、既存の契約を解除して新たにスポンサー選定を実施しないことは債務者の公正誠実義務違反、管財人等の善管注意義務違反の問題となり得よう。

(4) 債権者への情報開示

　スポンサー選定について、最大の利害関係者は、本来弁済率の極大化を求める立場にある債権者である。

　私的整理手続においては、スポンサー選定についてあらかじめメインバンクをはじめとする主要行と協議しながら行うことが一般的であり、少なくともメインバンクに情報を開示しないで、スポンサー選定を進めるならば、その協力を得ることも覚束ないであろう。

　一方、法的再建手続においては、申立て前の密行性保持が重要であることもあって、メインバンクにも情報開示することなく、スポンサーが決定されることが珍しくない。

　また、スポンサー選定、特に企業価値の算定に関する情報には営業秘密に属する部分も含まれ、取引債権者を含むすべての債権者に対する全面的な開示は必ずしも適切ではない場合が多い。

　そこで、プレパッケージ型で法的再生手続の申立てを行ったDIPは、少なくとも監督委員や、裁判所に対しては、選定のプロセスや価格の合理性を検証できるに足りる十分な情報を申立て後早い段階で提供し、その適切な判断に資する努力をすべきである。

また、営業秘密等に属しない情報については、スポンサー選定の過程やその価格決定根拠についての債権者への情報開示も積極的に行うことが望まれる。

(相澤光江)

第5章 事業再編と税務

I 法人の清算所得に関する法人税課税ルールの変更に伴う事業再編に及ぼす影響

1. 清算所得課税の変更と期限切れ欠損金の損金算入

　平成22年度税制改正において、清算所得課税が廃止され、清算時の課税も通常の所得課税によって行われることとされた。この課税方式を変更する税制改正が行われた趣旨を、財務省作成の「平成22年度税制改正の解説」[1]において以下のように解説している。

　税制改正前における清算所得の金額は、残余財産の価額と解散時の簿価純資産価額の差額に対して課税する財産法によって算定していたが、これは財産法による所得の把握方法が事業継続不能となって清算する場合の残余財産の処分手続と親和性があり、なじみやすいという特徴があった。しかし、最近の解散は黒字清算や法形式のみ解散の手続をとりつつ他の法人において同一の事業を行うという事例が散見され、当初の財産法による課税方式の趣旨とは必ずしも合致しないようになってきたことから、解散の前後で課税方式が異ならないように税制改正が行われたとのことである[2]。

　ただし、財産法に基づく清算所得課税であれば、清算中に損益法で計算した場合の所得が生じたとしても残余財産がない限りにおいては清算所得の金

---

[1] 〈http://www.mof.go.jp/tax_policy/tax_reform/outline/fy2010/explanation/〉。
[2] 佐々木浩=椎谷晃「法人税法の改正」〈http://www.mof.go.jp/tax_policy/tax_reform/outline/fy2010/explanation/PDF/07_P187_349.pdf〉276頁。

Ⅰ 法人の清算所得に関する法人税課税ルールの変更に伴う事業再編に及ぼす影響

〔図表80〕 **青色欠損金と期限切れ欠損金によっても債務免除益を相殺しきれないケースの取扱い**

	更正時効期限	修正の経理	欠損金の帰属
過去の帳簿から原因の究明が可能	更正の時効前	原因に応じた修正の経理を行い、かつ、その修正の経理を行った事業年度の確定申告書を提出	その後、税務当局による更正手続を経て、当該原因の生じた事業年度の欠損金となる。
	経過後	原因に応じた修正の経理を行い、修正の経理を行った事業年度の申告書上で、仮に更正期限内であればその修正の経理により当該発生原因の生じた事業年度の損失が増加したであろう金額を期限切れ欠損金として処理する。	
不可能（客観性が担保されている場合に限る（※））		修正の経理を行い、修正の経理を行った事業年度の申告書上で、実在性のない資産の帳簿価額に相当する金額を期限切れ欠損金として処理する。	

※裁判所が関与する破産等の法的整理手続、または、公的機関が関与もしくは一定の準則に基づき独立した第三者が関与する私的整理手続を経て、資産につき実在性がないことが確認された場合は、実在性がないことの客観性が担保されていると考えられる。

額が生じないのに対して、清算中の所得に対して通常の所得課税が行われることとなると、債務免除等があった場合には残余財産がないにもかかわらず税額が発生するケースが生じるため、残余財産がないと見込まれるときには期限切れ欠損金を損金に算入することにより税額が生じないようにする措置が設けられている。

2. 実在性のない資産に対する措置

上述のとおり、法人が解散した場合において残余財産がないと見込まれるときは、青色欠損金等の控除後の所得金額を限度として、期限切れ欠損金の

損金算入が認められることとされたが、たとえば、不適切な会計処理をしていた法人が解散した場合においては、解散時の貸借対照表に実在性のない資産が計上されていることも想定され、青色欠損金と期限切れ欠損金によっても債務免除益を相殺しきれないケースが生じ得る。

このような場合の取扱いについては、平成22年10月6日に国税庁から公表された「平成22年度税制改正に係る法人税質疑応答事例（グループ法人税制その他の資本に関係する取引等に係る税制関係）」[3]の中で、〔図表80〕のように取扱うことが明らかにされている。

3．解散した内国法人の株主の取扱い

完全支配関係のない内国法人が清算した場合の当該内国法人の株主に関する課税関係については、上述の清算所得課税に関する改正の前後でも変更はない。つまり、内国法人が清算した場合、その株主である内国法人は分配された残余財産をみなし配当と株式譲渡損益に区分して自己の課税所得を計算するため、仮に残余財産の分配がゼロである場合には、株主である内国法人は、清算した子会社の株式の税務簿価を全額清算損失として損金の額に算入することができる。

しかし、平成22年度税制改正によって導入されたグループ法人税制によって、完全支配関係のある法人間での取引については原則として譲渡損益を認識しないことになったため、完全支配関係のある内国法人（以下、「完全子会社」という）が解散による残余財産の分配をした場合についても、当該内国法人の株主である内国法人（以下、「完全親会社」という）において清算損失（対価をゼロとする株式譲渡損失）を認識することができなくなった。

ただし、完全親会社は一定の要件の下、当該完全子会社の青色欠損金を引き継ぐことが可能となっており、〔図表81〕の例示に示すとおり、完全親会社にとっては引き継ぐ青色欠損金の金額と完全子会社への投資簿価の大小に

---

[3] 〈http://www.nta.go.jp/shiraberu/zeiho-kaishaku/joho-zeikaishaku/hojin/100810/pdf/all.pdf〉。

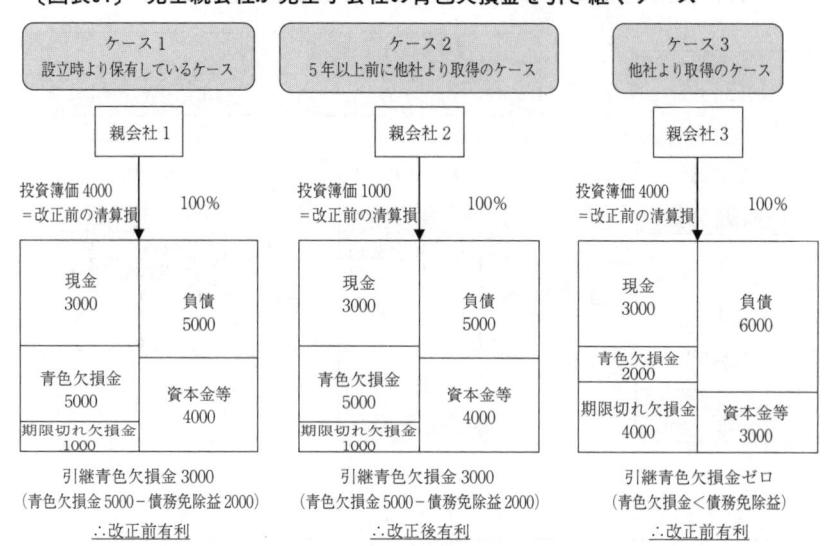

Ⅰ 法人の清算所得に関する法人税課税ルールの変更に伴う事業再編に及ぼす影響

〔図表81〕 完全親会社が完全子会社の青色欠損金を引き継ぐケース

ケース1 設立時より保有しているケース	ケース2 5年以上前に他社より取得のケース	ケース3 他社より取得のケース
親会社1	親会社2	親会社3
投資簿価4000 =改正前の清算損　100%	投資簿価1000 =改正前の清算損　100%	投資簿価4000 =改正前の清算損　100%
現金3000／負債5000 青色欠損金5000／資本金等4000 期限切れ欠損金1000	現金3000／負債5000 青色欠損金5000／資本金等4000 期限切れ欠損金1000	現金3000／負債6000 青色欠損金2000 期限切れ欠損金4000／資本金等3000
引継青色欠損金3000 (青色欠損金5000－債務免除益2000) ∴改正前有利	引継青色欠損金3000 (青色欠損金5000－債務免除益2000) ∴改正後有利	引継青色欠損金ゼロ (青色欠損金＜債務免除益) ∴改正前有利

より、改正前よりも有利になることもあれば、不利になることもある。

4．残余財産の分配と適格現物分配における繰越欠損金の使用制限等の比較

　既述のとおり、完全子会社が清算した場合、完全親会社は完全子会社株式の税務上の投資簿価に基づき清算損益を計算するのではなく、一定の要件の下、完全子会社の青色欠損金を引き継ぐことになるが、完全親会社が残余財産の分配を受けた場合には、完全親会社における欠損金の使用制限や特定資産譲渡等損失の損金不算入制限は課されないことになる。

　他方、適格現物分配によって完全子会社の事業を清算前に完全親会社に分配し、その後、完全子会社を清算させた場合、適格現物分配によって分配された事業に係る資産および負債は完全親会社に簿価で移転されるが、適格現物分配を受けた完全親会社の青色欠損金および特定資産譲渡等損失について適格合併等と同様の制限が発生することに留意が必要である。

〔図表82〕 適格現物分配における繰越欠損金の使用制限等の比較

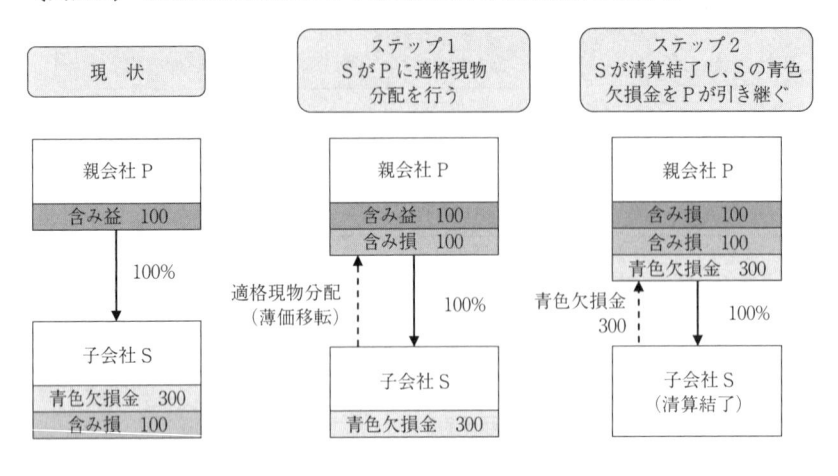

現状
親会社P
含み益 100
↓100%
子会社S
青色欠損金 300
含み損 100

ステップ1　SがPに適格現物分配を行う
親会社P
含み益 100
含み損 100
　　適格現物分配（簿価移転）　100%
子会社S
青色欠損金 300

ステップ2　Sが清算結了し、Sの青色欠損金をPが引き継ぐ
親会社P
含み損 100
含み損 100
青色欠損金 300
　　青色欠損金 300　100%
子会社S（清算結了）

課税関係	完全支配関係なし	完全支配関係あり 現金分配	完全支配関係あり 適格現物分配
みなし配当	受取配当等の益金不算入の適用あり	受取配当等の益金不算入の適用あり	収益計上なし
子会社清算損の計上	計上可	計上不可	計上不可
親会社への子会社欠損金額の引継ぎ	引継ぎなし	引継ぎあり（要件を満たす場合）	引継ぎあり（要件を満たす場合）
親会社による欠損金額の使用制限	制限なし	制限なし	制限あり（要件を満たさない場合）
特定資産譲渡等損失の損金算入	制限なし	制限なし	制限あり（要件を満たさない場合）

(古田哲也／大和田智)

II 仮装経理に関する税金還付事例の報告

1. はじめに

　粉飾決算に基づく過大納付額は、税務当局に対して更正の請求または嘆願を行うことによって、還付を受けることができるケースがある。もちろん、納税者側が事実を歪めた決算を行って勝手に過大に納税し、困ったら還付を求めるというのは誠に都合の良い話である。しかし、納税額というのはそもそも正しく計算されていなければならないという原理原則に従えば、納税額に不足があった際には厳しく追徴を求められる一方、明らかに過大となっている納税額がある場合は、正しく計算した結果（納税額）との差額については返還を求めることができると整理するべきと考える。

　したがって、粉飾決算に基づく過大納付額の還付申請を行う際に重要なことは、「過大となっている納税額の還付をいただきたい」ということではなく、「課税所得を正しく再計算させていただきたい」ということなのである。

　本稿においては、粉飾が行われていた場合の適正納付額を再計算し、税務当局に対してどのように説明するべきか、その実務上の留意点を解説していきたい。

2. 過誤納税金の還付手続における実務上の留意点

　すでに納付した税金が過誤納であったことを証明するためには、粉飾会社において行われた不適切な処理を正確に把握する必要があるが、粉飾会社における資料の保存状況、採用された粉飾処理の複雑性など実態を解明するためには困難を要することが多い。そのような状況下において、税務当局に対して、いかに早急に、いかに正確に、説明し得る事実解明を行うことができるのか、各時点において的確な判断を行うことが求められる。

〔図表83〕 更正期限、還付金の消滅時効、更正の請求期限等

税目		更正の請求期間
法人税	欠損金の額に係るもの	9年
	移転価格税制に係るもの	6年
	上記以外	5年
贈与税		6年
上記以外		5年

(1) 第1段階：粉飾決算発覚時

粉飾発覚時点当初において、以下のポイントに対して、どれだけ冷静に、かつ、慎重に分析・検討できるか、そして今後の方針を明確化できるかが重要な鍵となる。

㈎ 粉飾時期の解明

更正期限、還付金の消滅時効、更正の請求期限等については、〔図表83〕のとおり期限が定められており、粉飾はいつから行われていたのか、説明すべき範囲はどこまで過去にさかのぼるのか、更正の請求にはどこまで間に合うのかについて、正確に確認する必要がある。

㈏ 粉飾会社の状況

粉飾会社が今後事業を継続するのか否かによって、〔図表84〕のように過誤納税金の還付時期が異なる。

また、粉飾会社が破産等によって今後解散する予定である場合には、過去に課税所得が生じていなかったことを証明すれば足りるのに対し、粉飾会社が今後事業を継続する場合には、今後の事業で使用することとなる税務上の繰越欠損金の適正化が必要となるため、その証明すべき範囲も異なる。したがって、粉飾会社の事業継続の有無は、今後の作業方針を確定するために重要な要素ポイントとなる。

〔図表84〕 過誤納税金の還付時期

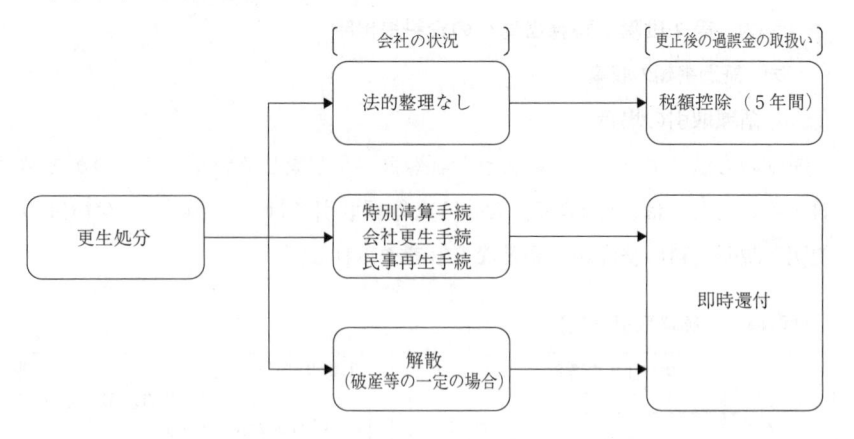

```
                    [会社の状況]              [更正後の過誤金の取扱い]
                  ┌─────────┐             ┌─────────────┐
              ┌──→│ 法的整理なし │────────→│ 税額控除（5年間） │
              │   └─────────┘             └─────────────┘
              │   ┌─────────┐
  ┌──────┐   │   │ 特別清算手続 │
  │ 更生処分 │──┼──→│ 会社更生手続 │──┐
  └──────┘   │   │ 民事再生手続 │  │   ┌─────────┐
              │   └─────────┘  ├──→│  即時還付  │
              │   ┌─────────┐  │   └─────────┘
              └──→│   解散    │──┘
                  │(破産等の一定の場合)│
                  └─────────┘
```

(ウ) 粉飾の解明方針の検討

次に、粉飾はどのような手法を採用して行われたのかを解明する。この際、粉飾の手法の数、各手法における粉飾額を勘案し、粉飾の実態解明とその証明をどのようにして行うのか、今後の方針を見極める。

つまり、法人が法的整理に入っているような状況では、資料も散在しており、さらには監査法人の目もあざむくような粉飾が行われていた場合には、会社担当者の協力が必要不可欠となる。粉飾の目的・手法を十分に説明できる会社担当者の有無、粉飾決算に係る証憑書類の保存の有無、会計システムデータの保存の有無、データの復元可否によっても説明できる範囲が異なる。粉飾会社の状況を的確に見極め、説明資料の収集方法、説明範囲を検討していく必要がある。

(エ) 税務当局への事前照会

これら粉飾決算発覚当初の作業によって、今後の作業方針、説明範囲、整備資料のイメージをつかんだ段階において、税務当局に対して「粉飾の事実があること」、「今後資料を整備して提出する予定であること」を、更正の請求書を提出する前に伝えることで、その後の還付申請手続がスムーズに進むことが多いことから、税務当局に対してできる限り速やかに連絡をすること

が推奨される。

　(2)　**第2段階：税務当局への資料提出時**

　(ア)　**証憑書類の収集**

(A)　**循環取引の場合**

　粉飾の方法によって、どのような証憑資料を収集していくべきなのかを検討する。たとえば、〔図表85〕のような循環取引では、以下のような粉飾の説明と説明資料の整備が必要となると考えられる。

〔図表85〕　循環取引（例）

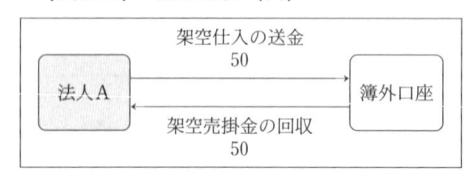

```
                架空仕入の送金
                     50
   ┌─────┐  ─────────→  ┌─────┐
   │ 法人A │                │簿外口座│
   └─────┘  ←─────────  └─────┘
                架空売掛金の回収
                     50
```

①架空売上の計上
　　（借方）売掛金 100　（貸方）売上高 100
②架空仕入の計上・送金
　　（借方）仕入高 50　（貸方）現金 50
③架空売掛金の回収
　　（借方）現金 50　（貸方）売掛金 50

　(a)　粉飾の説明

　不正仕訳の計上プロセスについては、架空の証憑（注文書、請求書、納品書等）に基づいて不正仕訳が計上されていること、不正仕訳が決算書に反映されていることを説明する。

　簿上口座と簿外口座の送金履歴については、簿上口座と簿外口座の送金履歴により架空取引であることを説明する。

　(b)　説明資料

　上記(a)の説明にあたっては、総勘定元帳・仕訳伝票、注文書・請求書・納品書等、預金通帳・送金書を説明資料として用いる。

(B)　**グループ間取引を用いて架空の処理を決算書に計上する場合**

　また、グループ間取引を用いて架空の処理を決算書に計上する場合には、以下のような粉飾の説明と説明資料の整備が必要となると考えられる。

　(a)　粉飾の説明

　不正仕訳の計上プロセスについては、不正仕訳が決算書に反映されている

〔図表86〕　グループ間取引を用いて架空の処理を決算書に計上する事例

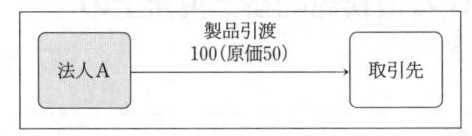

```
                製品引渡
               100(原価50)
┌─────┐ ───────────→ ┌─────┐
│ 法人A │                │ 取引先 │
└─────┘                └─────┘
```

①売上の計上
　(借方) 売掛金 100 (貸方) 売上高 100
②売上原価の計上
　(借方) 売上原価 50 (貸方)　　製品 50
③売上原価の取り消し
　(借方) 製品 50　(貸方) 売上原価 50

ことを説明する。

　実地棚卸との差異については、実地棚卸による在庫明細の金額と決算書の期末製品棚卸高の金額が一致しないことを説明する。

　売上高と売上原価の対応関係については、消去した売上原価が当期の売上高に対応するものであることを説明する。

　(b)　説明資料

　上記(a)の説明にあたっては、総勘定元帳・仕訳伝票・注文書・請求書・納品書等、実地棚卸による在庫明細、売上高と売上原価の明細を説明資料として用いる。

　(イ)　各種税務書類の作成・提出

　会計データ、不正経理の証憑を収集後、粉飾手法の説明資料の作成、粉飾決算是正後の課税所得および納税額の算定を行い、税務当局による調査に対応でき得る資料を整備し、これら一連の説明資料とあわせて、修正の経理を行い、修正処理に基づく法人税確定申告書、更正の請求書・嘆願書の作成・提出を行う。

　(ウ)　税務調査時

　税務当局が税務調査に動くようであれば、還付申請手続が前向きに進んでいる証である。調査官から求められた事項に対し、速やかな資料提出と質問対応を行う必要がある。

（古田哲也／大和田智）

III　民事再生等における債務免除益と税務上のチェックポイント

1. 民事再生の類型と所得計算

　民事再生の類型としては大きく収益弁済型とスポンサー型（事業譲渡型）に大別される。前者における所得計算は再生債務者が再生手続開始以前と同様に事業活動を行うので、従前どおり毎期の損益を集計し、税務上の課税所得を計算することになる。一方、後者の所得計算は再生手続開始以前の事業そのものはスポンサーに譲渡されてしまうことから、再生債務者はいわゆる「抜け殻会社」の状態となり、事業譲渡後は解散し、清算手続において債権回収と、債権者に対し再生計画に従った分配を行う。当該手続中の会社は「清算中の会社」とよばれ、平成22年10月1日以降の解散については清算所得課税方式（法人税法5条）が廃止されたため、清算事業年度における所得計算は通常の事業年度と同様に行われる。

2. 債務免除とその課税関係

　再生計画案が認可決定されると再生債務者は元本等再生債権（負債）につき権利の変更（端的にいえば債務免除、期限猶予など。民事再生法154条）が行われることになる。この手続が行われた際に元本等再生債権のうち、弁済が免除されることとなった部分が債務免除額であり、その額は多額に及ぶことが多い。そしてこれは税務上、課税所得の計算において、債務免除益（益金）として扱われることから、法人税等を算定する際の基礎となる。つまり、債権者が再生債務者の債務の軽減に協力してくれたにもかかわらず、もし、何ら策を講じることができなければ税金が課せられる可能性が生じる。

3. 再生計画案の認可と税務上考慮すべきイベント

　再生計画案が認可決定されると前述のように、元本等再生債権のうち弁済

の免除を受けたものについては債務免除益の計上が行われる。この債務免除益とともに再生計画案認可後に行われる税務上考慮すべきイベント（課税所得に影響を及ぼす税務処理項目）には①財産評定、②資産処分、③私財提供、④青色欠損金の利用、⑤期限切れ欠損金の利用がある。

　①財産評定とは再生計画案認可決定時に再生債務者の資産を時価に評価替えを行うことである。ここにいう法人税法上の時価は通常の使用収益される時価（法人税基本通達9-1-3）である。その結果、簿価が時価を上回っているものは、評価損が計上されることになるが、反対に簿価が時価を下回れば評価益が計上されることになる。おおよそ民事再生手続申立会社で財産評定において純評価差額が含み益を実現させるような評価益となるよりは、評価損失が大きくなることのほうが多いと思われる。ただし、資産評定における時価の考え方は、民事再生の場合、収益弁済型では事業継続を前提としているので、単純な清算価値とは異なり、理論的には再調達価額としての価値であり、スポンサー型では事業上の必要財産はスポンサーに譲渡されるため、譲渡資産はスポンサーと合意に至るであろう評価額となろう。また、民事再生では税務処理上の評定方法として「別表添付方式」（法人税法25条3項、33条4項）と「損金経理方式」（同法33条2項）があり、期限切れ欠損金の利用との兼ね合いにより、どちらを選択するか重要になる。さらに平成21年度税制改正において資産評定として、金銭債権の評価損の計上も実質的に可能となった。②資産処分において、事業関連性のない資産は売却等が行われる。このような資産は先の財産評定において当該資産の処分予定価額（時価）で評価損益が計上されていれば、処分が評定後遠くない時期に行われる限り再度大きく処分損益が発生することはない。ただし、時価変動が大きい場合や、処分するタイミングによって処分損益の発生にも留意が必要となる。③私財提供とは株主や経営陣等から事業に必要な個人財産の提供を受けることで、その受入れ価額が私財提供益として課税所得の計算上益金となる。一方、④再生債務者は多くの場合、青色欠損金とよばれる過年度損失の累積として多額の繰越欠損金をもっている。多額の債務免除益等が計上される際に、当該

欠損金の控除により課税所得を縮減できる効果がある。平成23年度税制改正において青色欠損金の課税所得からの控除期間は7年以内から9年以内に延長された（法人税法57条1項）が、「9年以内」での控除の適用は、平成20年4月1日以後終了事業年度において生じた欠損金で、平成20年3月31日以前終了事業年度において生じた欠損金は「7年以内」とされている。また、中小法人以外の法人に対しては、平成24年4月1日以後開始事業年度から欠損金の繰越控除額はその事業年度の所得金額（欠損金控除前）の80％を限度とする利用制限が設けられている（法人税法附則14条1項）。さらにこの青色欠損金のみならず、⑤過年度に青色欠損金を上回る所得を計上できなかったことで税務期限内に利用しきれなかった期限切れ欠損金がある。具体的には、法人税申告書別表五(一)「期首現在利益積立金額の差引合計額」がマイナスである場合のその金額をいう。これも青色欠損金同様課税所得の縮減効果を得られる。

　したがって、上記税務上考慮すべきイベントを再生手続中のどのタイミングで実現させるかをスケジューリングすることは大変重要な意味をもつことになる。

　また、民事再生申立会社は過年度決算において仮装経理を行っていることもしばしば見受けられる。仮装経理とは会社の決算をよくみせるために、事実とは異なる会計処理を行うことで利益が多くあがっているかのごとくみせる経理操作であり、これを行うことで所得が実際より多く計上され、本来支払わなくてもよい法人税等が支払われている。仮装経理が行われていた場合には過年度の過大法人税額につき更正の請求を行い還付請求が可能であるが、還付金額は一括で返金されるのではなく、5年間で法人税の納付額から控除され、それでも残額がある場合に一括返還されることとなっている。ただし、更生や再生手続開始の決定等一定の企業再生事由が生じた場合には即時に還付され、また、解散の場合には当該最終年度の申告期限到来後に一括返還されることとなっている。なお、仮装経理の多くは棚卸資産の水増しなど架空の資産計上などで多く見受けられ、資産内容については注意して吟味するこ

とが必要である。

4. 債務免除益課税の回避と税務スケジュール

再生債務者の元本等再生債権について権利の変更はその税務スケジュールとの兼ね合いにおいて、債務免除のタイミングを考えなければならない。原則的には再生計画認可決定が確定した日の属する事業年度において債務免除益は計上される。しかし、この事業年度で一括して利益が計上されることで、青色欠損金や財産評定損失など他の税務イベントを勘案して課税所得が生じるようなことになる場合は、①債務免除を再生計画による弁済が完了した時点、②各事業年度における分割弁済のつど、③営業譲渡や資産譲渡などによる損失が生じる時点など税金の支払いを「ゼロ」や「ゼロ」にならない場合でもミニマムになるようなタイミングを勘案し、無駄な課税が生じない債務免除スケジュールを再生計画案として提示することが必要となる。再生計画案における税務スケジュールのイメージを示すと〔図表87〕のようになる。

5. 債務免除益等と欠損金の利用[4]

債務免除益等は青色欠損金や期限切れ欠損金の充当により課税を回避もしくは縮減することができるが、平成23年度税制改正後、法人税法57条の青色欠損金については前述のように利用制限が設けられたことから、会社更生や民事再生の場面において、この利用制限の適用から除外すべく、青色欠損金と期限切れ欠損金については次のように調整が図られた。

(1) 法人税法57条の青色欠損金

会社更生の適用においては控除前所得の80％利用制限を受けることはないが、民事再生等の適用においては評価損益の計上（法人税法59条2項3号）の有無により、80％利用制限の扱いが異なる。

評価損益の計上（法人税法59条2項3号）がない場合（別表添付方式）には、

---

[4] 本項は、日本公認会計士協会編『事業再生の実務』参照。

〔図表87〕 再生計画案における税務スケジュールのイメージ

	税務イベント項目	再生第1期	第2期	～	第9期	第10期
1	毎期の通常損益	経常利益	経常利益		経常利益	経常利益
2	資産処分損益	どの期で処分するかタイミングを検討				
3	資産評定損	認可決定期	―	―	―	―
4	資産評定益	認可決定期	―	―	―	―
5	私財提供益	どの期で提供を受けるかタイミングを検討				
6	債務免除益	どの期で免除を受けるかタイミングを検討				
7	期限切れ欠損金	上記5、6の範囲で利用するためタイミングを合わせる				
8	青色欠損金	各期の所得が生じた期で控除（※）				
9	課税所得	△△△	△△△		△△△	△△△
10	法人税額	○○○	○○○		○○○	○○○

（※） 法人税に限って、これまでは解散や会社更生法の更生手続開始決定があった場合等に限って適用を受けることが認められていた繰戻還付制度（欠損金を欠損の生じた事業年度の開始日前1年内に開始した事業年度の所得に繰り戻す制度）が資本金1億円以下の中小普通法人等についても、平成21年2月1日以後終了する事業年度において適用が認められることとなった。

　青色欠損金は法人税法規定の適用により損金算入されることになるが、その算入額は青色欠損金控除前でかつ同法59条2項（債務免除益、私財提供益）の規定適用前の所得の80％までが利用限度となる。

　評価損益の計上（法人税法59条2項3号）がある場合（損金経理方式等）には、会社更生の場合と同様法人税法59条2項の規定による欠損金には青色欠損金も含んだ金額となっており、控除前所得の80％利用制限を受けることはない。ただし、適用事業年度以降になお残る青色欠損金については、その後の事業年度においては控除前所得の80％利用制限を受けることになる（会社更生も同様）。

(2) 法人税法59条の欠損金

　平成23年度税制改正以前、法人税法59条は「期限切れ欠損金」として会社

更生も民事再生も同様の結果となる構造であったが、改正後において、同法59条における欠損金額およびその損金算入額は次のような計算となる。

① 「期首現在利益積立金の差引合計額」のマイナスのその金額（別表五㈠①㉛）

② 青色欠損金の当期控除額の計（別表七㈠4の計）

　㈦　会社更生（法人税法59条1項）の場合

欠損金額は上記「①」となり、損金算入額は、「①」か、もしくは「債務免除益と私財提供益および純評価損益（マイナスの場合はゼロ）の合計額」のいずれか少ない額となる。

　㈣　民事再生（法人税法59条2項）の場合

評価損益の計上（法人税法59条2項3号）がない場合の欠損金額は、「①－②」となり、損金算入額は「①－②」か、「債務免除益と私財提供益の合計額」もしくは「青色欠損金の損金算入後所得」の3つのうちいずれか少ない額となる。

評価損益の計上（法人税法59条2項3号）がある場合の欠損金額は、「①」となり、損金算入額は「①」か、「債務免除益と私財提供益および純評価損益の合計額」もしくは「欠損金控除前所得」の3つのうちいずれか少ない額となる。

（田端博之）

● 事項索引 ●

【英数字】

100%減資　*419*
17条決定　*369,373*
363条セール　*240,513*
363セール　*218*
80%利用制限　*531*
ABAガイドライン　*263,268*
ABL　*481*
ABS　*252*
Adequate Protection　*490*
ADR　*137*
Automatic Stay　*489*
BB　*484*
BIS　*296*
BIS規制　*296*
Borrowing Base　*484*
Cash Dominion　*487*
CDRメカニズム　*267*
CRC　*257*
CRE戦略　*122*
CRF　*255*
CRV　*257*
CVA　*276*
DA　*506*
DIP型更生手続　*163*
DIPファイナンス　*214,479,487, 491*
DPO　*404*
ETIC　*80*
　──の支援基準　*84*
Exitファイナンス　*490*
FDIC　*232*

First Priming Lien　*488,491*
Fulcrum Security　*221*
IBR　*273*
Insolvency Practitioner　*156*
INSOL私的整理8原則　*262,271, 387*
KAMCO　*247*
　──の不良債権売却方式　*252*
MOU　*506*
OCC　*231*
OREO　*234*
OSEO　*290*
PIK金利　*215*
RCC　*292*
RCC企業再生スキーム　*417,422, 427*
REVIC　*80*
RTC　*237*
S&L危機　*237*
Springing cash Dominion　*487*
Super Priority Claim　*488,489*

【あ行】

青色欠損金　*520*
　──の利用　*529*
アセット・ベースト・レンディング　*481*
アップサイド追求型投資　*220*
　──の投資手法　*221*
いざなみ景気　*45*
異質論　*139*
一時停止　*172*

──の再延長　173
　　──の通知　172
一時停止通知　439
一括確定買取り方式　249
インソル8原則　262,271,387
インソル・インターナショナル　262
インド　267
インドネシア　265
運用の弾力性　168
役務保証　301
円高　34
欧州政府債務危機　28
オートマティックステイ　208,214
オープン・プラットホーム型　114
お台場アプローチ　509
親会社　417

【か行】

会計コンサルティング制度　284
開示説明書　245
会社管理手続　276
会社更生法　159
会社整理計画　277
会社整理の廃止　159
会社任意整理　276
回収停止　275
改正貸金業法　33
ガイドラインの対象債務者の要件
　　196
各種ADR機関　386
影の銀行　27
過誤納　523
貸出条件緩和債権　4
貸出緩和債権からの卒業要件　408

過剰債務の整理　148
仮装経理　530
韓国資産管理会社　247
カネボウ　318
株式会社企業再生支援機構法の一部を
　　改正する法律案　88
株式交換　329
株主委員会　83
株主責任　179,415
　　──の明確化　418
株主代表訴訟　176
為替デリバティブ　70
元本回収型投資　220
企業委員会　284
企業構造調整基金　255
企業構造調整専門会社　257
企業構造調整投資会社　257
企業再生支援機構　80
企業再生税制　375
企業再生ファンド　108
企業信用調査　76
企業のライフサイクル　100
期限切れ欠損金　520
　　──の利用　529
基準金利　4
基本合意書　506
基本要領　422
協議会の実施基本要領　14
業況における懸念材料　413
競合管轄規定　163
緊急保証制度　53
銀行系の投資家　404
銀行と企業の関係　58
銀行破たん　233

535

事項索引

金融円滑化法　2,31,55
　　——の骨子　31
　　——が適用対象　3
金融機関　3
　　——の努力義務　3
金融機関債権者委員会　287
金融検査マニュアル　411
クラムダウン　213
グループ法人税制　520
クローズド・プラットホーム型　114
黒字転換達成期間　433
経営改善支援センター　97,105
経営サポート会議　17
経営者(陣)退任の原則　421
経営者責任　178,359,420
経営者の債権放棄　425
経営浄化委員会　324
計画外事業譲渡　240
計画期間　431
計画内容の同一性の担保　375
警報制度　283
原料高倒産　53
口座の集中　484
更生債権者委員会　83
更生担保権者委員会　83
構造改善企業　255
公的機関主導型　113
公認会計士　355
小売在庫処分業務　228
国法銀行　231
国法銀行法　231
個人債務者の私的整理に関するガイドライン　181,193
個人版私的整理ガイドライン運営委員会　184,195
コミットメントライン　483
雇用確保の極大化　149
コンサベーター　236
コンサベーターシップ　230

【さ行】

債権額の回収の見込み　356
再建型の私的整理　167
再建計画案の内容と要件　170
再建計画の説明　462
債権者委員会　208,287
債権者会議での決議事項　446
債権者側の税務処理　175
債権者間の平等・衡平　426
債権者代位権　306
債権者の権利の変更　356
債権者への情報開示　516
債権譲渡担保権の登記　470
債権譲渡担保の対抗要件　469
債権放棄のカット率　180
財産評定　529
最終合意書　506
再生計画案策定支援　14
再生計画案における税務スケジュール　531
財務DD　391
債務者側の税務処理　175
財務制限条項　215
債務超過解消期間（期限）　407,434
財務内容における問題点　413
債務不履行解除　495
最優先弁済権　489
詐害行為取消権　305

536

——の行使　*449*
詐害的会社分割　*449*
　　——のメルクマール　*455*
サブプライム・ローン　*22*
サブプライム・ローン問題　*24*
産業空洞化地域　*38*
産業再生機構　*322*
支援の可否判断　*393*
時価　*395*
事業救済手続　*286*
事業継続不可欠性の要件　*499*
事業再生 ADR　*138*,*160*,*170*,
　345,*352*,*374*,*404*,*407*,*418*,
　423,*428*
　　——の対象債権者　*352*
事業再生 ADR 手続の主催者　*346*
事業再生計画案　*355*
　　——が債権放棄を伴う場合　*358*
事業再生専門家　*274*
資金繰りの管理　*477*,*481*
自己資本比率　*46*,*297*
　　——の推移　*63*
私財提供　*529*
資産処分　*529*
資産評定の基準　*357*
事実上の計画案　*245*
地震保険の保険金　*186*
実現損　*72*
実態貸借対照表　*391*
　　——の作成　*358*
私的整理　*137*,*156*,*167*,*380*
　　——に関するガイドライン　*160*,
　168,*387*,*416*,*421*,*426*
　　——の事業再生計画　*407*

　　——の対象となる債権者　*439*
　　——のデメリット　*168*,*385*
　　——のメリット　*168*
　　——の申出　*172*
私的整理 8 原則　*270*
私的整理手続における再生計画の期間
　　410
自動的停止　*489*
支配株主　*417*
支払停止　*282*,*285*,*440*
司法 ADR　*366*
資本性借入金　*17*
ジャカルタ・イニシアチブ　*265*
住管機構　*310*
集合債権譲渡担保　*464*
重畳的債務引受け　*455*
住専国会　*314*
住宅金融債権管理機構　*298*,*310*
州法銀行　*231*
主要債権者　*170*
循環取引　*526*
少額債権者の優遇措置　*429*
譲渡禁止特約　*492*
商取引債権者委員会　*287*
証憑書類の収集　*526*
情報開示説明書　*216*
書面による同意　*444*
身代限り　*158*
真の意味での経営改善　*100*
信用調査のポイント　*78*
信用保証協会　*350*
　　——の保証付融資　*377*
スクィーズ・アウト　*329*,*336*
ストーキング・ホース・ビット　*243*,

537

事項索引

513
スポンサー　504
　——の確保　84
　——の再選定　508
　——への支援　148
スポンサー選定手続　353
政策パッケージ　12, 87, 97, 99
清算請負業務　226
清算型の私的整理　185
精算条件付買取り方式　249
清算所得課税　518
正常価格に相当する価値　397
正常先　412
正当の理由　427
税務処理上の評定方法　529
整理回収機構　292
　——による不良債権の回収　299
整理回収銀行　298
整理屋　385
絶対優先の原則　213
善管注意義務　402
全部取得条項付種類株式　419
早期処分価格　398
総合金融会社　251
総量規制　33
ソフトな予算制約　62
ソブソン・ウェルス・ファンド　26
損益バランスの改善　142
損金経理方式　529, 532

【た行】
ターンアラウンド・マネージャー
　　223
タイ　264

第1回債権者会議　173, 438
第2回債権者会議　174, 438
第2会社方式　445, 447
第2順位登記の設定　472
第3回債権者会議　438
大宇グループ　255
第三者事業評価　273
対象債権者　170
　——の債権放棄　171
　——の同意の対象　445
ダブル・ボトムライン　126
ダブル・ボトムライン投資　127
単独型　370
担保権消滅請求制度　498
担保権消滅請求の限界　500
担保権の実行手続の中止命令　497
担保適格　484
担保適格資産　484
担保非適格資産　484
担保変換　492
担保余剰　489
地域経済活性化支援機構　15, 80
地域再生ファンド　108
　——の特徴　113
地域の産業再生　40
地域力の強化　149
地方銀行主導型ファンド　109, 114
チャプターイレブン　207
中国　266
中小企業基盤整備機構　114
中小企業金融円滑化調停人　289
中小企業再生支援機関　290
中小企業再生支援協議会　90, 99
　——の手続　91

中小企業再生支援協議会事業実施基本
　　要領　418, 427
中小企業支援ネットワーク　17
中小企業者　3
調査報告書　443
調停委員会型　370
調停人の選任　285
貯蓄機関　237
賃料水準の最適化　132
通貨監督官　231
ディストレスト債権投資ファンド
　　220
定性分析　391
抵当流れ不動産　234
デイリー・キャッシュ・スイープ　484
定量分析　392
適切な保護　490
デューディリジェンス　390
デューディリジェンス費用　14
デリバティブ契約　354
登記事項概要証明書　473
登記事項証明書　473
倒産　380
倒産解除特約　494
倒産実務士　276
倒産処理　380
倒産予防協会　284
投資ファンド　127
透明性の確保　146
特定価格に相当する価値　397
特定調停　160, 366
特定調停事件の管轄　369
特別清算　47, 159
特別受任者の選任　285

特別保証制度　47
特約付き長期為替予約　70
独立行政法人中小企業基盤整備機構
　　17

【な行】

二元銀行制度　231
二重債務問題　183
　　──の対象債務者数　187
二重ローン問題　192
日本型ABL　482
日本航空　81, 339
入札方式　507
認証紛争解決事業者　347
認定経営革新等支援機関　97, 105,
　　377

【は行】

破産管財人等の第三者性　468
破産排斥（潜在化）論　204
破産法　159
抜本的な再建計画　176
バンコク・アプローチ　264
半包括執行　288
東日本大震災　33, 41
東日本大震災復興緊急保証制度　34
被災地の経済情勢　42
ビジネス・ジャッジメント・ルール
　　241
ビジネスDD　391
ビジネスモデル俯瞰図　107
評価損　72
ファイナンシャル・ステートメント・
　　レンディング　487

事項索引

ファクタリング会社　474
ファンド運用会社主導型　109
負債による規律　68
負債の規律　67
不実徴候企業　255
不動産 DD　392
フラット為替予約　70
フランス　281
不良債権とならないための要件　101
不良債権の買取り方法　249
不良債権の引受け　249
プレ DIP ファイナンス　347, 482, 489, 492
プレアレンジ型　210
ブレイクアップ・フィー　243, 513
プレネゴシエート型手続　210, 217
プレパッケージ型会社更生　505
プレパッケージ型更生申立て　81
プレパッケージ型事業再生　288
プレパッケージ型私的整理　506
プレパッケージ型手続　210, 216
プレパッケージ型民事再生　505
分散　158
粉飾　476
粉飾時期の解明　524
文書提出命令　306
米国型 ABL　482
　　――のストラクチャー　483
米国の法的整理手続　207
別除権協定　492
別表添付方式　529, 531
弁済条件の合理性　460
弁済の最大化　461
弁済率の減少　456

偏頗行為性　457
包括執行　288
法的整理　380
　　――の開始原因の存在　460
　　――のデメリット　167
　　――のメリット　167
　　――への移行　179
法務 DD　392
ホールドアウト　213
ホッチポット・ルール　141
香港　263
ホンコン・アプローチ　263

【ま行】

マレーシア　266
未履行契約の拒絶権　214
民事再生手続　529
民事再生法　159
メインバンクシステム　58, 60
メインバンクの負担　180
メイン寄せ　180, 429
モニタリング　106
モニタリング機能　60

【や行】

役員に対する損害賠償　308
役員の退任　360
ヤマニシ　88
優先譲受権　511

【ら行】

ラーニングカーブ　364
リース契約の解除　496
リースの担保的機能　497

リーマン・ショック　25,38,45,53
利益相反　402
リスクマネーの提供力　404
リクイデーター　226
リサ・パートナーズ　120
レシーバー　230
　　──の権限　235
レシーバーシップ　230
連邦預金保険法　232

労働力人口の変化　36
ロックアップアグリーメント　218
ロンドン・アプローチ　261,270

【わ行】

ワークアウト　206,215,253
　　──のメリット　212
　　──のデメリット　213
割合的地位の減少　420

● 執筆者一覧 ●

(五十音順)

○相澤光江（弁護士／ビンガム・坂井・三村・相澤法律事務所（外国法共同事業））第Ⅲ編第4章Ⅱ

青木丈介（弁護士／銀座ファースト法律事務所）第Ⅲ編第4章Ⅰ6

秋　松郎（中小企業診断士／サクラ合同法務事務所）第Ⅰ編第3章Ⅱ

○伊沢敏一（公認会計士）第Ⅱ編第2章Ⅱ

石毛和夫（弁護士／ほくと総合法律事務所）第Ⅱ編第2章Ⅱ1

井出ゆり（弁護士／ビンガム・坂井・三村・相澤法律事務所外国法共同事業）第Ⅱ編第3章Ⅱ4

伊藤隆宏（株式会社ティー・エム・アドバイザーシニアアドバイザー）第Ⅱ編第4章Ⅲ2

井上愛朗（弁護士／森・濱田松本法律事務所）第Ⅲ編第3章

今川嘉文（龍谷大学法学部教授）第Ⅱ編第2章Ⅰ

上田耕一郎（株式会社KPMG FAS シニアマネージャー）第Ⅱ編第4章Ⅲ1

大橋　修（公認会計士・税理士／税理士法人レクス会計事務所）第Ⅱ編第4章Ⅳ2

大八木雅明（不動産鑑定士／株式会社グラックス・アンド・アソシエイツ執行役員）第Ⅲ編第1章Ⅱ2

大和田智（KPMG税理士法人トランザクションアドバイザリーグループシニアマネージャー）第Ⅲ編第5章ⅡⅢ

片山英二（弁護士／阿部・井窪・片山法律事務所）第Ⅰ編第3章Ⅰ

河本茂行（弁護士／烏丸法律事務所）第Ⅰ編第3章Ⅰ

木下玲子（アドミラルキャピタル株式会社代表取締役）第Ⅲ編第4章Ⅰ23

金　大燁（弁護士／弁護士法人淀屋橋・山上合同）第Ⅲ編第4章Ⅰ1

小梁吉章（広島大学大学院法務研究科教授）第Ⅱ編第3章Ⅳ2

執筆者一覧

小向俊和（弁護士／官澤綜合法律事務所）第Ⅱ編第2章Ⅱ2
○佐藤鉄男（中央大学大学院法務研究科教授）第Ⅰ編第4章Ⅱ、第Ⅱ編第1章・第3章Ⅰ
篠原　進（株式会社新生銀行企業サポート部長）第Ⅰ編第2章Ⅴ2
信夫大輔（プライスウォーターハウスクーパース株式会社アドバイザー）第Ⅱ編第4章Ⅳ3
○四宮章夫（弁護士／コスモス法律事務所）第Ⅱ編第4章Ⅰ、第Ⅲ編第1章1
菅野百合（弁護士／西村あさひ法律事務所）第Ⅱ編第3章Ⅱ1
杉本　究（プライスウォーターハウスクーパース株式会社ディレクター）第Ⅱ編第4章Ⅳ3
杉本純子（日本大学法学部准教授）第Ⅲ編第2章ⅡⅢ
鈴木　学（弁護士／株式会社地域経済活性化支援機構常務取締役）第Ⅱ編第4章Ⅳ1
髙岡俊文（株式会社KPMG FASパートナー）第Ⅱ編第3章Ⅱ1
髙月昭年（明海大学経済学部教授）第Ⅱ編第3章Ⅱ3
田端博之（公認会計士・税理士／田端税理士・公認会計士事務所）第Ⅲ編第5章Ⅲ
○知野雅彦（株式会社KPMG FAS代表取締役パートナー）第Ⅲ編第2章Ⅰ
時国　司（Orbis Investmentアジアインベストメントカウンセラーグループ統括）第Ⅰ編第4章Ⅰ2
○中井康之（弁護士／堂島法律事務所）第Ⅱ編第4章Ⅴ
○中野瑞彦（桃山学院大学経済学部教授）第Ⅰ編第2章ⅠⅢ
中村吉伸（株式会社KPMG FASパートナー）第Ⅱ編第3章Ⅴ1
西島　茂（株式会社帝国データバンク釧路支店長）第Ⅰ編第2章ⅣⅤ3
藤田清文（弁護士／弁護士法人淀屋橋・山上合同）第Ⅰ編第1章ⅠⅡ
舟橋宏和（株式会社KPMG FASディレクター）第Ⅱ編第3章Ⅴ1
古田哲也（KPMG税理士法人トランザクションアドバイザリーグループパートナー）第Ⅲ編第5章ⅡⅢ

543

執筆者一覧

堀内秀晃（GEキャピタル　ストラクチャードファイナンス本部コーポレートレンディング部長）第Ⅱ編第3章Ⅱ2、第Ⅲ編第4章Ⅰ4

前田和則（新生PIグループ・新生インベストメント＆ファイナンス株式会社）第Ⅲ編第1章Ⅲ

牧野誠司（弁護士／伏見総合法律事務所）第Ⅲ編第2章Ⅳ

舛井正俊（新生PIグループ・新生債権回収＆コンサルティング株式会社）第Ⅲ編第1章Ⅲ

○松尾順介（桃山学院大学経営学部教授）第Ⅰ編第4章Ⅰ1

村上茂久（株式会社新生銀行VBI推進部新事業領域推進室兼スペシャルティファイナンス部プロジェクトファイナンス室室長代理）第Ⅰ編第2章Ⅴ1

本永敬三（公認会計士・税理士／本永敬三公認会計士税理士事務所）第Ⅰ編第3章Ⅲ

森　倫洋（弁護士／西村あさひ法律事務所）第Ⅱ編第3章Ⅱ1

山下裕美子（株式会社グラックス・アンド・アソシエイツ取締役常務執行役員）第Ⅲ編第1章Ⅱ1

山本　淳（弁護士／堂島法律事務所）第Ⅱ編第4章Ⅴ

横江正三（事業再生士／みらいコンサルティング株式会社大阪支社プロフェッショナルサービス事業本部）第Ⅰ編第4章Ⅲ

吉田　正（ふくしま成長産業育成ファンド（ふくしまファンド）ファンドマネージャー）第Ⅱ編第4章Ⅱ

○米　正剛（弁護士／森・濱田松本法律事務所）

○は編集委員

（所属は、2014年5月31日現在）

事業再編実務研究会会員一覧

個人会員

個人氏名	法人・グループ名	資格・職位	〒	住所	電話
相澤　光江	ビンガム弁護士事務所・坂井・三村・相澤法律事務所（外国法共同事業）	弁護士	105-0001	東京都港区虎ノ門4-3-13 ヒューリック神谷町ビル4階	03-6721-3111
荒川　芳英	株式会社企業再生投資	インベストマネージャー	541-0042	大阪府大阪市中央区今橋4-1-1　5階	06-6530-0150
秋　松郎	有限責任事業組合サクラ合同法務事務所	中小企業診断士	540-0012	大阪市中央区谷町2-7-4 スリースリーズビル4階	06-6949-3087
阿多　博文	興和法律事務所	弁護士	541-0043	大阪市中央区高麗橋3-1-14 高麗橋山本ビル5階	06-4707-6262
阿部　知己	阿部知己不動産鑑定士事務所	不動産鑑定士	540-0039	大阪市中央区東高麗橋2-24 メロディーハイム高麗橋202	06-6966-3101(代)
市村　啓人	新生インベストメント＆ファイナンス株式会社		100-0004	東京都千代田区大手町1-9-7大手町フィナンシャルシティサウスタワー16階	03-6860-9700
池北　祐磨	有限責任監査法人トーマツ		541-0042	大阪府大阪市中央区今橋4-1-1 淀屋橋三井ビルディング	
伊沢　敏一		公認会計士			
石井　教文	弁護士法人大阪西総合法律事務所	弁護士	541-0043	大阪市中央区高麗橋4-4-9 淀屋橋ダイビル2階	06-6208-8771
石原　美保	石原公認会計士事務所	公認会計士	560-0026	大阪府豊中市玉井町2-7-3	06-7898-1102
伊藤　隆宏	国際興業株式会社	上席顧問	104-8460	東京都中央区八重洲2-10-3	03-3273-6990
入江　宏志	株式会社あおぞら銀行	融資部副部長	102-8660	東京都千代田区九段南1-3-1	03-3263-1111(代)
内橋　慎一	内橋会計事務所	税理士	541-0045	大阪市中央区道修町2-6-7 淀屋橋近藤ビル9階	06-6185-7489
内海　隼人	山田ビジネスコンサルティング株式会社	副部長	100-0005	東京都千代田区丸の内1-8-1 丸の内トラストタワーN館14階	03-6212-2521
種田ゆみこ	株式会社　ブレイン	取締役・公認会計士	530-0047	大阪市北区西天満4-13-8 尼信ビル8F	06-6363-8338
大岸　崇昌	東京海上キャピタル株式会社	プリンシパル	100-0005	東京都千代田区丸の内1-2-1	03-5223-3516
大沢　拓	弁護士法人淀屋橋・山上合同	弁護士	100-0005	東京都千代田区丸の内2-3-2 郵船ビルディング4階	03-6267-1290
大和田　智	KPMG税理士法人	トランザクション・アドバイザリー・グループシニアマネージャー	106-6012	東京都港区六本木 泉ガーデンタワー12階	03-6229-8078
葛野　康司	株式会社企業再生投資	執行役員FA担当部長	541-0042	大阪府大阪市中央区今橋4-1-1　5階	06-6530-0150
神原　浩	きっかわ法律事務所	弁護士・日本公認会計士協会準会員	530-0004	大阪府大阪市北区堂島浜1-4-16 アクア堂島西館2階	06-6346-2970
北田　明子	エムピーエス・サポート	代表	550-0002	大阪府大阪市西区江戸堀2-1-1 江戸堀センタービル9階	06-6225-1108
木下　玲子	SBIホールディング株式会社	取締役執行役員常務	106-6019	東京都港区六本木1-6-1 泉ガーデンタワー18階	03-6229-1020
木下　重幸	有限会社木下コンサルティングオフィス	代表　中小企業診断士	570-0038	大阪府守口市河原町12-1-505	06-6996-4115
桐谷　重毅	ゴールドマン・サックス・アセット・マネジメント株式会社	代表取締役社長	106-6147	東京都港区六本木6-10-1 六本木ヒルズ森タワー	03-6437-7615

545

事業再編実務研究会会員一覧

氏名	所属	役職	〒	住所	電話
黒谷　仁洋	住友信託銀行	本店営業第三部主任調査役	540-8639	大阪府大阪市中央区北浜4-5-33	06-6220-2568
洪　　誠悟	仰星監査法人	公認会計士	541-0056	大阪府大阪市中央区久太郎町2-4-11	06-6265-8461
河野　　研	河野公認会計士事務所	公認会計士 税理士	541-0051	大阪府大阪市中央区備後町1-6-15 明治安田生命備後町ビル8階	06-4706-3806
佐伯　俊介	フロンティア・マネジメント株式会社	シニア・ディレクター	102-0073	東京都千代田区九段北3-2-11 住友不動産九段北ビル5階	03-3514-1325
笹山　幸嗣	株式会社　メザニン	代表取締役	100-6230	東京都千代田区丸の内1-1-1 30階	03-6212-7250
佐立　史人	株式会社あおぞら銀行	融資部 審査役	102-8660	東京都千代田区九段南1-3-1	03-3263-1111(代) 内線(31795)
佐藤　鉄男	中央大学	法科大学院 教授	162-8473	東京都新宿区市谷本村町42-8	03-5368-3544
佐山　展生	インテグラル株式会社	代表取締役	100-6230	東京都千代田区丸の内2-1-1 明治安田生命ビル19階	03-6212-6100
塩路　広海	塩路法律事務所	所長 弁護士	542-0076	大阪府大阪市中央区難波3-7-12 G・P・GATEビル7階	06-6634-5881
塩尻　隆夫	公認会計士・税理士 林光行事務所	公認会計士	543-0073	大阪市天王寺区生玉寺町1-13 サンセットビル7階	06-6772-7746
軸丸　欣哉	弁護士法人淀屋橋・山上合同	弁護士	541-0041	大阪市中央区北浜3-6-13 日土地淀屋橋ビル6・7階	06-6210-4446
四宮　章夫	コスモス法律事務所	弁護士	541-0041	大阪市中央区北浜3-6-13 日土地淀屋橋ビル7階	06-6210-5430
清水　良寛	弁護士法人淀屋橋・山上合同	弁護士	541-0041	大阪市中央区北浜3-6-13 日土地淀屋橋ビル6・7階	06-6202-3355(代)
上甲　悌二	弁護士法人淀屋橋・山上合同	弁護士	541-0041	大阪市中央区北浜3-6-13 日土地淀屋橋ビル6・7階	06-6202-4444
正田健太郎	住友信託銀行	本店営業第三部	540-8639	大阪府大阪市中央区北浜4-5-33	06-6220-2513
新川　大祐	北斗税理士法人	代表社員 税理士	541-0052	大阪府大阪市中央区安土町3-2-14	06-4705-8181
末冨　純子	ベーカー＆マッケンジー法律事務所（外国法共同事業）	弁護士	106-0032	東京都港区六本木1-9-10 アークヒルズ仙石山森タワー28階	03-6271-9900
菅原　　裕	株式会社岸田総合事務所	社会保険労務士	541-0041	大阪府大阪市中央区北浜3-6-13 日土地淀屋橋ビル7階	06-6226-0333
杉田　利雄	株式会社エム・エム・プラン	代表取締役	160-0004	東京都新宿区四谷3-13-20 四谷YSビル2階	03-5367-1558
瀬川　直樹	プライスウォーターハウスクーパース株式会社	シニアマネージャー 公認会計士	530-0001	大阪府大阪市北区梅田2-4-9 ブリーゼタワー24階	06-6442-7110
芹澤　　満	フェンリル株式会社	管理部長	633-0251	奈良県宇陀郡榛原町ひのき坂3-13-9	0745-82-7686
田頭　章一	上智大学	教授	102-8554	東京都千代田区紀尾井町57-1	03-3238-4428
髙橋　　章	株式会社シグマプランニングサービス	代表取締役	160-0023	東京都新宿区西新宿3-7-26	03-6420-0690
田畑　篤次	大阪商工信用金庫	管理部 調査役	581-0831	大阪府八尾市山本町北3-10-6	072-998-6124
田端　博之	田端公認会計士事務所	公認会計士	533-0014	大阪府大阪市東淀川区豊新2-2-3 ファーラーズマンション202号室	06-6320-8216
橘　　直己	サクラ合同法務事務所	行政書士社会保険労務士	540-0012	大阪市中央区谷町2-7-4 スリースリーズビル4階	06-6949-3087
千々波行弘	アラウンド株式会社	代表取締役	542-0081	大阪市中央区南船場3-1-16 日宝ラッキービル402	06-6303-6115
出水　　順	北総合法律事務所	弁護士	530-0047	大阪府大阪市北区西天満4-7-1 北ビル1号館204号	06-6365-7770

事業再編実務研究会会員一覧

氏名	所属	役職	〒	住所	電話
中井 康之	堂島法律事務所	弁護士	541-0041	大阪市中央区北浜2-3-9 入商八木ビル	06-6201-0361
中野 瑞彦	桃山学院大学	教授	594-1152	大阪府和泉市まなび野1-1	0725-54-3131 内線(3026)
中村 博	オークツリージャパン株式会社	代表取締役 マネージング ディレクター	105-6237	東京都港区愛宕愛宕グリーンヒルズ MORIタワー37階	03-5776-6840
中本 行則	公認会計士中本行則事務所	公認会計士 税理士	542-0012	大阪市中央区谷町7-3-4 新谷町第三ビル220	06-6762-5228
西川 公規	オリックス株式会社 投資銀行本部 スペシャル・インベストメンツ西日本グループ	ヴァイス プレジデント	541-0043	大阪市中央区高麗橋3-2-7 ORIX高麗橋ビル 3F	06-6222-2030
野津 浩	山田ビジネスコンサルティング株式会社	司法書士	100-0005	東京都千代田区丸の内1-8-1 丸の内トラストタワーN館14階	03-6212-2511
林 光行	公認会計士・税理士 林光行事務所	公認会計士 税理士	543-0073	大阪市天王寺区生玉寺町1-13 サンセットビル7階	06-6772-7747
古田 哲也	KPMG税理士法人	トランザクション・アドバイザリー・グループ パートナー	106-6012	東京都港区六本木 泉ガーデンタワー12階	03-6229-8282
堀内 秀晃	GEキャピタル	コーポレートレンディング部長	107-6114	東京都港区赤坂赤坂パークビル	03-5544-6750
本間 法之	桃山学院大学	副学長 教授	594-1198	大阪府和泉市まなび野1-1	0725-54-3131 内線(3607)
平田 恭人	辻・本郷税理士法人	公認会計士	541-0043	大阪府大阪市中央区高麗橋3-2-7 ORIX高麗橋ビル4階	090-7876-2739
村澤 健一	株式会社システム機材	代表取締役	547-0045	大阪府大阪市平野区平野上町1-10-11	06-4303-1315
前田有太	公認会計士・税理士 林光行事務所	中小企業 診断士	543-0073	大阪市天王寺区生玉寺町1-13 サンセットビル7階	06-6772-7747
松尾 順介	桃山学院大学	教授	594-1198	和泉市まなび野1-1	0725-54-3131
溝端 浩人	溝端公認会計士事務所	公認会計士	543-0072	大阪府大阪市天王寺区生玉前町1-18-402	06-6773-8163
南 靖郎	弁護士法人淀屋橋・山上合同	弁護士	541-0041	大阪市中央区北浜3-6-13 日土地淀屋橋ビル7階	06-6202-3503
森本 敬介	KTオフィス 司法書士法人	司法書士	541-0041	大阪市中央区北浜3-6-13 日土地淀屋橋ビル7階	06-6226-0333
山口 和夫	日本プラネット株式会社	代表取締役 社会保険労務士	541-0054	大阪市中央区南本町3-6-6 船場エコービル9階	06-4963-7555
山﨑 篤	山﨑公認会計士事務所	代表	569-1029	大阪府高槻市安岡寺町4-54-18	072-647-8878
山下 明	株式会社奈良ロイヤルホテル	常務取締役 総務担当	630-8001	奈良県奈良市法華寺町254-1	0742-34-4532 内線(810)
山下 直紀	プライスウォーターハウスクーパース株式会社 トランザクションサービス	シニアマネージャー 公認会計士	530-0001	大阪府大阪市北区梅田2-4-9 ブリーゼタワー24階	080-3560-1597
山中 里織	GEキャピタル・ストラクチャードファイナンス	アシスタント・バイスプレジデント	107-6114	東京都港区赤坂5-2-20	03-5544-6745
脇田 伸	伸和コンサルティング株式会社	代表取締役 日本証券アナリスト検定会員	631-0804	奈良市神功4-18-9	0742-95-4510
行野 泰晃	光洋機械産業株式会社	管理本部長付特命担当 兼コンプライアンス委員会事務局	541-0054	大阪府大阪市中央区南本町2-3-12	06-6268-3113

事業再編実務研究会会員一覧

法人会員

エスフーズ株式会社	663-8142	兵庫県西宮市鳴尾浜1-22-13	0798-43-1065(代)
大阪厚生信用金庫	542-0073	大阪市中央区日本橋2-8-14	06-6643-2164
きっかわ法律事務所	530-0004	大阪府大阪市北区堂島浜1-4-16 アクア堂島西舘2階	06-6346-2970
株式会社グラックス・アンド・アソシエイツ	113-0033	東京都文京区本郷2-3-7 お茶の水元町ビル	03-5804-3050
株式会社 KPMG FAS	100-0005	東京都千代田区丸の内1丁目8番1号 丸の内トラストタワー N館	03-5218-6700
株式会社新生銀行	103-8303	東京都中央区日本橋室町2-4-3 日本橋室町野村ビル	03-6880-7000 （大代表）
株式会社セプテーニ・ホールディングス	160-0015	東京都新宿区大京町24 セプテーニ外苑ビル	03-5363-7322
大興リース株式会社	541-0053	大阪市中央区本町2-1-6 堺筋本町センタービル16階	06-6271-7000
株式会社ビジネスインテリジェンス	540-0028	大阪市中央区常盤町2-2-5 大阪HUビル8階	06-6945-5851
森・濱田松本法律事務所	100-8222	東京都千代田区丸の内2-6-1 丸の内パークビルディング	03-5223-7710
株式会社リバイバルサポート	542-0083	大阪府大阪市中央区東心斎橋1-3-10 長堀堂ビル7階	06-6243-7171
株式会社エイ・ジー・エス・コンサルティング	103-0022	東京都中央区日本橋室町1-7-1 スルガビル7階	03-6803-6710

（所属は、第2期事業再編実務研究会開催時（2011年12月現在。一部を除く））

第2期事業再編実務研究会研究内容一覧

回数	開催日	会場	講演者(所属)	テーマ
第1回	2010年7月12日	大阪	井出ゆり(弁護士・坂井・三村・相澤法律事務所)	米国GM・クライスラー等のチャプター11手続にみる「363条セール」
			伊藤隆宏(株式会社あおぞら銀行融資部部長)	JALの会社更生手続に至る経緯とその経過
第2回	2010年8月9日	東京	吉田 正(株式会社新生銀行ソリューションアドバイザリー部部長)	住管機構の立ち上げと全体の運営方針等
			明石英司(KPMG税理士法人パートナー)	法人の清算所得に関する法人税課税ルールの変更に伴う事業再編に及ぼす影響
第3回	2010年9月13日	大阪	鬼追明夫(弁護士・整理回収機構元代表取締役社長)	整理回収機構について
			軸丸欣哉(弁護士・弁護士法人淀屋橋・山上合同)	中小企業金融円滑化法と金融機関の債権管理
第4回	2010年10月18日	東京	髙岡俊文(KPMG FASパートナー)/パク チャンヨン(KPMG KOREAパートナー)	韓国資産管理公社(KAMCO)について
			松尾順介(桃山学院大学経営学部教授)	企業買収と企業再生
第5回	2010年11月8日	大阪	佐藤鉄男(中央大学大学院法務研究科教授)	倒産法制の明日へ―倒産処理の不易と流行―
			堀内秀晃(日本GE株式会社コーポレートレンディング部長)	米国のABLと事業再生ファイナンス
第6回	2010年12月13日	東京	桐谷重毅(ゴールドマンサックス証券マネージングディレクター)	FDICおよびRTCによる民間企業の活用―資産管理契約と資産処分方法を中心に―
			高月昭年(明海大学経済学部教授)	アメリカの破綻銀行処理とFDICとRTCの役割
第7回	2011年1月21日	大阪	四宮章夫(弁護士・弁護士法人淀屋橋・山上合同)/大沢 拓(弁護士・弁護士法人淀屋橋・山上合同)	整理回収機構をめぐる裁判雑感
第8回	2011年2月14日	東京	古田哲也(KPMG税理士法人トランザクションアドバイザリーグループパートナー)/大和田智(KPMG税理士法人トランザクションアドバイザリーグループシニアマネージャー)	仮装経理に関する税金還付事例の報告

549

			大八木雅明（株式会社グラックス・アンド・アソシエイツ執行役員）	事業再生と不動産鑑定との関わり
第9回	2011年3月14日	大阪	西島 茂（帝国データバンク大阪支社情報部）	企業倒産の定量分析と企業信用調査におけるポイント
			四宮章夫（弁護士・弁護士法人淀屋橋・山上合同）	震災の法律実務
第10回	2011年5月9日	大阪	佐立史人（あおぞら銀行融資部審査役）	住専の2次ロス
			篠原進（株式会社新生銀行企業サポート部長）／松下浩之（株式会社新生銀行企業サポート次長）／渡辺浩之（株式会社新生銀行市場営業本部次長）	市場変動に伴う企業リスクの分析
第11回	2011年6月13日	東京	篠原謙一（(あおぞら銀行営業第5部営業第一課長)）	リートの再編
			森倫洋（弁護士・西村あさひ法律事務所）	アメリカ事業再編の実務
第12回	2011年7月11日	大阪	田端博之（公認会計士・税理士・田端税理士・公認会計士事務所）	民事再生等における債務免除益と税務上のチェックポイント
			秋松郎（中小企業診断士・サクラ合同法務事務所）	再生支援協議会の私的整理手続と中小企業診断士の役割
第13回	2011年8月8日	東京	市村啓介（新生銀行クレジットトレーディング部）	事業再編におけるファイナンス
			行野泰晃（光洋機械産業株式会社管理本部長付特命担当兼コンプライアンス委員会事務局）	債務者サイドからの事業再生に対する考察と検証
第14回	2011年9月12日	大阪	南 靖郎（弁護士・弁護士法人淀屋橋・山上合同）	東日本大震災と債務整理
			壇 俊光（弁護士・北尻総合法律事務所）	多数債権者対象のリスケにおいて、RCCの再生スキームを利用することで、リスケに成功したケース
第15回	2011年10月17日	東京	川村英二（弁護士・河野法律事務所）	金融円滑化法後の倒産事件の展望
			堀内秀晃（日本GE株式会社コーポレートレンディング部長）	アメリカ事業再生の実務
第16回	2011年11月14日	大阪	四宮章夫（弁護士・弁護士法人淀屋橋・山上合同）	役員の責任追及

第17回	2011年12月12日	東京	山下裕美子（株式会社グラックス・アンド・アソシエイツ取締役常務執行役員）／木村哲也（株式会社グラックス・アンド・アソシエイツ執行役員）	事業再編のためのデューディリジェンスの実務
			篠原俊哉（昭和リース株式会社バイセル営業部）	動産一括処分のご提案

※会場は、大阪、北浜フォーラム、東京は、森・濱田松本法律事務所にて開催。
※講演者肩書きは、講演当時のもの。

あるべき私的整理手続の実務

平成26年9月15日　第1刷発行

定価　本体5,400円＋税

編　　者　事業再編実務研究会
発　　行　株式会社　民事法研究会
印　　刷　株式会社　太平印刷社

発 行 所　株式会社　民事法研究会
　　　　　〒150-0013　東京都渋谷区恵比寿3-7-16
　　　　　〔営業〕TEL 03(5798)7257　FAX 03(5798)7258
　　　　　〔編集〕TEL 03(5798)7277　FAX 03(5798)7278
　　　　　http://www.minjiho.com/　　info@minjiho.com

落丁・乱丁はおとりかえします。ISBN978-4-89628-966-4　C2032　¥5400E
カバーデザイン　袴田峯男

▶私的整理の手法を活用した企業再建・事業再生の方策を明示！

最新 事業再編の理論・実務と論点
―21世紀型私的整理の手法と展望―

事業再編実務研究会 編

Ａ５判・1,017頁・定価　本体8,000円＋税

GCAサヴィアングループ 取締役パートナー　**佐山　展生**　氏 推薦！

本書の特色と狙い

- ▶私的整理の手法を用いた企業再建・事業再生のノウハウを、法律、経済、経営、金融等の第一線の研究者、実務家が詳解した待望の書！
- ▶未曾有の世界的不況克服の処方箋を、わが国のバブル崩壊後の豊富な実践例、詳細なデータを検証しつつ図・表も豊富に示して具体的に解説した実践的手引書！
- ▶民事再生手続を申請した企業の担当者によるその内幕、再生スポンサーが対象企業を再建したケース、各ビジネスコンサルタントによる経営改革の実体験を基にした経営の建直し、組織再編、業務改善の手法を収録した知られざる裏面史！
- ▶弁護士による法律上の制度解説と実務上の留意点、公認会計士による最新の会計制度や税務上の注意点ほか、中小企業診断士、社会保険労務士、司法書士、土地家屋調査士、行政書士が事業再編の場面でのそれぞれの役割と実務を紹介！
- ▶事業再編を図ろうとする企業関係者はもとより、プレーヤーたらんとする各「士」業、ビジネスコンサルタントに必携の１冊！

本書の主要内容

第1編　平成不況の克服
第1章　バブル経済／第2章　過剰債務問題／第3章　金融機関の不良債権問題／第4章　不況からの脱出

第2編　私的整理総論
第1章　私的整理の意義／第2章　私的整理のガイドライン／第3章　私的整理をめぐる債権者委員会の役割／第4章　私的整理のプレーヤー

第3編　私的整理の手続
第1章　事業の建直し／第2章　任意整理／第3章　会社法上の手続の利用／第4章　公法人の倒産／第5章　法的倒産手続の利用

第4編　私的整理のリスク
第1章　私的整理から法的倒産手続への移行に伴うリスク／第2章　手続遂行機関が負担するリスク／

発行　民事法研究会

〒150-0013　東京都渋谷区恵比寿3-7-16
（営業）TEL. 03-5798-7257　FAX. 03-5798-7258
http://www.minjiho.com/　info@minjiho.com

■東京大学名誉教授・早稲田大学客員教授 伊藤眞氏推薦!

担保権消滅請求の理論と実務

佐藤鉄男（中央大学法科大学院教授）
松村正哲（弁護士・森・濱田松本法律事務所） 編

A5判上製・665頁・定価 本体6,000円+税

▷▷▷▷▷▷▷▷▷▷▷▷▷▷▷▷▷▷▷ **本書の特色と狙い** ◁◁◁◁◁◁◁◁◁◁◁◁◁◁◁◁◁◁◁

▶研究者が精緻な理論的考察を試み、弁護士・金融機関関係者・司法書士・公認会計士・税理士・不動産鑑定士・リース会社関係者が豊富な図・表・書式を織り込み、制度を「どう使うか」を追究!
▶要件論から手続論および制度の射程を民事訴訟法の研究者により底流に流れる法理を詳細に解明!
▶民法における担保法理論と担保権消滅請求との関連を民法の研究者が、制度の経済学的分析を法社会学者が、法分野を越えた考察を提示!
▶裁判例の詳細な分析から、担保権実行中止命令・担保権消滅請求の申立および裁判の各手続から価格決定請求、登記手続、会計・税務上の取扱いを現場に立つ実務家がこれまでにない切り口で論究!

❖❖❖❖❖❖❖❖❖❖❖❖❖❖❖❖ **本書の主要内容** ❖❖❖❖❖❖❖❖❖❖❖❖❖❖❖❖

第1章	担保権消滅請求の意義と課題	第3節	会社更生手続
第2章	担保権消滅請求の法的構造	第4節	登記手続
第1節	担保権消滅請求の要件論	第5章	評価人による担保物の評価
第2節	担保権消滅請求の手続論	第1節	不動産の評価
第3節	担保権消滅請求の射程──非典型担保への適用をめぐる問題を中心として──	第2節	動産の評価
第3章	担保権消滅請求の理論分析	第6章	担保権消滅請求の会計・税務
第1節	担保法理論と担保権消滅請求	第1節	会計上の取扱い
第2節	担保権消滅請求制度の経済学──分析と展開	第2節	税務上の取扱い
第4章	担保権消滅請求の手続と書式	第7章	担保権消滅請求等の裁判例
第1節	破産手続	第8章	担保権消滅請求の実務上のポイント
第2節	民事再生手続	第1節	各利害関係人からみた実務上のポイント
		第2節	金融機関からみた実務上のポイント

○執筆者（執筆順）
佐藤鉄男（中央大学法科大学院教授）・倉部真由美（法政大学法学部教授）・髙田賢治（大阪市立大学法科大学院准教授）・山本 研（早稲田大学法学部教授）・梶山玉香（同志社大学法学部教授）・田中 亘（東京大学社会科学研究所准教授）・松村正哲（弁護士）・松井裕介（弁護士）・矢田 悠（弁護士）・田尻佳菜子（弁護士）・片桐 大（弁護士）・田口靖男（弁護士）・小俣 徹（不動産鑑定士）・篠原俊哉（昭和リース株式会社）・加藤俊明（司法書士）・髙木 融（公認会計士）・山根陽介（税理士）・黒木正人（飛騨信用組合）

発行 **民事法研究会**
〒150-0013 東京都渋谷区恵比寿3-7-16
（営業）TEL. 03-5798-7257 FAX. 03-5798-7258
http://www.minjiho.com/ info@minjiho.com